여러분의 합격을 응원하는
해커스경찰의 특별 혜택!

FREE 경찰헌법 **동영상강의**

KB141512

해커스경찰(police.Hackers.com) ᄀ... ... 무료강의] 클릭하여 이용

해커스경찰 온라인 단과강의 **20% 할인쿠폰**

A42BEDC23738665N

해커스경찰(police.Hackers.com) 접속 후 로그인 ▶ 상단의 [내강의실] 클릭 ▶

[쿠폰/포인트] 클릭 ▶ 쿠폰번호 입력 후 이용

* 쿠폰 이용 기한: 2024년 12월 31일까지(등록 후 7일간 사용 가능)
* ID당 1회에 한해 등록 가능

합격예측 모의고사 응시권 + 해설강의 수강권

3954CF7C6CEEC36E

해커스경찰(police.Hackers.com) 접속 후 로그인 ▶ 상단의 [내강의실] 클릭 ▶

[쿠폰/포인트] 클릭 ▶ 쿠폰번호 입력 후 이용

* 쿠폰 이용 기한: 2024년 12월 31일까지(ID당 1회에 한해 등록 가능)

단기 합격을 위한
해커스 커리큘럼

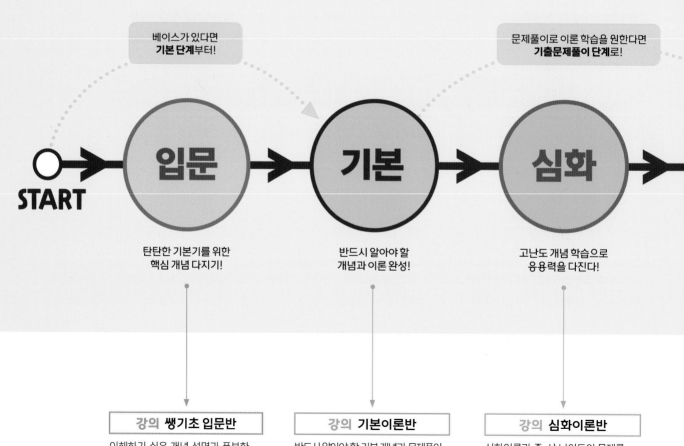

베이스가 있다면 **기본 단계부터!**

문제풀이로 이론 학습을 원한다면 **기출문제풀이 단계로!**

입문 → 기본 → 심화 →

START

탄탄한 기본기를 위한 핵심 개념 다지기!

반드시 알아야 할 개념과 이론 완성!

고난도 개념 학습으로 응용력을 다진다!

강의 **쌩기초 입문반**

이해하기 쉬운 개념 설명과 풍부한 연습문제 풀이로 부담 없이 기초를 다질 수 있는 강의

강의 **기본이론반**

반드시 알아야 할 기본 개념과 문제풀이 전략을 학습하여 핵심 개념 정리를 완성하는 강의

강의 **심화이론반**

심화이론과 중·상 난이도의 문제를 함께 학습하여 고득점을 위한 발판을 마련하는 강의

* 커리큘럼은 과목별·선생님별로 상이할 수 있으며, 자세한 내용은 해커스경찰 사이트에서 확인하세요.

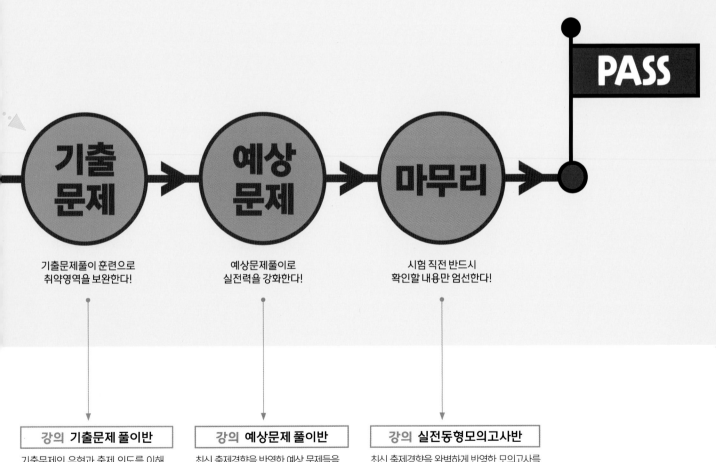

PASS

**기출
문제**

기출문제풀이 훈련으로
취약영역을 보완한다!

**예상
문제**

예상문제풀이로
실전력을 강화한다!

마무리

시험 직전 반드시
확인할 내용만 엄선한다!

강의 **기출문제 풀이반**

기출문제의 유형과 출제 의도를 이해
하고, 본인의 취약영역을 파악 및 보완
하는 강의

강의 **예상문제 풀이반**

최신 출제경향을 반영한 예상 문제들을
풀어보며 실전력을 강화하는 강의

강의 **실전동형모의고사반**

최신 출제경향을 완벽하게 반영한 모의고사를
풀어보며 실전 감각을 극대화하는 강의

강의 **봉투모의고사반**

시험 직전에 실제 시험과 동일한 형태의
모의고사를 풀어보며 실전력을 완성하는 강의

해커스경찰 **단기 합격생**이 말하는

경찰 합격의 비밀!

해커스경찰과 함께라면
다음 합격의 주인공은 바로 여러분입니다.

완전 노베이스로 시작,
8개월 만에 인천청 합격!

강*혁 합격생

형사법 부족한 부분은 모의고사로 채우기!

기본부터 기출문제집과 같이 병행해서 좋았던 것 같습니다. 그리고 1차 시험 보기 전까지 심화 강의를 끝냈는데 **개인적으로 심화강의 추천** 드립니다. 안정적인 실력이 아니라 생각해서 기출 후 **전범위 모의고사에서 부족한 부분들을 많이 채워** 나간 것 같습니다.

법 계열 전공,
1년 이내 대구청 합격!

배*성 합격생

외우기 힘든 경찰학, 방법은 회독과 복습!

경찰학의 경우 양이 워낙 방대하고 휘발성이 강한 과목이라고 생각합니다. (중략) 지속적으로 **회독**을 하였으며, **모의고사를 통해서 틀린 부분을 복습하고 그 범위를 다시 한 번 책**으로 돌아가서 봤습니다.

이과 계열 전공,
6개월 만에 인천청 합격!

서*범 합격생

법 과목 공부법은 기본과 기출 회독!

법 과목만큼은 **인강을 반복해서 듣고 기출을 반복**해서 읽고 풀었습니다. 익숙해질 필요가 있다고 생각해서 **회독에 더 집중**했었습니다. 익숙해진 이후로는 **오답도 챙기면서 공부**했습니다.

해커스경찰

신동욱
경찰헌법
핵심요약집

해커스경찰

신동욱

약력

현 | 해커스경찰학원 헌법 강의
해커스공무원학원 헌법, 행정법 강의
전 | 경찰청 헌법특강, EBS 특강
경찰교육원 간부후보생 헌법특강
서울시교육청 핵심인재과정 헌법특강
교육부 평생교육진흥원 학점은행 교수
성균관대, 단국대, 전남대, 충북대 등 특강교수

저서

해커스경찰 신동욱 경찰헌법 실전동형모의고사 2
해커스경찰 신동욱 경찰헌법 실전동형모의고사 1
해커스경찰 신동욱 경찰헌법 최신 3개년 판례집
해커스경찰 신동욱 경찰헌법 진도별 문제풀이 500제
해커스경찰 신동욱 경찰헌법 단원별 핵심지문 OX
해커스경찰 신동욱 경찰헌법 기출문제집
해커스경찰 신동욱 경찰헌법 핵심요약집
해커스경찰 신동욱 경찰헌법 기본서
해커스경찰 신동욱 경찰행정법 기출문제집
해커스경찰 신동욱 경찰행정법 기본서
해커스공무원 신(神)헌법 실전동형모의고사 2
해커스공무원 신(神)헌법 실전동형모의고사 1
해커스공무원 신(神)헌법 단원별 기출문제집
해커스공무원 처음 헌법 조문해설집
해커스공무원 처음 헌법 만화판례집
해커스공무원 신(神)헌법 기본서
조문이론 판례분석 헌법, 법학사
스마트 신동욱 헌법, 윌비스

神과 함께 결론은 합격 !

2023년 3월 25일 실시된 1차 시험은 예상했던 방식과 내용으로 무난하게 출제되었습니다. 이제 더욱 선명한 기준이 드러난 만큼 더 확실하게, 더 자신감 있게 준비할 수 있게 되었습니다. 시험은 전략이 중요합니다. 철저히 준비하되 요령 있게 준비하는 것이 빠른 합격의 지름길이 될 것입니다. 형사법, 경찰학 등 다른 과목에 대한 부담이 헌법과목에 대한 소홀함으로 연결되는 것은 절대금물입니다.

헌법도 필수과목인 만큼 철저한 대비가 필요합니다. 그러나 너무 많은 시간을 배분하는 것도 전략적으로 문제가 있습니다. 본 교재는 이러한 고민을 해결할 수 있는 최적의 무기가 되리라 믿습니다. 시간과 효율을 추구하되 내용이 부실하지 않도록 기본서의 핵심을 모두 담았습니다.

헌법공부를 조금이라도 경험해 보신 분들이나 다른 분야에서 헌법시험을 치른 경험이 있는 수험생이라면 본 교재만으로도 기본서를 대체할 수 있을 정도의 충분한 내용이라는 것을 곧바로 알 수 있을 것입니다. 2023년 1차 시험에서도 입증되었듯이 2차 시험, 그리고 2024년 시험에서도 여러분의 합격을 도와드릴 것입니다.

본 교재와 함께 경찰헌법 기출문제집을 함께 공부하시면 수험준비의 효율성이 배가 될 것이고 실전적응력을 훨씬 높일 수 있을 겁니다.

본 교재는 특별히 다음과 같은 점을 염두에 두고 집필하였습니다.
첫째, 본 교재가 기본서를 대체할 수 있도록 모든 내용을 빠짐없이 서술하였습니다.
둘째, 공부분량을 획기적으로 줄일 수 있도록 분량조절을 최적화하였습니다.
셋째, 최신판례와 최신법령을 모두 반영하여 마무리용 교재로도 손색이 없도록 하였습니다.
넷째, 다양한 학습장치를 통하여 지루하지 않게 헌법을 정복할 수 있도록 배려하였습니다.

더불어 경찰공무원 시험 전문 해커스경찰(police.Hackers.com)에서 학원강의나 인터넷 동영상 강의를 함께 이용하여 꾸준히 수강한다면 학습효과를 극대화할 수 있을 것입니다.

아무쪼록 본 교재가 헌법정복의 길잡이가 되고 고득점 합격의 비기가 되기를 소망합니다. 공부하는 과정도 즐겁고 행복한 시간이 되었으면 좋겠습니다. 항상 건강과 행운이 함께하시고 여러분의 목표를 반드시 이루시길 간절히 기원합니다.

2023년 6월
신동욱

목차

해커스경찰

police.Hackers.com

2024 해커스경찰
신동욱 경찰헌법 핵심요약집

제1편

헌법총론

제1장 헌법과 헌법학

제1절 헌법의 의의

01 헌법의 개념

1. 의의
국가의 조직과 구성에 관한 법으로, 기본권과 통치구조를 내용으로 하는 국가의 최고법

2. 헌법의 발전과정에 따른 개념

(1) 고유한 의미의 헌법
① 국가의 통치체제에 관한 기본사항을 정한 기본법을 의미함
② 동서양을 막론하고 국가가 존재하는 곳이면 어떠한 형태로든 반드시 존재함

(2) 근대 입헌주의 헌법과 현대 사회국가 헌법

구분	근대 입헌주의 헌법	현대 사회국가 헌법
사상적 배경	자유주의	복지주의
최초의 헌법	1776년 버지니아(Virginia) 헌법	1919년 바이마르(Weimar) 헌법
기본원리	• 기본권보장(자유권과 형식적 평등 강조, 재산권의 불가침) • 엄격한 권력분립의 원리 • 국민주권의 원리 • 대의제의 원리(의회주의) • 형식적 법치주의 • 성문헌법주의 • 경성헌법주의	• 기본권보장의 실질화(생존권과 실질적 평등 강조, 재산권의 규제) • 권력분립의 완화 • 국민주권이념의 실질화 • 민주적 정당제 • 실질적 법치주의 • 헌법재판제도 • 행정국가화 경향(사회국가·적극국가·복지국가) • 국제평화주의

✎. 헌법은 개방성을 특징으로 하지만, 개방된 사항의 결정을 위한 핵심절차에 대해서는 규정해두어야 한다.

02 헌법의 분류

1. 존재형식에 의한 분류(성문헌법과 불문헌법)

(1) 성문헌법
① 문서화된 헌법
② 법적 안정성과 예측가능성
③ 일반적으로 경성헌법을 특징으로 하나, 경성이 성문헌법의 본질적 요소는 아님

(2) 불문헌법
① 문서화되지 않은 헌법
② 영국이 대표적
③ 의회제정법률에 대한 법원의 위헌심사권이 인정되지 않음
④ 특별한 헌법개정절차를 요하지도 않음

(3) 관습헌법

> **⚖ 판례 │**
>
> 1 신행정수도의 건설을 위한 특별조치법사건 [위헌]
>   [1] 우리 헌법상 관습헌법이 인정될 수 있는지 여부: 적극
>   [2] 관습헌법의 일반적 성립요건
>   첫째, 기본적 헌법사항에 관하여 어떠한 관행 내지 관례가 존재하고
>   둘째, 그 관행은 국민이 그 존재를 인식하고 사라지지 않을 관행이라고 인정할 만큼 충분한 기간 동안 반복 내지 계속되어야 하며(**반복·계속성**)
>   셋째, 관행은 지속성을 가져야 하는 것으로서 그 중간에 반대되는 관행이 이루어져서는 아니 되고 (**항상성**)
>   넷째, 관행은 여러 가지 해석이 가능할 정도로 모호한 것이 아닌 명확한 내용을 가진 것이어야 한다(**명료성**).
>   다섯째, 이러한 관행이 헌법관습으로서 국민들의 승인 내지 확신 또는 폭넓은 컨센서스를 얻어 국민이 강제력을 가진다고 믿고 있어야 한다(**국민적 합의**).
>   **《주의》** 국민투표는 관습헌법의 일반적 성립요건에 속하지 않는다.
>   [3] '우리나라의 수도가 서울인 점'이 관습헌법으로 인정될 수 있는지 여부: 적극
>   [4] 관습헌법의 폐지와 사멸
>   **관습헌법도 성문헌법의 경우와 동일한 효력을 가지기 때문에 헌법 제130조에 의거한 헌법개정의 방법에 의하여만 개정될 수 있다. 한편 관습헌법은 그것을 지탱하고 있는 국민적 합의성을 상실함에 의하여 법적 효력을 상실할 수 있다. 관습헌법의 요건들은 그 성립의 요건일 뿐만 아니라 효력유지의 요건이다.**
>   [5] 관습헌법을 법률의 형식으로 의식적으로 개정할 수 있는지 여부: 소극
>   [6] '우리나라의 수도가 서울인 점'에 대한 관습헌법을 폐지하기 위해서는 헌법개정이 필요한지 여부: 적극

[7] 이 사건 법률이 헌법 제130조에 따라 헌법개정절차에 있어 국민이 가지는 국민투표권을 침해하여 위헌인지 여부: 적극

헌법개정사항인 수도의 이전을 헌법개정의 절차를 밟지 아니하고 단지 단순법률의 형태로 실현시킨 것으로서 결국 헌법 제130조에 따라 헌법개정에 있어서 국민이 가지는 참정권적 기본권인 국민투표권의 행사를 배제한 것이므로 동 권리를 침해하여 헌법에 위반된다(헌재 2004.10.21, 2004헌마554 등).

2 신행정수도 후속대책을 위한 연기·공주지역 행정중심복합도시 건설을 위한 특별법 사건 [각하]

[1] 신행정수도 후속대책을 위하여 신행정수도 후속대책을 위한 연기·공주지역 행정중심복합도시 건설을 위한 특별법에 의하여 연기·공주지역에 건설되는 행정중심복합도시가 수도로서의 지위를 획득하는지 여부: 소극

[2] 행정중심복합도시의 건설로 서울의 수도로서의 지위가 해체되는지 여부: 소극

[3] 행정중심복합도시의 건설로 권력구조 및 국무총리의 지위가 변경되는지 여부: 소극

[4] 행정중심복합도시의 건설이 헌법 제72조의 국민투표권을 침해할 가능성이 있는지 여부: 소극

✐ 관습헌법이 성문헌법을 개폐하는 효력은 없다. 국민의 합의성 상실에 따라 효력 상실이 가능하다.

2. 개정방법에 의한 분류(연성헌법과 경성헌법)

구분	연성헌법	경성헌법
의의	일반 법률과 동일한 절차와 방법으로 개정할 수 있는 헌법	법률보다 까다로운 절차와 방법으로 개정할 수 있는 헌법
장점	현실변화에 신축적이고 탄력적으로 대응가능	헌법개정에 의한 헌법침해를 방지하여 헌법의 최고규범성 강화
단점	헌법의 최고규범성 약화, 정략적 악용가능성	지나친 경성화로 인하여 헌법개정을 사실상 불가능하게 하여 헌법 불만세력에 의한 헌법전 자체의 폐지가능성이 존재함
예	영국헌법, 뉴질랜드헌법, 사르디니아왕국헌법 등	대부분의 성문헌법

《주의》 경성헌법은 국민투표가 필수적 요건인 것은 아니다.

《주의》 우리 헌법은 재적의원 3분의 2 이상의 찬성과 국민투표에 의해 국회의원 선거권자 과반수의 투표와 투표자 과반수의 찬성이 필요하다(경성헌법).

제2절 합헌적 법률해석

01 개념과 유형

1. 개념

(1) 법률이 위헌·합헌적인 부분이 공존하는 경우 위헌적 해석을 배제하고 헌법에 합치되도록 해석하여야 한다는 해석지침 ➡ 법률해석 ○ / 헌법해석 ×

(2) '헌법불합치'결정은 위헌결정일 뿐 합헌적 법률해석은 아님

(3) 합헌적 법률해석은 헌법재판소를 포함한 모든 법원이 가능

《주의》 실효된 법률조항에 대한 합헌적 법률해석은 허용되지 않는다.

구분	합헌적 법률해석	규범통제
이론적 근거	헌법의 최고규범성	
헌법의 기능	법률이 헌법과 조화되도록 하여야 한다는 해석규칙(해석기준)	헌법에 위반되는 법률은 무효가 된다는 저촉규칙(심사기준)
명시적 근거 필요성	헌법의 최고법 성격으로 인해 당연히 허용	별도의 명시적 법적 근거 필요
목표	법률의 효력유지	헌법의 효력유지

2. 유형

(1) 한정위헌

법률에 위헌적인 법적용 영역과 그에 상응하는 합헌적인 해석가능성을 적극적으로 배제하는 결정

> **⚖ 판례 |**
>
> 1 민법 제764조 '명예회복에 적당한 처분'에 사죄광고를 포함시키는 것이 위헌인지 여부: 적극[한정위헌] (헌재 1991.4.1, 89헌마160)
>
> 2 헌법재판소가 위헌으로 결정한 법률을 적용함으로써 국민의 기본권을 침해한 재판이 헌법소원의 대상이 되는지 여부: 적극[한정위헌] (헌재 1997.12.24, 96헌마172·173)
>
> 3 상호신용금고의 임원 및 과점주주의 연대책임과 관련하여 부실경영에 아무런 관련이 없는 임원이나 과점주주에 대해서도 연대변제책임을 부과하는 것이 위헌인지 여부: 적극[한정위헌] (헌재 2002.8.29, 2000헌가5 등)

(2) 한정합헌

법률이 헌법정신에 합치되도록 그 법률을 한정·축소해석하여 위헌적인 요소를 소극적으로 배제하는 결정

> **⚖ 판례 |**
>
> 1 국가보안법 제7조의 찬양·고무행위는 그 내용이 국가의 존립·안전이나 자유민주적 기본질서에 명백한 위해를 줄 정도의 것이든 아니든을 막론하고 금지되고, 이를 어기면 형사처벌하는 것이 위헌인지 여부: 적극[한정합헌] (헌재 1990.4.2, 89헌가113)
>
> 2 군장교가 형사기소되면 휴직을 명할 수 있고 휴직기간 중에는 봉급의 반액을 지급하게 되는데 '무죄판결을 받으면 차액을 소급하여 지급한다'는 규정에서 무죄판결에 공소기각 재판을 포함하여 해석해야 하는지: 적극[한정합헌] (대판 2004.8.20, 2004다22377)

02 합헌적 법률해석(변형결정)의 기속력

재판관 6인 이상의 찬성을 요하며, 국가기관 등을 기속함
✎ 위헌결정의 순서는 '단순위헌 ➡ 헌법불합치 ➡ 한정위헌 / 한정합헌' 순이다.

1. 대법원의 태도(한정위헌결정의 기속력 부정)

당해 법령에 대한 헌법재판소의 견해를 일응 표명한 것에 불과하여 법원에 전속되어 있는 법령의 해석적
용권한에 대하여 어떠한 영향을 미치거나 기속력을 가질 수도 없다(대판 1996.4.9, 96누11405).

2. 헌법재판소의 태도(한정위헌결정의 기속력 인정)

한정위헌결정은 결코 법률의 해석에 대한 헌법재판소의 단순한 견해가 아니라 헌법이 정한 권한에 속하는
법률에 대한 위헌심사의 한 유형인 것이다(헌재 1997.12.24, 97헌마172 · 173).

03 합헌적 법률해석의 한계

1. 문의적 한계

법조문이 가지고 있는 말뜻을 넘어서는 해석이 허용되지 않음
✎ 법조문의 문구가 명료하거나 아예 추상적인 경우 ➡ 합헌적 법률해석 허용 ✕

2. 법목적적 한계

입법자의 명백한 입법목적을 넘어서는 해석이 불가능함

3. 헌법수용적 한계

헌법규범의 내용을 지나치게 확대해석하면 안 됨
《주의》 한정합헌 · 한정위헌은 합헌적 법률해석이지만, 헌법불합치결정은 합헌적 법률해석이 아니다.

제3절 헌법의 제정 · 개정 및 변천

01 헌법의 제정 · 개정

구분	헌법제정권력	헌법개정권력
특징	창조적(형성적) · 시원적 권력	제도화된 · 창조된(형성된) 권력
주체	국민	헌법에 의하여 제도화된 국가기관으로서의 국민
헌법과의 관계	헌법을 정당화시키는 권력	헌법에 의하여 정당화된 권력
행사절차	헌법이 정한 절차 없음	헌법이 정한 절차에 따라 행사
실정법상 한계	실정법상 한계 없음	실정법상 한계가 있는 헌법도 있음

판례 |

1 헌법규정이 위헌법률심판대상이 되는지 여부: 소극[각하]

[1] 국회의 의결을 거친 형식적 의미의 법률과 동일한 효력을 가지는 조약 등은 위헌심사 대상에 포함되지만 헌법의 개별 규정 자체는 대상이 아님이 명백하다.

[2] 우리 헌법의 각 개별 규정 가운데 무엇이 헌법제정규정이고 무엇이 헌법개정규정인지를 구분하는 것이 가능하지 아니할 뿐 아니라, 각 개별 규정에 그 효력상의 차이를 인정하여야 할 형식적인 이유를 찾을 수 없다. 또한 국민투표에 의하여 확정된 현행헌법의 규정을 헌법재판소법 제68조 제1항 소정의 공권력 행사의 결과라고 볼 수도 없다.

[3] 헌법의 제 규정 가운데는 헌법의 근본가치를 보다 추상적으로 선언한 것도 있고, 이를 보다 구체적으로 표현한 것도 있어서 **이념적·논리적으로는 규범 상호간의 우열을 인정할 수 있는 것이** 사실이다. 그러나 … 그것이 헌법의 어느 특정 규정이 **다른 규정의 효력을 전면 부인할 수 있는 정도의 개별적 헌법규정 상호간에 효력상의 차등을 의미하는 것이라고는 볼 수 없다**(헌재 1995.12.28, 95헌바3).

✎ 헌법제정권력과 헌법개정권력을 구별하는 것은 불가능하다는 것이 판례의 입장이다.

2 헌법제정권력과 주권

국민은 대한민국의 주권자이며 최고의 헌법제정권력이기 때문에 성문헌법이 제·개정에 참여한다(헌재 2013.3.21, 2010헌바132 등).

02 현행헌법의 개정절차

헌법 제128조 ① 헌법개정은 국회재적의원 과반수 또는 대통령의 발의로 제안된다.

✎ 헌법개정 발의권자
국회재적의원 과반수 또는 대통령 ○ / 정부 ✕

② 대통령의 임기연장 또는 중임변경을 위한 헌법개정은 그 헌법개정 제안 당시의 대통령에 대하여는 효력이 없다.

✎ 인적효력범위 '제한'규정이지, '금지'규정이 아니다.

제129조 제안된 헌법개정안은 **대통령이** 20일 이상의 기간 이를 공고하여야 한다.

✎ 20일 이상 공고: 국민적 합의 ➡ **이를 어긴 헌법**: 1차 발췌개헌

✎ 공고권자
대통령 ○ / 국회의장 ✕

제130조 ① 국회는 헌법개정안이 공고된 날로부터 60일 이내에 의결하여야 하며, 국회의 의결은 재적의원 3분의 2 이상의 찬성을 얻어야 한다.

✎ 공고된 날 ○ / 공고기간 경과 후 ✕

② 헌법개정안은 국회가 의결한 후 30일 이내에 국민투표에 부쳐 국회의원선거권자 과반수의 투표와 투표자 과반수의 찬성을 얻어야 한다.

✎ 투표자 과반수 ○ / 선거권자 과반수 ✕

③ 헌법개정안이 제2항의 찬성을 얻은 때에는 헌법개정은 확정되며, 대통령은 즉시 이를 공포하여야 한다.

1. 제안

(1) 국회재적의원 과반수 또는 대통령에 의하여 헌법개정이 제안됨

(2) 대통령이 발의할 때는 국무회의 심의를 거치고 부서를 요함

2. 공고

대통령은 헌법개정이 발의되면 20일 이상 이를 공고함

3. 국회의 의결

(1) 공고된 날로부터 60일 이내에 국회재적의원 3분의 2 이상의 찬성을 얻어야 함

(2) 기명투표로 표결(국회법 제112조 제4항) ➡ 수정의결은 할 수 없음

(3) 국회의 의결은 생략할 수 없음

4. 국민투표

(1) 요건

국회의결 후 30일 이내에 국민투표에 부치고, 국회의원선거권자 과반수의 투표와 투표자 과반수의 찬성을 얻어서 확정

(2) 국민투표의 효력에 이의가 있는 경우

> **국민투표법**
>
> **제92조 【국민투표무효의 소송】** 국민투표의 효력에 관하여 이의가 있는 투표인은 투표인 **10만인 이상**의 찬성을 얻어 **중앙선거관리위원회위원장**을 피고로 하여 투표일로부터 **20일 이내**에 **대법원**에 제소할 수 있다.
>
> **제97조 【재투표】** ① 제93조의 규정에 의하여 **국민투표의 전부 또는 일부의 무효판결**이 있을 때에는 **재투표**를 실시하여야 한다.

5. 공포 및 발효

(1) 대통령은 국민투표의 결과를 **즉시** 공포하여야 함

(2) 발효시기에는 헌법상 명문의 규정은 없으며, 학설의 대립이 있음

(3) 현행헌법은 부칙 제1조(1988년 2월 25일 시행)에서 발효시기를 직접 명시하고 있음

(4) 헌법개정안은 헌법이 정한 기간 내에 국민투표에 부쳐 헌법이 정한 수의 찬성을 얻은 때에 헌법으로 확정되는 것이지, 대통령이 공포함으로써 확정되는 것은 아님

✐ 제2차 개헌에서 개정금지조항(국민주권, 중요사항에 대한 국민투표·국민발안)이 있었으나 제5차 개헌에서 폐지됨

⊕PLUS 헌법개정과 법률개정

헌법개정에 의해서만 가능한 사항	법률개정만으로도 가능한 사항
• 대통령의 피선거 연령(제67조) • 법관과 헌법재판관의 임기(제105조, 제112조) • 헌법재판관의 수 9명(제111조) • 지방의회 폐지(제118조) • 국회의원 정수 200인 미만(제41조) • 감사원 소속(제97조) • 대법원 폐지(제101조 제2항) • 국가안전보장회의 폐지(제91조)	• 선거권 연령(공직선거법) • 대법관수(법원조직법) • 지방자치단체장의 선임방법 　(제118조 지방자치단체의 장의 선임방법 기타 지방자치단체의 조직과 운영에 관한 사항은 법률로 …) • 국회의원 정수 200인 이상 • 국회의원 무자격결정 정족수 변경(국회법) • 국회의장 임기(국회법)

6. 헌정사에서의 헌법개정절차

구분		제안자			공고 기간	국회의결 정족수	국민 투표	기타
		대통령	국회	국민				
제1공화국 헌법	건국 헌법	대통령	국회재적 3분의 1 이상	×	30일	재적 3분의 2 이상	×	–
	제1차 개정헌법	대통령	민의원재적 3분의 1 또는 참의원재적 3분의 2 이상	×	30일	양원 각각 재적 3분의 2 이상	×	–
	제2차 개정헌법	대통령	민의원 또는 참의원재적 3분의 1 이상	민의원 선거권자 50만명 이상	30일	양원 각각 재적 3분의 2 이상	×	헌법개정 금지조항: 민주공화국, 국민주권, 국가안위에 관한 국민투표 (제2차~제4차)
제2공화국 헌법	제3차 개정헌법	대통령	민의원 또는 참의원재적 3분의 1 이상	민의원 선거권자 50만명 이상	30일	양원 각각 재적 3분의 2 이상	×	
	제4차 개정헌법							
제3공화국 헌법	제5차 개정헌법	×	국회재적 3분의 1 이상	국회의원 선거권자 50만명 이상	30일	재적 3분의 2 이상	○	–
	제6차 개정헌법							
제4공화국 헌법	제7차 개정헌법	대통령 ➡ 국민투표	국회재적 과반수 이상	×	20일	국회의원이 제안한 개정안 ➡ 국회재적 3분의 2 이상 ➡ 통일주체 국민회의	○	헌법개정의 이원화
제5공화국 헌법	제8차 개정헌법	대통령	국회재적 과반수 이상	×	20일	재적 3분의 2 이상	○	헌법개정의 일원화, 대통령중임 개정시 효력제한규정
제6공화국 헌법	현행헌법	대통령	국회재적 과반수 이상	×	20일	재적 3분의 2 이상	○	–

03 현행법상 헌법개정의 한계

《주의》 헌법개정의 한계가 명문화되어 있진 않다.

1. 개정대상이 될 수 없는 사항·내용(내재적 한계)

민주주의, 법치주의, 권력분립, 기본권보장, 민주공화국으로서의 국가형태, 복수정당제를 폐지시키는 개정 금지

2. 헌법 제128조 제2항

"대통령의 임기연장 또는 중임변경을 위한 헌법개정은 그 헌법개정 제안 당시의 대통령에 대하여는 효력이 없다."라고 규정 ➡ 일종의 개정효력제한조항(개정효력금지조항 ×)

3. 헌법 제72조의 국민투표에 의한 헌법개정이 가능한지 여부

(1) 국회의결절차를 무시하고 국민투표를 실시하는 것은 헌법의 경성헌법원리에 위배되기 때문에 불가능함

(2) 국민투표를 실시한 후 국회의 의결을 얻는 것도 허용 ×

4. 개정의 절차·한계를 무시한 헌법개정의 효력

개정의 절차·한계를 무시한 헌법의 개정행위는 정상적인 헌법개정작용이 아니므로, 법적으로 무효

04 헌법변천

1. 개념

조문은 그대로 있으면서 그 의미와 내용이 실질적(의식적·무의식적)으로 변경되는 것을 의미

2. 헌법개정과의 관계

(1) 헌법규범과 헌법현실간 괴리가 발생한 경우에 그 괴리를 좁혀서 궁극적으로 규범력을 높이는 기능 수행

(2) 헌법개정은 헌법이 정한 절차에 따라 의식적으로 변경된다는 점에서 구별됨

3. 헌법변천의 한계

헌법의 기본이념에 충실한 해석이나 흠결보완의 의미를 가지는 헌법변천은 긍정적으로 평가하여야 할 것이나, 헌법의 명시적 규정과 양립될 수 없는 정치편의적 관행은 헌법침해이므로 허용되지 않음

4. 헌법변천의 예
(1) 미국
미연방헌법은 대법원에 위헌법률심사권을 부여하고 있지 않으나, Murbury v. Madison 사건에서 Marshall 대법원장의 판결에 의해 대법원이 위헌법률심사권을 행사함

(2) 영국
불문헌법을 가진 국가에서도 헌법의 변천은 가능

(3) 대한민국

제1차 개정헌법에서 양원제를 실시하지 않은 사례와 1991년 상반기까지 지방의회가 구성되지 않은 사례가 헌법변천의 사례에 해당

제4절 헌법의 수호

01 헌법수호

헌법의 핵심적 내용이나 규범력이 헌법에 대한 침해로 말미암아 변질되거나 훼손되지 아니하도록 헌법에 대한 침해행위를 사전에 예방하거나 사후에 배제하는 것

평상시	사전예방적 헌법수호제도	• 헌법의 최고법규성 선언(우리 헌법에 존재하지 않음) • 헌법준수의무의 선서(제69조) • 국가권력의 분립(제40조, 제66조 제4항, 제101조 제1항) • 헌법개정의 곤란성(제128조~제130조) • 공무원의 정치적 중립성 보장(제7조 제2항) • 방어적 민주주의의 채택(제8조 제4항)
	사후교정적 헌법수호제도	• 위헌법령심사제(제107조 제1항·제2항) • 탄핵제도(제65조 제1항, 제111조 제1항 제2호) • 위헌정당 강제해산제(제8조 제4항) • 의회해산제(우리 헌법에 존재하지 않음) • 공무원책임제(제29조 제1항) • 각료의 해임건의(제63조 제1항)·해임의결제(우리 헌법에 존재하지 않음)
비상시		국가긴급권(제76조, 제77조), 저항권

02 국가긴급권

1. 국가긴급권의 개념

(1) 전쟁·내란·경제공황 등 비상사태 발생시, 국가원수가 국가의 존립과 안정을 확보하기 위해 펴는 비상적 권한(계엄제도, 긴급명령)

(2) 헌법에 예정하고 있는 수단으로 제거될 수 없는 국가적 비상사태가 발생하여야 함

2. 초헌법적 국가긴급권 인정 여부 – 헌법재판소의 태도

> **판례 |**
>
> 국가비상사태의 선포 및 해제를 규정한 특별조치법 제2조 및 제3조는 헌법이 인정하지 아니하는 초헌법적 국가긴급권을 대통령에게 부여하는 법률로서 헌법이 요구하는 국가긴급권의 실체적 발동요건, 사후통제절차, 시간적 한계에 위반되는지 여부: 적극[위헌] (헌재 2015.3.26, 2014헌가5)

03 저항권

1. 저항권과 시민불복종권의 비교

구분	저항권	시민불복종권
상황요건	헌법적 기본질서가 근본적으로 위협받거나 부정되는 경우에만 행사가능	헌법질서가 위협받는 경우뿐 아니라 정의에 반하는 개별 법령, 정책에 대하여 행사가능
실력행사 여부	폭력적 수단도 가능	비폭력적 방법
보충성	보충적으로만 행사가능	보충성의 제약 없음
위법성	위법성 부정(정당행위)	위법성 긍정(위법행위)

> ⚖ **판례 |**
>
> 시민단체의 낙선운동이 시민불복종운동으로서 정당행위인지 여부: 소극 (대판 2004.4.27, 2002도315)
> ✎ 시민불복종운동은 위법성이 조각되지 않는다.

2. 저항권의 행사요건

(1) 중대성
민주적·법치국가적 기본질서 또는 기본권보장체계를 전면적으로 부인하는 경우에 해당할 것

(2) 명백성
공권력 행사의 불법성이 객관적으로 명백할 것

(3) 최후수단성(보충성)
헌법이나 법률에 규정된 일체의 법적 구제수단이 이미 유효한 수단이 될 수 없으며, 최후의 수단으로서 저항권의 행사만이 남아 있다고 판단되는 경우일 것

✎ 성공가능성이 요건인지 ➡ 저항행위의 성공가능성은 저항권행사의 요건에 해당한다고 볼 수 없다는 것이 다수설

3. 우리 헌법상 저항권

(1) 근거규정(현행헌법상 ×)
헌법전문에 '불의에 항거한 4·19민주이념을 계승하고'라는 문구를 추가함으로써 저항권규정을 대신하기로 합의

(2) 판례의 태도
① **대법원(부정):** 저항권이 실정법에 근거를 두지 못하고 오직 자연법에만 근거하고 있는 한 법관은 이를 재판규범으로 원용할 수 없다. ➡ 김재규의 대통령 시해사건(대판 1980.5.20, 80도306)
② **헌법재판소(기본적으로는 긍정):** "국회법 소정의 협의 없는 개의시간의 변경과 회의일시를 통지하지 아니한 입법과정의 하자는 저항권행사의 대상이 되지 아니한다."라고 하여 저항권을 기본권으로 인정하지만 입법과정의 하자는 저항권행사의 대상이 아니라고 한다(헌재 1997.9.25, 97헌가4).

(3) 국가기관, 지자체가 저항권의 주체가 될 수 있는지 여부(소극)
국가기관, 지자체는 저항권의 객체일 뿐, 주체가 될 수 없음

04 방어적 민주주의

《주의》 방어적 민주주의와 가치상대주의적 민주주의 정신은 다르다.

1. 기능

민주주의와 기본권의 본질을 수호하며, 헌법에 대한 적대적 시도로부터 헌법을 사전예방적으로 수호함

2. 헌법규정

(1) 위헌정당해산제도(제3차 개정헌법에 도입)

> 헌법 제8조 ④ 정당의 목적이나 활동이 민주적 기본질서에 위배될 때에는 정부는 헌법재판소에 그 해산을 제소할 수 있고, 정당은 헌법재판소의 심판에 의하여 해산된다.

> ⚖️ **판례 | 정당해산제도와 방어적 민주주의**
>
> 어떠한 정당을 엄격한 요건 아래 위헌정당으로 판단하여 해산을 명하는 것은 헌법을 수호한다는 방어적 민주주의적 관점에서 비롯되는 것이다(헌재 2014.12.19, 2013헌다1).

(2) 기본권의 제한사유

> 헌법 제37조 ② 국민의 모든 자유와 권리는 국가안전보장·질서유지 또는 공공복리를 위하여 필요한 경우에 한하여 법률로써 제한할 수 있으며, 제한하는 경우에도 자유와 권리의 본질적인 내용을 침해할 수 없다.

3. 자유민주적 기본질서의 의미와 구체적 내용

기본적 인권의 존중, 권력분립, 의회제도, 복수정당제도, 선거제도, 사유재산과 시장경제를 골간으로 한 경제질서 및 사법권의 독립 등

4. 방어적 민주주의의 한계

소극적·방어적이어야 하며, 방어적 민주주의를 위한 국가적 개입과 제한도 과잉금지의 원칙에 따라야 함

> ⚖️ **판례 |**
>
> 1 어떠한 정당이 외형상 민주적 기본질서를 추구한다고 하더라도 그 구체적인 강령 및 활동이 폭력적 지배를 추구함으로써 자유민주적 기본질서에 위반되는 경우 우리 헌법질서에는 용인될 수 없는 것이다(헌재 2001.9.27, 2000헌마238).
>
> 2 민주적 기본질서 위배란 민주적 기본질서에 대한 단순한 위반이나 저촉을 의미하는 것이 아니라 정당의 목적이나 활동이 민주적 기본질서에 실질적 해악을 끼칠 수 있는 구체적 위험성을 초래하는 경우를 가리킨다(헌재 2014.12.19, 2013헌다1).

제2장 대한민국헌법총설

제1절 대한민국헌정사

01 제1공화국

1. 1948년 7월 17일 건국헌법의 제정

제정과정		대통령제, 단원제 국회, 위헌법률심사권은 헌법위원회에 부여하는 헌법안이 1948년 7월 12일 국회의 의결만으로 제정(국민투표 ×)
주요 내용	기본권	근로3권, 사기업 근로자의 이익분배균점권(제5차 때 삭제), 구속적부심제(제헌 ➡ 제7차 삭제 ➡ 제8차 부활), 자유권에 대한 개별적 법률유보조항(+ 일반적 법률유보), 형사보상청구권(피고인)
	통치구조	① 정부와 대통령 　㉠ 대통령 · 부통령 국회간선제(4년 1차 중임) 　㉡ 대통령의 법률안거부권과 법률안제출권 　㉢ 대통령령의 긴급명령권과 계엄선포권 　㉣ 국무원(의결기관) 　　▶ 제1차~제4차 개정헌법은 의결기관, 제5차 개정헌법부터(국무회의)는 심의기관 　㉤ 국무총리(대통령이 임명 ➡ 국회의 사후승인) 　㉥ 국정감사제도(제헌 ➡ 제7차 삭제 ➡ 제9차 부활) 　㉦ 심계원 ② 국회: 단원제 국회(임기 4년, 제헌국회의원만 임기 2년) ③ 법원 　㉠ 10년 임기의 법관으로 구성 　㉡ 대법원장은 국회의 승인을 얻어 대통령이 임명
	경제질서	**① 통제경제** **② 사회화경향**(자연자원의 국유화 및 공공필요에 의한 사기업의 국공유화, 경자유전의 원칙 등)
	지방자치	지방자치단체의 사무범위와 지방자치단체의 조직과 운영규정
	헌법재판	① 헌법위원회(위원장은 부통령, 대법관 5인, 국회의원 5인): 위헌법률심판 ② 탄핵재판소(재판장은 부통령, 대법관 5인, 국회의원 5인): 탄핵심판권
평가		기본권보장 · 정부형태 · 경제조항 등 미국헌법과 바이마르헌법의 영향을 많이 받았으며, 국회의 정부에 대한 불신임권이 없어서 행정부 우위의 후진국가형 대통령제 정부이었다(김철수).

2. 1952년 7월 4일 제1차 개정헌법(발췌개헌)

개정과정		① 1950년 5월 총선에서 야당이 국회다수석을 차지하자 이승만은 재집권하기 위하여 대통령 간선규정을 직선제로 바꾸려 함 ② 정부개헌안(대통령 직선 + 양원제)과 국회개헌안(의원내각제)은 모두 부결되고, 이후 국회는 양 개헌안이 절충된 **발췌개헌안**을 통과시킴
주요 내용	통치구조	① 정부와 대통령 　㉠ 대통령 직선제(4년 1차 중임) 　㉡ 국무위원 임명에 있어서 국무총리의 제청권 ② 국회 　㉠ 양원제 국회(규정만 하고 실제로는 단원제로 운영) 　　▶ 제1차~제4차 개정헌법은 양원제 국회, 제5차 개정헌법부터는 단원제 국회 규정 　㉡ 국회의 국무원불신임제(연대적 불신임제도) 　　▶ 제1차 개정헌법은 불신임결의 ➡ 제5차 개정헌법은 해임건의 ➡ 제7차, 제8차 개정헌법은 해임의결 ➡ 현행헌법은 해임건의
	헌법개정	① 대통령 또는 민의원의 재적의원 3분의 1 이상 또는 참의원의 재적의원 3분의 2 이상 발의 ② 양원에서 각각 의결(재적의원 3분의 2 이상)
평가		일사부재의(一事不再議)원칙에 위배되고, 공고되지 아니한 개헌안을 의결하였으며, 토론의 자유가 보장되지 아니한 채 의결이 강제되었다는 점이 위헌적인 것이었다.

3. 1954년 11월 27일 제2차 개정헌법(사사오입개헌)

개정과정		① 이승만의 장기집권을 위한 대통령 **중임규정 수정**이 목적 ② 헌법개정안은 부결되었으나, 사사오입(四捨五入)의 수학적 계산방법을 동원하여 부결 선포를 번복하고 가결로 선포
주요 내용	통치구조	① 정부와 대통령 　㉠ 초대 대통령에 한하여 중임제한(3선 제한)을 철폐하고 무제한 입후보 허용 　㉡ 대통령 궐위시 부통령이 지위승계 　㉢ **국무총리제 폐지** 　㉣ 국무원연대책임제 폐지(국무원에 대한 개별적 불신임제 채택) ② 법원: 군사재판에 헌법상 지위 부여(군법회의 최초규정)
	경제질서	경제체제를 **자유시장경제체제**로 전환(최초로 자유시장경제질서 규정)
	헌법개정	① 대통령, 민의원 또는 참의원(재적의원 3분의 1 이상), 민의원선거권자(50만명 이상) 발의(국민발안제는 제7차 개정헌법에서 삭제) ② 양원에서 각각 의결(재적의원 3분의 2 이상) ③ **헌법개정금지조항의 명문화**(민주공화국, 국민주권, 중요사항에 대한 국민투표, 제5차 때 삭제)
	기타	① 국민투표제 도입 　㉠ 주권의 제약, 영토변경 등 국가안위에 관한 중대사항은 국회의 가결을 거친 후 국민투표에 필요적으로 부쳐야 함 　　《주의》 국회의 가결을 거친 후 ○ / 곧바로 × 　㉡ 국회의원선거권자 3분의 2 이상 투표와 투표자 3분의 2 이상 찬성 ② 최초로 군법회의가 헌법에 명문화
평가		초대 대통령에 한하여 중임제한을 철폐한 것은 평등의 원칙에 위배되고, 부결선언사항을 가결로 번복하여 정족수 미달로 위헌적인 것이었다.

02 제2공화국

1. 1960년 6월 15일 제3차 개정헌법(의원내각제개헌)

개정과정		① 3 · 15부정선거와 4 · 19혁명으로 이승만 대통령 하야 ② 허정 과도정부가 수립되어 개헌안이 국회를 통과
주요 내용	**기본권**	① 언론 · 출판 · 집회 · 결사에 대한 사전허가 검열금지(제3차 ➡ 제7차 삭제 ➡ 제9차 부활) ② 본질적 내용침해금지 신설(제3차 ➡ 제7차 삭제 ➡ 제8차 부활)
	통치구조	① 정부와 대통령 　㉠ 대통령 국회간선제(5년 1차 중임) 　㉡ 긴급명령 삭제, 대통령이 긴급재정처분권을, 국무총리가 긴급재정명령권을 보유 　㉢ 심계원, 감찰위원회 ② 국회 　㉠ 의원내각제(수상이 내각수반) 　㉡ 국회의 양원제 ③ 법원: 대법원장 · 대법관선거(법관선거인단) 　《주의》 국민선거인단이 아님 ④ 헌법재판소 신설 ⑤ 중앙선거관리위원회의 헌법기관화(각급 선거관리위원회는 제5차 개정헌법에서 규정)
	지방자치	① 지방자치단체장의 선거제 ② 지방자치 실시
	헌법재판	**헌법재판소**는 법률의 위헌심판, 헌법에 관한 최종적 해석, 국가기관간의 권한쟁송, 정당의 해산심판, 탄핵재판, 대통령 · 대법원장 · 대법관의 선거에 관한 소송 등을 관할
	기타	① 정당조항 신설(위헌정당강제해산제도) ② 직업공무원제(공무원의 중립 및 신분보장) 　✎ 직업의 자유는 제5차 개정헌법 ③ 경찰의 중립보장 　✎ 국군의 정치적 중립보장은 현행헌법부터(제9차)
평가		여야합의에 의한 최초의 개헌이다.

2. 1960년 11월 29일 제4차 개정헌법(부정선거관련자 처벌개헌)

개정과정	반민주행위자 처벌을 위하여 형벌불소급원칙 예외의 근거를 마련하는 헌법개정안을 통과시킴
주요내용	부칙만 개정 ① 3 · 15부정선거관련자 처벌을 위한 헌법적 근거조항을 둠 ② 특별검찰부 · 특별재판소 설치
평가	소급입법에 의하여 참정권과 재산권 등을 제한하거나 처벌할 수 있게 한 점에서 위헌적인 것이었다.

✎ 제4차 개정헌법까지는 헌법개정금지 규정이 존재했다.

03 제3공화국

1. 1962년 12월 26일 제5차 개정헌법(군정대통령제개헌)

개정과정		개헌안을 국가재건최고회의 의결(국회의결 ×)을 거쳐 국민투표로써 확정
주요 내용	**구성**	① **헌법전문을 최초로 개정** 　▶ 헌법전문개정은 제5차, 제7차, 제8차, 제9차 개정헌법에서 일어났다. ② 4·19의거와 5·16혁명의 이념 신설 ③ 단기 4281년 7월 12일 ➡ 1948년 7월 12일
	기본권	① **인간의 존엄과 가치** 신설 ② 양심의 자유를 종교의 자유에서 분리 ③ 직업선택의 자유 신설 ④ 인간다운 생활권 신설 ⑤ **묵비권, 고문받지 않을 권리, 임의성 없는 자백의 증거능력제한 신설** ⑥ **언론·출판의 타인명예침해금지, 영화·연예에 대한 검열 허용**
	통치구조	① 정부와 대통령 　㉠ 대통령 **직선제**(4년 1차 중임) 　㉡ 국무회의 심의기관화(제4차 개정헌법까지는 의결기관) 　㉢ 국무총리 임명에 국회동의제 폐지 　㉣ **감사원 신설** 　㉤ 국가안전보장회의 신설 ② 국회 　㉠ **국회 단원제**: 비례대표제, 국회의원수의 제한 　㉡ 일사부재의 원칙, 회기계속의 원칙 　㉢ 국회의 국무원 해임건의제도 　㉣ 국회의원 면책특권에서 발언·표결의 직무관련성 신설 　㉤ 국회의원 명수의 상·하한 둘 다 명문화 ③ 법원 　㉠ **법관추천회의 설치**(대법원장과 대법관 임명에 법관추천회의 제청, 모든 법관 ×) 　㉡ 비상계엄하 단심재판에 대한 헌법적 규정(군사재판) ④ 헌법재판소 폐지, 탄핵심판위원회 설치, 각급 선거관리위원회 설치
	헌법재판	① 대법원: 위헌법률심사·정당해산심판·선거소송 관할 ② 탄핵심판위원회(위원장은 대법원장, 대법원 판사 3인, 국회의원 5인): 탄핵심판 관할
	헌법개정	① 국회의원(재적의원 3분의 1 이상), 국회의원선거권자(50만인 이상, 국민발안제)의 발의, 대통령 발의 불가능(제5차·제6차) ② 국회의결(재적의원 3분의 2 이상) ③ 필수적 국민투표(국회의원선거권자 과반수 투표와 투표자 과반수 찬성)
	기타	극단적 정당국가화(무소속출마 불허, 국회의원의 당적이탈·변경 또는 정당해산시 의원직 상실), 국회의원 정수 상·하한(150명~200명)
평가		헌법상의 개정절차에 의하지 아니하고 국가비상조치법이 규정한 국민투표에 의하여 개정되었다는 점에서 법리상의 문제가 있었다.

2. 1969년 10월 21일 제6차 개정헌법(공화당 3선개헌)

개정과정	1969년 8월 여당이 대통령의 연임 횟수연장을 골자로 하는 개헌안 제출
주요내용	① 대통령 　㉠ 대통령의 **재임을 3기까지** 인정 　㉡ 대통령 **탄핵소추요건 강화**(대통령만 재적의원 3분의 2, 나머지는 재적의원 과반수) 　㉢ 대통령에게 헌법 개정권한 × ② 국회 　㉠ 국회의원정수 상한을 250명으로 증원 　㉡ 국회의원 겸직규정
평가	국회의사당이 아닌 곳에서 기습적으로 여당의원만 모여 이루어진 반민주적인 개헌안으로, 장기집권을 가능하게 하는 수단이 되었다(허영).

04 제4공화국

1972년 제7차 개정헌법(유신개헌)

개정과정		국민투표로써 확정, 1972년 12월 27일에 공포
	헌법전문	① 조국의 평화적 통일의 역사적 사명 추가 ② 자유민주적 기본질서 추가
	기본권	기본권 약화 ① **기본권의 제한요소로 국가안전보장 추가** ② 본질적 내용침해금지 삭제(제3차 ➡ 제7차 삭제 ➡ 제8차 부활) ③ 언론·출판에 대한 허가·검열금지 삭제(제3차 ➡ 제7차 삭제 ➡ 제9차 부활) ④ 구속적부심 폐지(제헌 ➡ 제7차 삭제 ➡ 제8차 부활) ⑤ 이중배상금지 추가
주요 내용	통치구조	① 정부와 대통령[영도적 대통령제(대통령에게 국정조정자적 지위 부여)] 　㉠ 대통령의 중임·연임조항 폐지 　㉡ 통일주체국민회의 설치[대통령 간선(무기명투표, 재적과반수)과 국회의원 3분의 1 선출] 　㉢ 대통령의 긴급조치권 신설 　㉣ 대통령의 국회의원정수의 3분의 1 추천권, 대통령의 국회임시회 소집요구권 신설, 대통령의 국회해산권(제7차·제8차) 　㉤ 대통령의 법관 임명제 도입 　㉥ 대통령 임기 6년 ② 국회(권한 축소): 대통령이 국회의원 3분의 1 추천, **국정감사권 폐지**(제헌 ➡ 제7차 삭제 ➡ 제9차 부활) ③ 헌법위원회 설치
	지방자치	지방자치 유보(조국의 통일시까지 유예)
	헌법재판	① 헌법위원회: 위헌법률심사·탄핵심판·정당해산심판 관할 ② 법원: 위헌법률심사 제청만 할 수 있음

헌법개정	① 헌법개정에 대한 국민발안제 폐지(제2차~제6차)
	② 헌법개정 이원화
	㉠ 대통령 발의: 국민투표(국회의원선거권자 과반수 투표와 투표자 과반수 찬성)
	㉡ 국회의원(재적의원 과반수 이상) 발의: 국회의결(재적의원 3분의 2 이상), 통일주체국민
	회의의 의결로 확정
기타	① 평화통일원칙 최초 규정
	② 자유민주적 기본질서 최초 규정(이전에는 민주주의 제도로 규정하고 있었음)

05 제5공화국

1980년 제8차 개정헌법(국보위개헌)

개정과정		헌법개정심의위원회가 개헌안을 작성하고 국민투표에 회부되어 확정
주요 내용	기본권	기본권의 상대적 강화
		① 행복추구권 신설
		② 구속적부심 부활(제헌 ➡ 제7차 삭제 ➡ 제8차 부활)
		③ 사생활의 비밀과 자유 신설
		④ 연좌제 폐지
		⑤ 형사피고인의 무죄추정 신설
		⑥ 환경권
		⑦ 적정임금조항(최저임금제는 제9차 개정헌법에서 규정)
		⑧ 평생교육에 관한 권리
	통치구조	① 정부와 대통령(강력한 대통령제)
		㉠ 선거인단에 의한 대통령 간선제(7년 단임제), 통일주체국민회의 폐지
		㉡ 대통령의 비상조치권
		㉢ 국정자문회의, 평화통일자문회의 신설
		② 국회: 국회의 국정조사권 신설
		③ 법원
		㉠ 일반 법관 임명권을 대법원장에게 부여
		㉡ 징계에 의한 법관파면 삭제
	경제질서	① 소비자보호운동의 보장
		② 독과점의 규제와 조정
		③ 중소기업의 보호 · 육성
		④ 국가표준제도 확립
	헌법개정	① 헌법개정절차의 일원화(국민투표로만 확정시킬 수 있음)
		㉠ 대통령, 국회의원(재적의원 과반수 이상) 발의
		㉡ 국회의결(재적의원 3분의 2 이상)
		㉢ 국민투표
		② 임기연장이나 중임변경을 위한 헌법개정은 개정 당시의 대통령에게 적용금지
	기타	① 전통문화의 계승과 발전, 민족문화의 창달
		② 재외국민보호조항
		《주의》 재외국민보호'의무'는 제9차 개정헌법
		③ 정당보조금 지급

06 제6공화국

1987년 제9차 개정헌법(현행헌법, 대통령 직선제개헌)

개정과정		여야로 구성된 국회개헌특별위원회에서 개정안을 마련하고 1987년 10월 27일 국민투표에 의하여 확정
주요 내용	구성	전문, 10개 장, 130개 조, 부칙
	전문	전문개정(대한민국임시정부의 법통계승, 불의에 항거한 4·19민주이념)
	기본권	기본권 강화 ① 적법절차제도 ② 구속의 통지·고지제도 ③ 형사피해자의 재판절차진술권 ④ 형사피의자의 형사보상청구권(피고인의 형사보상청구권은 제헌헌법부터 규정) ⑤ 범죄피해자의 국가구조 ⑥ 최저임금제 시행의무(적정임금제는 제8차 개정헌법에서 규정) ⑦ 대학의 자율성 ⑧ 쾌적한 주거 생활권 ⑨ 여자·모성·노인·청소년의 권익보호
	통치구조	① 정부와 대통령 　㉠ 대통령(5년 단임 직선제) 　㉡ 비상조치권 삭제, 긴급명령제 부활 　㉢ 국회해산권 삭제 ② 국회(국회의 지위와 권한 강화) 　㉠ 국무위원에 대한 해임건의권 　㉡ 국정감사권 부활(제헌 ➡ 제7차 삭제 ➡ 제9차 부활) ③ 법원 　㉠ 대법관 임명에 국회의 동의 　㉡ 비상계엄하 군사재판은 단심이지만 사형은 단심제판에서 제외하는 규정 신설 　　▶ 비상계엄하 군사재판 단심 규정은 제5차 개정헌법에서 신설 ④ 헌법재판소: 부활
	헌법재판	① 헌법재판소: 위헌법률심사·탄핵심판·정당해산심판·권한쟁의·헌법소원(신설) ② 대법원: 선거소송
	헌법개정	① 대통령 중임제한규정 개정시 효력제한규정을 둠 ② 헌법개정절차 　㉠ 대통령, 국회의원(재적의원 과반수 이상) 발의 　㉡ 국회의결(재적의원 3분의 2 이상) 　㉢ 국민투표
	기타	① 재외국민보호의무 　《주의》 재외국민보호조항은 제8차 개정헌법 ② 국군의 정치적 중립성 ③ 정당의 목적이 민주적일 것 ④ 통일조항(제4조): 자유민주적 기본질서에 입각한 평화적 통일정책의 수립·추진

제2절 대한민국의 국가형태와 구성요소

01 대한민국의 구성요소

> **헌법 제1조** ① 대한민국은 **민주공화국**이다.
> ② 대한민국의 주권은 국민에게 있고, 모든 권력은 **국민**으로부터 나온다.
> **제3조** 대한민국의 영토는 한반도와 그 부속도서로 한다.
> ✎ 영토 ○ / 영해 · 영공 ×

구분	주권	통치권
의의	국가의사를 최종적 · 전반적으로 결정하는 최고권력으로서 모든 권력의 상위에 위치하는 근원적인 힘	주권에서 유래하고 주권에 의하여 조직된 권력
성질	단일불가분 · 불가양	분할 · 양도가능
주체 · 행사	주권의 주체는 국민 (민주국가에서 주권은 국민에 귀속)	• 통치권의 주체는 국가 • 헌법에 의하여 구성된 국가기관이 헌법에 규정된 절차와 한도 내에서 행사

02 국민

> **헌법 제2조** ① 대한민국의 국민이 되는 요건은 법률로 정한다.
> **국적법**
> **제1조 【목적】** 이 법은 대한민국의 국민이 되는 요건을 정함을 목적으로 한다.

1. 국적에 따른 국민이 되는 요건

(1) 국적은 국가의 생성과 더불어 발생, 국가의 소멸은 국적 상실사유
    《주의》 국가의 생성 ○ / 법률의 생성 ×

(2) 국적은 성문의 법령을 통해서가 아니라 국가의 생성과 더불어 존재

(3) 국민이 되는 요건은 '법률'에 의하여 발생 ➡ 국적법, 우리나라는 국적단행법주의를 채택

(4) 외국인이 특정한 국가의 국적을 선택할 권리는 기본권으로 인정 × ➡ 귀화허가 재량사항

(5) 헌법은 국적취득요건을 정하는 것을 입법자에게 위임하고 있으므로 입법자는 누가, 어떠한 요건하에서 대한민국 국민이 될 수 있는지 정할 수 있음

(6) 국적법의 내용은 헌법사항을 규율한 것

2. 국적의 취득

(1) 선천적 국적취득

> **국적법**
>
> **제2조【출생에 의한 국적취득】** ① 다음 각 호의 어느 하나에 해당하는 자는 출생과 동시에 대한민국 국적을 취득한다.
> 1. 출생 당시에 **부 또는 모**가 대한민국의 국민인 자
> 2. 출생하기 전에 부가 사망한 경우에는 그 **사망 당시에 부가 대한민국의 국민**이었던 자
>   - **'출생과 동시에':** 속인주의
>   - **'부 또는 모가':** 부모양계혈통주의(부와 모는 동등). 즉, 부모 둘 다 국민일 필요는 없음
>   - **'사망 당시에 부가 대한민국의':** 단, 부계혈통주의는 위헌
> 3. 부모가 모두 분명하지 아니한 경우나 국적이 없는 경우에는 대한민국에서 출생한 자
> ② **대한민국에서 발견된** 기아(棄兒)는 대한민국에서 출생한 것으로 **추정**한다.
>   - **'대한민국에서 발견된':** 속인주의가 원칙이지만 속지주의도 보충
>   - 추정 ○ / 간주 ×(기아출생추정)
>   - 부모가 '모두' 분명하지 아니한 경우이지 부모 중 어느 한 쪽이 국적이 없는 경우가 아님

(2) 후천적 국적취득

> **국적법**
>
> **제3조【인지에 의한 국적취득】** ① 대한민국의 국민이 아닌 자(이하 '외국인'이라 한다)로서 대한민국의 국민인 부 또는 모에 의하여 인지(認知)된 자가 다음 각 호의 요건을 모두 갖추면 **법무부장관에게 신고**함으로써 대한민국 국적을 취득할 수 있다.
> 1. 대한민국의 민법상 미성년일 것
> 2. 출생 당시에 부 또는 모가 대한민국의 국민이었을 것
> ② 제1항에 따라 신고한 자는 그 신고를 한 때에 대한민국 국적을 취득한다.
>   - 기본적으로 인지는 한국인 부모를 둔 외국 국적 미성년을 대상으로 함
>   - 법무부장관 소관 ○ / 외교부장관 ×
>   - **인지의 경우:** 신고를 한 때 ○ / 허가를 한 때 ×
>
> **제4조【귀화에 의한 국적취득】** ① 대한민국 국적을 **취득한 사실이 없는** 외국인은 법무부장관의 **귀화허가(歸化許可)를 받아** 대한민국 국적을 취득할 수 있다.
> ② 법무부장관은 귀화허가 신청을 받으면 제5조부터 제7조까지의 귀화요건을 갖추었는지를 심사한 후 그 요건을 갖춘 사람에게만 귀화를 허가한다.
> ③ 제1항에 따라 귀화허가를 받은 사람은 법무부장관 앞에서 **국민선서를 하고 귀화증서를 수여받은 때**에 대한민국 국적을 취득한다. 다만, 법무부장관은 연령, 신체적·정신적 장애 등으로 국민선서의 의미를 이해할 수 없거나 이해한 것을 표현할 수 없다고 인정되는 사람에게는 국민선서를 면제할 수 있다.
>   - **귀화:** 대한민국 국적을 취득한 사실이 없어야 함
>   - 귀화허가는 법무부장관의 재량사항(특허)
>   - **귀화허가의 경우:** 국민선서를 하고 귀화증서를 수여받은 때 ○ / 허가를 한 때 ×
>
> **제5조【일반귀화요건】** 외국인이 귀화허가를 받기 위하여서는 제6조나 제7조에 해당하는 경우 외에는 다음 각 호의 요건을 갖추어야 한다.
> 1. **5년 이상 계속하여 대한민국에 주소**가 있을 것
> 1의2. 대한민국에서 영주할 수 있는 체류자격을 가지고 있을 것
> 2. 대한민국의 민법상 **성년**일 것
> 3. 법령을 준수하는 등 법무부령으로 정하는 품행 단정의 요건을 갖출 것
> 4. 자신의 자산이나 기능에 의하거나 생계를 같이하는 가족에 의존하여 생계를 유지할 능력이 있을 것

5. 국어능력과 대한민국의 풍습에 대한 이해 등 대한민국 국민으로서의 기본 소양을 갖추고 있을 것

6. 귀화를 허가하는 것이 국가안전보장·질서유지 또는 공공복리를 해치지 아니한다고 법무부장관이 인정할 것

✎ 일반귀화 필수사항
- 5년 이상 국내주소(간이귀화는 3년)
- 민법상 성년 / 품행단정 / 생계유지능력 / 기본소양

제6조【간이귀화요건】 ① 다음 각 호의 어느 하나에 해당하는 외국인으로서 대한민국에 3년 이상 계속하여 주소가 있는 자는 제5조 제1호의 요건을 갖추지 아니하여도 귀화허가를 받을 수 있다.

1. 부 또는 모가 대한민국의 국민이었던 자

2. 대한민국에서 출생한 자로서 부 또는 모가 대한민국에서 출생한 자

3. 대한민국 국민의 양자로서 입양 당시 대한민국의 민법상 성년이었던 자

✎ 간이귀화 필수사항
- 3년 국내주소(일반귀화는 5년)
- 부모와 관련된 요건 체크!(제1호 – 한국인이었던 부모, 제2호 – 본인 한국 출생 + 부모 한국 출생)
- 미성년자는 간이귀화의 대상이 될 수 없음

② 배우자가 대한민국의 국민인 외국인으로서 다음 각 호의 어느 하나에 해당하는 자는 제5조 제1호의 요건을 갖추지 아니하여도 귀화허가를 받을 수 있다.

1. 그 배우자와 혼인한 상태로 대한민국에 2년 이상 계속하여 주소가 있는 자

2. 그 배우자와 혼인한 후 3년이 지나고 혼인한 상태로 대한민국에 1년 이상 계속하여 주소가 있는 자

✎ 혼인귀화
- **기본**: 2년
- **예외**: 혼인 후 3년 + 1년 이상 국내 주소(3 + 1)

3. 제1호나 제2호의 기간을 채우지 못하였으나, 그 배우자와 혼인한 상태로 대한민국에 주소를 두고 있던 중 그 배우자의 **사망이나 실종 또는 그 밖에 자신에게 책임이 없는 사유로** 정상적인 혼인 생활을 할 수 없었던 자로서 제1호나 제2호의 **잔여 기간을 채웠고** 법무부장관이 상당하다고 인정하는 자

4. 제1호나 제2호의 요건을 충족하지 못하였으나, 그 배우자와의 혼인에 따라 출생한 **미성년의 자를 양육하고 있거나 양육하여야 할 자**로서 제1호나 제2호의 기간을 채웠고 법무부장관이 상당하다고 인정하는 자

✎ 제1호~제2호의 기간을 채우지 못 했어도 자기책임이 없으면(배우자의 사망 실종) 인정, 미성년 자녀를 양육하고 있어도 인정, 그러나 잔여기간은 반드시 채워야 함

제7조【특별귀화요건】 ① 다음 각 호의 어느 하나에 해당하는 외국인으로서 **대한민국에 주소가 있는 자**는 제5조 제1호·제2호 또는 제4호의 요건을 갖추지 아니하여도 귀화허가를 받을 수 있다.

1. 부 또는 모가 대한민국의 국민인 자. 다만, 양자로서 대한민국의 민법상 성년이 된 후에 입양된 자는 제외한다.

2. 대한민국에 특별한 공로가 있는 자

3. 과학·경제·문화·체육 등 특정 분야에서 매우 우수한 능력을 보유한 자로서 대한민국의 국익에 기여할 것으로 인정되는 자

② 제1항 제2호 및 제3호에 해당하는 자를 정하는 기준 및 절차는 대통령령으로 정한다.

제8조【수반취득】 ① 외국인의 자로서 대한민국의 민법상 **미성년인** 자는 부 또는 모가 귀화허가를 신청할 때 함께 국적취득을 신청할 수 있다.

② 제1항에 따라 국적취득을 신청한 자는 법무부장관이 부 또는 모에게 귀화를 허가한 때에 함께 대한민국 국적을 취득한다.

제19조【법정대리인이 하는 신고 등】 이 법에 규정된 신청이나 신고와 관련하여 그 신청이나 신고를 하려는 자가 15세 미만이면 법정대리인이 대신하여 이를 행한다.

《주의》 18세가 아닌 15세

⚖️ 판례 Ⅰ

1 외국인이 귀화허가를 받기 위해서는 품행이 단정할 것의 요건을 갖추도록 한 국적법 제5조 제3호가 명확성원칙에 위배되는지 여부: 소극[합헌] (헌재 2016.7.28, 2014헌바421)

2 외국인이 특정한 국가의 국적을 선택할 권리가 자연권으로서 또는 우리 헌법상 인정되는지 여부: 소극 (헌재 2006.3.30, 2003헌마806)

3 병역법 제8조에 따라 병역준비역에 편입된 자는 편입된 때부터 3개월 이내에 하나의 국적을 선택하도록 한 것이 국적이탈의 자유를 침해하는지 여부: 적극[헌법불합치]

   심판대상 법률조항의 존재로 인하여 복수국적을 유지하게 됨으로써 대상자가 겪어야 하는 실질적 불이익은 구체적 사정에 따라 상당히 클 수 있다. 국가에 따라서는 복수국적자가 공직 또는 국가안보와 직결되는 업무나 다른 국적국과 이익충돌 여지가 있는 업무를 담당하는 것이 제한될 가능성이 있다. 현실적으로 이러한 제한이 존재하는 경우, 특정 직업의 선택이나 업무 담당이 제한되는 데 따르는 사익 침해를 가볍게 볼 수 없다. 심판대상 법률조항은 과잉금지원칙에 위배되어 청구인의 국적이탈의 자유를 침해한다(헌재 2020.9.24, 2016헌마889).

4 외국인이 복수국적을 누릴 자유는 헌법상 행복추구권에 의하여 보호되는 기본권에 해당하는지 여부: 소극

5 자진하여 외국 국적을 취득한 경우 대한민국 국적을 상실하도록 하고, 복수국적을 불허하는 국적법 제15조 제1항 등이 거주·이전의 자유 및 행복추구권을 침해하는지 여부: 소극[기각] (헌재 2014.6.26, 2011헌마502)

(3) 국적취득자의 외국 국적포기의무

> **국적법**
>
> **제10조【국적취득자의 외국 국적포기의무】** ① 대한민국 국적을 취득한 외국인으로서 외국 국적을 가지고 있는 자는 대한민국 국적을 취득한 날부터 1년 내에 그 외국 국적을 포기하여야 한다.
>
> ✎ '1년 내': 반드시 1년 내에 포기해야 함 / 6개월 ×
>
> ② 제1항에도 불구하고 다음 각 호의 어느 하나에 해당하는 자는 대한민국 국적을 취득한 날부터 1년 내에 외국 국적을 포기하거나 법무부장관이 정하는 바에 따라 대한민국에서 외국 국적을 행사하지 아니하겠다는 뜻을 법무부장관에게 서약하여야 한다.
>
> 《주의》 1년 내에 외국 국적을 포기하거나, 서약해야 함
>
> ─ 중략 ─
>
> ③ 제1항 또는 제2항을 이행하지 아니한 자는 **그 기간이 지난 때에** 대한민국 국적을 상실한다.
>
> ✎ 기간이 지난 후에 신고하면, 다시 대한민국 국적 취득 가능

(4) 복수국적자의 국적선택의무

> **국적법**
>
> **제12조【복수국적자의 국적선택의무】** ① 만 20세가 되기 전에 복수국적자가 된 자는 만 22세가 되기 전까지, 만 20세가 된 후에 복수국적자가 된 자는 그때부터 2년 내에 제13조와 제14조에 따라 하나의 국적을 선택하여야 한다.
>
> ✎ 복수국적자의 국적선택
>   • 20세 전: 22세 전
>   • 20세 후: 2년 내(20세 전이냐 후를 구분)
>
> 다만, 제10조 제2항에 따라 법무부장관에게 대한민국에서 외국 국적을 행사하지 아니하겠다는 뜻을 서약한 복수국적자는 제외한다.

② 제1항 본문에도 불구하고 병역법 제8조에 따라 **병역준비역에 편입된 자**는 편입된 때부터 **3개월 이내에 하나의 국적을 선택**하거나 제3항 각 호의 어느 하나에 해당하는 때부터 2년 이내에 하나의 국적을 선택하여야 한다. 다만, 제13조에 따라 대한민국 국적을 선택하려는 경우에는 제3항 각 호의 어느 하나에 해당하기 전에도 할 수 있다.

③ 직계존속이 외국에서 영주할 목적 없이 체류한 상태에서 출생한 자는 병역의무의 이행과 관련하여 다음 각 호의 어느 하나에 해당하는 경우에만 제14조에 따른 국적이탈신고를 할 수 있다.

1. 현역·상근예비역 또는 보충역 또는 대체역으로 복무를 마치거나 마친 것으로 보게 되는 경우
2. 전시근로역에 편입된 경우
3. 병역면제처분을 받은 경우

✎ 병역 관련 국적선택
  • **미필자**: 3개월 이내
  • **병역 이행 의무에서 벗어난 경우**: 2년 이내(직계존속이 외국에서 영주할 목적 없이 체류한 사태에서 출생한 자)

제13조【대한민국 국적의 선택절차】 ① 복수국적자로서 **제12조 제1항 본문에 규정된 기간 내에** 대한민국 국적을 선택하려는 자는 외국 국적을 포기하거나 법무부장관이 정하는 바에 따라 대한민국에서 외국 국적을 행사하지 아니하겠다는 뜻을 서약하고 법무부장관에게 대한민국 국적을 선택한다는 뜻을 신고할 수 있다.

② 복수국적자로서 **제12조 제1항 본문에 규정된 기간 후에** 대한민국 국적을 선택하려는 자는 외국 국적을 포기한 경우에만 법무부장관에게 대한민국 국적을 선택한다는 뜻을 신고할 수 있다. 다만, 제12조 제3항 제1호의 경우에 해당하는 자는 그 경우에 해당하는 때부터 2년 이내에는 제1항에서 정한 방식으로 대한민국 국적을 선택한다는 뜻을 신고할 수 있다.

✎ 복수국적자는 외국 국적을 포기하거나, 외국 국적을 행사하지 아니하겠다는 뜻을 서약해야 함(법무부장관에게 대한민국 국적 선택 신고)

3. 국적의 상실

국적법

제14조【대한민국 국적의 이탈요건 및 절차】 ① 복수국적자로서 외국 국적을 선택하려는 자는 외국에 주소가 있는 경우에만 주소지 관할 재외공관의 장을 거쳐 법무부장관에게 대한민국 국적을 이탈한다는 뜻을 신고할 수 있다. 다만, 제12조 제2항 본문 또는 같은 조 제3항에 해당하는 자는 그 기간 이내에 또는 해당 사유가 발생한 때부터만 신고할 수 있다.

② 제1항에 따라 국적이탈의 신고를 한 자는 법무부장관이 신고를 수리한 때에 대한민국 국적을 상실한다.

③ 제1항에 따른 신고 및 수리의 요건, 절차와 그 밖에 필요한 사항은 대통령령으로 정한다.

✎ • 복수국적자가 외국 국적을 선택하려는 경우 반드시 외국에 주소가 있어야 함(합헌), 재외공관의 장을 거쳐 법무부장관에게 신고
  • **국적이탈 신고**: 법무부장관이 신고를 수리한 때 대한민국 국적 상실(신고한 때 ×)

제14조의2【대한민국 국적의 이탈에 관한 특례】 ① 제12조 제2항 본문 및 제14조 제1항 단서에도 불구하고 다음 각 호의 요건을 모두 충족하는 복수국적자는 병역법 제8조에 따라 병역준비역에 편입된 때부터 **3개월 이내에 대한민국 국적을 이탈한다는 뜻을 신고하지 못한 경우** 법무부장관에게 대한민국 국적의 이탈 허가를 신청할 수 있다.

1. 다음 각 목의 어느 하나에 해당하는 사람일 것
  가. **외국에서 출생한 사람**(직계존속이 외국에서 영주할 목적 없이 체류한 상태에서 출생한 사람은 제외한다)으로서 출생 이후 계속하여 외국에 주된 생활의 근거를 두고 있는 사람
  나. **6세 미만의 아동일 때 외국으로 이주한 이후 계속하여** 외국에 주된 생활의 근거를 두고 있는 사람
2. 제12조 제2항 본문 및 제14조 제1항 단서에 따라 병역준비역에 편입된 때부터 3개월 이내에 국적 이탈을 신고하지 못한 정당한 사유가 있을 것

제14조의3 【복수국적자에 대한 국적선택명령】 ① 법무부장관은 복수국적자로서 제12조 제1항 또는 제2항에서 정한 기간 내에 국적을 선택하지 아니한 자에게 1년 내에 **하나의 국적을 선택할 것을 명하여야 한다.**

② 법무부장관은 복수국적자로서 제10조 제2항, 제13조 제1항 또는 같은 조 제2항 단서에 따라 대한민국에서 외국 국적을 행사하지 아니하겠다는 뜻을 서약한 자가 그 뜻에 현저히 반하는 행위를 한 경우에는 6개월 내에 하나의 국적을 선택할 것을 **명할 수 있다.**

《주의》 청문을 거치진 않는다.

③ 제1항 또는 제2항에 따라 국적선택의 명령을 받은 자가 대한민국 국적을 선택하려면 외국 국적을 포기하여야 한다.

④ 제1항 또는 제2항에 따라 국적선택의 명령을 받고도 이를 따르지 아니한 자는 그 기간이 지난 때에 대한민국 국적을 상실한다.

✎ 국적선택 명령
- **기간 내에 국적을 선택하지 아니한 복수국적자**: 법무부장관이 **1년** 내에 선택을 명함(기속)
- **서약내용의무위반**: 법무부장관이 **6개월** 내에 선택을 명함(재량) / 국적상실결정 ×
- 국적선택 명령 받은 자(복수국적자)가 대한민국 국적 선택시 외국 국적 포기
- 국적선택 명령 무시할 경우 기간 지나면 대한민국 국적 상실

제14조의4 【대한민국 국적의 상실결정】 ① 법무부장관은 복수국적자가 다음 각 호의 어느 하나의 사유에 해당하여 대한민국의 국적을 보유함이 현저히 부적합하다고 인정하는 경우에는 청문을 거쳐 대한민국 국적의 상실을 결정할 수 있다. 다만, **출생에 의하여 대한민국 국적을 취득한 자는 제외**한다.
1. 국가안보, 외교관계 및 국민경제 등에 있어서 대한민국의 국익에 반하는 행위를 하는 경우
2. 대한민국의 사회질서유지에 상당한 지장을 초래하는 행위로서 대통령령으로 정하는 경우

② 제1항에 따른 결정을 받은 자는 그 결정을 받은 때에 대한민국 국적을 상실한다.

✎ 국적상실 결정
- **출생에 의하여 대한민국 국적을 취득한 자는 결코 국적상실 결정할 수 없음**(한 번 이 땅에서 태어난 이상 국외로 추방 불가)
- **국가안보, 외교관계 및 국민경제 등 국익에 반하는 행위, 사회질서유지 지장(대통령령)**: 국적상실 결정 / 결정받은 때에 바로 국적상실

제15조 【외국 국적취득에 따른 국적상실】 ① 대한민국의 국민으로서 자진하여 외국 국적을 취득한 자는 그 외국 국적을 취득한 때에 대한민국 국적을 상실한다.

② 대한민국의 국민으로서 다음 각 호의 어느 하나에 해당하는 자는 그 외국 국적을 취득한 때부터 **6개월** 내에 법무부장관에게 대한민국 국적을 보유할 의사가 있다는 뜻을 신고하지 아니하면 그 외국 국적을 취득한 때로 소급하여 대한민국 국적을 상실한 것으로 본다.
1. 외국인과의 **혼인**으로 그 배우자의 국적을 취득하게 된 자
2. 외국인에게 **입양**되어 그 양부 또는 양모의 국적을 취득하게 된 자
3. 외국인인 부 또는 모에게 **인지**되어 그 부 또는 모의 국적을 취득하게 된 자
4. 외국 국적을 취득하여 대한민국 국적을 상실하게 된 자의 배우자나 미성년의 자로서 그 외국의 법률에 따라 **함께** 그 외국 국적을 취득하게 된 자

✎ • **자진취득**: 자진하여 외국 국적 취득시 대한민국 국적 상실
- **비자진취득(혼인, 입양, 인지, 가족으로 인해 외국 국적 취득한 미성년)**: 6개월 내에 법무부장관에게 대한민국 국적 보유 의사 신고, 신고 아니할 경우 외국 국적 취득시로 소급하여 대한민국 국적 상실

제16조 【국적상실자의 처리】 ① 대한민국 국적을 상실한 자(제14조에 따른 국적이탈의 신고를 한 자는 제외한다)는 법무부장관에게 국적상실신고를 하여야 한다.

제18조 【국적상실자의 권리 변동】 ① 대한민국 국적을 상실한 자는 국적을 상실한 때부터 대한민국의 국민만이 누릴 수 있는 권리를 누릴 수 없다.

② 제1항에 해당하는 권리 중 대한민국의 국민이었을 때 취득한 것으로서 양도할 수 있는 것은 그 권리와 관련된 법령에서 따로 정한 바가 없으면 **3년** 내에 대한민국의 국민에게 양도하여야 한다.

《주의》 국적상실자는 상실한 때부터 권리 박탈, 양도할 수 있는 것은 3년 내에 대한민국 국민에게 양도해야 함(삼양라면으로 외우면 쉬움)

제19조 【법정대리인이 하는 신고 등】 ① 이 법에 규정된 신청이나 신고와 관련하여 그 신청이나 신고를 하려는 자가 15세 **미만**이면 법정대리인이 대신하여 이를 행한다.

4. 국적의 회복과 재취득

> **국적법**
>
> **제9조【국적회복에 의한 국적취득】** ① 대한민국의 국민이었던 외국인은 법무부장관의 국적회복허가를 받아 대한민국 국적을 취득할 수 있다.
>
> ② 법무부장관은 국적회복허가신청을 받으면 심사한 후 다음 각 호의 이느 하나에 해당하는 자에게는 국적회복을 허가하지 아니한다.
>
> 1. 국가나 사회에 위해를 끼친 사실이 있는 자
> 2. 품행이 단정하지 못한 자
> 3. 병역을 기피할 목적으로 대한민국 국적을 상실하였거나 이탈하였던 자
> 4. 국가안전보장·질서유지 또는 공공복리를 위하여 법무부장관이 국적회복을 허가하는 것이 적당하지 아니하다고 인정하는 자
>
> ③ 제1항에 따라 국적회복허가를 받은 자는 법무부장관이 허가를 한 때에 대한민국 국적을 취득한다.
>
> 🖉 **국적회복**
> - 대한민국 '국민이었던' 외국인 대상 / 법무부장관의 국적회복 '허가'(신고 ×)
> - **국적회복 불허사유**: 국가나 사회에 위해 / 품행 단정 못함 / 병역 기피 목적 / 국가안전보장 및 질서유지 목적으로 법무부장관이 국적회복을 허가하는 것이 부적당하다고 인정하는 자
>
> **제11조【국적의 재취득】** ① 제10조 제3항에 따라 대한민국 국적을 상실한 자가 그 후 1년 내에 그 외국 국적을 포기하면 법무부장관에게 **신고함으로써** 대한민국 국적을 재취득할 수 있다.
>
> ② 제1항에 따라 신고한 자는 그 신고를 한 때에 대한민국 국적을 취득한다.
>
> 🖉 **대한민국 국적 상실자**: 1년 내에 외국 국적 포기 + 법무부장관에게 신고 ➔ 신고한 때에 국적재취득
>
> **《주의》 신고로 국적을 취득하는 경우**: 외국 국적 포기의무이행 × ➔ 국적 상실자의 국적 재취득, 인지에 의한 국적취득
>
> **제11조의2【복수국적자의 법적 지위 등】** ① 출생이나 그 밖에 이 법에 따라 대한민국 국적과 외국 국적을 함께 가지게 된 사람으로서 대통령령으로 정하는 사람(이하 '복수국적자'라 한다)은 대한민국의 법령 적용에서 대한민국 국민으로만 처우한다.
>
> 🖉 **복수국적자**: 대한민국 법령 적용시 대한민국 국민으로만 처우
>
> **제21조【허가 등의 취소】** ① 법무부장관은 거짓이나 그 밖의 부정한 방법으로 귀화허가, 국적회복허가, 국적의 이탈 허가 또는 국적보유판정을 받은 자에 대하여 그 허가 또는 판정을 취소할 수 있다.
>
> 🖉 **거짓, 부정한 방법으로 국적취득 및 보유한 자**: 법무부장관이 허가 또는 판정을 취소할 수 있음
>
> **제22조【국적심의위원회】** ① 국적에 관한 다음 각 호의 사항을 심의하기 위하여 **법무부장관 소속으로 국적심의위원회**(이하 "위원회"라 한다)를 둔다.
>
> 1. 제7조 제1항 제3호에 해당하는 특별귀화 허가에 관한 사항
> 2. 제14조의2에 따른 대한민국 국적의 이탈 허가에 관한 사항
> 3. 제14조의4에 따른 대한민국 국적의 상실 결정에 관한 사항
> 4. 그 밖에 국적업무와 관련하여 법무부장관이 심의를 요청하는 사항
>
> **제23조【위원회의 구성 및 운영】** ① 위원회는 위원장 1명을 포함하여 30명 이내의 위원으로 구성한다.
>
> ② **위원장은 법무부차관**으로 하고, 위원은 다음 각 호의 사람으로 한다.
>
> 1. 법무부 소속 고위공무원단에 속하는 공무원으로서 법무부장관이 지명하는 사람 1명
> 2. 대통령령으로 정하는 관계 행정기관의 국장급 또는 이에 상당하는 공무원 중에서 법무부장관이 지명하는 사람
> 3. 국적 업무와 관련하여 학식과 경험이 풍부한 사람으로서 법무부장관이 위촉하는 사람

국적취득	선천적 국적취득		• 원칙: 속인주의(혈통주의) – 부모양계혈통주의 • 예외: 속지주의(출생지주의) – 부모 모두가 분명하지 아니하거나 국적이 없는 때
	후천적 국적취득	인지 (신고)	요건: 민법에 의하여 미성년일 것 + 출생 당시에 부 또는 모가 대한민국 국민이었을 것, 신고
		귀화	• 일반귀화: 5년 이상 계속하여 대한민국에 주소가 있을 것 • 간이귀화: 3년 이상 계속하여 대한민국에 주소가 있을 것 • 특별귀화: 주소요건 필요 없음
		입양	• 미성년입양: 특별귀화대상(주소는 필요, 기간은 요건 ×) • 성년자입양: 간이귀화대상(3년 이상 주소가 있어야 함)
		혼인	요건(간이귀화대상) • 혼인상태로 2년 이상 계속하여 대한민국에 주소가 있을 것(3년 경과 ×) • 혼인한 후 3년 경과하고 1년 이상 주소가 있을 것
		수반취득	미성년인 자(子)의 수반취득 인정 《주의》 성년인 자(子)는 인정하지 않음
		국적회복	• 요건: 대한민국 국민이었던 외국인(자격) + 법무부장관의 국적회복 허가(절차) • 국적회복 불허사유: 병역기피를 목적으로 국적을 상실 또는 이탈한 자 등
국적상실	자진상실		자진하여 외국 국적을 취득한 때에는 대한민국 국적상실
	비자진상실		외국 국적을 취득한 때부터 6개월 내에 신고 × – 국적 보유할 의사가 있다는 뜻을 신고하지 아니하면 그 외국 국적을 취득한 때로 소급하여 국적상실
	국적상실자의 권리변동		'양도 가능한' 권리는 3년 내에 대한민국 국민에게 양도
국적판정			법무부장관이 대한민국 국적의 취득 또는 보유 여부가 불분명한 자에 대하여 심사·판정

⚖ 판례 ㅣ

1 국적법 부칙 제7조 제1항이 위헌인지 여부: 적극[헌법불합치]

부칙 제7조 제1항(이하 '부칙조항'이라 한다)은 **신법이 구법상의 부계혈통주의를 부모양계혈통주의로 개정하면서 구법상 부가 외국인이기 때문에 대한민국 국적을 취득할 수 없었던 한국인 모의 자녀 중에서 신법 시행 전 10년 동안에 태어난 자에게 신고 등 일정한 절차를 거쳐 대한민국 국적을 취득하도록 하는 경과규정**으로서, 구법조항의 위헌적인 차별로 인하여 불이익을 받은 자를 구제하는 데 신법 시행 당시의 연령이 10세가 되는지 여부는 헌법상 적정한 기준이 아닌 또 다른 차별취급이므로 부칙조항은 헌법 제11조 제1항의 평등원칙에 위배된다. … 출생에 의한 국적취득에 있어 부계혈통주의를 규정한 구 국적법은 헌법상 평등의 원칙에 위배된다(헌재 2000.8.31, 97헌가12).

관련판례

1978.6.14.부터 1998.6.13. 사이에 태어난 모계출생자가 대한민국 국적을 취득할 수 있는 특례를 두면서 2004.12.31.까지 국적취득신고를 한 경우에만 대한민국 국적을 취득하도록 한 국적법 부칙(1997.12.13. 법률 제5431호) 제7조 제1항(2001.12.19. 법률 제6523호로 개정된 것, 이하 '개정된 부칙조항'이라 한다) 중 '2004년 12월 31일까지 대통령령이 정하는 바에 의하여 법무부장관에게 신고함으로써' 부분이 평등원칙에 위배는지 여부: 소극 (헌재 2015.11.26, 2014헌바211)

2 법무부장관으로 하여금 거짓이나 그 밖의 부정한 방법으로 귀화허가를 받은 자에 대하여 그 허가를 취소할 수 있도록 규정하면서도 그 취소권의 행사기간을 따로 정하고 있지 아니한 국적법 제21조 중 귀화허가취소에 관한 부분이 거주·이전의 자유 및 행복추구권을 침해하는지 여부: 소극 (헌재 2015.9.24, 2015헌바26)

3 모계출생자의 국적취득 특례기간 제한이 평등권 침해인지 여부: 소극

1978.6.14.부터 1998.6.13. 사이에 태어난 특례의 적용을 받는 모계출생자가 대한민국 국적을 취득하기 위해서 2004.12.31.까지 법무부장관에게 국적취득신고를 하도록 한 국적법 부칙 제7조 제1항은 특례의 적용을 받는 모계출생자와 개정 국적법 시행 이후에 태어난 모계출생자를 합리적 이유 없이 차별하고 있다고 볼 수 없다(헌재 2015.11.26, 2014헌바211).

4 외국에서의 영주권취득이 국적상실사유인지 여부: 소극

5 호적의 삭제가 국적상실사유인지 여부: 소극

6 혼인으로 한국 국적을 취득한 후 이혼한 경우에 국적상실사유인지 여부: 소극

7 법무부장관은 귀화신청인이 귀화요건을 갖추었다 하더라도 귀화를 허가할 것인지 여부에 관하여 재량권을 가지는지: 적극 (헌재 2015.9.24, 2015헌바26)

8 직계존속이 외국에서 영주할 목적 없이 체류한 상태에서 출생한 자는 병역의무를 해소한 경우에만 국적이탈을 신고할 수 있도록 하는 국적법 제12조 제3항이 국적이탈의 자유를 침해하는지 여부: 소극[합헌] (헌재 2023.2.23, 2019헌바462)

9 복수국적자가 외국에 주소가 있는 경우에만 국적이탈을 신고할 수 있도록 하는 국적법 제14조 제1항 본문이 국적이탈의 자유를 침해하는지 여부: 소극[합헌] (헌재 2023.2.23, 2020헌바603)

10 국적회복허가와 귀화의 차이

국적회복이란 한 때 대한민국 국민이었던 외국인이 법무부장관의 국적회복허가를 받아 대한민국의 국적을 취득하는 것을 말한다(국적법 제9조 제1항). 국적회복과 귀화는 모두 외국인이 후천적으로 법무부장관의 허가라는 주권적 행정절차를 통하여 대한민국 국적을 취득하는 제도라는 점에서 동일하나, 귀화는 대한민국 국적을 취득한 사실이 없는 순수한 외국인이 법무부장관의 허가를 받아 대한민국 국적을 취득할 수 있도록 하는 절차인데 비해(국적법 제4조 내지 제7조), 국적회복허가는 한 때 대한민국 국민이었던 자를 대상으로 한다는 점, 귀화는 일정한 요건을 갖춘 사람에게만 허가할 수 있는 반면(국적법 제5조 내지 제7조), 국적회복허가는 일정한 사유에 해당하는 사람에 대해서만 국적회복을 허가하지 아니한다는 점(국적법 제9조 제2항)에서 차이가 있다. 국적법이 이처럼 귀화제도와 국적회복제도를 구분하고 있는 것은 과거 대한민국 국민이었던 자의 국적취득절차를 간소화함으로써 국적취득상의 편의를 증진시키고자 하는 것이다(헌재 2020.2.27, 2017헌바434).

5. 재외국민의 보호

(1) 헌법

> 헌법 제2조 ② 국가는 법률이 정하는 바에 의하여 재외국민을 보호할 의무를 진다.
> ▶ '재외국민보호'는 8차, '의무'는 9차 개정헌법에서 추가

(2) 법률(재외동포의 출입국과 법적 지위에 관한 법률)

> **북한이탈주민의 보호 및 정착지원에 관한 법률**
>
> 제2조【정의】이 법에서 사용하는 용어의 뜻은 다음과 같다.
> 1. '북한이탈주민'이란 군사분계선 이북지역(이하 '북한'이라 한다)에 주소, 직계가족, 배우자, 직장 등을 두고 있는 사람으로서 북한을 벗어난 후 외국 국적을 취득하지 아니한 사람을 말한다.
>
> 제3조【적용범위】이 법은 대한민국의 보호를 받으려는 의사를 표시한 북한이탈주민에 대하여 적용한다.
>   ✎ 재외국민
>   **북한이탈주민**: 외국 국적을 취득하지 아니한 이상 우리 국민

판례 |

1 북한법에 따라 북한국적을 취득하고 중국주재 북한대사관으로부터 북한의 해외공민증을 발급받은 자가 대한민국 국민인지 여부: 적극 (대판 1996.11.12, 96누1221)

2 정부수립 '이전' 이주동포와 정부수립 '이후' 이주동포를 차별하는 것이 위헌인지 여부: 적극[헌법불합치] (헌재 2011.11.29, 99헌마494)

3 재외국민의 선거권 등 제한이 위헌인지 여부: 적극[헌법불합치] (헌재 2007.6.28, 2004헌마644)
   [1] 공직선거법 제37조 제1항의 주민등록을 요건으로 재외국민의 국정선거권을 제한하는 것이 재외국민의 선거권·평등권을 침해하고 보통선거원칙을 위반하는지 여부: 적극
   [2] 법 제38조 제1항의 국내거주자에게만 부재자신고를 허용하는 것이 국외거주자의 선거권·평등권을 침해하고 보통선거원칙을 위반하는지 여부: 적극
   [3] 법 제15조 제2항 제1호, 제37조 제1항의 주민등록을 요건으로 국내 거주 재외국민의 지방선거 선거권을 제한하는 것이 국내 거주 재외국민의 평등권과 지방의회의원선거권을 침해하는지 여부: 적극
   [4] 법 제16조 제3항의 주민등록을 요건으로 국내 거주 재외국민의 지방선거 피선거권을 제한하는 것이 국내 거주 재외국민의 공무담임권을 침해하는지 여부: 적극
   [5] 주민등록을 요건으로 재외국민의 국민투표권을 제한하는 국민투표법 제14조 제1항이 청구인들의 국민투표권을 침해하는지 여부: 적극

4 재외국민의 주민투표권제한이 위헌인지 여부: 적극[헌법불합치] (헌재 2007.6.28, 2004헌마643)

5 재외선거인의 국민투표권을 제한한 국민투표법이 재외선거인의 국민투표권을 침해하는지 여부: 적극[헌법불합치]
   국민투표권은 대한민국 국민의 자격이 있는 사람에게 반드시 인정되어야 하는 권리이다(헌재 2014. 7.24, 2009헌마256).

6 북한주민이 '대일항쟁기 강제동원 피해조사 및 국외강제동원 희생자 등 지원에 관한 특별법상 위로금 지급 제외대상인 대한민국 국적을 갖지 아니한 사람'에 해당하는지 여부: 소극 (대판 2016.1.28, 2011두24675)

7 대일항쟁기 강제동원 희생자 및 그 유족에 대한 위로금 등 사건: 소극
   헌법재판소는 '대한민국 국적을 갖지 아니한 사람을 지급대상에서 제외', '1965년 6월 22일까지 계속 일본에 거주한 사람을 지급대상에서 제외', '미수금의 규모'의 부분에 대해서 모두 합헌 판결을 내림 (대일항쟁기 관련 판례: 헌재 2015.12.23, 2010헌바11·2010헌가74·2011헌바55·2011헌바139).

8 원양어선 등 장기 선원들의 부재자투표제한이 위헌인지 여부: 적극[헌법불합치] (헌재 2007.6.28, 2005헌마772)

9 행정관서요원과 달리 국제협력요원으로 근무하다가 순직한 경우 국가유공자로 대우하지 않은 것이 재외국민보호의무에 위배되는지 여부: 소극 (헌재 2010.7.29, 2009헌가13)

10 '거짓이나 그 밖의 부정한 방법으로' 이 법에 따른 보호 또는 지원을 받아 재물이나 재산상의 이익을 받은 경우 이를 필요적으로 몰수·추징하도록 규정하고 있는 '북한이탈주민의 보호 및 정착지원에 관한 법률' 제33조 제3항 등이 위헌인지 여부: 소극[합헌] (헌재 2017.8.31, 2015헌가22)

03 국가의 영역

1. 법률규정

우리 헌법상 영토에 관한 명문의 규정 ○(영해·영공에 관한 명문의 규정은 ×)

(1) 영토

국가영역의 기초가 되는 일정한 범위의 육지

(2) 영해

12해리(접속수역 24해리 / 배타적 경제수역 200해리)

(3) 영공

영토와 영해의 수직상공 ➡ 일반적으로 지배 가능한 상공에 한정(실력적 지배설)

> **⚖ 판례 |**
>
> 독도 등을 중간수역으로 정한 것이 영해 및 배타적 경제수역에 대한민국 국민의 주권 및 영토권을 침해하였는지 여부: 소극 (헌재 2001.3.21, 99헌마139 등)
>
> ✎ 영토권은 기본권 ○

2. 대한민국의 영역

(1) 영토조항

① 헌법규정

> **헌법 제3조** 대한민국의 영토는 한반도와 그 부속도서로 한다.

② **영토조항의 의미:** 영토조항만을 근거로 하여 독자적으로는 헌법소원을 청구할 수 없다 할지라도, … 영토에 관한 권리를, 이를테면 영토권이라 구성하여 이를 헌법소원의 대상인 기본권의 하나로 간주하는 것은 가능한 것으로 판단된다(헌재 2001.3.21, 99헌마139 등).

(2) 평화통일조항

① 헌법규정

> **헌법 제4조** 대한민국은 통일을 지향하며, 자유민주적 기본질서에 입각한 평화적 통일정책을 수립하고 이를 추진한다.

② **통일조항의 의미:** 국민 개개인의 통일에 대한 기본권, 특히 국가기관에 대하여 통일과 관련된 구체적인 행위를 요구하거나 일정한 행동을 할 수 있는 권리가 도출된다고 볼 수는 없다(헌재 2000.7.20, 98헌바63).

(3) 영토조항과 평화통일조항의 규범조화적 해석

헌법재판소는 "북한은 평화적 통일을 위한 대화협력의 동반자임과 동시에 대남적화노선을 고수하면서 우리 자유민주체제의 전복을 획책하고 있는 반국가단체의 성격도 함께 가지고 …"라고 하여 영토조항과 통일조항은 조화를 이룬다고 함

🔨 판례 |

1 남북교류법과 국가보안법이 특별법과 일반법의 관계에 있는지 여부: 소극 (헌재 1993.7.29, 92헌바48)

2 북한주민도 대한민국 국민인지 여부: 적극 (헌재 2000.8.31, 97헌가12)

3 남북합의서의 법적 성격이 조약인지 여부: 소극 (헌재 1997.1.16, 92헌바6 등)

4 개별 법률의 적용(외국환거래법)에 있어서 남북한의 특수관계적 성격을 고려하여 북한지역을 외국에 준하는 지역으로, 북한주민 등을 외국인에 준하는 지위에 있는 자로 규정할 수 있는지 여부: 적극 (헌재 2005.6.30, 2003헌바114)

5 북한의 의과대학을 국내 대학으로 인정할 수 있는지 여부 및 탈북의료인의 국내 의료면허를 부여할 입법의무가 있는지 여부: 소극 (헌재 2006.11.30, 2006헌마679)

6 남북한 UN 동시가입으로 국가승인의 효과가 있는지 여부: 소극

7 북한의 조선아시아태평양위원회가 외국환거래법 제15조에서 말하는 '거주자'나 '비거주자'에 해당하는지 또는 남북교류협력에 관한 법률상 '북한의 주민'에 해당하는지 여부: 소극 (헌재 2005.6.30, 2003헌바114)

8 '남북 사이의 화해와 불가침 및 교류협력에 관한 합의서'가 국내법과 동일한 효력이 인정되는지 여부: 소극

제3절 한국헌법의 기본원리

01 헌법의 기본원리의 의의

1. 헌법전문의 내용

유구한 역사와 전통에 빛나는 우리 대한국민은 3·1운동으로 건립된 **대한민국임시정부의 법통과 불의에 항거한 4·19민주이념**을 계승하고, 조국의 민주개혁과 평화적 통일의 사명에 입각하여 정의·인도와 동포애로써 민족의 단결을 공고히 하고, 모든 사회적 폐습과 불의를 타파하며, **자율과 조화**를 바탕으로 **자유민주적 기본질서**를 더욱 확고히 하여 정치·경제·사회·문화의 모든 영역에 있어서 각인의 기회를 균등히 하고, 능력을 최고도로 발휘하게 하며, 자유와 권리에 따르는 책임과 의무를 완수하게 하여, 안으로는 국민생활의 균등한 향상을 기하고 밖으로는 항구적인 세계평화와 인류공영에 이바지함으로써 우리들과 우리들의 자손의 안전과 자유와 행복을 영원히 확보할 것을 다짐하면서 1948년 7월 12일에 제정되고 8차에 걸쳐 개정된 헌법을 이제 **국회의 의결**을 거쳐 국민투표에 의하여 개정한다.

1987년 10월 29일

3·1운동	건국헌법 때부터 헌법전문에 명시
대한민국임시정부의 법통계승	현행헌법에서 처음 규정
4·19민주이념의 계승	제3공화국 헌법 때부터 명시('불의에 항거한'은 현행헌법에서 추가)
평화적 통일, 자유민주적 기본질서	유신헌법 때부터 명시

(1) 국민을 헌법제정의 주체라고 규정

(2) 헌법전문을 개정한 개헌

제5차 · 제7차 · 제8차 · 제9차가능(다수설)

▶ 오빠친구(5 · 8 · 7 · 9)

(3) 헌법전문에 없는 내용

① 경제민주화, 권력분립, 자유민주적 기본질서에 입각한 평화통일(본문)

② 민족문화의 창달, 개인의 자유와 창의의 존중, 복수정당제

③ 전통문화의 계승 · 발전, 민족문화의 창달(제9조, 제69조), 개인의 자유와 창의의 존중(제119조 제1항), 인간의 존엄과 가치(제10조), 5 · 16혁명(제3공화국 헌법, 제4공화국 헌법), 균형 있는 국민경제의 성장 및 안정, 경제의 민주화

④ 권력분립에 대한 내용

구분	건국	1960(제3차)	1962(제5차)	1972(제7차)	1980(제8차)	현행(제9차)
3 · 1운동	○	○	○	○	○	○
4 · 19이념	×	×	○	○	×	○
5 · 16혁명	×	×	○	○	×	×

2. 한국헌법전문의 규범적 효력

(1) 최고규범성

(2) 법령의 해석기준과 입법지침

(3) 재판규범성

(4) 헌법개정 금지사항(헌법개정의 한계)

헌법전문은 헌법의 지도이념 · 지도원리를 규정한 것이라는 점에서 자구수정이나 개서를 넘어선 지도이념의 폐기나 전면개정은 인정되지 않음 ➡ 우리 헌법의 경우 헌법전문의 핵심을 이루는 내용, 국가적 이념과 기본적 가치질서 등의 것들은 헌법개정절차에 의해서도 전면적으로 배제할 수 없음

(5) 기본권 도출가능성

① 헌법재판소 판례는 헌법전문에서 기본권 도출가능성을 부정함

② 구체적 기본권을 도출하는 근거로 될 수는 없으나 기본권의 해석 및 기본권 제한입법의 합헌성 심사에 있어 해석기준의 하나로서 작용한다(헌재 1996.4.25, 92헌바47).

⚖ **판례 |**

1 '대한민국임시정부의 법통계승'의 법적 효력

헌법은 전문에서 '3 · 1운동으로 건립된 대한민국임시정부의 법통을 계승'한다고 선언하고 있다. 이는 대한민국이 일제에 항거한 독립운동가의 공헌과 희생을 바탕으로 이룩된 것임을 선언한 것이고, 그렇다면 **국가는 일제로부터 조국의 자주독립을 위하여 공헌한 독립유공자와 그 유족에 대하여는 응분의 예우를 하여야 할 헌법적 의무를 지닌다고 보아야 할 것이다**(헌재 2005.6.30, 2004헌마859). 《주의》 헌법의 기본원리 침해를 이유로 헌법소원을 제기할 수 없다(헌재 1995.2.23, 90헌마125).

2 헌법전문에 기재된 3 · 1정신이 헌법상 보장된 기본권에 해당하는지 여부: 소극[기각]

'헌법전문에 기재된 3 · 1정신'은 우리나라 헌법의 연혁적 · 이념적 기초로서 헌법이나 법률해석에서의 해석기준으로 작용한다고 할 수 있지만, 그에 기하여 곧바로 국민의 개별적 기본권성을 도출해낼 수는 없다고 할 것이므로, 헌법소원의 대상인 '헌법상 보장된 기본권'에 해당하지 아니한다(헌재 2001. 3.21, 99헌마139).

02 한국헌법의 기본원리

1. 국민주권의 원리

(1) 우리 헌법전문

국민을 헌법제정의 주체라고 규정 ➡ 국민주권

> 헌법 제1조 ② 대한민국의 주권은 국민에게 있고, 모든 권력은 국민으로부터 나온다.

(2) 국민주권의 제도적 구현형태

구분	간접민주제	직접민주제
의의	국민이 대표기관을 선출하여 그들로 하여금 국민을 대신하여 국가의사나 국가정책을 결정하게 하는 제도	국민이 직접 국가의사나 국가정책을 결정하는 제도
지도이념	대의제의 원리	동일성의 원리 (치자 · 피치자를 동일체로 간주)
구현하는 제도	의회제도, 선거제도	국민투표제, 국민발안제, 국민소환제

(3) 국민주권론과 인민주권론

구분	국민주권론(nation)	인민주권론(peuple)
주장자	시에예스, 로크	루소
주권보유자	정치적 · 이념적 통일체로서 추상적이고 인격화된 전체 국민	유권자 · 시민의 총체
주권행사	대의제	직접민주제
주권의 주체와 행사자	분리	일치
위임형태	자유위임 · 무기속위임	강제위임 · 기속위임
권력구조	권력분립	권력통합
선거의 성격	의무(제한선거)	권리(보통선거)

2. 자유민주주의

(1) 현행헌법의 규정

① 헌법전문(자유민주적 기본질서를 더욱 확고히 하여 …)

② 제4조(대한민국은 … 자유민주적 기본질서에 입각한 평화적 통일정책을 수립하고 이를 추진한다)

③ 제8조 제4항(정당의 목적이나 활동이 민주적 기본질서에 위배될 때에는 … 해산된다)

(2) 자유민주주의의 의미

기본적 인권의 존중, 권력분립, 의회제도, 복수정당제도, 선거제도, 사유재산제도와 시장경제를 골간으로 하는 경제질서 및 사법권의 독립 등 우리나라의 내부적 체계(헌재 1990.4.2, 89헌가113)

3. 사회국가의 원리

《주의》사회주의 국가와 엄연히 다름, 명문으로 사회국가원리를 천명하진 않음

(1) 사회국가란 모든 국민이 생활의 기본적 수요를 충족하며 건강하고 문화적인 생활을 영위하도록 하는 것이 국가의 책임이며, 그에 대한 요구가 국민의 권리로 인정되는 국가

(2) 헌법적 근거(제31조~제36조)

> ⚖ **판례 |**
>
> **1 사회국가원리의 수용**
>
> 우리 헌법은 사회국가원리를 명문으로 규정하고 있지는 않지만, 헌법의 전문, 사회적 기본권의 보장(제31조 내지 제36조), 경제영역에서 적극적으로 계획·유도하고 재분배하여야 할 국가의 의무를 규정하는 경제에 관한 조항(제119조 제2항 이하) 등과 같이 사회국가원리의 구체화된 여러 표현을 통하여 사회국가원리를 수용하였다(헌재 2002.12.18, 2002헌마52).
>
> **2 주택조합의 조합원 자격을 무주택자로 한정하고 있는 주택건설촉진법 제3조 제9호가 유주택자를 차별하는 것이 평등의 이념에 반하는지 여부: 소극** (헌재 1994.2.24, 92헌바43)
>
> **3 저소득층 지역가입자에 대하여 국고지원을 통하여 보험료를 보조하는 것이 사회국가원리에 반하는지 여부: 소극**
>
> 경제적·사회적 약자에게도 의료보험의 혜택을 제공해야 할 사회국가적 의무를 이행하기 위한 것이다(헌재 2000.6.29, 99헌마289).
>
> **4 저상버스를 도입해야 할 국가의 의무가 있는지: 소극** (헌재 2002.12.18, 2002헌마52)

4. 문화국가의 원리

(1) 문화국가원리의 전제조건

① **혼인과 가족의 보호:** 개별성·고유성·다양성으로 표현되는 문화의 출발점은 가정
② 어떤 문화현상에도 치우치지 않는 불편부당의 원칙

(2) 문화국가원리의 특성

① 오늘날 문화국가에서의 문화정책은 그 초점이 문화 그 자체에 있는 것이 아니라 문화가 생겨날 수 있는 문화풍토를 조성하는 데 두어야 한다. … 따라서 엘리트문화뿐만 아니라 서민문화·대중문화도 그 가치를 인정하고 정책적인 배려의 대상으로 하여야 한다(헌재 2004.5.27, 2003헌가1·2004헌가4).
② 문화 자체의 산출에 초점을 두는 것이 아니라 문화가 생겨날 수 있는 풍토 조성이 관건
③ 원칙적으로 모든 사람에게 문화 창조의 기회를 부여한다는 의미에서 모든 문화(엘리트문화, 서민문화, 대중문화)가 포함됨

(3) 현행헌법의 규정

> **헌법 제9조** 국가는 전통문화의 계승·발전과 민족문화의 창달에 노력하여야 한다.
> 《주의》민족문화의 창달은 헌법전문이 아닌 본문에 규정

① 우리나라는 건국헌법 이래 문화국가의 원리를 헌법의 기본원리로 채택하고 있음
② 헌법전문(유구한 역사와 전통에 빛나는 … 문화의 영역에서 각인의 기회를 균등히 하고), 제9조,
   제69조(대통령의 민족문화의 창달책무), 제31조(국가의 평생교육진흥의무), 정신적 자유권규정 등
③ 전래의 어떤 가족 제도가 헌법 제36조 제1항의 개인의 존엄과 양성평등에 반한다면 헌법 제9조를
   근거로 정당성을 주장할 수 없음
④ 종교적인 의식, 행사 등이라도 공동체 구성원들 사이에 관습화된 문화요소로 인식되고 받아들여지
   는 경우, 단순한 종교의 영역이 아니라 헌법적 보호가치를 가지는 문화라고 볼 수 있음

⚖ 판례 ㅣ

1 동성동본금혼제가 계승·발전시켜야 할 전통문화인지 여부: 소극[헌법불합치]

2 호주제가 계승·발전시켜야 할 전통문화인지 여부: 소극[헌법불합치]

3 과외를 원칙적으로 금지하고 학원수강 또는 대학생과외만을 예외적으로 허용하는 것이 문화국가원리에
  위배되는지 여부: 적극[위헌]
  ✎ 위 판례에서 제한되는 기본권
     부모의 자녀교육권, 자녀의 인격발현권 등

4 '초·중등학교'의 학교정화구역 내에서 극장시설 및 운영을 금지하는 것이 초·중·고등학생들의 자유로
  운 문화향유권을 침해하는지 여부: 적극[헌법불합치]
  공연법상의 공연장, 순수예술이나 아동·청소년을 위한 영화진흥법상의 전용영화상영관 등과 같은
  경우에도 절대금지구역에서의 영업을 예외 없이 금지하고 있는바, 이는 초·중·고등학교 학생의
  자유로운 문화향유에 관한 권리 등 행복추구권을 제한하는 입법이라고 할 것이고, 그 제한을 정당
  화하는 사유를 찾기 어렵다고 할 것이므로 이 점에서도 위헌적인 법률이라고 할 것이다(헌재 2004.
  5.27, 2003헌가1·2004헌가4).

5 타인이 한 당해 문화재에 관한 도굴 등이 처벌되지 아니하여도, 본인이 그 정을 알고 보유·보관하는 경
  우 처벌하도록 규정한 문화재보호법이 과잉금지원칙에 위배되는지 여부: 적극[위헌]
  선의취득 등 사법상 보유권한의 취득 후에 도굴 등이 된 정을 알게 된 경우까지 처벌의 대상으로 삼
  고있는바 이는 재산권 행사의 사회적 제약을 넘어 불필요하거나 지나치게 가혹한 부담을 부과하는
  것으로 헌법에 위반된다(헌재 2007.7.26, 2003헌마377).

6 전통사찰의 경내지에 대한 대여·양도·담보제공에 대해서는 문화체육부장관의 허가를 받아야 한다고
  규정하면서도, 전통사찰 경내지에 대한 공용수용에 대해서는 아무런 법적 규제를 두고 있지 아니한 것
  이 위헌인지 여부: 적극[헌법불합치]
  민족문화유산으로 지정된 전통사찰의 경우, 사정이 허락하는 한 이를 최대한 지속적으로 보존하는 것
  이 헌법 제9조 등의 취지에 부합한다. 그런데, 이 사건 법률조항의 경우 헌법 제23조를 이유로 하여
  헌법 제9조의 규정을 실질적으로 무력화시키는 결과를 초래하므로, 평등의 원칙에 어긋나는 위헌적인
  법률이다(헌재 2003.1.30, 2001헌바64).

7 문화국가에서의 문화정책은 그 초점이 문화풍토 조성이 아니라 문화 그 자체에 있는지 여부: 소극 (헌재
  2004.5.27, 2003헌가1 등)

8 국가가 민족문화유산을 보호하고자 하는 경우 이에 관한 헌법적 보호법익은 '민족문화유산의 존속' 그
  자체를 보장하는 것에 그치지 않고, 민족문화유산의 훼손 등에 관한 가치보상이 있는지 여부도 이러한
  헌법적 보호법익과 직접적인 관련이 있는지 여부: 소극 (헌재 2003.1.30, 2001헌바64)

5. 법치국가의 원리

(1) 의의

모든 국가적 활동과 국가공동체적 생활은 국민의 대표기관인 의회가 제정한 법률에 근거를 두고 법률에 따라 이루어져야 한다는 헌법원리

(2) 유형

① **형식적 법치국가(통치의 형식적 합법성)**: 행정과 재판이 법률에 적합하도록 행하여질 것을 요청할 뿐, 그 법률의 목적이나 내용을 문제삼지는 않음
② **실질적 법치국가(통치의 정당성)**: 인간의 존엄성과 실질적 평등 그리고 법적 안정성의 유지와 같은 '정의의 실현을 그 내용으로 하는 법'에 의거한 통치원리를 기반으로 하는 국가

(3) 현행헌법상의 구현

《주의》 현행헌법에 명문의 규정은 없다.

① 성문헌법주의
② 기본권보장(법치국가의 목적)과 적법절차의 보장(기본권보장의 방법)
③ 권력분립의 확립
④ 위헌법률심사제의 채택
⑤ **포괄적 위임입법의 금지(제75조)**: 위임입법의 한계와 관련하여 예측가능성의 유무는 관련 법조항 전체를 유기적·체계적으로 종합하여 판단하되, 그 대상법률의 성질에 따라 구체적·개별적으로 판단
⑥ **행정의 합법률성과 사법적 통제**: 독립적 지위를 가진 법원이 행정입법과 행정처분의 합헌성과 합법률성을 심사
⑦ **법률우위의 원칙과 법률유보의 원칙**
  ㉠ **법률우위의 원칙**: 모든 행정작용은 법률에 위배해서는 안 된다는 원칙
  ㉡ **법률유보의 원칙**: 행정작용은 법률에 근거해서만 발동할 수 있다는 원칙, 국민의 기본권 실현에 관련된 영역에 있어서는 행정에 맡길 것이 아니라 국민의 대표자인 입법자 스스로 그 본질적 사항에 대하여 결정하여야 한다는 요구까지 내포
⑧ **비례의 원칙(과잉금지의 원칙)**
  ㉠ **의의 및 근거**: 국가권력의 행사를 통해 달성하고자 하는 목적과 그 목적의 달성을 위해 선택하는 수단 사이에는 합리적인 비례관계가 있어야 한다는 것을 의미. 우리 헌법은 제37조 제2항에서 비례원칙을 규정
  ㉡ **비례원칙의 내용**: 적합성의 원칙, 필요성의 원칙, 상당성의 원칙
  ㉢ **헌법재판소의 입장**: 헌법재판소는 비례의 원칙과 과잉금지원칙을 동일한 원칙으로 보면서, 과잉금지원칙을 '목적의 정당성', '방법의 적절성', '피해의 최소성', '법익의 균형성'으로 분류
⑨ **신뢰보호의 원칙**
  ㉠ 현행헌법에 신뢰보호원칙에 대한 명문의 규정 ×
  ㉡ 신뢰보호의 원칙은 헌법상 법치국가원리로부터 파생
  ㉢ 법률에 따른 개인의 행위가 단지 법률이 반사적으로 부여하는 기회의 활용을 넘어서 국가에 의하여 일정 방향으로 유인된 것이라면 특별히 보호가치가 있는 신뢰이익이 인정될 수 있고, 원칙적으로 개인의 신뢰보호가 국가의 법률개정이익에 우선된다고 볼 여지가 있다(헌재 2002.11. 28, 2002헌바45).
⑩ **행정소송사항의 개괄주의**: 행정소송의 대상이 되는 '처분 등'이란 행정청이 행하는 구체적 사실에 관한 법집행으로서의 공권력의 행사 또는 그 거부와 그 밖에 이에 준하는 행정작용 및 행정심판에 대한 재결을 말한다(행정소송법 제2조).

⚖ 판례 |

1 부진정소급입법의 원칙적 허용

2 진정소급입법의 예외적 허용
   [1] 일반적으로 국민이 소급입법을 예상할 수 있었거나
   [2] 법적 상태가 불확실하고 혼란스러웠거나 하여 보호할 만한 신뢰의 이익이 적은 경우와
   [3] 소급입법에 의한 당사자의 손실이 없거나 아주 경미한 경우
   [4] 신뢰보호의 요청에 우선하는 심히 중대한 공익상의 사유가 소급입법을 정당화하는 경우 등(헌재 1998.9.30, 97헌바38)

3 신뢰보호원칙 위배 여부의 심사기준
   당사자의 손해가 극심하여 새로운 입법으로 달성하고자 하는 공익적 목적이 그러한 당사자의 신뢰의 파괴를 정당화할 수 없다면 그러한 새 입법은 신뢰보호의 원칙상 허용될 수 없다. 신뢰보호원칙의 위배 여부를 판단하기 위하여 **침해받은 이익의 보호가치**, 침해의 중한 정도, 신뢰가 손상된 정도, 신뢰침해의 방법 등과 다른 한 면으로는 새 입법을 통하여 실현하고자 하는 공익적 목적을 종합적으로 **비교 · 형량**하여야 한다(헌재 1995.6.29, 94헌바39).

4 국세청 경력 공무원에 대하여 세무사법을 개정하여 더 이상 이들 경력 공무원에 대하여 세무사 자격을 부여하지 아니하도록 한 세무사법 부칙 제3항이 신뢰보호의 원칙에 위배되는지 여부: 적극[헌법불합치] (헌재 2001.9.27, 2000헌마152)

5 특허청 경력 공무원에 대하여 변리사법을 개정하여 더 이상 이들 경력 공무원에 대하여 변리사 자격을 부여하지 않도록 한 변리사법 부칙 제3항이 신뢰보호의 원칙에 위배되는지 여부: 적극[헌법불합치] (헌재 2001.9.27, 2000헌마208)

6 신뢰보호원칙이 국가관리의 입시제도와 같이 국 · 공립대학의 입시전형을 구속하여 국민의 권리에 직접 영향을 미치는 제도운영지침의 개폐에도 적용되는지 여부: 적극 (헌재 1997.7.16, 97헌마38)

7 세무당국에 사업자등록을 하고 운전교습업에 종사해왔음에도 불구하고, 자동차운전학원으로 등록한 경우에만 자동차운전교습업을 영위할 수 있도록 법률을 개정하는 것이 신뢰보호원칙에 위배되는지 여부: 소극 (헌재 2003.9.25, 2001헌마447)

8 친일재산을 그 취득 · 증여 등 원인행위시에 국가의 소유로 하도록 규정한 친일재산귀속법 제3조 제1항 본문이 진정소급입법으로서 헌법 제13조 제2항에 반하는지 여부: 소극 (헌재 2011.3.31, 2008헌바141 등)

9 무기징역의 집행 중에 있는 자의 가석방요건을 종전의 '10년 이상'에서 '20년 이상' 형 집행 경과로 강화한 개정 형법 제72조 제1항을, 형법 개정 당시에 이미 수용 중인 사람에게도 적용하는 형법 부칙 제2항이 신뢰보호원칙에 위배되어 신체의 자유를 침해하는지 여부: 소극[기각] (헌재 2013.8.29, 2001헌마408)

10 공권력작용이 체계정당성에 위반하면 곧 위헌이 되는지 여부: 소극
   일반적으로 일정한 공권력작용이 체계정당성에 위반한다고 해서 곧 위헌이 되는 것은 아니고, 그것이 위헌이 되기 위해서는 결과적으로 비례의 원칙이나 평등의 원칙 등 일정한 헌법의 규정이나 원칙을 위반하여야 한다(헌재 2010.6.24, 2007헌바101).

11 위법건축물에 대하여 이행강제금을 부과하도록 하면서 이행강제금제도 도입 전의 위법건축물에 대하여도 이행강제금제도 적용의 예외를 두지 아니한 건축법 부칙 제9조가 신뢰보호원칙에 위배되는지 여부: 소극 (헌재 2015.10.21, 2013헌바248)

12 제대혈의 매매행위를 금지하는 제대혈 관리 및 연구에 관한 법률 제5조 제1항 제1호가 제대혈 줄기세포에 대한 독점판매권을 부여받기로 한 계약을 체결한 청구인의 재산권을 신뢰보호원칙 위반으로 침해하였는지 여부: 소극[합헌] (헌재 2017.11.30, 2016헌바38)

13 선수금보전의무조항이 신뢰보호원칙에 위배되는지 여부: 소극[합헌] (헌재 2017.7.27, 2015헌바240)

14 법률 시행 당시에 이미 공기총의 소지허가를 받은 자도 시행일부터 1개월 이내에 그 공기총을 허가관청이 지정하는 곳에 보관하도록 규정한 '총포·도검·화약류 등의 안전관리에 관한 법률' 부칙이 과잉금지원칙 및 신뢰보호원칙에 반하는지 여부: 소극[합헌] (헌재 2019.6.28, 2018헌바400)

15 2016.1.1. 이전에 취득한 비사업용 토지의 양도소득금액을 계산할 때 장기보유 특별공제를 적용하기 위한 보유기간 기산일을 2016.1.1.으로 규정한 구 소득세법 조항이 신뢰보호원칙에 위반되는지 여부: 소극[합헌] (헌재 2018.11.29, 2017헌바517)

16 노인장기요양보험법 중 재가장기요양기관의 운영에 관한 기준조항과 인건비 조항이 신뢰보호원칙에 위반되는지 여부: 소극[기각] (헌재 2017.6.29, 2016헌마719)

17 토양오염관리대상시설을 양수한 자도 오염원인자로 보고, 토양오염으로 인한 피해를 배상하고 오염된 토양을 정화하도록 의무를 부과하는 것이 소급입법금지원칙 또는 신뢰보호원칙에 위배되는지 여부: 적극[헌법불합치] (헌재 2012.8.23, 2010헌바28)

18 판사임용요건으로서 일정 기간 법조경력을 요구하는 법원조직법 부칙 제1조와 제2조를 법 개정 당시 사법연수생의 신분을 가지고 있었던 자에게도 적용하는 것이 신뢰보호원칙에 위배되는지 여부: 적극[한정위헌] (헌재 2012.11.29, 2011헌마786 등)

19 12·12사건 관련자들과 5·18사건 관련자들에 대하여 공소시효의 진행을 정지시키는 5·18특별법이 형벌불소급의 원칙과 소급입법금지의 원칙, 신뢰보호원칙에 위배되는지 여부: 소극[합헌] (헌재 1996. 2.16, 96헌가2)

20 전문과목을 표시한 치과의원은 그 표시한 전문과목에 해당하는 환자만을 진료하여야 한다고 규정한 의료법 제77조 제3항이 신뢰보호원칙에 위배되어 청구인들의 직업수행의 자유를 침해하는지 여부: 소극[위헌] (헌재 2015.5.28, 2013헌마799)
   ▶ 신뢰보호원칙에는 위반되지 않는다. 다만, 과잉금지원칙이나 평등원칙에 위반되어 위헌이다.

21 부당환급받은 세액을 징수하는 근거규정인 개정조항을 개정된 법 시행 후 최초로 환급세액을 징수하는 분부터 적용하도록 규정한 법인세법 부칙 제9조가 진정소급입법으로서 재산권을 침해하는지 여부: 적극[위헌] (헌재 2014.7.24, 2012헌바105)

22 2009.12.31. 개정된 공무원연금법 제64조 제1항 제1호를 2009.1.1.까지 소급하여 적용하도록 규정한 공무원연금법 부칙 제1조 단서, 제7조 제1항 단서 후단이 소급입법금지원칙에 위배되는지 여부: 적극[위헌] (헌재 2013.8.29, 2011헌바391)

23 텔레비전 수신료의 금액이 국회의 승인을 얻어야 하는 사항인지 여부: 적극
   오늘날 법률유보의 원칙은 단순히 행정작용이 법률에 근거를 두기만 하면 충분한 것이 아니라, 국가공동체와 그 구성원에게 기본적이고도 중요한 의미를 갖는 영역, 특히 국민의 기본권 실현과 관련된 영역에 있어서는 국민의 대표자인 입법자가 그 본질적 사항에 대해서 스스로 결정하여야 한다는 요구까지 내포하고 있다(헌재 1999.5.27, 98헌바70).
   《주의》 TV 수신료의 금액은 본질적인 사항이지만, 징수업무의 주체는 아니다(헌재 2008.2.28, 2006헌바70).

24 법학전문대학원 입학 총정원이 법률로써 정하여야 하는 본질적인 사항인지 여부: 소극 (헌재 2009.2. 26, 2008헌마270)

25 아파트 입주자대표회의의 구성에 관한 사항을 대통령령에 위임하도록 한 구 주택법 '입주자대표회의의 구성' 부분이 법률유보의 원칙, 포괄위임입법금지원칙에 위반되는지 여부: 소극 (헌재 2006.7.28, 2014헌바158)

26 체계정당성에 위반된다면 위헌인지 여부: 소극 (헌재 2005.6.30, 2004헌바40)

체계정당성의 원리는 동일 규범 내에서 또는 상이한 규범간에 그 규범의 구조나 내용 또는 규범의 근거가 되는 원칙면에서 상호 배치되거나 모순되어서는 안 된다는 하나의 헌법적 요청이며, 국가공권력에 대한 통제와 이를 통한 국민의 자유와 권리의 보장을 이념으로 하는 법치주의 원리로부터 도출되는데, … 체계정당성에 위반한다고 해서 곧 위헌이 되는 것은 아니다(헌재 2005.6.30, 2004헌바40).

27 순직공무원의 적용범위를 확대한 개정 공무원연금법 제3조 제1항 제2호 라목 규정을 소급하여 적용하지 아니하도록 한 개정 법률 부칙 제14조 제2항이 평등원칙에 위배되는지 여부: 소극 (헌재 2012.8.23, 2011헌바169)

28 선불식 할부거래업자에게 개정 법률이 시행되기 전에 체결된 선불식 할부계약에 대하여도 소비자피해 보상보험계약 등을 체결할 의무를 부과한 '할부거래에 관한 법률' 부칙이 소급입법금지원칙에 위배되는지 여부: 소극 (헌재 2017.7.27, 2015헌바240)

29 미군정청 법령이 소급입법금지의 원칙에 위배되는지 여부: 소극[합헌]

30 공무원의 퇴직연금 지급개시연령을 제한한 구 공무원연금법 제46조 제1항 등이 소급입법에 해당되거나 신뢰보호원칙에 위배되어 재산권을 침해하는지 여부: 소극 (헌재 2015.12.23, 2013헌바259)

31 종합생활기록부에 의하여 절대평가와 상대평가를 병행, 활용하도록 한 교육부장관 지침이 교육개혁위원회의 교육개혁방안에 따라 절대평가가 이루어질 것으로 믿고 특수목적고등학교에 입학한 학생들의 신뢰이익을 침해하는 것인지 여부: 소극 (헌재 1997.7.16, 97헌바38)

32 실종기간이 구법 시행기간 중에 만료되는 때에도 그 실종이 개정 민법 시행일 후에 선고된 때에는 상속에 관하여 개정 민법의 규정을 적용하도록 한 민법 부칙의 조항이 신뢰보호원칙에 위배하여 재산권을 침해하는지 여부: 소극[합헌] (헌재 2016.10.27, 2015헌바203 등)

33 임차인의 계약갱신요구권 행사기간을 10년으로 규정한 상가건물 임대차보호법의 개정법 조항을 개정법 시행 후 갱신되는 임대차에 대하여도 적용하도록 규정한 동법 부칙의 규정이 신뢰보호원칙에 위배되어 임대인의 재산권을 침해하는지 여부: 소극 (헌재 2021.10.28, 2019헌바106 등)

34 공소시효제도가 헌법 제12조 제1항 및 제13조 제1항에 정한 죄형법정주의의 보호범위에 바로 속하지 않는다면, 소급입법의 헌법적 한계는 법적 안정성과 신뢰보호원칙을 포함하는 법치주의의 원칙에 따른 기준으로 판단하여야 하는지 여부: 소극[합헌]

35 기존의 퇴직연금 수급자에게 전년도 평균임금월액을 초과한 소득월액이 있는 경우에 그 초과 액수에 따라 퇴직연금 중 일부의 지급을 정지하는 것이 헌법상 신뢰보호의 원칙에 위반되는지 여부: 소극

36 외국에서 치과대학을 졸업한 대한민국 국민이 국내 치과의사 면허시험에 응시하기 위해서는 기존의 응시요건에 추가하여 새로이 예비시험에 합격할 것을 요건으로 규정한 의료법의 '예비시험' 조항이 신뢰보호의 원칙에 위반되는지 여부: 소극

37 헌법 제38조, 제59조가 선언하는 조세법률주의는 조세법의 목적과 내용이 기본권보장의 헌법이념에 부합되어야 한다는 실질적 적법절차를 요구하는 법치주의를 의미하는지 여부: 적극

38 징집대상자의 범위를 정하는 것은 입법자의 입법형성권이 매우 광범위하게 인정되어야 하는 영역으로, 국민들은 이러한 영역에 관한 법률이 제반사정에 따라 언제든지 변경될 수 있다는 것을 충분히 예측 가능한지 여부: 적극

39 법치주의로부터 도출되는 신뢰보호의 원칙상 모든 법규범의 시혜적 소급입법이 금지되는지 여부: 소극

40 의료기관시설에서의 약국개설을 금지하는 입법을 하면서 1년의 유예기간을 두어, 법 시행 후 1년 뒤에는 기존의 약국을 더 이상 운영할 수 없게 되는 경우 신뢰보호의 원칙에 위반되는지 여부: 소극

41 군인연금법상 퇴역연금 등의 급여액 산정의 기초를 종전의 '퇴직 당시의 보수월액'에서 '평균보수월액'으로 변경한 경우 신뢰보호의 원칙에 위반되는지 여부: 소극 (헌재 2003.9.25, 2001헌마194)

42 한약사제도를 신설하면서 그 이전부터 한약을 조제해 온 약사들의 한약조제를 금지하면서 향후 2년간만 한약을 제조할 수 있도록 한 약사법의 경과규정이 신뢰보호의 원칙에 위반되는지 여부: 소극 (헌재 1997.11.27, 97헌바10)

43 부당환급받은 세액을 징수하는 근거규정인 개정조항을 개정된 법 시행 후 최초로 환급세액을 징수하는 분부터 적용하도록 규정한 법인세법 부칙 조항이 소급입법금지의 원칙에 위배되는지 여부: 소극 (헌재 2014.7.24, 2012헌바105)

44 교육감이 추첨에 의하여 고등학교를 배정하는 지역에 광명시를 포함시킨 것은 신뢰보호원칙에 위반되는지 여부: 소극 (헌재 2012.11.29, 2011헌마827)

45 군인연금법상 퇴역연금 수급권자가 사립학교교직원 연금법 제3조의 학교기관으로부터 보수 기타 급여를 지급받는 경우에는 대통령령이 정하는 바에 따라 퇴역연금의 전부 또는 일부의 지급을 정지할 수 있도록 하는 것이 신뢰보호원칙에 위반되는지 여부: 소극 (헌재 2017.10.25, 2005헌바68)

6. 평화국가의 원리

(1) 헌법전문

"밖으로는 항구적인 세계평화와 인류공영에 이바지함으로써 … "

(2) 헌법 제5조 제1항

"대한민국은 국제평화의 유지에 노력하고 침략적 전쟁을 부인한다."

(3) 헌법전문

"조국의 … 평화적 통일의 사명에 입각하여 … "

(4) 헌법 제69조

"대통령 취임선서의 내용으로 '조국의 평화적 통일 … 에 노력 … '"

> **판례 |**
>
> **1 평화통일조항에서 기본권을 도출할 수 있는지 여부: 소극**
> 헌법상의 여러 통일 관련 조항들은 국가의 통일의무를 선언한 것이기는 하지만, 그로부터 국민 개개인의 통일에 대한 기본권, 특히 국가기관에 대하여 통일과 관련된 구체적인 행동을 요구하거나 일정한 행동을 할 수 있는 권리가 도출된다고 할 수 없다(헌재 2000.7.20, 98헌바63).
>
> **2 이라크 파병 결정이 헌법에 위반되는지 여부: 소극[각하]**
> 이 사건 파견 결정이 헌법에 위반되는지 여부, 즉 세계평화와 인류공영에 이바지하는 것인지 여부, 국가안보에 보탬이 됨으로써 궁극적으로는 국민과 국익에 이로운 것이 될 것인지 여부 및 이른바 이라크전쟁이 국제규범에 어긋나는 침략전쟁인지 여부 등에 대한 판단은 대의기관인 대통령과 국회의 몫이고, 성질상 한정된 자료만을 가지고 있는 우리 재판소가 판단하는 것은 바람직하지 않다고 할 것이다(헌재 2004.4.29, 2003헌마814).

제4절 한국헌법의 기본질서

01 정치질서(자유민주적 기본질서)

1. 민주적 기본질서의 의미

헌법재판소는 기본적 인권의 존중, 권력분립, 의회제도, 복수정당제도, 선거제도, 사유재산과 시장경제를 골간으로 하는 경제질서, 사법권의 독립 등을 열거하고 있음

2. 민주적 기본질서의 규범력

(1) 헌법개정금지사항

(2) 대한민국의 최고규범이므로 모든 법해석의 기준이 됨

(3) 국가작용의 구속 및 공권력 발동의 척도·타당성의 근거

(4) 기본권의 제한사유

02 경제질서(사회적 시장경제질서)

《주의》 중앙은행의 자율성 보장은 헌법에 존재하지 않음

> **헌법 제119조** ① 대한민국의 경제질서는 개인과 기업의 경제상의 자유와 창의를 존중함을 기본으로 한다.
> ② 국가는 균형 있는 국민경제의 성장 및 안정과 적정한 소득의 분배를 유지하고, 시장의 지배와 경제력의 남용을 방지하며, 경제주체간의 조화를 통한 경제의 민주화를 위하여 경제에 관한 규제와 조정을 할 수 있다.
> - **제1항**: 개인과 기업의 경제상의 자유의 창의를 존중하는 시장경제질서에 관한 규정
> - **제2항**: 사회국가원리의 도입, 적정한 소득의 분배로부터 누진세를 도입하여야 할 헌법적 의무는 없다.
> - **자유시장경제체제로의 전환**: 제2차 개헌
>
> **제120조** ① 광물 기타 중요한 지하자원·수산자원·수력과 경제상 이용할 수 있는 자연력은 **법률이 정하는** 바에 의하여 일정한 기간 그 채취·개발 또는 이용을 특허할 수 있다.
> ② 국토와 자원은 국가의 보호를 받으며, 국가는 그 균형 있는 개발과 이용을 위하여 필요한 계획을 수립한다.
> **《주의》** 자연력은 '법률'이 정하는 바에 의해 특허 / 조절 불가한 풍력, 태양력은 없음
>
> **제121조** ① 국가는 농지에 관하여 경자유전의 원칙이 달성될 수 있도록 노력하여야 하며, **농지의 소작제도는 금지된다.**
> ② 농업생산성의 제고와 농지의 합리적인 이용을 위하거나 불가피한 사정으로 발생하는 **농지의 임대차와 위탁경영은 법률이 정하는 바에 의하여 인정된다.**
> - 경자유전원칙, 소작제도금지
> - 농지의 임대차와 위탁경영은 '법률'이 정함(대통령령 ×)
> - 농지소재지에 거주하는 거주자만 자경농지의 양도소득세 면제대상으로 한 것 ➜ 합헌
>
> **제122조** 국가는 국민 모두의 생산 및 생활의 기반이 되는 국토의 효율적이고 균형 있는 이용·개발과 보전을 위하여 법률이 정하는 바에 의하여 그에 관한 필요한 제한과 의무를 과할 수 있다.

제123조 ① 국가는 농업 및 어업을 보호·육성하기 위하여 농·어촌종합개발과 그 지원 등 필요한 계획을 수립·시행하여야 한다.

《주의》 임업·축산업은 없음

② 국가는 지역간의 균형 있는 발전을 위하여 지역경제를 육성할 의무를 진다.

③ 국가는 중소기업을 보호·육성하여야 한다.

④ 국가는 농수산물의 수급균형과 유통구조의 개선에 노력하여 가격안정을 도모함으로써 농·어민의 이익을 보호한다.

⑤ 국가는 농·어민과 중소기업의 자조조직을 육성하여야 하며, 그 자율적 활동과 발전을 보장한다.

✎ 농업·어업 보호·육성, 지역경제 육성, 중소기업 보호·육성, 농수산물 수급균형 및 농·어민의 이익을 보호, 농·어민과 중소기업의 자조조직 육성 명시

제124조 국가는 건전한 소비행위를 계도하고 생산품의 품질향상을 촉구하기 위한 소비자보호운동을 법률이 정하는 바에 의하여 보장한다.

✎ • **소비자보호운동 의무 명시**: 의무는 현행 제9차(단순보호는 제8차)
  • 조례가 아닌 '법률'이 정하는 바에 의하여 보장
  • 소비자단체 등이 다수 소비자의 생명·신체·재산 등 소비자의 권익을 침해하는 사업자의 행위를 금지·중지하도록 요구할 수 있는 소비자단체소송이 소비자기본법상 인정됨(손해배상청구는 인정 안 됨)
  • 특정한 사회, 경제적 또는 정치적 대의나 가치를 주장·옹호하거나 이를 진작시키기 위한 수단으로서 소비자불매운동은 헌법 제21조, 제10조에서 보장됨

《주의》 소비자 보호가 아닌, 소비자보호운동 보장임을 기억할 것

제125조 국가는 대외무역을 육성하며, 이를 규제·조정할 수 있다.

✎ 대외무역 육성 명시

제126조 **국방상 또는 국민경제상 긴절한 필요로 인하여 법률이 정하는 경우를 제외하고는 사영기업을 국유 또는 공유로 이전하거나 그 경영을 통제 또는 관리할 수 없다.**

✎ • **원칙**: 사영기업을 국유 또는 공유로 이전 또는 그 경영 통제 관리 금지
  • **예외**: 국방상 또는 국민경제상 긴절한 필요로 인하여, 법률이 정하는 경우

제127조 ① 국가는 과학기술의 혁신과 정보 및 인력의 개발을 통하여 국민경제의 발전에 노력하여야 한다.

② 국가는 국가표준제도를 확립한다.

③ 대통령은 제1항의 목적을 달성하기 위하여 필요한 자문기구를 둘 수 있다.

✎ 과학기술 혁신, 정보 및 인력 개발, 국가표준제도 명시, 국가과학기술자문회의(임의기관, 법률기관)

⚖ 판례 |

1 헌법 제119조 제2항에 규정된 '경제주체간의 조화를 통한 경제민주화'의 의미

따라서 헌법 제119조 제2항에 규정된 '경제주체간의 조화를 통한 경제민주화'의 이념도 경제영역에서 정의로운 사회질서를 형성하기 위하여 추구할 수 있는 국가목표로서 개인의 기본권을 제한하는 국가행위를 정당화하는 헌법규범이다(헌재 2003.11.27, 2001헌바35).

2 자동차운행으로 말미암아 다른 사람을 사망하게 하거나 부상하게 한 때에 자동차운행자에게 무과실책임을 지우는 자동차손해배상 보장법규정이 우리 헌법 제119조 제1항의 자유시장경제질서에 위배되는지 여부: 소극

헌법이념의 하나인 사회국가원리의 실현을 위하여 위험원을 지배하는 자로 하여금 그 위험이 현실화된 경우의 손해를 부담하게 하는 위험책임의 원리가 필요하게 되었다. 따라서 무과실책임을 지운 것만으로 자유시장경제질서에 위반된다고 할 수 없다(헌재 1998.5.28, 96헌가4 등).

3 적정한 소득분배를 위해 소득에 대하여 누진세율에 따른 종합과세를 할 의무가 있는지 여부: 소극 (헌재 1999.11.25, 98헌마55)

4 자도소주구입명령제도가 위헌인지 여부: 적극[위헌] (헌재 1996.12.26, 96헌가18)

5 탁주의 공급구역제한제도가 위헌인지 여부: 소극 (헌재 1999.7.22, 98헌가5)

6 공정거래위원회로 하여금 부당내부거래를 한 사업자에 대하여 그 매출액의 2% 범위 내에서 과징금을 부과할 수 있도록 한 독점규제 및 공정거래에 관한 법률 제24조의2가 비례성원칙에 위반되어 위헌인지 여부: 소극 (헌재 2003.7.24, 2001헌가25)

7 국산영화를 연간상영일수의 5분의 2 이상 의무상영하도록 하는 국산영화의무상영제가 헌법상 경제질서에 위배되는지 여부: 소극 (헌재 1995.7.21, 94헌마125)

8 상속으로 농지를 취득하여 소유하는 경우 자기의 농업경영에 이용하지 아니할지라도 농지를 소유할 수 있는지 여부: 적극 (헌재 2013.6.27, 2011헌바278)

9 재무부장관이 국제그룹의 주거래은행장에게 국제그룹해체준비착수와 언론발표를 지시하고, 제일은행장이 제3자 인수방식으로 국제그룹을 해체시킨 것이 우리 헌법상 경제질서에 위배되는지 여부: 적극[위헌] (헌재 1993.7.29, 89헌마31)

10 주식회사의 임원·직원 또는 주요주주 등 이른바 '내부자'가 내부정보를 이용하여 자기회사의 주식을 거래하는 이른바 '내부자거래'를 처벌하는 것이 헌법상의 경제질서에 위반되는지 여부: 소극 (헌재 1997.3.27, 94헌바24)

11 자경농지의 양도소득세 면제대상자를 '농지소재지에 거주하는 거주자'로 제한하는 것이 경자유전의 원칙에 위배되는지 여부: 소극(헌재 2003.11.27, 2003헌바2)

12 의료광고의 규제가 우리 헌법상의 경제질서에 위배되는지 여부: 적극[위헌] (헌재 2005.10.27, 2003헌가3)

13 축협 복수조합 설립금지가 우리 헌법상의 경제질서에 위배되는지 여부: 적극[위헌] (헌재 1996.4.25, 92헌바47)

14 토지 등의 소유권자의 주소 등의 불명으로 토지수용법상의 협의를 행할 수 없을 때 공시송달로써 협의에 갈음할 수 있도록 한 토지수용법 규정이 헌법상의 경제질서에 위배되는지 여부: 적극[위헌] (헌재 1995.11.30, 94헌가2)

15 부동산중개수수료를 법정하고 이를 초과하여 수수료를 부과하면 행정상의 제재와 형사처벌을 가하는 것이 헌법상의 경제질서에 위배되는지 여부: 소극[기각] (헌재 2002.6.27, 2000헌마642)

16 일반 다단계 판매는 허용하지만 피라미드 방식의 다단계의 경우는 처벌하는 규정이 우리 헌법상의 경제질서에 위배되는지 여부: 소극[합헌] (헌재 1997.11.27, 96헌바12)

17 토초세 과세대상인 유휴토지 등에 임대토지를 포함시키고 있는 토초세법 제8조 제1항 제13호가 위헌인지 여부: 적극[헌법불합치]
토지소유자와 임차인 사이의 자본의 자유로운 결합을 방해함으로써, 개인과 기업의 경제상의 자유와 창의를 존중함을 기본으로 하는 우리 헌법상 경제질서에도 합치하지 않는다(헌재 1994.7.29, 92헌바49).

18 헌법 제123조 제5항에서, '농·어민의 자조조직을 육성할 의무'와 '자조조직의 자율적 활동과 발전을 보장할 의무'를 아울러 규정하고 있는 의미
국가의 의무는 자조조직이 제대로 활동하고 기능하는 시기에는 그 조직의 자율성을 침해하지 않도록 하는 후자의 소극적 의무를 다하면 된다고 할 수 있지만, 그 조직이 제대로 기능하지 못하고 향후의 전망도 불확실한 경우라면 단순히 그 조직의 자율성을 보장하는 것에 그쳐서는 아니 되고, 적극적으로 이를 육성하여야 할 전자의 의무까지도 수행하여야 한다(헌재 2000.6.1, 99헌마553).

19 신문판매업자에게 유료신문대금의 20%를 초과하는 무가지와 경품류의 제공행위를 금지하는 것이 헌법 제119조 제1항에 정한 자유경제질서에 위배되는지 여부: 소극[기각] (헌재 2002.7.18, 2001헌마605)

20 국민연금제도가 사회적 시장경제질서에 위배되는지 여부: 소극[기각]

03 국제질서 – 국제평화주의

1. 현행헌법의 규정

> **헌법전문** … 항구적인 세계평화와 인류공영에 이바지함으로써 …
>
> **제4조** 대한민국은 통일을 지향하며, 자유민주적 기본질서에 입각한 평화적 통일정책을 수립하고 이를 추진한다.
> - 전문에 세계평화, 인류공영 언급
> - 자유민주적 기본질서에 입각한 평화적 통일 – 현행헌법(제9차)(평화적 통일은 제7차 개정헌법)
>
> **제5조** ① 대한민국은 국제평화의 유지에 노력하고 침략적 전쟁을 부인한다.
> - 침략적 전쟁 부인
>   국군의 해외파병과 외국군대의 국내 주류는 집단적 자위권(국회 승인시 허용)
>
> ② 국군은 국가의 안전보장과 국토방위의 신성한 의무를 수행함을 사명으로 하며, 그 정치적 중립성은 준수된다.
> - 국군의 정치적 중립성
>   현행헌법(제9차)에서 도입
>
> **제6조** ① 헌법에 의하여 체결·공포된 조약과 일반적으로 승인된 국제법규는 국내법과 같은 효력을 가진다.
> ② 외국인은 국제법과 조약이 정하는 바에 의하여 그 지위가 보장된다.
> - 조약과 국제법규는 국내법과 동등한 효력임을 명시
>   《주의》 '국내법'률'과 동등하다는 것은 아님

(1) 국제평화주의 표방(헌법전문과 제5조 제1항)

(2) 침략적 전쟁 부인(제5조 제1항)

국군의 해외파병과 외국군대의 국내 주류가 집단적 자위권에 의거한 것이고 그것이 국회의 승인을 얻을 경우에는 허용됨

(3) 조국의 평화적 통일 지향

(4) 일반적으로 승인된 국제법규의 국내법적 수용절차

특별한 수용절차를 따로 규정하지 않고 직접 국내법으로 편입하게 함
- 헌법 제60조
  중요 조약에 대한 국회의 동의 ○

2. 관련 판례

> ⚖ **판례 ┃**
>
> **대통령 및 국회의 이라크파병결정이 사법심사의 대상인지 여부: 소극[각하]** (헌재 2004.4.29, 2003헌마814)

04 국제법규의 존중과 외국인의 법적 지위 보장

1. 국제법규의 존중

(1) 국제법과 국내법의 관계
우리 헌법학계에서는 국제법·국내법일원론과 헌법우위론이 다수설

(2) 일반적으로 승인된 국제법규의 존중
① 유형

성문의 국제법규	해당되는 것	• 부전조약 • UN헌장의 일부 • 집단학살(Genocide)금지협정 • 포로에 관한 제네바협정
	해당되지 않는 것	• 국제연합인권선언(헌재 1991.7.22, 89헌가106) • **강제노동의 폐지에 관한 국제노동기구(ILO)의 제105호 조약**(헌재 1998.7.16, 97헌바23)
일반적으로 승인된 국제관습법		• 포로의 살해금지와 그 인도적 처우에 관한 전시국제법상의 기본원칙 • 외교관의 대우에 관한 국제법상의 원칙 • 정치범불인도의 원칙(대판 1984.5.22, 84도39) • 국내문제불간섭의 원칙 • 민족자결의 원칙 • 조약준수의 원칙

② 일반적으로 승인된 국제법규 효력
- ㉠ **법률동위설(다수설)**: 조약과 마찬가지로 법률과 같은 효력
- ㉡ **법률과 국제법규 충돌시**: 신법우선의 원칙, 특별법우선의 원칙
  - ✎ 일반적으로 승인된 국제법규는 별도의 수용절차가 불요하다.
③ **사법적 심사**: 국제법규가 헌법에 저촉되는지가 재판의 전제가 되는 경우, 법관은 1차적으로 그 법규가 일반적으로 승인된 국제법규인지를 조사하고, 다음으로 헌법에의 저촉 여부를 심사

(3) 조약의 준수
① **조약의 의의**: 협약·협정·의정서·규약·선언·조약 등 그 명칭 여하를 불문하고 국가·국제기구 등 국제법 주체 사이에 권리의무관계를 창출하기 위하여 서면형식으로 체결되고 국제법에 의하여 규율되는 합의(예외적인 경우, 구두합의도 조약의 성질을 가짐)

> ⚖️**판례 |**
>
> 국제법적으로, 조약은 국제법 주체들이 일정한 법률효과를 발생시키기 위하여 체결한 국제법의 규율을 받는 국제적 합의를 말하며 서면에 의한 경우가 대부분이지만 예외적으로 구두합의도 조약의 성격을 가질 수 있다(헌재 2019.12.27, 2016헌마253).

② **조약의 체결·비준**: 대통령의 권한(제73조)
- 《주의》 조약의 체결·비준 동의권: 국회

③ 국회의 동의
  ㉠ 헌법 제60조

> **헌법 제60조** ① 국회는 **상**호원조 또는 안전보장에 관한 조약, 중요한 국**제**조직에 관한 조약, 우호통상 항해조약, 주권의 제약에 관한 조약, **강**화조약, 국가나 국민에게 중대한 **재**정적 부담을 지우는 조약 또는 **입**법사항에 관한 조약의 체결·비준에 대한 동의권을 가진다.
>
> ✎ 어업조약
>   국회 동의 ×, GSOMIA(한일군사정보보호협정)도 국회의 동의를 요하지 않는다.
>
> ✎ 상 / 제 / 우 / 주 / 강 / 재 / 입

  ㉡ 헌법재판소는 한일어업협정(헌재 2001.3.21, 99헌마139), 마라케쉬협정(헌재 1998.11.26, 97헌바65)을 조약이라고 판시

⚖ **판례 Ⅰ**

1 한미주둔군지위협정(한미 SOFA협정)은 우리나라에서 외국군대의 지위에 관한 것이고, 국가에 재정적 부담을 지우는 내용과 입법사항을 포함하고 있으므로 국회의 동의를 요하는 조약에 해당한다(헌재 1999.4.29, 97헌가14).

2 대통령이 외교통상부장관에게 위임하여 미합중국 국무장관과 발표한 '동맹 동반자 관계를 위한 전략대화 출범에 관한 공동성명'이 조약에 해당하는지 여부: 소극 (헌재 2008.3.27, 2006헌라4)

3 국회가 헌법 제60조 제1항에 규정된 조약에 대해서만 동의권을 가지는지 여부: 적극
  조약의 체결·비준에 관하여 헌법은 대통령에게 전속적인 권한을 부여하면서(제73조), 조약을 체결·비준함에 앞서 국무회의의 심의를 거쳐야 하고(제89조 제3호), 특히 중요한 사항에 관한 조약의 체결·비준은 사전에 국회의 동의를 얻도록 하는 한편(제60조 제1항), 국회는 헌법 제60조 제1항에 규정된 일정한 조약에 대해서만 체결·비준에 대한 동의권을 가진다(헌재 2008.3.27, 2006헌라4).

4 대한민국 외교부장관과 일본국 외무부대신이 2015.12.28. 공동발표한 일본군 위안부 피해자 문제 관련 합의(이하 '이 사건 합의'라 한다)가 헌법소원심판 청구의 대상이 되는지 여부: 소극
  이 사건 합의가 법적 구속력 있는 조약에 해당한다고 보기 어려우며, 일반적인 일괄배상협정에서 발견할 수 있는 구체적인 청구권의 포기 및 재판절차나 법적 조치의 면제 보증 등이 전혀 규정되지 않았다는 점에서 일본군 '위안부' 피해자의 배상청구권의 포기나 처분을 다루었다고 볼 사정이 없다(헌재 2019.12.27, 2016헌마253).
  《주의》 위 판례에서 사망한 청구인들은 심판절차 종료를 선언, 자녀들에게도 승계되지 않음

✎ • **국회의 동의를 요하는 조약의 범위:** 헌법 제60조 제1항은 열거조항이다. 따라서 헌법 제60조 제1항에 열거되지 아니한 조약은 국회의 동의를 요하지 않는다.
  • **동의 시기:** 조약의 체결에 대한 국회의 동의는 사전 동의이어야 한다.
  • **수정동의의 가부:** 수정부정설(다수설)
  • **조약의 효력발생 시기:** 국제법적 효력은 대통령의 비준에 의하여 발생한다. 그러나 국회의 동의를 요하는 조약인 경우 국내법적 효력은 국회의 동의가 있어야 한다.

(4) 조약의 효력
① **국내법과 동일한 효력(제6조 제1항):** 국회의 동의를 요하는 조약은 '법률'과 같은 효력을, 국회의 동의를 요하지 않는 기타 조약은 '명령'적 효력을 가짐(다수설)
② **충돌하는 경우**
  ㉠ **조약과 헌법이 충돌할 경우:** 헌법우위설이 우리나라의 통설
  ㉡ **법률과 동일한 효력을 가지는 조약과 법률이 저촉할 경우:** 신법우위의 원칙과 특별법우선의 원칙 적용

③ 위헌조약의 사법적 심사 - 사법심사긍정설(다수설)
   ㉠ 국회의 동의를 요하는 조약: 위헌법률심판의 대상
   ㉡ 국회의 동의를 요하지 않는 조약이 헌법에 위반되는지 여부가 재판의 전제가 된 경우: 대법원이 최종적으로 심사
   ㉢ 조약 그 자체에 의하여 직접 기본권이 침해되었을 경우: 그 조약을 대상으로 헌법소원심판을 청구

2. 외국인의 법적 지위 보장

(1) 우리 헌법 제6조 제2항
① 상호주의원칙(피해보상청구권, 국가배상권 등)
② 외국인은 국제법과 조약이 정하는 바에 의하여 그 지위가 보장됨

(2) 인간으로서의 권리
외국인도 보장됨

⚖ 판례 |

1 국제연합(UN)의 '인권에 관한 세계선언'이 국내법적 효력을 가지는지 여부: 소극(지금은 가입한 상태) (헌재 1991.7.22, 89헌가106)

2 외교관계에 관한 비엔나협약에 근거한 면책특권규정으로 인하여 임대료청구권 등을 강제집행할 수 없게 된 경우 이에 따른 보상입법을 제정하여야 할 입법의무가 있는지 여부: 소극[각하] (헌재 1998.5.28, 96헌마44)

3 국제연합교육과학문화기구(UNESCO)와 국제노동기구(ILO)가 채택한 '교원의 지위에 관한 권고'가 국내법적 효력이 인정되는지 여부: 소극 (헌재 1991.7.22, 89헌가106)

4 대한민국과 일본국간의 어업에 관한 협정체결행위가 헌법소원심판의 대상이 되는 '공권력의 행사'에 해당하는지 여부: 적극 (헌재 2001.3.21, 99헌마139 등)

5 학교급식을 위하여 지방자치단체에서 생산되는 우수농산물을 우선적으로 사용하도록 한 지방자치단체의 조례안이 내국민대우원칙을 규정한 1994년 관세 및 무역에 관한 일반협정에 위반되는지 여부: 적극 (대판 2005.9.9, 2004추10)

6 조약이 위헌심사의 대상이 되는지 여부: 적극 (헌재 2001.9.27, 2000헌바20)

7 대한민국과 아메리카합중국간의 상호방위조약 제4조에 의한 시설과 구역 및 대한민국에서의 합중국군대의 지위에 관한 협정이 이 사건 조약, 이른바 SOFA(협정)이 국회의 동의를 요하는 조약인지 여부: 적극[합헌] (헌재 1999.4.29, 97헌가14)

8 조약에 의한 관세범의 가중처벌이 헌법에 위배되는지 여부: 소극 (헌재 1998.11.26, 97헌바65)

9 사실상 노무에 종사하는 공무원을 제외한 지방공무원의 노동운동을 금지하는 것이 국제법규에 위배되는지 여부: 소극 (헌재 2005.10.27, 2003헌바50)

10 지급거절될 것을 예견하고 수표를 발행한 사람이 그 수표의 지급제시기일에 수표금이 지급되지 아니하게 한 경우 수표의 발행인을 처벌하도록 규정한 부정수표단속법 제2조 제2항이 국제법존중주의에 위배되는지 여부: 소극 (헌재 2001.4.26, 99헌가13)

11 '담배규제기본협약'에 따를 의무가 있는지 여부: 적극 (헌재 2015.4.30, 2012헌마38)

12 외교관계에 관한 비엔나협약에 근거한 민사면책특권 때문에 채무자인 외국대사관에 대하여 강제집행을 할 수 없게 된다면, 이 경우 채권자인 국민의 손실을 보상하는 법률을 제정해야 할 입법의무가 발생하는지 여부: 소극 (헌재 1998.5.28, 96헌마44)

13 1960.10.5. 국제연합교육과학문화기구와 국제노동기구가 채택한 '교원의 지위에 관한 권고'가 직접적으로 국내법적인 효력을 가지는 것인지 여부: 소극 (헌재 1991.7.22, 89헌가106)

14 국제인권규약이 국내법적 효력을 가지는지 여부: 소극 (헌재 2005.10.27, 2004헌바96)

05 평화통일의 원칙

1. 연혁

(1) 유신헌법이 평화통일조항을 신설, 이후 현행헌법에 상세한 규정을 둠

(2) 영토조항을 처음 규정 ➜ 건국헌법

(3) 평화적 통일원칙을 처음 규정 ➜ 제7차 개정헌법(유신헌법)

(4) 자유민주적 기본질서에 입각한 평화적 통일을 처음 규정 ➜ 현행헌법

(5) 국가보안법의 헌법근거 ➜ 헌법 제3조 영토조항

판례 Ⅰ

1 통일에 대한 기본권이 헌법상 도출되는지 여부: 소극 (헌재 2000.7.20, 98헌바63)
   《주의》 영토권과 구별하여 외워둘 것

2 남한주민이 북한주민을 접촉하고자 할 때 통일부장관의 승인을 얻도록 하는 남북교류협력에 관한 법률 제9조 제3항이 평화통일원칙에 위배되는지 여부: 소극 (헌재 2000.7.20, 98헌바63)

3 개별 법률의 적용(외국환거래법)에 있어서 남북한의 특수관계적 성격을 고려하여 북한지역을 외국에 준하는 지역으로, 북한주민 등을 외국인에 준하는 지위에 있는 자로 규정할 수 있는지 여부: 적극 (헌재 2005.6.30, 2003헌바114)

---

2. 남북관계

(1) 남북관계는 나라와 나라 사이 관계가 아닌 통일을 지향하는 과정에서 잠정적으로 형성되는 특수관계

(2) 남북기본합의서는 공동성명·신사협정에 불과
   《주의》 조약이 아님

(3) 통상조약의 체결 절차 및 이행과정에서 남한과 북한간의 거래는 남북교류협력법에 따라 국가간의 거래가 아닌 민족 내부의 거래로 봄

제5절 한국헌법의 기본제도

01 제도적 보장

1. 의의

정당제도, 선거제도, 공무원제도, 지방자치제도, 군사제도, 교육제도, 사유재산제도, 가족제도 등 **국가존립의 기반이 되는 제도를 헌법의 수준에서 보장함으로써 당해 제도의 본질을 유지하려는 것**

《주의》 제도보상의 대상이 되는 제도는 역사적으로 형성된 기존의 제도이다.

> ⚖ **판례 |**
>
> 제도적 보장은 객관적 제도를 헌법에 규정하여 당해 제도의 본질을 유지하려는 것으로서, 헌법제정권자가 특히 중요하고도 가치가 있다고 인정되고 헌법적으로 보장할 필요가 있다고 생각하는 국가 제도를 헌법에 규정함으로써 장래의 법 발전, 법 형성의 방침과 범주를 미리 규율하려는 데 있다. 헌법에 의하여 일정한 제도가 보장되면 입법자는 그 제도를 설정하고 유지할 입법의무를 지게 될 뿐만 아니라 헌법에 규정되어 있기 때문에 법률로써 이를 폐지할 수 없고 비록 내용을 제한한다고 하더라도 그 본질적 내용을 침해할 수 없다 (헌재 1997.4.24, 95헌바48).

2. 법적 성격

(1) 집행권과 사법권은 물론 입법권까지 구속함

(2) 직접적 효력을 가지는 재판규범이나 헌법개정권력을 구속하지는 못함

3. 내용

(1) **최소한 보장의 원칙** 적용, 제도의 본질적 내용을 훼손하지 아니하는 범위 내에서 입법자에게 그 제도의 형성권을 폭넓게 인정할 수 있음

(2) **기본권보장과 제도적 보장**

구분	기본권보장(자유권)	제도적 보장
성질	주관적 공권, 전국가적	객관적 질서, 국가내적
헌법개정권력 구속 여부	구속	구속 ×
보장의 정도	최대한 보장	최소한 보장
재판규범성	인정	
헌법소원 제기	○	×

> ⚖ **판례 |**
>
> 지방자치단체(地方自治團體)의 폐치(廢置)·분합(分合)에 관한 것은 지방자치단체(地方自治團體)의 자치행정권(自治行政權) 중 지역고권(地域高權)의 보장문제이나, 대상지역 주민들은 그로 인하여 인간다운 생활공간에서 살 권리, 평등권(平等權), 정당한 청문권(聽聞權), 거주이전(居住移轉)의 자유, 선거권(選擧權), 공무담임권(公務擔任權), 인간다운 생활을 할 권리, 사회보장(社會保障)·사회복지수급권(社會福祉受給權) 및 환경권(環境權) 등을 침해받게 될 수도 있다는 점에서 기본권(基本權)과도 관련이 있어 헌법소원(憲法訴願)의 대상이 될 수 있다(헌재 1994.12.29, 94헌마201).

02 현행헌법과 정당제도

1. 헌법규정

> 헌법 제8조 ① 정당의 설립은 자유이며, 복수정당제는 보장된다.
> ② 정당은 그 목적·조직과 활동이 민주적이어야 하며, 국민의 정치적 의사형성에 참여하는 데 필요한 조직을 가져야 한다.
> ③ 정당은 법률이 정하는 바에 의하여 국가의 보호를 받으며, 국가는 법률이 정하는 바에 의하여 정당운영에 필요한 자금을 보조할 수 있다.
> ④ 정당의 목적이나 활동이 민주적 기본질서에 위배될 때에는 정부는 헌법재판소에 그 해산을 제소할 수 있고, 정당은 헌법재판소의 심판에 의하여 해산된다.
>
> ✎ • **목조활(목적·조직·활동)**: 민주적
> • **목활(목적·활동)**: 민·위
> ➡ 위의 둘을 구분해서 암기
>
> ✎ 복수정당제는 헌법에 의해 보장 / 정당은 법률이 정하는 바에 의해 보호받음
> 《주의》 위 조항의 '민주적 기본질서'는 좁게 해석한다.

(1) 제3차 개정헌법에서 정당조항을 처음 신설(헌법에 편입)

(2) 건국헌법에는 정당조항이 없었음

2. 정당의 개념(헌법재판소)

(1) "정당은 자발적 조직이기는 하지만 … 국정을 책임지는 공권력으로까지 매개하는 중요한 공적 기능을 수행하기 때문에 …"(매개체설)

(2) 요건
① 국가와 자유민주주의 또는 헌법질서를 긍정할 것
② 공익의 실현에 노력할 것
③ 선거에 참여할 것
④ 정강이나 정책을 가질 것
⑤ 국민의 정치적 의사형성에 참여할 것
⑥ 구성원들이 당원이 될 수 있는 자격을 구비할 것을 요구함

(3) 당원의 자격

> **정당법**
> 제22조 【발기인 및 당원의 자격】 ① 16세 이상의 국민은 공무원 그 밖에 그 신분을 이유로 정당가입이나 정치활동을 금지하는 다른 법령의 규정에 불구하고 누구든지 정당의 발기인 및 당원이 될 수 있다. 다만, 다음 각 호의 어느 하나에 해당하는 자는 그러하지 아니하다.
> 1. 국가공무원법 제2조(공무원의 구분) 또는 지방공무원법 제2조(공무원의 구분)에 규정된 공무원. 다만, 대통령, 국무총리, 국무위원, 국회의원, 지방의회의원, 선거에 의하여 취임하는 지방자치단체의 장, 국회 부의장의 수석비서관·비서관·비서·행정보조요원, 국회 상임위원회·예산결산특별위원회·윤리특별위원회 위원장의 행정보조요원, 국회의원의 보좌관·비서관·비서, 국회 교섭단체대표위원의 행정비서관, 국회 교섭단체의 정책연구위원·행정보조요원과 고등교육법 제14조(교직원의 구분) 제1항·제2항에 따른 교원을 제외한다.

2. 고등교육법 제14조 제1항·제2항에 따른 교원을 제외한 사립학교의 교원

3. 법령의 규정에 의하여 공무원의 신분을 가진 자

② 대한민국 국민이 아닌 자는 당원이 될 수 없다.

3. 정당의 법적 형태

(1) 헌법재판소

법인격 없는 사단설의 입장이다(헌재 1993.7.29, 92헌마262).

(2) 정당의 자유는 국민의 기본권일 뿐만 아니라, 단체로서의 정당이 가지는 기본권이기도 하다(헌재 2004.12.16, 2004헌마456).

4. 정당설립의 자유

> **헌법 제8조** ① 정당의 설립은 자유이며, 복수정당제는 보장된다.

(1) 정당을 설립할 자유와 복수정당제를 헌법 차원에서 제도적으로 보장

(2) 헌법 제8조 제1항은 정당존속의 자유와 정당활동의 자유를 포함

(3) 정당 조직선택의 자유, 선택된 조직을 결성할 자유, 원하는 명칭 사용의 자유, 합당 및 분당의 자유, 정당해산의 자유, 특정 정당에 가입하지 아니할 자유, 탈퇴할 자유 등을 모두 포함

(4) '위헌적인 정당을 금지해야 할 공익'도 정당설립의 자유에 대한 입법적 제한을 정당화하지 못하도록 한 것이 헌법의 객관적 의사라면 입법자의 정당설립금지조항 도입은 원칙적으로 위헌 ➔ **정당설립의 자유에 관해선 엄격한 비례심사**

5. 정당의 조직

> **정당법**
>
> **제4조 【성립】** ① 정당은 중앙당이 중앙선거관리위원회에 **등록함으로써** 성립한다.
>   ② 제1항의 등록에는 제17조(법정 시·도당수) 및 제18조(시·도당의 법정당원수)의 요건을 구비하여야 한다.
>   《주의》 등록 ○ / 허가 ✕
>
> **제6조 【발기인】** 창당준비위원회는 중앙당의 경우에는 200명 이상의, 시·도당의 경우에는 100명 이상의 발기인으로 구성한다.
>
> **제15조 【등록신청의 심사】** 등록신청을 받은 관할 선거관리위원회는 **형식적 요건을 구비하는 한 이를 거부하지 못한다.** 다만, 형식적 요건을 구비하지 못한 때에는 상당한 기간을 정하여 그 보완을 명하고, 2회 이상 보완을 명하여도 응하지 아니할 때에는 그 신청을 각하할 수 있다.
>
> **제17조 【법정 시·도당수】** 정당은 5 이상의 시·도당을 가져야 한다.
>
> **제18조 【시·도당의 법정당원수】** ① 시·도당은 1천인 이상의 당원을 가져야 한다.
>
> **제19조 【합당】** ⑤ 합당으로 신설 또는 존속하는 정당은 합당 전 정당의 권리·의무를 승계한다.
>
> **제28조 【강령 등의 공개 및 당헌의 기재사항】** ① 정당은 그 **강령**(또는 기본정책)과 당헌을 공개하여야 한다.
>   ② 제1항의 당헌에는 다음 각 호의 사항을 규정하여야 한다.
>   4. 당원의 입당·탈당·제명과 권리 및 의무에 관한 사항

제31조【당비】① 정당은 당원의 정예화와 정당의 재정자립을 도모하기 위하여 당비납부제도를 설정·운영하여야 한다.

② 정당의 당원은 같은 정당의 타인의 당비를 부담할 수 없으며, 타인의 당비를 부담한 자와 타인으로 하여금 자신의 당비를 부담하게 한 자는 당비를 낸 것이 확인된 날부터 1년간 당해 정당의 당원자격이 정지된다.

판례 |

1 정당의 등록요건으로 '5 이상의 시·도당과 각 시·도당 1천명 이상의 당원'을 요구하는 것이 정당설립의 자유를 침해하여 위헌인지 여부: 소극 (헌재 2006.3.30, 2004헌마246)

2 초·중등교원의 정치활동과 선거운동을 일체 금지하는 것이 정당가입 및 선거운동의 자유를 침해하는지 여부: 소극 (헌재 2004.3.25, 2001헌마710)

3 경찰청장 퇴임 후 2년간 정당의 발기인이 되거나 당원이 될 수 없도록 한 것이 정당설립 및 가입의 자유를 침해하는지 여부: 적극 (헌재 1999.12.23, 99헌마135)

   《주의》 위 판례는 공무담임권 침해 ×, 피선거권과 직업의 자유 제한 ×

4 지구당 및 당연락소의 폐지가 위헌인지 여부: 소극 (헌재 2004.12.16, 2004헌마456)

5 정당의 당원협의회 사무소 설치를 금지하고 위반시 처벌하는 내용의 정당법 제37조 제3항 단서 및 제59조 제1항 제3호가 헌법에 위반되는지 여부: 소극[합헌]

   당원협의회에 사무소 설치를 허용한다면 사실상 과거 지구당 제도를 부활하는 것과 다름이 없게 되고, … (헌재 2016.3.31, 2013헌가22)

6 국회의원 선거권이 있는 자만 정당의 발기인 및 당원이 될 수 있도록 규정하고 있는 정당법 규정이 19세 미만인 사람의 정당의 자유를 침해하는지 여부: 소극[기각] (헌재 2014.4.24, 2012헌마287)

7 정당법에 의한 합당의 경우, 합당으로 인한 권리의무의 승계에 관하여 정당의 결의로써 제한할 수 있는지 여부: 소극[기각] (대판 2002.2.8, 2001다68969)

   ✎ 권리의무 승계조항은 강행규정

8 누구든지 2 이상의 정당의 당원이 되지 못하도록 한 정당법이 정당가입·활동의 자유를 침해하는지 여부: 소극[기각] (헌재 2022.3.31, 2020헌마1729)

9 정당의 시·도당은 1천인 이상의 당원을 가져야 한다고 규정한 정당법 제18조 제1항이 정당의 자유를 침해하는지 여부: 소극[기각] (헌재 2022.11.24, 2019헌마445)

6. 등록취소

(1) 자진해산·등록취소시 잔여재산 처분

당헌에 따름

(2) 헌법재판의 해산결정(강제해산)시 잔여재산 처분

국고에 귀속

정당법

제44조【등록의 취소】① 정당이 다음 각 호의 어느 하나에 해당하는 때에는 당해 선거관리위원회는 그 등록을 취소한다.

1. 제17조(법정 시·도당수) 및 제18조(시·도당의 법정당원수)의 요건을 구비하지 못하게 된 때. 다만, 요건의 흠결이 공직선거의 선거일 전 3월 이내에 생긴 때에는 선거일 후 3월까지, 그 외의 경우에는 요건흠결시부터 3월까지 그 취소를 유예한다.
2. 최근 4년간 임기만료에 의한 국회의원선거 또는 임기만료에 의한 지방자치단체의 장선거나 시·도의회의원선거에 참여하지 아니한 때
3. 임기만료에 의한 국회의원선거에 참여하여 의석을 얻지 못하고 유효투표총수의 100분의 2 이상을 득표하지 못한 때
   《주의》 정당법 제44조 제1항 제3호는 위헌결정되었음

제45조【자진해산】 ① 정당은 그 대의기관의 결의로써 해산할 수 있다.
② 제1항의 규정에 의하여 정당이 해산한 때에는 그 대표자는 지체 없이 그 뜻을 관할 선거관리위원회에 신고하여야 한다.

제48조【해산된 경우 등의 잔여재산 처분】 ① 정당이 제44조(등록의 취소) 제1항의 규정에 의하여 등록이 취소되거나 제45조(자진해산)의 규정에 의하여 자진해산한 때에는 그 잔여재산은 당헌이 정하는 바에 따라 처분한다(국고 귀속 ×).
② 제1항의 규정에 의하여 처분되지 아니한 정당의 잔여재산 및 헌법재판소의 해산결정에 의하여 해산된 정당의 잔여재산은 국고에 귀속한다.
   ✎ 재산의 처분
     • 자진해산시: 당헌이 정하는 바에 따라
     • 헌법재판소의 해산 결정시: 국고에 귀속

제33조【정당 소속 국회의원의 제명】 정당이 그 소속 국회의원을 제명하기 위해서는 당헌이 정하는 절차를 거치는 외에 그 소속 국회의원 전원의 2분의 1 이상의 찬성이 있어야 한다.
   ✎ 정당의 국회의원 제명
     당헌의 절차 + 소속 국회의원 2분의 1 이상 찬성(반만 찬성해도 탈당시킬 수 있음)
   《주의》 위 규정에 의해 정당에서 국회의원이 제명되었다고 해도, 국회의원직은 유지된다.

⚖️**판례 |**

1 정당이 등록취소된 경우에도 헌법소원능력이 있는지 여부: 적극 (헌재 2006.3.30, 2004헌마246)

2 국회의원선거에 참여하여 의석을 얻지 못하고 유효투표 총수의 100분의 2 이상을 득표하지 못한 정당에 대하여 그 등록을 취소하도록 한 정당법 제44조 제1항 제3호가 위헌인지 여부: 적극[위헌] (헌재 2014.1.28, 2012헌마431 등)

---

7. 위헌정당의 해산(정당의 강제해산)

(1) 헌법 제8조 제4항의 의의(통설)

헌법 제8조 ④ 정당의 목적이나 활동이 민주적 기본질서에 위배될 때에는 정부는 헌법재판소에 그 해산을 제소할 수 있고, 정당은 헌법재판소의 심판에 의하여 해산된다.
   ✎ 정당존립의 특권을 보장하는 동시에 정당활동 자유에 한계를 설정
   《주의》 목적이나 활동 ○ / 목적과 활동 ×, 목적이나 조직 ×

(2) 실질적 요건
 ① 정당
  ㉠ 정당으로서 등록을 필한 기성정당(정당법 제4조 제1항)·목적이나 활동이 자유민주적 기본질서
   에 위배될 때에 한하여 해산
  ㉡ 정당의 일부를 구성하는 부분조직도 위헌정당의 해산에 해당함. 다만, 정당과 법적으로 독립된
   조직 같은 경우에는 행정처분의 대상이 됨
 ② 목적이나 활동
  ㉠ **정당의 목적을 인식할 수 있는 자료**: 정당의 강령이나 기본정책 또는 당헌, 당수와 당간부의 연설,
   당기관지, 출판물, 선전자료 등
  ㉡ 정당의 활동에 당수와 당간부의 활동은 물론 평당원의 활동도 포함
   《주의》 사적인 활동은 포함되지 않는다.
  ㉢ 목적이나 활동 중 하나라도 민주적 기본질서에 위배되면 정당해산의 사유가 될 수 있다(헌재
   2014.12.19, 2013헌다1).
 ③ 민주적 기본질서
  ㉠ 정당이 자유민주적 기본질서(기본적 인권의 존중, 권력분립, 의회제도, 복수정당제도, 선거제도,
   사유재산제도와 시장경제를 골간으로 하는 경제질서 및 사법권의 독립 등)를 부정할 때 헌법재
   판소가 그 위헌성을 확인하는 경우
  ㉡ 헌법 제8조 제4항의 민주적 기본질서는 최대한 엄격하고 협소한 의미로 이해해야 한다. 따라서,
   민주적 기본질서를 현행헌법이 채택한 민주주의의 구체적 모습과 동일하게 보아서는 '안 된다'
   (헌재 2014.12.19, 2013헌다1).
 ④ **위배될 때의 의미**: 모든 정당의 목적과 활동에 관련된 사소한 위헌성까지 위배하는 것을 의미하는
  것이 아니라 그 정당의 목적이나 활동이 우리 사회의 민주적 기본질서에 대하여 실질적인 해악을
  끼칠 수 있는 구체적 위험성을 초래하는 경우를 의미한다(헌재 2014.12.19, 2013헌다1).
 ⑤ **비례의 원칙**: 헌법재판소가 정당해산결정을 내리기 위해서는 그 해산결정이 비례원칙에 부합하는지
  를 숙고해야 하고, 비례원칙 준수 여부는 다른 대안적 수단이 없고, 정당해산결정을 통하여 얻을
  수 있는 사회적 이익이 정당해산결정으로 인해 초래되는 정당의 정당활동 자유 제한으로 인한 불
  이익과 민주주의 사회에 대한 중대한 제약이라는 사회적 불이익을 초과할 수 있을 정도로 큰 경우
  에 한하여 헌법적으로 정당화될 수 있다(헌재 2014.12.19, 2013헌다1).

(3) 절차적 요건
 ① 정부의 제소

> **헌법재판소법**
> **제55조【정당해산심판의 청구】** 정당의 목적이나 활동이 민주적 기본질서에 위배될 때에는 정부는 국
> 무회의의 심의를 거쳐 헌법재판소에 정당해산심판을 청구할 수 있다.
> ✎ 목활 - 민·위
> **제57조【가처분】** 헌법재판소는 정당해산심판의 청구를 받은 때에는 직권 또는 청구인의 신청에 의
> 하여 종국결정의 선고시까지 피청구인의 활동을 정지하는 결정을 할 수 있다.

☆판례 | 정당해산심판에서 가처분을 허용하는 조항 등이 위헌인지 여부(과잉금지원칙 위배 여부): 소극[기각]

가처분제도를 두지 않으면 종국결정이 선고되더라도 그 실효성이 없어 회복하기 어려운 불이익을 주게 되고, … 헌법질서의 유지·수호를 위하여 일정한 요건 아래에서는 정당의 활동을 임시로 정지할 필요성이 있으므로, 가처분조항은 입법목적의 정당성 및 수단의 적정성이 인정된다. … 따라서 가처분조항은 과잉금지원칙에 위배하여 정당활동의 자유를 침해한다고 볼 수 없다(헌재 2014.2.27, 2014헌마7).

② 헌법재판소의 해산결정

> **헌법 제113조** ① 헌법재판소에서 법률의 위헌결정, 탄핵의 결정, 정당해산의 결정 또는 헌법소원에 관한 인용결정을 할 때에는 재판관 6인 이상의 찬성이 있어야 한다.

③ 해산결정의 집행

> **헌법재판소법**
>
> **제58조【청구 등의 통지】** ② 정당해산을 명하는 결정서는 피청구인 외에 국회·정부 및 중앙선거관리위원회에도 송달하여야 한다.
> 《주의》 중앙선거관리위원회에 송달 ○ / 법원에 송달 ×
>
> **제60조【결정의 집행】** 정당의 해산을 명하는 헌법재판소의 결정은 중앙선거관리위원회가 정당법에 따라 집행한다.
> 《주의》 정당해산 판결은 헌법재판소 / 정당해산 집행은 중앙선거관리위원회

④ 강제해산의 효과

　㉠ 정당의 자동해산

> **헌법재판소법**
>
> **제59조【결정의 효력】** 정당의 해산을 명하는 결정이 선고된 때에는 그 정당은 해산된다.
> ✎ 해산을 명하는 결정이 선고된 때에 '즉시' 해산이 되는 것
>
> **정당법**
>
> **제47조【해산공고 등】** 제45조(자진해산)의 신고가 있거나 헌법재판소의 해산결정의 통지나 중앙당 또는 그 창당준비위원회의 시·도당 창당승인의 취소통지가 있는 때에는 당해 선거관리위원회는 그 정당의 등록을 말소하고 지체 없이 그 뜻을 공고하여야 한다.
> 《주의》 당해 선거관리위원회가 정당의 등록 말소 및 공고 / (국회 ×, 정부 ×, 법원 ×)

　㉡ 잔여재산의 국고귀속

> **정당법**
>
> **제48조【해산된 경우 등의 잔여재산처분】** ② … 헌법재판소의 해산결정에 의하여 해산된 정당의 잔여재산은 국고에 귀속한다.

ⓒ 대체정당의 창당금지

> **정당법**
>
> 제40조 【대체정당의 금지】 정당이 헌법재판소의 결정으로 해산된 때에는 해산된 정당의 강령(또는 기본정책)과 동일하거나 **유사한 것**으로 정당을 창당하지 못한다.

ⓔ 명칭사용금지

> **정당법**
>
> 제41조 【유사명칭 등의 사용금지】 ① 이 법에 의하여 등록된 정당이 아니면 그 명칭에 정당임을 표시하는 문자를 사용하지 못한다.
>
> ② 헌법재판소의 결정에 의하여 해산된 정당의 명칭과 **같은 명칭**은 정당의 명칭으로 다시 사용하지 못한다.
>
> ④ 제44조(등록의 취소) 제1항의 규정에 의하여 등록취소된 정당의 명칭과 같은 명칭은 등록취소된 날부터 최초로 실시하는 임기만료에 의한 국회의원선거의 선거일까지 정당의 명칭으로 사용할 수 없다.

☑ SUMMARY | 등록취소와 강제해산 비교

구분	중앙선거관리위원회에 의하여 등록취소된 정당	헌법재판소에 의하여 강제해산된 정당
헌법상 근거	헌법 제8조 제2항	헌법 제8조 제4항
사유	• 형식적 요건을 구비하지 못한 때 • 정당이 국민의사 형성에 참여하고 있지 아니한 때	정당의 목적이나 활동이 민주적 기본질서에 위배될 때
기존 정당의 명칭사용	사용 가능, 다만 등록취소된 날부터 다음 총선거일까지는 사용 불가(정당법 제41조 제4항)	불가능
기존 정당의 목적과 유사한 정당설립	가능	대체정당 설립 불가
잔여재산	1차는 당헌에 따라, 나머지는 국고귀속	국고귀속
소속 의원	무소속으로 자격 유지	자격 상실(다수설)
법원제소	제소 가능	제소 불허용

ⓜ 해산된 정당의 목적을 달성하기 위한 집회 또는 시위금지

> **집회 및 시위에 관한 법률**
>
> 제5조 【집회 및 시위의 금지】 ① 누구든지 다음 각 호의 어느 하나에 해당하는 집회 또는 시위를 주최하여서는 아니 된다.
>
> 1. 헌법재판소의 결정에 따라 해산된 정당의 목적을 달성하기 위한 집회 또는 시위

ⓗ 소속 국회의원의 의원직 상실 여부

ⓐ **문제점**: 우리나라 제3공화국 헌법은 소속 정당이 해산된 때 소속 국회의원의 자격상실 규정을 두고 있었으나, 현행법에서는 이러한 규정을 두고 있지 아니하여 학설이 대립하고 있음

ⓑ **학설**: 소속 의원의 국회의원 자격이 상실된다는 견해(다수설)

ⓒ 오늘날의 정당제 민주주의에서 유권자는 선거에서 후보자 개인보다는 정당을 투표의 기준으로 하는 것이 일반적임

ⓓ 위헌정당으로 해산된 정당의 소속 국회의원이 의원직을 계속 보유한다면 정당제 민주주의 및 방어적 민주주의의 원리에 위배되고 위헌결정 자체가 무의미해짐

⚖ 판례 Ⅰ

1 통합진보당 해산사건 [인용(해산)]

[1] 대통령의 해외 순방 중 국무총리가 주재한 국무회의에서 이루어진 정당해산심판청구서 제출안에 대한 의결이 위법한지 여부: 소극

[2] 정당해산의 사유

강제적 정당해산은 헌법상 핵심적인 정치적 기본권인 정당활동의 자유에 대한 근본적 제한이므로, 헌법재판소는 이에 관한 결정을 할 때 헌법 제37조 제2항이 규정하고 있는 비례원칙을 준수하여야만 한다.

[3] 한국사회의 특수성으로서 남북한 대립상황에 대한 고려의 필요성

[4] 피청구인의 목적이나 활동이 민주적 기본질서에 위배되는지 여부: 적극

피청구인이 추구하는 가치 내지 이념적 지향점은 '진보적 민주주의'이다. ⋯ 피청구인 주도세력의 형성과정, 대북자세, 활동경력, 이념적 동일성 등을 종합해 볼 때 피청구인 주도세력은 북한을 추종하고 있다. ⋯ 피청구인은 진보적 민주주의를 실현하기 위해서는 전민항쟁 등 폭력을 행사하여 자유민주주의체제를 전복할 수 있다고 하는데 이 역시 민주적 기본질서에 정면으로 저촉된다.

[5] 피청구인에 대한 해산결정이 비례원칙에 위배되는지 여부: 소극

[6] 정당해산결정이 선고되는 경우 그 정당 소속 국회의원이 의원직을 상실하는지 여부: 적극

정당해산결정이 있는 경우 그 정당 소속 국회의원의 의원직은 당선방식을 불문하고 모두 상실되어야 한다(헌재 2014.12.19, 2013헌다1).

《주의》 위 판례에서 국회의원의 의원직은 상실되어야 한다 판시하였으나, 지방의원들의 의원직에 대해서는 판단하지 않음. 고로 지방의원들은 의원직을 유지

2 통합진보당 재심사건: 소극[각하]

[1] 정당해산결정에 대한 재심 허용 여부

정당해산심판은 일반적 기속력과 대세적·법규적 효력을 가지는 법령에 대한 헌법재판소의 결정과 달리 원칙적으로 해당 정당에게만 그 효력이 미친다. ⋯ 따라서 정당해산심판절차에서는 재심을 허용하지 아니함으로써 얻을 수 있는 법적 안정성의 이익보다 재심을 허용함으로써 얻을 수 있는 구체적 타당성의 이익이 더 크므로 재심을 허용하여야 한다. 한편, 이 재심절차에서는 원칙적으로 민사소송법의 재심에 관한 규정이 준용된다(헌법재판소법 제40조 제1항).

[2] 적법한 재심사유의 존재 여부

재심대상결정의 심판대상은 재심청구인의 목적이나 활동이 민주적 기본질서에 위배되는지, 재심청구인에 대한 해산결정을 선고할 것인지, 해산결정을 할 경우 그 소속 국회의원에 대하여 의원직 상실을 선고할 것인지 여부이다. 재심대상결정은 재심청구인 소속 국회의원과 당원 일부가 남북 대치상황에서 국내 주요시설을 파괴하여 유사시 북한을 돕는다는 등의 논의를 한 행위를 민주적 기본질서에 위배되는 행위유형의 하나로 보았다. 그러나 재심대상결정은 이런 행위가 형법상 내란음모에 해당하는지 여부에 대하여는 판단하지 않았다. 내란음모 등 형사사건에서 내란음모 혐의에 대한 유·무죄 여부는 재심대상결정의 심판 대상이 아니었고 논리적 선결문제도 아니다. 따라서 재심대상결정에 민사소송법 제451조 제1항 제8호의 재심사유가 있다고 할 수 없다(헌재 2016.5.26, 2015헌아20).

03 정당과 정치자금

1. 현행법상 정치자금원

> **정치자금법**
>
> **제2조【기본원칙】** ① 누구든지 이 법에 의하지 아니하고는 정치자금을 기부하거나 받을 수 없다.
> ⑤ 누구든지 타인의 명의나 가명으로 정치자금을 기부할 수 없다.
> **제4조【당비】** ① 정당은 소속 당원으로부터 당비를 받을 수 있다.
> ② 정당의 회계책임자는 타인의 명의나 가명으로 납부된 당비는 국고에 귀속시켜야 한다.

(1) 당비의 개념

정당의 당헌·당규 등에 의하여 정당의 당원이 부담하는 금전이나 유가증권 기타 물건(정치자금법 제3조 제3호)

(2) 후원회

① **개념**: 정치자금의 기부를 목적으로 설립·운영되는 단체로서 관할 선거관리위원회에 등록된 단체 (정치자금법 제3조 제7호)

② **후원회의 설치**

> **정치자금법**
>
> **제6조【후원회지정권자】** 다음 각 호에 해당하는 자(이하 '후원회지정권자'라 한다)는 각각 하나의 후원회를 지정하여 둘 수 있다.
> 1. 중앙당(중앙창당위원회를 포함한다)
> 2. 국회의원(국회의원선거의 당선인을 포함한다)
> 2의2. 대통령선거의 후보자 및 예비후보자(이하 '대통령후보자 등'이라 한다)
> 3. 정당의 대통령선거후보자 선출을 위한 당내경선후보자(이하 '대통령선거경선후보자'라 한다)
> 4. 지역선거구(이하 '지역구'라 한다)국회의원선거의 후보자 및 예비후보자(이하 '국회의원후보자 등'이라 한다). 다만, 후원회를 둔 국회의원의 경우에는 그러하지 아니하다.
> 5. 중앙당의 대표자 및 중앙당 최고 집행기관의 구성원을 선출하기 위한 위한 당내경선후보자(이하 '당대표경선후보자'라 한다)
> 6. 지역구지방의회의원선거의 후보자 및 예비후보자(이하 '지방의회의원후보자 등'이라 한다)
> 7. 지방자치단체의 장선거의 후보자 및 예비후보자(이하 '지방자치단체후보자 등'이라 한다)
>
> ✎ • 국회의원, 대통령선거의 후보자 및 예비후보자, 대통령선거경선후보자, 지역구국회의원 후보자 및 예비후보자, 지방의회의원 후보자 및 지방의회의원 예비후보자, 당대표경선후보자, 지방자치단체장 후보자 및 지방자치단체장 예비후보자가 후원회의 지정권자가 된다.
> • 비례대표국회의원의 후보자 및 예비후보자는 후원회의 지정권자가 될 수 없다.
> • 정당을 후원회의 지정권자에 포함시키지 않은 구 정치자금법 제6조는 최근 헌법재판소의 결정에 따라 헌법불합치 판결을 받았다. 현재는 정치자금법이 개정되어 정당 또한 후원회를 둘 수 있다.

⚖️ **판례 Ⅰ**

1 국회의원을 후원회지정권자로 정하면서 지방자치법 제2조 제1항 제1호의 '도'의회의원과 같은 항 제2호의 '시'의회의원을 후원회지정권자에서 제외하고 있는 정치자금법 제6조 제2호가 청구인들의 평등권을 침해하는지 여부: 적극 (헌재 2022.11.24, 2019헌마528 등)

2 정당후원회를 금지한 정치자금법 제6조가 정당의 정당활동의 자유와 국민의 정치적 표현의 자유를 침해하는지 여부: 적극[헌법불합치]

  [1] 정경유착의 문제는 일부 재벌기업과 부패한 정치세력에 국한된 것이고 대다수 유권자들과는 직접적인 관련이 없으므로 일반 국민의 정당에 대한 정치자금 기부를 원천적으로 봉쇄할 필요는 없고, 기부 및 모금한도액의 제한, 기부내역 공개 등의 방법으로 **정치자금의 투명성을 충분히 확보할 수 있다.**

  [2] 현행 기탁금제도는 중앙선거관리위원회가 국고보조금의 배분비율에 따라 각 정당에 배분·지급하는 일반기탁금제도로서, 기부자가 자신이 지지하는 특정 정당에 재정적 후원을 하는 것과는 전혀 다른 제도이므로 이로써 **정당후원회를 대체할 수 있다고 보기 어렵다.**

  [3] 정당에 대한 재정적 후원이 전면적으로 금지됨으로써 정당이 스스로 재정을 충당하고자 하는 정당활동의 자유와 국민의 정치적 표현의 자유에 대한 제한이 매우 크므로, 이 사건 법률조항은 정당의 정당활동의 자유와 국민의 **정치적 표현의 자유를 침해한다**(헌재 2015.12.23, 2013헌바168).

3 기초자치단체장 선거의 예비후보자는 후원회를 통한 정치자금의 모금을 할 수 없도록 하고, 이를 위반하면 형사처벌하는 것이 평등권을 침해하는지 여부: 소극[합헌] (헌재 2016.9.29, 2015헌바228)

4 광역자치단체장 선거의 예비후보자를 후원회지정권자에서 제외하고 있는 정치자금법 제6조 제6호 부분이 청구인들의 평등권을 침해하는지 여부: 적극[헌법불합치] (헌재 2019.12.27, 2018헌마301)

5 대통령선거경선후보자가 당내경선 과정에서 탈퇴함으로써 후원회를 둘 수 있는 자격을 상실한 때에는 후원회로부터 후원받은 후원금 전액을 국고에 귀속하도록 하고 있는 구 정치자금법 제21조 제3항 제2호가 평등권 및 선거의 자유를 침해하는지 여부: 적극[위헌] (헌재 2009.12.29, 2007헌마1412)

6 국회의원예비후보자가 당내경선에 참여하지 않고 정식 후보자 등록을 하지 않음으로써 후원회를 둘 수 있는 자격을 상실한 때에는 후원회로부터 후원받은 후원금 전액을 국고에 귀속하도록 하고 있는 정치자금법 제21조 제3항 제2호가 평등권 및 선거의 자유를 침해하는지 여부: 적극[위헌] (헌재 2009.12.29, 2008헌마141)

7 자치구의 지역구의회의원(이하 '자치구의회의원'이라 한다) 선거의 예비후보자를 후원회지정권자에서 제외하고 있는 정치자금법 제6조 제6호 부분이 평등권을 침해하는지 여부: 소극 (헌재 2019.12.27, 2018헌마301 등)

8 단체의 이름으로 혹은 단체와 관련된 자금으로 정치자금을 기부하는 것을 금지하고 이를 위반한 경우 처벌하도록 하는 정치자금법 규정이 단체와 그 구성원의 정치활동의 자유를 침해하는 것인지 여부: 소극 (헌재 2012.7.26, 2009헌바298)

(3) 기탁금

① 개념

  ㉠ 정치자금을 정당에 기부하고자 하는 개인이 이 법에 의하여 선거관리위원회에 기탁하는 금전이나 유가증권 그 밖의 물건(정치자금법 제3조 제5호)

  ㉡ 정당에 정치자금을 기부하고자 하는 자는 기명으로 선거관리위원회에 직접 기탁하여야 함

    《주의》 선거관리위원회에 기탁 ○ / 정당에 기탁 ×

② 선거관리위원회에 기탁

> **정치자금법**
>
> 제22조【기탁금의 기탁】① 기탁금을 기탁하고자 하는 개인(당원이 될 수 없는 공무원과 사립학교 교원을 포함한다)은 각급 선거관리위원회(읍·면·동선거관리위원회를 제외한다)에 기탁하여야 한다.

② 1인이 기탁할 수 있는 기탁금은 1회 1만원 또는 그에 상당하는 가액 이상, 연간 1억원 또는 전년도 소득의 **100분의 5** 중 다액 이하로 한다.

③ 누구든지 타인의 명의나 가명 또는 그 성명 등 인적사항을 밝히지 아니하고 기탁금을 기탁할 수 없다. 이 경우 기탁자의 성명 등 인적사항을 공개하지 아니할 것을 조건으로 기탁할 수 있다.

🖋 기탁시 기명원칙

③ 기탁금 기부제한자

> **정치자금법**
>
> 제31조【기부의 제한】① 외국인, 국내·외의 법인 또는 단체는 정치자금을 기부할 수 없다.
>
> ② 누구든지 국내·외의 법인 또는 단체와 관련된 자금으로 정치자금을 기부할 수 없다.
>
> **《주의》** 외국인 정치자금 기부 × / 법인이나 단체명으로도 기부 불가 ➡ 오로지 개인만!

④ 기탁금 분배

> **정치자금법**
>
> 제23조【기탁금의 배분과 지급】① 중앙선거관리위원회는 기탁금의 모금에 직접 소요된 경비를 공제하고 지급 당시 제27조(보조금의 배분)의 규정에 의한 국고보조금 배분율에 따라 기탁금을 배분·지급한다.

⚖ **판례 Ⅰ**

국회의원 선거에 있어서 정당추천 후보자에게만 기탁금의 기부를 규정하고 있는 정치자금법 조항이 무소속 후보자를 현저히 불합리하게 차별하여 헌법상 평등의 원칙을 위반하고 있는지 여부: 소극[기각] (헌재 1997.5.29, 96헌마85)

---

(4) 보조금

① 개념

㉠ 정당의 보호·육성을 위하여 국가가 정당에 지급하는 금전이나 유가증권(정치자금법 제3조 제6호)

㉡ 국고보조금제도는 각종 이익집단으로부터 부당한 영향력을 배제하여 정치부패를 방지하고 정당간 자금조달의 격차를 줄여 공평한 경쟁을 유도하는 데 입법목적이 있음(헌재 2006.7.27, 2004헌마655)

② 보조금의 배분(정치자금법 제27조)

전체의 100분의 50	동일 정당의 소속 의원으로 교섭단체를 구성한 정당에 대하여 정당별로 균등하게 분할하여 배분
100분의 5	교섭단체를 구성하지 못한 5석 이상의 의석을 얻은 정당
100분의 2	㉠ 최근에 실시된 국회의원총선거에 참여한 정당의 경우 그 국회의원총선거에서 유효투표 총수의 100분의 2 이상 득표한 정당 ㉡ 최근에 실시된 국회의원총선거에 참여한 정당 중 ㉠에 해당하지 아니하는 정당으로서 의석을 얻은 정당의 경우 최근에 전국적으로 실시된 정당의 후보추천이 허용되는 지방의회의원 또는 지방자치단체의 장의 선거에서 유효투표 총수의 100분의 0.5 이상 득표한 정당

잔여분 중 100분의 50	지급 당시 국회의석을 가진 정당에 그 의석수의 비율에 따라 배분
그 잔여분 (나머지 100분의 50)	최근에 실시된 국회의원총선거에서 득표한 정당의 득표수 비율에 따라 배분

> **판례 |**
>
> 1 정당에 대한 보조금 지급규정이 교섭단체를 구성한 정당과 이를 구성하지 못한 정당을 차별하여 평등권을 침해하는지 여부: 소극 (헌재 2006.7.27, 2004헌마655)
>
> 2 정치인에게 직접 정치자금을 무상대여한 경우 처벌하는 정치자금법 제45조 제1항 등이 정치활동의 자유 등을 침해하는지 여부: 소극[합헌] (헌재 2017.8.31, 2016헌바45)

2. 정치자금기부의 제한

> **정치자금법**
>
> 제31조【기부의 제한】① 외국인, 국내·외의 법인 또는 단체는 정치자금을 기부할 수 없다.
> ② 누구든지 국내·외의 법인 또는 단체와 관련된 자금으로 정치자금을 기부할 수 없다.

(1) 헌법재판소는 노동단체만에 대한 정치자금의 기부금지(노동조합법) 조항에 대해 위헌결정을 하였음 (헌재 1999.11.25, 95헌마154)

(2) 다만, 노동단체만이 아니라 누구든지 단체와 관련된 자금으로 정치자금을 기부할 수 없도록 한 구 정치자금에 관한 법률 제12조 제2항(현 법률 제31조 제2항)에 대해서는 합헌결정을 하였음(헌재 2010.12. 28, 2008헌바89)

> 《주의》'노동단체만에 대한 정치자금의 기부금지'와 '노동단체에 대한 정치자금의 기부금지'의 구분을 주의하여야 한다.

제6절 선거제도

01 선거인과 대표기관과의 관계

1. 무기속위임의 원칙
2. 법적 대표관계가 아닌 정치적 대표관계

02 선거제도의 기본원칙

1. 보통선거의 원칙

(1) 일정한 연령에 달한 모든 국민에게 선거권을 인정함

(2) 선거법상 요구되는 기탁금이 지나치게 고액이면, 헌법상 보통선거의 원칙에 반하여 위헌이다(헌재 1989.9.8, 88헌가6). ➡ 실질적으로 재력을 요건으로 하는 결과를 가져와 선거참여의 기회를 박탈하게 됨

⚖ 판례 |

> ▶ **기탁금 정리**
>
> 1. 대통령선거는 3억원
> 2. 지역구국회의원선거는 1천500만원
> 2의2. 비례대표국회의원선거는 500만원
> 3. 시 · 도의회의원선거는 300만원
> 4. 시 · 도지사선거는 5천만원
> 5. 자치구 · 시 · 군의 장선거는 1천만원
> 6. 자치구 · 시 · 군의원선거는 200만원

1 국회의원선거법 제33조, 제34조의 위헌심판: 적극[헌법불합치]

국회의원기탁금 2,000만원은 지나치게 고액이어서 보통선거의 원칙에 반한다(헌재 1989.9.8, 88헌가6).

✎ 현행 1,500만원

2 지방의회의원선거법 제36조 제1항에 대한 헌법소원: 적극[헌법불합치]

광역의원기탁금 700만원은 너무 과다하여 평등권을 침해한다(헌재 1991.3.11, 91헌마21).

✎ 현행 300만원

3 지방의회의원선거법 제36조 제1항에 대한 헌법소원: 소극

기초의원기탁금 200만원은 공영비용을 담보하고 불성실한 후보자에 대한 제재목적을 달성하기 위한 금액으로서 과다하다고 할 수는 없다(헌재 1995.5.25, 91헌마44).

✎ 현행 200만원 동일

4 대통령선거법 제26조 제1항 등 위헌확인: 소극

대통령기탁금 3억원은 입법재량의 범위를 일탈한 과다한 금액이라고 할 수 없다(헌재 1995.5.25, 92헌마269).

✎ 5억 ➡ 헌법불합치, 현행 3억원

5 공직선거법 제15조 위헌확인: 소극

선거권 연령을 20세로 규정한 것은 입법부의 합리적 재량을 벗어난 것이 아니다(헌재 1997.6.26, 96헌마89).

✎ 현행 18세

6 공직선거법 제56조 제1항 제2호 등 위헌확인: 적극

비례대표국회의원선거에서 실제 정당에게 부과된 전체 과태료 및 행정대집행비용의 액수는 후보자 1명에 대한 기탁금액인 1,500만원에도 현저히 미치지 못하는데, 후보자 수에 비례하여 기탁금을 증액하는 것은 지나치게 과다한 기탁금을 요구하는 것이다. 나아가 이러한 고액의 기탁금은 거대정당에게 일방적으로 유리하고, 다양해진 국민의 목소리를 제대로 대표하지 못하여 사표를 양산하는 다수대표제의 단점을 보완하기 위하여 도입된 비례대표제의 취지에도 반하는 것이다. 따라서 비례대표 기탁금조항은 침해의 최소성 원칙에 위반되며, 위 조항을 통해 달성하고자 하는 공익보다 제한되는 정당활동의 자유 등의 불이익이 크므로 법익의 균형성 원칙에도 위반된다. 그러므로 비례대표 기탁금조항은 과잉금지원칙을 위반하여 정당활동의 자유 등을 침해한다(헌재 2016.12.29, 2015헌마509).

✎ **법률 개정**
- 비례대표국회의원 기탁금 1,500만원 ➡ 500만원
- 기탁금 반환 유효투표 3분의 1 이상, 유효투표 20퍼센트 이상은 위헌 / 유효투표 15퍼센트 이상은 합헌

2. 평등선거의 원칙

(1) 의의

1표 1가제를 원칙으로 하는 선거제도

① 첫째로 **투표의 수적 평등**(1인 1표씩)을,

② 둘째로 **투표의 성과가치의 평등**을,

③ 셋째로 **선거참여자의 평등**(특히 피선거권의 측면에서 무소속 입후보자나 정당 이외의 단체를 정당과 차별해서는 안 됨)을 요구함

(2) 우리나라 선거구 인구의 불평등(헌법재판소)

① **1995년 결정**: 국회의원지역선거구간 인구편차가 4 : 1(평균인구수기준 상하 60퍼센트 편차)을 초과할 경우 위헌(헌재 1995.12.27, 95헌마224 등)

② **2001년 결정**: 국회의원지역선거구간 인구편차가 3 : 1(평균인구수기준 상하 50퍼센트 편차)을 초과할 경우 위헌이라고 하여 헌법불합치결정(헌재 2001.10.25, 2000헌마92)

③ **2014년 결정**: 국회의원지역선거구간 인구편차 2 : 1(평균인구수기준 상하 33⅓퍼센트 편차)을 초과할 경우 위헌이라고 하여 헌법불합치결정(헌재 2014.10.30, 2012헌마190)

> • 시 · 도의회의원선거구 획정기준: 인구편차 상하 50퍼센트(3 : 1)(헌재 2018.6.28, 2014헌마189)
> • 자치구 · 시 · 군의원선거구 획정기준: 인구편차 상하 50퍼센트(3 : 1)(헌재 2018.6.28, 2014헌마166)

⚖ 판례 |

1 인구비례가 아니라 행정구역별로 시 · 도의원 정수를 2인으로 배분하고 있는 공직선거법 제22조 제1항의 위헌 여부: 적극 (헌재 2007.3.29, 2005헌마985)

2 헌법재판소가 입법개선시한을 정하여 헌법불합치결정을 하였음에도 국회가 입법개선시한까지 개선입법을 하지 아니하여 국회의원의 선거구에 관한 법률이 존재하지 아니하게 된 경우 국회에 국회의원의 선거구를 입법할 헌법상 의무가 존재하는지 여부: 적극 (헌재 2016.4.28, 2015헌마1177)

> **《주의》** 다만, 심판청구 이후 국회가 국회의원의 선거구를 획정함으로써 청구인들의 주관적 목적이 달성되어 권리보호이익이 소멸되었다고 보았다.

---

3. 직접선거의 원칙

(1) 유권자가 직접선거행위를 해야 한다는 원칙

(2) 국민의 직접선거에 의하여 무소속을 포함한 국회의 정당간의 의석분포를 결정하는 권리는 인정 ×

⚖ 판례 | 직접선거원칙의 의미

직접선거의 원칙은 선거결과가 선거권자의 투표에 의하여 직접 결정될 것을 요구하는 원칙이다. 국회의원선거와 관련하여 보면, 국회의원의 선출이나 정당의 의석획득이 중간선거인이나 정당 등에 의하여 이루어지지 않고 선거권자의 의사에 따라 직접 이루어져야 함을 의미한다(헌재 2001.7.19, 2000헌마91).

[1] 1인 1표제하의 비례대표국회의원선거방식이 직접선거원칙 등에 위반하여 위헌인지 여부: 적극[위헌]

[2] 고정명부식 정당투표제가 직접선거원칙 등에 위반하여 위헌인지 여부: 소극

> **《주의》** 다만, 1인 1표제하의 비례대표국회의원 선거방식이 직접선거원칙 등에 위반하여 이 사건 자체는 위헌판결이 난 사건이다.

---

4. 비밀선거의 원칙

(1) 무기명투표제

(2) 투표내용에 관한 진술거부제

모사전송 시스템의 활용은 헌법에 위반된다 할 수 없다(헌재 2007.6.28, 2005헌마772).

5. 자유선거의 원칙

선거권자의 의사형성 및 의사실현의 자유를 말하며, 구체적으로 투표의 자유, 입후보의 자유, 선거운동의 자유를 의미함

《주의》 명문의 규정은 없다.

03 대표제와 선거구제

1. 대표제의 유형

(1) 다수대표제

① 의의
  ㉠ 대표의 선출을 선거구에 거주하는 다수자의 의사에 따르게 하는 것으로, 소수자는 대표를 내는 것이 불가능한 대표제
  ㉡ 다수대표제는 소선거구제와 연결되어 다수당에 유리함

② 장·단점

장점	㉠ 양대정당제 확립으로 안정된 정치상황 확보 ㉡ 선거인과 의원간의 거리감 감소 ㉢ 선거인의 대표선택 용이
단점	㉠ 당선인 이외의 자가 획득한 표가 사표가 될 우려 ㉡ 정당의 득표율과 의석배분의 불균형 ㉢ 지방적 소인물(小人物)이 당선될 가능성이 커서 의원의 질 저하 우려 ㉣ 매수 기타 부정에 의한 부패가능성이 큼 ㉤ 표에서는 이기고 의석에서는 지는 Bias현상이 발생할 가능성이 큼

(2) 소수대표제

① 의의
  ㉠ 한 선거구에서 2인 이상의 대표를 선출하는 제도
  ㉡ 중선거구제·대선거구제와 연결되어 소수당도 대표자를 낼 수 있음

② 장·단점

장점	㉠ 사표방지가 용이 ㉡ 인물선택의 범위가 넓기 때문에 국민대표에 적합한 후보자 선택이 가능 ㉢ 선거간섭이 적어 선거공정이 기대됨 ㉣ 정당의 강령이나 정책대결로 후보자나 유권자의 수준 향상
단점	㉠ 군소정당의 난립으로 정국불안 초래 ㉡ 선거비용의 과다지출 ㉢ 유권자가 후보자의 인격이나 식견을 자세히 알기 어려워 양자간의 거리감 증가 ㉣ 보궐선거나 재투표 실시가 곤란

(3) 비례대표제

　① 의의

　　　㉠ 각 정당의 득표수에 비례하여 의석을 배분하는 대표제

　　　㉡ 정당명부식 비례대표제가 그 전형이며, 선거인이 각 정당의 합동명부에 대하여 투표하고 득표
　　　　수비율에 따라 당선자를 결정함

　② 장·단점

장점	㉠ 선거인의 의사를 정확하게 반영한 대표 선출 ㉡ 민주정치의 요체인 정당정치에 적합 ㉢ 소수당에도 의석을 배분하여 다수횡포방지에 용이
단점	㉠ 군소정당의 난립으로 정국불안 초래 ㉡ 기술적 곤란성과 절차적 복합성 수반 ㉢ 선거인과 의원 사이가 소원해짐 ㉣ 대의제와의 충돌가능성

　③ 투표방식 - 고정명부식

　　　㉠ 명부상의 후보자와 순위가 정당에 의하여 미리 결정되어 있는 방식

　　　㉡ 선거인은 한 표를 가지고 각 정당이 제시하는 명부 중 한 정당의 명부만을 그 전체로서 선택하
　　　　는 방식

2. 선거구제

(1) 의의

　선거인단을 지역단위로 분할하는 방식

(2) 유형

　① 소선거구제

　　　㉠ 1선거구에서 1명의 대표자를 선출하는 제도

　　　㉡ 투표는 단기(후보자 1명에게 투표하는 것)를 원칙으로 하고, 결정은 다수결에 의함

　　　㉢ 다수결에는 절대다수결주의와 상대다수결주의가 있음

　② **중선거구제**: 한 선거구에서 2~4인의 대표자를 선출

　③ **대선거구제**: 한 선거구에서 5인 이상의 대표자를 선출

(3) 현재 비례대표의원선거와 기초자치단체 지역구의원선거에서만 중선거구제를 도입, 이를 제외한 나머지
　선거에서는 소선거구제 다수대표제로 운영

(4) 현행법상 국회의원선거구의 확정

> **공직선거법**
>
> **제24조【국회의원선거구획정위원회】**① 국회의원지역구의 공정한 획정을 위하여 임기만료에 따른 국회
> 의원선거의 **선거일 전 18개월부터** 해당 국회의원선거에 적용되는 국회의원지역구의 명칭과 그 구역
> 이 확정되어 효력을 발생하는 날까지 국회의원선거구획정위원회를 설치·운영한다.
>
> **제24조의2【국회의원지역구 확정】**① 국회는 국회의원지역구를 선거일 전 **1년까지 확정**하여야 한다.

04 우리나라의 선거제도

1. 선거제도의 기본원칙

(1) 헌법에서 보통·평등·직접·비밀선거제(제41조 제1항, 제67조 제1항)를 규정

(2) 자유선거에 관해서는 규정이 없지만 헌법재판소는 자유선거원칙도 선거의 기본원칙으로 인정하고 있음(헌재 1999.6.24, 98헌마153)

2. 선거공영제

> **헌법 제116조** ② 선거에 관한 경비는 법률이 정하는 경우를 제외하고는 정당 또는 후보자에게 부담시킬 수 없다.

3. 선거제도의 기본내용

(1) 의원정수

① 국회의원정수

> **헌법 제41조** ① 국회는 국민의 보통·평등·직접·비밀선거에 의하여 선출된 국회의원으로 구성한다.
> ② 국회의원의 수는 법률로 정하되, **200인 이상으로 한다.**
>
> **공직선거법**
>
> **제21조【국회의 의원정수】** ① 국회의 의원정수는 지역구국회의원 253명과 비례대표국회의원 47명을 합하여 **300명으로 한다.**
> ② 하나의 국회의원지역선거구(이하 '국회의원지역구'라 한다)에서 선출할 국회의원의 정수는 1인으로 한다.
>
> ✐ **국회의원 수**
> 200인 이상은 헌법, 300명은 공직선거법

② 비례대표국회의원 의석배분

> **공직선거법**
>
> **제189조【비례대표국회의원 의석의 배분과 당선인의 결정·공고·통지】** ① 중앙선거관리위원회는 다음 각 호의 어느 하나에 해당하는 정당(이하 이 조에서 '의석할당정당'이라 한다)에 대하여 비례대표국회의원의석을 배분한다.
> 1. 임기만료에 따른 비례대표국회의원선거에서 전국 유효투표 총수의 100분의 3 이상을 득표한 정당
> 2. 임기만료에 따른 지역구국회의원선거에서 5 이상의 의석을 차지한 정당
>
> ✐ **의석할당정당의 요건**
> 유효투표총수의 100분의 3 이상 or 지역구국회의원총선거에서 5석 이상(둘 중의 하나만 충족 ○)
> **《주의》** 비례대표 지방의원 의석할당요건은 유효투표총수 100분의 5 이상

(2) 선거기간과 선거일

공직선거법

제33조【선거기간】 ① 선거별 선거기간은 다음 각 호와 같다.

1. **대통령선거는 23일**

2. **국회의원선거와 지방자치단체의 의회의원 및 장의 선거는 14일**

③ '선거기간'이란 다음 각 호의 기간을 말한다.

1. 대통령선거: 후보자등록마감일의 다음 날부터 선거일까지

2. 국회의원선거와 지방자치단체의 의회의원 및 장의 선거: 후보자등록마감일 후 **6일**부터 선거일까지

제34조【선거일】 ① 임기만료에 의한 선거의 선거일은 다음 각 호와 같다.

1. 대통령선거는 그 임기만료일 전 70일 이후 첫 번째 수요일

   🖉 헌법상으로는 임기만료 70일 내지 40일 전

2. 국회의원선거는 그 임기만료일 전 50일 이후 첫 번째 수요일

3. 지방의회의원 및 지방자치단체의 장의 선거는 그 임기만료일 전 30일 이후 첫 번째 수요일

   🖉 작은 단위부터 3, 5, 7

제35조【보궐선거 등의 선거일】 ① 대통령의 궐위로 인한 선거 또는 재선거는 그 선거의 실시사유가 확정된 때부터 **60일 이내에 실시하되**, 선거일은 늦어도 선거일 전 50일까지 대통령 또는 대통령권한대행자가 공고하여야 한다.

② 보궐선거·재선거·증원선거와 지방자치단체의 설치·폐지·분할 또는 합병에 의한 지방자치단체의 장선거의 선거일은 다음 각 호와 같다.

1. 국회의원·지방의회의원의 보궐선거·재선거 및 지방의회의원의 증원선거는 매년 1회 실시하고, 지방자치단체의 장의 보궐선거·재선거는 매년 2회 실시하되, 다음 각 목에 따라 실시한다. 이 경우 각 목에 따른 선거일에 관하여는 제34조 제2항을 준용한다.

   가. 국회의원·지방의회의원의 보궐선거·재선거 및 지방의회의원의 증원선거는 4월 첫 번째 수요일에 실시한다. 다만, 3월 1일 이후 실시사유가 확정된 선거는 그 다음 연도의 4월 첫 번째 수요일에 실시한다.

   나. 지방자치단체의 장의 보궐선거·재선거 중 전년도 9월 1일부터 2월 말일까지 실시사유가 확정된 선거는 4월 첫 번째 수요일에 실시한다.

   다. 지방자치단체의 장의 보궐선거·재선거 중 3월 1일부터 8월 31일까지 실시사유가 확정된 선거는 10월 첫 번째 수요일에 실시한다.

2. … (중략) …

제200조【보궐선거】 ① 지역구국회의원·지역구지방의회의원 및 지방자치단체의 장에 궐원 또는 궐위가 생긴 때에는 보궐선거를 실시한다.

② **비례대표국회의원 및 비례대표지방의회의원에 궐원**이 생긴 때에는 선거구선거관리위원회는 궐원통지를 받은 후 10일 이내에 그 궐원된 의원이 그 선거 당시에 소속한 정당의 비례대표국회의원후보자명부 및 비례대표지방의회의원후보자명부에 기재된 순위에 따라 궐원된 국회의원 및 지방의회의원의 의석을 **승계할 자를 결정하여야 한다.**

③ 제2항에도 불구하고 의석을 승계할 후보자를 추천한 정당이 해산되거나 임기만료일 전 **120일 이내에 궐원**이 생긴 때에는 의석을 승계할 사람을 결정하지 아니한다.

⚖️판례 |

1 공직선거법 제200조 제2항 단서 중 '비례대표국회의원당선인이 제264조의 규정에 의하여 당선이 무효로 된 때' 부분이 대의제 민주주의원리 내지 자기책임원리에 위배되어 궐원된 의원이 속한 정당의 비례대표국회의원후보자명부상의 차순위후보자의 공무담임권을 침해하는지 여부: 적극
  [1] 심판대상조항은 선거범죄를 범한 비례대표국회의원당선인 본인의 의원직 박탈로 그치지 아니하고 그로 인하여 궐원된 의석의 승계를 인정하지 아니함으로써 결과적으로 그 정당에 비례대표국회의원 의석을 할당받도록 한 선거권자들의 정치적 의사표명을 무시하고 왜곡하는 결과를 초래한다는 점에서 헌법의 기본원리인 대의제 민주주의원리에 부합되지 않는다.
  [2] 선거범죄에 관하여 귀책사유도 없는 정당이나 차순위후보자에게 불이익을 주는 것은 필요 이상의 지나친 제재를 규정한 것이라고 보지 않을 수 없으므로, 과잉금지원칙에 위배하여 청구인들의 공무담임권을 침해한 것이다(헌재 2009.10.29, 2009헌마350).
  《주의》 비례대표지방의원에 대한 부분도 같은 이유로 위헌결정됨(헌재 2009.6.25, 2007헌마40)

2 공직선거법 제200조 제2항 단서 중 '임기만료일 전 180일 이내에 비례대표국회의원에 궐원이 생긴 때' 부분이 대의제 민주주의원리에 위배되어 궐원된 의원이 속한 정당의 비례대표국회의원후보자명부상의 차순위후보자의 공무담임권을 침해하는지 여부: 적극[헌법불합치]
  180일이라는 잔여임기는 비례대표국회의원으로서의 국정수행에 결코 짧지 않은 기간이라 할 수 있으므로, 심판대상조항은 과잉금지원칙에 위배하여 청구인의 공무담임권을 침해한 것이다(헌재 2009.6.25, 2008헌마413).

3 국회의원 선거기간을 14일로 정하고 있는 공직선거 및 선거부정방지법 제33조 제1항 제2호가 청구인의 정치적 기본권을 침해하는지 여부: 소극[기각] (헌재 2005.2.3, 2004헌마216)

(3) 후보자

① 후보자의 추천

공직선거법

제47조 【정당의 후보자 추천】① 정당은 선거에 있어 선거구별로 선거할 정수범위 안에서 그 소속 당원을 후보자(이하 '정당추천후보자'라 한다)로 추천할 수 있다. 다만, 비례대표자치구·시·군의원의 경우에는 그 정수범위를 초과하여 추천할 수 있다.
  ② 정당이 제1항에 따라 후보자를 추천하는 때에는 당헌 또는 당규로 정한 민주적인 절차에 따라야 한다.
  ③ 정당이 **비례대표**국회의원선거 및 **비례대표**지방의회의원선거에 후보자를 추천하는 때에는 그 후보자 중 **100분의 50 이상을 여성으로 추천하되, 그 후보자명부 순위의 매 홀수에는 여성을 추천하여야 한다.**
  《주의》 위 조항을 위반하면 당선무효처리
  ④ 정당이 임기만료에 따른 **지역구**국회의원선거 및 **지역구**지방의회의원선거에 후보자를 추천하는 때에는 각각 전국 지역구총수의 **100분의 30 이상을 여성으로 추천하도록 노력하여야 한다.**
  《주의》 제3항과 달리 제4항은 권고사항이므로 위반한다고 당선무효가 되는 것은 아니다.

② 기탁금

> **공직선거법**
>
> **제56조【기탁금】** 후보자등록을 신청하는 자는 등록신청시에 후보자 1명마다 다음 각 호의 기탁금(후보자등록을 신청하는 사람이 장애인복지법 제32조에 따라 등록한 장애인이거나 선거일 현재 29세 이하인 경우에는 다음 각 호에 따른 기탁금의 100분의 50에 해당하는 금액을 말하고, 30세 이상 39세 이하인 경우에는 다음 각 호에 따른 기탁금의 100분의 70에 해당하는 금액을 말한다)을 중앙선거관리위원회규칙으로 정하는 바에 따라 관할 선거구선거관리위원회에 납부하여야 한다. 이 경우 예비후보자가 해당 선거의 같은 선거구에 후보자등록을 신청하는 때에는 제60조의2 제2항에 따라 납부한 기탁금을 제외한 나머지 금액을 납부하여야 한다.
> 1. 대통령선거는 3억원(5억원: 위헌)
> 2. 지역구국회의원선거는 1천5백만원
> 2의2. 비례대표국회의원선거는 500만원
> 3. 시·도의회의원선거는 3백만원
> 4. 시·도지사선거는 5천만원
> 5. 자치구·시·군의 장선거는 1천만원
> 6. 자치구·시·군의원선거는 2백만원
> ② 제1항의 기탁금은 체납처분이나 강제집행의 대상이 되지 아니한다.
>
> **제57조【기탁금의 반환 등】** ① 관할 선거구선거관리위원회는 다음 각 호의 구분에 따른 금액을 선거일 후 30일 이내에 기탁자에게 반환한다. 이 경우 반환하지 아니하는 기탁금은 국가 또는 지방자치단체에 귀속한다.
> 1. 대통령선거, 지역구국회의원선거, 지역구지방의회의원선거 및 지방자치단체의 장선거
>   가. 후보자가 당선되거나 사망한 경우와 유효투표 총수의 **100분의 15 이상**(후보자가 장애인복지법 제32조에 따라 등록한 장애인이거나 선거일 현재 39세 이하인 경우에는 유효투표 총수의 100분의 10 이상을 말한다)을 득표한 경우에는 기탁금 전액
>   나. 후보자가 유효투표 총수의 **100분의 10 이상 100분의 15 미만**(후보자가 장애인복지법 제32조에 따라 등록한 장애인이거나 선거일 현재 39세 이하인 경우에는 유효투표 총수의 100분의 5 이상 100분의 10 미만을 말한다)을 득표한 경우에는 기탁금의 100분의 50에 해당하는 금액
>   다. 예비후보자가 사망하거나, 당헌·당규에 따라 소속 정당에 후보자로 추천하여 줄 것을 신청하였으나 해당 정당의 추천을 받지 못하여 후보자로 등록하지 않은 경우에는 제60조의2 제2항에 따라 납부한 기탁금 전액
> ✎ 헌재는 당내경선에서 배제된 예비후보자들로서 본 선거에서 등록을 하지 않은 경우도 기탁금 반환대상에서 제외하고 있는 제57조 제1항 제1호 다목 중 지역구국회의원선거와 관련된 부분에 대하여 헌법불합치결정을 선고하였다(헌재 2018.1.25, 2016헌마541).
> 2. 비례대표국회의원선거 및 비례대표지방의회의원선거 당해 후보자명부에 올라 있는 후보자 중 당선인이 있는 때에는 기탁금 전액. 다만, 제189조 및 제190조의2에 따른 당선인의 결정 전에 사퇴하거나 등록이 무효로 된 후보자의 기탁금은 제외한다.
> ✎ 기탁금의 반환
> • 당선, 사망, 유효투표 총수의 **100분의 15 이상 득표시**: 전액 반환
> • 유효투표 총수의 **100분의 10 이상 100분의 15 미만**: 50퍼센트만 반환

⚖ **판례 |**

지역구지방의회의원선거에서도 대통령선거나 지역구국회의원선거와 마찬가지로 유효투표 총수의 100분의 15 이상의 득표를 기탁금 및 선거비용 전액의 반환 또는 보전의 기준으로, 유효투표 총수의 100분의 10 이상 100분의 15 미만의 득표를 기탁금 및 선거비용 반액의 반환 또는 보전의 기준으로 규정한 것이 헌법에 위반되는지 여부: 소극 (헌재 2011.6.30, 2010헌마542)

③ 후보자의 공직사퇴 시한

공직선거법

제53조【공무원 등의 입후보】 ① 다음 각 호의 어느 하나에 해당하는 사람으로서 후보자가 되려는 사람은 **선거일 전 90일까지 그 직을 그만두어야 한다.** 다만, 대통령선거와 국회의원선거에 있어서 국회의원이 그 직을 가지고 입후보하는 경우와 지방의회의원선거와 지방자치단체의 장의 선거에 있어서 당해 지방자치단체의 의회의원이나 장이 그 직을 가지고 입후보하는 경우에는 그러하지 아니하다.
1. 국가공무원법 제2조(공무원의 구분)에 규정된 국가공무원과 지방공무원법 제2조(공무원의 구분)에 규정된 지방공무원. 다만, 정당법 제22조(발기인 및 당원의 자격) 제1항 제1호 단서의 규정에 의하여 정당의 당원이 될 수 있는 공무원(정무직 공무원을 제외한다)은 그러하지 아니하다.
2. 각급 선거관리위원회위원 또는 교육위원회의 교육위원
3. 다른 법령의 규정에 의하여 공무원의 신분을 가진 자
- 중략 -
② 제1항 본문에도 불구하고 다음 각 호의 어느 하나에 해당하는 경우에는 **선거일 전 30일까지** 그 직을 그만두어야 한다.
1. 비례대표국회의원선거나 비례대표지방의회의원선거에 입후보하는 경우
2. 보궐선거 등에 입후보하는 경우
3. 국회의원이 지방자치단체의 장의 선거에 입후보하는 경우
4. 지방의회의원이 다른 지방자치단체의 의회의원이나 장의 선거에 입후보하는 경우
③ 제1항 단서에도 불구하고 비례대표국회의원이 지역구국회의원 보궐선거 등에 입후보하는 경우 및 비례대표지방의회의원이 해당 지방자치단체의 지역구지방의회의원 보궐선거 등에 입후보하는 경우에는 후보자등록신청 전까지 그 직을 그만두어야 한다.
⑤ 제1항 및 제2항에도 불구하고, 지방자치단체의 장은 선거구역이 당해 지방자치단체의 관할 구역과 같거나 겹치는 지역구국회의원선거에 입후보하고자 하는 때에는 당해 선거의 **선거일 전 120일까지 그 직을 그만두어야 한다.**

⚖️판례 |

지방자치단체의 장으로 하여금 당해 지방자치단체의 관할구역과 같거나 겹치는 선거구역에서 실시되는 지역구국회의원선거에 입후보하고자 하는 경우 당해 선거의 선거일 전 180일까지 그 직을 사퇴하도록 규정하고 있는 공직선거법 제53조 제3항이 평등의 원칙에 위배되는지 여부: 적극 (헌재 2003.9.25, 2003헌마106)
《주의》 120일 전은 합헌

4. 선거운동

(1) 개념

공직선거법

제58조【정의 등】 ① 이 법에서 '선거운동'이라 함은 당선되거나 되게 하거나 되지 못하게 하기 위한 행위를 말한다. 다만, 다음 각 호의 어느 하나에 해당하는 행위는 선거운동으로 보지 아니한다.
1. 선거에 관한 단순한 의견개진 및 의사표시
2. 입후보와 선거운동을 위한 준비행위
3. 정당의 후보자 추천에 관한 단순한 지지·반대의 의견개진 및 의사표시
4. 통상적인 정당활동

5. 삭제

6. 설날·추석 등 명절 및 석가탄신일·기독탄신일 등에 하는 의례적인 인사말을 문자메시지(그림말·음성·화상·동영상 등을 포함한다. 이하 같다)로 전송하는 행위

② 누구든지 자유롭게 선거운동을 할 수 있다. 그러나 이 법 또는 다른 법률의 규정에 의하여 금지 또는 제한되는 경우에는 그러하지 아니하다.

제58조의2【투표참여 권유활동】 누구든지 투표참여를 권유하는 행위를 할 수 있다. 다만, 다음 각 호의 어느 하나에 해당하는 행위의 경우에는 그러하지 아니하다.

1. 호별로 방문하여 하는 경우

2. 사전투표소 또는 투표소로부터 100m 안에서 하는 경우

3. 특정 정당 또는 후보자(후보자가 되려는 사람을 포함한다. 이하 이 조에서 같다)를 지지·추천하거나 반대하는 내용을 포함하여 하는 경우

4. 현수막 등 시설물, 인쇄물, 확성장치·녹음기·녹화기(비디오 및 오디오 기기를 포함한다), 어깨띠, 표찰 그 밖의 표시물을 사용하여 하는 경우(정당의 명칭이나 후보자의 성명·사진 또는 그 명칭·성명을 유추할 수 있는 내용을 나타내어 하는 경우에 한정한다)

(2) 기회균등의 원칙

헌법 제116조 ① 선거운동은 각급 선거관리위원회의 관리하에 법률이 정하는 범위 안에서 하되, 균등한 기회가 보장되어야 한다.

(3) 선거운동의 제한

① 시간상 제한

공직선거법

제59조【선거운동기간】 선거운동은 선거기간 개시일부터 선거일 전일까지에 한하여 할 수 있다. 다만, 다음 각 호의 어느 하나에 해당하는 경우에는 그러하지 아니하다.

1. 제60조의3(예비후보자 등의 선거운동) 제1항 및 제2항의 규정에 따라 예비후보자 등이 선거운동을 하는 경우

2. 문자메시지를 전송하는 방법으로 선거운동을 하는 경우. 이 경우 자동 동보통신의 방법(동시 수신대상자가 20명을 초과하거나 그 대상자가 20명 이하인 경우에도 프로그램을 이용하여 수신자를 자동으로 선택하여 전송하는 방식을 말한다. 이하 같다)으로 전송할 수 있는 자는 후보자와 예비후보자에 한하되, 그 횟수는 **8회**(후보자의 경우 예비후보자로서 전송한 횟수를 포함한다)를 넘을 수 없으며, 중앙선거관리위원회규칙에 따라 신고한 1개의 전화번호만을 사용하여야 한다.

3. 인터넷 홈페이지 또는 그 게시판·대화방 등에 글이나 동영상 등을 게시하거나 전자우편(컴퓨터 이용자끼리 네트워크를 통하여 문자·음성·화상 또는 동영상 등의 정보를 주고받는 통신시스템을 말한다. 이하 같다)을 전송하는 방법으로 선거운동을 하는 경우. 이 경우 전자우편 전송 대행업체에 위탁하여 전자우편을 전송할 수 있는 사람은 후보자와 예비후보자에 한한다.

4. 선거일이 아닌 때에 전화(송·수화자간 직접 통화하는 방식에 한정하며, 컴퓨터를 이용한 자동 송신장치를 설치한 전화는 제외한다)를 이용하거나 말(확성장치를 사용하거나 옥외집회에서 다중을 대상으로 하는 경우를 제외한다)로 선거운동을 하는 경우

5. 후보자가 되려는 사람이 선거일 전 180일(대통령선거의 경우 선거일 전 240일을 말한다)부터 해당 선거의 예비후보자등록신청 전까지 **제60조의3 제1항 제2호**의 방법(같은 호 단서를 포함한다)으로 자산의 명함을 직접 주는 경우

② 인적 제한

공직선거법

제9조【공무원의 중립의무 등】① 공무원 기타 정치적 중립을 지켜야 하는 자(기관·단체를 포함한다)는 선거에 대한 부당한 영향력의 행사 기타 선거결과에 영향을 미치는 행위를 하여서는 아니 된다.

《주의》 국회의원, 지방의원은 위 조항에 해당되지 않는다. / 대통령, 국무총리, 국무위원, 단체장은 위 조항에 해당된다.

제60조【선거운동을 할 수 없는 자】 다음 각 호의 어느 하나에 해당하는 사람은 선거운동을 할 수 없다. 다만, 제1호에 해당하는 사람이 예비후보자·후보자의 배우자인 경우와 제4호부터 제8호까지의 규정에 해당하는 사람이 예비후보자·후보자의 배우자이거나 후보자의 직계존비속인 경우에는 그러하지 아니하다.

1. 대한민국 국민이 아닌 자. 다만, 제15조 제2항 제3호에 따른 외국인이 해당 선거에서 선거운동을 하는 경우에는 그러하지 아니하다.
2. 미성년자(18세 미만의 자를 말한다. 이하 같다)
3. 제18조(선거권이 없는 자) 제1항의 규정에 의하여 선거권이 없는 자
4. … (중략) …

제60조의3【예비후보자 등의 선거운동】① 예비후보자는 다음 각 호의 어느 하나에 해당하는 방법으로 선거운동을 할 수 있다.

1. 제61조(선거운동기구의 설치) 제1항 및 제6항 단서의 규정에 의하여 선거사무소를 설치하거나 그 선거사무소에 간판·현판 또는 현수막을 설치·게시하는 행위
2. 자신의 성명·사진·전화번호·학력(정규학력과 이에 준하는 외국의 교육과정을 이수한 학력을 말한다. 이하 제4호에서 같다)·경력, 그 밖에 홍보에 필요한 사항을 게재한 길이 9센티미터 너비 5센티미터 이내의 명함을 직접 주거나 지지를 호소하는 행위. 다만, 선박·정기여객자동차·열차·전동차·항공기의 안과 그 터미널·역·공항의 개찰구 안, 병원·종교시설·극장의 옥내(대관 등으로 해당 시설이 본래의 용도 외의 용도로 이용되는 경우에는 제외한다)에서 주거나 지지를 호소하는 행위는 그러하지 아니하다.
6. 전화를 이용하여 송·수화자간 직접 통화하는 방식으로 지지를 호소하는 행위
② 다음 각 호의 어느 하나에 해당하는 사람은 예비후보자의 선거운동을 위하여 제1항 제2호에 따른 예비후보자의 명함을 직접 주거나 예비후보자에 대한 지지를 호소할 수 있다.
1. 예비후보자의 배우자(배우자가 없는 경우 예비후보자가 지정한 1명)와 직계존비속
2. 예비후보자와 함께 다니는 선거사무장·선거사무원 및 제62조 제4항에 따른 활동보조인
3. 예비후보자가 그와 함께 다니는 사람 중에서 지정한 1명

⚖ 판례 |

1 공직선거법(이하 '공선법'이라 한다) 제9조의 공무원에 대통령이 포함되는지 여부: 적극

공선법 제9조는 '선거에서 공무원의 중립의무'를 구체화하고 실현하는 법규정이다. 따라서 여기서의 공무원이란 원칙적으로 국가와 지방자치단체의 모든 공무원, 즉 좁은 의미의 직업공무원은 물론이고, 적극적인 정치활동을 통하여 국가에 봉사하는 정치적 공무원(예컨대 대통령, 국무총리, 국무위원, 도지사·시장 등 지방자치단체의 장)을 포함한다(헌재 2004.5.14, 2004헌나1).

2 공직선거법 제9조가 위헌인지 여부: 소극
   [1] 대통령의 정치인으로서 지위와 선거중립의무의 관계
      결국 선거활동에 관하여 대통령의 정치활동의 자유와 선거중립의무가 충돌하는 경우에는 후자가 강조되고 우선되어야 한다.
   [2] 이 사건 법률조항이 청구인의 정치적 표현의 자유를 침해하는지 여부: 소극
      민주주의국가에서 공무원 특히 대통령의 선거중립으로 인하여 얻게 될 '선거의 공정성'은 매우 크고 중요한 반면, 대통령이 감수하여야 할 '표현의 자유제한'은 상당히 한정적이다.
   [3] 이 사건 법률조항이 평등의 원칙에 위배되는지 여부: 소극 (헌재 2008.1.17, 2007헌마700)

3 선거일 전 180일부터 선거일까지 '인터넷상 정치적 표현 내지 선거운동(트위터·페이스북 등 SNS를 이용한 선거운동)'을 금지하는 것이 선거운동의 자유 내지 정치적 표현의 자유를 침해하는지 여부: 적극[한정위헌] (헌재 2011.12.29, 2007헌마1001)

4 유권자가 금품수수시에 부과할 과태료의 액수를 감액의 여지없이 일률적으로 '제공받은 금액 또는 음식물·물품 가액의 50배에 상당하는 금액'으로 정하고 있는 공직선거법이 위헌인지 여부: 적극[헌법불합치] (헌재 2009.3.26, 2007헌가22)

5 한국철도공사 상근직원에 대하여 선거운동을 금지하고 이를 처벌하는 것이 헌법에 위반되는지 여부: 적극[위헌] (헌재 2018.2.22, 2015헌바124)

6 예비후보자의 배우자가 함께 다니는 사람 중에서 지정한 자도 선거운동을 위하여 명함교부 및 지지를 호소할 수 있도록 한 공직선거법 제60조의3 제2항 제1호가 배우자가 없는 청구인의 평등권을 침해하는지 여부: 적극[위헌] (헌재 2013.11.28, 2011헌마267)

7 사전선거운동을 제한하는 공직선거법 제59조가 정치적 표현의 자유를 침해하는지 여부: 소극[합헌] (헌재 2015.4.30, 2011헌바163)

8 후보자와 후보자가 되고자 하는 자가 자신이 개설한 인터넷 홈페이지를 이용한 선거운동을 할 경우에는 그 예외를 인정하지만 일반 유권자의 경우에는 예외를 규정하지 않은 공직선거법 제59조 제3호가 선거운동의 자유를 침해하는지 여부: 소극[합헌] (헌재 2010.6.24, 2008헌바169)

9 명절에 의례적으로 전송하는 문자는 당내경선운동으로 볼 수 없다(대판 2007.2.22, 2006도7847).

10 선거에 의하여 취임하는 지방자치단체의 장의 선거운동을 금지하는 공직선거법 제60조 제1항 제4호 부분 및 이에 위반한 경우 형사처벌을 하도록 한 공직선거법 제255조 제1항 제2호 부분이 헌법에 위반되는지 여부: 소극[합헌] (헌재 2020.3.26, 2018헌바90)

11 투표용지 후보자 기호를 위 순위에 따라 '1, 2, 3' 등 아라비아 숫자로 표시하도록 규정한 공직선거법 제150조 제2항이 평등권을 침해하는지 여부: 소극[기각] (헌재 2020.2.27, 2018헌마454)

12 공무원이 그 지위를 이용하여 선거운동을 하는 것을 금지 및 처벌하는 구 공직선거법 제85조 제2항 전문 중 공무원 가운데 '지방의회의원' 부분이 헌법에 위반되는지 여부: 소극 (헌재 2020.3.26, 2018헌바3)

13 개정법인 선거일 전 120일까지 그 직을 사퇴하도록 규정하고 있는 공직선거법 제53조 제3항이 평등의 원칙에 위배되는지 여부: 소극 (헌재 2006.7.27, 2003헌마758 등)

14 사법인적인 성격을 지니는 농협·축협의 조합장선거에서 조합장을 선출하거나 선거운동을 하는 것은 헌법에 의하여 보호되는 선거권의 범위에 포함되는지 여부: 소극 (헌재 2017.7.27, 2016헌바372)

15 안성시시설관리공단의 상근직원이 당내경선에서 경선운동을 할 수 없도록 하고 이를 위반할 경우 처벌하는 공직선거법이 정치적 표현의 자유를 침해하는지 여부: 적극[위헌] (헌재 2022.12.22, 2021헌가36)

③ 방법상의 제한

> **공직선거법**
>
> **제47조【정당의 후보자 추천】** ① 정당은 선거에 있어 선거구별로 선거할 정수범위 안에서 그 소속 당원을 후보자(이하 '정당추천후보자'라 한다)로 추천할 수 있다. 다만, 비례대표자치구·시·군의원의 경우에는 그 정수범위를 초과하여 추천할 수 있다.

> **⚖ 판례 Ⅰ**
>
> 1 기초의원선거의 후보자만 정당표방을 금지하는 것이 위헌인지 여부: 적극 (헌재 2003.1.30, 2001헌가4)
>   [1] 공직선거법 제84조 중 '자치구·시·군의회의원선거의 후보자' 부분이 정치적 표현의 자유를 침해하는지 여부: 적극
>   실제로 유권자들이 기초의회의원후보자와 접촉할 수 있는 기회는 그리 많지 않은 데다가, 현실적으로 후보자에 대한 정당의 지지·추천 여부는 유권자들이 선거권을 행사함에 있어서 중요한 참고사항이 될 수밖에 없다.
>   [2] 다른 지방선거후보자와는 달리 기초의회의원선거의 후보자에 대해서만 정당표방을 금지한 것이 평등원칙에 위배되는지 여부: 적극
>   《주의》 현재 교육감만 정당표방을 금지하는 것으로 개정됨
> 2 대통령선거·지역구국회의원선거 및 지방자치단체의 장 선거에서, 점자형 선거공보를 책자형 선거공보의 면수 이내에서 의무적으로 작성하도록 하면서, 책자형 선거공보에 내용이 음성으로 출력되는 전자적 표시가 있는 경우에는 점자형 선거공보의 작성을 생략할 수 있도록 규정한 공직선거법 제65조 제4항 중 '대통령선거·지역구국회의원선거 및 지방자치단체의 장 선거' 부분이 청구인들의 선거권 및 평등권을 침해하는지 여부: 소극[기각] (헌재 2016.12.29, 2016헌마548)

④ 여론·출구조사 등의 제한

> **공직선거법**
>
> **제8조의8【선거여론조사심의위원회】** ① 중앙선거관리위원회와 시·도선거관리위원회는 선거에 관한 여론조사의 객관성·신뢰성을 확보하기 위하여 선거여론조사심의위원회를 각각 설치·운영하여야 한다.
>
> **제108조【여론조사의 결과공표금지 등】** ① 누구든지 **선거일 전 6일부터 선거일의 투표마감시각까지** 선거에 관하여 정당에 대한 지지도나 당선인을 예상하게 하는 여론조사(모의투표나 인기투표에 의한 경우를 포함한다. 이하 이 조에서 같다)의 경우와 그 결과를 공표하거나 인용하여 보도할 수 없다.
>
> **제167조【투표의 비밀보장】** ① 투표의 비밀은 보장되어야 한다.
>   ② 선거인은 투표한 후보자의 성명이나 정당명을 누구에게도 또한 어떠한 경우에도 진술할 의무가 없으며, 누구든지 선거일의 투표마감시각까지 이를 질문하거나 그 진술을 요구할 수 없다. 다만, 텔레비전방송국·라디오방송국, 신문 등의 진흥에 관한 법률 제2조 제1호 가목 및 나목에 따른 일간신문사가 선거의 결과를 예상하기 위하여 선거일에 **투표소로부터 50m 밖에서** 투표의 비밀이 침해되지 않는 방법으로 질문하는 경우에는 그러하지 아니하며 이 경우 투표마감시각까지 그 경위와 결과를 공표할 수 없다.
>   ③ 선거인은 자신이 기표한 투표지를 공개할 수 없으며, 공개된 투표지는 무효로 한다.

5. 선거에 관한 이의와 쟁송

(1) 선거소청

지방의회의원 및 지방자치단체의 장의 선거에 있어서 선거나 당선의 효력에 관하여 이의가 있는 경우 선거관리위원회에 소청할 수 있다(공직선거법 제219조).

《주의》 대통령선거와 국회의원선거에서는 선거소청을 할 수 없으며, 곧바로 선거소송이나 당선소송을 제기하면 된다.

(2) 선거소송

공직선거법

제222조【선거소송】① **대통령선거 및 국회의원선거**에 있어서 선거의 효력에 관하여 이의가 있는 선거인·정당(후보자를 추천한 정당에 한한다) 또는 후보자는 선거일부터 **30일 이내에 당해 선거구선거관리위원회위원장을 피고로 하여 대법원에 소를 제기**할 수 있다.

✎ 대통령 및 국회의원선거는 소청 없이 바로 대법원에 소 제기

② **지방의회의원 및 지방자치단체의 장의 선거**에 있어서 선거의 효력에 관한 제220조(소청에 대한 결정)의 결정에 불복이 있는 소청인(당선인을 포함한다)은 해당 소청에 대하여 기각 또는 각하결정이 있는 경우(제220조 제1항의 기간 내에 결정하지 아니한 때를 포함한다)에는 해당 선거구선거관리위원회 위원장을 인용결정이 있는 경우에는 그 인용결정을 한 **선거관리위원회위원장을 피고로 하여** 그 결정서를 받은 날(제220조 제1항의 기간 내에 결정하지 아니한 때에는 그 기간이 종료된 날)부터 **10일 이내에 비례대표시·도의원선거 및 시·도지사선거에 있어서는 대법원에, 지역구시·도의원선거, 자치구·시·군의원선거 및 자치구·시·군의 장 선거에 있어서는 그 선거구를 관할하는 고등법원에 소를 제기**할 수 있다.

✎ • 비례대표시·도의원선거 및 시·도지사선거는 중앙선거관리위원회에 소청
　• 지역구시·도의원선거, 자치구·시·군의원선거 및 자치구·시·군의 장 선거는 관할 선거관리위원회에 소청

제224조【선거무효의 판결 등】소청이나 소장을 접수한 선거관리위원회 또는 대법원이나 고등법원은 선거쟁송에 있어 선거에 관한 규정에 위반된 사실이 있는 때라도 **선거의 결과에 영향을 미쳤다고 인정하는 때에 한하여** 선거의 전부나 일부의 무효 또는 당선의 무효를 결정하거나 판결한다.

(3) 당선소송

<선거소송과 당선소송 비교>

구분	선거소송(선거의 효력에 관하여 이의가 있을 때)		당선소송(당선의 효력에 이의가 있을 때)	
	대통령 · 국회의원선거	지방선거	대통령 · 국회의원선거	지방선거
제소권자	선거인, 정당(후보자를 추천한 정당에 한함), 후보자	선거무효소청의 결정에 불복이 있는 소청인, 당선인	정당, 후보자	당선무효소청의 결정에 불복이 있는 소청인, 당선인
제소기간	선거일로부터 30일	선거일로부터 14일 이내에 소청제기 ➡ 소청결정서를 받은 날로부터 10일	당선인결정일로부터 30일	당선인결정일로부터 14일 이내에 소청제기 ➡ 소청결정서를 받은 날로부터 10일
피고적격	관할 선거구선거관리위원회위원장 (대통령선거는 중앙선거관리위원회위원장)		대통령선거	당선인, 중앙선거관리위원회 위원장(궐위시 위원 전원), 국회의장(궐위시 부의장 중 1인), 법무부장관 (사망 · 사퇴시)
			국회의원, 지방의원, 지자체장 선거	당선인, 관할 선거관리위원회 위원장(궐위시 위원 전원), 고등검찰청 검사장 (사망 · 사퇴시)
관할법원	대법원 (선거소청 ×)	비례대표시 · 도의원 선거 및 시 · 도지사선거는 대법원, 나머지 지방선거는 고등법원	대법원 (선거소청 ×)	비례대표시 · 도의원 선거 및 시 · 도지사선거는 대법원, 나머지 지방선거는 고등법원

⚖ 판례 |

1 공직선거법 제15조 제2항 제1호, 제37조 제1항의 주민등록을 요건으로 재외국민의 선거권을 제한하는 것이 재외국민의 선거권을 침해하는지 여부: 적극[헌법불합치] (헌재 2007.6.28, 2004헌마644)

2 주민등록을 요건으로 재외국민의 지방선거권을 제한하는 것이 재외국민의 지방의원선거권을 침해하는지 여부: 적극[헌법불합치] (헌재 2007.6.28, 2004헌마644 등)

3 지방자치단체장 선거에서의 '60일 이상' 거주기간요건을 두는 것이 공무담임권 침해인지 여부: 소극[기각] (헌재 2004.12.16, 2004헌마376)
   《주의》 국회의원은 위 거주기간요건이 적용되지 않는다.

4 지방선거에서 '관할구역 안의 주민등록'만을 기준으로 피선거권을 제한하는 것이 위헌인지 여부: 적극 [헌법불합치] (헌재 2007.6.28, 2004헌마644 등)

5 공무원이 공직선거후보자가 되고자 하는 경우 선거일 전 60일까지 그 직을 사퇴하게 하는 공직선거법 제53조 제1항 제1호가 공무담임권을 침해하는지 여부: 소극[기각] (헌재 2008.10.30, 2006헌마547)

    ✎ 현재 90일로 요건이 강화되었다.

6 정당추천후보자와 무소속후보자간에 기탁금을 차별하는 것이 위헌인지 여부: 적극[헌법불합치] (헌재 1989.9.8, 88헌가6)

7 자치구·시·군의원선거의 후보자의 정당표방금지규정이 위헌인지 여부: 적극[위헌] (헌재 2003.1.30, 2001헌가4 등)

8 선거권조항 및 재외선거인 등록신청조항이 재외선거인에게 임기만료에 의한 지역구국회의원의 선거권을 인정하지 않은 것이 위헌인지 여부: 소극[기각] (헌재 2014.7.24, 2009헌마256)

9 재외선거인 등록신청조항이 국회의원재·보궐선거의 선거권을 인정하지 않은 것이 위헌인지 여부: 소극[기각] (헌재 2014.7.24, 2009헌마256)

10 재외선거 투표절차조항이 공관방문투표를 채택한 것이 위헌인지 여부: 소극[기각] (헌재 2014.7.24, 2009헌마256)

11 수형자의 선거권제한 부분: [헌법불합치], 집행유예자의 선거권제한 부분: [위헌] (헌재 2014.1.28, 2012헌마409)

[심판대상]

> 공직선거법(2005.8.4. 법률 제7681호로 개정된 것)
>
> 제18조【선거권이 없는 자】① 선거일 현재 다음 각 호의 어느 하나에 해당하는 자는 선거권이 없다.
>   2. 금고 이상의 형의 선고를 받고 그 집행이 종료되지 아니하거나 그 집행을 받지 아니하기로 확정되지 아니한 자

[이유의 요지]
① 그가 저지른 범죄의 경중을 전혀 고려하지 않고 수형자와 집행유예자 모두의 선거권을 제한하는 것은 침해의 최소성원칙에 어긋난다.
② 심판대상조항은 헌법 제37조 제2항에 위반하여 청구인들의 선거권을 침해하고, 헌법 제41조 제1항 및 제67조 제1항이 규정한 보통선거원칙에 위반하여 집행유예자와 수형자를 차별취급하는 것이므로 평등의 원칙에도 어긋난다.

> ▶ 개선입법
> 공직선거법(2015.8.13. 법률 제13497호로 개정된 것)
> 제18조【선거권이 없는 자】① 선거일 현재 다음 각 호의 어느 하나에 해당하는 사람은 선거권이 없다.
>   2. **1년 이상의 징역** 또는 금고의 형의 선고를 받고 그 집행이 종료되지 아니하거나 그 집행을 받지 아니하기로 확정되지 아니한 사람. **다만, 그 형의 집행유예를 선고받고 유예기간 중에 있는 사람은 제외한다.**

    《주의》 위 판례는 엄격한 비례심사를 하였다.

12 '1년 이상의 징역의 형의 선고를 받고 그 집행이 종료되지 아니한 사람'은 선거권을 행사하지 못하도록 한 공직선거법 제18조 제1항 제2호가 선거권을 침해하는지 여부: 소극[기각] (헌재 2017.5.25, 2016헌마292)

13 탈법방법에 의한 광고의 배부를 금지하고 이를 위반한 경우 처벌하는 공직선거법 제93조 제1항 본문 중 '광고의 배부 금지'에 관한 부분 및 제255조 제2항 제5호 중 위 해당부분이 유권자인 청구인의 선거운동의 자유 내지 정치적 표현의 자유를 침해하는지 여부: 소극[합헌] (헌재 2016.3.31, 2013헌바6)

14 공무원이 공직선거후보자가 되고자 하는 경우 선거일 전 60일까지 그 직을 사퇴하게 하는 공직선거법 제53조 제1항 제1호가 공무담임권을 침해하는지 여부: 소극 (헌재 2008.10.30, 2006헌마547)

15 언론인의 선거운동을 금지하고 그 위반시 처벌하는 공직선거법 제60조 제1항 등이 선거운동의 자유를 침해하는지 여부: 적극[위헌] (헌재 2016.6.30, 2013헌가1)

16 사회복무요원이 선거운동을 할 경우 경고처분 및 연장복무를 하게 하는 병역법 제33조 제2항 제2호 중 공직선거법 제58조 제1항 등이 사회복무요원의 선거운동의 자유를 침해하는지 여부: 소극[기각] (헌재 2016.10.27, 2016헌마252)

17 비례대표국회의원선거 기탁금 등 사건: 적극[헌법불합치, 기각]
따라서 후보자 1명마다 1천500만원이라는 기탁금액은 상대적으로 당비나 국고보조금을 지원받기 어렵고 재정상태가 열악한 신생정당이나 소수정당에게 선거에의 참여 자체를 위축시킬 수 있는 지나치게 과다한 금액에 해당한다. 이상을 종합하면, 비례대표 기탁금조항은 침해의 최소성원칙에 위반된다. … 공익에 비하여 비례대표 기탁금조항으로 인하여 비례대표국회의원후보자나 이를 추천하는 정당이 받게 되는 공무담임권 및 정당활동의 자유에 대한 제한의 불이익이 매우 크므로, 비례대표 기탁금조항은 법익의 균형성원칙에도 위반된다. 따라서 비례대표 기탁금조항은 과잉금지원칙을 위반하여 청구인들의 **공무담임권** 등을 **침해한다**(헌재 2016.12.29, 2015헌마1160).
《주의》 현재 500만원으로 기탁금 조항이 개정되었다.

18 지방자치단체의 장 선거권이 헌법에 보장되는 기본권인지 여부: 적극
주민자치제를 본질로 하는 민주적 지방자치제도가 안정적으로 뿌리내린 현 시점에서 지방자치단체의 장 선거권을 지방의회의원선거권, 더 나아가 국회의원선거권 및 대통령선거권과 구별하여 하나는 법률상의 권리로, 나머지는 헌법상의 권리로 이원화하는 것은 무의미한 것으로 보인다(헌재 2016.10.27, 2014헌마797).

19 지방자치단체의 장 선거에서 후보자등록 마감시간까지 후보자 1인만이 등록한 경우 투표를 실시하지 않고, 그 후보자를 당선인으로 결정하도록 하는 공직선거법 조항이 선거권을 침해하는지 여부: 소극 [기각] (헌재 2016.10.27, 2014헌마797)

20 1인 1표제하의 비례대표국회의원선거방식이 직접선거원칙 등에 위반하여 위헌인지 여부: 적극[위헌] (헌재 2001.7.19, 2000헌마91 등)

21 공직선거법 제85조 제1항 등 위헌소원
[1] '공무원이 지위를 이용하여 선거에 영향을 미치는 행위' 부분이 죄형법정주의의 명확성원칙에 위배되는지 여부: 소극[합헌]
[2] 그에 관한 처벌규정 부분은 형벌체계상의 균형에 어긋나는지 여부: 적극[위헌]
이 사건 처벌조항은 공무원이 그 지위를 이용하여 선거에 영향을 미치는 행위를 한 경우 '1년 이상 10년 이하의 징역 또는 1천만원 이상 5천만원 이하의 벌금'에 처하도록 규정하고 있는바, 비록 벌금형을 선택형으로 규정하고 있긴 하나 보호법익과 죄질이 동일하거나 유사한 위 조항들과 비교할 때 형벌체계상의 균형 등을 고려하지 않고 법정형만을 전반적으로 상향시켰다(헌재 2016.7.28, 2015헌바6).

22 공직선거법 제86조 제1항 제2호의 '공무원이 선거운동의 기획에 참여하거나 그 기획의 실시에 관여하는 행위가 정치적 표현의 자유를 침해하는지 여부: 적극[한정위헌] (헌재 2008.5.29, 2006헌마1096)
《주의》 다만, 이 사건에서는 '공무원이 선거운동의 기획에 참여하거나 그 기획의 실시에 관여하는 행위가 죄형법정주의의 명확성원칙에 위배되는지도 쟁점이 되었는데, 헌법재판소는 그 부분에 대해서는 죄형법정주의의 명확성원칙에 어긋나지 않는다고 판시하였다.

23 선거기간 중 국민운동단체인 바르게살기운동협의회의 모임을 개최한 자를 처벌하는 공직선거법 제256조가 책임주의원칙, 과잉금지원칙, 평등원칙에 위반되는지 여부: 소극[합헌] (헌재 2013.12.26, 2010헌가90)

24 후보자가 시각장애선거인을 위한 점자형 선거공보 1종을 책자형 선거공보 면수 이내에서 임의로 작성할 수 있도록 한 공직선거법 제65조 제4항이 시각장애인의 선거권과 평등권을 침해하는지 여부: 소극[기각] (헌재 2014.5.29, 2012헌마913)

25 공직선거법 제79조 제1항 및 공직선거법 제101조 중 선거운동기간 중 공개장소에서 비례대표국회의원후보자의 연설·대담을 금지하는 부분이 비례대표국회의원후보자인 청구인의 선거운동의 자유 및 정당활동의 자유를 침해하는지 여부: 소극[기각] (헌재 2013.10.24, 2012헌마311)

26 기부행위의 제한의 적용을 받는 자에 '후보자가 되고자 하는 자'까지 포함하면서 기부행위의 제한기간을 폐지하여 상시 제한하도록 한 공직선거법 조항이 일반적 행동자유권을 침해하는지 여부: 소극[합헌] (헌재 2014.2.27, 2013헌바106)

> 공직선거법 제113조 【후보자 등의 기부행위제한】 ① 국회의원·지방의회의원·지방자치단체의 장·정당의 대표자·후보자(후보자가 되고자 하는 자를 포함한다)와 그 배우자는 당해 선거구 안에 있는 자나 기관·단체·시설 또는 당해 선거구의 밖에 있더라도 그 선거구민과 연고가 있는 자나 기관·단체·시설에 기부행위(결혼식에서의 주례행위를 포함한다)를 할 수 없다.
> ② 누구든지 제1항의 행위를 약속·지시·권유·알선 또는 요구할 수 없다.

27 교사들이 선거에 입후보하거나 선거운동을 하기 위해서는 선거일 전 90일까지 교원직을 그만두도록 하는 공직선거법 제53조 등이 교원의 공무담임권과 평등권을 침해하는지 여부: 소극[기각] (헌재 2019.11.28, 2018헌마222)

28 인터넷언론사에 대해 선거일 전 90일부터 선거일까지 후보자 명의의 칼럼 등을 게재하는 보도를 제한하는 '인터넷선거보도 심의기준 등에 관한 규정' 조항이 과잉금지원칙에 위배되어 표현의 자유를 침해하는지 여부: 적극[위헌] (헌재 2019.11.28, 2016헌마90)

29 지역구국회의원선거 예비후보자의 기탁금 반환사유로 예비후보자가 당의 공천심사에서 탈락하고 후보자등록을 하지 않았을 경우를 규정하지 않은 공직선거법(2010.1.25. 법률 제9974호로 개정된 것) 제57조 제1항 제1호 다목 중 지역구국회의원선거와 관련된 부분(이하 '심판대상조항'이라 한다)이 청구인의 재산권을 침해하는지 여부: 적극 (헌재 2018.1.25, 2016헌마541)
《주의》 [법 개정] 기탁금 반환 요건에 '예비후보자가 사망하거나, 당헌·당규에 따라 소속 정당에 후보자로 추천하여 줄 것을 신청하였으나 해당 정당의 추천을 받지 못하여 후보자로 등록하지 않은 경우' 추가

30 시·도지사 후보자에게 5천만원의 기탁금조항이 공무담임권을 침해하는지 여부: 소극[기각] (헌재 2019.9.26, 2018헌마128)

31 선거운동에 이용할 목적으로 기관·단체·시설에 금전·물품 등 재산상의 이익을 제공하거나 제공의 의사표시, 약속한 자를 처벌하는 공직선거법 제230조 제1항 제2호(이해유도죄 조항)의 '선거운동에 이용할 목적', '재산상 이익'이 죄형법정주의의 명확성원칙을 위반하는지 여부: 소극[합헌] (헌재 1997.3.27, 95헌가17)

32 정치활동이 가능한 지방의원에 대해 공무원의 지위를 이용한 선거운동을 금지하고 이를 처벌하는 공직선거법 규정이 정치적 표현의 자유를 침해하는지 여부: 소극[합헌] (헌재 2020.3.26, 2018헌바3)

33 지방자치단체의 장의 선거운동을 금지하는 공직선거법이 선거운동의 자유를 침해하는지 여부: 소극[합헌] (헌재 2020.3.26, 2018헌바90)

34 신체에 장애가 있는 선거인에 대해 투표보조인이 가족이 아닌 경우 반드시 2인을 동반하도록 한 공직선거법 제157조 제6항이 과잉금지원칙에 반하여 청구인의 선거권을 침해하는지 여부: 소극[기각] (헌재 2020.5.27, 2017헌마867)

35 재외투표기간 개시일 이후에 귀국한 재외선거인 등이 국내에서 선거일에 투표할 수 있도록 하는 절차를 마련하지 아니한 공직선거법 제218조의16 제3항 중 '재외투표기간 개시일 전에 귀국한 재외선거인 등'에 관한 부분이 선거권에 위배되는지 여부: 적극[헌법불합치] (헌재 2017.7.14, 2017헌마502)

36 육군훈련소에서 군사교육을 받고 있었던 청구인에 대하여 제19대 대통령선거 대담·토론회의 시청을 금지한 행위가 헌법에 위반되는지 여부: 소극[기각] (헌재 2020.8.28, 2017헌마813)

37 선거권자의 연령을 선거일 현재를 기준으로 산정하도록 규정한 공직선거법 제17조 중 '선거권자의 연령은 선거일 현재로 산정한다.' 부분이 구 공직선거법에 따라 선거권이 있는 만 19세 생일이 선거일 이틀 뒤에 있었던 청구인의 선거권이나 평등권을 침해하는지 여부: 소극[기각] (헌재 2021.9.30, 2018헌마300)

38 지역구국회의원 예비후보자에게 지역구국회의원이 납부할 기탁금의 100분의 20에 해당하는 금액을 기탁금으로 납부하도록 정한 공직선거법 조항은 공무담임권을 침해하는지 여부: 소극 (헌재 2017.10.26, 2016헌마623)

39 선거관계법의 일부 조항이 사후 위헌으로 선언되면 그 조항을 적용하여 실시된 선거의 정치적·민주적 정당성은 상실되는지 여부: 소극 (헌재 1994.7.29, 93헌가4·93헌가6)

40 선거 관련 법률에서 저조한 투표율에도 불구하고 유효투표의 다수만 얻으면 당선인으로 될 수 있도록 규정하는 것이 선거의 대표성의 본질을 침해하고 국민주권주의에 위반하는지 여부: 소극 (헌재 2003.11.27, 2003헌마259 등)

41 선거운동의 기회균등원칙이 합리적 근거 없는 자의적 차별 내지 차등만을 금지하는 것인지 여부: 적극

42 선거일에 선거운동을 한 자를 처벌하는 공직선거법 제254조 제1항이 정치적 표현의 자유를 침해하는지 여부: 소극[합헌] (헌재 2021.12.23, 208헌바152)

43 병역법(2013.6.4. 법률 제11849호로 개정된 것) 제33조 제2항 본문 제2호 중 '그 밖의 정치단체에 가입하는 등 정치적 목적을 지닌 행위'에 관한 부분이 헌법에 위반되는지 여부: 적극
이 사건 법률조항 중 '그 밖의 정치단체'에 관한 부분은 법적용기관인 법관의 보충적 법해석을 통하여도 그 규범내용이 확정될 수 없는 모호하고 막연한 개념을 사용하고 있으므로 명확성원칙에 위배되어 청구인의 정치적 결사의 자유와 이를 통한 정치적 표현의 자유를 침해한다. 이 사건 법률조항 중 '정치적 목적을 지닌 행위'에 관한 부분은 법적용기관인 법관의 보충적 법해석을 통하여도 그 규범내용이 확정될 수 없는 모호하고 막연한 개념을 사용하고 있으므로 명확성원칙에 위반되어 청구인의 결사의 자유와 정치적 표현의 자유를 침해한다(헌재 2021.11.25, 2019헌마534).

44 재외투표기간 개시일 이후에 귀국한 재외선거인 등이 국내에서 선거일에 투표할 수 있도록 하는 절차를 마련하지 아니한 공직선거법 제218조의16 제3항 중 '재외투표기간 개시일 전에 귀국한 재외선거인 등'에 관한 부분이 선거권을 침해하는지 여부: 적극[헌법불합치] (헌재 2022.1.27, 2020헌마895)

45 선거운동기간을 제한하고 이를 위반한 사전선거운동을 형사처벌하도록 규정한 구 공직선거법 제59조 중 선거운동기간 전에 개별적으로 대면하여 말로 하는 선거운동에 관한 부분 등이 정치적 표현의 자유를 침해하는지 여부: 적극[위헌] (헌재 2022.2.24, 2018헌바146)

46 누구든지 일정 기간 동안 선거에 영향을 미치게 하기 위한 광고물 설치·진열·게시, 표시물 착용을 할 수 없도록 하고, 이에 위반한 경우 처벌하도록 한 공직선거법이 정치적 표현의 자유를 침해하여 위헌인지 여부: 적극[헌법불합치] (헌재 2022.7.21, 2017헌가1)

47 선거기간 중 선거에 영향을 미치게 하기 위한 집회나 모임을 금지하는 것이 집회의 자유, 정치적 표현의 자유를 침해하는지 여부: 적극[위헌] (헌재 2022.7.21, 2018헌바164)

종전에 헌법재판소가 이 결정과 견해를 달리해, '누구든지 선거기간 중 선거에 영향을 미치게 하기 위하여 단합대회 또는 야유회 기타의 집회를 개최할 수 없고 그에 위반하여 각종 집회 등을 개최하거나 하게 한 자를 처벌하던' 구 '공직선거 및 선거부정방지법' 제256조 제2항 제1호 카목 중 제103조 제2항 부분이 헌법에 위반되지 아니한다고 판시한 헌재 2001.12.20. 2000헌바96 등 결정은, 이 결정과 저촉되는 '기타의 집회'에 관한 범위 내에서 변경한다.

☑ **SUMMARY | 각 선거 비교**

구분	대통령선거	국회의원선거	지방자치단체장선거	지방의회의원선거
선거권	18세 이상 국민		• 18세 이상 • 해당 관할구역에 주민등록 영주체류자격 취득 후 3년이 경과한 외국인으로서 해당 지방자치단체의 외국인등록대장에 올라 있는 사람	
피선거권	• 40세 이상(헌법) • 5년 이상 국내거주(공직선거법) • 국회의원 피선거권이 있는 자	• 18세 이상 • 거주요건 없음	• 18세 이상 • 선거일 현재 계속해서 60일 이상 주민등록이 되어 있는 주민	
선거일 (선거기간)	임기만료 전 70일 이후 첫 번째 수요일(23일)	임기만료 전 50일 이후 첫 번째 수요일(14일)	임기만료 전 30일 이후 첫 번째 수요일(14일)	
보궐선거	실시사유가 확정된 때로부터 60일 이내	보궐선거일 법정화(4월 중 첫 번째 수요일)		
기탁금	3억원	지역구 1천500만원 (비례대표 500만원)	• 자치구·시·군: 1천만원 • 시·도: 5천만원	• 자치구·시·군: 200만원 • 시·도: 300만원
최고득표자가 2인 이상일 경우	의회재적 과반수 출석에 다수표 득표자 당선	연장자 당선		
출마자가 1인일 경우	선거권자 총수의 3분의 1	무투표 당선		

☑ **SUMMARY | 입후보 전 공직사퇴 시한**

구분	대통령선거	국회의원선거	지방자치단체장선거	지방의회의원선거
국회의원	직을 가지고 입후보	직을 가지고 입후보	선거일 전 30일	선거일 전 90일
지방자치단체장	선거일 전 90일	• 선거구역이 당해 지방자치단체의 관할구역과 같거나 겹치는 경우: 선거일 전 120일 • 다른 지방: 선거일 전 90일	• 당해 지방: 직을 가지고 입후보 • 다른 지방: 선거일 전 90일	• 당해 지방: 직을 가지고 입후보 • 다른 지방: 선거일 전 90일
지방의회의원	선거일 전 90일	선거일 전 90일	• 당해 지방: 직을 가지고 입후보 • 다른 지방: 선거일 전 30일	• 당해 지방: 직을 가지고 입후보 • 다른 지방: 선거일 전 30일

제7절 공무원제도

01 공무원의 구분

경력직 공무원	일반직 공무원	기술·연구 또는 행정 일반에 대한 업무를 담당하는 공무원
	특정직 공무원	법관, 검사, 외무공무원, 경찰공무원, 소방공무원, 교육공무원, 군인, 군무원, 헌법재판소 헌법연구관, 국가정보원의 직원과 특수 분야의 업무를 담당하는 공무원으로서 다른 법률에서 특정직 공무원으로 지정하는 공무원
특수경력직 공무원	정무직 공무원	• 선거로 취임하거나 임명할 때 국회의 동의가 필요한 공무원 • 고도의 정책결정업무를 담당하거나 이러한 업무를 보조하는 공무원으로서 법률이나 대통령령에서 정무직으로 지정하는 공무원
	별정직 공무원	비서관·비서 등 보좌업무 등을 수행하거나 특정한 업무 수행을 위하여 법령에서 별정직으로 지정하는 공무원

02 현행헌법과 공무원제도

1. 현행헌법의 규정

> 헌법 제7조 ① 공무원은 국민 전체에 대한 봉사자이며, 국민에 대하여 책임을 진다.
> ② 공무원의 신분과 정치적 중립성은 법률이 정하는 바에 의하여 보장된다.
> 《주의》 제1항의 공무원은 최광의의 공무원을 의미하고, 제2항의 공무원은 경력직 공무원만을 의미한다.

2. 공무원의 헌법상 지위

(1) 국민 전체에 대한 봉사자

여기서 공무원이란 공무수탁사인을 포함하는 **최광의의 공무원**을 의미함(다수설)

(2) 국민에 대한 책임

기본적으로 윤리적·정치적 책임을 의미하고, 예외적으로만 법적 책임이 인정됨

3. 직업공무원제도

(1) 적용범위

① 국가 또는 공공단체와 근로관계를 맺고 공법상 특별권력관계 내지 특별행정법관계 아래 공무를 담당하는 협의의 공무원

② 정치적 공무원, 임시적 공무원은 포함되지 않음(헌재 1989.12.18, 89헌마32·89헌마33, 통설)

(2) 내용
① 정치적 중립성
㉠ 원칙: 정치활동 금지, 정당가입 금지, 선거운동 금지
㉡ 예외
ⓐ 정당가입이 가능한 공무원: 정무직, 별정직, 조교수 이상의 교원
ⓑ 선거에서 중립성이 요구되지 않는 공무원: 국회의원, 지방의원
② 공무원의 신분보장
㉠ 정권교체의 영향을 받지 않음
㉡ 동일한 정권하에서도 정당한 이유 없이 해임당하지 않음
③ 실적주의
㉠ 인사행정에 있어 정치적 또는 정실적 요소를 배제
㉡ 공무원의 임용은 시험성적·근무성적 그 밖의 능력의 실증에 의하여 행한다(국가공무원법 제26조, 지방공무원법 제25조).

🔨 판례 |

1 후임자 임명처분에 의한 공무원직 상실규정이 위헌인지 여부: 적극 (헌재 1989.12.18, 89헌마32·89헌마33)

2 국가안전기획부직원에 대한 계급정년을 새로이 규정하면서 이를 소급적용하도록 한 것이 위헌인지 여부: 소극 (헌재 1994.4.28, 91헌바15·19 등)

3 금고 이상 형의 '집행유예'를 받은 공무원을 당연퇴직사유로 한 것이 위헌인지 여부: 소극 (헌재 2003.12.18, 2003헌마409)

4 금고 이상 형의 '선고유예'를 받은 지방공무원을 당연퇴직사유로 한 것이 위헌인지 여부: 적극 (헌재 2002.8.29, 2001헌마788·2002헌마173)

5 공무원이 수뢰죄를 범하여 금고 이상 형의 선고유예를 받은 경우에 당연퇴직사유로 한 것이 위헌인지 여부: 소극 (헌재 2013.7.25, 2012헌바409)

6 '직제와 정원의 개폐 또는 예산의 감소 등에 의하여 폐직 또는 과원이 된 때'에 직권면직시킬 수 있도록 규정한 지방공무원법 제62조 제1항 제3호가 직업공무원제도를 위반하는지 여부: 소극 (헌재 2004. 11.25, 2002헌바8)

7 형사사건으로 기소되면 '필요적으로' 직위해제처분을 하도록 한 국가공무원법규정이 위헌인지 여부: 적극 (헌재 1998.5.28, 96헌가12)

8 형사사건으로 기소된 공무원을 '임의적으로' 직위해제할 수 있도록 규정한 구 국가공무원법 제73조의2 제1항 제4호 부분이 공무담임권을 침해하는지 여부: 소극 (헌재 2006.5.25, 2004헌바12)

9 공무원의 집단행위를 금지하고 있는 지방공무원법 제82조 중 제58조 제1항이 정치적 표현의 자유를 침해하는지 여부: 소극[합헌] (헌재 2014.8.28, 2011헌바50)

10 공무원은 직무의 내외를 불문하고 품위손상행위를 하여서는 아니 된다고 규정하고 직무의 내외를 불문하고 체면이나 위신을 손상하는 행위를 한 때를 공무원의 징계사유로 규정한 국가공무원법 제63조 등이 명확성의 원칙에 위배되는지 여부: 소극[합헌] (헌재 2016.2.25, 2013헌바435)

11 금고 이상의 형의 선고유예를 받고 그 기간 중에 있는 자를 임용결격사유로 삼고, 위 사유에 해당하는 자가 임용되더라도 이를 당연무효로 하는 구 국가공무원법 제33조 제1항 제5호가 공무담임권을 침해하는지 여부: 소극[합헌] (헌재 2016.7.28, 2014헌바437)

12 임용결격자가 공무원으로 임용되어 사실상 근무하여 온 경우 공무원연금법상 퇴직급여 등을 청구할 수 있는지 여부: 소극 (대판 1997.7.12, 96누3333)

13 임명권자의 후임자가 임명되면 국회사무처와 국회도서관의 직원이 공무원직을 상실하도록 규정한 국가보위입법회의법 부칙 제4항이 직업공무원제도의 본질적 내용을 침해하는지 여부: 적극[위헌] (헌재 1989.12.28, 89헌마32)

14 '지방자치단체의 장은 다른 지방자치단체의 장의 동의를 얻어 그 소속 공무원을 전입할 수 있다'고 규정한 지방공무원법 제29조의3이 공무원의 신분보장원칙에 위배되는지 여부: 소극[합헌] (헌재 2002. 11.28, 98헌바101)

✎ 헌법재판소는 지방자치단체의 장이 다른 지방자치단체장의 동의를 얻어 지방공무원을 전입할 수 있게 한 위 규정에는 '당연히 지방공무원의 동의가 있을 것'이라는 전제를 포함한다고 해석하고 있다. 즉, 위 규정이 합헌이라고 해서 지방공무원의 전보에 있어서 지방공무원의 동의가 필요하지 않다는 뜻이 아니라, 위 규정이 전보대상이 된 지방공무원의 동의까지 요구하고 있다는 뜻으로 이해해야 한다. 따라서, 지방공무원의 동의가 없는 지방공무원의 전보는 위법하게 된다.

15 금융기관 임직원의 수재행위를 공무원의 수뢰죄와 같은 수준으로 가중처벌하도록 한 규정: [합헌] (헌재 2012.12.27, 2011헌바217)

《주의》 금융기관 임직원의 수재행위를 공무원보다 더 중한 법정형으로 처벌하는 규정: [위헌] (헌재 2006.4. 27, 2006헌가5)

16 선거관리위원회 공무원에 대해 특정 정당이나 후보자를 지지·반대하는 단체에의 가입·활동 등을 금지하는 것이 선거관리위원회 공무원의 정치적 표현의 자유 등을 침해하는지 여부: 소극[기각] (헌재 2012.3.29, 2010헌마97)

17 대학교원을 제외하고 교육공무원의 정년을 65세에서 62세로 단축한 교육공무원법 제47조 제1항이 공무담임권을 침해하는지 여부: 소극[기각] (헌재 2000.12.14, 99헌마112 등)

18 초·중등학교의 교육공무원이 정치단체의 결성에 관여하거나 이에 가입하는 행위를 금지한 국가공무원법 제65조 제1항 중 '그 밖의 정치단체'에 관한 부분이 정치적 표현의 자유 및 결사의 자유를 침해하는지 여부: 적극 (헌재 2020.4.23, 2017헌마551)

4. 공무원의 기본권제한

(1) 정치적 활동의 제한

국가공무원법
제65조【정치운동의 금지】① 공무원은 정당 기타 정치단체의 결성에 관여하거나 이에 가입할 수 없다.

(2) 근로3권의 제한

헌법 제33조 ② 공무원인 근로자는 법률이 정하는 자에 한하여 단결권·단체교섭권 및 단체행동권을 가진다.

제37조 ② 국민의 모든 자유와 권리는 국가안전보장·질서유지 또는 공공복리를 위하여 필요한 경우에 한하여 법률로써 제한할 수 있으며, 제한하는 경우에도 자유와 권리의 본질적인 내용을 침해할 수 없다.

✎ 헌법 제37조 제2항
• 일명 과잉금지의 원칙
• 필요한 경우에 한하여 '법률'로써만 제한(제한의 요건을 헌법에 명시)
• 본질적인 내용침해금지(제3차 도입 ➡ 제7차 삭제 ➡ 제8차 부활)

(3) 특수한 신분관계에 의한 제한

협의의 공무원은 국가와 공법상 특수한 신분관계이므로 일반 국민보다 더 많은 기본권의 제한을 받음

위헌 결정	① 자격정지 이상 형의 '선고유예'를 받은 직업군인의 당연제적 ② 자격정지 이상 형의 '선고유예'를 받은 경찰공무원의 당연퇴직 ③ 검찰총장의 퇴직 후 2년 이내에 모든 공직에의 취임금지 ④ 국가인권위원회위원의 퇴직 후 2년간 교육공무원을 제외한 모든 공직에의 취임금지 ⑤ 지방자치단체장이 '금고 이상의 형의 선고를 받은 경우' 부단체장의 권한대행제도 　《주의》 '선고를 받은 경우'와 '구금된 경우'를 구별할 것
합헌 결정	① 교육경력자의 지방교육위원 우선당선조항 ② 초·중등학교 교원의 정년을 65세에서 62세로 하향조정 ③ 지방자치단체의 직제가 폐지된 경우 해당 공무원을 직권면직할 수 있도록 한 것 ④ 정부투자기관직원의 지방의회의원 겸직금지 ⑤ 지방공사직원의 지방의회의원 겸직금지 ⑥ 국가안전기획부직원에 대하여 임용 당시의 연령정년제를 계급정년제로 변경하는 것 ⑦ 선거기간 중 정상적인 업무 외의 출장을 한 공무원의 당연퇴직 ⑧ 지방공무원의 정년을 5급 이상은 60세, 6급 이하는 57세로 차별하는 것 ⑨ 경찰공무원의 정년을 경정 이상은 60세, 경감 이하는 57세로 차별하는 것 ⑩ 도시재개발조합임원의 수재행위를 공무원의 뇌물죄로 처벌하는 것 ⑪ 정부관리기업체 간부직원의 수재행위를 공무원의 뇌물죄로 처벌하는 것 ⑫ 정부출연연구기관의 직원의 수재행위를 공무원의 뇌물죄로 처벌하는 것 ⑬ 주택재건축조합의 임원을 형법상의 뇌물죄의 적용에 있어서 공무원으로 의제하는 것 ⑭ 지방자치단체장이 '공소제기된 후 구금상태에 있는 경우' 부단체장의 권한대행제도

제8절 지방자치제도

01 본질

1. 특정 지방자치단체를 통·폐합하는 것은 가능하나, 모든 지방자치단체를 폐지하는 것은 '자치단체보장'을 침해하는 것이 되므로 허용될 수 없음

2. 일정 지역 내의 지방자치단체인 시·군을 모두 폐지하여 지방자치단체의 중층구조를 단층화하는 것이 헌법상 지방자치제도의 보장에 위배되는 것은 아님(헌재 2006.4.27, 2005헌마1190)

⚖️판례 |

1 주민소환제 자체가 지방자치의 본질적인 내용인지 여부: 소극 (헌재 2009.3.26, 2007헌마843)

2 감사원에 의한 지방자치단체의 자치사무에 대한 합목적성 감사가 지방자치권의 본질을 침해하여 위헌인지 여부: 소극 (헌재 2008.5.29, 2005헌라3)

3 법률로 특정 지방자치단체를 폐지하여 다른 지방자치단체에 병합하는 것이 지방자치제도의 본질적 내용을 침해하는지 여부: 소극

---

02 우리나라의 지방자치제도

1. 헌법규정

> **헌법 제117조** ① 지방자치단체는 주민의 복리에 관한 사무를 처리하고 재산을 관리하며, 법령의 범위 안에서 자치에 관한 규정을 제정할 수 있다.
> ② 지방자치단체의 종류는 법률로 정한다.
> **제118조** ① 지방자치단체에 의회를 둔다.
> ② 지방의회의 조직·권한·의원선거와 지방자치단체의 장의 선임방법 기타 지방자치단체의 조직과 운영에 관한 사항은 법률로 정한다.

헌법이 직접 규정한 것	법률로 규정하도록 한 것
• 자치사무, 재산관리권 • 자치에 관한 규정 제정권 • 지방의회의 설치(지방의회는 헌법상 필수기관이다)	• 지방자치단체의 종류 • 지방의회의 조직·권한·의원선거 • 지방자치단체장의 선임방법

2. 지방자치단체의 종류

> **헌법 제117조** ② 지방자치단체의 종류는 법률로 정한다.

(1) 일반지방자치단체

> **지방자치법**
> **제2조【지방자치단체의 종류】** ① 지방자치단체는 다음의 두 가지 종류로 구분한다.
> 1. 특별시, 광역시, 특별자치시, 도, 특별자치도
> 2. 시, 군, 구

(2) 특별지방자치단체

> **지방자치법**
> **제2조【지방자치단체의 종류】** ③ 제1항의 지방자치단체 외에 특정한 목적을 수행하기 위하여 필요하면 따로 특별지방자치단체를 설치할 수 있다. 이 경우 특별자치단체의 설치 등에 관하여는 제12장에서 정하는 바에 따른다.

(3) 지방자치단체의 법인격

> **지방자치법**
> **제3조【지방자치단체의 법인격과 관할】** ① 지방자치단체는 **법인**으로 한다.

3. 지방자치단체의 기관

(1) 지방의회

① **구성**: 헌법상 지방의회는 필수적 기관(제118조 제1항), 임기 4년의 지방의회의원들로써 구성되며(지방자치법), 반드시 의원선거에 의하여 선출되어야 한다(제118조 제2항).

✐ 지방의회의원을 명예직으로 한다는 규정은 삭제되었다.

② **운영**

> **지방자치법**
>
> **제53조【정례회】** ① 지방의회는 **매년 2회 정례회**를 개최한다.
> ② 정례회의 집회일 그 밖에 정례회의 운영에 관하여 필요한 사항은 해당 지방자치단체의 조례로 정한다.
>
> **제62조【의장·부의장 불신임의 의결】** ① 지방의회의 의장이나 부의장이 법령을 위반하거나 정당한 사유 없이 직무를 수행하지 아니하면 지방의회는 불신임을 의결할 수 있다.
> ② 제1항의 **불신임의결은 재적의원 4분의 1 이상의 발의와 재적의원 과반수**의 찬성으로 한다.
> ③ 제2항의 불신임의결이 있으면 의장이나 부의장은 그 직에서 해임된다.
>
> **제72조【의사정족수】** ① 지방의회는 **재적의원 3분의 1 이상의 출석으로 개의**(開議)한다.
> ② 회의 참석 인원이 제1항의 정족수에 미치지 못할 때에는 지방의회의 의장은 회의를 중지하거나 산회(散會)를 선포한다.
>
> **제73조【의결정족수】** ① 회의는 이 법에 특별히 규정된 경우 외에는 재적의원 과반수의 출석과 출석의원 과반수의 찬성으로 의결한다.
> ② 지방의회의 의장은 의결에서 표결권을 가지며, 찬성과 반대가 같으면 부결된 것으로 본다.

③ **지방의회의 권한**

> **지방자치법**
>
> **제49조【행정사무감사권 및 조사권】** ① 지방의회는 매년 1회 그 지방자치단체의 사무에 대하여 **시·도에서는 14일의 범위에서, 시·군 및 자치구에서는 9일의 범위에서 감사**를 실시하고, 지방자치단체의 사무 중 특정 사안에 관하여 본회의 의결로 본회의나 위원회에서 조사하게 할 수 있다.
> ② 제1항의 조사를 발의할 때에는 이유를 밝힌 서면으로 하여야 하며, 재적의원 3분의 1 이상의 연서가 있어야 한다.
> ③ 지방자치단체 및 그 장이 위임받아 처리하는 국가사무와 시·도의 사무에 대하여 **국회와 시·도의회가 직접 감사하기로 한 사무 외에는 그 감사를 각각 해당 시·도의회와 시·군 및 자치구의회가 할 수 있다.** 이 경우 국회와 시·도의회는 그 감사결과에 대하여 그 지방의회에 필요한 자료를 요구할 수 있다.
>
> **제51조【행정사무처리상황의 보고와 질문응답】** ② 지방자치단체의 장이나 관계공무원은 지방의회나 그 위원회가 요구하면 출석·답변하여야 한다. 다만, 특별한 이유가 있으면 지방자치단체의 장은 관계공무원에게 출석·답변하게 할 수 있다.

㉠ **승인권**: 지방자치단체의 장은 지방의회의 의결을 거쳐야 할 사항에 대하여 선결처분을 할 수 있는데(지방자치법 제122조 제1항), 이를 지체 없이 지방의회에 보고하여 승인을 얻어야 한다(지방자치법 제122조 제2항·제3항).

㉡ **각종 선출 및 선임권**: 지방의회는 의장·부의장·임시의장을 선출하고(지방자치법 제57조, 제60조), 위원회의 위원을 선임하며(지방자치법 제64조 제3항), 결산검사위원을 선임한다(지방자치법 제150조 제3항).

ⓒ **자율권**: 지방의회의 조직 · 의원신분 · 운영 등의 사항에 대하여 스스로 결정 · 규제

④ **지방의회의원의 권리 · 의무**

　　㉠ **권리**: ⓐ 의안제출권, ⓑ 임시회 및 위원회소집권, ⓒ 표결권, ⓓ 질문 및 질의권, ⓔ 토론권, ⓕ 청원의 소개권, ⓖ 의정활동비 · 여비 · 월정수당 청구권 등

　　　　《주의》 국회의원과 달리 불체포특권, 면책특권이 인정되지 않는다.

　　㉡ **의무**: ⓐ 공익우선의무, ⓑ 청렴 및 품위유지의무, ⓒ 이권불개입의무, ⓓ 영업금지의무, ⓔ 회의장에서의 질서유지 · 모욕적 발언금지 · 발언방해금지 등 의사진행에 관한 의무, ⓕ 본회의와 위원회에 출석할 의무 등

🏛 판례 |

1 지방의회의장선거가 항고소송의 대상이 되는지 여부: 적극 (대판 1995.1.12, 94누2602)

2 지방의회의 의원징계의결에 대해서 행정소송으로 다툴 수 있는지 여부: 적극 (대판 1993.11.26, 93누7341)

3 국회의원의 경우 지방공사 직원의 겸직이 허용되는 반면, 지방의회의원의 경우 이 사건 법률조항에 의하여 지방공사 직원의 직을 겸할 수 없는 것이 지방의회의원의 평등권 등을 침해하는지 여부: 소극 (헌재 2012.4.24, 2010헌마605)

4 세종특별자치시의회를 신설하면서 지방의회의원선거를 실시하지 아니하고 연기군의회의원 등에게 세종특별자치시의회의원의 자격을 취득하도록 규정하고 있는 세종특별자치시 설치 등에 관한 특별법 부칙 제4조 제1항, 제2항 전단이 충남 연기군 주민의 선거권 및 공무담임권을 침해하는지 여부: 소극 (헌재 2013.2.28, 2012헌마131)

☑ SUMMARY | 지방의회와 국회 비교

구분	지방의회	국회
최초의 임시회	임기 개시일부터 25일 이내	임기 개시 후 7일에 집회
임시회소집요구	재적의원 3분의 1 이상	재적의원 4분의 1 이상
의사정족수	재적의원 3분의 1 이상	재적의원 5분의 1 이상
의결정족수	재적 과반수 출석 + 출석 과반수 찬성	재적 과반수 출석 + 출석 과반수 찬성
회의비공개발의	의원 3인 이상	의원 10인 이상
회기일수제한	당해 지방자치단체의 조례로 정함	정기회는 100일, 임시회는 30일을 초과할 수 없음
연회기일수제한	당해 지방자치단체의 조례로 정함	없음

☑ SUMMARY | 지방의원과 국회의원 비교

구분	지방의원	국회의원
지위	주민대표	국민대표
불체포특권 · 면책특권	×	○
권한쟁의능력	×	○
징계의결 제소	○	×

(2) 지방자치단체의 장

① **의의**: 지방자치단체의 사무를 처리하고 지방의회의 의결사항을 집행하는 일반 집행기관

> **지방자치법**
>
> 제106조【지방자치단체의 장】특별시에 특별시장, 광역시에 광역시장, 특별자치시에 특별자치시장, 도와 특별자치도에 도지사를 두고, 시에 시장, 군에 군수, 자치구에 구청장을 둔다.

② **선출과 지위**

> **지방자치법**
>
> 제107조【지방자치단체의 장의 선거】지방자치단체의 장은 주민이 보통·평등·직접·비밀선거로 선출한다.
>
> 제108조【지방자치단체의 장의 임기】지방자치단체의 장의 임기는 4년으로 하며, 3기 내에서만 계속 재임할 수 있다.

③ **권한**

> **지방자치법**
>
> 제29조【규칙】지방자치단체의 장은 **법령이나 조례가 위임한 범위**에서 그 권한에 속하는 사무에 관하여 규칙을 제정할 수 있다.
>
> 제114조【지방자치단체의 통할대표권】지방자치단체의 장은 지방자치단체를 대표하고, 그 사무를 총괄한다.
>
> 제116조【사무의 관리 및 집행권】지방자치단체의 장은 그 지방자치단체의 사무와 법령에 따라 그 지방자치단체의 장에게 위임된 사무를 관리하고 집행한다.
>
> 제118조【직원에 대한 임명권 등】지방자치단체의 장은 소속 직원(지방의회 사무직원은 제외한다)을 지휘·감독하고 법령과 조례·규칙으로 정하는 바에 따라 그 임면·교육훈련·복무·징계 등에 관한 사항을 처리한다.
>
> 제120조【지방의회의 의결에 대한 재의요구와 제소】① 지방자치단체의 장은 지방의회의 의결이 월권이거나 **법령에 위반되거나 공익을 현저히 해친다**고 인정되면 그 의결사항을 이송받은 날부터 20일 이내에 이유를 붙여 재의를 요구할 수 있다.
> ② 제1항의 요구에 대하여 재의한 결과 **재적의원 과반수의 출석과 출석의원 3분의 2 이상의 찬성**으로 전과 같은 의결을 하면 그 의결사항은 확정된다.
> ③ **지방자치단체의 장**은 제2항에 따라 재의결된 사항이 **법령에 위반**된다고 인정되면 **대법원에 소를 제기**할 수 있다. 이 경우에는 제192조 제4항을 준용한다.
> 《주의》 재의결된 사항에 대해서는 법령 위반의 경우에만 대법원에 소 제기 가능 / 월권, 공익을 현저히 해친다는 이유로 대법원에 소 제기 불가

④ **이외의 권한**: 조례공포권, 지방의회의 임시회요구권, 지방의회에의 의안발의권, 주민투표부의권 등

⚖️ 판례 │

1 지방자치단체의 장이 '금고 이상의 형을 선고받고 그 형이 확정되지 아니한 경우'에 부단체장이 그 권한을 대행하도록 하는 것이 위헌인지 여부: 적극[헌법불합치] (헌재 2010.9.2, 2010헌마418)

2 지방자치단체의 장이 '공소제기된 후 구금상태에 있는 경우' 부단체장이 그 권한을 대행하도록 규정한 지방자치법 제111조 제1항 제2호가 공무담임권을 침해하는지 여부: 소극 (헌재 2011.4.28, 2010헌마474)

3 지방의회 사무직원의 임용권을 지방자치단체의 장에게 부여하고 있는 구 지방자치법 제91조 제2항이 지방의회와 지방자치단체의 장 사이의 상호견제와 균형의 원리에 어긋나는지 여부: 소극 (헌재 2014.1. 28, 2012헌바216)

4 지방자치단체장의 계속 재임을 3기로 제한한 지방자치법 제87조 제1항이 지방자치단체장들의 공무담임권을 침해하여 헌법에 위배되는지 여부: 소극[기각] (헌재 2006.2.23, 2005헌마403)

4. 지방자치단체의 권능

(1) 자치입법권 – 조례제정권

① 조례제정권의 근거와 조례규정조항

> 헌법 제117조 ① 지방자치단체는 … 법령의 범위 안에서 자치에 관한 규정을 제정할 수 있다.
>
> **지방자치법**
>
> 제28조【조례】① 지방자치단체는 법령의 범위 안에서 그 사무에 관하여 조례를 제정할 수 있다. 다만, 주민의 권리제한 또는 의무부과에 관한 사항이나 벌칙을 정할 때에는 법률의 위임이 있어야 한다.
>
> 제29조【규칙】지방자치단체의 장은 법령이나 조례가 위임한 범위에서 그 권한에 속하는 사무에 관하여 규칙을 제정할 수 있다.
>
> 제30조【조례와 규칙의 입법한계】시·군 및 자치구의 조례나 규칙은 시·도의 조례나 규칙을 위반해서는 아니 된다.

② 법률의 위임의 요건 및 정도

 ㉠ **원칙**: 국가의 사무를 제외한 모든 사무는 법률의 수권이나 위임이 없을지라도 법령에 위배되지 않는 한 조례로써 규정 가능

 ㉡ **주민의 권리·의무에 관한 조례**: 헌법재판소와 대법원은 포괄적 위임으로 족하다고 판시

 ㉢ **조례에 의한 벌칙규정(조례와 죄형법정주의)**: 1천만원 이하의 과태료를 규정하는 경우 법률의 위임이 필요 없으나, 징역·벌금 등 벌칙을 규정하는 경우에는 반드시 법률의 위임이 있어야 함(지방자치법 제28조 단서)

⚖ 판례 ┃

1 조례에 의한 규제를 지역의 특성에 따라 다르게 하는 것이 위헌인지 여부: 소극 (헌재 1995.4.20, 92헌마 264 등)

2 교육부장관이 관할 교육감에게, 甲 지방의회가 의결한 학생인권조례안에 대하여 재의요구를 하도록 요청하였으나 교육감이 이를 거절하고 학생인권조례를 공포하자, 조례안 의결에 대한 효력 배제를 구하는 소를 제기한 사안에서, 위 조례안이 국민의 기본권이나 주민의 권리 제한에서 요구되는 법률유보원칙에 위배된다고 할 수 없고, 내용이 법령의 규정과 모순·저촉되어 법률우위원칙에 어긋난다고 볼 수 없다고 한 사례(대판 2015.5.14, 2013추98)

3 학교 운영자나 학교의 장, 교사, 학생 등으로 하여금 성별, 종교, 나이, 사회적 신분, 출신지역, 출신국가, 출신민족, 언어, 장애, 용모 등 신체조건, 임신 또는 출산, 가족형태 또는 가족상황, 인종, 경제적 지위, 피부색, 사상 또는 정치적 의견, 성적 지향, 성별 정체성, 병력, 징계, 성적 등의 사유를 이유로 한 차별적 언사나 행동, 혐오적 표현 등을 통해 다른 사람의 인권을 침해하지 못하도록 규정하고 있는 '서울특

별시 학생인권조례' 제5조 제3항이 법률유보원칙에 위배되어 학교 구성원인 청구인들의 표현의 자유를 침해하는지 여부: 소극 (헌재 2019.11.28, 2017헌마1356)

4 행정정보공개조례의 제정에 법률의 위임이 있어야 하는지 여부: 소극 (대판 1992.6.23, 92추17)

③ 조례제정권의 한계
  ㉠ 조례제정사항
    ⓐ 지방자치단체의 **고유사무인 자치사무**와 개별 법령에 의하여 자치단체에 위임된 이른바 **단체위임사무**에 한하고, 국가사무로서 지방자치단체의 장에게 위임된 이른바 기관위임사무에 관한 사항은 조례의 제정범위 밖이다(대판 1992.7.28, 92추31).
    ⓑ 기관위임사무에 있어서도 개별 법령에서 일정한 사항을 조례로 정하도록 위임하고 있는 경우에는 위임조례를 정할 수 있음
    ⓒ 그러나 이때도 그 내용은 개별 법령의 취지에 부합해야 하고, 그 범위를 벗어난 경우 위임조례로서의 효력도 인정할 수 없음
  ㉡ 법률우위의 원칙
    ⓐ 의의: 조례는 법령의 범위 내에서 제정
    ✎ 조례는 법률과 명령에 위반되지 않아야 한다. 시·군·구의 조례는 시·도의 조례에 위반하여서는 아니 된다.
    ⓑ **조례와 법률의 관계 – 수정법률선점이론(다수설)**: 법률이 전국적으로 일률적 기준을 두어 평등한 규제를 실시할 때, 조례로써 당해 법률의 규제범위 이외의 사항이나 법률 이상의 엄격한 기준을 두어 규제하는 것은 허용될 수 없지만, 반대로 법률이 최소한의 규제조치를 정하고 있는 때, 지방자치단체가 그 영역의 특수한 사정을 고려하여 법률의 규제보다 엄격히 규제하는 것이 허용됨
④ 조례의 제정절차

> **지방자치법**
>
> **제32조【조례와 규칙의 제정절차 등】** ① 조례안이 지방의회에서 의결되면 의장은 **의결된 날부터 5일 이내**에 그 지방자치단체의 장에게 이를 이송하여야 한다.
> ② 지방자치단체의 장은 제1항의 **조례안을 이송받으면 20일 이내에** 공포하여야 한다.
> ③ 지방자치단체의 장은 이송받은 조례안에 대하여 이의가 있으면 제2항의 기간에 이유를 붙여 지방의회로 환부하고, **재의를 요구**할 수 있다. 이 경우 지방자치단체의 장은 **조례안의 일부에 대하여 또는 조례안을 수정하여 재의를 요구할 수 없다.**
> ④ 지방의회는 제3항에 따라 재의요구를 받으면 조례안을 재의에 부치고 **재적의원 과반수의 출석과 출석의원 3분의 2 이상의 찬성으로 전과 같은 의결**을 하면 그 조례안은 조례로서 확정된다.
> ✎ **지방의회의 재의결 정족수**
>   국회의 재의결 정족수와 동일함(재과 + 출2/3)
> ⑤ 지방자치단체의 장이 제2항의 기간에 공포하지 아니하거나 재의요구를 하지 아니하더라도 그 조례안은 조례로서 확정된다.
> ⑥ 지방자치단체의 장은 제4항과 제5항에 따라 확정된 조례를 **지체 없이 공포**하여야 한다. 이 경우 제5항에 따라 조례가 확정된 후 또는 제4항에 따라 확정된 조례가 지방자치단체의 장에게 이송된 후 **5일 이내**에 지방자치단체의 장이 공포하지 아니하면 **지방의회의 의장이 공포한다.**
> ⑦ 제2항 및 제6항 전단에 따라 지방자치단체의 장이 조례를 공포하였을 때에는 즉시 해당 지방의회의 의장에게 통지하여야 하며, 제6항 후단에 따라 지방의회의 의장이 조례를 공포하였을 때에는 그 사실을 즉시 해당 지방자치단체의 장에게 통지하여야 한다.
> ⑧ 조례와 규칙은 특별한 규정이 없으면 공포한 날부터 **20일이 지나면 효력을 발생한다.**

> **⚖ 판례 ㅣ**
>
> 지방자치단체가 과세를 면제하는 조례를 제정하고자 할 때에 내무부장관(현 행정안전부장관)의 사전허가를 받도록 규정하는 지방세법 제9조가 위헌인지 여부: 소극 (헌재 1998.4.30, 96헌바62)

☑ SUMMARY ㅣ 법률제정과 조례제정의 절차 비교

구분	법률제정	조례제정
발의	• 정부 • 의원 10인 이상 • 위원회	• 지방자치단체장 • 재적의원 5분의 1 이상 • 의원 10인 이상 • 위원회 • 교육감
재의요구	• 이송 후 15일 이내 • 일부거부 · 수정거부할 수 없음	• 이송 후 20일 이내 • 일부거부 · 수정거부할 수 없음
재의결정족수	재적의원 과반수의 출석과 출석의원 3분의 2 이상의 찬성	

⑤ **조례제정권에 대한 통제**
ㄱ **기관소송에 의한 통제**: 지방자치단체의 장은 조례의 법령 위반을 이유로 재의결한 지방의회를 상대로 대법원에 소를 제기할 수 있음 ➡ 대법원의 위법결정으로 당해 조례는 무효가 됨

> **⚖ 판례 ㅣ**
>
> 1 조례가 조약에 위반되는 경우에 그 효력이 부정되는지 여부: 적극[전라북도 학교급식조례 재의결 무효확인] (대판 2005.9.9, 2004추10)
>
> 2 지방재정법 제36조 제1항에 반하는 의회 예산안의 재의결의 효력이 부정되는지 여부: 적극 (대판 2013.1.16, 2012추84)

ㄴ **법원의 위헌 · 위법심사에 의한 통제**: 조례의 위헌 · 위법 여부를 심사함으로써 간접적으로 통제 (개별적 효력부인)
ㄷ **항고소송에 의한 통제**: 조례 자체를 처분으로 볼 수 있는 경우, 항고소송의 대상. 이때 피고는 지방자치단체의 장, 시 · 도의 교육에 관한 조례의 경우에는 시 · 도교육감(대판 1996.9.20, 95누8003)

> **⚖ 판례 ㅣ**
>
> 1 조례가 직접 국민의 권리 · 의무에 영향을 미치는 경우에 항고소송의 대상이 되는 행정처분인지 여부: 적극 (대판 1996.9.20, 95누8003)
>
> 2 두밀분교를 폐교하는 내용을 규율한 조례가 항고소송의 대상이 되는 행정처분인지 여부: 적극 (대판 1996.9.20, 95누7994)

ㄹ **헌법소원**: 조례제정행위도 공권력 작용이므로 조례가 기본권을 직접 · 현재 침해한 경우 헌법재판소법 제68조 제1항 헌법소원 제기 가능 ➡ 헌법재판소에 의한 위헌결정은 당해 조례 자체를 무효로 함(일반적 효력부정)

> **⚖ 판례 |**
>
> 조례가 헌법소원의 대상이 될 수 있는지 여부: 적극 (헌재 1995.4.20, 92헌마264·279)

(2) 자치행정권

> **⚖ 판례 |**
>
> 1 기관위임사무를 대상으로 권한쟁의심판을 청구할 수 있는지 여부: 소극 (헌재 2004.9.23, 2000헌라2)
>
> 2 건설교통부장관이 고속철도역 명칭을 '천안아산역'으로 결정한 것이 권한쟁의심판의 대상인지 여부: 소극 (헌재 2006.3.30, 2003헌라2)
>
> 3 지방선거비용을 해당 지방자치단체에 부담시킨 행위가 지방자치단체인 청구인들의 지방자치권을 침해하는 것인지 여부: 소극 (헌재 2008.6.26, 2005헌라7)
>
> 4 수도권 사립대학의 정원규제가 지방자치단체의 권한을 침해하는지 여부: 소극[각하] (헌재 2012.7.26, 2010헌라3)
>
> 5 '신항' 명칭(영문 명칭: Busan New Port) 사건 – '신항'의 명칭결정이 자치사무에 해당하는지 여부: 소극[각하] (헌재 2006.8.31, 2006헌마266)
>
> 6 서울특별시 관악구가 조례로 관할구역 내 행정동의 명칭을 '보라매동(구 봉천1동)', '신사동(구 신림4동)', '삼성동(구 신림6동 및 신림10동)'으로 변경한 것이 동작구 및 강남구의 행정동 명칭에 관한 권한을 침해한 것이라며 제기된 권한쟁의심판청구에서 권한침해의 가능성이 있는지 여부: 소극[각하] (헌재 2009.11.26, 2008헌라4)

☑ SUMMARY | 자치사무 · 단체위임사무 · 기관위임사무 비교

구분	자치사무(고유사무)	단체위임사무	기관위임사무
의의	지방자치단체의 고유한 사무	법령에 의하여 지방자치단체에 위임된 사무	국가 또는 광역자치단체로부터 지방자치단체의 집행기관에 위임된 사무
경비부담	지방자치단체가 전액부담	견해 대립	사무를 위임한 국가 또는 상급지방자치단체가 경비를 전액부담
조례제정	○	○	× (예외적으로 개별 법령에서 위임한 경우에 '위임조례'제정 가능)
권한쟁의심판	○	○	×
국가감독	합법성 통제 ○ (법령 위반에 한해 감독관청이 시정명령 · 취소 · 정지 등을 할 수 있음)	• 합법성 통제 ○ • 합목적성 통제 ○(법령 위반 + 현저히 부당하여 공익을 해한다고 인정될 때)	• 합법성 통제 ○ • 합목적성 통제 ○
국정감사	×	○	○

✎ 감사원은 자치사무 · 위임사무 구분 없이 합법성 · 합목적성 통제가 모두 가능하다.

(3) 자치재정권

지방자치단체는 재산을 관리하며 재산을 형성하고 유지할 권한(재산보유 · 관리 · 처분권)을 가짐

5. 주민의 권리와 의무

(1) 주민투표권

《주의》 주민투표권은 법률상 권리 / 국민투표권은 헌법상 권리

지방자치법

제18조【주민투표】 ① 지방자치단체의 장은 주민에게 과도한 부담을 주거나 중대한 영향을 미치는 지방자치단체의 주요결정사항 등에 대하여 주민투표에 부칠 수 있다.

② 주민투표의 대상·발의자·발의요건 그 밖에 투표절차 등에 관한 사항은 따로 법률로 정한다.

주민투표법

제5조【주민투표권】 ① 18세 이상의 주민 중 제6조 제1항에 따른 투표인명부 작성기준일 현재 다음 각 호의 어느 하나에 해당하는 사람에게는 주민투표권이 있다. 다만, 공직선거법 제18조에 따라 선거권이 없는 사람에게는 주민투표권이 없다.

1. 그 지방자치단체의 관할구역에 주민등록이 되어 있는 사람
2. 출입국관리 관계법령에 따라 대한민국에 계속 거주할 수 있는 자격(체류자격변경허가 또는 체류기간연장허가를 통하여 계속 거주할 수 있는 경우를 포함한다)을 갖춘 외국인으로서 지방자치단체의 조례로 정한 사람

② 주민투표권자의 연령은 투표일 현재를 기준으로 산정한다.

제7조【주민투표의 대상】 ① 주민에게 과도한 부담을 주거나 중대한 영향을 미치는 지방자치단체의 주요결정사항은 주민투표에 부칠 수 있다.

제24조【주민투표결과의 확정】 ① 주민투표에 부쳐진 사항은 **주민투표권자 총수의 4분의 1 이상의 투표와 유효투표수 과반수의 득표로 확정된다.** 다만, 다음 각 호의 어느 하나에 해당하는 경우에는 찬성과 반대 양자를 모두 수용하지 아니하거나, 양자택일의 대상이 되는 사항 모두를 선택하지 아니하기로 확정된 것으로 본다.

⑥ 지방자치단체의 장 및 지방의회는 주민투표결과 확정된 사항에 대하여 **2년 이내에는 이를 변경하거나 새로운 결정을 할 수 없다.** 다만, 제1항 단서의 규정에 의하여 찬성과 반대 양자를 모두 수용하지 아니하거나 양자택일의 대상이 되는 사항 모두를 선택하지 아니하기로 확정된 때에는 그러하지 아니하다.

⚖ 판례 Ⅰ

1 제주도지사의 제주도 전역을 대상으로 한 주민투표가 폐지되게 되는 개별 자치단체인 제주시 등의 개별적인 주민투표를 하지 않았더라도 주민투표 권한 및 지방자치권을 침해하였는지 여부: 소극 (헌재 2005.12.22, 2005헌라5)

▶ 제주 주민이 행정안전부 장관에게 제주도를 특별자치도로 개편하는 내용에 대한 주민투표 실시를 요구할 수 없다고 한 사례

2 국가정책에 관한 주민투표에서 주민투표소송을 배제한 주민투표법 제8조 제4항이 재판청구권을 침해하는지 여부: 소극[기각] (헌재 2009.3.26, 2006헌마99)

구분	지방자치단체의 결정사항에 관한 주민투표	국가정책에 관한 주민투표
청구권자	지방자치단체장, 지방의회, 주민	중앙행정기관의 장
투표대상	주민에게 과도한 부담을 주거나 중대한 영향을 미치는 주요결정사항(주민투표법 제7조 제1항)	중앙행정기관의 장은 지방자치단체를 폐지하거나 설치하거나 나누거나 합치는 경우 또는 지방자치단체의 구역을 변경하거나 주요시설을 설치하는 등 국가정책의 수립에 관하여 주민의 의견을 듣기 위하여 필요하다고 인정하는 때(주민투표법 제8조 제1항)
효과	자문적인 주민의견 수렴절차에 그치지 않고 법적 구속력 인정(주민투표법 제24조 제5항·제6항)	법적 구속력이 인정되지 않는 단순한 자문적인 주민의견 수렴절차에 불과(제8조 제1항)
주민투표소송	가능(주민투표법 제25조)	불가능(주민투표법 제8조 제4항)

⚖️판례 |

1 주민투표권이 헌법상 참정권인지 여부: 소극 (헌재 2001.6.28, 2000헌마735)

2 지방의회에 청원을 하고자 할 때에 반드시 지방의회의원의 소개를 얻도록 한 것이 청원권의 과도한 제한에 해당하는지 여부: 소극 (헌재 1999.11.25, 97헌마54)

(2) 주민소환권

지방자치법

제25조【주민소환】① 주민은 그 지방자치단체의 장 및 지방의회의원(비례대표 지방의회의원은 제외한다)을 소환할 권리를 가진다.

② 주민소환의 투표청구권자·청구요건·절차 및 효력 등에 관한 사항은 따로 법률로 정한다.

주민소환에 관한 법률

제2조【주민소환투표의 사무관리】① 주민소환투표사무는 공직선거법 제13조 제1항의 규정에 의하여 해당 지방자치단체의 장선거 및 지방의회의원선거의 선거구선거사무를 행하는 선거관리위원회(이하 '관할 선거관리위원회'라 한다)가 관리한다.

제3조【주민소환투표권】① 제4조 제1항의 규정에 의한 주민소환투표인명부 작성기준일 현재 다음 각 호의 어느 하나에 해당되는 자는 주민소환투표권이 있다.

1. 19세 이상의 주민으로서 당해 지방자치단체 관할 구역에 주민등록이 되어 있는 자(공직선거법 제18조의 규정에 의하여 선거권이 없는 자를 제외한다)

2. 19세 이상의 외국인으로서 출입국관리법 제10조의 규정에 따른 영주의 체류자격 취득일 후 3년이 경과한 자 중 같은 법 제34조의 규정에 따라 당해 지방자치단체 관할구역의 외국인등록대장에 등재된 자

② 주민소환투표권자의 연령은 주민소환투표일 현재를 기준으로 계산한다.

제8조【주민소환투표의 청구제한 기간】제7조 제1항 내지 제3항의 규정에 불구하고 다음 각 호의 어느 하나에 해당하는 때에는 주민소환투표의 실시를 청구할 수 없다.

1. 선출직 지방공직자의 임기 개시일부터 1년이 경과하지 아니한 때

2. 선출직 지방공직자의 임기 만료일부터 1년 미만일 때

3. 해당 선출직 지방공직자에 대한 주민소환투표를 실시한 날부터 1년 이내인 때

제21조【권한행사의 정지 및 권한대행】① 주민소환투표대상자는 관할 선거관리위원회가 제12조 제2항의 규정에 의하여 주민소환투표안을 공고한 때부터 제22조 제3항의 규정에 의하여 주민소환투표결과를 공표할 때까지 그 권한행사가 정지된다.

> 제22조【주민소환투표결과의 확정】 ① 주민소환은 제3조의 규정에 의한 주민소환투표권자(이하 '주민소환투표권자'라 한다) 총수의 3분의 1 이상의 투표와 유효투표총수 과반수의 찬성으로 확정된다.

(3) 청원권

> **지방자치법**
>
> 제85조【청원서의 제출】 ① 지방의회에 청원을 하려는 자는 지방의회의원의 소개를 받아 청원서를 제출하여야 한다.
> ② 청원서에는 청원자의 성명(법인인 경우에는 그 명칭과 대표자의 성명) 및 주소를 적고 서명·날인하여야 한다.

> ⚖️ **판례 |**
>
> 1 주민의 자치권이 개별 주민들에게 인정되는지 여부: 소극 (헌재 2006.2.23, 2005헌마403)
>
> 2 법률에 의하여 특정 지방자치단체를 폐지하여 다른 지방자치단체에 병합하는 것이 지방자치의 본질적 내용을 침해하는지 여부: 소극 (헌재 1995.3.23, 94헌마175)
>
> 3 헌법 또는 법률상 지방자치단체에 영토고권이라는 자치권이 부여되어 있는지 여부: 소극 (헌재 2006.3.30, 2003헌라2)
>
> 4 공유수면에 대한 지방자치단체의 관할 구역과 자치권한이 인정되는지 여부: 적극 (헌재 2006.8.31, 2003헌라1)
> 《주의》 영토고권과 공유수면에 대한 지방자치단체의 자치권한 구별 필수
>
> 5 주민소환에 관한 법률 제7조 제1항 제2호 중 시장에 대한 부분이 주민소환의 청구사유에 관하여 아무런 규정을 두지 아니함으로써 과잉금지원칙을 위반하여 청구인의 공무담임권을 침해하는지 여부: 소극 (헌재 2009.3.26, 2007헌마843)
>
> 6 주민소환청구권이 헌법상 보장되는 참정권인지 여부: 소극 (헌재 2011.12.29, 2010헌바368)
>
> 7 주민소환투표의 청구를 위한 서명요청 활동을 보장하면서 주민소환투표대상자에 대하여는 아무런 반대 활동을 보장하지 아니한 법 제9조 제1항이 공무담임권을 침해하는지 여부: 소극 (헌재 2009.3.26, 2007헌마843)
>
> 8 주민소환투표가 발의되어 공고되었다는 이유만으로 곧바로 주민소환투표대상자의 권한행사를 정지되도록 한 법 제21조 제1항이 과잉금지원칙에 위반하여 청구인의 공무담임권을 침해하거나 평등권을 침해하는지 여부: 소극 (헌재 2009.3.26, 2007헌마843)

(4) 주민소송권

> **지방자치법**
>
> 제22조【주민소송】 ① 제21조 제1항에 따라 공금의 지출에 관한 사항, 재산의 취득·관리·처분에 관한 사항, 해당 지방자치단체를 당사자로 하는 매매·임차·도급 계약이나 그 밖의 계약의 체결·이행에 관한 사항 또는 지방세·사용료·수수료·과태료 등 공금의 부과·징수를 게을리한 사항을 **감사청구한 주민**은 다음 각 호의 어느 하나에 해당하는 경우에 그 감사청구한 사항과 관련이 있는 위법한 행위나 업무를 게을리한 사실에 대하여 해당 지방자치단체의 장(해당 사항의 사무처리에 관한 권한을

소속 기관의 장에게 위임한 경우에는 그 소속 기관의 장을 말한다. 이하 이 조에서 같다)을 상대방으로 하여 소송을 제기할 수 있다.

⑭ 제2항에 따른 소송에서 당사자는 법원의 허가를 받지 아니하고는 소의 취하, 소송의 화해 또는 청구의 포기를 할 수 없다.

(5) 조례제정 및 개폐청구권

지방자치법

제19조【조례의 제정과 개정·개폐청구】 ① 주민은 지방자치단체의 조례를 제정하거나 개정하거나 폐지할 것을 청구할 수 있다.

② 조례의 제정·개정 또는 폐지 청구의 청구권자·청구대상·청구요건 및 절차 등에 관한 사항은 따로 법률로 정한다.

(6) 감사청구권 등

지방자치법

제21조【주민의 감사청구】 ① 지방자치단체의 **18세 이상**의 주민으로서 다음 각 호의 어느 하나에 해당하는 사람(공직선거법 제18조에 따른 선거권이 없는 사람은 제외한다. 이하 이 조에서 '18세 이상의 주민'이라 한다)은 시·도는 300명, 제198조에 따른 인구 50만 이상 대도시는 200명, 그 밖의 시·군 및 자치구는 150명 이내에서 그 지방자치단체의 조례로 정하는 수 이상의 18세 이상의 주민이 연대 서명하여 그 지방자치단체와 그 장의 권한에 속하는 사무의 처리가 법령에 위반되거나 공익을 현저히 해친다고 인정되면 시·도의 경우에는 주무부장관에게, 시·군 및 자치구의 경우에는 시·도지사에게 감사를 청구할 수 있다.
1. 해당 지방자치단체의 관할 구역에 주민등록이 되어 있는 사람
2. 출입국관리법 제10조에 따른 영주(永住)할 수 있는 체류자격 취득일 후 3년이 경과한 외국인으로서 같은 법 제34조에 따라 해당 지방자치단체의 외국인등록대장에 올라 있는 사람
② 다음 각 호의 사항은 감사청구의 대상에서 제외한다.
1. 수사나 재판에 관여하게 되는 사항
2. 개인의 사생활을 침해할 우려가 있는 사항
3. 다른 기관에서 감사하였거나 감사 중인 사항. 다만, 다른 기관에서 감사한 사항이라도 새로운 사항이 발견되거나 중요 사항이 감사에서 누락된 경우와 제22조 제1항에 따라 주민소송의 대상이 되는 경우에는 그러하지 아니하다.
4. 동일한 사항에 대하여 제22조 제2항 각 호의 어느 하나에 해당하는 소송이 진행 중이거나 그 판결이 확정된 사항
③ 제1항에 따른 청구는 사무처리가 있었던 날이나 끝난 날부터 3년이 지나면 제기할 수 없다.

6. 국가의 감독과 통제

(1) 입법적 감독과 통제
① 법률에 의한 통제
② 행정입법에 의한 통제

(2) 사법적 감독과 통제
① **행정심판을 통한 통제**: 지방자치단체의 장의 위법·부당한 처분 등의 경우
② 행정소송을 통한 통제

(3) 행정적 감독과 통제

고유사무	단체위임사무	기관위임사무
사후적·합법성 감독	사후적·합법성 및 합목적성 감독	사전적·사후적, 합법성 및 합목적성 감독
① 사전적 통제수단(비권력적 통제가 원칙) • 조언·권고 등 • 재정 및 기술지원 • 감사와 보고징수 • 승인 ② 사후적 통제수단 • 시정명령 및 취소·정지권 • 재의요구명령·제소지시 및 직접제소권	① 사전적 통제수단(비권력적 통제가 원칙) • 조언·권고 등 • 재정 및 기술지원 • 감사와 보고징수 불가능 • 승인 ② 사후적 통제수단 • 시정명령 및 취소·정지권 • 재의요구명령·제소지시 및 직접제소권	① 위임자인 국가나 상급지방자치단체의 포괄적인 지도·감독권 ② 직무이행명령(직무이행명령은 예외적인 경우가 아닌 한 기관위임사무에서만 가능하다)

지방자치법

제188조【위법·부당한 명령이나 처분의 시정】 ① 지방자치단체의 사무에 관한 지방자치단체의 장의 명령이나 처분이 **법령에 위반되거나 현저히 부당하여 공익을 해친다**고 인정되면 시·도에 대하여는 주무부장관이, 시·군 및 자치구에 대하여는 시·도지사가 기간을 정하여 서면으로 시정할 것을 명하고, 그 기간에 **이행하지 아니하면 이를 취소하거나 정지할 수 있다.**

② 주무부장관은 지방자치단체의 사무에 관한 시장·군수 및 자치구의 구청장의 명령이나 처분이 법령에 위반되거나 현저히 부당하여 공익을 해침에도 불구하고 시·도지사가 제1항에 따른 시정명령을 하지 아니하면 시·도지사에게 기간을 정하여 시정명령을 하도록 명할 수 있다.

③ 주무부장관은 시·도지사가 제2항에 따른 기간에 시정명령을 하지 아니하면 제2항에 따른 기간이 지난 날부터 7일 이내에 직접 시장·군수 및 자치구의 구청장에게 기간을 정하여 서면으로 시정할 것을 명하고, 그 기간에 이행하지 아니하면 주무부장관이 시장·군수 및 자치구의 구청장의 명령이나 처분을 취소하거나 정지할 수 있다.

④ 주무부장관은 시·도지사가 시장·군수 및 자치구의 구청장에게 제1항에 따라 시정명령을 하였으나 이를 이행하지 아니한 데 따른 취소·정지를 하지 아니하는 경우에는 시·도지사에게 기간을 정하여 시장·군수 및 자치구의 구청장의 명령이나 처분을 취소하거나 정지할 것을 명하고, 그 기간에 이행하지 아니하면 주무부장관이 이를 직접 취소하거나 정지할 수 있다.

⑤ 제1항부터 제4항까지의 규정에 따른 자치사무에 관한 명령이나 처분에 대한 주무부장관 또는 시·도지사의 시정명령, 취소 또는 정지는 법령을 위반한 것에 한정한다.

⑥ **지방자치단체의 장**은 제1항에 따른 자치사무에 관한 명령이나 처분의 취소 또는 정지에 대하여 이의가 있으면 그 취소처분 또는 정지처분을 통보받은 날부터 **15일 이내에 대법원에 소를 제기**할 수 있다.

제189조【지방자치단체의 장에 대한 직무이행명령】 ① 지방자치단체의 장이 법령에 따라 그 의무에 속하는 **국가위임사무나 시·도위임사무의 관리와 집행을 명백히 게을리하고 있다**고 인정되면 **시·도에 대하여는 주무부장관이, 시·군 및 자치구에 대하여는 시·도지사가** 기간을 정하여 서면으로 이행할 사항을 명령할 수 있다.

② **주무부장관이나 시·도지사**는 해당 지방자치단체의 장이 제1항의 기간에 이행명령을 이행하지 아니하면 그 지방자치단체의 비용부담으로 **대집행 또는 행정상·재정상 필요한 조치**(이하 이 조에서 '대집행 등'이라 한다)를 할 수 있다. 이 경우 행정대집행에 관하여는 행정대집행법을 준용한다.

③ 주무부장관은 시장·군수 및 자치구의 구청장이 법령에 따라 그 의무에 속하는 국가위임사무의 관리와 집행을 명백히 게을리하고 있다고 인정됨에도 불구하고 시·도지사가 제1항에 따른 이행명령을 하지 아니하는 경우 시·도지사에게 기간을 정하여 이행명령을 하도록 명할 수 있다.

④ 주무부장관은 시·도지사가 제3항에 따른 기간에 이행명령을 하지 아니하면 제3항에 따른 기간이 지난 날부터 7일 이내에 직접 시장·군수 및 자치구의 구청장에게 기간을 정하여 이행명령을 하고, 그 기간에 이행하지 아니하면 주무부장관이 직접 대집행등을 할 수 있다.

⑤ 주무부장관은 시·도지사가 시장·군수 및 자치구의 구청장에게 제1항에 따라 이행명령을 하였으나 이를 이행하지 아니한 데 따른 대집행등을 하지 아니하는 경우에는 시·도지사에게 기간을 정하여 대집행등을 하도록 명하고, 그 기간에 대집행등을 하지 아니하면 주무부장관이 직접 대집행등을 할 수 있다.

⑥ **지방자치단체의 장**은 제1항 또는 제4항에 따른 이행명령에 이의가 있으면 이행명령서를 접수한 날부터 **15일 이내**에 **대법원에 소**를 제기할 수 있다. 이 경우 지방자치단체의 장은 이행명령의 집행을 정지하게 하는 집행정지결정을 신청할 수 있다.

제190조【지방자치단체의 자치사무에 대한 감사】 ① 행정안전부장관이나 시·도지사는 지방자치단체의 **자치사무**에 관하여 보고를 받거나 서류·장부 또는 회계를 감사할 수 있다. 이 경우 감사는 **법령 위반사항**에 대하여만 실시한다.

② 행정안전부장관 또는 시·도지사는 제1항에 따라 감사를 하기 전에 해당 사무의 처리가 법령에 위반되는지 등을 확인하여야 한다.

《주의》 감사의 경우 위법사항을 적발하기 위한 감사는 위법하다.

제192조【지방의회 의결의 재의와 제소】 ① 지방의회의 의결이 **법령에 위반**되거나 **공익을 현저히 해친다**고 판단되면 시·도에 대해서는 주무부장관이, 시·군 및 자치구에 대해서는 시·도지사가 해당 지방자치단체의 장에게 재의를 요구하게 할 수 있고, 재의요구 지시를 받은 지방자치단체의 장은 의결사항을 이송받은 날부터 **20일 이내**에 **지방의회에 이유를 붙여 재의를 요구**하여야 한다.

② 시·군 및 자치구의회의 의결이 법령에 위반된다고 판단됨에도 불구하고 시·도지사가 제1항에 따라 재의를 요구하게 하지 아니한 경우 주무부장관이 직접 시장·군수 및 자치구의 구청장에게 재의를 요구하게 할 수 있고, 재의요구 지시를 받은 시장·군수 및 자치구의 구청장은 의결사항을 이송받은 날부터 20일 이내에 지방의회에 이유를 붙여 재의를 요구하여야 한다.

③ 제1항 또는 제2항의 요구에 대하여 재의한 결과 재적의원 과반수의 출석과 출석의원 3분의 2 이상의 찬성으로 전과 같은 의결을 하면 그 의결사항은 확정된다.

④ **지방자치단체의 장**은 제3항에 따라 재의결된 사항이 **법령에 위반**된다고 판단되면 재의결된 날부터 **20일 이내**에 **대법원에 소**를 제기할 수 있다. 이 경우 필요하다고 인정되면 그 의결의 집행을 정지하게 하는 집행정지결정을 신청할 수 있다.

⑤ 주무부장관이나 시·도지사는 재의결된 사항이 **법령에 위반**된다고 판단됨에도 불구하고 해당 지방자치단체의 장이 소를 제기하지 아니하면 시·도에 대해서는 주무부장관이, 시·군 및 자치구에 대해서는 시·도지사(제2항에 따라 주무부장관이 직접 재의요구 지시를 한 경우에는 주무부장관을 말한다. 이하 이 조에서 같다)가 그 지방자치단체의 장에게 **제소를 지시**하거나 **직접 제소** 및 집행정지결정을 신청할 수 있다.

《주의》 주무부장관, 시·도지사는 직접 제소도 가능하다.

제9절 교육제도

01 현행헌법의 규정

> **헌법 제31조** ① 모든 국민은 능력에 따라 균등하게 교육을 받을 권리를 가진다.
> ② 모든 국민은 그 보호하는 자녀에게 적어도 초등교육과 법률이 정하는 교육을 받게 할 의무를 진다.
> ③ 의무교육은 무상으로 한다.
> ④ 교육의 자주성·전문성·정치적 중립성 및 대학의 자율성은 법률이 정하는 바에 의하여 보장된다.
> ⑤ 국가는 평생교육을 진흥하여야 한다.
> ⑥ 학교교육 및 평생교육을 포함한 교육제도와 그 운영, 교육재정 및 교원의 지위에 관한 기본적인 사항은 법률로 정한다.

02 교원지위의 법정주의

1. 헌법 제31조 제6항과 교원지위의 법정주의의 의미

(1) 교원의 신분보장과 경제적·사회적 지위보장뿐만 아니라 교원의 의무에 관한 사항도 규정

(2) 즉, 교원의 기본권을 제한하는 사항까지도 규정(헌재 1991.7.22, 89헌가106)

2. 교원의 근로관계의 특수성(교원의 근로자성)

교원의 지위에 관련된 사항에 관한 한 **헌법 제31조 제6항**이 근로기본권에 관한 **헌법 제33조 제1항에 우선**하여 적용됨

03 대학의 자치(자율성)

1. 주체

헌법재판소는 대학, 교수나 교수회도 주체가 된다는 입장

> ⚖ **판례 |**
>
> 교수나 교수회가 중첩적으로 대학자치의 주체가 될 수 있는지 여부: 적극 (헌재 2006.4.27, 2005헌마1047 · 2005헌마1048)

2. 내용

(1) 인사에 관한 자주결정권

> ⚖ **판례 |**
>
> 1 대학교육기관의 교원은 당해 학교법인의 정관이 정하는 바에 따라 기간을 정하여 임면할 수 있다고 규정한 구 사립학교법 제53조의2 제3항이 교원지위법정주의에 위반되는지 여부: 적극[헌법불합치] (헌재 2003.2.27, 2000헌바26)
>   《주의》 기간임용제 자체는 합헌이나, 탈락 후 이의절차(불복절차)를 두지 않고 있는 부분에서 헌법불합치 판결
>
> 2 대학교원을 제외한 교육공무원의 정년을 65세에서 62세로 단축한 교육공무원법 제47조 제1항이 위헌인지 여부: 소극[기각] (헌재 2000.12.14, 99헌마112·137)

(2) 관리 · 운영에 관한 자주결정권

(3) 학사에 관한 자주결정권

> ⚖ **판례 |**
>
> 1 교육공무원법 제31조 제4항 등 위헌확인
>   [1] 교수나 교수회에 헌법 제31조 제4항의 대학의 자율의 보장내용에 포함되는 헌법상 기본권인 국립대학의 장의 후보자 선정에 참여할 권리가 있는지 여부: 적극 (헌재 2006.4.27, 2005헌마1047 · 2005헌마1048)
>   [2] 위 사안과 관련된 대학의 장 후보자 선출방식을 반드시 직접선출 방식으로 정하여야 하는지 여부: 소극[기각] (헌재 2006.4.27, 2005헌마1047)
>
> 2 국립대학 교수들에게 단과대학장 선출에 참여할 권리를 부여하지 않은 교육공무원 임용령 제9조의4가 대학의 자율성을 침해하는지 여부: 소극[각하] (헌재 2014.1.28, 2011헌마239)
>   ✎ 단과대학장 선출에 참여할 권리는 대학의 자율권에 포함되지 않는다.
>
> 3 교육부장관이 강원대학교 법학전문대학원의 2015학년도 및 2016학년도 신입생 각 1명의 모집을 정지한 행위가 과잉금지원칙에 반하여 헌법 제31조 제4항이 정하는 대학의 자율권을 침해하는지 여부: 적극[인용] (헌재 2015.12.23, 2014헌마1149)
>
> 4 국립대학 서울대학교를 법인인 국립대학법인 서울대학교로 전환하는 국립대학법인 서울대학교 설립 · 운영에 관한 법률에 대한 헌법소원에 있어서 서울대학교 학생의 자기관련성이 인정되는지 여부: 소극[각하] (헌재 2014.4.24, 2011헌마612)

제10절 가족제도

> 헌법 제36조 ① 혼인과 가족생활은 개인의 존엄과 양성의 평등을 기초로 성립되고 유지되어야 하며, 국가는 이를 보장한다.

01 혼인제도의 보장

1. 혼인관계형성의 자유

(1) 혼인결정의 자유
헌법적 근거는 헌법 제10조와 제36조 제1항

(2) 혼인퇴직제(독신조항)
실질적으로 혼인의 자유를 제한하여 위헌무효임

(3) 사실혼관계
법적인 혼인관계로 인정하지 아니함

(4) 혼인의 자유에 대한 예외
미성년자의 혼인시 부모의 동의를 요함(민법 제808조 제1항), 중혼금지(민법 제810조), 근친혼금지(민법 제809조 제2항)

2. 혼인관계유지의 자유

> **판례 │**
> 혼인으로 인하여 1세대 3주택 이상 주택에 대해서도 일률적으로 60퍼센트의 양도소득세를 부과하는 구 소득세법 제104조 제1항 제2호의3이 혼인의 자유를 침해하는지 여부: 적극[헌법불합치] (헌재 2011.11.24, 2009헌바146)

02 가족제도의 보장

1. 부부관계
(1) 인격 존중, 부부의 평등 유지
(2) 양성평등은 헌법 제11조에 의하여 보장

2. 친자관계

⚖️ 판례 |

1 친생부인의 소의 제척기간을 출생을 안 날로부터 1년으로 제한한 것(민법 제847조 제1항): [헌법불합치]
   (헌재 1997.3.27, 95헌가14)
   《주의》 12번 판례와 비교 ➡ 1번 판례: 1년 vs. 12번 판례: 2년

2 동성동본금혼조항(민법 제809조 제1항): [헌법불합치] (헌재 1997.7.16, 95헌가6)

3 상속인이 상속개시 있음을 안 날로부터 3월 내에 한정승인이나 포기를 하지 아니한 때에는 단순승인을 한 것으로 보는 의제조항(민법 제1026조 제2호): [헌법불합치] (헌재 1998.8.27, 96헌가22)

4 호주제도(민법 제778조 등): [헌법불합치] (헌재 2005.2.3, 2001헌가9 등)

5 이혼시 재산분할에 대한 증여세 부과규정(상속세법 제29조의2 제1항 제1호): [위헌] (헌재 1997.10.30, 96헌바14)

6 상속회복청구권의 행사기간을 상속 개시일로부터 10년으로 한 상속회복청구권 행사기간 제한규정(민법 제999조 제2항): [위헌] (헌재 2001.7.19, 99헌바9)

7 부모의 사망시 인지청구의 소의 제소기간을 사망을 알게 된 때로부터 1년으로 제한한 것(민법 제864조): [합헌] (헌재 2001.5.31, 98헌가9)

8 부성제도: [헌법불합치] (헌재 2005.12.22, 2003헌가5 등)

9 중혼취소 청구권자로 직계비속을 포함하지 않은 것: [위헌] (헌재 2010.7.29, 2009헌가8)

10 친양자 입양을 청구하기 위해서는 친생부모의 친권상실, 사망 기타 동의할 수 없는 사유가 없는 한 그의 동의를 반드시 요하도록 한 구 민법 제908조의2 제1항 제3호가 위헌인지 여부: 소극[합헌] (헌재 2012.5.31, 2010헌바87)

11 혼인 중인 부부만 친양자 입양을 할 수 있도록 규정한 민법조항이 독신자의 평등권 및 가족생활의 자유를 침해하는지 여부: 소극[합헌] (헌재 2013.9.26, 2011헌가42)
   ✎ 일반입양과 구별 ➡ 독신자는 일반입양 가능하지만 친양자 입양만 불가(일반입양이 가능하기 때문에 심판대상조항이 과잉금지원칙에 위반하여 독신자의 자유를 침해하지 않음)

12 친생부인의 소의 제척기간을 '친생부인의 사유가 있음을 안 날부터 2년 내'로 제한한 민법 제847조 제1항이 친자관계를 부인하고자 하는 부(夫)의 가정생활과 신분관계에서 누려야 할 인격권 및 행복추구권을 침해하는지 여부: 소극[합헌] (헌재 2015.3.26, 2012헌바357)

13 혼인종료 후 300일 이내에 출생한 자를 전남편의 친생자로 추정하는 민법 제844조 제2항 중 '혼인관계종료의 날로부터 300일 내에 출생한 자'에 관한 부분이 모가 가정생활과 신분관계에서 누려야 할 인격권, 혼인과 가족생활에 관한 기본권을 침해하는지 여부: 적극[헌법불합치] (헌재 2015.4.30, 2013헌마623)

14 부모의 양육권과 육아휴직신청권의 법적 성격
   [1] 양육권은 공권력으로부터 자녀의 양육을 방해받지 않을 권리라는 점에서는 '자유권적 기본권'으로서의 성격을, 자녀의 양육에 관하여 국가의 지원을 요구할 수 있는 권리라는 점에서는 '사회권적 기본권'으로서의 성격을 아울러 가진다.
   [2] 육아휴직신청권은 '법률상의 권리'이다(헌재 2008.10.30, 2005헌마1156).

15 자산소득을 합산하여 과세하도록 규정하고 있는 소득세법 제61조 제1항이 헌법 제36조 제1항에 위반되는지 여부: 적극[위헌] (헌재 2002.8.29, 2001헌바82)

16 1990년 개정 민법의 시행일인 1991.1.1.부터 그 이전에 성립된 계모자 사이의 법정혈족관계를 소멸시키도록 한 민법(1990.1.13. 법률 제4199호) 부칙 제4조 중 '전처의 출생자와 계모 사이의 친족관계'에 관한 부분이 헌법 제36조 제1항에 위반되는지 여부: 소극 (헌재 2011.2.24, 2009헌바89)

17 8촌 이내 혈족 사이의 혼인 금지(근친혼 금지) 및 무효 사건
　[1]　재판관 5(합헌) : 4(헌법불합치)의 의견으로, 8촌 이내의 혈족 사이에서는 혼인할 수 없도록 하는 민법 제809조 제1항은 혼인의 자유를 침해하지 아니하여 헌법에 위반되지 아니한다는 결정을 선고하였다. [합헌]
　[2]　재판관 전원의 일치된 의견으로, 민법 제809조 제1항을 위반한 혼인을 무효로 하는 민법 제815조 제2호는 헌법에 합치되지 아니한다는 결정을 선고하였다. [헌법불합치] (헌재 2022.10.27, 2018헌바115)

2024 해커스경찰
신동욱 경찰헌법 핵심요약집

제2편

기본권론

제1장 기본권총론

제1절 기본권의 성격

01 기본권의 이중적 성격

주관적 공권으로서의 성격과 객관적 가치질서로서의 성격을 지님

02 주관적 공권과 객관적 질서성

1. 주관적 공권

개인이 국가를 상대로 자신의 이익을 위하여 국가의 작위나 부작위를 요구할 수 있는 권리

2. 객관적 질서성

전체 법질서를 지도하는 객관적 질서로서 공동체를 가치지향적으로 형성

⚖ 판례 |

1 직업의 자유

직업의 선택 혹은 수행의 자유는 각자의 생활의 기본적 수요를 충족시키는 방편이 되고, 개성신장의 바탕이 된다는 점에서 주관적 공권의 성격이 두드러지지만, 한편으로는 국민 개개인의 직업의 수행에 의하여 국가의 사회질서와 경제질서가 형성된다는 점에서 사회적 시장경제질서라고 하는 객관적 법질서의 구성요소이다(헌재 1996.8.29, 94헌마113).

2 정치적 기본권

정치적 기본권은 기본권의 주체인 개별 국민의 입장에서 보면 주권적 공권으로서의 성질을 가지지만 국민의 정치적 의사를 국정에 반영하기 위한 객관적 질서로서의 의미를 아울러 가진다(헌재 2004.3.25, 2002헌마710).

3 방송의 자유

방송의 자유의 보호영역에는 주관적 자유권 영역 이외에 그 실현과 행사를 위해 실체적, 조직적, 절차적 형성 및 구체화를 필요로 하는 객관적 규범질서의 영역이 존재한다(헌재 2003.12.18, 2002헌바49).

---

03 기본권의 개요

구분		내용	
주기본권 (포괄적 기본권)	제10조	인간의 존엄과 가치 및 행복추구권	헌법의 최고이념(목표)
	제11조	평등의 원칙과 평등권	최고의 원리, 기본권 중의 기본권
자유권	제12조	신체의 자유	• 자연권, 인간의 권리 • 기본권 제한적 법률유보 • 국가에 대한 방어적 권리(간섭을 배제하는 소극적 권리) • 구체적 권리(헌법규정만으로 효력 인정) • 국가로부터의 자유
	제13조	이중처벌금지, 형벌 불소급원칙, 연좌제 금지	
	제14조	거주·이전의 자유	
	제15조	직업의 자유	
	제16조	주거의 자유	
	제17조	사생활의 비밀과 자유	
	제18조	통신의 자유	
	제19조	양심의 자유	
	제20조	종교의 자유	
	제21조	언론·출판·집회·결사의 자유	
	제22조	학문과 예술의 자유	
경제적 기본권	제23조	재산권(사유재산제도)	기본권 형성적 법률유보
참정권	제24조	선거권	• 기본권 구체화적 법률유보 • 실정법상 권리, 국민의 권리
	제25조	공무담임권(피선거권)	
청구권	제26조	청원권	• 기본권 구체화적 법률유보 • 기본권의 보장을 위한 기본권(절차적 기본권)
	제27조	재판청구권	
	제28조	형사보상청구권	
	제29조	국가배상청구권	
	제30조	범죄피해자 구조청구권	
사회권	제31조	교육을 받을 권리	• 기본권 구체화적 법률유보 • 국가에 급부를 요구하는 권리 • 국민의 권리 • 국가를 통한 자유 • 현대복지국가의 기본권
	제32조	근로의 권리	
	제33조	근로3권	
	제34조	인간다운 생활권	
	제35조	환경권	
	제36조	혼인의 자유(가족제도)	
기본권제한	제37조	일반적 법률유보	모든 자유와 권리 제한 가능
기본의무	제38조	납세의 의무	고전적 의무
	제39조	국방의 의무	

제2절 기본권의 주체

01 자연인

1. 국민의 기본권주체성

(1) 기본권보유능력
민법의 권리능력과 일치하는 것은 아니며(태아), 국민이면 누구나 가지는 것

(2) 기본권 행사능력
① 헌법 또는 법률의 규정에 따라 달라지며, **민법의 행위능력과 일치 ×**(피선거권)
② 헌법에 명문의 규정이 없는 경우 법률로써 제한할 수 있으나, 이때도 과잉금지의 원칙을 준수하여야 함

> **⚖️판례 Ⅰ**
>
> 1 태아가 생명권의 주체인지 여부: 적극 (헌재 2008.7.31, 2004헌바81)
> 2 배아가 기본권의 주체인지 여부: 소극 (헌재 2010.5.27, 2005헌마346)
>
> **비교판례**
> ───────────
> 배아생성자는 배아에 대해 자신의 유전정보가 담긴 신체의 일부를 제공하고, 또 배아가 모체에 성공적으로 착상하여 인간으로 출생할 경우 생물학적 부모로서의 지위를 갖게 되므로, 배아의 관리 또는 처분에 대한 결정권을 가진다. 이러한 배아생성자의 배아에 대한 결정권은 헌법상 명문으로 규정되어 있지는 아니하지만, 헌법 제10조로부터 도출되는 일반적 인격권의 한 유형으로서의 헌법상 권리라 할 것이다(헌재 2010.5.27, 2005헌마346).

2. 외국인의 기본권주체성

(1) 인간으로서의 존엄과 가치 및 행복추구권

(2) 평등권
참정권 등에 대한 성질상의 제한 및 상호주의에 따른 제한이 있을 수 있을 뿐이고, 기본권주체성을 인정함에 아무런 문제가 없음
✎ 인정은 하되, 상호주의에 따른 제한은 가능

(3) 자유권적 기본권
① 전통적 자유권
  ㉠ 외국인에게도 원칙적으로 인정
    ✎ 거주·이전의 자유, 언론·출판의 자유, 집회·결사의 자유 등은 국가의 안전 등을 이유로 제한이 가능
  ㉡ 외국인에게는 원칙상 입국의 자유 인정 × ➡ 그러나 입국한 외국인에게는 출국의 자유 보장
  ㉢ 변호인의 조력을 받을 권리는 외국인에게도 인정
② 망명권(정치적 비호청구권)
  ㉠ 자국 또는 체류국가에서 정치적·종교적·사회적·인종적인 이유로 박해를 받을 때, 혹은 받을 염려가 있을 때 피난처를 타 국가에 구할 권리
  ㉡ 외국인의 망명권은 헌법상 기본권으로 인정 ×

⚖️판례 |

정치적 피난민에 대한 보호는 소수의 국가가 국내법상으로 보장하고 있을 뿐 우리나라는 이를 보장하는 국내법규가 없으며 개개의 조약을 떠나서 일반국제법상 보장이 확립된 것도 아니다(대판 1984.5.22, 84도39).

ⓒ 2013년 7월 1일 제정·시행된 난민법에 의해 '난민인정신청권'이 '법률상 권리'로 인정

(4) 경제적 기본권

① 직업의 자유 중 직장선택의 자유는 인간의 존엄과 가치 및 행복추구권과도 밀접한 관련을 가지는 만큼 … 인간의 권리로 보아야 하므로 외국인도 제한적으로라도 직장선택의 자유를 향유할 수 있다 (헌재 2011.9.29, 2007헌마1083).

② 소비자의 권리는 외국인에게도 보장됨

③ 직업의 자유는 원칙적으로 대한민국 국민에게 인정되는 기본권이며, 외국인에게 인정되는 기본권은 아님

  ✎ 외국인이 국내에서 누리는 직업의 자유는 법률에 따른 정부의 허가에 의해 비로소 발생하는 권리

  ✎ ①과 ③의 비교 ➡ 외국인에게 직업의 자유 중 직장선택의 자유만 보장된다는 의미이고, 직업의 자유 자체는 외국인에게 보장되는 권리가 아님

(5) 정치적 기본권

① 선거권·피선거권·공무담임권 등 국민의 권리이므로 원칙적으로 외국인에게 인정되지 않음

② 지방의원선거권·지방자치단체장선거권·주민투표권은 일정한 요건을 충족한 외국인에게 인정

  《주의》 주민투표권은 요건을 충족한 외국인에게 인정되는 권리이나 '국민'투표권은 외국인에게 인정되는 권리가 아니다.

③ 이때 외국인의 지방선거권은 '법률상의 권리'에 해당

④ 외국인에게 '피선거권'은 인정하고 있지 않음

  《주의》 재외국민은 '피선거권'도 인정 / 재외국민의 선거권 – 헌법상 권리

(6) 청구권적 기본권

① **청원권·재판청구권·형사보상청구권**: 외국인에게도 인정

② **범죄피해자국가구조청구권·국가배상청구권**: 상호보증이 있는 경우에만 인정

(7) 사회적 기본권

① 외국인에게는 원칙적으로 인정되지 않음

  ✎ 부모의 자녀교육권, 환경권 및 건강권 등은 인간의 권리로서 제한된 범위 내에서 외국인에게도 인정

② 사회보장을 받을 권리는 상호주의에 따름

⚖️판례 |

1 외국인의 근로의 권리 주체성을 부분적으로 인정

기본적 생활수단을 확보하고 인간의 존엄성을 보장받기 위하여 '최소한의 근로조건'을 요구할 수 있는 자유권적 기본권의 성격도 있으므로 외국인 근로자에게도 주체성을 인정함이 타당하다(헌재 2007. 8.30, 2004헌마670).

2 불법체류 중인 외국인이 기본권주체가 될 수 있는지 여부: 적극[기각] (헌재 2012.8.23, 2008헌마430)

3 외국인이 헌법소원을 청구할 수 있는지 여부: 적극 (헌재 2001.11.29, 99헌마494)

02 법인

1. 헌법재판소의 태도

(1) 우리 헌법은 법인의 기본권향유능력을 인정하는 명문의 규정 ×

(2) 언론·출판의 자유, 재산권의 보장 등과 같이 성질상 법인이 누릴 수 있는 기본권은 당연히 법인에도 적용(헌재 1991.6.3, 90헌마56)

2. 유형별 기본권주체성

(1) 권리능력(법인격) 없는 단체

법인 아닌 사단·재단이더라도 대표자의 정함이 있고 독립된 사회적 조직체로서 활동하는 때 성질상 법인이 누리는 기본권을 침해당하면 그의 이름으로 헌법소원심판을 청구할 수 있다(헌재 1991.6.3, 90헌마56).

《주의 그의 이름으로 ○ / 법인 대표자의 이름으로 ×

> **⚖판례 |**
>
> 1 인천전문대학 기성회 이사회(헌재 2010.7.29, 2009헌마149), 한국영화인협회 감독위원회(헌재 1991. 6.3, 90헌마56) - 독립된 별개의 단체가 아니기 때문에 청구인능력: 부정
>
> 2 대한예수교장로회 총회신학연구원(헌재 2000.3.20, 99헌바14)의 청구인적격: 긍정

(2) 재단법인

헌법적 법인개념의 징표를 갖추고 있다면 기본권주체성을 긍정

구분	내용
인간의 존엄과 가치, 행복추구권	• 헌법 제10조의 인간으로서의 존엄과 가치, 행복을 추구할 권리는 그 성질상 자연인에게 인정되는 것이어서 법인에는 적용되지 않음(헌재 2006.12.28, 2004헌바67) • 사죄광고 사건에서 인격권주체성은 인정하였다는 점을 주의(헌재 1991.4.1, 89헌마160)
평등권	법인에도 인정되나 성질상 자연인에게만 인정되는 기본권 등은 제한될 수 있음
사생활의 비밀과 자유	원칙적으로 자연인만이 주체가 됨(다수설)
주거의 자유	사생활이 전개되는 공간적 영역을 보호하는 것이므로 성질상 법인 등 단체에는 인정되지 않는다고 봄(다수설)
거주·이전의 자유	거주·이전의 자유는 경제적 활동의 수단이기도 하므로 법인에도 인정된다고 봄 ▶ 기업의 경우 영업을 위하여 영업소를 선정하고 이전할 수 있어야 하기 때문이다.
통신의 자유	통신의 자유는 성질상 법인단체도 주체가 될 수 있음
종교의 자유	• 종교법인이나 종교단체에도 종교활동의 자유나 종교행사의 자유가 인정됨 • 종교의 자유 중에서 신앙의 자유는 인간의 내심적 자유이므로 법인은 인정될 수 없음
집회의 자유	법인이 그 기관을 통하여 사실상 집회의 자유를 행사하는 때에는 그 법적 효력이 법인 자체에 미치므로 법인도 집회의 자유의 주체가 된다고 봄(다수설)
결사의 자유	법인 등 결사체도 그 조직과 의사형성에 있어서 그리고 업무수행에 있어서 자기결정권을 가지므로 결사의 자유의 주체가 된다(헌재 2000.6.1, 99헌마553).

언론 · 출판의 자유	• 언론 · 출판 등 표현의 자유는 법인에도 인정됨 • 방송사 · 신문사 · 출판사 등 법인도 방송 · 보도 · 출판의 자유 등의 주체가 됨
학문의 자유	• 대학 그 밖의 연구단체도 학문의 자유의 주체가 될 수 있음 • 헌법재판소도 서울대, 세무대학의 학문의 자유주체성을 인정하고 있음
예술의 자유	법인이나 단체도 예술의 자유의 주체가 됨
정치적 기본권	정치적 기본권(예 선거권 · 피선거권 등)은 자연인인 국민의 권리이며, 일신전속적인 권리이므로 법인은 주체가 될 수 없음
재산권	법인도 재산권의 주체가 됨
직업의 자유	법인은 직업수행의 자유, 즉 영업의 자유의 주체가 될 수 있다(헌재 1996.3.28, 94헌바42).
재판청구권	재판청구권은 수단적 권리이므로 자연인 · 법인 모두가 향유할 수 있는 기본권
인간다운 생활을 할 권리	자연인인 국민의 권리이므로 법인은 주체가 될 수 없음
환경권	• 성질상 인간의 권리이므로 법인은 주체가 될 수 없음 • 다만, 법인도 환경보전의무는 있다고 봄

(3) 공법인(헌법재판소의 태도)

① 원칙적 부정

ㄱ 공법인은 원칙적으로는 기본권의 '수범자'로서 기본권의 주체가 되지 못함

ㄴ 농지개량조합, 교육위원, 지방자치단체, 지방의회, 국회노동위원회, 직장의료보험조합 및 공단 등의 기본권주체성 부정

② 예외적 긍정

ㄱ **서울대학교 입시요강사건:** … 서울대학교가 학문의 자유와 대학의 자율권이라고 하는 기본권의 주체로서 … (헌재 1992.10.1, 92헌마6 · 68)

ㄴ **텔레비전방송수신료사건:** 한국방송공사는 언론자유의 주체로서 방송의 자유를 제대로 향유하기 위하여서는 … (헌재 1999.5.27, 99헌바70)

ㄷ **세무대학 폐지사건:** 국립대학인 세무대학은 공법인으로서 사립대학과 마찬가지로 대학의 자율권이라는 기본권의 보호를 받으므로, … 그러나 **대학의 자율성은 그 보호영역이 원칙적으로 당해 대학 자체의 계속적 존립에까지 미치는 것은 아니다.** 따라서 세무대학을 폐교한다 해서 세무대학의 자율성이 침해되는 것은 아니다(헌재 2001.2.22, 99헌마613).

ㄹ **축협중앙회 사건:** 축협중앙회는 공법인성과 사법인성을 겸유한 특수한 법인으로서 이 사건에서 기본권의 주체가 될 수 있다(헌재 2000.6.1, 99헌마553).

ㅁ **대통령의 헌법소원사건:** 대통령은 소속 정당을 위하여 정당활동을 할 수 있는 사인으로서의 지위와 국민 모두에 대한 봉사자로서 공익실현의 의무가 있는 헌법기관으로서의 지위를 동시에 가지는데, **최소한 전자의 지위와 관련하여 기본권주체성을 갖는다**(헌재 2008.1.17, 2007헌마700).

ㅂ 공법인이나 이에 준하는 지위를 가진 자 하더라도 공무를 수행하거나 고권적 행위를 하는 경우가 아닌 사경제주체로서 활동하는 경우나 조직법상 국가로부터 독립한 고유 업무를 수행하는 경우, 그리고 다른 공권력주체와의 관계에서 지배복종관계가 성립되어 일반 사인처럼 그 지배하에 있는 경우 등에는 기본권을 보호해야 하는 국가적 기능을 담당하고 있다고 볼 수 없기 때문에 기본권주체가 될 수 있다(헌재 2013.9.26, 2012헌마271).

⚖️판례 |

1 법인이 인격권의 주체가 될 수 있는지 여부: 적극 (헌재 1991.4.1, 89헌마160)

2 정당이 기본권주체가 될 수 있는지 여부: 적극 (헌재 2008.12.26, 2008헌마419)
《주의》 등록 취소된 정당에게도 인정된다.

3 정당이 생명·신체에 관한 기본권침해를 이유로 헌법소원심판을 청구할 수 있는지 여부: 소극 (헌재 2008.12.26, 2008헌마419)

4 상공회의소가 결사의 자유의 주체가 되는지 여부: 적극 (헌재 2006.5.25, 2004헌가1)

5 공법상 재단법인이 최다출자자인 방송사업자에게 기본권주체성이 인정되는지 여부: 적극 (헌재 2013.9.25, 2012헌마271)

6 권리능력 없는 사단의 기본권주체성: 적극
청구인 협회(한국신문편집인협회)는 언론인들의 협동단체로서 법인격은 없으나, 대표자와 총회가 있고, 단체의 명칭, 대표의 방법, 총회운영, 재산의 관리 기타 단체의 중요한 사항이 회칙으로 규정되어 있는 등 사단으로서의 실체를 가진다(헌재 1995.7.21, 95헌마177·199).
✎ 단체 내부의 분과위원회에는 헌법소원능력이 없다.

7 공법인이 기본권주체가 될 수 있는지 여부 소극[각하] (헌재 1994.12.29, 93헌마120)
✎ 공법인은 기본적으로 기본권의 주체가 될 수 없다.

8 단체 내부의 분과위원회에 헌법소원능력이 있는지 여부: 소극[각하] (헌재 1991.6.3, 90헌마56)

9 국가균형발전 특별법에 의한 도지사의 혁신도시 입지선정과 관련하여 그 입지선정에서 제외된 지방자치단체가 자의적인 선정기준을 다투는 평등권의 주체가 될 수 있는지 여부: 소극[각하] (헌재 2006.12.28, 2006헌마312)

10 학교안전사고 예방 및 보상에 관한 법률에 의하여 설립된 학교안전공제회에게 기본권주체성이 인정되는지 여부: 적극 (헌재 2015.7.30, 2014헌가7)

제3절 기본권의 효력

01 기본권의 제3자적 효력

1. 사인간에 직접적용되는 기본권

헌법상 명문규정은 없지만, 다수설에 따르면 성질상 근로3권은 사용자를 구속하는 효력이 있으므로 사인간에 직접적용됨

2. 사인간에 적용될 수 없는 기본권

청구권적 기본권(청원권, 재판청구권 등), 사법절차적 기본권(불리한 진술거부권, 변호인의 도움을 받을 권리 등), 참정권, 소급입법에 의한 참정권제한과 재산권박탈금지 등

3. 사인간에 간접적용되는 기본권

평등권, 직업의 자유, 양심의 자유, 사생활의 자유, 종교의 자유 등

02 기본권의 갈등(기본권의 경합, 기본권의 충돌)

1. 기본권경합의 의의

(1) 개념

하나의 기본권주체가 국가에 대하여 여러 기본권의 적용을 주장하는 경우

(2) 유사경합(부진정경합)

경합한다고 주장하는 기본권이 그 기본권의 보호영역을 벗어난 경우

2. 기본권경합의 해결

(1) 일반 기본권과 특별 기본권의 관계에 있는 경우

① **직업선택의 자유와 공무담임권**: 공무담임권은 직업선택의 자유에 대하여 특별 기본권이어서 … 우선 적용된다(헌재 2000.12.14, 99헌마112·99헌마137).

② **사생활의 비밀과 통신의 비밀**: 사생활의 비밀의 특별한 영역으로 통신의 비밀을 규정하고 있다는 점에서 별도로 사생활의 비밀을 침해하는지 여부를 검토할 필요는 없다(헌재 2010.12.28, 2009헌가30).

③ **행복추구권과 개별 기본권**: 행복추구권은 보충적 기본권이므로, 공무담임권이라는 우선적으로 적용되는 기본권이 존재하여 그 침해 여부를 판단하는 이상, 행복추구권 침해 여부를 독자적으로 판단할 필요가 없다(헌재 2000.12.14, 99헌마112 등).

④ **일반적 행동자유권과 직업의 자유**: 직업의 자유와 같은 개별 기본권이 적용되는 경우에는 일반적 행동의 자유는 제한되는 기본권으로서 고려되지 아니한다(헌재 2002.10.31, 99헌바76 등).

(2) 제한(효력) 정도가 다른 기본권들 간의 경합

① **학설 대립** 《주의》 기본권경합에 관한 학설대립이지, 기본권충돌에 대한 학설 대립이 아니다.
ㄱ **최약효력설**: 효력이 보다 약한 기본권을 우선하여야 함
ㄴ **최강효력설**: 효력이 보다 강한 기본권을 우선하여야 함

② **판례**: 사안과 가장 밀접한 관계에 있고 또 침해의 정도가 큰 주된 기본권을 중심으로 판단

⚖️ 판례 Ⅰ

1 언론·출판의 자유, 직업선택의 자유 및 재산권의 경합(음란물출판사 등록취소사건)
… 언론·출판의 자유를 중심으로 해서 이 사건 법률조항이 그 헌법적 한계를 지키고 있는지를 판단하기로 한다(헌재 1998.4.30, 95헌가16).

2 직업의 자유, 예술의 자유 및 표현의 자유의 경합(학교정화구역 내 극장금지사건)
… 사안과 가장 밀접한 관계에 있고 침해의 정도가 큰 주된 기본권은 직업의 자유다. 따라서 이를 중심으로 살피는 가운데 표현·예술의 자유의 침해 여부도 부가적으로 살펴보기로 한다(헌재 2004.5. 27, 2003헌가1·2004헌가4).

✎ 제한되는 기본권 외우기
언론출판의 'ㅇ'과 음란물의 'ㅇ' / 극장의 'ㄱ'과 직업의 자유의 'ㅈ' ➡ 'ㅇ', 'ㅇ' / 'ㄱ', 'ㅈ'으로 외우기

(3) 제한(효력) 정도가 같은 기본권들 간의 경합

① **직업의 자유와 재산권(경비업자 겸영금지사건) [위헌]:** 직업의 자유와 가장 밀접한 관계에 있다. 따라서 직업의 자유를 제한함에 있어 그 헌법적 한계를 지키는지를 먼저 살핀다(헌재 2002.4.25, 2001헌마614).

② **양심의 자유와 종교의 자유(양심적 병역거부사건) [합헌]:** 양심적 병역거부가 종교의 교리나 신념에 따른 것이라면, 이 사건 법률조항에 의하여 종교의 자유도 함께 제한된다. 그러나 양심의 자유는 … 포괄적 인 기본권이므로, 이하에서는 **양심의 자유를** 중심으로 살펴보기로 한다(헌재 2004.8.26, 2002헌가1).

3. 기본권충돌의 의의

서로 다른 기본권주체가 국가에 대하여 각기 대립되는 기본권의 적용을 주장하는 것

> **⚖ 판례 ┃**
>
> 낙태죄 조항은 임신한 여성의 자기결정권을 제한한다. 이러한 임부의 자기결정권은 태아의 생명권과 일응 대립관계에 있으나 직접적인 충돌을 해결해야 하는 사안은 아니다(헌재 2019.4.11, 2017헌바127).
> **《주의》** 기본권충돌 사안처럼 보이지만 판례가 기본권충돌 사안이 아님을 명시하였으므로 주의해야 한다.

4. 기본권충돌의 해결

(1) 이익형량에 의한 방법
우열 · 서열을 전제함

(2) 규범조화적 해석에 의한 방법

(3) 헌법재판소 판례

① **언론의 자유와 인격권(반론권) [합헌]:** 규범조화적 해석에 입각한 판시(헌재 1991.9.16, 89헌마165)

② **흡연권과 혐연권의 우열관계 [합헌] - 이익형량에 의한 해결:** 혐연권이 흡연권보다 상위의 기본권이다. 흡연권은 혐연권을 침해하지 않는 한에서 인정되어야 한다(헌재 2004.8.26, 2003헌마457).

③ **소극적 단결권과 적극적 단결권 [합헌] - 이익형량에 의한 해결:** 헌법 제33조 제1항에서 보장된 근로자의 **단결권은 단결할 자유만을 가리킬 뿐이고, 이른바 소극적 단결권은 이에 포함되지 않는다.** 근로자가 노동조합을 결성하지 아니할 자유나 노동조합에 가입을 강제당하지 아니할 자유 그리고 노동조합 을 탈퇴할 자유는 헌법 제10조의 행복추구권에서 파생되는 일반적 행동의 자유 또는 제21조 제1항 의 결사의 자유에서 근거를 찾을 수 있다. … **노동조합의 적극적 단결권은 근로자 개인의 단결하지 않 을 자유보다 중시되어서** 노동조합에 적극적 단결권(조직강제권)을 부여한다 하여 이를 곧바로 근로 자의 단결하지 아니할 자유의 본질적인 내용을 침해하는 것으로 단정할 수 없다(헌재 2005.11.24, 2002헌바95 등).

> **⚖ 판례 ┃**
>
> **1 유니온 샵(Union Shop) 협정조항이 소극적 단결권과 개인적 단결권을 침해하는지 여부: 소극**
> 이 사건 법률조항은 단체협약을 매개로 하여 특정 노동조합에의 가입을 강제함으로써 근로자의 단결 선택권과 노동조합의 집단적 단결권(조직강제권)이 충돌하는 측면이 있으나, 이러한 조직강제를 적 법 · 유효하게 할 수 있는 노동조합의 범위를 엄격하게 제한하고 지배적 노동조합의 권한남용으로부 터 개별근로자를 보호하기 위한 규정을 두고 있는 등 전체적으로 상충되는 두 기본권 사이에 합리적 인 조화를 이루고 있고 … (헌재 2005.11.24, 2002헌바95 등).

2 사생활의 비밀 또는 자유를 침해할 우려가 있다고 인정되는 개인정보를 비공개대상으로 하는 공공기관의 정보공개에 관한 법률 제9조 제1항 제6호가 알 권리를 침해하는지 여부: 소극 (헌재 2010.12.28, 2009헌바258)

3 종립학교가 평준화정책에 따라 강제배정된 학생들을 상대로 특정 종교의 교리를 전파하는 종교교육을 실시하는 것이 학생들의 소극적 종교행위의 자유를 침해하는지 여부: 적극 [대판 2010.4.22, 2008다 38288(전합)]

4 학교정화구역 내 극장금지사건 (헌재 2004.5.27, 2003헌가1)
[1] 대학 주변: 적극[위헌]
[2] 초 · 중 · 고교 및 유치원 주변: 적극[헌법불합치]

5 교원의 교원단체 및 노동조합 가입현황만을 공시하고 개별교원의 노동조합 가입정보는 공시대상에 포함시키고 있지 않는 동법 시행령 제3조 제1항이 학부모의 알 권리를 침해하는지 여부: 소극 (헌재 2011.12. 29, 2010헌마293)

6 교육부장관이 이대 로스쿨의 설치인가 중 여성만을 입학자격요건으로 하는 입학전형계획을 인정한 부분이 직업선택의 자유를 침해하는지 여부: 소극 (헌재 2013.5.30, 2009헌마514)

7 변호사들의 인맥지수를 산출하여 공개하는 서비스를 제공하는 행위가 변호사들의 인격권을 침해하는지 여부: 적극 (대판 2011.9.2, 2008다42439)

5. 기본권의 경합과 충돌 비교

구분	기본권의 경합	기본권의 충돌
기본권의 주체	단수(동일한 주체)	복수(상이한 주체)
기본권의 수	복수(상이한 기본권이어야 함)	복수(상이한 기본권일 필요는 없음, 동일한 기본권간에도 발생)
효력의 상대방	대국가적 효력(여러 기본권 중 어느 기본권을 우선으로 할 것인가)	대사인적 효력과 대국가적 효력(누구의 기본권을 우선으로 할 것인가)
해결방법	• 특별법 우선의 원칙(법조경합) • 최강효력설, 최약효력설	• 이익형량의 원칙(상위기본권 우선, 인격권 우선, 자유권 우선의 원칙) • 규범조화적 해석의 이론(과잉금지, 대안식 해결, 최후수단의 억제)
성격	기본권의 확장	기본권의 제한
기본권 침해의 주체	국가	사인

제4절 기본권의 한계와 제한

01 기본권의 내재적 한계(우리 헌법상 내재적 한계의 인정 여부)

우리 헌법은 독일과 달리 일반적 법률유보조항인 제37조 제2항을 두고 있으므로 기본권의 내재적 한계를 별도로 인정할 필요가 없음(다수설)

🖉. 판례는 내재적 한계를 인정하고 있다.

02 헌법유보에 의한 기본권제한

1. 일반적 헌법유보

헌법이 직접 기본권 '전반'에 대하여 제약을 규정하는 경우

🖉. 우리 헌법에는 일반적 헌법유보조항이 없다.

2. 개별적 헌법유보

(1) 헌법이 직접 '특정의' 기본권에 한하여 제약을 규정하는 경우

(2) 현행헌법상 개별적 헌법유보의 예시
    ① 정당의 목적이나 활동에 관한 제한(제8조 제4항)
    ② 언론·출판의 사회적 책임의 강조(제21조 제4항)
    ③ 재산권의 행사의 제약(제23조 제2항)
    ④ 군인·군무원의 국가배상청구권의 제한(제29조 제2항)
    ⑤ 공무원의 근로3권의 제한(제33조 제2항)
    ⑥ 주요방위산업체 근로자의 단체행동권의 제한(제33조 제3항)

03 일반적 법률유보조항에 의한 기본권제한

> 헌법 제37조 ② 국민의 모든 자유와 권리는 국가안전보장·질서유지 또는 공공복리를 위하여 필요한 경우에 한하여 법률로써 제한할 수 있으며, 제한하는 경우에도 자유와 권리의 본질적인 내용을 침해할 수 없다.
>   《주의》 '법률'로써의 의미: 법률에 근거하여
>   《주의》 본질적 내용침해금지: 제3차 ➡ 제7차 삭제 ➡ 제8차 부활

1. 헌법 제37조 제2항이 적용되는 제한의 대상

국민의 '모든' 자유와 권리. 그러나 절대적 기본권은 그 성질상 제한이 불가능(양심형성의 자유, 신앙의 자유)
《주의》 양심실현의 자유는 절대적 기본권이 아니다.

2. 제한의 형식

(1) 법률

① 헌법 제37조 제2항의 '법률'은 원칙적으로 국회가 제정한 형식적 의미의 법률을 뜻함
② 기본권제한을 위한 법률은 일반적이고 명확해야 함

> **판례 l**
>
> **1 처분적 법률에 의한 기본권제한의 가능성 - 예외적 허용**
> 개별사건법률은 개별사건에만 적용되는 것으로 평등원칙에 위배되는 자의적 규정이라는 강한 의심을 불러일으킨다. … 특정규범이 개별사건법률에 해당한다 하여 곧바로 위헌을 뜻하는 것은 아니다. … 이러한 차별적 규율이 합리적인 이유로 정당화될 수 있는 경우에는 합헌적일 수 있다(헌재 1996.2.16, 96헌가2).
>
> **2 한국방송공사로 하여금 수신료금액을 결정해서 문화관광부장관의 승인을 얻도록 한 것이 법률유보원칙에 위반되는지 여부: 적극** (헌재 1999.5.27, 98헌바70)
>
> **3 기본권제한의 형식이 반드시 법률의 형식일 필요는 없고 법률에 근거를 두면서 헌법 제75조가 요구하는 위임의 구체성과 명확성을 구비하기만 하면 위임입법에 의하여도 기본권제한을 할 수 있는지 여부: 적극** (헌재 2005.2.24, 2003헌마289)

(2) 명령

① 긴급명령 · 긴급재정경제명령 또는 구체적인 위임명령인 경우 기본권제한이 가능
② 헌법상 위임입법의 형식은 '예시적'이며 '법령보충적 행정규칙'에 의해서도 기본권을 제한할 수 있다 (헌재 2004.10.28, 99헌바91).

> **판례 l**
>
> **1 법령보충적 행정규칙에 의한 기본권제한이 가능한지 여부: 적극[합헌]** (헌재 2004.10.28, 99헌바91)
>
> **2 서울특별시 학생인권조례가 법률유보원칙에 위배되어 표현의 자유를 침해하는지 여부: 소극[기각]** (헌재 2019.11.28, 2017헌마1356)

(3) 조약과 국제법규

국회의 동의를 거쳐 체결 · 비준된 조약과 일반적으로 승인된 국제법규도 법률과 동일한 효력을 가지므로(다수설), 이에 의한 기본권제한이 가능

3. 제한의 정도

(1) 과잉금지의 원칙

국민의 기본권을 제한함에 있어서 국가작용의 한계를 명시한 것으로서, 다음 중 어느 하나라도 저촉되면 위헌

① **목적의 정당성**: 헌법과 법률의 체계 내에서 정당성을 인정받아야 함
② **방법의 적절성(수단의 상당성)**: 효과적이고 적절한 수단이어야 함, 유일무이한 수단일 필요 ×
③ **피해의 최소성(필요성)**: 보다 완화된 형태나 방법을 모색함으로써 필요최소한도의 제한에 그쳐야 함

④ **법익의 균형성(협의의 비례성)**: 기본권을 보장함으로써 얻는 사익과 제한함으로써 얻는 공익을 비교 형량

> **⊕ PLUS 목적의 정당성을 부정한 판례**
>
> 1. 동성동본금혼제도 사건(95헌가6)
> 2. 혼인빙자간음죄 사건(2008헌바58)
> 3. 노동단체의 정치자금기부금지 사건(95헌마154)
> 4. 기초의회의원선거 정당표방금지 사건(2001헌가4)
> 5. 재외국민 선거권 제한 사건(2004헌마644)
> 6. 경찰서조사실 수갑 찬 채 조사받는 모습 촬영 사건(2012헌마652)
> 7. 유신헌법상 긴급조치 제1호, 제2호, 제9호 위헌 사건(2010헌바70)
> 8. 변호사 후방착석요구 사건(2016헌마503)
> 9. 교육공무원 아닌 대학교원들 단결권 제한 사건(2015헌가38)
>   [비교》] 교육공무원인 대학교원 - 입법형성권한계 일탈
> 10. 특정 문화예술인 지원사업배제 사건(2017헌마416)- 자의금지심사
> 11. 혼인한 여성만 배우자 직계존·비속의 재산등록 사건(2019헌가3)- 비례의 원칙 심사

(2) 본질적 내용침해금지의 원칙 - 본질적 내용보장의 내용(헌법재판소의 태도)

① **절대설에 입각한 판시**: 그 침해로 사유재산권이 유명무실해지거나 형해화되어 헌법이 재산권을 보장 하는 궁극적인 목적을 달성할 수 없게 되는 지경에 이르는 경우(헌재 1990.9.3, 89헌가95)

② **상대설에 입각한 판시**: 생명권에 대한 제한은 곧 생명권의 완전한 박탈을 의미하므로, 비례의 원칙에 따라서 다른 생명 또는 공공의 이익을 보호하기 위한 불가피성이 충족되는 예외적인 경우에만 적 용되는 한, 비록 생명을 빼앗는 형벌이더라도 헌법 제37조 제2항 단서에 위반되는 것으로 볼 수는 없다(헌재 1996.11.28, 95헌바1).

4. 기본권제한의 기준(이중기준의 원칙)

(1) 정신적 자유권은 원칙적으로 제한되지 않음

(2) 예외적으로 제한되는 경우에도 그 제한(규제)입법의 합헌성 여부 심사는 경제적 기본권보다 엄격하여 야 함

> **⊕ PLUS 이중기준의 원칙**
>
> | 구분 | 경제적 기본권을 제한하는 법률 | 정신적 자유권을 제한하는 법률 |
> | --- | --- | --- |
> | 합헌성 추정 | 합헌성 추정 | 합헌성 추정배제 |
> | 위헌심사기준 | 완화된 심사기준 | 엄격한 심사기준 |
> | 입법형성권의 범위 | 광범위 | 축소 |
> | 합헌적 법률해석가능성 | 크다 | 작다 |

04 특별권력관계와 기본권제한

1. 특별권력관계의 예시

(1) 국가와 공무원(복종관계)

(2) 국·공립학교와 재학생(재학관계)

(3) 교도소와 수형자(수감관계)

(4) 국·공립공원과 이용자(이용관계)

(5) 국·공립병원과 전염병환자의 관계(입원관계) 등

2. 특별권력관계에서의 기본권제한 허용 여부

(1) 기본권제한 허용 ○

(2) 다만, 오늘날 특별권력관계에도 법치주의가 적용되므로, 행정주체가 자의적으로 기본권을 제한할 수 없음

3. 기본권제한의 형식

(1) **헌법에 의한 제한[특별권력관계가 법률에 의하여 강제적으로 성립된 경우(군복무관계, 수감관계 등)]**
   ① 공무원의 근로3권 제한(제33조 제2항)
      ㉠ **국가공무원법 제66조 제1항과 지방공무원법 제58조 제1항**: 공무원은 노동운동 기타 공무 이외의 일을 위한 집단적 행위를 하여서는 안 됨. 다만, 사실상 노무에 종사하는 공무원은 예외로 함
      ㉡ **공무원의 노동조합 설립 및 운영 등에 관한 법률**: 일반직 공무원 등의 경우도 단결권과 단체교섭권을 행사할 수 있음
         《주의》 단체행동권은 행사 불가
   ② 군인·군무원·경찰공무원 등의 국가배상청구권 제한(제29조 제2항)
   ③ 군인·군무원의 군사법원 관할과 비상계엄하의 일정 범죄에 대한 단심제(제27조 제2항, 제110조 제4항)
      ✎ 단, 사형선고는 제외
   ④ 군인의 국무총리·국무위원 임명제한(제86조 제3항, 제87조 제4항)

(2) **법률 규정에 의한 직접제한[당사자간 합의에 따라 성립한 경우(공무원복무관계, 대학생의 재학관계 등)]**
   ① 공무원의 정당가입과 정치적 활동의 제한(정당법, 국가공무원법 등)
   ② 공무원이 대통령이나 국회의원에 입후보하기 위해서는 일정한 기간 이전에 사임을 요구하는 것(공직선거법 제53조)
   ③ 국·공립학교의 학생, 수형자, 입원 중인 전염병환자 등의 기본권제한 특례(교육기본법, 형의 집행 및 수용자의 처우에 관한 법률, 감염병의 예방 및 관리에 관한 법률 등)
   ④ 군인·군무원 등의 거주·이전의 자유의 제한, 표현의 자유의 제한, 청원권의 제한, 영업의 자유의 제한, 계약의 자유의 제한, 제복의 착용 등

(3) **법률의 위임에 따른 명령에 의한 제한**
   비상사태의 경우 긴급명령·긴급재정경제명령 또는 특별한 조치로써 기본권을 제한할 수 있음

1 미결수용자의 종교행사 참석 불허: 적극 (헌재 2011.12.29, 2009헌마527)

2 미결수용자의 종교행사를 4주에 1회, 일요일이 아닌 요일에 실시한 행위: 소극 (헌재 2015.4.30, 2013헌마190)

3 미결수용자의 종교행사 참여를 실질적으로 연간 1회로 참석 제한한 행위: 적극 (헌재 2014.6.26, 2012헌마782)

4 미결수용자의 변호인과의 서신 검열: 적극 (헌재 1995.7.21, 92헌마144)

5 미결수용자의 변호인 아닌 자와의 서신 검열: 소극 (헌재 1995.7.21, 92헌마144)

6 금치처분 받은 수형자의 집필행위금지: 적극 (헌재 2005.2.24, 2003헌마289)

> **비교판례**
>
> [1] 수용자가 작성한 집필문의 외부반출을 규정한 '형의 집행 및 수용자의 처우에 관한 법률' (2007.12.21. 법률 제8728호로 개정된 것) 제49조 제3항의 "문서"에 관한 부분 중 제43조 제5항 제4호 내지 제7호에 관한 부분 (이하 '심판대상조항'이라 한다)이 명확성원칙에 위배되는지 여부: 소극
> [2] 심판대상조항이 수용자의 통신의 자유를 침해하는지 여부: 소극 (헌재 2016.5.26, 2013헌바98)

7 금치처분 받은 수형자의 운동금지: 적극 (헌재 2004.12.16, 2002헌마478)

8 금치처분 받은 수형자의 접견 · 서신수발금지: 소극 (헌재 2004.12.16, 2002헌마478)

9 수용자의 서신 검열: 적극 (헌재 2012.2.23, 2009헌마333)

10 수용자의 접촉차단시설이 설치된 장소에서의 변호사 접견: 적극 (헌재 2013.8.29, 2011헌마122)

11 수용자 부재시 교도소 거실 및 작업장 검사: 소극 (헌재 2011.10.25, 2009헌마691)

12 구치소의 수용자 거실 내 CCTV 설치: 소극 (헌재 2011.9.29, 2010헌마413)

13 구치소 안에서 재소자용 의료착용 강제: 소극 (헌재 1999.5.27, 97헌마137 등)

14 엄중격리대상자의 수용거실에 CCTV 설치: 소극 (헌재 2008.5.29, 2005헌마137)

15 엄중격리대상자 이동시 계구 사용 · 교도관의 동행계호 및 1인 운동장 사용: 소극 (헌재 2008.5.29, 2005헌마137)

16 구치소 밖에서 재소자용 의류착용 강제(미결수용자): 적극 (헌재 1999.5.27, 97헌마137)

17 외부 재판에 출정시 수용자에 대한 운동화 착용불허행위: 소극 (헌재 2011.2.24, 2009헌마209)

4. 특별권력관계와 사법적 통제(전면적 긍정설)

(1) 대법원

특별권력관계에서도 위법 · 부당한 특별권력의 발동으로 인하여 권리를 침해당한 자는 그 위법 · 부당한 처분의 취소를 구할 수 있다(대판 1982.7.27, 80누86).

(2) 헌법재판소

특별권력관계에서도 행정청의 위법한 처분 또는 공권력의 행사 · 불행사 등으로 인하여 권리 또는 법적 이익을 침해당한 자는 행정소송 등에 의하여 그 위법한 처분 등의 취소를 구할 수 있다(헌재 1995.12.28, 91헌마80).

제5절 기본권의 침해와 구제

01 국가의 기본권보호의무

> 헌법 제10조 모든 국민은 인간으로서의 존엄과 가치를 가지며, 행복을 추구할 권리를 가진다. 국가는 개인이 가지는 불가침의 기본적 인권을 확인하고 이를 보장할 의무를 진다.

1. 기본권보호의무

(1) 기본권적 법익을 기본권주체인 사인에 의한 위법한 침해 또는 침해의 위험으로부터 보호하여야 하는 국가의 의무

(2) 주로 사인인 제3자에 의한 개인의 생명이나 신체의 훼손에서 문제됨

(3) 입법자의 입법행위를 통해 비로소 실현되는 것

(4) 헌법 제10조에서 보장, 국가의 기본적 인권에 대한 소극적 침해금지의무와 적극적 실현의무 포함

2. 심사기준 – 과소보호금지원칙

적절하고 효율적인 최소한의 보호조치를 취하지 않았는지를 기준으로 심사

⚖️판례 |

1 헌법 제10조 제2문은 "국가는 개인이 가지는 불가침의 기본적 인권을 확인하고 이를 보장할 의무를 진다."고 규정함으로써, 소극적으로 국가권력이 국민의 기본권을 침해하는 것을 금지하는 데 그치지 아니하고, 나아가 적극적으로 국민의 기본권을 타인의 침해로부터 보호할 의무를 부과하고 있다. 이러한 국가의 기본권보호의무로부터 국가 자체가 불법적으로 국민의 생명권, 신체의 자유 등 기본권을 침해하는 경우 그에 대한 손해배상을 해 주어야 할 국가의 작위의무가 도출된다고 볼 수 있다(헌재 2015.10.21, 2014헌마456).

2 대한민국 국민으로 태어난 아동은 태어난 즉시 '출생등록될 권리'를 가지는지 여부: 적극
현대사회에서 개인이 국가가 운영하는 제도를 이용하려면 주민등록과 같은 사회적 신분을 갖추어야 하고, 사회적 신분의 취득은 개인에 대한 출생신고에서부터 시작한다. 대한민국 국민으로 태어난 아동은 태어난 즉시 '출생등록될 권리'를 가진다. 이러한 권리는 '법 앞에 인간으로 인정받을 권리'로서 모든 기본권 보장의 전제가 되는 기본권이므로 법률로써도 이를 제한하거나 침해할 수 없다(대판 2020.6.8, 2020스575).

3 민법 제762조에 의한 태아의 손해배상청구권을 살아서 출생한 태아에게만 인정하는 것이 국가의 기본권보호의무를 위반한 것인지 여부: 소극 (헌재 2008.7.31, 2004헌바81)

4 국가의 기본권보호의무 위배 여부에 대한 심사기준 – 과소보호금지원칙 (헌재 1997.1.16, 90헌마110 · 136)

5 교통사고처리 특례법 제4조 제1항 본문 중 업무상 과실 또는 중대한 과실로 인한 교통사고로 말미암아 피해자로 하여금 '중상해'에 이르게 한 경우에 공소를 제기할 수 없도록 규정한 부분이 기본권보호의무에 위배되는지 여부: 소극 (헌재 2009.2.26, 2005헌마764)

6 태평양전쟁 전후 강제동원된 자 중 국외 강제동원자에 대해서만 의료지원금을 지급하도록 규정하고 있는 이 사건 법률조항이 국민에 대한 국가의 기본권보호의무에 위배되는지 여부: 소극 (헌재 2011.2.24, 2009헌마94)

7 미국산 쇠고기 수입의 위생조건에 관한 고시가 국민의 생명·신체의 안전에 관한 기본권보호의무 위반인지 여부: 소극 (헌재 2008.12.26, 2008헌마419·2008헌마423·2008헌마436)

8 국가는 흡연의 폐해로부터 국민의 건강을 보호하여야 할 의무가 있음에도 불구하고 국가가 담배사업법을 통하여 담배의 제조 및 판매를 허용하고 보장하는 것이 국가의 기본권보호의무를 위반하여 청구인의 생명·신체의 안전에 관한 권리를 침해하는지 여부: 소극 (헌재 2015.4.30, 2012헌마38)

9 밀집사육시설인 이른바 '공장식 축산'을 허용하고 그에 대한 절차 및 기준을 규정하고 있는 축산법 제22조 등이 국민의 생명·신체의 안전에 대한 국가의 보호의무에 위배되는지 여부: 소극[기각] (헌재 2015.9.24, 2013헌마384)

10 한국식품위생연구원과 한국보건의료관리연구원을 통폐합하여 한국보건산업진흥원을 설립하면서, 재산승계는 법률로 규정하고 있으면서도 고용승계는 법률로 규정하지 아니한 것이 사용자에 의한 해고로부터 근로자를 보호할 국가의 의무에 위배되는지 여부: 소극 (헌재 2002.11.28, 2001헌바50)

11 원전건설을 내용으로 하는 전원개발사업 실시계획에 대한 승인권한을 다른 전원개발과 마찬가지로 산업통상자원부장관에게 부여하는 법률조항이 국민의 생명·신체의 안전에 관한 국가의 보호의무에 위배되는지 여부: 소극 (헌재 2016.10.27, 2015헌바358)

12 일반인의 방사선 피폭선량 한도를 정한 원자력안전법 시행령 중 일반인 부분 및 식품의 기준 및 규격 방사능 기준이 국가의 기본권보호의무를 위반하였는지 여부: 소극[기각] (헌재 2015.10.21, 2012헌마89 등)

13 선거운동 과정에서 후보자들이 확성장치를 사용할 수 있도록 허용하면서도 그로 인한 소음의 규제기준을 정하지 아니한 공직선거법 제79조 제3항 제2호가 기본권보호의무를 위반하였는지 여부: 적극[헌법불합치] (헌재 2019.12.27, 2018헌마730)

14 국가가 국민의 건강하고 쾌적한 환경에서 생활할 권리에 대한 보호의무를 다하지 않았는지 여부를 헌법재판소가 심사할 때의 심사기준 - 과소보호금지원칙

15 원자력발전소 건설을 내용으로 하는 전원개발사업 실시계획에 대한 승인권한을 산업통상자원부장관에게 부여하고 있는 전원개발촉진법(2013.3.23. 법률 제11690호로 개정된 것) 제5조 제1항 본문이 국가의 기본권보호의무를 위반하는지 여부: 소극 (헌재 2016.10.27, 2015헌바358)

02 기본권의 침해와 구제

1. 입법기관에 의한 침해와 구제

(1) 적극적 입법에 의한 침해와 구제

① 사전구제
㉠ 원칙적으로 추상적 규범통제는 인정되지 않음
㉡ 대통령의 법률안거부권의 행사
㉢ 국민의 청원
㉣ 국가인권위원회에 의한 권고
✎ 입법과정 중에 있는 법령안에 대해서도 필요한 권고 또는 의견표명 가능(국가인권위원회법 제19조)

② 사후구제
㉠ 구체적 규범통제로서 법률의 위헌심판제도
㉡ 법률에 대한 헌법소원심판
㉢ 국민의 청원
㉣ 국가인권위원회에 의한 권고(국가인권위원회법 제19조)

✎ • 국가인권위원회는 법률구조요청을 피해자가 명시한 의사에 반하여 할 수 없다.
  • 국가인권위원회의 진정 또는 각하 – 헌법소원 ×, 항고소송 ○
  • 국가인권위원회 진정에 대한 조사 · 조정 · 심의 – 비공개로 진행

(2) 입법부작위에 의한 침해와 구제

① 입법부작위

㉠ 단순입법부작위

ⓐ 단순히 입법을 하지 않고 있는 경우를 말함

ⓑ 입법자의 입법형성의 자유에 따라 단순입법부작위의 경우에는 기본권침해문제가 발생하지 않음

㉡ 진정입법부작위

ⓐ **헌법에서** 기본권보장을 위해 법률에 명시적으로 입법위임을 하였음에도 불구하고 입법자가 이를 이행하지 않고 있는 경우

ⓑ **헌법해석상** 특정인의 기본권을 보호하기 위한 **국가의 입법의무가 발생하였음이 명백함에도 불구하고** 입법자가 아무런 입법조치를 취하지 않고 있는 경우(헌재 2003.5.15, 2000헌마192 등)

《주의》 법원은 헌법재판소에 진정입법부작위 제청을 할 수 없다.

㉢ 부진정입법부작위

ⓐ 국회가 어떤 법률을 제정 또는 개정하였지만 그 법률이 불완전하거나 불충분하게 규정된 경우를 말함

ⓑ 그 불완전한 법규 자체를 대상으로 적극적인 헌법소원을 청구, 입법부작위를 헌법소원의 대상으로 삼을 수는 없다(헌재 1999.1.28, 97헌마9).

② **입법부작위에 의한 기본권침해**: 진정입법부작위와 부진정입법부작위에 의해 발생

③ **입법부작위에 의한 기본권침해에 대한 구제방법**

구제방법	진정입법부작위	부진정입법부작위
청원권행사	입법제정청원	입법개폐청원
위헌법률심판	위헌법률심판대상은 **법률**이므로 **입법부작위**를 대상으로 할 수 없음	• 불완전한 **법률** 자체가 재판의 전제가 된 경우에 가능함 • 헌법재판소법 제68조 제2항의 위헌소원도 가능함(위헌제청신청이 기각된 경우)
헌법소원심판	**공권력의 불행사**에 해당하므로 **입법부작위**를 대상으로 헌법소원 가능	법률이 직접 기본권을 침해하는 경우에 **법률** 자체를 직접 대상으로 헌법소원 가능 (적극적인 헌법소원 또는 법률헌법소원)
제소기간제한	없음	있음(90일, 1년)

2. 행정기관에 의한 침해와 구제

(1) 침해

① **위헌적 법령에 의한 기본권침해**: 행정기관이 위헌적 법령을 그대로 집행하는 경우

② **위헌적 적용에 의한 기본권침해**: 행정기관이 법령의 해석 · 적용을 잘못하는 경우

③ 적극적 행정행위에 의한 기본권침해

④ 행정부작위에 의한 기본권침해

(2) 구제

① **행정기관에 의한 구제**

  ㉠ 청원(제26조)

  ㉡ 행정심판(제107조 제3항, 행정심판법 제1조)

  ㉢ 형사보상제도(제28조) ➡ 형사피의자로 구금되었던 자가 불기소처분을 받은 경우

  ㉣ 행정상의 손해배상제도

② **법원에 의한 구제**

  ㉠ 행정소송

  ㉡ 명령·규칙심사제도(제107조 제2항)

③ **헌법재판소에 의한 구제:** 헌법소원

④ **국가인권위원회에 의한 구제:** 다만, 시정에 의한 권고에 그치기 때문에 구속력이 존재하지는 않음

  《주의》 헌법에 국가인권위원회에 관한 명문의 규정이 없다.

3. 사법기관에 의한 침해와 구제

(1) 침해

피고인의 권리를 침해하거나 국민의 재판을 받을 권리를 침해하는 경우

(2) 구제

① 상소·재심·비상상고 등을 통한 상급법원에 재심사청구

② **형사보상청구:** 형사피고인으로서 구금되었던 자가 무죄판결을 받은 경우

③ **헌법소원청구:** 헌법재판소가 위헌이라고 결정한 법률을 적용하여 기본권을 침해한 재판의 경우

④ 대통령의 사면권행사

4. 국가인권위원회에 의한 구제제도

(1) 의의

① 국가인권위원회는 국가기관에 의하여 기본권을 침해당한 경우와 사인에 의한 차별행위에 대한 침해를 보호하는 기능을 함

② 국가인권위원회 ➡ 독립위원회에 해당

(2) 적용범위

국가인권위원회법

제2조【정의】 이 법에서 사용하는 용어의 정의는 다음과 같다.

1. '인권'이란 대한민국헌법 및 법률에서 보장하거나 대한민국이 가입·비준한 국제인권조약 및 국제관습법에서 인정하는 인간으로서의 존엄과 가치 및 자유와 권리를 말한다.

3. '평등권침해의 차별행위'란 … 다음 각 목의 어느 하나에 해당하는 행위를 말한다. 다만, 현존하는 차별을 없애기 위하여 특정한 사람(특정한 사람들의 집단을 포함한다. 이하 이 조에서 같다)을 잠정적으로 우대하는 행위와 이를 내용으로 하는 법령의 제정·개정 및 정책의 수립·집행은 평등권침해의 차별행위(이하 '차별행위'라 한다)로 보지 아니한다.

  가. 고용(모집, 채용, 교육, 배치, 승진, 임금 및 임금 외의 금품 지급, 자금의 융자, 정년, 퇴직, 해고 등을 포함한다)과 관련하여 특정한 사람을 우대·배제·구별하거나 불리하게 대우하는 행위

  나. 재화·용역·교통수단·상업시설·토지·주거시설의 공급이나 이용과 관련하여 특정한 사람을 우대·배제·구별하거나 불리하게 대우하는 행위

다. 교육시설이나 직업훈련기관에서의 교육·훈련이나 그 이용과 관련하여 특정한 사람을 우대·배제·구별하거나 불리하게 대우하는 행위

라. 성희롱행위

제4조【적용범위】이 법은 대한민국 국민과 **대한민국의 영역 안에 있는 외국인**에 대하여 적용한다.

⚖ 판례 | 국가인권위원회의 진정에 대한 결정이 헌법소원의 대상인지 여부: 소극[판례변경]

진정에 대한 국가인권위원회의 각하 및 기각결정은 피해자인 진정인의 권리행사에 중대한 지장을 초래하는 것으로서 항고소송의 대상이 되는 행정처분에 해당하므로, 그에 대한 다툼은 우선 행정심판이나 행정소송에 의하여야 할 것이다. 결국 이 사건 심판청구는 보충성요건을 충족하지 못하였다(헌재 2015. 3.26, 2013헌마214).

✎ • 국가인권위원회법에서 보호하고자 하는 인권에는 헌법 및 법률에서 보장하는 인권뿐만 아니라 대한민국이 가입·비준한 국제인권조약 및 국제관습법에서 인정하는 인권도 포함
 • 개정법에서는 성희롱행위도 남녀차별행위로 인정해 조사 및 구제대상에 포함
 • 한국인은 물론이고, 대한민국의 영역 안에 있는 외국인에 대해서도 국가인권위원회법이 적용됨

---

(3) 국가인권위원회의 구성과 운영

국가인권위원회법

제3조【국가인권위원회의 설립과 독립성】① 이 법에서 정하는 인권의 보호와 향상을 위한 업무를 수행하기 위하여 국가인권위원회(이하 '위원회'라 한다)를 둔다.

② 위원회는 그 권한에 속하는 업무를 **독립하여** 수행한다.

《주의》 독립하여 ○ / 대통령 소속 ×

제5조【위원회의 구성】① 위원회는 위원장 1명과 상임위원 3명을 포함한 11명의 인권위원(이하 '위원'이라 한다)으로 구성한다.

② 위원은 다음 각 호의 사람을 대통령이 임명한다.

1. 국회가 선출하는 4명(상임위원 2명을 포함한다)

2. 대통령이 지명하는 4명(상임위원 1명을 포함한다)

3. 대법원장이 지명하는 3명

✎ • 인권위원회니까 人 ➡ 11명(모양이 비슷, 두 사람이 서로 기대고 있는 모습)
 • 11명 = 4 + 4 + 3(대법원장만 한 명 적음)
 • 위원장은 국회 인사청문 대상자(위원은 아님)

③ 위원은 인권문제에 관하여 전문적인 지식과 경험이 있고 인권의 보장과 향상을 위한 업무를 공정하고 독립적으로 수행할 수 있다고 인정되는 사람으로서 다음 각 호의 어느 하나에 해당하는 자격을 갖추어야 한다. …

④ 국회, 대통령 또는 대법원장은 다양한 사회계층으로부터 후보를 추천받거나 의견을 들은 후 인권의 보호와 향상에 관련된 다양한 사회계층의 대표성이 반영될 수 있도록 위원을 선출·지명하여야 한다.

⑤ 위원장은 위원 중에서 대통령이 임명한다. 이 경우 위원장은 국회의 인사청문을 거쳐야 한다.

《주의》 국가인권위원회 위원장은 인사청문 대상이나, 국민권익위원회 위원장은 인사청문 대상이 아니다.

⑥ 위원장과 상임위원은 정무직공무원으로 임명한다.

⑦ 위원은 **특정 성(性)이 10분의 6을 초과하지 아니하도록** 하여야 한다.

《주의》 특정 성이지, 여성·남성이라고 정한 것은 아니다.

⑧ 임기가 끝난 위원은 후임자가 임명될 때까지 그 직무를 수행한다.

제8조 【위원의 신분 보장】 위원은 금고 이상의 형의 선고에 의하지 아니하고는 본인의 의사에 반하여 면직되지 아니한다. 다만, 위원이 장기간의 심신쇠약으로 직무를 수행하기가 극히 곤란하게 되거나 불가능하게 된 경우에는 전체 위원 3분의 2 이상의 찬성에 의한 의결로 퇴직하게 할 수 있다.

> 《주의》 위원은 신분 보장 ○ / 탄핵소추대상 ×

제13조 【회의 의사 및 의결정족수】 ① 위원회의 회의는 위원장이 주재하며, 이 법에 특별한 규정이 없으면 재적위원 과반수의 찬성으로 의결한다.

제14조 【의사의 공개】 위원회의 의사는 공개한다. 다만, 위원회·상임위원회 또는 소위원회가 필요하다고 인정하는 경우에는 공개하지 아니할 수 있다.

> 《주의》 국가인권위원회의 의사는 공개가 원칙이나, 진정은 비공개가 원칙이다.

(4) 국가인권위원회의 조사대상

국가인권위원회법

제30조 【위원회의 조사대상】 ① 다음 각 호의 어느 하나에 해당하는 경우에 인권침해나 차별행위를 당한 사람(이하 '피해자'라 한다) 또는 그 **사실을 알고 있는 사람이나 단체는** 위원회에 그 내용을 진정할 수 있다.

1. 국가기관, 지방자치단체, 초·중등교육법 제2조, 고등교육법 제2조와 그 밖의 다른 법률에 따라 설치된 각급 학교, 공직자윤리법 제3조의2 제1항에 따른 공직유관단체 또는 구금·보호시설의 업무수행(국회의 입법 및 법원·헌법재판소의 재판은 제외한다)과 관련하여 대한민국헌법 제10조부터 제22조까지의 규정에서 보장된 인권을 침해당하거나 차별행위를 당한 경우
2. 법인, 단체 또는 사인(私人)으로부터 차별행위를 당한 경우

③ 위원회는 제1항의 진정이 없는 경우에도 인권침해나 차별행위가 있다고 믿을 만한 상당한 근거가 있고 그 내용이 중대하다고 인정할 때에는 이를 직권으로 조사할 수 있다.

> 《주의》 자기관련성을 요하지 않는다.

> 《주의》 국가인권위원회는 직권 조사도 가능하다.

제35조 【조사의 목적의 한계】 ① 위원회는 조사를 할 때에는 국가기관의 기능수행에 지장을 주지 아니하도록 유의하여야 한다.

② 위원회는 개인의 사생활을 침해하거나 계속 중인 재판 또는 수사 중인 사건의 소추에 부당하게 관여할 목적으로 조사를 하여서는 아니 된다.

제37조 【질문·검사권】 ① 위원회는 제36조의 조사에 필요한 자료 등이 있는 곳 또는 관계인에 관하여 파악하려면 그 내용을 알고 있다고 믿을 만한 상당한 이유가 있는 사람에게 질문하거나 그 내용을 포함하고 있다고 믿을 만한 상당한 이유가 있는 서류와 그 밖의 물건을 검사할 수 있다.

제40조 【합의의 권고】 위원회는 조사 중이거나 조사가 끝난 진정에 대하여 사건의 공정한 해결을 위하여 필요한 구제조치를 당사자에게 제시하고 합의를 권고할 수 있다.

제42조 【조정위원회의 조정】 ① 조정위원회는 인권침해나 차별행위와 관련하여 당사자의 신청이나 위원회의 직권으로 조정위원회에 회부된 진정에 대하여 조정 절차를 시작할 수 있다.

② 조정은 조정 절차가 시작된 이후 당사자가 합의한 사항을 조정서에 적은 후 당사자가 기명날인하고 조정위원회가 이를 확인함으로써 성립한다.

③ 조정위원회는 조정 절차 중에 당사자 사이에 합의가 이루어지지 아니하는 경우 사건의 공정한 해결을 위하여 조정을 갈음하는 결정을 할 수 있다.

제43조 【조정위원회의 조정의 효력】 제42조 제2항에 따른 조정과 같은 조 제6항에 따라 이의를 신청하지 아니하는 경우의 조정을 갈음하는 결정은 재판상 화해와 같은 효력이 있다.

제49조【조사와 조정 등의 비공개】위원회의 진정에 대한 조사·조정 및 심의는 비공개로 한다. 다만, 위원회의 의결이 있는 때에는 이를 공개할 수 있다.

⚖ 판례 Ⅰ

1 인권위원회의 조사대상에서 법원의 재판을 제외시키는 것이 위헌인지 여부: 소극 (헌재 2004.8.26, 2002헌마302)

2 '국가인권위원회의 공정한 조사를 받을 권리'는 헌법상 인정되는 기본권인지 여부: 소극 (헌재 2012.8.23, 2008헌마430)

3 국가인권위원회가 한 진정에 대한 각하 또는 기각결정이 항고소송의 대상이 되는지 여부: 적극[판례변경] (헌재 2015.3.26, 2013헌마214)

　▶ 행정심판이나 행정소송 등 사전구제절차 없이 청구된 헌법소원심판은 보충성요건을 충족하지 못하여 부적법하다.

(5) 국가인권위원회의 권한

국가인권위원회법

제24조【시설의 방문조사】① 위원회(상임위원회 및 소위원회를 포함한다)는 필요하다고 인정하면 그 의결로써 구금·보호시설을 방문하여 조사할 수 있다.

제25조【정책과 관행의 개선 또는 시정권고】① 위원회는 인권의 보호와 향상을 위하여 필요하다고 인정하면 관계기관 등에 정책과 관행의 개선 또는 시정을 권고하거나 의견을 표명할 수 있다.

② 제1항에 따라 권고를 받은 관계기관 등의 장은 그 권고사항을 존중하고 이행하기 위하여 노력하여야 한다.

③ 제1항에 따라 권고를 받은 관계기관 등의 장은 권고를 받은 날부터 90일 이내에 그 권고사항의 이행계획을 위원회에 통지하여야 한다.

④ 제1항에 따라 권고를 받은 관계기관 등의 장은 그 권고의 내용을 이행하지 아니할 경우에는 그 이유를 위원회에 통지하여야 한다.

⑤ 위원회는 제1항에 따른 권고 또는 의견의 이행실태를 확인·점검할 수 있다.

⑥ 위원회는 필요하다고 인정하면 제1항에 따른 위원회의 권고와 의견 표명, 제4항에 따라 권고를 받은 관계기관 등의 장이 통지한 내용 및 제5항에 따른 이행실태의 확인·점검 결과를 공표할 수 있다.

제28조【법원 및 헌법재판소에 대한 의견제출】① 위원회는 인권의 보호와 향상에 중대한 영향을 미치는 재판이 계속 중인 경우 법원 또는 헌법재판소의 요청이 있거나 필요하다고 인정할 때에는 법원의 담당재판부 또는 헌법재판소에 법률상의 사항에 관하여 의견을 제출할 수 있다.

② 제4장 및 제4장의2에 따라 위원회 또는 제50조의3 제1항에 따른 군인권보호위원회가 조사하거나 처리한 내용에 관하여 재판이 계속 중인 경우 위원회는 법원 또는 헌법재판소의 요청이 있거나 필요하다고 인정할 때에는 법원의 담당재판부 또는 헌법재판소에 사실상 및 법률상의 사항에 관하여 의견을 제출할 수 있다.

《주의》 요청이 있을 때에만 의견을 제출할 수 있는 것이 아니다.

제29조【보고서 작성 등】① 위원회는 해마다 전년도의 활동내용과 인권상황 및 개선대책에 관한 보고서를 작성하여 **대통령과 국회에 보고하여야 한다.** 이 경우 보고서에는 군인권 관련 사항을 포함하여야 한다.

제47조 【피해자를 위한 법률구조 요청】 ① 위원회는 진정에 관한 위원회의 조사, 증거의 확보 또는 피해자의 권리 구제를 위하여 필요하다고 인정하면 피해자를 위하여 대한법률구조공단 또는 그 밖의 기관에 법률구조를 요청할 수 있다.

② 제1항에 따른 법률구조 요청은 **피해자의 명시한 의사에 반하여 할 수 없다.**

⚖ 판례 |

국가인권위원회위원의 퇴직 후 2년간 공직취임 및 선거출마금지가 공무담임권 등을 침해하는지 여부: 적극
(헌재 2004.1.29, 2002헌마788)

제2장 인간의 존엄과 가치, 행복추구권, 법 앞의 평등

제1절 인간의 존엄과 가치

> **헌법 제10조** 모든 국민은 인간으로서의 존엄과 가치를 가지며, 행복을 추구할 권리를 가진다. 국가는 개인이 가지는 불가침의 기본적 인권을 확인하고 이를 보장할 의무를 진다.
>
> 《주의》 '인간으로서의 존엄과 가치'는 독일로부터, '행복을 추구할 권리'는 미국으로부터 도입

01 의의

1. 우리나라 연혁

제5차 개헌(1962년) 이래로 인정하고 있음

2. 법적 성격

(1) 객관적 공권성(헌법의 기본이념)뿐만 아니라 주관적 공권성을 가짐

(2) 최고규범성

3. 주체

(1) 국민과 외국인, 또한 태아도 수태의 순간부터 적용

(2) 사자(死者)는 원칙적으로 인정 × ➡ 단, 예외적으로 인정(인간의 사체를 산업용으로 이용하는 경우 등)

(3) 그러나 법인에는 적용되지 않음

　　《주의》 법인은 인격권의 주체는 될 수 있으나, 인간의 존엄과 가치의 주체는 될 수 없음

⚖ 판례 |

1 교도소수용자에게 상시적으로 양팔을 사용할 수 없도록 금속수갑과 가죽수갑을 착용하게 한 것이 인간의 존엄과 가치를 침해하는지 여부: 적극[위헌] (헌재 2003.12.18, 2001헌마163)

　　비교판례
　　교도소로 이송함에 있어 4시간 정도에 걸쳐 포승과 수갑 2개를 채운 행위(이하 '이 사건 보호장비 사용행위'라 한다)가 청구인의 신체의 자유 및 인격권을 침해하는지 여부: 소극 (헌재 2012.7.26, 2011헌마426)

2 원폭피해자인 한국인의 분쟁해결절차로 나아가지 않은 외교부의 부작위가 인간으로서의 존엄과 가치를 침해하여 위헌인지 여부: 적극[인용] (헌재 2011.8.30, 2008헌마648)

3 일본군 위안부피해자의 분쟁해결절차로 나아가지 않은 외교부의 부작위가 일본군 위안부피해자들의 인간으로서의 존엄과 가치를 침해하여 위헌인지 여부: 적극[인용] (헌재 2011.8.30, 2006헌마788)

---

4 구치소 내 과밀수용행위가 수형자인 청구인의 '인간의 존엄과 가치'를 침해하는지 여부: 적극[인용(위헌확인)] (헌재 2016.12.29, 2013헌마142)

5 교도소 수용거실에 조명을 켜 둔 행위가 청구인의 인간으로서의 존엄과 가치 등 기본권을 침해하는지 여부: 소극[기각] (헌재 2018.8.30, 2017헌마440)

6 국가 등의 양로시설 등에 입소하는 국가유공자에게 부가연금, 생활조정수당 등의 지급을 정지하는 것이 인간의 존엄과 가치를 침해하는지 여부: 소극[기각] (헌재 2000.6.1, 98헌마216)

7 근로자의 날을 관공서의 공휴일에 포함시키지 않고 있는 관공서의 공휴일에 관한 규정이 청구인의 평등권, 인간으로서의 존엄과 가치를 침해하는지 여부: 소극[기각] (헌재 2015.5.28, 2013헌마343)

8 [1] 형의 집행을 유예하면서 사회봉사를 명할 수 있도록 한 형법(1995.12.29. 법률 제5057호로 개정된 것) 제62조의2 제1항 중 사회봉사명령에 관한 부분(이하 '이 사건 법률조항'이라 한다)이 사회봉사의 의의, 부과요건, 부과대상자를 구체적으로 규정하지 아니하여 명확성원칙에 위배되는지 여부: 소극

[2] 형의 집행을 유예하면서 사회봉사를 명할 수 있도록 한 이 사건 법률조항이 범죄인의 일반적 행동의 자유를 과도하게 제한하여 과잉금지원칙에 위배되는지 여부: 소극 (헌재 2012.3.29, 2010헌바100)

《주의》 신체의 자유는 제한되지도 않았다.

02 인격권

1. 헌법적 근거

헌법 제10조

2. 인격권의 주체 – 원칙적으로 자연인(외국인 포함), 법인도 될 수 있음

"법인도 법인의 목적과 사회적 기능에 비추어 볼 때 그 성질에 반하지 않는 범위 내에서 인격권의 한 내용인 사회적 신용이나 명예 등의 주체가 될 수 있고 …"라고 하여 **법인의 인격권주체성**을 인정함(헌재 2012.8.23, 2009헌가27)

3. 내용

명예권·초상권·성명권·성격권 등

4. 제한

인격권도 헌법 제37조 제2항에 따라 법률로 제한되나, 그 본질적 내용은 침해할 수 없으며 과잉금지의 원칙을 준수하여야 함

⚖ 판례 |

1 현행범으로 체포된 피의자에 대한 알몸신체검사가 위헌인지 여부: 적극 (헌재 2002.7.18, 2000헌마327)

2 미결수에게 재소자용 의류를 입게 하여 재판을 받게 한 행위가 위헌인지 여부: 적극

비례원칙에 위반되는 것으로서 무죄추정의 원칙에 반하고 인간으로서의 존엄과 가치에서 유래하는 인격권과 행복추구권, 공정한 재판을 받을 권리를 침해하는 것이다(헌재 1999.5.27, 97헌마137 등).

> **비교판례**
>
> [1] '형의 집행 및 수용자의 처우에 관한 법률'(이하 '형집행법'이라 한다) 제88조가 형사재판의 피고인으로 출석하는 수형자에 대하여, 사복착용을 허용하는 형집행법 제82조를 준용하지 아니한 것이 공정한 재판을 받을 권리, 인격권, 행복추구권을 침해하는지 여부: 적극
>
> [2] 형집행법 제88조가 민사재판의 당사자로 출석하는 수형자에 대하여, 사복착용을 허용하는 형집행법 제82조를 준용하지 아니한 것이 공정한 재판을 받을 권리, 인격권, 행복추구권을 침해하는지 여부: 소극 (헌재 2015.12.23, 2013헌마712)

3 차폐시설이 불충분하고 냄새가 유출되는 유치장 내 화장실사용 강제행위가 인격권침해인지 여부: 적극 (헌재 2001.7.19, 2000헌마546)

4 보험회사를 상대로 소송을 제기한 교통사고 피해자들의 장해 정도에 관한 증거자료를 수집할 목적으로 보험회사 직원이 피해자들의 일상생활을 촬영한 행위가 초상권을 침해하는지 여부: 적극

초상권 및 사생활의 비밀과 자유를 침해하는 불법행위에 해당한다(대판 2006.10.13, 2004다16280).

5 태아의 성별을 고지하는 것을 금지하는 것이 부모의 태아성별정보에 대한 접근을 방해받지 않을 권리를 침해하는지 여부: 적극[헌법불합치]

이 사건 규정은 일반적 인격권으로부터 나오는 부모의 태아성별정보에 대한 접근을 방해받지 않을 권리를 제한하고 있다. … 낙태가 사실상 불가능하게 되는 임신 후반기에 이르러서도 태아에 대한 성별정보를 태아의 부모에게 알려주지 못하게 하는 것은 최소피해성원칙을 위반하는 것이다(헌재 2008.7.31, 2004헌마1010 등).

6 민법 제781조 제1항이 예외 없이 부성사용을 강요하는 것이 인격권을 침해하는지 여부: 적극[헌법불합치] (헌재 2005.12.22, 2003헌가5 등)

> ▶ 다만, 부성주의를 규정한 것 자체는 헌법에 위반되지 않는다.

7 사죄광고제도가 인격권을 침해하는지 여부: 적극 (헌재 1991.4.1, 89헌마160)

《주의》 사죄광고사건은 법인 대표자의 양심의 자유도 침해하였다.

8 방송사업자가 심의규정을 위반한 경우 시청자에 대한 사과명령을 명할 수 있게 한 방송법 조항이 방송사업자의 인격권을 침해하는지 여부: 적극[위헌] (헌재 2012.8.23, 2009헌가27)

9 청소년 성매수자의 신상을 공개하는 것이 이들의 인격권 및 사생활의 비밀과 자유를 침해하는지 여부: 소극 (헌재 2003.6.26, 2002헌가14)

10 교도소장이 민사법정에 출석하는 수형자의 운동화착용을 불허한 행위가 인격권을 침해하는지 여부: 소극 (헌재 2011.2.24, 2009헌마209)

11 수용자에 대한 항문검사가 인격권을 침해하는지 여부: 소극 (헌재 2006.7.18, 2000헌마327)

12 수용자를 교정시설에 수용할 때마다 전자영상검사기를 이용하여 수용자의 항문 부위에 대한 신체검사를 하는 것이 수용자의 인격권 등을 침해하는지 여부: 소극 (헌재 2011.5.26, 2010헌마775)

13 변호사 정보 제공 웹사이트 운영자가 변호사들의 개인신상정보를 기반으로 변호사들의 '인맥지수'를 산출하여 공개하는 서비스를 제공한 사안에서, 위 인맥지수 서비스 제공행위가 변호사들의 개인정보에 관한 인격권을 침해하는지 여부: 적극 (대판 2011.9.2, 2008다42430)

14 경찰관이 보도자료 배포 직후 기자들의 취재 요청에 응하여 청구인이 경찰서 조사실에서 양손에 수갑을 찬 채 조사받는 모습을 촬영할 수 있도록 허용한 행위가 청구인의 인격권을 침해하는지 여부: 적극 (헌재 2014.3.27, 2012헌마652)

15 선거기사심의위원회가 불공정한 선거기사를 게재한 언론사에 대하여 사과문 게재 명령을 하도록 한 것과 불응시 형사처벌하는 것이 언론사의 인격권을 침해하는지 여부: 적극[위헌] (헌재 2015.7.30, 2013헌가8)

16 아동·청소년대상 성폭력범죄자에 대한 신상정보 공개·고지 및 전자장치 부착기간 가중조항이 인격권 등을 침해하는지 여부: 소극[합헌] (헌재 2016.5.26, 2014헌바164)

17 성인대상 성폭력범죄자의 신상정보 공개·고지제도가 인격권 등을 침해하는지 여부: 소극[합헌] (헌재 2016.5.26, 2015헌바212)

18 배아생성자의 배아에 대한 결정권이 헌법 제10조로부터 도출되는 일반적 인격권의 한 유형으로서의 헌법상 권리인지 여부: 적극 (헌재 2010.5.27, 2005헌마346)

19 교도소 사동에서 인원 점검을 하면서 수형자들을 정렬시킨 후 차례로 번호를 외치도록 한 행위가 수형자의 인격권 및 일반적 행동의 자유를 침해하는지 여부: 소극[합헌] (헌재 2012.7.26, 2011헌마332)

20 사회·문화기관이나 단체를 통하여 일본제국주의의 내선융화 또는 황민화운동을 적극 주도함으로써 일본제국주의의 식민통치 및 침략전쟁에 적극 협력한 행위를 친일반민족행위로 정의한 일제강점하 반민족행위 진상규명에 관한 특별법 제2조 제13호가 인격권을 침해하는지 여부: 소극 (헌재 2013.5.30, 2012헌바19)

21 혼인종료 후 300일 이내에 출생한 자를 전남편의 친생자로 추정하는 민법조항이 모가 가정생활과 신분관계에서 누려야 할 인격권, 혼인과 가족생활에 관한 기본권을 침해하는지 여부: 적극[헌법불합치] (헌재 2015.4.30, 2013헌마623)

22 일반적인 보안검색을 마친 승객을 상대로 촉수검색과 같은 추가적인 보안검색 실시를 예정하는 국가항공보안계획이 인격권 및 신체의 자유를 침해하는지 여부: 소극 (헌재 2018.2.22, 2016헌마780)

23 국군포로의 송환 및 대우 등에 관한 법률이 국군포로의 예우의 신청, 기준, 방법 등에 필요한 사항을 대통령령에 위임하고 있으나, 대통령이 이에 대한 대통령령을 제정하지 아니한 행정입법부작위가 청구인의 명예권을 침해하는지 여부: 적극[위헌] (헌재 2018.5.31, 2016헌마626)

　　《주의》 부진정입법부작위에 속한다.

　　《주의》 청구인의 명예권 침해 ○ / 재산권 침해 ×

24 이동전화 식별번호를 통합추진하는 것이 인격권을 침해하는지 여부: 소극[기각] (헌재 2013.7.25, 2011헌마63 등)

25 이 사건 법률조항에 근거하여 친일반민족행위 반민규명위원회(이하 '반민규명위원회'라 한다)의 조사대상자 선정 및 친일반민족행위결정이 이루어지면, 조사대상자의 사회적 평가에 영향을 미치므로 헌법 제10조에서 유래하는 일반적 인격권이 제한받는다. 다만 이러한 결정에 있어서 대부분의 조사대상자는 이미 사망하였을 것이 분명하나, 조사대상자가 사자(死者)의 경우에도 인격적 가치에 대한 중대한 왜곡으로부터 보호되어야 한다. 사자(死者)에 대한 사회적 명예와 평가의 훼손은 사자(死者)와의 관계를 통하여 스스로의 인격상을 형성하고 명예를 지켜온 그들의 후손의 인격권, 즉 유족의 명예 또는 유족의 사자(死者)에 대한 경애추모의 정을 제한하는 것이다(헌재 2010.10.28, 2007헌가23).

　　《주의》 후손들의 인격권을 제한하는 것이지 침해는 아니다.

26 개명이 원칙적으로 허용되는지 여부: 적극 (대결 2005.11.16, 2005스26)

27 성명권이 헌법상 기본권인지 여부: 적극 (헌재 2005.12.22, 2003헌가5 등)

28 초상권이 헌법상 기본권인지 여부: 적극 (대판 2006.10.13, 2004다16280)

29 헌법 제10조로부터 도출되는 일반적 인격권에는 개인의 명예에 관한 권리도 당연히 포함되며, '명예'에는 사람이나 그 인격에 대한 '사회적 평가', 즉 객관적·외부적 가치평가뿐만 아니라 주관적·내면적인 명예감정도 포함되는지 여부: 소극

30 중혼을 혼인취소의 사유로 정하면서 그 취소청구권의 제척기간 또는 소멸사유를 규정하지 않은 민법(2005. 3.31. 법률 제7427호로 개정된 것) 제816조 제1호 중 "제810조의 규정에 위반한 때" 부분이 입법재량의 한계를 일탈하여 후혼배우자의 인격권 및 행복추구권을 침해하는지 여부: 소극[합헌] (헌재 2014.7.24, 2011헌바275)

31 지역아동센터 시설별 신고정원의 80% 이상을 돌봄취약아동으로 구성하도록 정한 '2019년 지역아동센터 지원 사업안내' 제3장 지역아동센터 운영 2. 이용아동 선정기준 나. 선정기준별 이용아동 구분 3) 이용아동 등록의 '시설별 신고정원의 80% 이상은 돌봄취약아동이어야 하며, 일반아동은 20% 범위 내에서 등록가능' 부분이 과잉금지원칙에 위반하여 청구인 운영자들의 직업수행의 자유 및 청구인 아동들의 인격권을 침해하는지 여부: 소극 (헌재 2022.1.27, 2019헌마583)

제2절 행복추구권

> 헌법 제10조 모든 국민은 인간으로서의 존엄과 가치를 가지며, 행복을 추구할 권리를 가진다. 국가는 개인이 가지는 불가침의 기본적 인권을 확인하고 이를 보장할 의무를 진다.

01 우리나라 연혁

제8차 개헌(1980년) 이래로 인정하고 있음

02 법적 성격

1. 주관적 공권성

2. 자연권성

3. 포괄적 권리성(다수설)

4. 적극적 권리성 여부: ×

(1) 국민이 행복을 추구하기 위하여 필요한 급부를 국가에 **적극적으로 요구할 수 있는 것이 아니라**, 국민이 행복을 추구하기 위한 활동을 국가권력의 간섭 없이 자유롭게 할 수 있다는 포괄적인 의미의 자유권으로서의 성격

(2) 즉, 행복추구권을 **소극적·방어적 성격**으로 이해하고 있다(헌재 2000.6.1, 98헌마216).

03 주체

1. 자연인 ○ / 법인 ×

2. 학교법인이 행복추구권을 다툰 사건에서는 … 법인은 행복추구권의 주체가 될 수 없다고 하였다(헌재 2006.12.28, 2004헌바67).
   《주의》 그러나, 개별적으로 도출되는 기본권 중 인정되는 것들이 존재한다.

04 내용

수면권, 일조권, 스포츠권, 자기결정권, 일반적 행동의 자유, 개성의 자유로운 발현권, 휴식권, 자신이 마실 물을 선택할 자유, 사립학교운영의 자유, 사적자치의 원칙, 계약의 자유, 자기책임의 원리 등이 해당함

1. 자기결정권

(1) 생명·신체의 처분에 관한 자기결정권
존엄사, 장기이식 등이 문제됨

(2) Reproduction의 자기결정권
출산·피임의 자유, 낙태 등이 문제됨

(3) Life style의 자기결정권

(4) 성적 자기결정권
간통행위, 혼인빙자간음죄, 동성 군인간의 추행행위 등에서 문제됨

(5) 소비자의 자기결정권

(6) 자기책임의 원리
자기가 결정하지 않은 것이나 결정할 수 없는 것에 대해서는 책임을 지지 않고 책임부담의 범위도 스스로 결정한 결과 내지 상관관계가 있는 부분에 국한된다는 원리 ➡ 헌법재판소는 법치주의에 당연히 내재하는 헌법상 원리라고 판시함

⚖ **판례 |**

1 간통죄 처벌규정이 성적 자기결정권 및 사생활의 비밀과 자유를 침해하여 위헌인지 여부: 적극[판례 변경] (헌재 2015.2.26, 2009헌바17 등)

2 혼인빙자간음죄를 처벌하는 것이 성적 자기결정권 및 사생활의 자유를 침해하는지 여부: 적극[위헌] (헌재 2009.11.26, 2008헌바58)

3 동성동본금혼제가 성적 자기결정권 등을 침해하는지 여부: 적극[헌법불합치] (헌재 1997.7.16, 95헌가6 등)

4 친생부인의 소 제소기간을 '출생을 안 날로부터 1년' 이내로 제한한 것이 부의 행복추구권 등을 침해하는지 여부: 적극[헌법불합치] (헌재 1997.3.27, 95헌가14 등)

비교판례

친생부인의 소의 제척기간을 규정한 민법(2005.3.31. 법률 제7427호로 개정된 것) 제847조 제1항 중 "부(夫)"가 그 사유가 있음을 안 날부터 2년 내" 부분이 헌법에 위반되는지 여부: 소극 (헌재 2015.3.26, 2012헌바357)

5 '부모가 자녀의 이름을 지을 자유'가 혼인과 가족생활을 보장하는 헌법 제36조 제1항과 행복추구권을 보장하는 헌법 제10조에 의하여 보호받는지 여부: 적극 (헌재 2016.7.28, 2015헌마964)

6 배아의 보존 기간을 최장 5년으로 정하면서 보존 기간이 지난 후 연구목적에 이용되지 않는 배아는 폐기하도록 하는 것이 배아생성자의 배아에 대한 결정권을 침해하는지 여부: 소극 (헌재 2010.5.27, 2005 헌마346)

7 자도소주구입명령제도가 소비자의 자기결정권을 침해하는지 여부: 적극[위헌] (헌재 1996.12.26, 96헌가18)

8 탁주공급구역제한이 소비자의 자기결정권을 침해하는지 여부: 소극 (헌재 1999.7.22, 98헌가5)

9 의료보험요양기관 강제지정이 의료소비자의 자기결정권을 침해하는지 여부: 소극 (헌재 2002.10.31, 99헌바76 등)

10 환자가 죽음에 임박한 상태에서 인간으로서의 존엄과 가치를 지키기 위하여 연명치료의 거부 또는 중단을 결정하는 것이 자기결정권의 내용인지 여부: 적극 (헌재 2009.11.26, 2008헌마385)

11 임대차존속기간을 20년으로 제한하는 민법 제651조 제1항이 과잉금지원칙을 위반하여 계약의 자유를 침해하는지 여부: 적극[위헌] (헌재 2013.12.26, 2011헌바234)

12 전국기능경기대회 입상자의 국내기능경기대회 참가를 금지하는 숙련기술장려법 시행령이 행복추구권을 침해하는지 여부: 적극[헌법불합치] (헌재 2015.10.21, 2013헌마757)

13 인수자가 없는 시체를 생전의 본인의 의사와는 무관하게 해부용 시체로 제공될 수 있도록 규정하는 시체 해부 및 보존에 관한 법률 제12조 제1항 본문이 시체의 처분에 대한 자기결정권을 침해하는지 여부: 적극[위헌] (헌재 2015.11.26, 2012헌마940)

14 성매매를 한 자를 형사처벌하도록 규정한 성매매알선 등 행위의 처벌에 관한 법률 제21조 제1항이 개인의 성적 자기결정권, 사생활의 비밀과 자유, 성판매자의 직업선택의 자유를 침해하는지 여부: 소극 [합헌] (헌재 2016.3.31, 2013헌가2)

15 종업원의 범죄행위가 있으면 자동적으로 영업주도 동일하게 처벌하도록 규정한 양벌규정이 책임주의에 위반되는지 여부: 적극 (헌재 2007.11.29, 2005헌가10)

16 의료기사 등에 관한 법률 제32조 중 "법인의 대리인·사용인 기타의 종업원이 그 법인의 업무에 관하여 제30조 제1항 제1호의 위반행위를 한 때에는 그 법인에 대하여도 해당 조의 벌금형을 과한다."라는 부분이 책임주의에 반하여 헌법에 위반되는지 여부: 적극 (헌재 2009.7.30, 2008헌가24)

17 자동차운전전문학원 졸업생이 교통사고를 일으킬 경우 당해 자동차운전전문학원의 운영을 정지시키는 것이 자기책임의 범위를 벗어나 위헌인지 여부: 적극 (헌재 2005.7.21, 2004헌가30)

18 강제추행 및 준강제추행에 이르지 않은 동성 군인 사이의 '그 밖의 추행'을 형사처벌하도록 규정한 구 군형법 조항이 군인의 성적 자기결정권 및 사생활 비밀의 자유, 신체의 자유를 침해하는지 여부: 소극 [합헌] (헌재 2016.7.28, 2012헌바258)

19 종업원 등이 화물적재시 고정조치의무를 위반하여 운전한 경우 그를 고용한 법인을 면책사유 없이 형사처벌하도록 규정한 구 도로교통법 제116조의 양벌규정이 위헌인지 여부: 적극[위헌] (헌재 2016.10.27, 2016헌가10)

20 가집행선고가 실효되는 경우 가집행을 한 자에 대하여 원상회복의무와 손해배상의무를 인정한 것이 자기책임원리에 위배되는지 여부: 소극 (헌재 2017.5.25, 2014헌바360)

21 구 관광진흥법 제80조 중 "법인의 대표자가 그 법인의 업무에 관하여 제78조 제7호의 위반행위를 한 때에는 그 법인에 대하여도 해당 조의 벌금형을 과한다."는 부분이 책임원칙에 위배되는지 여부: 소극 [합헌] (헌재 2011.10.25, 2010헌바307)

22 법인에 대해 무과실의 형사책임을 정한 구 수질환경보전법 양벌규정이 책임주의원칙에 위배되는지 여부: 적극[위헌] (헌재 2021.4.29, 2019헌가2)

23 담배소비세가 면제된 담배를 공급받은 자가 이를 당해 용도에 사용하지 않은 경우, 면세담배를 공급한 제조자에게 담배소비세와 이에 대한 가산세의 납부의무를 부담시키는 지방세법 조항이 자기책임원리에 위배되는지 여부: 적극[위헌] (헌재 2004.6.24, 2002헌가27)

24 사무장병원의 개설명의자인 의료인으로부터 그동안 지급받은 요양급여비용 및 의료급여비용을 부당이득금으로 징수하도록 한 구 국민건강보호법 조항 부분이 자기책임의 원칙에 위배되는지 여부: 소극[합헌] (헌재 2015.7.30, 2014헌바298)

25 선박소유자가 고용한 선장이 선박소유자의 업무에 관하여 범죄행위를 하면 그 선박소유자에게도 동일한 벌금형을 과하도록 규정하고 있는 구 선박안전법 제84조 제2항 중 "선장이 선박소유자의 업무에 관하여 제1항 제1호의 위반행위를 한 때에는 선박소유자에 대하여도 동항의 벌금형에 처한다."는 부분이 책임주의원칙에 반하여 헌법에 위반되는지 여부: 적극 (헌재 2011.11.24, 2011헌가15)

26 낙태죄 위헌 사건
[1] 제한 기본권
자기낙태죄 조항은 임신한 여성의 자기결정권을 제한한다. 이러한 임부의 자기결정권은 태아의 생명권과 일응 대립관계에 있으나 직접적인 충돌을 해결해야 하는 사안은 아니다.

[2] 자기낙태죄 조항의 기본권 침해 여부: 적극[헌법불합치]
자기낙태죄 조항은 모자보건법에서 정한 사유에 해당하지 않는다면 낙태결정가능기간 중에 다양하고 광범위한 사회적·경제적 사유를 이유로 낙태갈등 상황을 겪고 있는 경우까지도 예외 없이 전면적·일률적으로 임신의 유지 및 출산을 강제하고, 이를 위반한 경우 형사처벌하고 있어 침해의 최소성을 갖추지 못하였고, 태아의 생명 보호라는 공익에 대하여만 일방적인 우위를 부여함으로써 법익균형성의 원칙도 위반한다.

[3] 의사낙태죄 조항의 기본권 침해 여부: 적극[헌법불합치]
자기낙태죄 조항과 동일한 목표를 실현하기 위하여 임신한 여성의 촉탁 또는 승낙을 받아 낙태하게 한 의사를 처벌하는 의사낙태죄 조항도 같은 이유에서 위헌이다(헌재 2019.4.11, 2017헌바127).

27 외국항행 선박에서 사용된다는 이유로 교통세를 환급 또는 공제받은 물품이 외국항행 선박에 반입되지 아니한 사실을 확인된 때 반출자로부터 환급 또는 공제된 교통세를 징수하는 구 교통세법 제17조 제8항의 제2항 제4호 중 '외국항행 선박'에 관한 부분이 책임주의원칙에 반하여 헌법에 위반되는지 여부: 소극 (헌재 2013.5.30, 2011헌바360)

2. 일반적 행동의 자유

(1) 의의
① 적극적으로 자유롭게 행동을 할 자유뿐만 아니라 소극적으로 행동을 하지 않을 자유를 의미
② 일반적 행동의 자유는 보충적 자유이다(헌재 2002.10.31, 99헌바76 등).

(2) 헌법재판소 판례

① 계약체결의 자유는 일반적 행동자유권으로부터 파생되는 것이다(헌재 1991.6.3, 89헌마204).
② 미결수용자의 변호인 아닌 '타인'과의 접견교통권(헌재 2003.11.27, 2002헌마193), 미결수용자의 '가족'의 미결수용자와 접견하는 권리(헌재 2003.11.27, 2002헌마193)는 모두 일반적 행동자유권으로부터 나옴
③ 사립학교운영의 자유는 헌법 제10조에 근거한 일반적인 행동의 자유권과 모든 국민의 능력에 따라 균등하게 교육을 받을 권리를 규정하고 있는 헌법 제31조 제1항 그리고 교육의 자주성·전문성·정치적 중립성 및 대학의 자율성을 규정하고 있는 헌법 제31조 제3항에 의하여 인정되는 기본권이다(헌재 2001.1.18, 99헌바63).

판례 |

1 공정거래위원회로 하여금 그 법 위반사실의 공표를 명할 수 있도록 규정한 독점규제 및 공정거래에 관한 법률 제27조가 일반적 행동자유권을 침해하는지 여부: 적극[위헌] (헌재 2002.1.31, 2001헌바43)

✎ 위 판례의 쟁점 정리
　무죄추정의 원칙과 진술거부권은 침해하였으나, 양심의 자유 문제는 제한되지도 않았다.

2 고속도로 등에서 이륜자동차와 원동기장치자전거의 통행을 금지하는 것이 일반적 행동자유권을 침해하는지 여부: 소극 (헌재 2007.1.17, 2005헌바1111 등)

3 도로교통법 제63조 중 긴급자동차를 제외한 이륜자동차 운전자의 자동차전용도로 통행을 금지하는 부분이 일반적 행동자유권을 침해하는지 여부: 소극[합헌] (헌재 2015.9.24, 2014헌바291)

4 대통령령으로 정하는 경우를 제외하고는 전용차로로 통행할 수 있는 차가 아닌 차의 전용차로 통행을 금지하며, 이를 위반한 경우 과태료에 처하도록 한 도로교통법 제15조 제3항 및 제160조 제3항 중 제15조 제3항에 관한 부분이 일반적 행동자유권을 침해하는지 여부: 소극[합헌] (헌재 2018.11.29, 2017헌바465)

5 음주측정불응에 대한 형사처벌이 일반적 행동의 자유를 침해하는지 여부: 소극 (헌재 1997.3.27, 96헌가11)

6 주취 중 운전 금지규정을 2회 이상 위반한 사람이 다시 이를 위반한 때에는 운전면허를 필요적으로 취소하도록 규정하고 있는 도로교통법 조항이 직업의 자유 및 일반적 행동의 자유를 침해하는지 여부: 소극[합헌] (헌재 2010.3.25, 2009헌바83)

7 운전면허를 받은 사람이 다른 사람의 자동차 등을 훔친 경우에는 운전면허를 필요적으로 취소하도록 한 도로교통법 조항이 운전면허 소지자의 직업의 자유 및 일반적 행동의 자유를 침해하는지 여부: 적극[위헌] (헌재 2017.5.25, 2016헌가6)

8 자동차 이용 범죄 운전면허 필요적 취소 사건
　[1] '운전면허를 받은 사람이 자동차 등을 이용하여 범죄행위를 한 때'라는 구 도로교통법 조항의 법문이 명확성원칙을 위반하고 있는지 여부: 적극[위헌]
　[2] 운전면허를 받은 사람이 자동차 등을 이용하여 범죄행위를 한 때 운전면허를 필요적으로 취소하도록 하는 도로교통법 조항이 일반적 행동자유권, 직업의 자유를 침해하는 것인지 여부: 적극[위헌] (헌재 2005.11.24, 2004헌가28)

9 운전면허를 받은 사람이 자동차 등을 이용하여 '살인 또는 강간 등 행정안전부령이 정하는 범죄행위'를 한 때 운전면허를 필요적으로 취소하도록 하는 구 도로교통법 조항이 일반적 행동자유권, 직업의 자유를 침해하는 것인지 여부: 적극[위헌] (헌재 2015.5.28, 2013헌가6)

10 마약류 수용자의 마약류 반응검사를 위하여 소변을 받아 제출하게 하는 행위가 일반적 행동자유권을 침해하는지 여부: 소극 (헌재 2006.7.27, 2005헌마277)

    ✎ 소변을 받아 제출하게 하는 행위는 공권력행사이다.

    《주의》 소변을 받아 제출하는 행위에 영장주의가 적용되는 것은 아니다.

11 의료인이 아닌 자의 의료행위를 금지하는 것이 의료행위를 취미나 일상적 활동으로 하고자 하는 자의 일반적 행동자유권을 침해하는지 여부: 소극 (헌재 2002.12.18, 2001헌마370)

12 경찰청장이 서울광장을 차벽으로 둘러싸고 광장에 통행을 제지한 행위가 일반적 행동자유권을 침해하는지 여부: 적극

    이 사건 통행제지행위는 과잉금지원칙을 위반하여 청구인들의 일반적 행동자유권을 침해한 것이다 (헌재 2011.6.30, 2009헌마406).

    《주의》 거주·이전의 자유를 침해한 것은 아니다.

13 16세 미만 청소년에게 오전 0시부터 오전 6시까지 인터넷게임의 제공을 금지하는 이른바 '강제적 셧다운제'가 위헌인지 여부: 소극[기각] (헌재 2014.4.24, 2011헌마659)

14 아동·청소년 대상 성범죄자에 대하여 신상정보 등록 후 1년마다 새로 촬영한 사진을 관할 경찰관서에 제출하도록 하고 이에 위반하는 경우 형벌로 제재를 가하는 것이 일반적 행동자유권을 침해하는지 여부: 소극[합헌] (헌재 2015.7.30, 2014헌바257)

15 피청구인 교도소장이 청구인을 비롯한 경주교도소 수용자의 동절기 취침시간을 21:00로 정한 행위가 청구인의 일반적 행동자유권을 침해하는지 여부: 소극[기각] (헌재 2016.6.30, 2015헌마36)

16 협의상 이혼을 하고자 하는 사람은 부부가 함께 관할 가정법원에 직접 출석하여 협의이혼의사확인신청서를 제출하여야 한다고 규정한 '가족관계의 등록 등에 관한 규칙' 제73조 제1항이 일반적 행동자유권을 침해하는지 여부: 소극[기각] (헌재 2016.6.30, 2015헌마894)

17 일반택시운송사업에서 운전업무에 종사하는 근로자(택시기사)의 최저임금에 산입되는 임금의 범위는 생산고에 따른 임금을 제외한 대통령령으로 정하는 임금으로 하는 최저임금법 제6조 제5항이 계약의 자유 및 평등권을 침해하는지 여부: 소극[합헌] (헌재 2016.12.29, 2015헌바327)

18 건축주가 직접 시공하는 건축물의 경우 허가권자가 해당 건축물의 설계에 참여하지 아니한 자 중에서 공사감리자를 지정하도록 하는 것이 계약의 자유를 침해하는지 여부: 소극[기각] (헌재 2017.5.25, 2016헌마516)

19 이동통신단말장치 '지원금 상한제'가 계약의 자유를 침해하는지 여부: 소극[기각] (헌재 2017.5.25, 2014헌마844)

20 주방에서 발생하는 음식물 찌꺼기 등을 분쇄하여 오수와 함께 배출하는 주방용오물분쇄기의 판매와 사용을 금지하는 환경부고시가 일반적 행동자유권 또는 직업의 자유를 침해하는지 여부: 소극[기각] (헌재 2018.6.28, 2016헌마1511)

21 '카메라 등을 이용하여 성적 욕망 또는 수치심을 유발할 수 있는 다른 사람의 신체를 그 의사에 반하여 촬영하는 행위'를 처벌하는 것이 일반적 행동자유권을 침해하는지 여부: 소극[합헌] (헌재 2017.6.29, 2015헌바243)

22 자동차 좌석안전띠를 착용하지 않은 운전자에 대해서 3만원의 범칙금을 부과하는 것이 일반적 행동자유권을 침해하는지 여부 소극[기각] (헌재 2003.10.30, 2002헌마518)

23 '세월호 참사에 관하여 일체의 이의를 제기하지 않을 것을 서약한다'는 취지가 기재된 동의서를 제출하도록 규정하고 있는 '4·16세월호참사 피해구제 및 지원 등을 위한 특별법' 시행령 제15조 중 일체의 이의제기를 금지한 부분이 법률유보원칙에 위반하여 일반적 행동의 자유를 침해하는지 여부: 적극 [위헌] (헌재 2017.6.29, 2015헌마654).

비교판례

심의위원회의 배상금 등 지급결정에 신청인이 동의한 때에는 국가와 신청인 사이에 민사소송법에 따른 재판상 화해가 성립된 것으로 보는 세월호피해지원법 제16조가 과잉금지원칙을 위반하여 청구인들의 재판청구권을 침해하는지 여부: 소극 (헌재 2017.6.29, 2015헌마654)

24 부정청탁 및 금품 등 수수의 금지에 관한 법률 [청탁금지법] – 일명 김영란법 사건: [기각, 각하] (헌재 2016.7.28, 2015헌마236)

[1] 제한되는 기본권

청구인들의 일반적 행동자유권을 제한한다. … 심판대상조항에 의하여 직접적으로 언론의 자유와 사학의 자유가 제한된다고 할 수는 없다. 신고조항과 제재조항은 배우자가 수수 금지 금품 등을 받거나 그 제공의 약속 또는 의사표시를 받았다는 객관적 사실을 고지할 의무를 부과할 뿐, 청구인들의 양심의 자유를 직접 제한한다고 볼 수 없다.

《주의》 일반적 행동자유권을 제외한 다른 기본권(예 계약의 자유)은 제한되지 않았다.

[2] 부정청탁금지조항의 명확성원칙 위배 여부: ×

'부정청탁', '법령', '사회상규'라는 용어는 부정청탁금지조항의 입법배경 및 입법취지와 관련 조항 등을 고려한 법관의 보충적 해석으로 충분히 그 의미내용을 확인할 수 있다.

[3] 부정청탁금지조항과 금품수수금지조항의 과잉금지원칙 위배 여부: ×

[4] 위임조항의 기본권 침해 여부: ×

[5] 신고조항과 제재조항의 기본권 침해 여부: ×
   ① 죄형법정주의의 명확성원칙 위배 여부: ×
   ② 자기책임 원리와 연좌제금지원칙 위반 여부: ×
   ③ 과잉금지원칙 위반 여부: ×

[6] 부정청탁금지조항과 금품수수금지조항 및 신고조항과 제재조항의 평등권 침해 여부: ×

25 자동차 또는 그 사용자의 범위를 제한하는 '액화석유가스의 안전관리 및 사용법 시행규칙' 제40조가 LPG 승용자동차를 소유하고 있거나 운행하려는 청구인들의 일반적 행동자유권 및 재산권을 침해하는지 여부: 소극[기각] (헌재 2017.12.28, 2015헌마997)

26 미결수용자의 변호인 아닌 '타인'과의 접견교통권이 헌법상 기본권인지 여부: 적극 (헌재 2003.11.27, 2002헌마193)

27 사립학교운영의 자유도 기본권인지 여부: 적극

행복추구권의 한 내용을 이루는 일반적인 행동의 자유권에 의하여 인정되는 기본권의 하나이다(헌재 2001.1.18, 99헌바63).

28 가사소송에서 변호사가 대리인으로 선임되어 있어도 원칙적으로 변론기일에 소환된 당사자 본인이 출석하도록 규정한 가사소송법 제7조 제1항 등이 일반적 행동의 자유를 침해하는지 여부: 소극[기각] (헌재 2002.10.25, 2011헌마598)

29 상속인의 단순승인 간주: 적극[헌법불합치]

상속인이 귀책사유 없이 상속채무가 적극재산을 초과하는 사실을 알지 못하여 고려기간 내에 한정승인 또는 포기를 하지 못한 경우에도 단순승인을 한 것으로 본 것은 사적 자치권을 보장한 헌법 제10조 제1항에 위반된다(헌재 1998.8.27, 96헌가22).

30 18세 미만의 당구장출입 금지: 적극[위헌] (헌재 1993.5.13, 92헌마80)

31 노래연습장에 18세 미만자의 출입을 금지하는 것이 헌법에 위반되는지 여부: 소극 (헌재 1996.2.29, 94헌마13)

32 금전증여 합의해제에 따라 증여받은 재산을 반환하는 경우 처음부터 증여가 없었던 것으로 보는 대상에서 금전을 제외함으로써 증여세를 부과하는 것이 계약의 자유 및 재산권을 침해하는지 여부: 소극[합헌] (헌재 2015.12.23, 2013헌바117)

33 선거범죄 조사에 있어서 자료제출의무를 부과하는 것이 일반적 행동자유권을 침해하는지 여부: 소극[합헌] (헌재 2019.09.26, 2016헌바381)

34 임대차존속기간을 20년으로 제한한 민법 제651조 제1항이 계약의 자유를 침해하는지 여부: 적극 (헌재 2013.12.26, 2011헌바234)

35 공항고속도로 통행료 징수가 일반적 행동자유권을 제한하는지 여부: 소극[합헌] (헌재 2005.12.22, 2004헌바64)

36 영내거주 군인이 그가 속한 세대의 거주지에서 주민등록을 해야 하는 것이 일반적 행동자유권을 제한하는지 여부: 소극[합헌] (헌재 2011.6.30, 2009헌마59)

37 누구든지 응급의료종사자의 응급환자에 대한 진료를 폭행, 협박, 위계, 위력, 그밖의 방법으로 방해하는 행위를 금지하는 응급의료에 관한 법률 중 '응급의료를 방해한 사람'에 관한 부분이 헌법에 위반되는지 여부: 소극[합헌] (헌재 2019.6.28, 2018헌바128)

38 비 어업인이 잠수용 스쿠버장비를 사용하여 수산자원을 포획·채취하는 것을 금하는 수산자원관리법이 일반적 행동의 자유를 침해하는지 여부: 소극[합헌] (헌재 2016.10.27, 2013헌마450)

39 전동킥보드의 최고속도를 25km/h로 제한한 구 '안전확인대상생활용품의 안전기준' 부속서 32 제2부 5.3.2.가 소비자의 자기결정권 및 일반적 행동의 자유를 침해하는지 여부: 소극[합헌] (헌재 2020.2.27, 2017헌마1339)

40 대마흡연행위를 처벌하는 것이 행복추구권을 침해하는지 여부: 소극[합헌] (헌재 2005.11.24, 2005헌바46)

41 국민연금 강제가입제도가 위헌인지 여부: 소극[기각] (헌재 2001.2.22, 99헌마365)

42 국민건강보험 의무가입제도가 위헌인지 여부: 소극[기각] (헌재 2001.8.30, 2000헌마668)

43 승용차의 운전자가 버스전용차로를 통행하여 전용차로 통행금지를 위반한 경우 과태료에 처하도록 한 도로교통법 제15조 제3항 등이 일반적 행동자유권을 침해하는지 여부: 소극[합헌] (헌재 2018.11.29, 2017헌바465)

44 유사군복의 판매 목적 소지를 금지하는 것이 유사군복을 판매 목적으로 소지하여 직업을 영위하는 자의 직업의 자유 및 일회적·단발적으로 판매하고자 유사군복을 소지하는 자의 일반적 행동의 자유를 침해하는지 여부: 소극[합헌] (헌재 2019.4.11, 2018헌가14)

45 의료사고가 사망에 해당하는 경우 한국의료분쟁조정중재원의 원장은 지체 없이 의료분쟁 조정절차를 개시하여야 한다고 규정한 의료사고 피해구제 및 의료분쟁 조정 등에 관한 법률이 일반적 행동자유권에 위배되는지 여부: 소극[기각] (헌재 2021.5.27, 2019헌마321)

46 육군 장교가 민간법원에서 약식명령을 받아 확정되면 자진 신고할 의무를 규정한, '2020년도 장교 진급 지시'의 해당 부분 중 '민간법원에서 약식명령을 받아 확정된 사실이 있는 자'에 관한 부분은 청구인인 육군 장교의 일반적 행동의 자유를 침해하는지 여부: 소극[합헌] (헌재 2021.8.31, 2020헌마12 등)

47 누구든지 금융회사 등에 종사하는 자에게 거래정보 등의 제공을 요구하는 것을 금지하고, 위반시 형사 처벌하는 금융실명법 조항이 일반적 행동자유권을 침해하는지 여부: 적극[위헌] (헌재 2022.2.24, 2020헌가5)

48 이자제한법에서 정한 최고이자율을 초과하여 이자를 받은 자를 1년 이하의 징역 또는 1천만원 이하의 벌금에 처하도록 한 이자제한법 제8조 제1항이 일반적 행동자유권으로부터 파생되는 계약의 자유를 침해하여 위헌인지 여부: 소극 (헌재 2023.2.23, 2022헌바22)

49 교통사고 발생시 사상자 구호 등 필요한 조치를 하지 않은 자에 대한 형사처벌을 정하는 구 도로교통 법(2011.6.8. 법률 제10790호로 개정되고, 2016.12.2. 법률 제14356호로 개정되기 전의 것) 제148 조가 과잉금지원칙에 위반하여 일반적 행동자유권을 침해하는지 여부: 소극 (헌재 2019.4.11, 2017헌가 28)

50 선불폰 개통에 필요한 증서 등을 타인에게 제공하는 것을 금지하고 위반시 처벌하는 것이 일반적 행동 자유권을 침해하는지 여부: 소극[합헌] (헌재 2022.6.30, 2019헌가14)

51 조합 임원의 선출과 관련하여 후보자가 금품을 제공받는 행위를 금지하고 이에 위반한 경우 처벌하는 것이 일반적 행동자유권을 침해하는지 여부: 소극[합헌] (헌재 2022.10.27, 2019헌바324)

3. 인격 · 개성의 자유로운 발현권

(1) 행복추구권

① 행복추구권은 구체적인 표현으로서 일반적인 행동자유권과 개성의 자유로운 발현권을 포함한다(헌재 1998.5.28, 96헌가5).

② '인격의 자유로운 발현권'이라고도 함

(2) 교육을 통한 인격 등의 자유로운 발현권

헌법 제31조 제1항의 능력에 따라 균등하게 교육받을 권리와 구별

⚖ 판례 |

1 초등학교 정규교과에서 영어를 배제하거나 일정한 시수로 제한하는 '초 · 중등학교 교육과정에 관한 교육과학기술부 고시'가 청구인들의 인격의 자유로운 발현권, 자녀교육권을 침해하는지 여부: 소극[기각] (헌재 2016.2.25, 2013헌마838)

2 수능시험의 문항 수 기준 70퍼센트를 EBS 교재와 연계하여 출제한다는 '2018학년도 대학수학능력시험 시행기본계획'이 학생들이 자유로운 인격발현권을 침해하는지 여부: 소극[기각] (헌재 2018.2.22, 2017헌마691)

《주의》 균등하게 교육받을 권리는 제한되지 않았다.

3 사회복무요원이 대학에서 수학하는 행위를 제한하는 구 병역법 시행령 제65조의3 제4호 중 고등교육법 제2조 제1호의 '대학'에 관한 부분이 청구인의 교육을 통한 자유로운 인격발현권을 침해하는지 여부: 소극[기각] (헌재 2021.6.24, 2018헌마526)

---

05 효력

1. 대국가적 효력과 제3자적 효력

2. 다른 기본권과의 관계
보충적 기본권으로서의 성격을 가짐

06 한계와 제한

1. 한계
타인의 행복추구권을 방해하여서는 안 됨

2. 제한
국가안전보장·질서유지 또는 공공복리를 위하여 제한될 수 있음

🔖 판례 │

1 국산영화 의무상영제도가 위헌인지 여부: 소극 (헌재 1995.7.21, 94헌마125)

2 공물이용권이 행복추구권에 포함되는지 여부: 소극 (헌재 2011.6.30, 2009헌마406)

3 수질개선부담금을 부과하는 것이 위헌인지 여부: 소극
더욱이 먹는 샘물을 마시는 사람은 유한한 환경재화인 지하수를 소비하는 사람이므로 이들에 대하여 환경보전에 대한 비용을 부담하게 할 수도 있는 것이므로 … 국민이 마시고 싶은 물을 자유롭게 선택할 권리를 빼앗겨 행복추구권을 침해받는다고 할 수 없다(헌재 1998.12.24, 98헌가1).

4 기부금품모집이 오로지 행정청의 자유로운 재량행사에 맡겨진 것이 행복추구권을 침해하는지 여부: 적극 [위헌] (헌재 1998.5.28, 96헌가5)

5 기부금품의 모집에 허가를 받도록 한 기부금품모집규제법 제4조 제1항 등이 과잉금지원칙에 위반하여 기부금품을 모집할 일반적 행동의 자유를 침해하는지 여부: 소극 (헌재 2010.2.25, 2008헌바83)
《주의》 4번 판례와 비교 ➡ 4번 판례: 오로지 행정청의 재량행상에 맡겨짐 vs. 5번 판례: 기부 허가제 자체

6 혼인 등의 하객들에게 주류 및 음식물의 접대를 원칙적으로 금지하고, 가정의례의 참뜻에 비추어 합리적인 범위 안에서만 허용하는 것이 위헌인지 여부: 적극[위헌]
죄형법정주의의 명확성원칙을 위배하여 청구인의 일반적 행동자유권을 침해하였다(헌재 1998.10.15, 98헌마168).

7 수사 및 재판단계에서 유죄가 확정되지 아니한 미결수용자에게 재소자용 의류를 입게 하는 것이 위헌인지 여부: 적극[위헌]
헌법 제37조 제2항의 기본권제한에서의 비례원칙에 위반되는 것으로서, 무죄추정의 원칙에 반하고 인간으로서의 존엄과 가치에서 유래하는 인격권과 행복추구권, 공정한 재판을 받을 권리를 침해하는 것이다(헌재 1999.5.27, 97헌마137 등).

8 미군부대의 평택 이전이 평화적 생존권을 침해하는지 여부: 소극[종전 판례]

9 평화적 생존권을 헌법상 보장된 기본권으로 인정하였던 판례를 변경한 사례: [종전 판례변경] (헌재 2009. 5.28, 2007헌마369)

《주의》 헌법재판소는 평화적 생존권을 기본권으로 인정하지 않는다.

10 전국기능경기대회 입상자의 국내기능경기대회 재출전을 금지하고 있는 숙련기술장려법 시행령 제27조 제1 항·제2항 중 각 '전국기능경기대회에 참가하여 입상한 사실이 없는 사람에게만 참가자격을 부여한 부분' 이 행복추구권을 침해하는지 여부: 적극[헌법불합치]

이 사건 시행령조항은 전국기능경기대회 입상자의 국내기능경기대회 재도전을 전면적, 일률적으로 금지 하고 있으므로 이는 청구인들의 행복추구권을 침해한다(헌재 2015.10.21, 2013헌마757).

11 한의사가 안압측정기 등 의료기기를 사용하여 진료행위를 한 것이 의료법위반이라는 피청구인의 각 기소유 예처분이 청구인들의 평등권과 행복추구권을 침해하였다고 본 사례(헌재 2013.12.26, 2012헌마551)

12 교도소 독거실 내 화장실 창문과 철격자 사이에 안전철망을 설치한 행위가 인격권·환경권을 침해하는지 여부: 소극 (헌재 2014.6.26, 2011헌마150)

13 국민에 대한 일정한 보상금의 수급기준을 정하고 있는 이 사건 규정이 행복추구권을 침해한다고 할 수 있 는지 여부: 소극

제3절 법 앞의 평등

헌법 제11조 ① 모든 국민은 법 앞에 평등하다. 누구든지 성별·종교 또는 사회적 신분에 의하여 정치적· 경제적·사회적·문화적 생활의 모든 영역에 있어서 차별을 받지 아니한다.
② 사회적 특수계급의 제도는 인정되지 아니하며, 어떠한 형태로도 이를 창설할 수 없다.
③ 훈장 등의 영전은 이를 받은 자에게만 효력이 있고, 어떠한 특권도 이에 따르지 아니한다.

01 평등의 원칙

1. 의의
(1) 우리 헌법의 최고원리로서 헌법개정에 의해서도 폐지될 수 없음
(2) 기회균등과 자의금지원칙을 중심내용으로 함

2. 내용
(1) '법'의 의미

　　모든 법규범 ➡ 성문법과 불문법 불문 / 국내법과 국제법 불문

(2) '법 앞에'의 의미 – 법내용평등설(통설)

　　법의 집행과 적용뿐만 아니라 법의 **제정내용**까지도 포함하는 모든 국가작용에 대한 규제원리로 이해

(3) '평등'의 의미

　　① **헌법재판소**: 입법과 법의 적용에 있어서 합리적인 근거가 없는 차별을 하여서는 아니 된다는 상대적 평등을 뜻하고 따라서 합리적 근거가 있는 차별 또는 불평등은 인정됨(헌재 1999.5.27, 98헌바26)

② **검토**: 정치적 영역에서는 절대적·형식적 평등이, 사회적·경제적 영역에서는 상대적 평등이 보다 중시됨

3. 불합리한 차별의 금지

(1) 합리적 차별 여부에 대한 사법심사기준

① **자의금지원칙에 따른 심사(완화된 심사)**: 차별을 정당화하는 합리적인 이유가 있는지만 심사하기 때문에 그에 해당하는 비교대상간의 사실상 차이나 입법목적(차별목적)의 발견·확인에 그침

② **비례의 원칙에 따른 심사(엄격한 심사)**

　㉠ 차별취급의 목적과 수단간에 엄격한 비례관계가 성립하는지를 심사

　㉡ 비례심사의 경우 단순히 합리적인 이유의 존부문제가 아니라 차별을 정당화하는 이유와 차별 간의 상관관계에 대한 심사 또는 입법목적(차별목적)의 비중과 차별의 정도에 적정한 균형관계가 이루어졌는가를 심사한다(헌재 2008.11.27, 2006헌가1).

③ 대학 교원들의 단결권을 인정하지 않는 '교원의 노동조합 설립 및 운영 등에 관한 법률'의 위헌판결(헌재 2018.8.30, 2015헌가38)

　㉠ **교육공무원인 대학 교원(완화된 심사)**: 교육공무원에게 근로3권을 일체 허용하지 않고 전면적으로 부정하는 것은 합리성을 상실한 과도한 것으로서 입법형성권의 범위를 벗어나 헌법에 위반됨

　㉡ **교육공무원이 아닌 대학 교원(엄격한 심사)**: … 심판대상조항은 과잉금지원칙에 위배됨

　　《주의》 위 판례는 심사기준이 다르다는 것을 주의해야 한다.

⚖️ **판례 |**

☐ **자의금지원칙을 적용한 판례**

1 다른 전문직 종사자와 달리 약사는 법인의 형태로 약국개설을 제한하는 것이 평등권 침해인지 여부: 적극 [헌법불합치] (헌재 2002.9.19, 2000헌바84)

　《주의》 위 판례는 직업의 자유, 결사의 자유도 침해되었다고 본다.

2 준법서약서 제출제도가 위헌인지 여부: 소극 (헌재 2002.4.25, 98헌마425)

3 지방의원과 달리 지방자치단체장이 계속하여 재임하는 것을 3기를 초과하지 못하도록 제한하는 것이 위헌인지 여부: 소극 (헌재 2006.2.23, 2005헌마403)

4 장애인가구와 비장애인가구에 대하여 동일한 최저생계비를 지급받게 하는 최저생계비 고시가 평등권을 침해하는지 여부: 소극 (헌재 2004.10.28, 2002헌마328)

5 직계비속을 중혼의 취소청구권자에서 제외한 민법 제818조가 평등원칙에 반하는지 여부: 적극[헌법불합치] (헌재 2010.7.29, 2009헌가8)

6 남자에 한하여 병역의무를 부과하는 법률조항이 평등권을 침해하는지 여부: 소극 (헌재 2010.11.25, 2006헌마328)

7 지방자치단체장의 3기 초과 연임제한이 평등원칙에 반하는지 여부: 소극[기각] (헌재 2006.2.23, 2005헌마403)

8 직계존속에 대한 고소금지조항이 위헌인지 여부: 소극[합헌] (헌재 2011.2.24, 2008헌바56)

9 친고죄에 있어서 고소취소가 가능한 시기를 제1심 판결선고 전까지로 제한한 형사소송법 제232조 제1항이 평등권을 침해하는지 여부: 소극[합헌] (헌재 2011.2.24, 2008헌바40)

10 전통사찰의 소유로서 전법(傳法)에 제공되는 경내지의 건조물과 토지에 관하여는 저당권이나 그밖의 물권의 실행을 위한 경우 또는 파산한 경우 외에는 전통사찰의 등록 후에 발생한 사법(私法)상의 금전 채권으로 압류하지 못하도록 규정한 전통사찰의 보존 및 지원에 관한 법률이 평등원칙을 위반하는지 여부: 소극 (헌재 2012.6.27, 2011헌바34)

11 건강보험제도는 전 국민에게 기본적인 의료서비스를 제공하기 위한 사회보장제도의 일종으로서, 입법 자는 건강보험제도에 관하여 광범위한 입법형성권을 가진다고 할 것이므로, 보험료 부담의 평등원칙 위반 여부는 완화된 심사기준에 따라 판단되어야 한다고 한 사례 (헌재 2012.5.31, 2009헌마299)

12 수혜적 성격의 법률은 현저히 자의적일 경우에만 헌법에 위반되는지 여부: 적극 (헌재 2010.12.28, 2009헌바40)

❑ **비례의 원칙을 적용한 판례(대부분의 가산점 제도가 해당됨)**

1 평등권 침해 여부 판단시 비례의 원칙(엄격한 심사척도)이 적용되는 경우
  [1] 헌법에서 특별히 평등을 요구하고 있는 경우 엄격한 심사척도가 적용될 수 있다.
  [2] 차별적 취급으로 인하여 관련 **기본권에 대한 중대한 제한**을 초래하게 된다면 입법형성권은 축소 되어 보다 엄격한 심사척도가 적용되어야 할 것이다(헌재 1999.12.23, 98헌마363).

2 혼인과 가족을 이유로 한 차별에 대한 심사기준 - 비례의 원칙 (헌재 2008.11.13, 2006헌바112 등)

3 중등교사 임용시험에서 복수·부전공자에게 가산점을 부여하는 것이 위헌인지 여부: 소극 (헌재 2006.6. 29, 2005헌가13)

4 국가공무원 7급시험에서 정보관리기술사·정보처리기사 자격소지자에 대해서만 가산점을 부여하는 것이 정보처리기능사 자격소지자와 차별하여 평등권을 침해하는지 여부: 소극 (헌재 2003.9.25, 2003헌마30)

5 국·공립학교 채용시험의 동점자처리에서 국가유공자 및 그 가족에게 우선권을 부여하는 것이 평등권을 침해하는지 여부: 소극 (헌재 2006.6.29, 2005헌마44)

6 제대군인에게 가산점을 부여하는 것이 위헌인지 여부: 적극[위헌]
  [1] 가산점제도의 평등 위반 여부를 심사함에 있어 적용되는 심사척도
    가산점제도는 헌법 제32조 제4항이 특별히 **남녀평등**을 요구하고 있는 '근로' 내지 '고용'의 영역에 서 남성과 여성을 달리 취급하는 제도이고, 또한 헌법 제25조에 의하여 보장된 **공무담임권**이라는 기본권의 행사에 중대한 제약을 초래하는 것이기 때문에 엄격한 심사척도가 적용된다.

  [2] 가산점제도로 여성·신체장애자 등의 평등권이 침해되는지 여부: 적극
    가산점제도는 아무런 재정적 뒷받침 없이 제대군인을 지원하려 한 나머지 결과적으로 … '여성과 장애인에 대한 차별금지와 보호'에도 저촉되므로 정책수단으로서의 적합성과 합리성을 상실한 것 이다(헌재 1999.12.23, 98헌마363).

7 국가유공자 가산점제도사건(1차 결정) - 완화된 비례성 심사
  구체적인 비례심사의 과정에서는 헌법에서 차별명령규정을 두고 있는 점을 고려하여 보다 완화된 기 준을 적용하여야 할 것이다(헌재 2001.2.22, 2000헌마25).

8 국가유공자의 가족에게 10%의 가산점을 부여하는 제도가 위헌인지 여부(2차 결정): 적극[헌법불합치]
  [1] 공무원시험의 경쟁이 갈수록 치열해지는 상황을 고려할 때 헌법 제32조 제6항은 엄격하게 해석할 필요가 있다. 위 조항의 대상자는 '국가유공자', '상이군경' 그리고 '전몰군경의 유가족'이라고 봄이 상당하다. 따라서 '국가유공자의 가족'의 경우 그러한 가산점의 부여는 헌법이 직접 요청하고 있는 것이 아니라 입법정책으로서 채택된 것이라 볼 것이다.
  [2] 이 사건 조항의 위헌성은 국가유공자 등과 그 가족에 대한 가산점제도 자체가 입법정책상 전혀 허용될 수 없다는 것이 아니고, 그 차별의 효과가 지나치다는 것에 기인한다. … 그때까지 이 사건

조항의 잠정적용을 명한다(헌재 2006.2.23, 2004헌마675).

구분	제대군인 가산점 (98헌마363)	국가유공자 가산점 (2000헌마25)	국가유공자 가산점 (2004헌마75)
헌법상 근거 유무	헌법상 근거 없음	유공자 본인, 유가족 모두 (헌법 제32조 제6항)	• 유공자 본인: 헌법상 근거 있음 • 유공자 가족: 헌법상 근거 없음
위헌성 심사기준	엄격한 비례성 심사	완화된 비례성 심사	비례성 심사
가산점제도를 통하여 실현되는 법익	입법정책상의 법익	헌법 제32조 제6항의 헌법상 법익	• 유공자 본인: 헌법상 법익 • 유공자 가족: 입법정책상 법익
주문	위헌	합헌	헌법불합치(잠정적용)

9 고용노동 및 직업상담 직류를 채용하는 경우 직업상담사 자격증 보유자에게 만점의 3% 또는 5%의 가산점을 부여하는 것이 평등권을 침해하는지 여부: 소극 (헌재 2018.8.30, 2018헌마46)

(2) 적극적 평등실현조치(잠정적 우대조치, 역평등)의 문제

① **의의**: 종래에 사회로부터 차별받아 온 일정 집단에 대해 사회적 이익을 직접 또는 간접으로 부여하는 정책(비례대표의원의 여성할당제, 장애인 채용목표제 등)

② **특징**

　㉠ 결과의 평등을 추구

　　《주의》 기회의 평등이 아니다.

　㉡ 집단의 일원이라는 것을 근거로 혜택을 준다는 점

　㉢ 목적이 실현되면 종료하는 임시적 조치라는 점

③ **적극적 평등실현조치와 역차별의 문제**

> ⚖️ **판례 |**
>
> 사기업에서 장애인 의무고용제가 사업주의 계약의 자유 등을 침해하는지 여부: 소극 (헌재 2003.7.24, 2001헌바96)

　《주의》 '청년할당제'는 적극적 평등실현조치에 해당되지 않는다.

02 평등권

1. 의의

국가로부터 부당하게 차별대우를 받지 아니할 소극적 권리면서, 국가에 대하여 적극적으로 평등한 처우를 요구할 수 있는 개인의 주관적 공권

2. 차별금지사유와 차별금지영역

> **헌법 제11조** ① 모든 국민은 법 앞에 평등하다. 누구든지 성별·종교 또는 사회적 신분에 의하여 정치적·경제적·사회적·문화적 생활의 모든 영역에 있어서 차별을 받지 아니한다.
> 　✎ 헌법이 규정하고 있는 차별금지사유와 차별영역금지사유는 예시적(통설)

(1) 차별금지사유

① **성별**: 남녀평등을 의미, 그러나 남녀의 사실적(생리적) 차이에 의거한 차별이라든가 그 밖의 합리적 이유가 있는 차별은 허용

② **종교**: 종교평등을 의미

③ **사회적 신분**

㉠ **학설**: 선천적 신분설은 '신분'의 측면을, 후천적 신분설은 '사회적' 측면을 강조

㉡ **헌법재판소**: "헌법 제11조 제1항의 '사회적 신분'이란 사회에서 장기간 점하는 지위로서 일정한 사회적 평가를 수반하는 것을 의미하므로 전과자도 사회적 신분에 해당된다."라고 하여 후천적 신분설을 취함(헌재 1995.2.23, 93헌바43)

> **⚖️판례 |**
>
> 1 존속상해치사죄에 대한 가중처벌이 평등원칙에 위배되는지 여부: **소극** (헌재 2002.3.28, 2000헌바53)
>
> 2 자기의 직계존속을 살해한 자를 일반 살인죄를 저지른 자에 비하여 가중처벌하는 형법 제250조 제2항이 평등원칙에 위배되는지 여부: **소극** (헌재 2013.7.25, 2011헌바267)

(2) 차별금지영역

인간의 모든 생활영역(제11조 제1항)

03 주체

1. 대한민국 국민, 외국인, 법인이나 법인격 없는 사단

2. 외국인에 대하여는 국제법과 상호주의원칙에 따름

04 평등조항 효력

1. 대국가적 효력

2. 간접적용설에 따라 사인 상호간의 법률관계에도 효력이 미침(통설)

05 평등원칙의 구현

1. 사회적 특수계급제도 부인

> **헌법 제11조** ② 사회적 특수계급의 제도는 인정되지 아니하며, 어떠한 형태로도 이를 창설할 수 없다.

2. 영전일대의 원칙 – 영전의 세습제 부인

> **헌법 제11조** ③ 훈장 등의 영전은 이를 받은 자에게만 효력이 있고, 어떠한 특권도 이에 따르지 아니한다.

✎ 연금지급이나 유족에 대한 보훈까지 금지하는 것은 아니고, 그로 말미암은 특권(그 자손의 특진, 조세감면, 형벌면제 등)을 부인하는 것

1 헌법 제32조 제6항 중 '국가유공자'의 의미에 '가족'도 포함하는지 여부: 소극[헌법불합치]

2 국가유공자의 서훈등급에 따라 연금을 차등지급하는 것이 위헌인지 여부: 소극

3. 근로관계에 있어서 여성차별금지

헌법 제32조 ④ 여자의 근로는 특별한 보호를 받으며, 고용·임금 및 근로조건에 있어서 부당한 차별을 받지 아니한다.

4. 국가유공자 등의 근로기회의 우선보장

헌법 제32조 ⑥ 국가유공자·상이군경 및 전몰군경의 유가족은 법률이 정하는 바에 의하여 우선적으로 근로의 기회를 부여받는다.

근로기회 우선보장의 대상은 국가유공자, 상이군경, 전몰군경의 유가족에 한정된다. 즉, 국가유공자의 가족, 상이군경의 가족은 제외된다.

5. 혼인과 가족생활에 있어서 양성의 평등

헌법 제36조 ① 혼인과 가족생활은 개인의 존엄과 양성의 평등을 기초로 성립되고 유지되어야 하며, 국가는 이를 보장한다.

1 개별사건법률은 그 자체가 평등원칙에 위배되는 위헌법률인지 여부: 소극 (헌재 1996.2.16, 96헌가2 등)

2 교섭단체 소속 의원의 입법활동을 보좌하기 위하여 정책연구위원을 두도록 하는 것이 교섭단체를 구성한 정당과 그렇지 못한 정당을 불합리하게 차별하여 평등원칙에 위반되는지 여부: 소극 (헌재 2008.3.27, 2004헌마654)

3 연합뉴스를 국가기간 뉴스통신사로 지정하고 우대조치를 하는 것이 위헌인지 여부: 소극 (헌재 2005.6.30, 2003헌마841)

   [1] 주식회사 연합뉴스를 국가기간 뉴스통신사로 지정하고 이에 대한 재정지원 등을 규정한 뉴스통신 진흥에 관한 법률 제10조 등 심판대상조항이 개인대상법률로서 헌법에 위반되는지 여부: 소극

   [2] 경업자인 청구인들의 평등권을 침해하는지 여부: 소극

4 국·공립사범대학 등 출신자에 대한 교사 우선채용이 위헌인지 여부: 적극[위헌] (헌재 1990.10.8, 89헌마89)

5 국가에 대한 가집행선고를 제한한 것이 위헌인지 여부: 적극[위헌] (헌재 1989.1.25, 88헌가7)

6 지방자치단체소유의 공유재산은 시효취득의 대상이 되지 아니한다고 규정한 지방재정법 제74조 제2항을 공유재산 중 잡종재산에 적용하는 것이 헌법에 위반되는지 여부: 적극 (헌재 1992.10.1, 92헌가6·7)

7 국유잡종재산을 시효취득의 대상에 포함시키지 않는 것이 위헌인지 여부: 적극[한정위헌] (헌재 1991.5.13, 89헌가97)

8 제대군인에 대한 가산점제도가 위헌인지 여부: 적극[위헌] (헌재 1999.12.23, 98헌마363)

9 부부의 자산소득합산과세가 위헌인지 여부: 적극[위헌] (헌재 2002.8.29, 2001헌바82)

10 법조경력 15년에 달하지 아니한 변호사의 개업신고 전 2년 이내의 근무지가 속하는 지방법원의 관할구역 안에서는 퇴직한 날로부터 3년간 개업할 수 없도록 변호사 개업지를 제한한 것이 위헌인지 여부: 적극 [위헌]

직업선택의 자유를 제한함에 있어서 비례의 원칙에 벗어난 것이고, 합리적인 이유 없이 변호사로 개업하고자 하는 공무원을 차별하고 있으며, 병역의무의 이행을 위하여 군법무관으로 복무한 후 개업하는 경우에는 병역의무의 이행으로 불이익한 처우를 받게 되어 헌법에 각 위반된다(헌재 1989.11.20, 89헌가102).

11 국·공립학교 채용시험의 동점자처리에서 국가유공자 등 및 그 유족·가족에게 우선권을 주도록 하는 것이 일반 응시자들의 평등권을 침해하는지 여부: 소극 (헌재 2006.6.29, 2005헌마44)

비교판례

구 국가유공자 등 예우 및 지원에 관한 법률 제31조 제3항 본문 중 선발예정인원이 3명 이하인 채용시험의 경우 국가유공자법상 가점을 받을 수 없도록 한 부분이 평등권을 침해하는지 여부: 소극 (헌재 2016.6.29, 2014헌마541)

12 국가공무원 7급시험에서 기능사자격증에는 가산점을 주지 않고 기사 등급 이상의 자격증에는 가산점을 주도록 한 것이 공무담임권 및 평등권을 침해하는지 여부: 소극 (헌재 2003.9.25, 2003헌마30)

13 복수전공 및 부전공 교원자격증소지자에게 가산점을 부여하는 것이 공무담임권이나 평등권을 침해하는지 여부: 소극 (헌재 2006.6.29, 2005헌가13)

14 6급 이하 지방공무원의 정년을 57세, 5급 이상 지방공무원의 정년을 60세로 한 지방공무원법 제66조 제1항 제1호가 6급 이하 지방공무원의 평등권을 침해하는지 여부: 소극 (헌재 2007.6.28, 2005헌마553)

15 경찰공무원의 정년을 경정 이상은 60세, 경감 이하는 57세로 규정한 경찰공무원법 제24조 제1항 제1호가 평등권을 침해하는지 여부: 소극 (헌재 2007.6.28, 2006헌마207)

16 외국인 산업연수생에 대해서만 근로기준법이 보장한 근로기준 중 주요사항을 적용하지 않는 것이 위헌인지 여부: 적극 (헌재 2007.8.30, 2004헌마670)

17 법무사 사무원의 수를 제한하는 것이 위헌인지 여부: 소극 (헌재 1996.4.25, 95헌마331)

18 교도소에 수용된 때에는 국민건강보험급여를 정지하도록 한 국민건강보험법 제49조 제4호가 수용자의 평등권 등을 침해하는지 여부: 소극 (헌재 2005.2.24, 2003헌마31·2004헌마695)

19 국고지원에 있어서 지역가입자와 직장가입자의 차별취급이 평등의 원칙에 위배되는지 여부: 소극 (헌재 2000.6.29, 99헌마289)

20 변호사징계사건에 대하여 법원에 의한 사실심리의 기회를 배제함으로써 징계처분을 다투는 의사·공인회계사 등 다른 전문자격종사자에 비교하여 변호사를 차별대우하는 것이 위헌인지 여부: 적극 (헌재 2000.6.29, 99헌가9)

21 우체국보험에 대한 압류금지규정이 위헌인지 여부: 적극[헌법불합치]

우체국보험 가입자의 채권자를 일반 인보험 가입자의 채권자에 비하여 불합리하게 차별취급하는 것이므로, 헌법 제11조 제1항의 평등원칙에 위반된다(헌재 2008.5.29, 2006헌바5).

22 대한민국 국민인 남자에 한정하여 병역의무를 부과하는 것이 헌법에 위반되는지 여부: 소극 (헌재 2011.6.30, 2010헌마460)

23 후보자의 득표수가 유효투표총수의 100분의 15 이상인 경우 또는 100분의 10 이상 100분의 15 미만인 경우에는 후보자가 지출한 선거비용의 전액 또는 반액을 각각 보전하여 주도록 규정하고 있는 공직선거법 제122조의2 제1항 제1호가 위헌인지 여부: 소극 (헌재 2010.5.27, 2008헌마491)

24 사립학교교원 또는 사립학교교원이었던 자가 재직 중의 사유로 금고 이상의 형을 받은 때에는 대통령령이 정하는 바에 의하여 퇴직급여 및 퇴직수당의 일부를 감액하여 지급하도록 한 것이 위헌인지 여부: 적극[헌법불합치] (헌재 2010.7.29, 2008헌가15)

25 '직무와 관련 없는 과실로 인한 경우' 및 '소속 상관의 정당한 직무상의 명령에 따르다가 과실로 인한 경우'를 제외하고 고의범의 경우에는 직무와 관련이 없는 범죄라 할지라도 재직 중의 사유로 금고 이상의 형을 받은 경우, 퇴직급여 등을 감액하도록 규정한 것이 사립학교교원의 재산권 및 평등권 등을 침해하는지 여부: 소극[합헌] (헌재 2013.9.26, 2010헌가89)

《주의》 25번 판례는 24번 판례에 따른 법 개정 이후의 판례로 두 판례를 구별해서 알아두어야 한다.

26 공무원이 재직 중의 사유로 금고 이상의 형을 받은 때에는 대통령령이 정하는 바에 의하여 퇴직급여 및 퇴직수당의 일부를 감액하여 지급하도록 한 것이 평등의 원칙에 위배되는지 여부: 적극[헌법불합치] (헌재 2007.3.29, 2005헌바33)

27 명예퇴직 공무원이 재직 중의 사유로 금고 이상의 형을 받은 때에는 명예퇴직수당을 필요적으로 환수하도록 한 국가공무원법 제74조의2 제3항 제1호가 재산권을 침해하고 평등원칙에 위배되는지 여부: 소극 (헌재 2010.11.25, 2010헌바93)

《주의》 명예퇴직 공무원에 초점을 두어 26번 판례와 27번 판례를 구별해서 알아두어야 한다.

28 군인 또는 군인이었던 자가 복무 중의 사유로 금고 이상의 형을 받은 때에는 대통령령이 정하는 바에 의하여 퇴직급여 및 퇴직수당의 일부를 감액하여 지급하도록 한 군인연금법 제33조 제1항 제1호가 헌법상 재산권 내지 평등권을 침해하는지 여부: 적극 (헌재 2009.7.30, 2008헌가1·2009헌바21)

29 중혼의 취소청구권자로 직계존속과 4촌 이내의 방계혈족은 포함하면서도 직계비속을 제외한 것이 평등원칙에 반하여 위헌인지 여부: 적극[헌법불합치] (헌재 2010.7.29, 2009헌가8)

30 직계비속이 직계존속을 고소하지 못하도록 한 형사소송법 제224조가 평등권을 침해하는지 여부: 소극 (헌재 2011.2.24, 2008헌바56)

31 행정관서요원과 달리 국제협력요원으로 근무하다가 순직한 경우 국가유공자로 대우하지 않은 것이 위헌인지 여부: 소극 (헌재 2010.7.29, 2009헌가13)

32 선택병의원제 및 비급여항목의 도입에 따른 '의료급여수급자'와 '건강보험가입자'를 차별하는 것이 평등권을 침해하는지 여부: 소극 (헌재 2009.11.26, 2007헌마734)

33 친고죄에 있어서 고소취소가 가능한 시기를 제1심 판결선고 전까지로 제한한 형사소송법 제232조 제1항이 평등권을 침해하는지 여부: 소극 (헌재 2011.2.24, 2008헌바40)

34 계속근로기간 1년 미만인 근로자를 퇴직급여 지급대상에서 제외하는 근로자퇴직급여 보장법 제4조 제1항 단서 중 '계속근로기간이 1년 미만인 근로자' 부분과 같은 법 제8조 제1항 중 '계속근로기간 1년' 부분이 퇴직근로자를 '계속근로기간이 1년 이상인지 여부'에 따라 차별취급하여 평등권을 침해하는지 여부: 소극 (헌재 2011.7.28, 2009헌마408)

35 가맹사업거래의 공정화에 관한 법률에서 정한 계약해지절차를 거치지 아니한 가맹본부의 가맹계약해지에 대하여 불공정거래행위에 해당하지 않는다고 판단하여 한 공정거래위원회의 무혐의처분이 현저히 정의에 반하는 조사 또는 잘못된 법률의 적용이나 증거판단에 따른 자의적 처분으로서 평등권을 침해하는지 여부: 적극[인용] (헌재 2012.2.23, 2010헌마750)

36 1983.1.1. 이후 출생한 A형 혈우병 환자에 한하여 유전자재조합제제에 대한 요양급여를 인정하는 보건복지가족부 고시 제2010-20호 '요양급여의 적용기준 및 방법에 관한 세부사항' 중 관련 조항이 그 이전에 출생한 청구인들의 평등권을 침해하는지 여부: 적극[위헌] (헌재 2012.6.27, 2010헌마716)

37 국회에 청원을 하려고 하는 자는 의원의 소개를 얻어 청원서를 제출하도록 규정한 국회법 제123조 제1항이 평등권을 침해하는지 여부: 소극[기각] (헌재 2012.11.29, 2012헌마330)

38 공인회계사시험의 응시자격을 일정 과목에 대하여 일정 학점을 이수한 사람으로 제한하고 있는 공인회계사법 제5조 제3항이 평등권을 침해하는지 여부: 소극 (헌재 2012.11.29, 2011헌마801)

39 국회의원의 경우 지방공사 직원의 겸직이 허용되는 반면, 지방의회의원의 경우 이 사건 법률조항에 의하여 지방공사 직원의 직을 겸할 수 없는 것이 지방의회의원인 청구인의 평등권을 침해하는지 여부: 소극[기각] (헌재 2012.4.24, 2010헌마605)

40 세종특별자치시의 시장 및 교육감선거는 실시함에도 불구하고 지방의회의원선거는 실시하지 않도록 한 것이 평등권을 침해하는지 여부: 소극 (헌재 2013.2.28, 2012헌마131)

41 독립유공자의 손자녀 중 1명에게만 보상금을 지급하도록 하면서, 독립유공자의 선순위 자녀의 자녀에 해당하는 손자녀가 2명 이상인 경우에 나이가 많은 손자녀를 우선하도록 규정한 독립유공자예우에 관한 법률 제12조 제2항 등 관련 규정이 평등권을 침해하는지 여부: 적극[헌법불합치] (헌재 2013.10.24, 2011헌마724)

비교판례

[1] 1945년 8월 15일 이후에 사망한 독립유공자의 유족으로 최초로 등록할 당시 자녀까지 모두 사망하거나 생존 자녀가 보상금을 지급받지 못하고 사망한 경우에 한하여 독립유공자의 손자녀 1명에게 보상금을 지급하도록 하는 '독립유공자예우에 관한 법률' 제12조 제2항 제2호(이하 '심판대상조항'이라 한다)가 독립유공자의 사망시기를 기준으로 보상금 지급을 달리하여 청구인의 평등권을 침해하는지 여부: 소극 (헌재 2022.1.27, 2020헌마594)

[2] 심판대상조항이 손자녀 1명에게만 보상금을 지급하는 것이 청구인의 평등권을 침해하는지 여부: 소극 (헌재 2022.1.27, 2020헌마594)

[3] '독립유공자예우에 관한 법률' 제12조 제2항 제1호 중 '손자녀 1명에 한정하여 보상금을 지급하는 부분' 및 같은 조 제4항 제1호 중 '나이가 많은 손자녀를 우선하는 부분'이 청구인의 평등권을 침해하는지 여부: 소극 (헌재 2018.6.28, 2015헌마304)

42 배우자가 그와 함께 다니는 사람 중에서 지정한 1명도 예비후보자의 명함을 직접 주거나 예비후보자에 대한 지지를 호소할 수 있도록 함으로써 배우자 없는 청구인의 평등권 등을 침해하는지 여부: 적극[위헌] (헌재 2013.11.28, 2011헌마267)

비교판례

배우자가 지정한 1명 vs. 배우자 자체
예비후보자의 배우자와 직계존·비속이 예비후보자의 선거운동을 위하여 예비후보자의 명함을 직접 주거나 예비후보자에 대한 지지를 호소할 수 있도록 한 공직선거법 제60조의3 제2항 제1호(이하 '이 사건 1호 법률조항'이라 한다)에 대한 심판청구는, 선거절차가 모두 끝나 주관적 권리보호의 이익이 없고, 헌법재판소가 최근에 위 조항이 평등권을 침해하지 아니한다고 결정한 바 있어 예외적으로 심판청구의 이익을 인정할 수 있는 경우도 아니어서 부적법하다(헌재 2013.11.28, 2011헌마267).

43 지방공무원의 집단행위를 금지하면서 지방의원과 지방자치단체의 장에게는 예외를 인정하는 것이 평등권을 침해하는지 여부: 소극[합헌] (헌재 2014.8.28, 2011헌바50)

44 공공기관 및 공기업으로 하여금 매년 정원의 3% 이상씩 청년 미취업자를 채용하도록 한 청년고용촉진 특별법 제5조 제1항 및 동법 시행령 제2조 단서(이른바 청년고용할당제)가 평등권을 침해하는지 여부: 소극[기각] (헌재 2014.8.28, 2013헌마553)

45 교원노조는 일반 노조나 대학교원단체와 달리 정치활동을 제한하는 것이 평등원칙에 위반되는지 여부: 소극[합헌] (헌재 2014.8.28, 2011헌바32 등)

46 사실혼 배우자에게 상속권을 인정하지 않는 민법 제1003조 제1항 중 '배우자' 부분이 사실혼 배우자의 평등권을 침해하는지 여부: 소극[합헌]
   사실혼은 헌법 제36조 제1항의 보호범위에 포함되지 아니하므로, 이 사건 법률조항은 헌법 제36조 제1항에 위반되지 않는다(헌재 2014.8.28, 2013헌바119).

47 금고 이상의 형을 받아 그 집행을 종료하거나 면제를 받은 후 3년 내에 금고 이상에 해당하는 죄를 범한 자는 누범으로 처벌하고, 누범의 형은 그 죄에 정한 형의 장기의 2배까지 가중하도록 한 형법 제35조가 평등원칙에 위배되는지 여부: 소극[합헌] (헌재 2011.5.26, 2009헌바630)

48 형법조항의 구성요건 이외에 별도의 가중적 구성요건표지를 규정하지 않고 형법 제207조(통화위조죄)에 규정된 죄를 범한 사람은 사형, 무기 또는 5년 이상의 징역에 처하는 특정범죄 가중처벌 등에 관한 법률 제10조가 형벌체계상의 정당성과 균형을 상실하여 인간의 존엄과 가치를 보장하는 헌법원리 및 평등원칙에 위반되는지 여부: 적극[위헌] (헌재 2014.11.27, 2014헌가11 · 2014헌바224)

49 형법상의 범죄와 똑같은 구성요건을 규정하면서 법정형만 상향 조정한 특정범죄 가중처벌 등에 관한 법률 제5조의4 제1항 중 형법 제329조에 관한 부분 등이 인간의 존엄성 가치를 보장하는 헌법의 기본원리에 위배될 뿐만 아니라 그 내용에 있어서도 평등원칙에 위반되는지 여부: 적극 (헌재 2015.2.26, 2014헌가16 등)
   [심판대상]

   > 특정범죄 가중처벌 등에 관한 법률
   > 제5조의4 【상습 강도 · 절도죄 등의 가중처벌】① 상습적으로 형법 제329조부터 제331조까지의 죄 또는 그 미수죄를 범한 사람은 무기 또는 3년 이상의 징역에 처한다.

50 흉기 기타 위험한 물건을 휴대하여 형법상 '상해죄'를 범한 사람을 가중처벌하는 '폭력행위 등 처벌에 관한 법률' 제3조 제1항 부분이 헌법에 위반되는지 여부: 소극[합헌]
   [1] 죄형법정주의의 명확성원칙 위반 여부: 소극
   [2] 책임과 형벌의 비례원칙 위반 여부: 소극
   [3] 형벌체계상의 균형성 상실 여부 및 평등원칙 위배 여부: 소극 (헌재 2015.9.24, 2014헌가1)

51 흉기 기타 위험한 물건을 휴대하여 형법상 폭행죄, 협박죄, 재물손괴죄를 범한 사람을 가중처벌하는 '폭력행위 등 처벌에 관한 법률' 제3조 제1항 부분이 형벌체계상의 균형을 상실하여 평등원칙에 반하는지 여부: 적극[위헌] (헌재 2015.9.24, 2015헌가3 등)

52 직업군인과 단기복무군인 중 여성에게만 육아휴직을 허용하는 것이 의무복무군인인 남성 단기복무장교의 평등권을 침해하는지 여부: 소극 (헌재 2008.10.30, 2005헌마1156)

53 금고 이상의 실형을 선고받고 그 집행이 끝나거나 집행이 면제된 날로부터 3년이 지나지 아니한 사람은 행정사가 될 수 없다고 규정한 행정사법 제6조 제3호가 평등권을 침해하는지 여부: 소극 (헌재 2015.3.26, 2013헌마131)

54 모집정원의 70%를 임직원 자녀 전형으로 선발하고 10%만을 일반 전형으로 선발하는 내용의 충남○○고 입학전형요강을 피청구인 충청남도 교육감이 승인한 것이 청구인들의 평등권을 침해하는지 여부: 소극 (헌재 2015.11.26, 2014헌마145)
   《주의》 교육을 받을 권리의 제한이 문제되지 아니한다.

55 독립유공자의 유족으로서 보상받을 권리가 유족등록을 신청한 날이 속하는 달부터 발생하도록 정한 '독립유공자예우에 관한 법률' 제8조가 평등원칙에 위반되는지 여부: 소극[합헌] (헌재 2015.9.24, 2015헌바48)

56 치과전문의 자격 인정 요건으로 '외국의 의료기관에서 치과의사 전문의 과정을 이수한 사람'을 포함하지 아니한 '치과의사전문의의 수련 및 자격 인정 등에 관한 규정 제18조 제1항이 평등권을 침해하는지 여부: 적극[헌법불합치] (헌재 2015.9.24, 2013헌마197)

  [1] 직업수행의 자유 침해 여부: ○

   심판대상조항은 침해의 최소성원칙에 위반되고 법익의 균형성도 충족하지 못하였다.

  [2] 평등권 침해 여부: ○

   《주의》 치과의사전문의 자격 인정 요건 판례와 달리 변호사 성적 공개 판례는 직업수행의 자유를 침해하지 않았다.

57 '농어촌등보건의료를위한특별조치법'이 시행되기 이전에 공중보건의사로 복무한 사람이 사립학교교직원으로 임용된 경우, 공중보건의사로 복무한 기간을 사립학교교직원 재직기간에 산입하도록 규정하지 아니한 '사립학교교직원 연금법' 제31조 제2항이 평등원칙에 위반되는지 여부: 적극[헌법불합치] (헌재 2016.2.25, 2015헌가15)

58 고용 허가를 받아 국내에 입국한 외국인근로자의 출국만기보험금을 출국 후 14일 이내에 지급하도록 한 '외국인근로자의 고용 등에 관한 법률' 제13조 제3항 중 '피보험자 등이 출국한 때부터 14일 이내' 부분이 청구인들의 평등권을 침해하는지 여부: 소극 (헌재 2016.3.31, 2014헌마367)

59 현역병 및 사회복무요원과 달리 공무원의 초임호봉 획정에 인정되는 경력에 산업기능요원의 경력을 제외하도록 한 공무원보수규정 제8조 제2항 중 [별표 15]에 따른 [별표 16] 제1호 가목 본문 가운데 산업기능요원의 경력을 제외하는 부분이 산업기능요원인 청구인의 평등권을 침해하는지 여부: 소극[기각] (헌재 2016.6.30, 2014헌마192)

60 '부정청탁 및 금품 등 수수의 금지에 관한 법률'[청탁금지법](일명 김영란법)이 언론인과 사립학교 관계자의 평등권을 침해하는지 여부: 소극[기각] (헌재 2016.7.28, 2015헌마236 등)

61 '수사가 진행 중이거나 형사재판이 계속 중이었다가 그 사유가 소멸한 경우'에는 잔여 퇴직급여 등에 대해 이자를 가산하는 규정을 두면서, '재심으로 무죄판결을 받아 그 사유가 소멸한 경우'에는 이자 가산 규정을 두지 않은 군인연금법 제33조 제2항이 평등원칙에 위반되는지 여부: 적극[헌법불합치] (헌재 2016.7.28, 2015헌바20)

62 대학·산업대학 또는 전문대학에서 의무기록사 면허에 관한 학문을 전공한 사람에 대해서만 의무기록사 국가시험에 응시할 수 있도록 하고, 사이버대학에서 같은 학문을 전공하는 경우 의무기록사 국가시험에 응시할 수 없도록 한 '의료기사 등에 관한 법률' 제4조 제1항 제1호가 평등권을 침해하는지 여부: 소극[기각] (헌재 2016.10.27, 2014헌마1037)

63 공무상 질병 또는 부상으로 인하여 퇴직 후 장애 상태가 확정된 군인에게 상이연금을 지급하도록 한 개정된 군인연금법 제23조 제1항을 개정법 시행일 이후부터 적용하도록 한 군인연금법 부칙 중 구 군인연금법 제23조 제1항에 관한 부분 및 군인연금법 부칙 제1조 중 군인연금법 제23조 제1항에 관한 부분이 평등원칙에 위반되는지 여부: 적극[헌법불합치] (헌재 2016.12.29, 2015헌바208)

64 폭력행위 등 처벌에 관한 법률 위반(집단·흉기등상해)죄를 국민참여재판 대상에서 제외한 '국민의 형사재판 참여에 관한 법률' 제5조 제1항 제1호 중 구 법원조직법 제32조 제1항 제3호 다목(이하 '심판대상조항'이라 한다)이 평등권을 침해하는지 여부: 소극[합헌] (헌재 2016.12.29, 2015헌바63)

65 지역가입자에 대한 보험료를 산정·부과하는 기준에 관하여 규정한 국민건강보험법 제69조 제5항과 제72조 제1항이 평등원칙에 위배되는지 여부: 소극[합헌] (헌재 2016.12.29, 2015헌바199)

66 현금영수증 미발급에 대한 과태료 부과처분이 평등의 원칙에 위배되는지 여부: 소극[합헌] (헌재 2017.5.25, 2017헌바57)

67 공기업의 직원을 형법상 뇌물죄를 적용함에 있어 공무원으로 의제하는 구 '공공기관의 운영에 관한 법률' 제53조 중 '공기업의 직원'에 관한 부분이 평등원칙에 위배되는지 여부: 소극[합헌] (헌재 2016.12.29, 2015헌바225)

68 약물·알코올 중독자에 대한 치료감호기간 상한은 2년임에 비하여 정신성적 장애인에 대한 치료감호기간 상한은 15년으로 정한 것이 평등권을 침해하는지 여부: 소극[기각] (헌재 2017.4.27, 2015헌마989)

69 개인택시운송사업의 상속을 허용하면서 그 소급 적용의 범위를 제한한 '개인택시 조례'가 평등권을 침해하는지 여부: 소극[기각] (헌재 2017.5.25, 2015헌마1110)

70 현직 국회의원인지 여부를 불문하고 예비후보자가 선거사무소를 설치하고 그 선거사무소에 간판·현판 또는 현수막을 설치·게시할 수 있도록 한 공직선거법 제60조의3 제1항 제1호 등이 평등권을 침해하는지 여부: 소극[각하] (헌재 2017.6.29, 2016헌마110)

71 공무원 퇴직연금의 수급요건이 재직기간 20년에서 10년으로 변경되었으나, 개정법이 2016.1.1. 당시 재직 중인 공무원부터 적용하여 그 이전 퇴직공무원(재직기간이 10년 이상 20년 미만)을 차별한 것이 위헌인지 여부: 소극[기각] (헌재 2017.5.25, 2015헌마933)

[심판대상]

> 공무원연금법 부칙(2015.6.22. 법률 제13387호)
>
> 제6조【연금수급요건 완화에 관한 특례】제46조 제1항부터 제3항까지, 제48조 제1항, 제56조 제1항부터 제3항까지 및 제60조 제1항의 개정규정은 이 법 시행 당시 재직 중인 공무원부터 적용한다.

[관련조항]

> 공무원연금법(2015.6.22. 법률 제13387호로 개정된 것)
>
> 제46조【퇴직연금 또는 퇴직연금일시금】① 공무원이 10년 이상 재직하고 퇴직한 경우에는 다음 각 호의 어느 하나에 해당하는 때부터 사망할 때까지 퇴직연금을 지급한다. …

72 사립대학 교원이 국회의원으로 당선된 경우 임기개시일 전까지 그 직을 사직하도록 규정한 국회법 규정이 청구인의 평등권을 침해하는지 여부: 소극[기각] (헌재 2015.4.30, 2014헌마621)

73 수석교사 임기 중에 교장 등의 자격을 취득할 수 없도록 한 교육공무원법 제29조의4 제4항이 수석교사로 임용된 청구인들의 평등권을 침해하는지 여부: 소극[기각] (헌재 2017.7.27, 2017헌마599)

74 사무처리를 그르치게 할 목적으로 공무원 또는 공무소의 전자기록 등 특수매체기록을 위작한 사람을 10년 이하의 징역에 처하도록 정한 형법 제227조의2 중 '위작'에 관한 부분이 형벌체계상의 균형성을 상실하여 평등원칙에 위반되는지 여부: 소극[합헌] (헌재 2017.8.31, 2015헌가30)

75 '운행 중'인 운전자를 폭행하여 상해에 이르게 한 경우 형법의 폭행치상 또는 상해보다 가중처벌하는 것이 평등원칙에 위배되는지 여부: 소극[합헌] (헌재 2017.11.30, 2015헌바336)

76 범인이 형사처분을 면할 목적으로 국외에 있는 경우 그 기간 동안 공소시효가 정지되도록 정한 형사소송법 제253조 제3항이 평등원칙에 위반되는지 여부: 소극[합헌] (헌재 2017.11.30, 2016헌바157)

비교판례

외국법원의 확정판결에 기초하여 이루어진 가압류의 피보전채무를 상속재산가액에서 차감되는 채무에 포함시키지 아니한 구 상속세 및 증여세법이 과잉금지의 원칙 및 평등원칙에 위반되는지 여부: 소극[합헌] (헌재 2015.4.30, 2011헌바177)

77 13세 미만의 사람에 대하여 형법 제298조(강제추행)의 죄를 범한 사람은 5년 이상의 유기징역 또는 3천만원 이상 5천만원 이하의 벌금에 처하도록 규정한 '성폭력범죄의 처벌 등에 관한 특례법' 제7조 제3항이 평등원칙 등에 위반되는지 여부: 소극[합헌] (헌재 2017.12.28, 2016헌바368)

78 금융기관 임직원이 직무에 관하여 금품 기타 이익을 1억원 이상 받으면 무기 또는 10년 이상의 징역에 처하는 구 '특정경제범죄 가중처벌 등에 관한 법률' 제5조 제4항 제1호가 평등원칙에 위반되는지 여부: 소극[합헌] (헌재 2017.12.28, 2016헌바281)

비교판례

금융기관 임직원이 직무와 관련하여 5천만원 이상을 수수한 경우 죄질과 관계없이 무기 또는 10년 이상의 징역에 처하도록 규정한 특정경제범죄 가중처벌 등에 관한 법률: 위헌 (헌재 2006.4.27, 2006헌가5)

79 대한민국 국적을 가지고 있는 영유아 중에서도 재외국민인 영유아를 보육료·양육수당 지원대상에서 제외하는 보건복지부지침이 국내에 거주하면서 재외국민인 영유아를 양육하는 부모인 청구인들의 평등권을 침해하는지 여부: 적극[위헌] (헌재 2018.1.25, 2015헌마1047)

80 집행유예보다 무거운 실형을 선고받고 집행이 종료되거나 면제된 경우에는 자격에 제한을 두지 않으면서 집행유예를 선고받은 경우에 대해서는 이러한 특례조항을 두지 아니한 소년법 제67조가 평등원칙에 위반되는지 여부: 적극[헌법불합치] (헌재 2018.1.25, 2017헌가7)

81 국가에 대한 금전채권의 소멸시효를 5년으로 제한하는 국가재정법 조항이 평등원칙 등에 위배되는지 여부: 소극[합헌] (헌재 2018.2.22, 2016헌바470)

82 대형마트 등에 대하여 영업시간 제한 및 의무휴업일 지정을 할 수 있도록 한 유통산업발전법 제12조의2 제1항 등이 평등원칙에 위배되는지 여부: 소극[합헌] (헌재 2018.6.28, 2016헌바77)

83 대학원재학생과 고아에 대하여 자활사업 참가조건 부과 유예사유를 두지 않은 국민기초생활 보장법 시행령 제8조 제2항 제1호가 평등권을 침해하는지 여부: 소극[기각] (헌재 2017.11.30, 2016헌자448)

84 의료인에 대한 자격정지처분 사유가 발생한 날로부터 5년이 지난 경우 처분을 할 수 없도록 시효규정을 신설하면서, 이미 자격정지처분이 있었던 경우에는 시효규정의 적용대상에서 제외한 의료법 부칙 제4조가 평등권을 침해하는지 여부: 소극[기각] (헌재 2017.11.30, 2016헌마725)

85 보훈보상대상자의 부모에 대한 유족보상금 지급시 수급권자를 1인에 한정하고 나이가 많은 자를 우선하도록 규정한 보훈보상대상자 지원에 관한 법률 제11조 제1항 제2호가 평등권을 침해하여 위헌인지 여부: 적극[헌법불합치] (헌재 2018.6.28, 2016헌가14)

86 교원징계재심위원회의 재심결정에 대한 학교법인의 제소권한을 제한한 것이 위헌인지 여부: 적극[위헌] (헌재 2006.2.23, 2005헌가7 등)

87 법인의 부동산등기에 있어서 대도시와 중소도시의 경우 등록세율을 달리하는 것이 위헌인지 여부: 소극[합헌] (헌재 1996.3.28, 94헌바420)

88 군에서의 형의 집행 및 군수용자의 처우에 관한 법률의 적용을 받은 미결수용자의 면회횟수제한이 위헌인지 여부: 적극[위헌] (헌재 2003.11.27, 2002헌마193)

89 단순매수나 단순판매목적소지의 마약사범에 대하여도 사형·무기 또는 10년 이상의 징역에 처하도록 하는 규정이 지나치게 과도한 형벌로서 책임과 형벌간의 비례성원칙에 어긋나는지 여부 및 법관의 양형선택·판단권을 지나치게 제한하는지 여부: 적극[위헌] (헌재 2003.11.27, 2002헌바24)

90 사망 전 등록한 고엽제 후유증환자에 국한하여 유족보상을 지급하는 것이 위헌인지 여부: 적극[헌법불합치] (헌재 2001.6.28, 99헌마516)

91 외국인 전용 신규 카지노 허가대상기관을 한국관광공사로 한정한 것이 기존 카지노업자들의 평등권을 침해하는지 여부: 소극[기각] (헌재 2006.7.27, 2004헌마924)

92 '다중의 위력으로써' 주거침입을 하는 경우를 '2인 이상이 공동하여' 주거침입을 하는 경우보다 중하게 처벌하는 것이 평등원칙 위반인지 여부: 소극[합헌] (헌재 2008.11.27, 2007헌가24)

93 경찰공무원 교육훈련 또는 직무수행 중 사망한 경우 국가유공자 예우 및 지원에 관한 법률상 순직군경으로 예우받을 수 있는 것과는 달리, 소방공무원은 화재진압, 구조·구급업무수행 또는 이와 관련된 교육훈련 중 사망한 경우에 한하여 순직군경으로서 예우를 받을 수 있도록 하는 소방공무원법 제14조의2 제1항과 제2항이 평등권을 침해하는지 여부: 소극[합헌] (헌재 2005.9.29, 2004헌바53)

94 군인이 공무상 질병 또는 부상으로 '퇴직 이후에 폐질상태가 확정된 군인'에 대해서 일반 공무원과 달리 상이연금지급에 관한 규정을 두지 아니한 군인연금법 제23조 제1항이 평등원칙에 위배되는지 여부: 적극 [헌법불합치] (헌재 2010.6.24, 2008헌바128)

비교판례

공무상 질병 또는 부상으로 인하여 퇴직 후 장애 상태가 확정된 군인에게 상이연금을 지급하도록 한 개정된 군인연금법 제23조 제1항을 개정법 시행일 이후부터 적용하도록 한 군인연금법 부칙(2011.5.19. 법률 제10649호) 중 구 군인연금법(2011.5.19. 법률 제10649호로 개정되고, 2013.3.22. 법률 제11632호로 개정되기 전의 것) 제23조 제1항에 관한 부분 및 군인연금법 부칙(2013.3.22. 법률 제11632호) 제1조 중 군인연금법(2013.3.22. 법률 제11632호로 개정된 것) 제23조 제1항에 관한 부분이 평등원칙에 위반되는지 여부: 적극 [헌재 2016.12.29, 2015헌바208, 2016헌바145(병합)]

95 대통령선거경선후보자가 당내 경선과정에서 탈퇴함으로써 후원회를 둘 수 있는 자격을 상실한 때에는 후원회로부터 받은 후원금 전액을 국고에 귀속하도록 하고 있는 정치자금법 제21조 제3항 제2호가 평등원칙 등에 반하여 위헌인지 여부: 적극[위헌] (헌재 2009.12.29, 2007헌마412)

96 당내 경선에 참가한 정당 소속 예비후보자는 불출마하더라도 기탁금을 반환받을 수 있으나 무소속 예비후보자가 후보자등록을 하지 않는 경우에 기탁금을 반환받지 못하게 하는 것은 평등의 원칙에 위배되는지 여부: 소극[기각] (헌재 2010.12.28, 2010헌마79)

97 국가공무원 임용결격사유에 해당하여 공중보건의사 편입이 취소된 사람을 현역병으로 입영하게 하거나 공익근무요원으로 소집함에 있어 의무복무기간에 기왕의 복무기간을 전혀 반영하지 아니하는 구 병역법 제35조 제3항과 병역법 제35조 제3항이 평등의 원칙에 반하여 위헌인지 여부: 적극[헌법불합치] (헌재 2010.7.29, 2008헌가28)

98 변호사에게 전년도에 처리한 수임사건의 건수 및 수임액을 소속 지방변호사회에 보고하도록 규정하고 있는 구 변호사법 제28조의2가 평등원칙을 침해하는지 여부: 소극[기각] (헌재 2009.10.29, 2007헌마667)

99 대학·산업대학 또는 원격대학에 편입학할 수 있는 자격을 전문대학을 졸업한 자로 규정한 고등교육법 제51조가 평등권 등을 침해하여 위헌인지 여부: 소극[기각] (헌재 2010.11.25, 2010헌마144)

100 부동산 실권리자명의 등기에 관한 법률 제5조에 의한 과징금 부과 특례대상을 법률혼만 인정하고 사실혼 배우자 사이에는 인정하지 아니하는 것이 평등권 침해인지 여부: 소극[합헌] (헌재 2010.12.28, 2009헌바400)

101 비례대표 시·도의회의원후보자에게 지역구후보자와 달리 사전선거운동 등을 허용하지 않는 것이 평등권을 침해하는지 여부: 소극[기각] (헌재 2011.3.31, 2010헌마34)

102 지역구국회의원선거에서 선거방송토론위원회가 주관하는 대담·토론회의 초청자격을 규정하고 있는 공직선거법이 평등권을 침해하는지 여부: 소극[기각] (헌재 2011.5.26, 2010헌마451)

103 고엽제 후유의증환자가 사망한 때에도 유족에게 교육지원과 취업지원을 한다는 내용의 고엽제 후유의증 환자지원 등에 관한 법률 제7조 제9항을 위 법률 시행일 이후 사망한 환자의 유족부터 적용한다고 규정한 것이 위 법률 시행일 이전에 사망한 환자의 유족들의 평등권을 침해하여 위헌인지 여부: 적극[위헌] (헌재 2011.6.30, 2008헌마715)

104 산업기능요원 편입이 취소되어 입영하는 경우 1년 이상 종사한 사람으로 한정하여 복무기간을 단축할 수 있도록 규정한 병역법 제41조 제4항의 산업기능요원에 관한 부분이 평등권을 침해하는지 여부: 적극[위헌] (헌재 2011.11.24, 2010헌마746)

비교판례

[1] 산업기능요원의 복무기간을 공무원 호봉산정으로 인정하지 않은 것: [합헌] (헌재 2016.6.30, 2014헌마192)

[2] 공중보건의사의 복무기간을 교원연금기간에 산정하지 않은 것: [위헌] (헌재 2016.2.25, 2015헌가15)

[3] 사회복무요원에게 현역병의 봉급에 해당하는 보수를 지급하도록 한 것: [합헌] (헌재 2019.2.28, 2017헌마374)

105 법무부장관이 제1회 및 제2회 변호사시험의 시험장을 서울 소재 4개 대학교로 선정한 행위가 지방 소재 법학전문대학원 응시자의 평등권을 침해하는지 여부: 소극[기각] (헌재 2013.9.26, 2011헌마782)

106 금고 이상의 형의 집행유예를 선고받고, 그 유예 기간이 지난 후 2년이 지나지 아니한 자의 변호사시험 응시를 금지한 변호사시험법 제6조 제3호가 평등권을 침해하는지 여부: 소극[기각] (헌재 2013.9.26, 2012헌마365)

107 뇌물수수에 이르지 않고 뇌물요구에 그쳤다고 해도 요구한 액수가 1억원 이상인 때에는 무기 또는 10년 이상의 징역으로 처벌하도록 한 것이 책임과 형벌간의 비례원칙이나 형벌체계상의 균형성에 위배되는지 여부: 소극[합헌] (헌재 2013.8.29, 2011헌바364)

108 자수를 형의 '임의적 감면사유'로 규정한 형법 제52조 제1항이 헌법상 평등원칙에 반하는지 여부: 소극 [합헌] (헌재 2013.10.24, 2012헌바278)

109 물리치료사가 의사, 치과의사의 지도하에 업무를 할 수 있도록 정한 구 의료기사 등에 관한 법률 제1조 중 '의사 또는 치과의사의 지도하에 진료 또는 의화학적 검사에 종사하는 자' 중 물리치료사에 관한 부분이 한의사를 의사 및 치과의사에 비하여 합리적 이유 없이 차별하여 한의사의 평등권을 침해하는지 여부: 소극[기각] (헌재 2014.5.29, 2011헌마552)

110 사업주가 제공한 교통수단을 이용하는 등 사업주의 지배관리 아래 출퇴근하다가 발생한 사고만 업무상 재해로 인정하는 산업재해보상보험법 제37조 제1항 제1호 다목이 평등원칙에 위배되는지 여부: 적극[헌법불합치] (헌재 2016.9.29, 2014헌바254)

111 강도상해죄 또는 강도치상죄를 무기 또는 7년 이상의 징역에 처하도록 규정한 형법 제337조가 형벌체계상 균형을 상실하여 평등원칙에 위반되는지 여부: 소극[합헌] (헌재 2016.9.29, 2014헌바183)

112 관광진흥개발기금 관리·운용업무에 종사하도록 하기 위하여 문화체육관광부장관에 의하여 채용된 민간 전문가에 대하여 형법상 뇌물죄의 적용에 있어서 공무원으로 의제하는 관광진흥개발기금법 제13조가 신체의 자유나 평등원칙에 위배되는지 여부: 소극[위헌] (헌재 2014.7.24, 2011헌바88)

113 아동·청소년대상 성폭력범죄를 저지른 자에 대하여 신상정보를 공개하도록 하는 것이 아동대상 일반 범죄를 저지른 사람과 차별하여 평등권을 침해하는지 여부: 소극[합헌] (헌재 2013.10.24, 2011헌바106)

114 교원징계재심위원회의 재심결정에 대한 학교법인의 불복을 금지하는 교원지위향상을위한특별법 제10조가 평등권을 침해하는지 여부: 적극[위헌] (헌재 2006.2.23, 2005헌가7 등)

115 부동산실명법위반자에 대해서 과징금을 부과하는 부동산실명법 제5조가 평등권을 침해하는지 여부: 적극 [헌법불합치] (헌재 2006.5.25, 2005헌가17 등)

116 국가인권위원회 위원의 퇴직 후 2년간 공직취임 및 선거출마를 금지하는 국가인권위원회법 제11조가 평등의 원칙에 위배되는지 여부: 적극[위헌] (헌재 2004.1.29, 2002헌마788)

117 출생에 의한 국적취득에 있어 부계혈통주의를 규정한 구 국적법 제2조 제1항 제1호가 헌법상 평등의 원칙에 위배되는지 여부: 적극 (헌재 2000.8.31, 97헌가12)

118 구법상 부가 외국인이기 때문에 대한민국 국적을 취득할 수 없었던 한국인 모의 자녀 중에서 신법 시행 전 10년 동안에 태어난 자에게만 대한민국 국적을 취득하도록 하는 경과규정인 국적법 부칙 제7조 제1항이 평등원칙에 위배되는지 여부: 적극[헌법불합치] (헌재 2000.8.31, 97헌가12)

119 1978.6.14.부터 1998.6.13. 사이에 태어난 모계출생자가 대한민국 국적을 취득할 수 있는 특례를 두면서 2004.12.31.까지 국적취득신고를 한 경우에만 대한민국 국적을 취득하도록 한 국적법 부칙 제7조 제1항 중 '2004년 12월 31일까지 대통령령이 정하는 바에 의하여 법무부장관에게 신고함으로써' 부분이 평등원칙에 위배되는지 여부: 소극 (헌재 2015.11.26, 2014헌바211)

120 상소제기기간 등을 법정산입 대상에 포함하지 않고 있는 형사소송법 제482조 제1항이 평등원칙에 위배되는지 여부: 적극[헌법불합치] (헌재 2000.7.20, 99헌가7)

121 금융기관 임·직원의 수재행위를 공무원보다 가중처벌하는 특정범죄 가중처벌 등에 관한 법률 제2조 제1항이 평등의 원칙에 위반되는지 여부: 적극[위헌] (헌재 2006.4.27, 2006헌가5)

122 야간의 흉기휴대 협박에 대한 가중처벌을 규정하고 있는 형법 제283조가 평등원칙에 위배되는지 여부: 적극[위헌] (헌재 2004.12.16, 2003헌가12)

123 대한민국 국적을 갖고 있지 아니한 국외강제동원 희생자의 유족을 위로금 지급대상에서 제외한다고 규정한 '대일항쟁기 강제동원 피해조사 및 국외강제동원 희생자 등 지원에 관한 특별법' 제7조 제4호 등이 위헌인지 여부: 소극[합헌] (헌재 2015.12.23, 2011헌바139)

124 특별시·광역시가 아닌 시에 지방자치단체가 아닌 행정구를 두고 그 구청장은 시장이 임명하도록 한 지방자치법 제3조 제3항 주민의 평등권을 침해하는지 여부: 소극[기각] (헌재 2019.8.29, 2018헌마129)

125 가축 사육시설에 대하여 적법화 이행기간의 특례를 규정하면서, '개 사육시설'을 적용대상에서 제외한 것이 평등권을 침해하는지 여부: 소극[기각] (헌재 2019.8.29, 2018헌마297 등)

126 현금영수증 발급의무 위반에 대한 과태료 부과 및 과태료 부과금액을 미발급 거래대금의 100분의 50으로 일률적으로 정하고 있는 것이 직업수행의 자유 및 평등원칙에 위배되는지 여부: 소극[합헌] (헌재 2019. 8.29, 2018헌바265)

127 근로자가 사업주의 지배관리 아래 출퇴근하던 중 발생한 사고로 부상 등이 발생한 경우만 업무상 재해로 인정하는 산업재해보상보험법 제37조 제1항 등이 평등원칙에 위배되는지 여부: 적극[헌법불합치] (헌재 2016.9.29, 2014헌바254)

128 업무상 재해에 통상의 출퇴근 재해를 포함시키는 개정 법률조항을 개정법 시행 후 최초로 발생하는 재해부터 적용하도록 하는 산업재해보상보험법 부칙 제2조 중 '제37조의 개정규정'에 관한 부분이 헌법상 평등원칙에 위반되는지 여부: 적극[헌법불합치]
심판대상조항이 신법 조항의 소급적용을 위한 경과규정을 두지 않음으로써 개정법 시행일 전에 통상의 출퇴근 사고를 당한 비혜택근로자를 보호하기 위한 최소한의 조치도 취하지 않은 것은, 산재보험의 재정상황 등 실무적 여건이나 경제상황 등을 고려한 것이라고 하더라도, 그 차별을 정당화할 만한 합리적인 이유가 있는 것으로 보기 어렵고, 이 사건 헌법불합치결정의 취지에도 어긋난다. 따라서 심판대상조항은 헌법상 평등원칙에 위반된다(헌재 2019.9.26, 2018헌바218 등).

129 시·도지사후보자에게 5천만원의 기탁금 조항 및 선거방송토론위원회 주관 대담·토론회의 초청요건을 정한 공직선거법 조항이 평등권을 침해하는지 여부: 소극[기각] (헌재 2019.9.26, 2018헌마128)

130 골프장 부가금 납부의무자에 대한 부가금이 부가금 징수 대상 체육시설을 이용하지 않는 그 밖의 국민과 차별하는 것이 평등권을 침해하는지 여부: 적극[위헌] (헌재 2019.12.27, 2017헌가21)

131 자사고를 지원한 학생에게는 외국어고·국제고 및 자사고를 제외한 평준화지역의 후기학교에 중복지원하는 것을 금지하는 조항은 청구인 학생 및 학부모의 평등권을 침해하여 헌법에 위반된다(헌재 2019. 4.11, 2018헌마221).

《주의》 • 동시선발조항(후기학교가 아닌 것)은 합헌이다.
  • 이 사건은 포괄위임금지원칙 문제가 아니고 법률유보원칙이 문제가 된다.
  • 사안에서 학교법인의 신뢰보호는 문제가 되지만, 부모나 학생의 신뢰보호는 문제가 되지 않는다.
  • 학교법인의 사학운영의 자유와 평등권은 침해하지 않는다.

132 특별시장·광역시장·특별자치시장·도지사·특별자치도지사(이하 '광역자치단체장'이라 한다) 선거의 예비후보자를 후원회지정권자에서 제외하고 있는 정치자금법 제6조 제6호 부분(이하 '광역자치단체장선거의 예비후보자에 관한 부분'이라 한다)이 청구인들의 평등권을 침해하는지 여부: 적극 [헌재 2019.12.27, 2018헌마301·430(병합)]

《주의》 공무담임권 침해는 해당되지 않는다.

비교판례

자치구의 지역구의회의원(이하 '자치구의회의원'이라 한다) 선거의 예비후보자를 후원회지정권자에서 제외하고 있는 정치자금법 제6조 제6호 부분(이하 '자치구의회의원선거의 예비후보자에 관한 부분'이라 한다)이 청구인들의 평등권을 침해하는지 여부: 소극 [헌재 2019.12.27, 2018헌마301·430(병합)]

133 6·25전쟁에 참전하여 전투 중 전사하거나 부상을 입은 군경들 중에서도 '이 사건 전투기간 중에 전사한 군경'의 자녀는 다른 경우에 비하여 희생의 정도 및 사회·경제적인 어려움에 처했을 가능성이 더 크고 추가적인 보상의 필요성도 더 절실하다고 볼 수 있으므로, 심판대상조항이 6·25전몰군경자녀수당의 지급 대상자를 '이 사건 전투기간 중 전사한 군경'의 자녀로 설정함으로써 결과적으로 '이 사건 전투기간 중 부상 후 사망한 군경'의 자녀와의 사이에 차별적 취급이 발생하였다고 하더라도 이에 대한 합리적인 이유를 확인할 수 있어 평등의 원칙에 위배되지 아니한다(헌재 2018.11.29, 2017헌바252).

134 '수사가 진행 중이거나 형사재판이 계속 중이었다가 그 사유가 소멸한 경우'에는 잔여 퇴직급여 등에 대해 이자를 가산하는 규정을 두면서, '형이 확정되었다가 그 사유가 소멸한 경우'에는 이자 가산 규정을 두지 않은 군인연금법(2013.3.22. 법률 제11632호로 개정된 것) 제33조 제2항이 평등원칙을 위반하는지 여부: 적극 (헌재 2016.7.28, 2015헌바20)

135 가구 수가 증가하지 아니하는 개발사업분을 학교용지부담금 부과대상에서 제외하는 규정을 두지 아니한 것이 평등원칙에 위배되는지 여부: 적극[위헌] (헌재 2013.7.25, 2011헌가32; 헌재 2014.4.24, 2013헌가28)

《주의》 수분양자에게 학교용지부담금을 부과하는 것은 위헌, 개발사업자에게 부담금을 부과하는 것은 합헌

136 '주택'과 '주거용 오피스텔'에 관한 지방세법상 취득세율을 차별하는 것이 위헌인지 여부: 소극[합헌] (헌재 2020.3.26, 2017헌바363 등)

137 정년퇴직일 전에 임기만료일이 먼저 도래하는 법관의 경우 임기만료일을 기준으로 명예퇴직수당 정년잔여기간을 산정하도록 정한 '법관 및 법원공무원 명예퇴직수당 등 지급규칙' 제3조 제5항 본문이 평등권을 침해하는지 여부: 소극[기각] (헌재 2020.4.23, 2017헌마321)

138 전문연구요원과 달리 공중보건의사의 군사교육소집기간을 복무기간에 산입하지 않는 심판대상조항이 청구인들의 평등권을 침해하는지 여부: 소극[기각] (헌재 2020.9.24, 2019헌마472 등)

139 공중보건의사에 편입되어 군사교육에 소집된 사람을 군인보수법의 적용대상에서 제외하여 군사교육 소집 기간 동안의 보수를 지급하지 않도록 한 군인보수법이 평등권을 침해하는지 여부: 소극[기각] (헌재 2020.9.24, 2017헌마643)

140 금융회사 등 임직원이 그 직무에 관하여 5천만원 이상 1억원 미만의 금품 등의 수수를 약속한 경우 가중 처벌 하는 '특정경제범죄 가중처벌 등에 관한 법률' 제5조 제4항 제2호 부분이 평등원칙 등에 위배되는지 여부: 소극[합헌] (헌재 2020.10.29, 2019헌가15)

141 운행 중인 자동차의 운전자를 폭행하거나 협박하여 사람을 상해에 이르게 한 경우를 3년 이상의 유기징 역에 처하도록 한 '특정범죄 가중처벌 등에 관한 법률' 제5조의10 제2항 중 '상해'에 관한 부분이 형벌체 계상의 균형을 상실하여 평등원칙에 위배되는지 여부: 소극[합헌] (헌재 2020.11.26, 2020헌바281)

142 군의 장의 선거의 예비후보자등록 신청기간을 선거기간 개시일 전 60일로 제한하는 공직선거법 조항이 평등권을 침해하는지 여부: 소극[기각] (헌재 2020.11.26, 2018헌마260)

143 65세 미만 노인성 질병(치매 · 뇌혈관성질환 등)이 있는 사람의 장애인활동지원급여 신청을 제한하는 것 이 위헌인지 여부: 적극[헌법불합치] (헌재 2020.12.23, 2017헌가22 등)

144 비방할 목적으로 정보통신망을 통하여 공공연하게 거짓의 사실을 드러내는 명예훼손죄를 '반의사불벌죄' 로 규정한 '정보통신망 이용촉진 및 정보보호 등에 관한 법률' 제70조 제3항이 평등의 원칙에 위배되는지 여부: 소극[합헌] (헌재 2021.4.29, 2018헌바113)

145 '공익신고자 보호법'상 보상금의 지급을 신청할 수 있는 자의 범위를 '내부 공익신고자'로 한정함으로써 '외부 공익신고자'를 보상금 지급대상에서 배제하도록 정한, '공익신고자 보호법' 제26조 제1항 중 '내부 공익신고자' 부분이 평등원칙에 위배되는지 여부: 소극[합헌] (헌재 2021.5.27, 2018헌바127)

146 국민참여재판 배심원의 자격을 만 20세 이상으로 정한 국민의 형사재판 참여에 관한 법률 제16조 중 '만 20세 이상' 부분이 평등원칙에 위배되는지 여부: 소극[합헌] (헌재 2021.5.27, 2019헌가19)

147 1993.12.31. 이전에 출생한 재외국민 2세도 예외를 두지 않고 본인이 18세 이후 통틀어 3년을 초과하여 국내에 체재한 경우 재외국민 2세의 지위를 상실할 수 있도록 규정한 병역법 시행령이 평등권을 침해하 는지 여부: 소극[기각] (헌재 2021.5.27, 2019헌마177 등)

148 혼인한 등록의무자 모두 배우자가 아닌 본인의 직계존 · 비속의 재산을 등록하도록 2009.2.3. 법률 제 9402호로 공직자윤리법 제4조 제1항 제3호가 개정되었음에도 불구하고, 개정 전 공직자윤리법 조항에 따라 이미 배우자의 직계존 · 비속의 재산을 등록한 혼인한 여성 등록의무자는 종전과 동일하게 계속해서 배우자의 직계존 · 비속의 재산을 등록하도록 규정한 공직자윤리법 부칙 제2조가 평등원칙에 위배되는지 여부: 적극[위헌] (헌재 2021.9.30, 2019헌가3)

149 득표율에 따라 기탁금 반환 금액을 차등적으로 정한 공직선거법 제57조 제1항 제1호 중 '지방자치단체의 장 선거'에 관한 부분으로서 가목 가운데 '유효투표총수의 100분의 15 이상을 득표한 경우'에 관한 부분 및 나목이 '유효투표총수의 100분의 10'에 미치지 못하는 득표율을 얻은 청구인의 평등권을 침해하는지 여부: 소극[기각, 각하] (헌재 2021.9.30, 2020헌마899)

150 마약류 종류에 따른 구별 없이 가액만을 기준으로 동일하게 가중처벌하는 것이 평등원칙에 위배되는지 여부: 소극[합헌] (헌재 2021.4.29, 2019헌바83)

151 방송광고, 후보자 등의 방송연설, 방송시설주관 후보자연설의 방송, 선거방송토론위원회 주관 대담 · 토론 회의 방송에서 한국 수화언어 또는 자막의 방영을 재량사항으로 규정한 공직선거법 조항이 평등원칙에 위배되는지 여부: 소극[위헌] (헌재 2020.8.28, 2017헌마813)

152 고소인이나 고발인만을 항고권자로 규정한 검찰청법 조항은 동법상 항고를 통하여 불복할 수 없게 된 기 소유예처분을 받은 피의자의 평등권을 침해하는지 여부: 소극 (헌재 2012.7.26, 2010헌마642)

153 일반 형사소송절차와 달리 소년심판절차에서 검사에게 상소권이 인정되지 않는 것이 피해자의 평등권을 침해하는지 여부: 소극 (헌재 2012.7.26, 2011헌마232)

154 외국 국적 동포에 대하여 부동산 실권리자명의 등기에 관한 법률 적용의 예외를 규정한 것이 평등원칙에 위배되는지 여부: 소극 (헌재 2001.5.31, 99헌가18 등)

155 경찰공무원과 군인은 공무원보수규정상의 봉급표에 있어서 본질적으로 동일·유사한 지위에 있다고 볼 수 있는지 여부: 적극 (헌재 2008.12.26, 2007헌마444)

비교판례

일반직공무원과 경찰공무원은 본질적으로 동일·유사한 지위에 있지 않다(헌재 2014.1.28, 2012헌마267).

156 경찰공무원 중 경장의 봉급월액이 이에 대응하는 군인계급인 중사의 봉급월액보다 적게 규정된 것이 합리적 이유 없는 차별인지 여부: 소극 (헌재 2008.12.26, 2007헌마444)

157 국가를 상대로 한 당사자소송에는 가집행선고를 할 수 없도록 규정하고 있는 행정소송법 제43조가 평등원칙에 위반되는지 여부: 적극[위헌] (헌재 2022.2.24, 2020헌가12)

158 피고인이 무죄판결을 받지는 않았으나 원판결보다 가벼운 형으로 유죄판결이 확정됨에 따라 원판결에 따른 구금형 집행이 재심판결에서 선고된 형을 초과하게 된 경우, 초과 구금에 대한 형사보상을 규정하지 않은 형사보상법이 평등권을 침해하는지 여부: 적극[헌법불합치] (헌재 2022.2.24, 2018헌마998 등)

159 군인이 군사기지·군사시설에서 군인을 폭행한 경우 반의사불벌죄(형법 제260조 제3항)의 적용을 배제하도록 한 군형법 제60조의6이 평등원칙에 위반되는지 여부: 소극[합헌] (헌재 2022.3.31, 2021헌바62 등)

160 대마를 수입한 자를 무기 또는 5년 이상의 징역에 처하도록 규정한 '마약류 관리에 관한 법률' 제58조 제1항 제5호 중 '대마를 수입한 자' 부분이 평등원칙에 위배되는지 여부: 소극[합헌] (헌재 2022.3.31, 2019헌바242)

161 학교폭력예방 및 대책에 관한 법률 조항이 학교폭력의 가해학생에 대한 모든 조치에 대해 피해학생 측에는 재심을 허용하면서 가해학생 측에는 퇴학과 전학의 경우에만 재심을 허용하고 나머지 조치에 대해서는 재심을 허용하지 않도록 한 것이 평등원칙에 위배되는지 여부: 소극 (헌재 2013.10.24, 2012헌마832)

162 사법시험에서 글씨를 쓰는 속도가 느리거나 글씨를 고르게 쓸 수 없는 사정을 고려하지 않고 시험시간을 일률적으로 정한 것이 평등원칙에 위배되는지 여부: 소극 (헌재 2008.6.26, 2007헌마917)

163 선거운동에 있어서 후보자의 배우자가 그와 함께 다니는 사람 중에서 지정한 1명도 명함교부를 할 수 있도록 한 공직선거법 규정이 평등원칙에 위배되는지 여부: 적극 (헌재 2016.9.29, 2016헌마287)

164 중등학교 임용시험에서 동일지역 사범대학을 졸업한 교원경력이 없는 자에게 가산점을 부여하는 것이 공무담임권이나 평등권을 침해하는지 여부: 소극[합헌] (헌재 2007.12.27, 2005헌가11)

165 구 국가유공자예우 등에 관한 법률 제5조 제2항에서 유족의 범위에 사후양자를 제외한 것이 평등원칙에 위배되는지 여부: 소극 (헌재 2007.4.26, 2004헌바60)

166 후보자의 선거운동에서 독자적으로 후보자의 명함을 교부할 수 있는 주체를 후보자의 배우자와 직계존비속으로 제한한 공직선거법 규정이 평등원칙에 위배되는지 여부: 소극 (헌재 2016.9.29, 2016헌마287)

167 국·공립사범대학 및 교육대학 졸업자를 교사로 우선하여 채용하도록 한 것은 헌법상 평등의 원칙에 위배되는지 여부: 적극 (헌재 1990.10.8, 89헌바69)

168 일반 사인에 해당하는 금융기관 임·직원이 직무와 관련하여 수재(收財)행위를 한 경우, 공무원의 뇌물죄와 마찬가지로 별도의 배임행위가 없더라도 이를 처벌하도록 한 것이 평등의 원칙에 위배되는지 여부: 소극 (헌재 1999.5.27, 98헌바26)

169 국가인권위원회의 인권위원은 퇴직 후 2년간 교육공무원이 아닌 공무원으로 임명되거나 구 공직선거 및 선거부정방지법에 의한 선거에 출마할 수 없도록 규정한 구 국가인권위원회법 제11조가 평등의 원칙에 위배되는지 여부: 적극 (헌재 2004.1.29, 2002헌마788)

170 중재신청인이 중재기일에 1회 불출석하는 경우, 중재신청을 철회한 것으로 간주하는 정기간행물의 등록 등에 관한 법률 제18조 제5항은 과잉금지원칙 내지 평등원칙에 위배되는지 여부: 소극 (헌재 1999.7.22, 96헌바19)

171 형법상 강제추행죄로 유죄판결이 확정된 자는 신상정보 등록대상자가 되도록 한 구 성폭력범죄의 처벌 등에 관한 특례법 관련 규정이 평등권을 침해하는지 여부: 소극 (헌재 2014.7.24, 2013헌마423 등)

172 "전문과목을 표시한 치과의원은 그 표시한 전문과목에 해당하는 환자만을 진료하여야 한다."고 규정한 의료법 제77조 제3항은 치과전문의들의 직업수행의 자유와 평등권을 침해하는지 여부: 적극 (헌재 2015. 5.28, 2013헌마799)

173 국무총리·행정 각부의 장·국회의원과 달리 지방자치단체의 장이 '공소제기된 후 구금상태에 있는 경우' 부단체장이 그 권한을 대행하도록 하는 것이 평등원칙에 위배되는지 여부: 소극 (헌재 2011.4.28, 2010헌마474)

174 누범에 대한 가중처벌이 평등원칙에 위배되는지 여부: 소극 (대판 2018.2.13, 2017도19862)

175 출생에 의한 국적취득에 있어서 부계혈통주의는 평등원칙에 위배되는지 여부: 적극 (헌재 2000.8.31, 97헌가12)

176 무소속후보자보다 정당공천후보자에게 유리한 선거제도는 평등원칙에 위배되는지 여부: 소극 (헌재 1997.10.30, 96헌마94)

177 초·중등학교의 교원의 정당가입을 금지한 것이 위헌인지 여부: 소극 (헌재 2014.3.27, 2011헌바42)

178 제3자 개입금지에 관한 노동쟁의조정법 제13조의2가 근로자와 사용자를 실질적으로 차별하는 불합리한 규정인지 여부: 소극 (헌재 1990.1.15, 89헌가103)

179 입양기관을 운영하고 있지 않은 사회복지법인과 달리 입양기관을 운영하는 사회복지법인으로 하여금 '기본생활지원을 위한 미혼모자가족복지시설'을 설치·운영할 수 없게 하는 것은, 입양기관을 운영하는 사회복지법인의 평등권을 침해하는 것인지 여부: 소극 (헌재 2014.5.29, 2011헌마363)

180 사법시험에 합격하여 사법연수원의 과정을 마친 자와 달리 변호사시험 합격자들에게 6개월의 실무수습을 거치도록 한 것은 평등권을 침해하는지 여부: 소극 (헌재 2014.9.25, 2013헌마424)

181 국가가 합리적인 기준에 따라 능력이 허용되는 범위 내에서 법적 가치의 상향적 구현을 위한 제도의 단계적 개선을 추진하는 것이 평등권을 침해하는지 여부: 소극 (헌재 1991.2.11, 90헌가27)

182 종교시설 안에서의 명함 배부 및 지지호소로 인한 공직선거법위반 혐의로 한 기소유예처분이 청구인의 평등권과 행복추구권을 침해한 것인지 여부: 적극 (헌재 2023.2.23, 2020헌마1739)

183 피해자보호명령에 우편을 이용한 접근금지에 관한 규정을 두지 아니한 구 가정폭력범죄의 처벌 등에 관한 특례법 제55조의2 제1항이 평등원칙에 위반되는지 여부: 소극 (헌재 2023.2.23, 2019헌바43)

184 택시운전근로자의 최저임금에 산입되는 범위를 정한 최저임금법 제6조 제5항 중 '생산고에 따른 임금을 제외한' 부분이 헌법에 위반되는지 여부: 소극 (헌재 2023.2.23, 2020헌바11)

185 4·19혁명공로자에게 지급되는 보훈급여의 종류를 보상금이 아닌 수당으로 규정한 국가유공자법 제16조의4 제1항(이하 '이 사건 법률조항'이라 한다) 및 2019년도 공로수당의 지급월액을 31만 1천원으로 규정한 같은 법 시행령 제27조의4(이하 '이 사건 시행령조항'이라 한다)가 각각 보상금으로 월 172만 4천원을 받는 건국포장 수훈 애국지사에 비하여 4·19혁명공로자를 합리적 이유 없이 차별 취급하여 평등권을 침해하는지 여부: 소극 (헌재 2022.2.24, 2019헌마883)

186 '성폭력범죄의 처벌 등에 관한 특례법'(2012.12.18. 법률 제11556호로 전부개정된 것, 이하 '성폭력처벌법'이라 한다) 제6조 제4항 중 '정신적인 장애로 항거불능 또는 항거곤란 상태에 있음을 이용하여 사람을 간음한 사람을 무기징역 또는 7년 이상의 징역에 처하도록 규정한 부분'이 정신적 장애인의 성적 자기결정권을 침해하거나 평등원칙에 위배되는지 여부: 소극 (헌재 2016.11.24, 2015헌바136)

187 현역병 등의 복무기간과는 달리 사관생도의 사관학교 교육기간을 연금 산정의 기초가 되는 복무기간에 산입할 수 있도록 규정하지 아니한 것이 평등권을 침해하는지 여부: 소극[기각] (헌재 2022.6.30, 2019헌마150)

188 SK케미칼이 제조하고 애경산업이 판매하였던 가습기살균제 제품인 '홈클리닉 가습기메이트'의 표시·광고와 관련하여 공정거래위원회가 2016년에 행한 사건처리 중, 위 제품 관련 인터넷 신문기사 3건을 심사대상에서 제외한 행위는 청구인의 평등권과 재판절차진술권을 침해하는지 여부: 적극[인용(위헌확인)] (헌재 2022.9.29, 2016헌마773)

189 공무원이 지위를 이용하여 범한 공직선거법위반죄의 경우 일반인이 범한 공직선거법위반죄와 달리 공소시효를 10년으로 정한 공직선거법 제268조 제3항이 평등원칙에 위배되는지 여부: 소극[합헌] (헌재 2022.8.31, 2018헌바440)

190 근로자의 날을 관공서 공휴일에 포함시키지 않은 규정이 평등권을 침해하는지 여부: 소극[기각] (헌재 2022.8.31, 2020헌마1025)

191 가사사용인에 대해서는 근로자퇴직급여 보장법을 적용하지 않도록 한 것이 평등원칙에 위배되는지 여부: 소극[합헌] (헌재 2022.10.27, 2019헌바454)

192 국회의원을 후원회지정권자로 정하면서 '지방의원'을 후원회지정권자에서 제외하고 있는 정치자금법 제6조 제2호가 지방의원의 평등권을 침해하는지 여부: 적극[헌법불합치] (헌재 2022.11.24, 2019헌마528)

제3장 자유권적 기본권

제1절 인신의 자유권

01 생명권

1. 헌법적 근거

(1) 헌법재판소

헌법에 명문의 규정이 없다 하더라도 ⋯ 선험적이고 자연법적인 권리로서 기본권 중의 기본권이다(헌재 1996.11.28, 95헌바1).

(2) 학설

제37조 제1항(다수설)

2. 생명권의 법적 성격

(1) 생명을 방어하려는 대국가적 방어권

(2) 제3자의 침해로부터 보호하여 줄 것을 국가에 요구할 수 있는 청구권

3. 생명권의 내용

(1) 국가의 보호의무

국가는 사인을 제3자에 의한 생명권 침해로부터 보호하여야 할 의무를 가짐

(2) 보호청구권

사인은 국가에게 제3자의 생명권 침해로부터 자신을 보호해 줄 것을 국가에게 청구할 권리를 가짐

(3) 자살권의 인정 여부

자살권은 인정되지 않는다(헌재 2009.11.26, 2008헌마385).

4. 주체

내 · 외국인을 불문 ➡ 법인은 ×

⚖️ 판례 |

1 태아가 생명권의 주체인지 여부: 적극 (헌재 2008.7.31, 2004헌바81)

2 사산된 태아에게 불법적인 생명침해로 인한 손해배상청구권을 인정하지 않는 것은 입법형성권의 한계를 명백히 일탈한 것으로서 국가의 기본권보호의무를 위반한 것인지 여부: 소극 (헌재 2008.7.31, 2004헌바81)

3 초기배아가 생명권의 주체인지 여부: 소극
… 국가의 보호의무가 있다(헌재 2010.5.27, 2005헌마346).

---

5. 생명권의 효력

모든 국가권력을 직접 구속, 사인 상호간에도 효력을 미침

6. 한계와 제한

(1) 생명에 관한 사회적 · 법적 평가

① 원칙적으로 허용 ×
② 타인의 생명을 부정하거나 둘 이상의 생명이 충돌할 경우에는 예외적으로 허용
③ 헌법 제37조 제2항에 의한 일반적 법률유보의 대상에 해당함

(2) 생명권 침해

생명권에 대한 침해유형에는 살인 · 사형 · 낙태 · 안락사 등이 있음

(3) 사형제도

⚖️ 판례 |

1 사형제도가 위헌인지 여부: 소극
　[1] 생명권의 제한이 곧 생명권의 본질적 내용에 대한 침해인지 여부: 소극
　　생명권 역시 헌법 제37조 제2항에 의한 일반적 법률유보의 대상이다.

　[2] 사형제도가 헌법 제37조 제2항에 위반하여 생명권을 침해하는지 여부: 소극
　　사형제도에 의하여 달성되는 범죄예방을 통한 무고한 일반 국민의 생명보호 등 중대한 공익의 보호와 정의의 실현 및 사회방위라는 공익은 … (헌재 2010.2.25, 2008헌가23).

2 국가보안법 제13조의 사형 규정: 적극[위헌]
비교적 경미한 범죄라도 사형까지 선고할 수 있도록 한 것은 그 법정형이 형벌체계상의 균형성을 현저히 상실하여 정당성을 잃은 것이고 … (헌재 2002.11.28, 2002헌가5)
　▶ 위 판례에서 보듯이, 생명권 역시 헌법 제37조 제2항의 일반적 법률유보의 대상이다. 하지만, 생명권의 제한은 정당한 이유 없이 타인의 생명을 부정하거나 그에 못지 아니한 중대한 공공이익을 침해한 경우에 한하여, 즉 엄격한 비례원칙 하에서만 허용될 수 있다. 따라서, 국가보안법 제13조의 사형 규정은 위헌이다.

3 상관살해죄의 유일한 법정형인 사형 규정: 적극[위헌] (헌재 2007.11.29, 2006헌가13)

4 살수차를 이용하여 물줄기가 일직선 형태로 청구인에게 도달되도록 살수한 행위가 청구인의 생명권 및 집회의 자유를 침해하는지 여부: 적극[인용, 각하] (헌재 2020.4.23, 2015헌마1149)

---

(4) 낙태

원칙적으로 인정되고 있지 않으며(형법 제269조 낙태죄), 다만 모자보건법에서 예외를 인정함

《주의》 형법 제269조 조항은 헌법불합치, 2020.12.31.까지만 적용

> **⚖️ 판례 | 임신한 여성의 자기낙태를 처벌하는 형법 제269조 제1항 등이 자기결정권을 침해하는지 여부: 적극[헌법불합치]**
>
> 자기낙태죄 조항은 모자보건법에서 정한 사유에 해당하지 않는다면 결정가능기간 중에 다양하고 광범위한 사회적·경제적 사유를 이유로 낙태갈등 상황을 겪고 있는 경우까지도 예외 없이 전면적·일률적으로 임신의 유지 및 출산을 강제하고, 이를 위반한 경우 형사처벌하고 있다. 따라서, 자기낙태죄 조항은 입법목적을 달성하기 위하여 필요한 최소한의 정도를 넘어 임신한 여성의 자기결정권을 제한하고 있어 침해의 최소성을 갖추지 못하였고, 태아의 생명 보호라는 공익에 대하여만 일방적이고 절대적인 우위를 부여함으로써 법익균형성의 원칙도 위반하였다고 할 것이므로, 과잉금지원칙을 위반하여 임신한 여성의 자기결정권을 침해하는 위헌적인 규정이다(헌재 2019.4.11, 2017헌바127).
>
> 《주의》 위 판례에서 임신한 여성의 자기결정권과 태아의 생명권의 직접적인 충돌을 해결해야 하는 사안으로 보는 것은 적절하지 않음
>
> 《주의》 업무상 동의낙태죄·자기낙태죄는 대향범 ➡ 한 쪽이 위헌이면, 다른 한 쪽도 위헌이다.

(5) 안락사

《주의》 안락사는 생명권의 내용이 아닌, 자기결정권의 한 내용이다.

① **소극적 안락사(존엄사)**: 죽음에 직면한 환자가 죽음을 맞도록 하기 위하여 생명유지장치를 중지하는 것(치료중단)은 위법성이 조각됨

> **⚖️ 판례 |**
>
> **1 회복불가능한 사망단계에 진입한 환자에 대한 진료 중단이 허용되는지 여부: 적극** (대판 2009.5.21, 2009다17417)
>
> ✎ • 헌법상 기본권인 자기결정권의 한 내용으로서 보장됨
>   • 요건: 환자의 사전의료지시가 있거나 연명치료 중단에 관한 환자의 의사를 추정할 수 있는 경우
>
> **2 '연명치료 중단 등에 관한 법률'을 제정해야 하는 입법의무가 있는지 여부: 소극**
>
> 연명치료 중단에 관한 결정 및 그 실행이 환자의 생명단축을 초래한다더라도 이를 생명에 대한 임의적 처분으로서 자살이라고 평가할 수 없고, 오히려 인위적인 신체침해 행위에서 벗어나서 자신의 생명을 자연적인 상태에 맡기고자 하는 것으로서 인간의 존엄과 가치에 부합한다고 할 것이다(헌재 2009.11.26, 2008헌마385).
>
> 《주의》 연명치료 중인 환자의 자녀들이 제기한 입법부작위에 관한 헌법소원은 자기관련성이 없다고 하여 부적법하다고 한 사례
>
> 《주의》 연명치료에 중단에 대한 자기결정권 인정, 자살을 할 권리는 부정

② **적극적 안락사**

  ㉠ **간접적 안락사**: 고통제거의 부수적 결과로서 생명단축이 발생한 경우(말기암환자에 대한 모르핀 주사)는 위법성이 조각됨

  ㉡ **직접적 안락사**: 불치 또는 빈사의 환자의 고통을 제거하기 위하여 그를 살해하는 것(청산가리 주사)은 엄격한 요건을 갖추면 허용된다는 견해가 있으나 남용위험이 있으므로 허용될 수 없음

(6) 전투 · 정당방위

① 생명권을 침해하는 위헌행위가 되지 않음

② 군인 · 경찰관 등의 전투 · 정당방위 · 직무수행으로 인한 살인

③ 군인 · 경찰관 · 의료업무종사자 등에 대하여 타인의 생명을 구출하기 위해 다른 생명의 희생을 감수하도록 강요하는 것

(7) 생명의 포기

① **생명포기권**: 불인정, 자살에 대한 법적 제재 ×

② **생명처분권을 타인에게 위임**: 허용 ×

③ **부탁, 허락을 받아 타인 살해시**: 형법상 촉탁 · 승낙에 의한 살인죄로 처벌

7. 침해시 구제방법

(1) 오판에 의한 사형집행

국가에 대하여 형사보상청구권 행사

(2) 공무원의 직무상 불법행위로 생명권 침해

국가배상청구권 행사

(3) 사인이 생명권을 침해

형사상의 처벌 및 민사상의 손해배상책임

02 신체의 자유 – 법적 보장

1. 신체를 훼손당하지 않을 권리에 관한 명문규정은 없지만 제10조, 제12조 제1항, 제37조 제1항에 의하여 헌법상 보장됨(다수설)

2. 천부적 · 초국가적 자연권

3. 국가에 대한 개인의 소극적 · 방어적 공권

4. 국가안전보장이나 질서유지를 위하여 제한이 가능한 상대적 자연권

헌법 제12조 ① 모든 국민은 신체의 자유를 가진다. 누구든지 법률에 의하지 아니하고는 체포 · 구속 · 압수 · 수색 또는 심문을 받지 아니하며, 법률과 적법한 절차에 의하지 아니하고는 처벌 · 보안처분 또는 강제노역을 받지 아니한다.

✎ 여기서의 처벌은 형벌만을 의미하는 것이 아니라 일체의 불이익을 뜻함

② 모든 국민은 고문을 받지 아니하며, 형사상 자기에게 불리한 진술을 강요당하지 아니한다.

✎ • **자기부죄거부 특권**
　법률로써도 진술강제는 불가능
　• **고문을 받지 아니할 권리**
　제5차 개정헌법에서 도입

③ 체포 · 구속 · 압수 또는 수색을 할 때에는 적법한 절차에 따라 검사의 신청에 의하여 법관이 발부한 영장을 제시하여야 한다. 다만, **현행범인인 경우**와 **장기 3년 이상의 형에 해당하는 죄**를 범하고 도피 또는 증거인멸의 염려가 있을 때에는 사후에 영장을 청구할 수 있다.

✎ • **적법절차의 원칙**
　현행헌법(제9차)에서 도입 / 조문의 지엽적인 부분까지 암기할 것
　• **사후영장 청구가능한 경우**
　현행범, 장기 3년(○)의 죄 / 5년(×)

④ 누구든지 체포 또는 구속을 당한 때에는 즉시 변호인의 조력을 받을 권리를 가진다. 다만, 형사피고인이 스스로 변호인을 구할 수 없을 때에는 법률이 정하는 바에 의하여 국가가 변호인을 붙인다.

✎ 변호인의 조력을 받을 권리는 형사사건과 행정절차에서 구금된 경우에 인정

《주의》 민사재판, 수형자에게는 변호인의 조력을 받을 권리 인정 ×

⑤ 누구든지 체포 또는 구속의 이유와 변호인의 조력을 받을 권리가 있음을 고지받지 아니하고는 체포 또는 구속을 당하지 아니한다. 체포 또는 구속을 당한 자의 가족 등 법률이 정하는 자에게는 그 이유와 일시·장소가 지체 없이 통지되어야 한다.

⑥ 누구든지 체포 또는 구속을 당한 때에는 적부의 심사를 법원에 청구할 권리를 가진다.

✎ 구속적부심사
건국헌법 ➡ 제7차 폐지 ➡ 제8차 부활

⑦ 피고인의 자백이 고문·폭행·협박·구속의 부당한 장기화 또는 기망 기타의 방법에 의하여 자의로 진술된 것이 아니라고 인정될 때 또는 정식재판에 있어서 피고인의 자백이 그에게 불리한 유일한 증거일 때에는 이를 유죄의 증거로 삼거나 이를 이유로 처벌할 수 없다.

✎ 자백이 불리한 유일한 증거일 경우 증거 삼지 않는 조항
제5차 개정헌법에서 도입

제13조 ① 모든 국민은 행위시의 법률에 의하여 범죄를 구성하지 아니하는 행위로 소추되지 아니하며, 동일한 범죄에 대하여 거듭 처벌받지 아니한다.

③ 모든 국민은 자기의 행위가 아닌 친족의 행위로 인하여 불이익한 처우를 받지 아니한다.

✎ 연좌제 금지
제8차 개정헌법에서 도입

《주의》 '친족'은 예시적인 것이다. 즉, 연좌제 금지 조항은 타인 모두에게 해당한다.

《주의》 '이중처벌금지에서의 처벌은 형사처벌만을 의미

제27조 ③ 모든 국민은 신속한 재판을 받을 권리를 가진다. 형사피고인은 상당한 이유가 없는 한 지체 없이 공개재판을 받을 권리를 가진다.

《주의》 신속한 재판, 공개재판은 문언상 명시, 그러나 공정한 재판은 명시 ×(당연히 인정)

④ 형사피고인은 유죄의 판결이 확정될 때까지는 무죄로 추정된다.

✎ 무죄추정의 원칙
제8차 개정헌법에서 도입

제28조 형사피의자 또는 형사피고인으로서 구금되었던 자가 법률이 정하는 불기소처분을 받거나 무죄판결을 받은 때에는 법률이 정하는 바에 의하여 국가에 정당한 보상을 청구할 수 있다.

✎ 형사보상청구권
건국헌법부터 도입

03 신체의 자유의 내용(헌법 제12조 제1항)

1. 불법한 체포·구속·압수·수색·심문으로부터의 자유

2. 불법한 처벌·보안처분·강제노역으로부터의 자유

(1) 처벌

형사상의 처벌 + 행정질서벌 + 기타 본인에게 불이익이 되는 일체의 제재처분

> ⚖ **판례 |**
>
> 검사조사실에서의 계구사용을 원칙으로 규정하고 있는 계호근무준칙 제298조 제1호·제2호가 신체의 자유를 침해하는지 여부: 적극 (헌재 2005.5.26, 2004헌마49)

(2) 보안처분

보안처분의 종류 ➡ 치료감호, 보호처분, 보안관찰처분, 보호감호처분

✎ 보호감호처분은 다른 보안처분에 비해 형벌의 실질이 강하다.

(3) 강제노역

> ⚖ **판례 Ⅰ**
>
> 판결을 통한 징역형과 환형처분으로서의 노역장 유치는 법률에 근거하여 부과되는 것이기 때문에 합헌이다(헌재 2011.9.29, 2010헌바188).
>
> **비교판례**
> _____
> 노역장유치조항을 시행일 이후 최초로 공소제기되는 경우부터 적용하도록 한 형법 부칙(2014.5.14. 법률 제12575호) 제2조 제1항(이하 '부칙조항'이라 한다)이 형벌불소급원칙에 위반되는지 여부: 적극

04 신체의 자유의 실체적 보장

1. 죄형법정주의

> 헌법 제12조 ① … 법률과 적법한 절차에 의하지 아니하고는 처벌·보안처분 또는 강제노역을 받지 아니한다.
> 제13조 ① 모든 국민은 행위시의 법률에 의하여 범죄를 구성하지 아니하는 행위로 소추되지 아니하며, ….

(1) '법률'의 의의

① **원칙**: 국회에서 제정한 형식적 의미의 법률
② **예외**: 사회현상의 복잡화에 따라 국민의 권리·의무에 관한 사항이어도 예외적으로 하위법령(대통령령 등 법규명령, 조례)에 위임하는 것을 허용
③ **하위법령에 위임할 경우**: 특히 긴급한 필요가 있거나 미리 법률로써 자세히 정할 수 없는 경우에 한한다. 구성요건은 처벌대상인 행위를 구체적으로 정하고, 형벌의 종류 및 그 상한과 폭을 명확히 규정하여야 한다.

(2) 파생원칙

① **형벌법규법률주의(관습형법금지원칙)**: 범죄와 형벌은 성문의 형식적 의미의 '법률'로써 규정되어야 한다(제12조 제1항 제2문 전단). ➡ **처벌법규도 부득이한 경우에는 엄격한 요건하에서 위임이 허용됨**
② **형벌불소급의 원칙(소급입법에 의한 처벌금지)**: 법적 안정성 도모
③ **절대적 부정기형(자유형에 대한 선고형의 기간을 재판에서 확정하지 않고 행형의 경과를 참작하여 사후에 결정하는 형벌제도)금지의 원칙**
  ㉠ **상대적 부정기형은 허용**[소년범에 대하여 상대적 부정기형을 인정(소년법 제60조)]
  ㉡ 특히 보안처분은 위험성이 계속되는 한 집행할 것을 요하기 때문에 기간의 부정기를 본질로 한다(헌재 1989.7.14, 88헌가5 등).
④ **명확성의 원칙**
  ㉠ 건전한 상식과 통상적인 법감정을 가진 사람이 그 적용대상자가 누구이며 구체적으로 어떠한 행위가 금지되고 있는지를 충분히 알 수 있도록 규정되어 있다면 명확성의 원칙에 위배 ×

© 그러나 **처벌법규의 구성요건이 다소 광범위하여 법관의 보충적인 해석을 필요로 한다고 할지라도 처벌법규의 명확성에 반드시 배치되지** ×

⑤ **유추해석금지의 원칙**: 법률에 규정이 없는 사항에 그와 유사한 성질을 가지는 사항에 관한 법률 또는 법률조항을 적용하는 것과 확장해석금지

⚖️ 판례 |

1 정관 위반행위에 대한 형사처벌규정이 죄형법정주의에 위반되는지 여부: 적극 (헌재 2001.1.18, 99헌바112)

2 범죄의 구성요건을 단체협약에 위임한 것이 죄형법정주의에 반하는지 여부: 적극 (헌재 1998.3.26, 96헌가20)

3 시혜적 소급입법이 허용되는지 여부: 적극 (헌재 1995.12.28, 95헌마196)

4 사실상 노무에 종사하는 공무원을 제외한 지방공무원의 노동운동을 금지하면서 '사실상 노무에 종사하는 공무원'의 범위를 조례로 정하도록 한 것이 죄형법정주의에 위배되는지 여부: 소극 (헌재 2005.10.27, 2003헌바50 등)

5 지방자치단체가 지방공무원법 제58조 제2항의 위임에 따라 '사실상 노무에 종사하는 공무원의 범위'를 정하는 조례를 제정하지 아니한 부작위가 청구인들의 근로3권을 침해하는지 여부: 적극 (헌재 2009.7.30, 2006헌마358)

6 청소년유해매체물의 범위를 법률에서 직접 확정하지 않고 청소년보호위원회로 하여금 결정하도록 하는 청소년보호법 제8조 제1항이 죄형법정주의에 위배되는지 여부: 소극 (헌재 2000.6.29, 99헌가16)

7 종전 판례에 의하면 처벌되지 않던 행위가 판례변경으로 처벌된다면 형벌불소급원칙에 위배되는지 여부: 소극 (대판 1999.9.17, 97도3349)

8 과태료가 죄형법정주의의 규율대상인지 여부: 소극 (헌재 1998.5.28, 96헌바83)

9 교도소수감자에 대한 과도한 금속수갑 등의 계구사용행위가 신체의 자유를 침해하는지 여부: 적극[위헌] (헌재 2003.12.18, 2001헌마163)

10 금치처분을 받은 수형자에 대한 운동금지가 위헌인지 여부: 적극[위헌] (헌재 2004.12.16, 2002헌마478)

11 형의 집행 및 수용자의 처우에 관한 법률(이하 '행형법')상 징벌의 일종인 금치처분을 받은 자에 대하여 금치기간 중 집필을 전면 금지한 행형법 시행령 제145조 제2항 본문 중 '집필' 부분이 위헌인지 여부: 적극[위헌] (헌재 2005.2.24, 2003헌마289)

12 형법 제129조 제1항 중 '공무원'에 '구 제주특별자치도 설치 및 국제자유도시 조성을 위한 특별법' 제299조 제2항의 통합영향평가 심의위원회 심의위원 중 위촉위원이 포함되는 것으로 해석하는 것이 죄형법정주의원칙의 유추해석금지에 위배되는지 여부: 적극[한정위헌] (헌재 2012.12.27, 2011헌바117)

13 특정 범죄의 수형자로부터 디엔에이감식시료를 채취할 수 있도록 하는 것이 신체의 자유를 침해하는지 여부: 소극[기각] (헌재 2014.8.28, 2011헌마28)

비교판례

디엔에이감식시료채취영장 발부 과정에서 채취대상자에게 자신의 의견을 밝히거나 영장 발부 후 불복할 수 있는 절차 등에 관하여 규정하지 아니한 '디엔에이신원확인정보의 이용 및 보호에 관한 법률'(2010.1.25. 법률 제9944호로 제정된 것) 제8조(이하 '이 사건 영장절차 조항'이라 한다)가 청구인들의 재판청구권을 침해하는지 여부: 적극 (헌재 2018.8.30, 2016헌마344 등)

14 전자발찌제도가 시행된 당시 이미 형집행 중이거나 형을 마친 지 3년이 되지 않은 성범죄 전과자들에게도 소급해 전자발찌부착을 명령할 수 있도록 한 것이 형벌불소급원칙에 위배되는지 여부: 소극[합헌] (헌재 2012.12.27, 2010헌가82)

[1] 형벌불소급의 원칙 위배 여부: 위배 ×

이 사건 부착명령은 범죄행위를 한 사람에 대한 응보를 주된 목적으로 그 책임을 추궁하는 사후적 처분인 형벌과 구별되는 비형벌적 보안처분으로서 소급효금지원칙이 적용되지 아니한다.

[2] 과잉금지원칙 위배 여부: 위배 ×

15 외국에서 형의 전부 또는 일부의 집행을 받은 자에 대하여 형을 감경 또는 면제할 수 있도록 규정한 형법 제7조(필요적 감면이 아닌 임의적 감면)가 신체의 자유를 침해하는지 여부: 적극[헌법불합치] (헌재 2015.5.28, 2013헌바129)

《주의》 일사부재리의 원칙 위반은 아니다(외국의 심판은 기판력이 존재하지 않기 때문).

16 사실상의 관계를 포함하여 4촌 이내의 인척 관계에 의한 강간을 가중처벌하는 '성폭력범죄의 처벌 등에 관한 특례법' 제5조 제1항, 제4항이 책임과 형벌간의 비례원칙에 위배되는지 여부: 소극[합헌] (헌재 2015.9.24, 2014헌바453)

17 범죄행위 당시에 없었던 부착명령을 출소예정자에게 소급 적용할 수 있도록 한 '특정 범죄자에 대한 위치추적 전자장치 부착 등에 관한 법률' 부칙 제2조 제1항 등이 이중처벌금지원칙 · 소급처벌금지원칙 등에 위배되는지 여부: 소극[합헌] (헌재 2015.9.24, 2015헌바35)

18 성폭력범죄를 저지른 성도착증 환자로서 성폭력범죄를 다시 범할 위험성이 있다고 인정되는 19세 이상의 사람에 대한 검사의 약물치료명령 청구에 관한 '성폭력범죄자의 성충동 약물치료에 관한 법률' 제4조 제1항이 위헌인지 여부: 소극[합헌] (헌재 2015.12.23, 2013헌가9)

[참조조문]

> **성폭력범죄자의 성충동 약물치료에 관한 법률(2012.12.18. 법률 제11557호로 개정된 것)**
>
> 제4조 【치료명령의 청구】 ① 검사는 사람에 대하여 성폭력범죄를 저지른 성도착증 환자로서 성폭력범죄를 다시 범할 위험성이 있다고 인정되는 19세 이상의 사람에 대하여 약물치료명령 (이하 '치료명령'이라고 한다)을 법원에 청구할 수 있다.
>
> **성폭력범죄자의 성충동 약물치료에 관한 법률(2010.7.23. 법률 제10371호로 제정된 것)**
>
> 제8조 【치료명령의 판결 등】 ① 법원은 치료명령 청구가 이유 있다고 인정하는 때에는 15년의 범위에서 치료기간을 정하여 판결로 치료명령을 선고하여야 한다.

✎. 치료명령 청구 조항은 합헌이지만, 치료명령의 판결 조항은 헌법불합치이다.

19 금치기간 중 '실외운동'을 제한하도록 한 형집행법 제112조 제3항 중 제108조 제13호에 관한 부분은 신체의 자유를 침해하는지 여부: 적극[위헌] (헌재 2016.5.26, 2014헌마45)

20 범죄구성요건을 정관에 위임한 구 농업협동조합법 제50조 제4항이 죄형법정주의에 위반되는지 여부: 적극[위헌] (헌재 2016.11.24, 2015헌가29)

21 신상정보 공개 · 고지명령을 소급적용하는 '성폭력범죄의 처벌 등에 관한 특례법' 부칙 제7조 제1항 등 범죄를 저질러 2008년 4월 16일부터 2011년 4월 15일 사이에 유죄판결(벌금형은 제외한다)이 확정된 사람에 대하여도 적용한다는 부분이 소급처벌금지원칙 등에 위배되는지 여부: 소극[합헌] (헌재 2016.12.29, 2015헌바196)

22 정신성적 장애인에 대한 치료감호기간의 상한을 15년으로 정하고 있는 치료감호법 관련규정이 신체의 자유를 침해하는지 여부: 소극[합헌] (헌재 2017.4.27, 2016헌바452)

23 보호의무자 2인의 동의와 정신건강의학과 전문의 1인의 진단으로 정신질환자에 대한 보호입원이 가능하도록 한 정신보건법 제24조 제1항 및 제2항이 신체의 자유를 침해하는지 여부: 적극[헌법불합치] (헌재 2016.9.29, 2014헌가9)

24 폭행 또는 협박으로 사람에 대하여 추행을 한 자를 10년 이하의 징역 또는 1천 500만원 이하의 벌금에 처하도록 규정한 헌법 제298조가 죄형법정주의에 위반되는지 여부: 소극[합헌] (헌재 2017.11.30, 2015헌바300)

25 안전조치의무를 위반한 사업주에 대해 형사처벌을 과하는 내용의 산업안전보건법 제67조 제1호 중 제23조 제3항 부분이 과잉형벌인지 여부: 소극[합헌] (헌재 2017.10.26, 2017헌바166)

26 소위 '황제노역'과 관련하여 노역장유치기간의 하한을 정하면서 개정 전 범죄행위에 대하여도 소급적용하도록 한 형법 부칙 제2조 제1항이 형벌불소급원칙에 위반되는지 여부: 적극[위헌] (헌재 2017.10.26, 2015헌바239 등)

 [1] 노역장유치조항의 위헌 여부: 소극

 벌금에 비해 노역장유치기간이 지나치게 짧게 정해지면 경제적 자력이 충분함에도 고액의 벌금 납입을 회피할 목적으로 복역하는 자들이 있을 수 있으므로, 벌금 납입을 심리적으로 강제할 수 있는 최소한의 유치기간을 정할 필요가 있다.

 [2] 부칙조항의 위헌 여부: 적극

 부칙조항은 노역장유치조항의 시행 전에 행해진 범죄행위에 대해서도 공소제기의 시기가 노역장유치조항의 시행 이후이면 이를 적용하도록 하고 있으므로, 이는 범죄행위 당시보다 불이익한 법률을 소급 적용하도록 하는 것으로서 헌법상 형벌불소급원칙에 위반된다.

27 독립행위가 경합하여 상해의 결과를 발생하게 한 경우에 있어서 원인된 행위가 판명되지 아니한 때에는 공동정범의 예에 의하도록 한 형법 제263조가 책임주의원칙에 위반되는지 여부: 소극[합헌] (헌재 2018.3.29, 2017헌가10)

28 공주교도소장이 2011.7.13. 수형자를 경북북구 제1교도소로 이송함에 있어 4시간 정도에 걸쳐 포승과 수갑 2개를 채운 행위가 청구인의 신체의 자유 및 인격권을 침해하는지 여부: 소극 (헌재 2012.7.26, 2011헌마426)

29 징역형 수형자에게 일률적으로 작업의무를 부과하는 것이 신체의 자유를 침해하는지 여부: 소극(평등권도 침해하지 아니함) [기각] (헌재 2012.11.29, 2011헌마31)

30 교도관이 수형자에게 외부의료시설 진료 후 환소차를 기다리는 과정에서 병원 밖 주차장 의자에 앉아 있을 것을 지시한 행위가 헌법소원의 대상인 공권력의 행사에 해당하는지 여부: 소극[각하] (헌재 2012.10.25, 2011헌마429)

 ✎ 소변제출은 주차장 의자에 앉아 있을 것을 지시한 것과 달리 공권력 행사에 해당한다.

31 청소년의 성보호에 관한 법률에서 정한 '청소년이용음란물'의 해석과 관련하여 죄형법정주의를 위반하는지 여부: 소극 (헌재 2002.4.25, 2001헌가27)

32 형의 집행을 유예하면서 사회봉사를 명할 수 있도록 한 형법 제62조의2 제1항이 헌법에 위반되는지 여부: 소극(명확성원칙과 과잉금지원칙에 위배되지 않음) [합헌] (헌재 2012.3.29, 2010헌바100)

33 알코올 중독자 등에 대한 치료감호기간의 상한을 원칙적으로 2년으로 정해놓은 것이 신체의 자유를 침해하는지 여부: 소극[기각] (헌재 2012.12.27, 2011헌마276)

34 무기징역의 집행 중에 있는 자의 가석방요건을 종전의 '10년 이상'에서 '20년 이상' 형집행 경과로 강화한 개정 형법 제72조의 제1항을 형법개정 당시에 이미 수용 중인 사람에게도 적용하는 형법 부칙 제2항이 신뢰보호원칙에 위배되어 신체의 자유를 침해하는지 여부: 소극[기각] (헌재 2013.8.29, 2011헌마408)

35 농업협동조합의 임원선거에 있어 정관이 정하는 행위 외의 선거운동을 한 경우 이를 형사처벌하도록 하는 농업협동조합법 제172조 제2항 제2호 중 제50조 제4항 부분이 죄형법정주의 원칙에 위반되는지 여부: 적극[위헌] (헌재 2010.7.29, 2008헌바106)

36 행정기관인 청소년보호위원회 등으로 하여금 청소년유해매체물을 결정하도록 하고, 그 결정된 매체물을 청소년에게 판매 등을 하는 경우 형사처벌하도록 하는 것이 죄형법정주의에 위반되는지 여부: 소극 [합헌] (헌재 2000.6.29, 99헌가16)

37 강제퇴거명령을 받은 사람을 즉시 대한민국 밖으로 송환할 수 없으면 송환할 수 있을 때까지 보호시설에 보호할 수 있도록 규정한 출입국관리법 제63조 제1항이 신체의 자유를 침해하는지 여부: 적극[헌법불합치]
심판대상조항에 의한 보호가 강제퇴거대상자의 신체의 자유를 침해하지 아니한다고 결정하였던 헌재 2018.2.22, 2017헌가29 결정을 변경하고, 보호기간의 상한이 존재하지 아니한 것이 과잉금지원칙에 위배되며 보호의 개시나 연장 단계에서 공정하고 중립적인 기관에 의한 통제절차가 없고, 행정상 인신구속을 함에 있어 의견제출의 기회도 전혀 보장하고 있지 아니한 것이 적법절차원칙에 위배되어 피보호자의 신체의 자유를 침해한다고 판단하였다(헌재 2023.3.23, 2020헌가1).

38 가정폭력범죄의 처벌 등에 관한 특례법상 사회봉사명령을 부과하면서 행위시법이 아닌 신법을 적용한 것이 위법하다고 한 사례(대판 2008.7.24, 2008어4)

39 처벌을 규정하고 있는 법률조항이 구성요건이 되는 행위를 같은 법률조항에서 직접 규정하지 않고 다른 법률조항에서 이미 규정한 내용을 원용하였다면 그 법률조항이 명확성의 원칙에 위배되는지 여부: 소극 (헌재 2010.3.25, 2009헌바121)

40 정당방위규정에도 죄형법정주의의 명확성원칙이 적용되는지 여부: 적극 (헌재 2001.6.28, 99헌바31)

41 '공익을 해할 목적으로 전기통신설비에 의하여 공연히 허위의 통신을 한 자'를 처벌하는 전기통신법 제47조 제1항이 명확성의 원칙에 위배되는지 여부(이른바 미네르바사건): 적극[위헌] (헌재 2010.12.28, 2008헌바157)

42 아동·청소년의 성보호에 관한 법률 제8조 제2항 및 제4항 중 "아동·청소년으로 인식될 수 있는 사람이나 표현물이 등장하여 그 밖의 성적 행위를 하는 내용을 표현하는 것" 부분, 즉 가상의 아동·청소년이용음란물 배포 등을 처벌하는 부분이 죄형법정주의의 명확성원칙에 위반되는지 여부: 소극 (헌재 2015.6.25, 2013헌가17 등)

43 통신매체를 이용한 음란행위를 처벌하는 '성폭력범죄의 처벌 등에 관한 특례법'(2012.12.18. 법률 제11556호로 전부개정된 것) 제13조 중 '성적 수치심이나 혐오감' 부분이 명확성원칙에 위배되는지 여부: 소극 (헌재 2016.3.31, 2014헌바397)

44 경범죄 처벌법상 '과다노출' 금지조항 사건: 적극[위헌]
알몸을 '지나치게 내놓는' 것이 무엇인지 이를 판단하기 쉽지 않고, '가려야 할 곳'의 의미도 파악하기 어렵다. 심판대상조항 중 '부끄러운 느낌이나 불쾌감'은 사람마다 달리 평가될 수밖에 없고, 노출되었을 때 부끄러운 느낌이나 불쾌감을 주는 신체부위 역시 사람마다 달라 '부끄러운 느낌이나 불쾌감'을 통하여 '지나치게'와 '가려야 할 곳' 의미를 확정하기도 곤란하다. … 심판대상조항은 죄형법정주의의 명확성원칙에 위배된다(헌재 2016.11.24, 2016헌가3).

45 공중도덕상 유해한 업무에 취업시킬 목적으로 근로자를 파견한 사람을 형사처벌하도록 규정한 구 '파견근로자보호 등에 관한 법률' 제42조 제1항 중 '공중도덕상 유해한 업무' 부분 및 '파견근로자보호 등에 관한 법률' 제42조 제1항 중 '공중도덕상 유해한 업무' 부분이 죄형법정주의의 명확성원칙에 위배되는지 여부: 적극[위헌] (헌재 2016.11.24, 2015헌가23)

46 금융투자업자의 투자자에 대한 단정적 판단 제공행위를 처벌하는 것이 명확성의 원칙에 위배되는지 여부: 소극[합헌] (헌재 2017.5.25, 2014헌바459)

47 '성매매알선 등 행위의 처벌에 관한 법률' 제19조 제1항 제1호 중 '성매매를 권유하는 행위'에 관한 부분이 명확성의 원칙에 위배되는지 여부: 소극[합헌] (헌재 2017.9.28, 2016헌바376)

48 사용자가 근로자를 정당한 이유 없이 해고한 경우에 형사처벌한다는 근로기준법 제30조 제1항의 '정당한 이유 없이' 부분이 명확성원칙에 위배되는지 여부: 소극 (헌재 2005.3.31, 2003헌바12)

49 미성년자보호법 제2조의2 제1호 등 위헌제청 [위헌] (헌재 2002.2.28, 99헌가8)

　　[1] 미성년자에게 음란성 또는 잔인성을 조장할 우려가 있거나 기타 미성년자로 하여금 범죄의 충동을 일으킬 수 있게 하는 만화의 반포 등 행위를 금지하고 이를 위반하는 자를 처벌하는 이 사건 미성년자보호법 조항이 명확성원칙에 위배되는지 여부: 적극

　　[2] 아동의 덕성을 심히 해할 우려가 있는 도서·간행물·광고물 기타 내용물의 제작 등 행위를 금지하고, 이를 위반하는 자를 처벌하는 이 사건 아동보호법 조항이 명확성원칙에 위배되는지 여부: 적극

50 '취업에 사용할 목적으로 부녀를 매매한 자'를 무기 또는 5년 이상의 징역에 처하도록 규정한 특정범죄가중처벌 등에 관한 법률 제5조의2 제4항이 명확성원칙에 위배되는지 여부: 소극 (헌재 2006.5.25, 2005헌바4)

51 군대 내에서 불온도서의 소지 등을 금지하고 있는 군인복무규율 제16조의2가 명확성원칙, 과잉금지원칙 등에 반하는지 여부: 소극 (헌재 2010.10.28, 2008헌마638)

52 정당한 명령 또는 규칙을 준수할 의무가 있는 자가 이를 위반하거나 준수하지 아니한 때에 형사처벌을 하도록 규정한 구 군형법 제47조가 명확성의 원칙에 반하여 위헌인지 여부: 소극 (헌재 2011.3.31, 2009헌가12)

53 변호사에 대한 징계사유로 '직무의 내외를 막론하고 변호사로서의 품위를 손상하는 행위를 한 경우'를 규정한 구 변호사법 제91조 제2항 제3호 등이 명확성원칙에 위배되는지 여부: 소극[합헌] (헌재 2012.11.29, 2010헌바454)

54 관계 중앙행정기관의 장이 소관 분야의 산업경쟁력 제고를 위하여 법령에 따라 지정 또는 고시·공고한 기술을 범죄구성요건인 산업기술의 요건으로 하고 있는 구 산업기술의 유출방지 및 보호에 관한 법률 제36조 제2항 중 제14조 제1호 가운데 부정한 방법에 의한 산업기술 취득행위에 관한 부분이 죄형법정주의의 명확성원칙에 위배되는지 여부: 적극[위헌] (헌재 2013.7.25, 2011헌바39)

55 "건축물의 소유자 또는 관리자는 그 건축물·대지 및 건축설비를 항상 이 법 또는 이 법의 규정에 의한 명령이나 처분과 관계법령이 정하는 기준에 적합하도록 유지·관리하여야 한다."는 건축법 제26조 규정에 위반한 자를 처벌하도록 규정하고 있는 건축법 제79조 제4호가 죄형법정주의의 명확성의 원칙에 위배되는지 여부: 적극[위헌] (헌재 1997.9.25, 96헌가16)

56 구 도시 및 주거환경정비법 제86조 제7호의 '제91조 제2항의 규정' 중 '중요한 회의' 부분이 죄형법정주의의 명확성원칙을 위반하였는지 여부: 적극[위헌] (헌재 2011.10.25, 2010헌가29)

57 구 산업안전보건법 제69조 제1호 중 '이 법 또는 이 법에 의한 명령의 시행을 위하여 필요한 사항'이라는 제10조 제1항에 관한 부분이 죄형법정주의의 명확성원칙에 위배되는지 여부: 적극[위헌] (헌재 2010.2.25, 2008헌가6)

58 가정의례의 참뜻에 비추어 합리적인 범위 내라는 소극적 범죄구성요건을 규정한 가정의례에 관한 법률이 죄형법정주의의 명확성의 원칙을 위배한 것인지 여부: 적극[위헌] (헌재 1998.10.15, 98헌마168)

59 공공수역에 다량의 토사를 유출하거나 버려 상수원 또는 하천·호소를 현저히 오염되게 한 자를 처벌하는 수질 및 수생태계 보전에 관한 법률 제78조 제4호가 명확성원칙에 위배되는지 여부: 적극[위헌] (헌재 2013.7.25, 2011헌가26)

60 구 경범죄 처벌법 제1조 제13호 중 '함부로 광고물 등을 붙이거나 거는 행위' 부분이 죄형법정주의의 명확성원칙에 위배되는지 여부: 소극[합헌] (헌재 2015.5.28, 2013헌바385)

61 구 국민건강보험법 제52조의 제1항 중 '사위 기타 부당한 방법'과 제23조 제1항 중 '속임수 그 밖의 부당한 방법'이 명확성원칙에 위배되는지 여부: 소극[합헌] (헌재 2015.7.30, 2014헌바298)

62 법률사건의 수임에 관하여 알선의 대가로 금품을 제공하거나 이를 약속한 변호사를 형사처벌하는 구 변호사법 제34조 제2항 중 '법률사건의 수임에 관하여 알선' 부분이 죄형법정주의의 명확성원칙에 위 반되는지 여부: 소극[합헌] (헌재 2013.2.28, 2012헌바62)

63 구 학교보건법 제6조 제1항 제14호 중 미풍양속을 해하는 행위 및 시설 부분이 죄형법정주의 원칙에 위반되는지 여부: 소극[합헌] (헌재 2008.4.24, 2004헌바92)

64 노동조합 및 노동관계조정법 제92조 제1호 다목 중 '중요한 절차' 부분이 죄형법정주의의 명확성원칙 에 위반되는지 여부: 소극[합헌] (헌재 2007.7.26, 2006헌가9)

65 청소년의 성보호에 관한 법률 제2조 제3호 및 제8조 제1항이 각 법 조항에서 정한 '청소년이용음란물'의 해석과 관련하여 죄형법정주의에 위반하는지 여부: 소극[합헌] (헌재 2002.4.25, 2001헌가27)

66 공공의 질서 및 선량한 풍속을 문란하게 할 염려가 있는 상표는 등록받을 수 없다고 규정한 구 상표법 제7조 제1항 제4호가 명확성원칙에 위반되는지 여부: 소극 (헌재 2014.3.27, 2012헌바55)

67 특가법 제5조의4 제6항 중 '제1항 또는 제2항의 죄로 두 번 이상 실형을 선고받고 그 집행이 끝나거나 면제된 후 3년 이내에 다시 제1항 중 형법 제329조에 관한 부분의 죄를 범한 경우에는 그 죄에 대하여 정한 형의 단기의 2배까지 가중한다.'는 부분이 죄형법정주의의 명확성원칙에 위배되는지 여부: 적극 (헌재 2015.11.26, 2013헌바343)

68 공무원연금법 제64조 제3항의 급여제한을 퇴직 후의 사유에도 적용하는 것이 명확성의 원칙에 위배되는지 여부: 적극 (헌재 2002.7.18, 2000헌바57)

69 관광진흥개발기금 관리·운용 업무에 종사토록 하기 위해 문화체육관광부 장관에 의해 채용된 민간 전문가에 대해 형법상 뇌물죄의 적용에 있어서 공무원으로 의제하는 관광진흥개발기금법이 신체의 자유를 과도하게 제한하는지 여부: 소극[합헌] (헌재 2014.7.24, 2012헌바188)

70 비방할 목적으로 정보통신망을 이용하여 공공연하게 사실을 드러내어 다른 사람의 명예를 훼손한 자를 처벌하고 있는 구 정보통신망 이용촉진 및 정보 보호 등에 관한 법률이 명확성원칙에 위배되는지 여부: 소극[합헌] (헌재 2016.2.25, 2013헌바105)

71 형사소송법 제420조 제5항 중 '명백한 증거가 새로 발견된 때'를 재심사유로 하고 있는 부분이 명확성원칙에 위배되는지 여부: 소극[합헌] (헌재 2014.7.24, 2012헌바277)

72 단체나 다중의 위력으로써 헌법상 상해죄를 가중처벌하는 구 폭력행위 등 처벌에 관한 법률 제3조 제1항 중 "단체나 다중의 위력으로써 형법 제257조 제1항(상해)의 죄를 범한 자" 부분이 명확성원칙에 위배되는지 여부: 소극[합헌] (헌재 2017.7.27, 2015헌바450)

73 유사군복을 판매목적으로 소지하는 행위에 대하여 1년 이하의 징역 또는 1천만원 이하의 벌금을 처하도록 규정한 '군복 및 군용장구의 단속에 관한 법률'에서 '판매목적'에 대한 부분이 명확성원칙에 위배되는지 여부: 소극[합헌] (헌재 2019.4.11, 2018헌가14)

74 범죄행위 당시에 없었던 부착명령을 출소예정자에게 소급 적용할 수 있도록 한 '특정 범죄자에 대한 위치추적 전자장치 부착 등에 관한 법률' 부칙 제2조 제1항 등이 이중처벌금지원칙·소급처벌금지원칙 등에 위배되는지 여부: 소극[합헌] (헌재 2015.9.24, 2015헌바35)

75 업무상 군사기밀 누설행위를 3년 이상의 유기징역에 처하는 군사기밀 보호법 제13조 제1항이 죄형법정주의의 명확성원칙에 위반되는지 여부: 소극[합헌] (헌재 2020.5.27, 2018헌바233)

76 승용자동차를 이용한 출퇴근 카풀에 한하여 자가용자동차의 유상운송 제공을 예외적으로 허용하는 '여객 자동차 운수사업법' 규정이 명확성의 원칙에 위배되는지 여부: 소극[합헌] (헌재 2021.4.29, 2018헌바100)

77 2회 이상 음주운전 금지규정을 위반한 사람을 2년 이상 5년 이하의 징역이나 1천만원 이상 2천만원 이하의 벌금에 처하도록 규정한 구 도로교통법 제148조의2 제1항 중 '제44조 제1항을 2회 이상 위반한 사람'에 관한 부분이 책임과 형벌간의 비례원칙에 반하여 위헌인지 여부: 적극[위헌] (헌재 2021. 11.25, 2019헌바446 등)

78 구 도로교통법 제60조 제1항 본문 중 '자동차의 운전자는 고속도로 등에서 자동차의 고장 등 부득이한 사정이 있는 경우를 제외하고는 갓길로 통행하여서는 아니 된다.' 부분 중 '부득이한 사정' 부분이 죄형 법정주의의 명확성원칙에 위배되는지 여부: 소극[합헌] (헌재 2021.8.31, 2020헌바100)

79 방송편성에 관하여 간섭을 금지하는 방송법 제4조 제2항의 '간섭'에 관한 부분이 죄형법정주의의 명확성원칙에 위반되는지 여부: 소극[합헌] (헌재 2021.8.31, 2019헌바439)

80 선거운동기간 외에는 중소기업중앙회 회장선거에 관한 선거운동을 제한하고, 이를 위반하면 형사처벌하는 중소기업협동조합법 제125조 전문 중 제53조 제1항을 준용하는 부분 및 제137조 제2항 중 제125조 전문에서 제53조 제1항을 준용하는 부분이 죄형법정주의의 명확성원칙에 위반되는지 여부: 소극 [합헌] (헌재 2021.7.15, 2020헌가9)

81 과태료는 행정상 의무위반자에게 부과하는 행정질서벌로서 죄형법정주의의 규율 대상에 해당하는지 여부: 소극 (헌재 2003.12.18, 2002헌바49)

82 영리를 목적으로 한의사가 아닌 자가 한방의료행위를 업으로 한 경우 처벌하도록 한 보건범죄단속에 관한 특별조치법 제5조 중 한방의료행위 부분은 죄형법정주의의 명확성원칙에 위반되는지 여부: 소극 [합헌] (헌재 2003.2.27, 2002헌바23)

83 주거침입강제추행죄 및 주거침입준강제추행죄의 법정형의 하한을 7년 이상으로 규정한 성폭력특례법 규정이 책임과 형벌간의 비례원칙에 위반되는지 여부: 적극 (헌재 2023.2.23, 2021헌가9)

84 관세법(2013.1.1, 법률 제11602호로 개정된 것) 제282조 제2항 본문 및 관세법(2010.12.30, 법률 제10424호로 개정된 것) 제282조 제3항 본문 중 각 '제269조 제2항 제1호 가운데 제241조 제1항에 따른 신고를 하지 아니하고 물품을 수입한 자'에 관한 부분이 책임과 형벌간의 비례원칙에 위반되는지 여부: 소극 (헌재 2019.11.28, 2018헌바105)

85 음주측정거부 전력이 1회 이상 있는 사람이 다시 음주측정거부행위를 한 경우 2년 이상 5년 이하의 징역이나 1천만원 이상 2천만원 이하의 벌금에 처하도록 규정한 도로교통법 제148조의2 제1항 중 '제44조 제2항을 2회 이상 위반한 사람'에 관한 부분이 책임과 형벌간의 비례원칙에 위반되는지 여부: 적극 (헌재 2022.8.31, 2022헌가18 등)

86 청원주로 하여금 청원경찰이 품위를 손상하는 행위를 한 때에는 대통령령으로 정하는 징계절차를 거쳐 징계처분을 하도록 규정한 청원경찰법 제5조의2 제1항 제2호가 명확성원칙 및 과잉금지원칙에 위배되는지 여부: 소극 (헌재 2022.5.26, 2019헌바530)

87 음주운전 금지규정 위반 또는 음주측정거부 전력이 있는 사람이 다시 음주운전 금지규정 위반행위를 한 경우 또는 음주운전 금지규정 위반 전력이 있는 사람이 다시 음주측정거부행위를 한 경우를 가중처벌하는 도로교통법이 책임과 형벌간의 비례원칙에 위반되는지 여부: 적극[위헌] (헌재 2022.5.26, 2021헌가30)

88 음주운항 전력이 있는 사람이 다시 음주운항을 한 경우 2년 이상 5년 이하의 징역이나 2천만원 이상 3천만원 이하의 벌금에 처하도록 규정한 해사안전법 제104조의2 제2항 중 '제41조 제1항을 위반하여 2회 이상 술에 취한 상태에서 선박의 조타기를 조작한 운항자'에 관한 부분이 책임과 형벌간의 비례원칙에 위반되는지 여부: 적극[위헌] (헌재 2022.8.31, 2022헌가10)

89 음주측정거부 전력이 1회 이상 있는 사람이 다시 음주운전 금지규정 위반행위를 한 경우 2년 이상 5년 이하의 징역이나 1천만원 이상 2천만원 이하의 벌금에 처하도록 한 구 도로교통법 제148조의2 제1항 중 '제44조 제2항을 1회 이상 위반한 사람으로서 다시 같은 조 제1항을 위반한 사람'에 관한 부분이 책임과 형벌간의 비례원칙에 위반되는지 여부: 적극[위헌] (헌재 2022.8.31, 2022헌가14)

90 가족 중 성년자가 예비군훈련 소집통지서를 예비군대원 본인에게 전달하여야 하는 의무를 위반한 행위를 형사처벌하는 것이 위헌인지 여부: 적극[위헌] (헌재 2022.5.26, 2019헌가12)

91 전기통신사업법 제83조 제3항 중 '검사 또는 수사관서의 장, 정보수사기관의 장의 수사, 형의 집행 또는 국가안전보장에 대한 위해 방지를 위한 정보수집을 위한 통신자료 제공요청'에 관한 부분에 대하여 사후통지절차를 마련하지 않은 것이 적법절차원칙에 위배되는지 여부: 적극[헌법불합치] (헌재 2022.7.21, 2016헌마388)

[1] 영장주의 위배 여부: 위배 ×

헌법상 영장주의는 체포·구속·압수·수색 등 기본권을 제한하는 강제처분에 적용되므로, 강제력이 개입되지 않은 임의수사에 해당하는 수사기관 등의 통신자료 취득에는 영장주의가 적용되지 않는다.

[2] 명확성원칙 위배 여부: 위배 ×

'국가안전보장에 대한 위해를 방지하기 위한 정보수집'은 국가의 존립이나 헌법의 기본질서에 대한 위험을 방지하기 위한 목적을 달성함에 있어 요구되는 최소한의 범위 내에서의 정보수집을 의미하는 것으로 해석되므로, 명확성원칙에 위배되지 않는다.

[3] 과잉금지원칙 위배 여부: 위배 ×

전기통신사업법은 통신자료 제공요청 방법이나 통신자료 제공현황 보고에 관한 규정 등을 두어 통신자료가 수사 등 정보수집의 목적달성에 필요한 최소한의 범위 내에서 이루어지도록 하고 있다. 따라서 침해의 최소성 및 법익균형성에 위배되지 않는다.

[4] 적법절차원칙 위배 여부: 위배 ○

이 사건 법률조항은 통신자료 취득에 대한 사후통지절차를 두지 않아 적법절차원칙에 위배되어 개인정보자기결정권을 침해한다.

2. 일사부재리의 원칙(이중처벌금지의 원칙)

> 헌법 제13조 ① … 동일한 범죄에 대하여 거듭 처벌받지 아니한다.

(1) 개념

① 판결의 기판력(실체적 확정력)이 발생하면 그 후 동일 사건에 대해 거듭 심판하는 것 ➡ 허용 ×

② '처벌'은 국가의 **형벌권실행으로서의 과벌**을 의미 ➡ **국가가 행하는 일체의 제재나 불이익처분이 모두 포함된다고 할 수 없음**

✐ 형식설의 입장(헌재 2003.7.24, 2001헌가25)

✐ 형벌을 부과하면서 행정제재처분을 부과하는 것은 이중처벌금지의 원칙의 문제 위반이라고 보기보다는 그러한 중복적 제재가 과잉에 해당하는지 여부의 문제로 다루어져야 한다(헌재 2001.5.31, 99헌가18).
  ➡ 과잉금지원칙의 문제(예 전자발찌 구형, 이행강제금)

(2) 일사부재리원칙의 적용범위

① 유·무죄 실체판결과 면소판결·**집행유예**·**선고유예**를 불문하고 **적용**

② 피고인이 동일한 행위에 관하여 외국에서 형사처벌을 과하는 확정판결을 받았더라도 **외국판결**은 우리나라에서 **기판력이 없으므로** 일사부재리의 원칙이 적용될 수 없다(대판 1983.10.25, 83도2366). 《주의》 그러나 필요적 감면은 필요하다는 게 판례의 입장이므로 구별하여 알아두어야 한다.

⚖ 판례 Ⅰ

1 누범의 가중처벌이 일사부재리원칙에 위배되는지 여부: 소극 (헌재 1995.2.23, 93헌바430)

2 상습범의 가중처벌이 일사부재리원칙에 위배되는지 여부: 소극 (헌재 1995.3.23, 93헌바59)

3 추징금 미납자에 대한 출국금지가 이중처벌금지원칙에 위배되는지 여부: 소극 (헌재 2004.10.28, 2003헌가18)

4 공정거래법상 부당내부거래를 한 사업자에 대하여 형사처벌과 함께 그 매출액의 2% 범위 내에서 과징금을 부과하는 것이 이중처벌금지원칙에 위배되는지 여부: 소극 (헌재 2003.7.24, 2001헌가25)

5 사회보호법상 보호감호제도가 일사부재리원칙에 위반되는지 여부: 소극

　　보호감호처분은 보안처분으로서 형벌과는 다른 독자적 의의를 가진 사회보호적인 처분이므로, 형벌과 보호감호를 병과한다고 해서 이중처벌금지의 원칙에 위반되지 않는다(헌재 1991.4.1, 89헌마17).

6 형벌과 함께 이행강제금을 부과하는 것이 이중처벌금지원칙에 위배되는지 여부: 소극 (헌재 2004.2.26, 2001헌바80 등)

7 청소년 성범죄자에 대한 신상공개가 이중처벌금지원칙에 위반되는지 여부: 소극 (헌재 2003.6.26, 2002헌가14)

8 주취 중 운전금지규정을 2회 이상 위반한 사람이 다시 이를 위반한 때에는 운전면허를 필요적으로 취소하는 것이 이중처벌금지원칙에 위배되는지 여부: 소극 (헌재 2010.3.25, 2009헌바83)

9 벌금을 납입하지 않은 때에 노역장에 유치하는 것이 이중처벌금지의 원칙에 위배되는지 여부: 소극 (헌재 2009.3.26, 2008헌바52 등)

10 외국에서 형의 전부 또는 일부의 집행을 받은 자에 대하여 형을 감경 또는 면제할 수 있도록 규정한 형법 제7조(필요적 감면이 아닌 임의적 감면)가 이중처벌금지원칙에 위배되는지 여부: 소극 (헌재 2015.5.28, 2013헌바129)

　　《주의》 신체의 자유 침해는 인정하였다.

11 성인대상 성폭력범죄자의 신상정보 공개·고지제도가 이중처벌금지원칙에 위반되는지 여부: 소극[합헌] (헌재 2016.5.26, 2015헌바212)

12 공무원의 징계 사유가 공금 횡령인 경우에는 해당 징계 외에 공금 횡령액의 5배 내의 징계부가금을 부과하도록 한 지방공무원법 제69조의2 제1항 중 '공금의 횡령'에 관한 부분이 이중처벌금지원칙 및 무죄추정원칙에 위배되는지 여부: 소극 (헌재 2015.2.26, 2012헌바435)

13 의사면허자격정지처분을 받은 자에게 과징금을 부과하는 것이 이중처벌금지의 원칙에 위반되는지 여부: 소극 (헌재 2008.7.31, 2007헌바85)

14 부동산 실권리자명의 등기에 관한 법률이 실명등기의무이행의 확보수단으로 명의신탁자 등에 대하여 형사처벌 이외에 과징금을 부과하는 것이 이중처벌금지원칙에 반하는지 여부: 소극 (헌재 2001.5.31, 99헌가18 등)

15 집행유예가 취소되는 경우 사회봉사 등 의무를 이행하였는지 여부와 관계없이 유예되었던 본형 전부를 집행하는 것이 이중처벌금지원칙 등에 위반되는지 여부: 소극 (헌재 2013.6.27, 2012헌바345 등)

16 구 국민건강보험법이 제19조 및 제45조의 부당이득 환수 규정이 이중처벌금지원칙 등에 위반되는지 여부: 소극 (헌재 2015.7.30, 2014헌바298)

17 부동산실명법상의 의무위반에 대해서 처벌과 동시에 위반자에 대한 100분의 30의 과징금을 부과하는 것이 이중처벌금지원칙 등에 위반되는지 여부: 적극 (헌재 2001.5.31, 99헌가18 등)
《주의》 이중처벌금지원칙에는 위반되지 않는다. 다만, 과잉금지원칙이나 평등원칙에 위반되어 위헌이다(헌법불합치 판결)

18 법무부령이 정하는 금액 이상의 추징금을 납부하지 아니한 자에게 출국을 금지할 수 있도록 한 출입국관리법 제4조 제1항 제4호가 이중처벌금지원칙에 위배되는지 여부: 소극[합헌] (헌재 2004.10.28, 2003헌가18)

19 국가보안법의 죄에 관하여 유기징역형을 선고할 때에 그 형의 장기 이하의 자격정지를 병과할 수 있도록 정한 국가보안법 제14조 중 '찬양·고무·선전 또는 이에 동조할 목적으로 문서·도화 기타의 표현물을 소지·반포한 자'에 관한 부분이 이중처벌금지원칙에 위배되는지 여부: 소극[합헌] (헌재 2018.3.29, 2016헌바361)

20 동일인을 구 석유 및 석유대체연료 사업법 규정에 따라 유사석유제품 제조행위로 처벌하고, 구 조세범처벌법 규정에 근거하여 유사석유제품을 제조하여 조세를 포탈한 행위로도 처벌하는 것이 이중처벌금지원칙에 위반되는지 여부: 소극[합헌] (헌재 2017.7.27, 2012헌바323)

21 성폭력범죄의 처벌 등에 관한 특례법 위반의 범죄를 범한 사람에 대하여 유죄판결을 선고함과 동시에 성폭력 치료프로그램 이수명령을 병과한 경우, 이러한 이수명령이 이중처벌금지원칙에 위배되는지 여부: 소극[합헌] (헌재 2016.12.29, 2016헌바153)

3. 연좌제의 금지 - 1980년 헌법(제8차 개정)에서 처음 규정

헌법 제13조 ③ 모든 국민은 자기의 행위가 아닌 친족의 행위로 인하여 불이익한 처우를 받지 아니한다.
✎ '불이익한 처우'란 형사법상의 불이익만이 아니라 국가로부터의 어떠한 불이익한 처분도 받지 않는다는 것을 의미

⚖ 판례 Ⅰ

1 범죄행위와의 관련성 유무를 불문하고 필요적으로 범죄행위자의 전 재산을 몰수하는 반국가행위자의 처벌에 관한 특별조치법 제8조가 연좌제금지규정에 위반되는지 여부: 적극[위헌] (헌재 1996.1.25, 95헌가5)

2 승객이 사망하거나 부상한 경우에 자동차를 직접 운행하지 않았음에도 불구하고 자동차운행자에게 무과실책임을 지우는 것이 연좌제금지규정에 위배되는지 여부: 소극 (헌재 1998.5.28, 96헌가4 등)

3 2인 이상이 공동으로 문서를 작성한 경우에 그 작성자는 당해 문서에 대한 인지세를 연대하여 납부할 의무가 있음을 규정한 인지세법 제1조 제2항이 연좌제금지원칙에 위배되는지 여부: 소극 (헌재 2007.5.31, 2006헌마1169)

4 선거사무장 등의 선거범죄로 인한 당선무효를 규정하고 있는 공직선거 및 선거부정방지법 제265조가 헌법상의 연좌제금지에 반하는지 여부: 소극 (대판 1997.4.11, 96도3451)

5 배우자의 선거법 위반행위를 근거로 후보자에게 연대책임을 지우는 것이 연좌제에 해당하는지 여부: 소극 (헌재 2005.12.22, 2005헌마19)

6 국회의원 본인뿐만 아니라 본인과 일정한 친족관계가 있는 자들의 보유주식도 주식의 매각 또는 백지신탁을 명하고 있는 공직자윤리법이 연좌제금지원칙에 반하는지 여부: 소극 (헌재 2012.8.23, 2010헌가65)

7 친일재산을 취득·증여 등 원인행위시에 국가의 소유로 하도록 규정한 친일반민족행위자 재산의 국가귀속에 관한 특별법 제3조 제1항 본문이 연좌제금지원칙에 반하는지 여부: 소극 (헌재 2011.3.31, 2008헌바141 등)

05 신체의 자유의 절차적 보장

1. 적법절차의 원칙 - 현행헌법(제9차 개정)에서 처음 헌법에 명문화

> 헌법 제12조 ① … 누구든지 … 법률과 적법한 절차에 의하지 아니하고는 처벌·보안처분 또는 강제노역을 받지 아니한다.
> ③ 체포·구속·압수 또는 수색을 할 때에는 적법한 절차에 따라 검사의 신청에 의하여 법관이 발부한 영장을 제시하여야 한다.

(1) 내용
① 적법한 절차는 절차의 적법성, 절차의 적정성 내지 정당성까지 요구함
② '법'은 실정법, 넓은 의미에서의 법규범을 의미, 명령이나 규칙·조례뿐만 아니라 정의·윤리·사회 상규까지도 포함
③ '절차'(process)는 특히 집행절차에서 고지·청문·변명 등 방어기회의 제공절차를 의미

(2) 적용대상
현행헌법 제12조 제1항의 처벌·보안처분·강제노역 등 및 제12조 제3항의 영장주의는 그 적용대상을 예시한 것에 불과함(통설)

(3) 적용범위
형사소송절차에 국한하지 않고 모든 국가작용, 특히 입법작용 전반에 대하여 문제된 법률의 실체적 내용이 합리성과 정당성을 갖추고 있는지 여부를 판단하는 기준으로 적용되고 있다(헌재 1989.9.8, 88헌가6).

> ⚖ **판례 |**
>
> 1 무죄가 선고되면 영장의 효력이 상실되지만 검사로부터 사형·무기 또는 10년 이상의 징역이나 금고의 형에 해당한다는 취지의 의견진술이 있는 경우에는 예외로 하는 형사소송법 제331조 단서규정이 적법절차원칙에 위배되는지 여부: 적극 (헌재 1992.12.24, 92헌가8)
>
> 2 관세범이 도주한 경우에 그 물품을 압수한 날로부터 4월을 경과한 때에는 당해 물품은 별도의 재판이나 처분 없이 국고에 귀속한다고 규정하는 것이 적법절차원칙에 위배되는지 여부: 적극 (헌재 1997.5.29, 96헌가17)
>
> 3 청소년대상 성범죄자의 신상공개제도가 적법절차원칙에 위배되는지 여부: 소극 (헌재 2003.6.26, 2002헌가14)
>
> 4 대통령에 대한 탄핵소추절차에서 적법절차원칙이 적용되는지 여부: 소극 (헌재 2004.5.14, 2004헌나1)

5 형사사건으로 공소제기된 변호사에 대하여 업무정지를 명할 수 있도록 하는 것이 적법절차원칙에 위배되는지 여부: 적극[위헌]

법무부장관의 일방적 명령에 의하여 변호사업무를 정지시키는 것은 당해 변호사가 자기에게 유리한 사실을 진술하거나 필요한 증거를 제출할 수 있는 청문의 기회가 보장되지 아니하여 적법절차를 존중하지 아니한 것이 된다(헌재 1990.11.19, 90헌가48).

6 지문채취불응에 대한 형사처벌이 적법절차원칙에 위배되는지 여부: 소극 (헌재 2004.9.23, 2002헌가17 등)

7 사회보호위원회의 치료감호종료결정이 적법절차원칙에 위배되는지 여부: 소극

사회보호위원회는 독립성과 전문성을 갖춘 특별위원회로서 준사법적 성격을 겸유하는 점, … 적법절차에 위배된다고 할 수 없다(헌재 2005.2.3, 2003헌바1).

8 불법게임물의 강제수거·폐기시 의견제출 등 절차보장규정을 두지 않은 것이 적법절차원칙에 위배되는지 여부: 소극 (헌재 2002.10.31, 2000헌가12)

9 보안관찰처분을 다투는 행정소송에서 집행정지(가처분)를 전혀 할 수 없도록 한 보안관찰법이 위헌인지 여부: 적극 (헌재 2001.4.26, 98헌바79)

10 사법경찰관인 피청구인이 위험발생의 염려가 없음에도 불구하고 사건종결 전에 압수물을 폐기한 행위가 적법절차의 원칙에 반하고, 공정한 재판을 받을 권리를 침해하는지 여부: 적극 (헌재 2012.12.27, 2011헌마351)

11 범칙금을 납부기간 내에 납부하지 않으면 지체 없이 즉결심판에 회부하도록 하는 것이 적법절차원칙에 위반되는지 여부: 소극[합헌] (헌재 2014.8.28, 2012헌바433)

12 사회보호법 부칙 제2조가 사회보호법을 폐지하면서 그 전에 이미 판결이 확정된 보호감호를 종전의 사회보호법에 따라 집행하도록 한 것이 적법절차원칙이 등에 위배되는지 여부: 소극[합헌] (헌재 2015.9.24, 2014헌바222)

13 전투경찰순경에 대한 징계처분으로 영창을 규정하고 있는 구 전투경찰대 설치법 제5조 제1항·제2항 중 각 '전투경찰순경에 대한 영창' 부분이 적법절차원칙에 위배되는지 여부: 소극 (헌재 2016.3.31, 2013헌바190)

14 징계시효 연장을 규정하면서 징계절차를 진행하지 아니함을 통보하지 아니한 경우에는 징계시효가 연장되지 않는다는 예외규정을 두지 아니한 구 지방공무원법 제73조의2 등이 적법절차원칙에 위배되는지 여부: 소극[합헌]

지방공무원법 제73조 제2항이 수사 중인 사건에 대하여 징계절차를 진행하지 아니할 수 있도록 한 것은, 수사결과에 따라 징계사유를 정확히 판단하여 적정한 징계를 하기 위한 것이다. 그리고 이 사건 법률조항이 수사 중인 사건에 대해 징계절차를 진행하지 아니하는 경우 징계시효가 연장되도록 한 것은, 적정한 징계를 위해 징계절차를 진행하지 아니할 수 있도록 한 것이 오히려 징계를 방해하게 되는 불합리한 결과를 막기 위해서이다(헌재 2017.6.29, 2015헌바29).

15 성립절차상의 중대한 하자로 효력을 인정할 수 없는 처벌규정을 근거로 한 범죄경력을 보안관찰처분의 기초로 삼는 법률조항이 적법절차원칙에 위배되는지 여부: 적극 (헌재 2001.4.26, 96헌바79)

16 중형에 해당되는 사건에서 피고인의 귀책사유가 없는 경우까지 궐석재판을 하는 것이 적법절차원칙에 위배되는지 여부: 적극 (헌재 1996.1.25, 95헌가5)

17 국회가 세무대학 폐지법률을 제정하는 과정에서 별도의 청문절차를 거치지 않은 것이 적법절차원칙에 위배되는지 여부: 소극 (헌재 2001.2.22, 99헌마613)

18 사전 의견진술기회를 부여하지 않은 채 중앙선거관리위원회위원장이 대통령에게 한 '대통령의 선거중립의무 준수 요청조치'가 적법절차원칙에 위배되는지 여부: 소극 (헌재 2008.1.17, 2007헌마700)

19 형사사건으로 공소제기된 변호사에 대하여 법무부장관이 업무정지를 명할 수 있도록 하는 것이 청문의 기회가 보장되지 아니하여 적법절차원칙에 위배되는지 여부: 적극[위헌] (헌재 1990.11.19, 90헌가48)

20 법관 아닌 사회보호위원회가 치료감호의 종료 여부를 결정하도록 한 형사소송법 조항이 적법절차원칙에 위반되는지 여부: 소극[합헌] (헌재 2005.2.3, 2003헌바1)

21 상당한 의무이행기간을 부여하지 아니한 대집행계고처분 후에 대집행영장으로써 대집행의 시기를 늦춘 경우 그 계고처분의 적부: 소극
위 대집행계고처분은 상당한 이행기한을 정하여 한 것이 아니어서 대집행의 적법절차에 위배한 것으로 위법한 처분이라고 할 것이다(대판 1990.9.14, 90누2048).

22 도시철도법(2014.1.7. 법률 제12216호로 전부개정된 것) 제34조 제2항 중 '제1항에 따른 운임수입의 배분에 관한 협의가 성립되지 아니한 때에는 당사자의 신청을 받아 국토교통부장관이 결정한다' 부분이 적법절차원칙에 위배되는지 여부: 소극
심판대상조항에서 의견진술의 기회나 처분의 이유 제시 등의 절차에 관하여 정하고 있지 않다고 하더라도 도시철도운영자는 행정절차법에 의하여 처분의 사전통지를 받고, 의견제출을 할 기회가 열려 있으며, 처분의 이유도 제시받을 수 있는 등 행정절차법에 의한 절차보장을 받을 수 있으므로, 심판대상조항에서 별도의 의견진술권 등을 규정하고 있지 않다고 하더라도 이를 이유로 심판대상조항이 적법절차원칙에 위배되는 것으로 볼 수는 없다(헌재 2019.6.28. 2017헌바135).

23 치료감호 청구권자를 검사로 한정한 구 치료감호법(2008.6.13. 법률 제9111호로 개정되기 전의 것) 제4조 제1항(이하 '이 사건 법률조항'이라 한다)이 청구인의 재판청구권을 침해하거나 적법절차의 원칙에 위배되는지 여부: 소극 (헌재 2021.1.28, 2019헌가24 등)

24 병(兵)에 대한 징계처분으로 일정기간 부대나 함정 내의 영창, 그 밖의 구금장소에 감금하는 영창처분이 가능하도록 규정한 구 군인사법 제57조 제2항 중 '영창'에 관한 부분(이하 '심판대상조항'이라 한다)이 신체의 자유를 침해하여 헌법에 위반되는지 여부: 적극[위헌] (헌재 2020.9.24, 2017헌바157 등)

25 대통령이 임명할 특별검사 1인에 대하여 그 후보자 2인의 추천권을 교섭단체를 구성하고 있는 두 야당의 합의로 행사하게 한 '박근혜 정부의 최순실 등 민간인에 의한 국정농단 의혹 사건 규명을 위한 특별검사의 임명 등에 관한 법률' 제3조 제2항 등이 적법절차원칙에 위배되는지 여부: 소극[합헌] (헌재 2019.2.28, 2017헌바196)

26 특정공무원범죄의 범인에 대한 추징판결을 범인 외의 자가 그 정황을 알면서 취득한 불법재산 및 그로부터 유래한 재산에 대하여 그 범인 외의 자를 상대로 집행할 수 있도록 한 '공무원범죄에 관한 몰수 특례법' 제9조의2가 적법절차원칙에 위배되는지 여부: 소극[합헌] (헌재 2020.2.27, 2015헌가4)

27 산업단지의 지정권자로 하여금 산업단지계획안에 대한 주민의견청취와 동시에 환경영향평가서 초안에 대한 주민의견청취를 진행하도록 한 구 산업단지 인·허가 절차 간소화를 위한 특례법 규정이 적법절차원칙에 위배되는지 여부: 소극[합헌] (헌재 2016.12.29, 2015헌바280)

2. 영장주의의 적용범위

헌법 제12조 ③ 체포·구속·압수 또는 수색을 할 때에는 **적법한 절차**에 따라 **검사의 신청에 의하여 법관이 발부한 영장**을 제시하여야 한다. 다만, **현행범**인 경우와 장기 **3년** 이상의 형에 해당하는 죄를 범하고 도피 또는 증거인멸의 염려가 있을 때에는 사후에 영장을 청구할 수 있다.

영장주의가 법원에 의한 사후통제까지 마련되어야 함을 의미하는 것은 아니다.

《주의》 중립적 기관인 법원의 허가를 요한다.

✎ 영장주의가 적용되지 않는 대표적 판례
- 국민건강보험공단의 개인정보제공행위
- 지문채취
- 소변채취
- 음주측정

⚖ **판례 ⅰ**

1 무죄판결이 선고된 경우에도 검사로부터 10년 이상의 징역형 등에 해당한다는 의견진술이 있는 경우 구속영장의 효력을 지속하도록 하는 것이 영장주의에 위배되는지 여부: 적극[위헌] (헌재 1992.12.24, 92헌가8)

2 보석허가결정에 대하여 검사의 즉시항고를 허용하여 항고심의 재판이 확정될 때까지 그 집행이 정지되도록 하는 것이 영장주의에 위배되는지 여부: 적극[위헌] (헌재 1993.12.23, 93헌가)

3 공판단계에서 법원이 직권으로 영장을 발부하는 것이 " … 검사의 신청에 의하여 법관이 발부한 영장을 제시하여야 한다."라는 헌법 제12조 제3항 본문에 위배되는지 여부: 소극 (헌재 1997.3.27, 96헌바28 등)

4 영장 없는 음주측정이 위헌인지 여부: 소극 (헌재 1997.3.27, 96헌가11)

5 지문채취불응에 대한 형사처벌이 영장주의 등에 위배되는지 여부: 소극 (헌재 2004.9.23, 2002헌가17 등)

6 마약류 사범에게 마약류 반응검사를 위하여 월 1회씩 정기적으로 소변을 채취하여 제출하도록 한 것이 영장주의에 위배되는지 여부: 소극 (헌재 2006.7.27, 2005헌마277)

7 검사조사실에서의 계구사용을 원칙으로 규정하고 있는 계호근무준칙 제298조 제1호·제2호가 신체의 자유를 침해하는지 여부: 적극 (헌재 2005.5.26, 2004헌마49)

8 영장주의가 행정상 즉시강제에도 적용되는지 여부: 소극 (헌재 2002.10.31, 2000헌가12)

9 특별검사의 동행명령을 정당한 사유 없이 거부한 참고인에 대하여 1천만원 이하의 벌금에 처하도록 하는 '이명박 특검법' 제6조 제6항과 제18조 제2항이 영장주의에 위배되는지 여부: 적극[위헌] (헌재 2008.1.10, 2007헌마1468)

10 지방의회의 사무감사를 위한 증인의 동행명령장제도가 영장주의에 위배되는지 여부: 적극 (대판 1995.6.30, 93추83)

11 법원의 구속집행정지결정에 대한 검사의 즉시항고를 규정한 형사소송법 제101조 제3항이 헌법상 영장주의와 적법절차원칙에 반하여 위헌인지 여부: 적극[위헌] (헌재 2012.6.27, 2011헌가36)

12 채취대상자가 동의하는 경우에는 영장 없이 디엔에이감식시료를 채취할 수 있도록 한 것이 영장주의에 위반되는지 여부: 소극[기각] (헌재 2014.8.28, 2011헌마28)

13 형사재판에 계속 중인 사람에 대하여 출국을 금지할 수 있다고 규정한 출입국관리법 제4조 제1항 제1호가 영장주의 등을 침해하는지 여부: 소극[합헌] (헌재 2015.9.24, 2012헌바302)

14 체포영장을 집행하는 경우, 필요한 때에는 타인의 주거 등 내에서 피의자 수색을 할 수 있도록 한 형사소송법 제216조 제1항 제1호 중 제200조의2에 관한 부분이 영장주의에 위배되는지 여부: 적극[헌법불합치] (헌재 2018.4.26, 2015헌바370)

《주의》 명확성원칙에 위배되지 않는다.

15 국민건강보험공단이 2013.12.20. 서울용산경찰서장에게 청구인들의 요양급여내역을 제공한 행위가 영장주의에 위배되어 청구인들의 개인정보자기결정권을 침해하는지 여부: 소극

  이 사건 사실조회행위는 강제력이 개입되지 아니한 임의수사에 해당하므로, 이에 응하여 이루어진 이 사건 정보제공행위에도 영장주의가 적용되지 않는다(헌재 2018.8.30, 2014헌마368).

  《주의》 영장주의에 위배되지 않는다. 다만, 과잉금지원칙에 위반되어 위헌이다.

16 각급선거관리위원회 위원·직원의 선거범죄 조사에 있어서 피조사자에게 자료제출의무를 부과한 공직선거법 제272조의2 제3항 중 '제1항의 규정에 의한 자료의 제출을 요구받은 자'에 관한 부분 및 허위자료를 제출하는 경우 형사처벌하는 구 공직선거법 제256조 제5항 제12호 중 '제272조의2 제3항의 규정에 위반하여 허위의 자료를 제출한 자'에 관한 부분이 영장주의에 위반되는지 여부: 소극 (헌재 2019.9.26, 2016헌바381)

17 기지국 수사를 허용하는 통신사실 확인자료 제공요청은 법원의 허가를 받으면, 해당 가입자의 동의나 승낙을 얻지 아니하고도 제3자인 전기통신사업자에게 해당 가입자에 관한 통신사실 확인자료의 제공을 요청할 수 있도록 하는 수사방법으로, 통신비밀보호법이 규정하는 강제처분에 해당하므로 헌법상 영장주의가 적용된다(헌재 2018.6.28, 2012헌마538).

  ✎ 인터넷회선 감청사건의 경우 영장주의에 대해 판단하지 않았다.

18 교도소 내 엄중격리대상자에 대하여 이동시 계구를 사용하고 교도관이 동행계호하는 행위 및 1인 운동장을 사용하게 하는 처우가 신체의 자유를 침해하는지 여부: 소극 (헌재 2008.5.29, 2005헌마137 등)

19 국가보안법 위반죄 등을 범한 자를 법관의 영장 없이 구속·압수·수색할 수 있도록 했던 구 인신구속 등에 관한 임시특례법 제2조 제1항이 영장주의에 위배되는지 여부: 적극[위헌] (헌재 2012.12.27, 2011헌가5)

20 헌법상 영장신청권자가 검찰청법상 검사로 한정되는지 여부: 소극[기각] (헌재 2021.1.28, 2020헌마264)

21 피의자의 동의 없이 피의자의 신체로부터 혈액을 채취하고 사후에도 지체 없이 영장을 발부받지 아니한 채 얻은 알코올농도에 관한 감정의뢰회보가 영장주의에 위배되는지 여부: 적극 (대판 2012.11.15, 2011도15258)

3. 영장주의의 예외

(1) 현행범인인 경우와 긴급체포를 하는 경우(제12조 제3항, 형사소송법 제200조의3)

(2) 비상계엄의 경우(제77조 제3항)

4. 체포·구속적부심사제도

> **헌법 제12조** ⑥ 누구든지 체포 또는 구속을 당한 때에는 적부의 심사를 법원에 청구할 권리를 가진다.

(1) 의의

  ① 입법자가 법률로써 구체적인 내용을 형성하여야만 실질적으로 행사할 수 있음
  ② 제도적 보장의 성격이 강한 절차적 기본권(청구권적 기본권)
  ③ 상대적으로 광범위한 입법형성권이 인정되므로 관련 법률에 대한 위헌성 심사를 할 때는 자의금지원칙이 적용(헌재 2004.3.25, 2002헌바104)

(2) 연혁

  ① 1948년 건국헌법
  ② 1972년 제7차 개정헌법(유신헌법)에서 삭제

③ 1980년 제8차 개정헌법에서 부활

④ 1987년 제9차 개정헌법(현행헌법)에서 청구권의 배제규정을 삭제하여 구속적부심사의 청구사유를 확대

(3) 법원의 결정에 대한 불복

① 법원의 기각결정과 석방결정: 검사와 피의자 모두 항고 ×(형사소송법 제214조의2 제8항)

② 법원의 보증금납입조건부 피의자석방결정: 검사나 피의자 모두 항고 ○

(4) 심사청구의 주체

① 기존의 형사소송법은 "체포 또는 구속된 피의자에게 체포 또는 구속의 적부심사를 청구할 수 있다."라고 규정하였는데, 헌법재판소는 청구인 적격을 피의자에게만 인정한 형사소송법 조항에 헌법불합치 판결을 내렸다(헌재 2004.3.25, 2002헌바104).

② 그 후 형사소송법은 형사피의자뿐만 아니라 형사피고인에게도 체포·구속적부심사권을 인정

5. 체포·구속이유 등 고지제도(넓은 의미의 미란다원칙)

헌법 제12조 ⑤ 누구든지 체포 또는 구속의 이유와 변호인의 조력을 받을 권리가 있음을 고지받지 아니하고는 체포 또는 구속을 당하지 아니한다. 체포 또는 구속을 당한 자의 가족 등 법률이 정하는 자에게는 그 이유와 일시·장소가 지체 없이 통지되어야 한다.

(1) 내용

① 고지받을 권리의 주체: 누구든지 ➡ 즉, 형사피의자뿐만 아니라 피고인도 포함

② 통지받을 권리의 주체: 가족 등 법률이 정하는 자[변호인·법정대리인·배우자·직계친족·형제자매(형사소송법 제30조 제2항, 제87조 제1항)] ➡ 통지는 지체 없이 서면으로 하여야 함(형사소송법 제87조 제2항).

(2) 수사기관이 고지·통지의무를 이행하지 않는 경우

직권남용에 의한 불법행위로 간주되어 형사처벌대상이 됨

6. 무죄추정의 원칙 – 1980년 헌법(제8차 개정)에서 처음 명문화

헌법 제27조 ④ 형사피고인은 유죄의 판결이 확정될 때까지는 무죄로 추정된다.

(1) 성격

판결 이전뿐만 아니라 판결 자체와 판결형성의 과정에서도 준수되어야 함

(2) 적용범위

① 피고인과 피의자

② 유죄판결의 확정

　㉠ 제1심 또는 제2심판결에서 유죄판결이 선고되더라도 유죄판결이 확정되지 않은 때에는 무죄의 추정을 받음 ➡ 여기서 유죄판결이란 형선고의 판결, 형면제의 판결과 집행유예·선고유예의 판결을 포함

　㉡ 면소, 공소기각, 관할 위반의 판결이 확정된 때에는 무죄의 추정이 유지됨

③ 형사절차와 기타 일반 법생활 영역에서의 기본권제한

(3) 내용

① 인신구속의 제한

ㄱ 원칙: 불구속수사·불구속재판원칙

ㄴ 예외: 도피할 우려가 있거나 증거를 인멸할 우려가 있는 때에 한하여 구속수사 또는 구속재판이 이루어져야 함

② 의심스러운 때에는 피고인의 이익으로: 범죄혐의에 관하여 입증이 없으면 '의심스러운 때에는 피고인의 이익으로'라는 원칙에 따라 무죄를 선고하여야 함

③ 불이익처우의 금지: 유죄임을 전제로 고문·폭행·협박·구속의 부당한 장기화를 통한 무리한 진실추구를 하여서는 아니 됨

⚖ 판례 Ⅰ

1 공정거래위원회의 법 위반사실 공표명령제도가 무죄추정의 원칙에 위배되는지 여부: 적극[위헌] (헌재 2002.1.31, 2001헌바43)

2 수사 및 재판단계에서 미결수용자에게 재소자용 의류를 착용하게 하는 것이 위헌인지 여부: 적극[위헌확인] (헌재 1999.5.27, 97헌마137 등)

3 형사사건으로 기소되면 '필요적으로' 직위해제처분을 하도록 한 국가공무원법규정이 무죄추정의 원칙에 위배되는지 여부: 적극 (헌재 1998.5.28, 96헌가12)

4 형사기소된 국가공무원에 대한 '임의적' 직위해제가 무죄추정원칙에 위배되는지 여부: 소극 (헌재 2006.5.25, 2004헌바12)

5 형사사건으로 기소된 교원에 대하여 '필요적으로' 직위해제처분을 하도록 한 것이 무죄추정의 원칙에 위배되는지 여부: 적극[위헌] (헌재 1994.7.29, 93헌가3)

6 변호사법 제15조의 공소제기된 변호사에 대한 필요적 업무정지명령이 무죄추정원칙에 위배되는지 여부: 적극[위헌] (헌재 1990.11.19, 90헌가48)

7 공소제기된 변호사에 대한 임의적 업무정지명령을 규정한 변호사법 제102조가 무죄추정의 원칙에 위반되는지 여부: 소극[합헌] (헌재 2014.4.24, 2012헌바45)

8 미결수용자에 대한 국민건강보험급여를 정지하는 것이 무죄추정의 원칙에 위반되는지 여부: 소극 (헌재 2005.2.24, 2003헌마31 등)

9 판결선고 전 구금일수의 산입을 규정한 형법 제57조 제1항 중 '또는 일부' 부분이 헌법상 무죄추정의 원칙 및 적법절차의 원칙 등을 위배하여 신체의 자유를 침해하는지 여부: 적극 (헌재 2009.6.25, 2007헌바25)

10 형사소송법 제482조 제1항이 상소제기 후 상소취하시까지의 구금일수 통산에 관해서는 규정하지 아니함으로써 이를 본형 산입의 대상에서 제외되도록 한 것이 헌법상 무죄추정의 원칙 및 적법절차의 원칙, 평등원칙 등을 위배하여 합리성과 정당성 없이 신체의 자유를 지나치게 제한함으로써 헌법에 위반되는지 여부: 적극 (헌재 2009.12.29, 2008헌가13·2009헌가5)

11 지방자치단체의 장이 '금고 이상의 형을 선고받고 그 형이 확정되지 아니한 경우'에 부단체장이 그 권한을 대행하도록 하는 것이 무죄추정의 원칙에 위배되는지 여부: 적극[헌법불합치] (헌재 2010.9.2, 2010헌마418)

12 지방자치단체의 장이 '공소제기된 후 구금상태에 있는 경우' 부단체장이 그 권한을 대행하도록 규정한 지방자치법 제111조 제1항 제2호가 무죄추정원칙에 위배되는지 여부: 소극 (헌재 2011.4.28, 2010헌마474)

13 형사재판에 계속 중인 사람에 대하여 출국을 금지할 수 있다고 규정한 출입국관리법 제4조 제1항 제1호가 무죄추정의 원칙 등에 위반되는지 여부: 소극 (헌재 2015.9.24, 2012헌바302)

14 공무원의 징계사유가 공금 횡령인 경우에는 해당 징계 외에 공금 횡령액의 5배 내의 징계부가금을 부과하도록 한 지방공무원법 제69조의2 제1항 중 '공금의 횡령'에 관한 부분이 무죄추정원칙에 위반되는지 여부: 소극 (헌재 2015.2.26, 2012헌바435)

15 부당내부거래행위에 대한 과징금 부과처분에 대하여 그 행정소송에 관한 판결이 확정되기 전에 공정력과 집행력을 인정하는 것이 무죄추정의 원칙에 위배되는지 여부: 소극 (헌재 2003.7.24, 2001헌가25)

16 증거결정을 취소할 수 있는 소송지휘권행사가 무죄추정을 받을 권리를 침해하는지 여부: 소극 (헌재 1998.12.24, 94헌바46)

17 군사법경찰관에게 구속기간의 연장을 허용하는 것이 무죄추정의 원칙에 위배되는지 여부: 적극[위헌] (헌재 2003.11.27, 2002헌마193)

18 독점규제 및 공정거래에 관한 법률 제27조의 공정거래위원회의 법 위반사실 공표명령이 무죄추정의 원칙에 위배되는지 여부: 적극[위헌] (헌재 2002.1.31, 2001헌바43)

19 소년원 수용기간을 항고심 결정에 의한 보호기간에 산입하는 규정을 두지 아니한 소년법 제33조가 무죄추정의 원칙을 위반한 것인지 여부: 소극[합헌] (헌재 2015.12.23, 2014헌마768)

《주의》 신체의 자유 침해 ×, 평등권 침해 ×

7. 자백의 증거능력 및 증명력 제한의 원칙

> 헌법 제12조 ⑦ 피고인의 자백이 고문·폭행·협박·구속의 부당한 장기화 또는 기망 기타의 방법에 의하여 자의로 진술된 것이 아니라고 인정될 때 또는 **정식재판**에 있어서 피고인의 자백이 그에게 불리한 유일한 증거일 때에는 이를 유죄의 증거로 삼거나 이를 이유로 처벌할 수 없다.

(1) 임의성 없는 자백(고문·폭행·협박·구속의 부당한 장기화 등 증거수집과정에 위법성이 있는 경우)의 증거능력은 부정됨

(2) 보강증거 없는 불리한 유일한 자백은 정식재판에서 증명력을 가질 수 없음 ➡ 다만, 약식재판(즉결심판 등)에서는 자백만으로도 유죄 선고 가능

8. 고문을 당하지 아니할 권리 – 절대적 금지, 법률로도 예외를 인정 ×

> 헌법 제12조 ② 모든 국민은 고문을 받지 아니하며 …

9. 진술거부권(묵비권)

> 헌법 제12조 ② 모든 국민은 … 형사상 자기에게 불리한 진술을 강요당하지 아니한다.

(1) 의의

영미의 '자기부죄거부의 특권'에서 유래

(2) 주체
① 형사피의자, 형사피고인, 형사피의자의 대리인, 외국인
② 장차 피의자나 피고인이 될 자에게도 보장되며, **형사절차뿐 아니라 행정절차나 국회에서의 조사절차 등에서도 보장**
③ 또한 진술거부권은 고문 등 폭행에 의한 강요는 물론 법률로써도 진술을 강요당하지 아니함을 의미함(헌재 1997.3.27, 96헌가11)

(3) 내용
① 진술강요의 금지
㉠ 문자로 기재하도록 하는 것도 진술에 포함(헌재 2005.12.22, 2004헌바25)
㉡ 그러나 지문과 족형의 채취, 신체의 측정, 사진촬영이나 신체검사, 음주측정 등은 진술에 해당하지 않으므로 진술거부권이 미치지 않음

> ⚖ 판례 |
>
> 1 음주측정불응에 대한 처벌이 진술거부권 침해인지 여부: 소극 (헌재 1997.3.27, 96헌가11)
>
> 2 정치자금의 수입·지출에 관한 내역을 회계장부에 허위기재한 정당의 회계책임자를 형사처벌하는 것이 진술거부권을 침해하는지 여부: 소극 (헌재 2005.12.22, 2004헌바25)
>
> 3 교통사고를 일으킨 운전자에게 신고의무를 부담시키고 있는 도로교통법 제50조 제2항, 제111조 제3호가 진술거부권을 침해하는지 여부: 적극[한정합헌] (헌재 1990.8.27, 89헌가118)
> ✎ 형사책임과 관련되는 사항에 적용하지 아니하는 것으로 해석하는 한 합헌
>
> 4 독점규제 및 공정거래에 관한 법률 제27조의 공정거래위원회의 법 위반사실 공표규정이 진술거부권을 침해하는지 여부: 적극[위헌] (헌재 2002.1.31, 2001헌바43)
>
> 5 국회에서 허위의 진술을 한 증인을 위증죄로 처벌하는 구 '국회에서의 증언·감정 등에 관한 법률 제14조 제1항 본문 중 증인에 관한 부분이 진술거부권을 제한하는지 여부: 소극
> 진술거부권은 소극적으로 진술을 거부할 권리를 의미하고, 적극적으로 허위의 진술을 할 권리를 보장하는 것은 아니므로, 당해사건에서 청구인이 허위의 진술을 하였다는 이유로 위증죄의 처벌을 받은 만큼 진술거부권이 제한된 것은 아니다(헌재 2015.9.24, 2012헌바410).

② 진술의 범위: 헌법은 형사상 불리한 진술의 강요를 금지하고 있으나 형사소송법에 따르면 진술내용의 이익·불이익을 불문함

(4) 고지 및 불고지

> ⚖ 판례 |
>
> 1 국가보안법상 불고지죄가 진술거부권을 침해하는지 여부: 소극 (헌재 1998.7.16, 96헌바35)
>
> 2 독점규제 및 공정거래에 관한 법률상 법 위반사실 공표명령이 진술거부권을 침해하는지 여부: 적극 (헌재 2002.1.31, 2001헌바43)
>
> 3 국회에서 허위의 진술을 한 증인에 대하여 위증죄로 처벌하는 '국회에서의 증언·감정 등에 관한 법률' 제14조 제1항이 진술거부권을 침해하는지 여부: 소극[합헌] (헌재 2015.9.24, 2012헌바410)

10. 변호인의 조력을 받을 권리

헌법 제12조 ④ 누구든지 체포 또는 구속을 당한 때에는 즉시 변호인의 조력을 받을 권리를 가진다. 다만, 형사피고인이 스스로 변호인을 구할 수 없을 때에는 법률이 정하는 바에 의하여 국가가 변호인을 붙인다.

형사소송법

제243조의2【변호인의 참여 등】① 검사 또는 사법경찰관은 피의자 또는 그 변호인·법정대리인·배우자·직계친족·형제자매의 신청에 따라 변호인을 피의자와 접견하게 하거나 정당한 사유가 없는 한 피의자에 대한 신문에 참여하게 하여야 한다.
② 신문에 참여하고자 하는 변호인이 2인 이상인 때에는 피의자가 신문에 참여할 변호인 1인을 지정한다. 지정이 없는 경우에는 검사 또는 사법경찰관이 이를 지정할 수 있다.
③ 신문에 참여한 변호인은 신문 후 의견을 진술할 수 있다. 다만, 신문 중이라도 부당한 신문방법에 대하여 이의를 제기할 수 있고, 검사 또는 사법경찰관의 승인을 얻어 의견을 진술할 수 있다.
④ 제3항에 따른 변호인의 의견이 기재된 피의자신문조서는 변호인에게 열람하게 한 후 변호인으로 하여금 그 조서에 기명날인 또는 서명하게 하여야 한다.
⑤ 검사 또는 사법경찰관은 변호인의 신문참여 및 그 제한에 관한 사항을 피의자신문조서에 기재하여야 한다.

형의 집행 및 수용자의 처우에 관한 법률

제84조【변호인과의 접견 및 편지수수】① 제41조 제4항에도 불구하고 미결수용자와 변호인(변호인이 되려고 하는 사람을 포함한다. 이하 같다)과의 접견에는 교도관이 참여하지 못하며 그 내용을 청취 또는 녹취하지 못한다. 다만, 보이는 거리에서 미결수용자를 관찰할 수 있다.
② 미결수용자와 변호인간의 접견은 시간과 횟수를 제한하지 아니한다.
③ 제43조 제4항 단서에도 불구하고 미결수용자와 변호인간의 편지는 교정시설에서 상대방이 변호인임을 확인할 수 없는 경우를 제외하고는 검열할 수 없다.

제41조【접견】④ 소장은 다음 각 호의 어느 하나에 해당하는 사유가 있으면 교도관으로 하여금 수용자의 접견내용을 청취·기록·녹음 또는 녹화하게 할 수 있다.
1. 범죄의 증거를 인멸하거나 형사 법령에 저촉되는 행위를 할 우려가 있는 때
2. 수형자의 교화 또는 건전한 사회복귀를 위하여 필요한 때
3. 시설의 안전과 질서유지를 위하여 필요한 때

(1) 주체

① 체포·구속된 피의자·피고인
② 체포·구속을 당하지 아니한 불구속피의자·피고인
③ 임의동행된 피의자 또는 피내사자
④ 행정절차에서 구속된 사람
⑤ 수형자(기결수)는 원칙적으로 변호인의 조력을 받을 권리의 주체가 될 수 없다(헌재 1998.8.27, 96헌마398).

> **⚖️ 판례 Ⅰ**
>
> 1 불구속피의자·피고인도 변호인의 조력을 받을 권리의 주체가 되는지 여부: 적극 (헌재 2004.9.23, 2000헌마138)
>
> 2 임의동행된 피의자·피내사자도 변호인의 조력을 받을 권리의 주체가 되는지 여부: 적극 (대결 1996. 6.3, 96모18)
>
> 3 수형자가 변호인의 조력을 받을 권리의 주체인지 여부: 소극 (헌재 1998.8.27, 96헌마398)

4 행정절차에서 구속된 사람도 변호인의 조력을 받을 권리의 주체인지 여부: 적극 (헌재 2018.5.31, 2014헌마346)

5 금치처분을 받은 수형자가 교도소장의 서신발송 불허처분에 대하여 소를 제기하기 위하여 변호인과 접견하고자 할 때, 이를 불허하는 교도소장의 처분이 변호인의 조력을 받을 권리를 침해하는지 여부: 소극 (헌재 2004.12.16, 2002헌마478)

(2) 내용

① **변호인선임권**: 변호인의 조력을 받을 권리의 가장 기초적인 구성 부분으로 법률로써도 제한할 수 없다(헌재 2004.9.23, 2000헌마138).

② **변호인과의 접견교통권**

ㄱ 변호인의 조력을 받을 권리의 가장 중요한 내용이어서 국가안전보장·질서유지·공공복리 등 어떠한 명분으로도 제한될 수 있는 성질의 것이 아니다(헌재 1992.1.28, 91헌마111).

ㄴ 구속된 자와 변호인간의 '자유로운 접견', 즉 '대화내용의 비밀이 완전히 보장되고 어떠한 제한·영향·압력 또는 부당한 간섭 없이 자유롭게 대화할 수 있는 접견'을 제한할 수 없음

ㄷ 그러나 변호인과의 접견 자체에 대해 아무런 제한도 가할 수 없음을 의미하는 것은 아니므로 미결수용자의 변호인접견권 역시 국가안전보장·질서유지 또는 공공복리를 위하여 필요한 경우 법률로써 제한될 수 있다(헌재 2011.5.26, 2009헌마341).

⚖ 판례 |

1 인천공항출입국·외국인청장이 인천국제공항 송환대기실에 수용된 난민에 대한 변호인 접견신청을 거부한 행위가 변호인의 조력을 받을 권리를 침해하는지 여부: 적극[위헌]

   [1] 헌법 제12조 제4항 본문에 규정된 변호인의 조력을 받을 권리가 행정절차에서 구속된 사람에게도 즉시 보장되는지 여부: 적극

   [2] 청구인이 송환대기실에 구속되어 있었는지 여부: 적극

   [3] 이 사건 변호인 접견신청 거부가 청구인의 변호인의 조력을 받을 권리를 침해하였는지 여부: 적극 (헌재 2018.5.31, 2014헌마346)

2 금치처분을 받은 수형자가 교도소장의 서신발송 불허처분에 대하여 소를 제기하기 위하여 변호인과 접견하고자 할 때, 이를 불허하는 교도소장의 처분이 변호인의 조력을 받을 권리를 침해하는지 여부: 소극 (헌재 2004.12.16, 2002헌마478)

3 구속된 사람의 변호인과의 자유로운 접견권은 국가안전보장·질서유지·공공복리 등 어떤 명분으로도 제한할 수 없는 권리인지 여부: 적극 (헌재 2011.5.26, 2009헌마341)

4 변호인과 미결수용자가 접견하고자 하였으나 공휴일이라는 이유로 접견이 불허된 경우, 위 접견불허처분이 변호인의 조력을 받을 권리를 침해하는지 여부: 소극 (헌재 2011.5.26, 2009헌마341)

5 구치소 내의 변호인접견실에 CCTV를 설치하여 미결수용자와 변호인간의 접견을 관찰한 행위와 교도관이 미결수용자와 변호인간에 주고받는 서류를 확인하고, 소송관계서류처리부에 그 제목을 기재하여 등재한 행위가 청구인의 변호인의 조력을 받을 권리를 침해하는지 여부: 소극[기각] (헌재 2016.4.28, 2015헌마243)

6 형사소송법 제165조의2 제3호 중 '피고인 등'에 대하여 차폐시설을 설치하고 신문할 수 있도록 한 부분이 청구인의 공정한 재판을 받을 권리 및 변호인의 조력을 받을 권리를 침해하는지 여부: 소극 (헌재 2016.12.29, 2015헌바221)

7 '변호인이 되려는 자'의 피의자 접견교통권이 헌법상 기본권인지 여부: 적극 (헌재 2019.2.28, 2015헌마1204)

8 청구인이 '변호인이 되려는 자'의 자격으로 피의자 접견신청을 하였음에도 이를 허용하기 위한 조치를 취하지 않은 검사의 행위(이하 '이 사건 검사의 접견불허행위'라 한다)가 헌법상 기본권인 청구인의 접견교통권을 침해하는지 여부: 적극
   [1] 이 사건 교도관의 접견불허행위는 헌법재판소법 제68조 제1항에서 헌법소원의 대상으로 삼고 있는 '공권력의 행사'에 해당하지 아니한다.
   [2] '형의 집행 및 수용자의 처우에 관한 법률 시행령'은 접견거부의 근거가 되지 않는다.
   [3] '변호인이 되려는 자'의 피의자 접견신청을 허용하기 위한 조치를 취하지 않은 검사의 행위에 대하여 형사소송법 제417조에 따른 준항고 절차를 거치지 아니하고 헌법소원심판을 청구한 경우 보충성 원칙의 예외에 해당한다(헌재 2019.2.28, 2015헌마1204).

9 별건으로 공소제기 후 확정되어 검사가 보관하고 있는 서류에 대하여 법원의 열람·등사허용결정이 있었음에도 검사가 청구인에 대한 형사사건과의 관련성을 부정하면서 해당 서류의 열람·등사를 허용하지 아니한 행위가 청구인의 신속하고 공정한 재판을 받을 권리 및 변호인의 조력을 받을 권리를 침해하는지 여부: 적극 (헌재 2022.6.30, 2019헌마356)

③ 변호인을 통한 소송관계서류의 열람·등사

> ⚖️ **판례 ㅣ**
>
> 1 변호인을 통해 소송관계서류를 열람·등사할 수 있는 권리도 포함되는지 여부: 적극 (헌재 1997.11.27, 94헌마60)
>
> 2 법원이 수사서류에 대한 열람·등사허용결정을 하였음에도 검사가 변호인의 열람·등사신청을 거부한 행위가 헌법에 위반되는지 여부: 적극[위헌확인] (헌재 2010.6.24, 2009헌마257)
>
> 3 법원의 수사서류 열람·등사허용결정에도 불구하고 검사가 해당 수사서류의 '열람'은 허용하고 '등사'를 거부한 경우 위와 같은 검사의 행위가 청구인들의 신속하고 공정한 재판을 받을 권리 및 변호인의 조력을 받을 권리를 침해하는지 여부: 적극[위헌확인] (헌재 2012.12.28, 2015헌마632)

④ **서신비밀보장**: 미결수용자와 변호인과의 접견에는 교도관의 참여가 허용되지 않고, 변호인 또는 변호인이 되려는 자와 피의자 또는 피고인 사이의 서신의 경우에도 그 비밀이 보장되어야 한다(헌재 1995.7.21, 92헌마144).

> ⚖️ **판례 ㅣ**
>
> 1 미결수용자와 변호인 사이의 서신검열행위가 헌법에 위반되는지 여부: 적극 (헌재 1995.7.21, 92헌마144)
>
> 2 기결수와 변호인 사이의 서신검열행위가 헌법에 위반되는지 여부: 소극 (헌재 1998.8.27, 96헌마398)
>
> 3 미결수용자의 변호사 아닌 자와의 서신에 대한 검열이 헌법에 위반되는지 여부: 소극 (헌재 1995.7.21, 92헌마144)

✎ 서신검열행위는 미결수용자와 변호사 사이에서의 검열만 위헌판결을 받았다.

⑤ 변호인과 상담하고 조언을 구할 권리: 변호인의 조력을 받을 권리의 내용 중 가장 핵심

> **⚖ 판례 |**
>
> 불구속피의자의 신문시 변호인참여요청의 거부가 변호인의 조력을 받을 권리를 침해하는지 여부: 적극 (헌재 2004.9.23, 2000헌마138)

⑥ 국선변호인의 도움을 받을 권리
  ㉠ 헌법규정상 형사피고인에 대한 근거 ○, 형사피의자에 대한 근거 ×
  ㉡ 그러나 형사소송법은 형사피고인뿐만 아니라 형사피의자에 대해서도 구속 전 피의자심문절차와 체포·구속적부심절차에서 제한적이나마 국선변호를 인정(입법정책의 문제)
  ㉢ 형사피고인에 대한 국선변호는 헌법상 기본권, 형사피의자에 대한 국선변호는 법률상 권리
  ✎ 빈출지문

  ✎ 헌법소원시 국선변호(대리인)는 헌법재판소법에 명시

> **⚖ 판례 |**
>
> 1 형사피고인과 달리 형사피의자에 대해서는 국선변호인제도를 규정하지 않고 있는 입법부작위가 헌법소원심판의 대상이 되는지 여부: 소극 (헌재 2008.7.1, 2008헌마428)
>
> 2 피의자도 헌법상 국선변호인의 조력을 받을 권리가 인정되는지 여부: 소극 (헌재 2008.9.25, 2007헌마1126)

> **헌법 제12조** ④ … 형사피고인이 스스로 변호인을 구할 수 없을 때에는 법률이 정하는 바에 의하여 국가가 변호인을 붙인다.
>
> **형사소송법**
> **제33조【국선변호인】** ① 다음 각 호의 어느 하나에 해당하는 경우에 변호인이 없는 때에는 법원은 직권으로 변호인을 선정하여야 한다.
>   1. **피고인이 구속된 때**
>   2. 피고인이 미성년자인 때
>   3. 피고인이 70세 이상인 때
>   4. 피고인이 듣거나 말하는 데 모두 장애가 있는 사람인 때
>   5. 피고인이 심신장애가 있는 것으로 의심되는 때
>   6. 피고인이 사형·무기 또는 단기 3년 이상의 징역이나 금고에 해당하는 사건으로 기소된 때
>   ② 법원은 피고인이 빈곤이나 그 밖의 사유로 변호인을 선임할 수 없는 경우에 피고인이 청구하면 변호인을 선정하여야 한다.
>   ③ 법원은 피고인의 나이·지능 및 교육 정도 등을 참작하여 권리보호를 위하여 필요하다고 인정하면 피고인의 명시적 의사에 반하지 아니하는 범위에서 변호인을 선정하여야 한다.
>   ✎ **변호인 직권 선정(필수)**
>   구속되거나 미성년 또는 심신약자인 경우 등 물리적 또는 신체적으로 곤란한 상황에 처해 스스로 변호인을 선임할 수 없는 상황임을 고려하여 쉽게 암기 가능

(3) 변호인 자신의 피구속자를 조력할 권리
　① 헌법재판소: 변호인의 조력할 권리 역시 헌법상의 기본권으로서 보호
　② 판시내용: 구속적부심절차에서 변호인이 피구속자에 대한 고소장과 경찰의 피의자신문조서를 열람하는 것은 피구속자를 조력할 권리 중 핵심 부분으로서 변호인의 헌법상 기본권에 해당한다(헌재 2003.3.27, 2000헌마474).

⚖ 판례 Ⅰ

1 '변호인이 되려는 자'의 피의자 접견교통권이 헌법상 기본권인지 여부: 적극 (헌재 2019.2.28, 2015헌마1204)

2 구속적부심사건 피의자의 변호인에게 고소장과 피의자신문조서에 대한 열람 및 등사를 거부한 경찰서장의 정보비공개결정이 변호인의 피구속자를 조력할 권리 및 알 권리를 침해하여 헌법에 위반되는지 여부: 적극 (헌재 2003.3.27, 2000헌마474)

3 가사소송에서 당사자가 변호사를 대리인으로 선임하여 그 조력을 받는 것이 변호인의 조력을 받을 권리의 보호영역에 포함되는지 여부: 소극 (헌재 2012.10.25, 2011헌마598)
　《주의》 가사소송은 '재판받을 권리'의 내용이지 '변호인의 조력을 받을 권리'의 내용에 해당하지 않는다.

4 검찰수사관이 피의자신문에 참여한 변호인에게 피의자 후방에 앉으라고 요구한 행위가 변호인의 변호권을 침해한 것으로서 위헌인지 여부: 적극[위헌확인]
　[1] 이 사건 후방착석요구행위는 권력적 사실행위로서 헌법소원의 대상이 되는 공권력의 행사에 해당
　[2] 후방착석요구행위는 형사소송법 제417조의 준항고로 다툴 수 있는지 여부가 불분명하므로 보충성원칙의 예외
　[3] 권리보호이익
　　이 사건 후방착석행위는 종료되었으나 헌법적 해명이 필요한 문제에 해당하므로, 심판이익을 인정할 수 있다(헌재 2017.11.30, 2016헌마503).

5 변호인이 되려는 의사를 표시한 자가 객관적으로 변호인이 될 가능성이 있는 경우, 신체구속을 당한 피고인 또는 피의자와 접견하지 못하도록 제한할 수 있는지 여부: 소극 (헌재 2019.2.28, 2015헌마1204)

제2절 사생활의 자유권

01 사생활의 비밀과 자유

> 헌법 제17조 모든 국민은 사생활의 비밀과 자유를 침해받지 아니한다.

1. 연혁
제8차 개정헌법에서 처음 명문화

2. 주체
(1) 내·외국인을 불문하고 모든 인간
(2) 사자(死者)는 원칙적으로 주체가 될 수 없음 ➡ 단, 사자의 사생활의 비밀에 관한 권리의 침해가 동시에 생존자의 그에 관한 권리를 침해하는 경우, 사자와 생존자간에 일정한 관계가 존재할 때에는 생존자에 관해서 문제됨
(3) 법인이나 단체 등은 원칙적으로 주체가 될 수 없음

3. 내용
(1) **사생활의 비밀의 불가침**
개인에 관한 난처한 사적 사항, 명예나 신용, 인격적 징표(성명·초상·경력·이미지)를 침해하여서는 아니 됨

(2) **사생활의 자유의 불가침**

> **⚖ 판례 |**
>
> 1 운전할 때 운전자가 좌석안전띠를 착용하는 문제가 사생활영역의 문제인지 여부: **소극** (헌재 2003.10. 30, 2002헌마518)
>
> 2 명예보호를 위한 대외적 해명행위가 사생활의 자유에 의하여 보호되는 행위인지: **소극** (헌재 2001.8.30, 99헌바92 등)
>
> 3 존속상해치사죄에 대한 가중처벌 규정이 사생활의 자유를 침해하는지 여부: **소극** (헌재 2002.3.28, 2000헌바53)
>
> 4 변호사의 수임사건의 건수 및 수임액을 소속 지방변호사회에 보고하도록 규정한 변호사법 제28조의2가 사생활의 비밀을 침해하는지 여부: **소극** (헌재 2009.10.29, 2007헌마667)

4. 개인정보자기결정권(자기정보관리통제권)
(1) 의의
① 자신에 관한 정보를 열람·정정·사용중지·삭제 등을 요구할 수 있는 권리
② 헌법 제10조 제1문에서 도출되는 일반적 인격권 및 헌법 제17조의 사생활의 비밀과 자유에 의하여 보장된다(헌재 2005.7.21, 2003헌마282 등).

⚖️ **판례 │**

1 개인정보자기결정권이 헌법에 명시되지 않은 독자적 기본권인지 여부: 적극 (헌재 2005.5.26, 99헌마 513 · 2004헌마190)

2 공적 생활에서 형성되었거나 이미 공개된 개인정보까지 개인정보자기결정권의 보호대상인지 여부: 적극 (헌재 2005.5.26, 99헌마513 · 2004헌마190)

(2) 주체

① 내 · 외국인을 불문하고 생존하는 자연인

> **《주의》** 개인정보 보호법은 생존하는 자연인에게만 적용되며, 사자(死者)에게는 적용되지 않는다.

② 그러나 법인도 명예나 신용이 훼손될 때에는 예외적으로 주체성 인정

(3) 내용

① 자기정보열람청구권

② 자기정보정정청구권

③ 자기정보 사용중지 · 삭제청구권

✎ 개인정보란?
- 성명, 주민등록번호 등을 통해 개인을 알아볼 수 있는 정보
- 다른 정보와 쉽게 결합하여 알아볼 수 있는 정보
- 가명처리함으로써 원래의 상태로 복원하기 위한 추가 정보의 사용, 결합이 없이는 특정 개인을 알아볼 수 없는 정보

(4) 한계와 제한

국가안전보장 · 질서유지 · 공공복리 등을 위하여 불가피한 경우에 제한할 수 있음

5. 효력

주관적 공권으로서 모든 국가권력을 직접 구속하며, 기본권의 제3자적 효력에 관한 간접적용설에 따라 사인간에 구속력을 가짐

6. 한계와 제한

(1) 한계

① 타인의 권리를 침해하지 않아야 하고 사회윤리나 헌법질서에 부합해야 함

② 언론의 자유와의 관계 – 양 법익충돌의 조화적 해결이론

    ㉠ 사생활의 자유와 언론의 자유가 충돌시 문제가 됨

    ㉡ **권리포기의 이론**: 자살자의 경우처럼 일정한 사정하에서는 사생활의 비밀과 자유를 포기하는 것으로 간주

    ㉢ **공익의 이론**: 사이비종교 · 범죄피해자의 공개 등 국민의 알 권리의 대상이 되는 사항은 국민에게 알리는 것이 공공의 이익이 됨

    ㉣ **공적 인물의 이론**: 사생활이 공개되는 것을 어느 정도 수인하여야 함

③ 국정감사 · 조사권

> **국정감사 및 조사에 관한 법률**
> 제8조【감사 또는 조사의 한계】감사 또는 조사는 개인의 사생활을 침해하거나 계속 중인 재판 또는 수사 중인 사건의 소추에 관여할 목적으로 행사되어서는 아니 된다.

④ **범죄수사와의 관계:** 범죄수사를 위한 사진촬영이나 감청을 하는 경우도 헌법상의 요건에 따라 사생활의 자유를 필요최소한으로 제한하여야 함

(2) 제한

사생활의 비밀과 자유도 헌법 제37조 제2항에 따라 제한

⚖️ 판례 |

1 공적 인물의 공적 활동에 대한 언론보도의 심사기준 – 완화된 심사(강원도의회의원 甲이 김일성사망에 대하여 조문편지를 김정일에게 보냈는데, 강원일보가 이에 대하여 '김일성사망 애도편지'라고 17차례에 걸쳐 신문에 보도한 것이 甲의 명예를 훼손하는지 여부: 소극 (헌재 1999.6.24, 97헌마265)

2 사생활에 관한 사항을 승낙의 범위를 초과하여 보도한 경우에 위법한지 여부: 적극 (대판 1998.9.4, 96다11327)

3 주민등록발급을 위해 수집된 지문정보를 경찰청장이 보관·전산화하여 범죄수사목적에 이용하거나 주민등록발급을 위해 열 손가락의 지문을 날인하게 하는 것이 개인정보자기결정권을 침해하는지 여부: 소극 (헌재 2005.5.26, 99헌마513)

4 국민기초생활 보장법에 따라 급여를 신청할 때 금융거래정보자료 제공동의서를 제출하도록 하는 것이 개인정보자기결정권을 침해하는지 여부: 소극 (헌재 2005.11.24, 2005헌마112)

5 4급 이상 공무원들의 병역면제사유인 질병명을 관보와 인터넷을 통해 공개하도록 하는 것이 사생활의 자유를 침해하는지 여부: 적극[헌법불합치] (헌재 2007.5.31, 2005헌마1139)

비교판례

금융감독원의 4급 이상 직원에 대하여 공직자윤리법상 재산등록의무를 부과하는 공직자윤리법규정이 금융감독원 4급 이상 직원들에 대한 사생활의 비밀의 자유를 침해하는지 여부: 소극 (헌재 2014.6.26, 2012헌마331)

6 내밀한 사적 영역에 관한 개인정보를 공개함으로써 사생활의 비밀과 자유를 제한하는 국가적 조치에 대한 심사기준 – 엄격한 심사 (헌재 2007.5.31, 2005헌마1139)

7 형의 실효 여부와 관계없이 전과기록을 공개하도록 한 것이 사생활의 자유 등을 침해하는지 여부: 소극
이 사건 법률조항은 피해최소성의 원칙에 반한다고 볼 수 없고, 공익적 목적을 위하여 공직선거 후보자의 사생활의 비밀과 자유를 한정적으로 제한하는 것이어서 법익균형성의 원칙도 충족한다(헌재 2008.4.24, 2006헌마402·531).

8 수용자 중에서 엄중격리대상자를 지정하여 CCTV를 설치하고 24시간 내내 수형자를 감시하는 것이 사생활의 자유 등을 침해하는지 여부: 소극 (헌재 2008.5.29, 2005헌마137·2005헌마247·2005헌마376·2007헌마187·2007헌마1274)

9 채무자와 이해관계가 없는 일반 국민도 누구나 제약 없이 채무불이행자명부를 열람·복사할 수 있도록 한 것이 채무자의 개인정보자기결정권을 침해하는지 여부: 소극 (헌재 2010.5.27, 2008헌마663)

10 보험회사를 상대로 소송을 제기한 교통사고 피해자들의 장해 정도에 관한 증거자료를 수집할 목적으로 보험회사 직원이 피해자들의 일상생활을 촬영한 행위가 사생활의 비밀과 자유를 침해하는지 여부: 적극 (대판 2006.10.13, 2004다16280)

11 '혼인을 빙자하여 음행의 상습 없는 부녀를 기망하여 간음한 자'를 처벌하는 형법 제304조 혼인빙자간음죄 처벌조항이 남성의 성적 자기결정권 및 사생활의 비밀과 자유를 침해하는지 여부: 적극[위헌] (헌재 2009.11.26, 2008헌바58)

---

12 국가경찰공무원 중 경사 계급까지 재산등록의무자로 규정한 공직자윤리법 시행령이 청구인의 헌법상 보장된 기본권인 사생활의 비밀과 자유 및 평등권을 침해하는지 여부: 소극 (헌재 2010.10.28, 2009헌마544)

13 교육정보시스템(NEIS)이라는 전산시스템에 학생들의 성명·생년월일·졸업일자 등을 보유하는 것이 개인정보자기결정권을 침해하는지 여부: 소극 (헌재 2005.7.21, 2003헌마282 등)

14 변호사에게 전년도에 처리한 수임사건의 건수 및 수임액을 소속 지방변호사회에 보고하도록 규정하고 있는 구 변호사법 제28조의2가 사생활의 비밀을 침해하는지 여부: 소극 (헌재 2009.10.29, 2007헌마667)

15 구치소 수용 중 독거실 내에 CCTV를 설치하고 24시간 감시하는 것이 사생활의 자유 등을 침해하는지 여부: 소극[기각] (헌재 2011.9.29, 2010헌마413)

16 구치소장이 청구인과 배우자의 접견을 녹음하여 부산지방검찰청 검사장에게 그 접견녹음파일을 제공한 행위가 사생활의 비밀과 자유를 침해하는지 여부: 소극[기각] (헌재 2012.12.27, 2010헌마153)

17 특별한 사유가 없는 한 사망할 때까지 디엔에이신원확인정보를 데이터베이스에 수록, 관리할 수 있도록 하는 것이 개인정보자기결정권을 침해하는지 여부: 소극[기각] (헌재 2014.8.28, 2011헌마28)

18 '혐의 없음'의 불기소처분을 받은 피의자의 인적 사항·죄명 등을 일정 기간 보존하도록 규정하고 있는 '형의 실효 등에 관한 법률' 제8조의 제1호가 개인정보자기결정권을 침해하는지 여부: 소극 (헌재 2009.10.29, 2008헌마257)

19 청소년 성매수자의 신상을 공개하는 것이 이들의 인격권 및 사생활의 비밀과 자유를 침해하는지 여부: 소극 (헌재 2003.6.26, 2002헌가14)

20 범죄의 경중·재범의 위험성 여부를 불문하고 모든 신상정보 등록대상자의 등록정보를 20년 동안 보존·관리하도록 한 성폭력범죄의 처벌 등에 관한 특례법 관련 규정은 신상정보 등록대상자의 개인정보자기결정권을 침해하는지 여부: 적극[기각, 헌법불합치] (헌재 2015.7.30, 2014헌마340 등)

21 아동·청소년 성매수죄로 유죄가 확정된 자는 신상정보 등록대상자가 되도록 규정한 '성폭력범죄의 처벌 등에 관한 특례법' 제42조 제1항 중 관련 부분이 개인정보자기결정권을 침해하는지 여부: 소극[기각] (헌재 2016.2.25, 2013헌마630)

22 통신매체이용음란죄로 유죄판결이 확정된 자는 신상정보 등록대상자가 된다고 규정한 '성폭력범죄의 처벌 등에 관한 특례법' 제42조 제1항 중 "제13조의 범죄로 유죄판결이 확정된 자는 신상정보 등록대상자가 된다."는 부분이 청구인의 개인정보자기결정권을 침해하는지 여부: 적극[위헌] (헌재 2016.3.31, 2015헌마688)

《주의》 성범죄 관련 신상정보 등록 판례 중 '20년 동안 보존·관리하는' 판례와 '통신매체이용음란죄' 판례만 위헌이다.

23 강제추행죄로 유죄판결이 확정된 자는 신상정보 등록대상자가 되도록 규정한 '성폭력범죄의 처벌 등에 관한 특례법' 제42조 제1항 중 '제2조 제1항 제3호 가운데 형법 제298조의 범죄로 유죄판결이 확정된 자'에 관한 부분이 청구인의 개인정보자기결정권을 침해하는지 여부: 소극 (헌재 2016.3.31, 2014헌마457)

24 주거침입준강제추행죄의 유죄판결이 확정되면 신상정보 등록대상자가 되도록 하는 규정이 개인정보자기결정권을 침해하는지 여부: 소극[기각, 각하] (헌재 2017.5.25, 2016헌마786)

25 성적목적공공장소침입죄로 유죄판결이 확정된 자는 신상정보 등록대상자가 된다고 규정한 '성폭력범죄의 처벌 등에 관한 특례법' 제42조 제1항 중 '제12조의 범죄로 유죄판결이 확정된 자'에 관한 부분이 청구인의 개인정보자기결정권을 침해하는지 여부: 소극[기각] (헌재 2016.10.27, 2014헌마709)

26 주거침입강간상해, 강간으로 유죄판결이 확정된 자는 신상정보 등록대상자가 되도록 한 '성폭력범죄의 처벌 등에 관한 법률' 제42조 제1항 중 관련 부분이 청구인의 개인정보자기결정권을 침해하는지 여부: 소극[기각] (헌재 2017.9.28, 2016헌마964)

27 아동·청소년이용음란물 배포 및 소지 행위로 유죄판결이 확정된 자는 신상정보 등록대상자로 하는 것이 개인정보자기결정권을 침해하는지 여부: 소극 (헌재 2017.10.26, 2016헌마656)

28 공중밀집장소추행죄로 유죄판결이 확정된 자를 신상정보 등록대상자가 되도록 한 성폭력범죄의 처벌에 관한 특례법 제42조 등이 개인정보자기결정권을 침해하는지 여부: 소극[기각] (헌재 2017.12.28, 2016헌마124)

29 성폭력범죄를 2회 이상 범하여 습벽이 인정되고 재범의 위험성이 있는 자에게 검사의 청구에 따라 법원이 10년의 범위 내에서 위치추적 전자장치를 부착할 수 있도록 한 것이 개인정보자기결정권을 침해하는지 여부: 소극[합헌] (헌재 2012.12.27, 2010헌바187)

30 형법상 강제추행죄로 유죄판결이 확정된 자는 신상정보 등록대상자가 되도록 규정한 구 성폭력범죄의 처벌 등에 관한 특례법 규정이 개인정보자기결정권을 침해하는지 여부: 소극[기각] (헌재 2014.7.24, 2013헌마423)

31 주민등록번호 유출 또는 오·남용으로 인하여 발생할 수 있는 피해 등에 대한 아무런 고려 없이 주민등록번호 변경을 일률적으로 허용하지 않은 것이 개인정보자기결정권을 침해하는지 여부: 적극[헌법불합치] (헌재 2015.12.23, 2013헌바68)

32 형제자매에게 가족관계등록부 등의 기록사항에 관한 증명서 교부청구권을 부여하는 '가족관계의 등록 등에 관한 법률' 제14조 제1항 본문 중 '형제자매' 부분이 과잉금지원칙을 위반하여 청구인의 개인정보자기결정권을 침해하는지 여부: 적극[위헌] (헌재 2016.6.30, 2015헌마924)

33 학교폭력 가해학생에 대한 조치사항을 학교생활기록부에 기재하고 졸업할 때까지 보존하는 것이 과잉금지원칙에 위배되어 가해학생의 개인정보자기결정권을 침해하는지 여부: 소극 (헌재 2016.4.2, 2012헌마630)

34 검사의 기소유예처분 등에 관한 수사경력자료의 보존 및 그 보존기간을 정한 형의 실효 등에 관한 법률 제8조의2 제1항 제1호 및 제2항 제2호 중 기소유예의 불기소처분이 있는 경우에 관한 부분이 개인정보자기결정권을 침해하는지 여부: 소극 (헌재 2016.6.30, 2015헌마828)

35 국민건강보험공단이 서울용산경찰서장에게 급여일자, 요양기관명 등 요양급여내역을 제공한 행위가 개인정보자기결정권을 침해한 것으로 위헌인지 여부: 적극 (영장주의원칙에 위배된 것은 아님) [위헌] (헌재 2018.8.30, 2014헌마368)

> **비교판례**
> 피청구인 김포시장이 2015.7.3. 피청구인 김포경찰서장에게 청구인들의 이름, 생년월일, 전화번호, 주소를 제공한 행위(이하 '이 사건 정보제공행위'라 한다)가 영장주의에 위배되어 청구인들의 개인정보자기결정권을 침해하는지 여부: 소극 (헌재 2018.8.30, 2016헌마483)

36 어린이집에 폐쇄회로 텔레비전(CCTV)을 원칙적으로 설치하도록 정한 법 제15조의4 제1호 등이 어린이집 보육교사의 사생활의 비밀과 자유 등을 침해하는지 여부: 소극[기각] (헌재 2017.12.28, 2015헌마994)

37 연말정산간소화를 위하여 의료기관에 환자들의 의료비 내역에 관한 정보를 국세청에 제출하도록 하는 것이 환자들의 개인정보자기결정권을 침해하는지 여부: 소극 (헌재 2008.10.30, 2006헌마401 등)

38 국군보안사가 민간인을 대상으로 평소의 동향을 감시하고 사적 정보를 수집·관리하는 행위가 사생활의 자유를 침해하였는지 여부: 적극 (대판 1998.7.24, 96다42789)

39 법원의 제출명령이 있을 때 금융거래정보 등을 제공할 수 있도록 한 '금융실명거래 및 비밀보장에 관한 법률' 제4조 제1항이 명확성원칙 및 개인정보자기결정권을 침해하는지 여부: 소극 (헌재 2010.9.30, 2008헌바132)

40 수사경력자료의 보존 및 보존기간을 정하면서 범죄경력자료의 삭제에 대하여 규정하지 않은 '형의 실효 등에 관한 법률' 제8조의2가 개인정보자기결정권을 침해하는지 여부: 소극[기각] (헌재 2012.7.26, 2010헌마446)

41 주민등록표를 열람하거나 그 등·초본을 교부받는 경우 소정의 수수료를 부과하도록 하는 것이 개인정보자기결정권 및 재산권을 침해하는지 여부: 소극[기각] (헌재 2013.7.25, 2011헌마364)

42 형법 제243조 중 '음란한 물건을 판매한 자'에 관한 부분 및 제244조 중 '판매할 목적으로 음란한 물건을 소지한 자'에 관한 부분이 성기구 판매자의 직업수행의 자유 및 소비자의 사생활의 비밀과 자유를 침해하는지 여부: 소극[합헌] (헌재 2013.8.29, 2011헌바176)

43 특정 범죄자에 대한 위치추적 전자장치 부착 등에 관한 법률 제5조가 개인정보자기결정권을 침해하는지 여부: 소극[합헌] (헌재 2012.12.27, 2011헌바89)

44 게임물 관련사업자에게 게임물 이용자의 회원가입시 본인인증을 할 수 있는 절차를 마련하도록 하고 있는 게임산업진흥에 관한 법률 규정이 개인정보자기결정권을 침해하는지 여부: 소극[기각] (헌재 2015.3.26, 2013헌마517)

45 정보통신서비스 제공자가 이용자의 주민등록번호를 수집·이용하는 것을 원칙적으로 금지한 후, 정보통신서비스 제공자가 본인확인기관으로 지정받은 경우 예외적으로 이를 허용하는 정보통신망 이용촉진 및 정보보호 등에 관한 법률 제23조의2 제1항 제1호가 개인정보자기결정권을 침해하는지 여부: 소극[기각] (헌재 2015.6.25, 2014헌마463)

46 개인별로 주민등록번호를 부여하면서 주민등록번호 변경에 관한 규정을 두고 있지 않은 주민등록법 제7조가 개인정보자기결정권을 침해하는지 여부: 적극[헌법불합치] (헌재 2015.12.23, 2014헌마449)

47 인터넷게시판을 설치·운영하는 정보통신서비스 제공자에게 본인확인조치의무를 부과하여 게시판 이용자로 하여금 본인확인절차를 거쳐야만 게시판을 이용할 수 있도록 하는 본인확인제를 규정한 정보통신망 이용촉진 및 정보보호 등에 관한 법률이 개인정보자기결정권을 침해하는지 여부: 적극[위헌] (헌재 2012.8.23, 2010헌마47)
《주의》 개인정보자기결정권뿐만 아니라 청구인의 표현의 자유, 청구인 회사의 언론의 자유까지 침해한다고 결론 내린 판례이다.

48 인터넷언론사는 선거운동기간 중 인터넷언론사 홈페이지 게시판 등 이용자로 하여금 실명확인을 위한 기술적 조치를 하도록 한 공직선거법 조항이 헌법에 위배되는지 여부: 적극[위헌, 판례변경]
심판대상조항은 과잉금지원칙에 반하여 인터넷언론사 홈페이지 게시판 등 이용자의 익명표현의 자유와 개인정보자기결정권, 인터넷언론사의 언론의 자유를 침해한다(헌재 2021.1.28, 2018헌마456).

49 가상의 아동·청소년이용음란물 배포행위로 유죄판결이 확정된 자는 신상정보 등록대상자가 된다고 규정한 성폭력범죄의 처벌 등에 관한 특례법이 개인정보자기결정권을 과도하게 제한하는지 여부: 소극[합헌] (헌재 2016.3.31, 2014헌마785)

50 통신비밀보호법 조항 중 '인터넷회선을 통하여 송·수신하는 전기통신'에 관한 부분이 청구인의 기본권을 침해하는지 여부: 적극 (헌재 2018.8.30, 2016헌마263)

51 가정폭력 가해자인 전 배우자라도 직계혈족으로서 그 자녀의 가족관계증명서와 기본증명서를 사실상 자유롭게 발급받을 수 있게 하고 이에 대한 제한규정을 두지 않은 것이 개인정보자기결정권을 침해하는지 여부: 적극[헌법불합치] (헌재 2020.8.28, 2018헌마927)

52 소년에 대한 수사경력자료의 삭제와 보존기간에 대하여 규정하면서 법원에서 불처분결정된 소년부송치 사건에 대하여 규정하지 않은 '형의 실효 등에 관한 법률' 제8조의2 제1항 및 제3항이 과잉금지원칙에 반하여 개인정보자기결정권을 침해하는지 여부: 적극[헌법불합치] (헌재 2021.6.24, 2018헌가2)

53 보안관찰처분대상자가 교도소 등에서 출소한 후 7일 이내에 출소사실을 신고하도록 정한 구 보안관찰법 제6조 제1항 전문 중 출소 후 신고의무에 관한 부분 및 이를 위반할 경우 처벌하도록 정한 보안관찰법 제27조 제2항 중 구 보안관찰법 제6조 제1항 전문 가운데 출소 후 신고의무에 관한 부분이 과잉금지원칙을 위반하여 청구인의 사생활의 비밀과 자유 및 개인정보자기결정권을 침해하는지 여부: 소극 [합헌] (헌재 2001.7.19, 2000헌바22)

54 변동신고조항 및 이를 위반할 경우 처벌하도록 정한 보안관찰법 제27조 제2항 중 제6조 제2항 전문에 관한 부분(이하 변동신고조항과 합하여 '변동신고조항 및 위반시 처벌조항'이라 한다)이 과잉금지원칙을 위반하여 청구인의 사생활의 비밀과 자유 및 개인정보자기결정권을 침해하는지 여부: 적극[헌법불합치] (헌재 2021.6.24, 2017헌바479)

55 성폭력범죄의 처벌 등에 관한 특례법상 공중밀집장소에서의 추행죄로 유죄판결이 확정된 자를 신상정보 등록대상자로 규정한 부분은 해당 신상정보 등록대상자의 개인정보자기결정권을 침해하는지 여부: 소극 (헌재 2017.12.28, 2016헌마1124)

56 다른 사람의 신체를 그 의사에 반하여 촬영한 범죄로 3년 이하의 징역형을 선고받은 사람의 등록정보를 최초등록일부터 15년 동안 보존·관리하도록 규정한 것이 청구인의 개인정보자기결정권을 침해하는지 여부: 소극 (헌재 2018.3.29, 2017헌마396)

57 김포경찰서장 사건(헌재 2018.8.30, 2016헌마483)

   [1] 피청구인 김포경찰서장이 2015.6.26. 피청구인 김포시장에게 활동보조인과 수급자의 인적사항, 휴대전화번호 등을 확인할 수 있는 자료를 요청한 행위(사실조회행위)의 공권력 행사성이 인정되는지 여부: 소극

   [2] 피청구인 김포시장이 2015.7.3. 피청구인 김포경찰서장에게 청구인들의 이름, 생년월일, 전화번호, 주소를 제공한 행위(정보제공행위)가 영장주의에 위배되어 청구인들의 개인정보자기결정권을 침해하는지 여부: 소극

   [3] 이 사건 정보제공행위가 과잉금지원칙에 위배되어 청구인들의 개인정보자기결정권을 침해하는지 여부: 소극

58 행정안전부장관의 대한민국의 적십자사에 대한 자료제공행위, 적십자사의 적십자회비 지로통지서 발송행위에 대한 사건

   [1] 자료제공행위에 대한 판단: 각하

      이 사건 자료제공행위에 대하여는 심판청구의 이익이 인정되지 아니하므로 이 부분 심판청구는 부적법하다.

   [2] 지로발송행위에 대한 판단: 각하

      이 사건 지로발송행위에 대한 심판청구는 부적법하다.

   [3] 포괄위임금지원칙 위반 여부: 소극

      이 사건 위임조항이 적십자사에 제공될 자료의 범위를 더 구체적으로 정하지 아니하였다고 하여 헌법 제75조에 의한 포괄위임금지원칙에 위반되어 청구인들의 개인정보자기결정권을 침해한다고 볼 수 없다.

[4] **명확성원칙위반 여부: 소극**

　　이 사건 자료제공조항이 명확성원칙에 위반하여 청구인들의 개인정보자기결정권을 침해한다고
볼 수 없다.

[5] **과잉금지원칙 위반 여부: 소극**

　　이 사건 시행령조항이 과잉금지원칙에 반하여 청구인들의 개인정보자기결정권을 침해한다고 볼
수 없다(헌재 2023.2.23, 2019헌마1404).

59 **의료기관의 장으로 하여금 보건복지부장관에게 비급여 진료비용에 관한 사항을 보고하도록 한 의료법
제45조의2 제1항 중 '비급여 진료비용'에 관한 부분 및 의원급 의료기관의 비급여 진료비용에 관한 현
황조사 · 분석 결과를 공개하도록 한 '비급여 진료비용 등의 공개에 관한 기준' 등이 개인정보자기결정
권을 침해하는지 여부: 소극** (헌재 2023.2.23, 2021헌마374)

02 주거의 자유

> **헌법 제16조** 모든 국민은 주거의 자유를 침해받지 아니한다. 주거에 대한 압수나 수색을 할 때에는 검사의
> 신청에 의하여 법관이 발부한 영장을 제시하여야 한다.

1. 의의
사생활의 비밀과 자유가 주거의 자유보다 넓은 개념

2. 주체
(1) 일정한 주거에 거주하며 그 장소로부터 사생활상의 편익을 얻는 자면 누구나 주체

(2) 법인의 주체성 부정(다수설)

(3) 공장이나 학교
원칙적으로 관리자인 공장장이나 교장이 주체

(4) 주택이나 호텔객실
현실적으로 거주하고 있는 입주자나 투숙객이 주체

3. 내용 – 영장주의
(1) 영장주의의 원칙
주거에 대한 압수나 수색에는 정당한 이유(증거물건의 발견이나 보전의 필요성이 객관적으로 인정되
는 경우)가 있어야 하며, 검사의 신청에 따라 법관이 발부한 영장 필요

(2) 영장주의의 예외
현행범인을 체포하거나 긴급체포를 할 때 합리적인 범위 내에서 영장 없이 주거에 대한 압수나 수색
허용(통설)

> **⚖ 판례 |** 체포영장을 집행하는 경우 필요한 때에는 타인의 주거 등에서 피의자 수사를 할 수 있도록
> 한 형사소송법 제216조 제1항 제1호 등이 헌법 제16조의 영장주의에 위반되는지 여부:
> 적극[헌법불합치]
>
> **[1] 영장주의 위반 여부: 적극**
> 헌법 제12조 제3항과는 달리 헌법 제16조 후문은 "주거에 대한 압수나 수색을 할 때에는 검사의 신
> 청에 의하여 법관이 발부한 영장을 제시하여야 한다."라고 규정하고 있을 뿐 영장주의에 대한 예외
> 를 명문화하고 있지 않다. 헌법 제16조의 영장주의에 대해서도 그 예외를 인정하되, 이는 ① 그 장
> 소에 범죄혐의 등을 입증할 자료나 피의자가 존재할 개연성이 소명되고, ② 사전에 영장을 발부받
> 기 어려운 긴급한 사정이 있는 경우에만 제한적으로 허용될 수 있다고 보는 것이 타당하다. … 체포
> 영장이 발부된 피의자가 타인의 주거 등에 소재할 개연성은 소명되나, 수색에 앞서 영장을 발부받
> 기 어려운 긴급한 사정이 인정되지 않는 경우에도 영장 없이 피의자 수색을 할 수 있다는 것이므
> 로, 헌법 제16조의 영장주의 예외 요건을 벗어나는 것으로서 영장주의에 위반된다.
>
> **[2] 명확성원칙 위반 여부: 소극**
> 심판대상조항은 피의자가 소재할 개연성이 소명되면 타인의 주거 등 내에서 수사기관이 피의자를
> 수색할 수 있음을 의미하는 것으로 누구든지 충분히 알 수 있으므로, 명확성원칙에 위반되지 아니
> 한다(헌재 2018.4.26, 2015헌바370 등).

4. 제한

헌법 제37조 제2항에 따라 법률로써 제한 가능

> **⚖ 판례 |**
>
> 1 외국인이 주거의 자유 주체가 될 수 있는지 여부: 적극 (헌재 2012.8.23, 2008헌마430)
>
> 2 불법체류 외국인을 출입국관리법상 긴급보호하는 과정에서 서울출입국관리사무소 직원들이 외국인의 주거
> 에 들어간 것이 주거의 자유를 침해한 것인지 여부: 소극[기각] (헌재 2012.8.23, 2008헌마430)

03 거주 · 이전의 자유

> **헌법 제14조** 모든 국민은 거주 · 이전의 자유를 가진다.

1. 우리나라 연혁

(1) 건국헌법 이래 규정

(2) 제7차 개정헌법(유신헌법)에서 법률유보조항을 두었으나, 제8차 개정헌법에서 삭제

2. 주체

(1) 한국 국적을 가진 모든 자연인과 국내 법인

(2) **외국인에 대해서는 원칙적으로 보장 ✕ ➡** 입국의 자유는 인정되지 않으나, 출국의 자유는 인정됨(다수설)
   《주의》 외국인 주거의 자유 적용 ○ / 거주 · 이전의 자유 ✕

(3) 법인이 어디에서 영업할 것인지는 영업의 자유 문제도 되지만, 거주·이전의 자유 문제도 해당된다.

3. 내용

(1) 국내에서의 거주·이전의 자유

(2) 국외이주와 해외여행, 귀국의 자유
① 국외이주의 자유
② 해외여행의 자유
  ㉠ 출국의 자유
  ㉡ 입국의 자유: 입국에는 대한민국의 영역에 속하면서도 대한민국의 통치권이 미치지 아니하는 북한지역에서 대한민국의 통치지역으로 들어오는 것도 포함됨
③ 귀국의 자유

(3) 국적이탈(변경)의 자유
① 한국 국적을 포기하고 외국 국적을 취득할 수 있는 자유
② 누구나 자신의 일방적 의사에 의하여 언제든지 아무런 제약을 받지 아니하고 한국의 국적을 포기할 수 있음
  《주의》 한국의 국적을 이탈하여 무국적자가 되는 자유까지 보장 ×

4. 효력

대국가적 효력과 동시에 대사인적 효력

⚖ 판례 |

1 여권발급신청인이 북한고위직 출신의 탈북 인사로서 신변에 대한 위해 우려가 있다는 이유로 신청인의 미국 방문을 위한 여권발급을 거부한 것이 거주·이전의 자유를 침해하는지 여부: 적극 (대판 2008.1.24, 2007두10846)

2 1980년 해직공무원의 보상 등에 관한 특별조치법 제2조 제5항의 보상금 산출을 위한 기간산정에 있어 '이민'을 이유로 보상에 제한을 둔 것이 거주·이전의 자유를 침해하는지 여부: 소극 (헌재 1993.12.23, 89헌마189)

3 병역의무자에 대한 국외 여행허가제가 위헌인지 여부: 소극 (대결 1990.6.22, 90마310)

4 테러위험지역에는 봉사활동이 목적인 경우라도 여권사용을 제한한 것이 거주·이전의 자유 등을 침해하는지 여부: 소극 (헌재 2008.6.26, 2007헌마1366)

비교판례

외교부장관의 허가 없이 여행금지국가를 방문한 사람을 처벌하는 여권법이 거주·이전의 자유를 침해하는지 여부: 소극 [기각] (헌재 2020.2.27, 2016헌마945)

5 추징금 미납자에 대한 출국금지조치가 출국의 자유를 침해하는지 여부: 소극 (헌재 2004.10.28, 2003헌가18)
  《주의》 재산을 해외로 도피할 우려가 있는지 여부 등을 확인하지 아니한 채 단순히 일정 금액 이상의 조세를 미납하였고 그 미납에 정당한 사유가 없다는 사유만으로 바로 출국금지 처분을 하는 것은 위와 같은 헌법상의 기본권 보장 원리 및 과잉금지의 원칙에 비추어 허용되지 아니한다(대판 2013.12.26, 2012두18363). ➡ 무국적의 자유까지 보장하는 것은 아니라고 한 사례

6 대도시 내의 법인부동산등기에 대하여 통상세율의 5배를 중과세하는 것이 법인의 거주·이전의 자유를 침해하는지 여부: 소극 (헌재 1998.2.27, 97헌바79)

7 생활의 근거지에 이르지 못하는 일시적인 이동을 위한 장소의 선택과 변경도 거주·이전의 자유의 보호영역에 포함되는지 여부: 소극 (헌재 2011.6.30, 2009헌마406)
> 《주의》 경찰청장의 서울광장 통행제지 사건 – 이 사건은 위헌인 판례이나 헌법재판소는 그 이유를 일반적 행동자유권의 침해로 들고, 거주·이전의 자유를 제한하는 것은 아니라고 판시하고 있음

8 거주지를 기준으로 중·고등학교 입학을 제한하는 것이 거주·이전의 자유를 침해하는지 여부: 소극 (헌재 1995.2.23, 91헌마204)

9 형사재판에 계속 중인 사람에 대하여 출국을 금지할 수 있다고 규정한 출입국관리법 제4조 제1항 제1호가 출국의 자유를 침해하는지 여부: 소극[합헌] (헌재 2015.9.24, 2012헌바302)

10 법무부장관으로 하여금 거짓이나 그 밖의 부정한 방법으로 귀화허가를 받은 자에 대하여 그 허가를 취소할 수 있도록 규정하면서도 그 취소권의 행사기간을 따로 정하고 있지 아니한 국적법 제21조 중 귀화허가취소에 관한 부분이 거주·이전의 자유를 침해하는지 여부: 소극[합헌] (헌재 2015.9.24, 2015헌바26)

11 한약업사의 허가 및 영업행위에 대하여 지역적 제한을 가하는 것이 거주·이전의 자유를 침해하는지 여부: 소극 (헌재 1991.9.16, 89헌마231)

12 병영 내 기거하는 현역병의 주민등록을 그가 속한 세대의 거주지에서 하도록 한 것이 거주·이전의 자유, 선거권 등을 침해하는지 여부: 소극 (헌재 2011.6.30, 2009헌마59)

13 제1국민역의 경우 특별한 사정이 없는 한 27세까지만 단기 국외여행을 허용하는 병역의무자 국외여행 업무처리규정이 거주·이전의 자유를 침해하는지 여부: 소극[기각] (헌재 2013.6.27, 2011헌마475)

14 지방자치단체장의 피선거권 자격요건으로서 90일 이상 관할구역 내에 주민등록이 되어 있을 것을 요구하는 공직선거법 조항이 거주·이전의 자유를 침해하는지 여부: 소극[기각] (헌재 1996.6.26, 96헌마200)
> 《주의》 공무담임권이 제한될 수는 있어도 거주·이전의 자유가 제한된다고 볼 수 없다. 또한, 공무담임권의 제한도 과잉금지원칙에 위배된다고 볼 수 없어 본 조항은 합헌이다.

15 단체장 입후보요건으로 일정기간 관할 구역 거주를 요건으로 하는 공직선거법 규정이 위헌인지 여부: 소극[기각] (헌재 1996.6.26, 96헌마200)

16 단순히 일정 금액 이상의 조세를 미납하였고 그 미납에 정당한 사유가 없다고 하여 바로 출국금지 처분을 할 수 있는지 여부: 소극
재산을 해외로 도피할 우려가 있는지 여부 등을 확인하지 않은 채 단순히 일정 금액 이상의 조세를 미납하였고 그 미납에 정당한 사유가 없다는 사유만으로 바로 출국금지 처분을 하는 것은 헌법상의 기본권 보장 원리 및 과잉금지의 원칙에 비추어 허용되지 않는다(대판 2013.12.26, 2012두18363).

04 통신의 자유

> 헌법 제18조 모든 국민은 통신의 비밀을 침해받지 아니한다.

1. 우리나라 연혁

1948년 건국헌법부터 통신의 자유를 독립된 권리로 규정

2. 주체

(1) 자국민, 외국인, 법인과 법인격 없는 단체

(2) 교정시설에 수용 중인 수형자도 포함

  ✎ 수용자의 서신검열이 허용되며 교도관의 참여하에 서신을 수발하게 하는 등 일반인에 비하여 많은 제한을 받는다.

3. 내용

(1) 통신의 비밀

(2) 비밀의 불가침

  열람의 금지, 누설의 금지, 정보의 금지 등

(3) 헌법재판소 판시내용

  자유로운 의사소통은 통신내용의 비밀을 보장하는 것만으로는 충분하지 아니하고 구체적인 통신으로 발생하는 외형적인 사실관계, 특히 통신관여자의 인적 동일성·통신시간·통신장소·통신횟수 등 통신의 외형을 구성하는 통신이용의 전반적 상황의 비밀까지도 보장해야 한다(헌재 2018.6.28, 2012헌마 191 등).

4. 효력

(1) 대국가적 효력

  국가기관(수사기관이나 정보기관 등)으로부터 통신의 비밀의 자유를 보장

(2) 대사인적 효력

  ① 사인이 통신의 자유를 침해하는 경우에도 통신비밀보호법 제4조가 적용됨(다수설)

  ② 사인이 타인의 통신의 비밀을 침해시, 형법상의 비밀침해죄(형법 제316조)로 처벌받거나 민법상 불법행위책임(민법 제750조)을 짐

5. 한계와 제한

(1) 한계

  ① **통신사실 확인자료의 제공**

    ㉠ 범죄수사를 위하여 필요하거나 재판상 필요한 경우 또는 국가안전보장에 대한 위해를 방지하기 위하여 전기통신사업자에게 통신사실 확인자료의 제공을 요청할 수 있음

    ㉡ 종전에는 법원의 허가 없이 통신사실 확인자료 제공을 요청할 수 있었으나, 2005년 통신비밀보호법 개정으로 범죄수사를 위한 경우 지방법원 또는 지원의 허가를 받아야 하고, 국가안보를 위한 경우 고등법원 수석부장판사 또는 대통령의 승인을 얻어야 함

  ② **발신자 전화번호 통보제도**

> **전기통신사업법**
>
> **제84조【송신인의 전화번호의 고지 등】** ① 전기통신사업자는 수신인의 요구가 있으면 송신인의 전화번호를 알려줄 수 있다. 다만, 송신인이 전화번호의 송출을 거부하는 의사표시를 하는 경우에는 그러하지 아니하다.
>
> ② 전기통신사업자는 제1항 단서에도 불구하고 다음 각 호의 어느 하나에 해당하는 경우에는 송신인의 전화번호 등을 수신인에게 알려줄 수 있다.

1. 전기통신에 의한 폭언·협박·희롱 등으로부터 수신인을 보호하기 위하여 대통령령으로 정하는 요건과 절차에 따라 수신인이 요구를 하는 경우
2. 특수번호 전화서비스 중 국가안보·범죄방지·재난구조 등을 위하여 대통령령으로 정하는 경우

③ 업무 도중 범죄내용을 청취한 경우: 현행범이론에 의하여 경찰에 통보하는 것이 허용됨

(2) 제한

① 헌법 제37조 제2항에 의한 제한 + 통신비밀보호법, 형사소송법, 형의 집행 및 수용자의 처우에 관한 법률, 채무자 회생 및 파산에 관한 법률, 국가보안법 등에 의한 통신의 자유 제한
  ㉠ **범죄수사를 위한 경우:** 사법경찰관 ➡ 검사(각 피의자별 또는 각 피내사자별) ➡ 법원, 2개월씩 최대 1년(예외 3년)
  ㉡ **국가안보를 위한 경우:** 통신의 일방 또는 쌍방당사자가 내국인 ➡ 고등법원 수석판사의 허가, 외국인이나 북한 사람 ➡ 대통령의 승인, 4개월
② **감청과 도청:** 원칙적으로 금지

통신비밀보호법

제3조【통신 및 대화비밀의 보호】① 누구든지 이 법과 형사소송법 또는 군사법원법의 규정에 의하지 아니하고는 우편물의 검열·전기통신의 감청 또는 통신사실확인자료의 제공을 하거나 공개되지 아니한 **타인간의 대화**를 녹음 또는 청취하지 못한다.
  ✎ 본인과 타인간의 대화는 녹음 또는 청취가 가능하다.

제4조【불법검열에 의한 우편물의 내용과 불법감청에 의한 전기통신내용의 증거사용금지】제3조의 규정에 위반하여 불법검열에 의하여 취득한 우편물이나 그 내용 및 불법감청에 의하여 지득 또는 채록된 전기통신의 내용은 재판 또는 징계절차에서 증거로 사용할 수 없다.

⚖ **판례 Ⅰ**

1 미결수용자와 변호인 사이의 서신검열행위가 헌법에 위반되는지 여부: 적극 (헌재 1995.7.21, 92헌마144)

2 기결수와 변호인 사이의 서신검열행위가 헌법에 위반되는지 여부: 소극 (헌재 1998.8.27, 96헌마398)

3 감청설비제조·수입 등의 경우 정보통신부장관의 인가를 받도록 하되, 국가기관에 대해서는 예외를 인정하는 통신비밀보호법 제10조 제1항이 통신의 자유를 침해하는지 여부: 소극 (헌재 2001.3.21, 2000헌바25)

4 통신제한조치 기간의 연장을 허가함에 있어 총 기간 또는 연장 횟수의 제한을 두고 있지 않은 통신비밀보호법 제6조 제7항 단서 중 '전기통신에 관한 부분'이 청구인들의 통신의 비밀을 침해하여 위헌인지 여부: 적극[헌법불합치] (헌재 2010.12.28, 2009헌가30)

5 수용자가 국가기관(국무총리실, 감사원 등)에 서신을 발송할 경우 교도소장의 허가를 받도록 하는 것이 통신비밀의 자유를 침해하는지 여부: 소극 (헌재 2001.11.29, 99헌마713)

6 육군 신병교육 지침서 중 '신병훈련소에서 교육훈련을 받는 동안 전화사용 통제' 부분이 통신의 자유를 침해하는지 여부: 소극 (헌재 2010.10.28, 2007헌마890)

7 "수용자는 보내려는 서신을 봉함하지 않은 상태로 교정시설에 제출하여야 한다."라고 규정한 형의 집행 및 수용자의 처우에 관한 법률 시행령 제65조가 통신의 자유를 침해하는지 여부: 적극[위헌] (헌재 2012.2.23, 2009헌마333)

8 금치기간 중 서신수수를 금지하도록 한 '형의 집행 및 수용자의 처우에 관한 법률'(이하 '형집행법'이라 한다) 제112조 제3항 본문이 통신의 자유를 침해하는지 여부: 소극[기각] (헌재 2014.8.28, 2012헌마623)

9 수용자가 작성한 집필문의 외부반출을 규정한 '형의 집행 및 수용자의 처우에 관한 법률' 제49조 제3항의 '문서'에 관한 부분 등이 수용자의 통신의 자유를 침해하는지 여부: 소극 (헌재 2016.5.26, 2013헌바98)

10 수사기관이 수사의 필요성 있는 경우 전기통신사업자에게 위치정보 추적자료를 제공요청할 수 있도록 한 통신비밀보호법 제13조 제1항 등이 개인정보자기결정권과 통신의 자유를 침해하는지 여부: 적극 [헌법불합치, 기각] (헌재 2018.6.28, 2012헌마191)
   [1] 명확성원칙에 위배되지는 않는다.
   [2] 과잉금지원칙에 반하여 청구인들의 개인정보자기결정권과 통신의 자유를 침해한다. [헌법불합치]
   [3] 이 사건 허가조항에 대한 판단 [기각]
   [4] 이 사건 통지조항에 대한 판단 [헌법불합치]

11 수사의 필요성이 있는 경우 기지국수사를 허용한 통신비밀보호법 제13조 제1항 중 '검사 또는 사법경찰관은 수사를 위하여 필요한 경우 전기통신사업법에 의한 전기통신사업자에게 제2조 제11호 가목 내지 라목의 통신사실 확인자료의 열람이나 제출을 요청할 수 있다' 부분이 개인정보자기결정권과 통신의 자유를 침해하는지 여부: 적극[헌법불합치, 기각, 각하] (헌재 2018.6.28, 2012헌마538)
   [1] 기지국수사에 대한 판단 [각하]
   [2] 이 사건 요청조항에 대한 판단 [헌법불합치]
       침해의 최소성 및 법익의 균형성 인정 ×
   [3] 이 사건 허가조항에 대한 판단 [기각]
   [4] 헌법불합치결정 및 잠정적용명령

12 인터넷회선 감청(패킷감청)이 통신의 자유 및 사생활의 자유를 침해하는지 여부: 적극[헌법불합치] (헌재 2018.8.30, 2016헌마263)
   《주의》 개인정보자기결정권에 대한 문제가 아니다.

13 이동통신서비스 가입시 본인확인제가 통신의 자유 등을 침해하는지 여부: 소극[기각] (헌재 2019.9.26, 2017헌마1209)
   《주의》 익명통신의 자유, 개인정보자기결정권이 문제가 된 것이지 사생활의 비밀과 자유는 문제가 되지 않았다.

14 형집행법 제41조 제2항 제1호·제3호 중 '미결수용자의 접견내용의 녹음·녹화'에 관한 부분이 과잉금지원칙에 위배되어 청구인의 사생활의 비밀과 자유 등을 침해하는지 여부: 소극 (헌재 2016.11.24, 2014헌바401)
   ✎ 미결수용자와 변호인이 아닌 접견인 사이의 접견내용을 녹음·녹화하는 것은 합헌이다.

15 피청구인 교도소장이 법원, 검찰청 등이 청구인에게 보낸 문서를 열람한 행위가 청구인의 통신의 자유를 침해하는지 여부: 소극[기각] (헌재 2021.9.30, 2019헌마919)

16 피청구인 구치소장이 구치소에 수용 중인 수형자에게 온 서신에 '허가 없이 수수되는 물품'인 녹취서와 사진이 동봉되어 있음을 확인하여 서신수수를 금지하고 발신인인 청구인에게 위 물품을 반송한 것이 청구인의 통신의 자유를 침해하는지 여부: 소극 [헌재 2019.12.27, 2017헌마413·1161(병합)]

17 통신비밀보호법 제3조의 규정에 위반하여, 불법검열에 의하여 취득한 우편물이나 그 내용 및 불법감청에 의하여 지득 또는 채록된 전기통신의 내용은 재판 또는 징계절차에서 증거로 사용할 수 있는지 여부: 소극 (헌재 2018.8.30, 2016헌마263)

제3절 정신적 자유권

01 양심의 자유

> 헌법 제19조 모든 국민은 양심의 자유를 가진다.

⚖ 판례 Ⅰ

1 양심상의 결정이 어떠한 종교관·세계관 또는 그 외의 가치체계에 기초하고 있는가와 관계없이 모든 내용의 양심상 결정이 양심의 자유에 의하여 보장되는지 여부: 적극 (헌재 2004.8.26, 2002헌가1)

2 주민등록발급을 위해 열 손가락의 지문을 날인하게 하는 것이 양심의 자유를 침해하는지 여부: 소극 (헌재 2005.5.26, 99헌마513)

3 주취운전에 불응한 사람을 처벌하는 도로교통법 제41조 제2항 등이 양심의 자유를 침해하는지 여부: 소극 (헌재 1997.3.27, 96헌가11)

4 공정거래법 위반사실에 대하여 법 위반사실의 공표를 명할 수 있도록 규정하고 있는 독점규제 및 공정거래에 관한 법률 제27조가 양심의 자유를 침해하는지 여부: 소극 (헌재 2002.1.31, 2001헌바43)

5 좌석안전띠착용강제가 양심의 자유를 침해하는지 여부: 소극 (헌재 2003.10.30, 2002헌마518)

6 선거운동 기간 중 실명을 확인하지 아니하면 인터넷언론사의 게시판 등에 의견을 게시할 수 없도록 하는 공직선거법 제82조의6 제1항이 양심의 자유를 침해하는지 여부: 소극 (헌재 2010.2.25, 2008헌마324)

7 양심의 자유는 내심에서 우러나오는 윤리적 확신과 이에 반하는 외부적 법질서의 요구가 서로 회피할 수 없는 상태로 충돌할 때에만 침해될 수 있다(헌재 2002.4.25, 98헌마425).

8 재산목록을 제출하고 그 진실함을 법관 앞에서 선서하는 것이 양심의 자유를 침해하는지 여부: 소극 (헌재 2014.9.25, 2013헌마11)

✎ 양심의 자유가 침해된 대표적 3가지 판례
　① 사죄광고 사건(법인 ×, 법인대표자 ○), ② 시말서 사건, ③ 양심적 병역거부 중 병역종류에 대한 조항

1. 법적 성격

(1) 최상급 기본권

(2) 이중적 성격

주관적 공권, 객관적 가치질서로서의 성격

(3) 절대적 기본권

내심에 머무르는 한 절대적 자유권

2. 주체

(1) **자연인만** 주체

(2) 단체나 **법인은 성질상 주체가 될 수 없음**

(3) 법인의 경우라면 그 대표자가 주체(例 사죄광고 강제사건)

3. 내용

(1) 양심형성의 자유

(2) 침묵의 자유

　① 양심추지의 금지

　　㉠ 양심을 일정한 행동에 의해 간접적으로 표명하도록 강제받지 아니할 자유

　　㉡ 십자가 밟기나 충성선서 등은 허용 ×

　② 반양심적 행위의 강제금지

　　㉠ **증언거부권**: 재판절차에서 단순한 사실·기술적 지식에 관한 증언거부는 침묵의 자유에 포함되지 아니하므로, 양심의 자유에 의해 보호받을 수 없음

　　㉡ **취재원묵비권**

　　　ⓐ 양심의 자유에 포함 ×

　　　ⓑ **취재의 자유에 포함되는지 여부**: 부정설(미국판례, 우리나라 다수설)

　　㉢ 집총거부 – 우리나라의 '양심적 병역거부' 논의

　　　ⓐ 헌법재판소는 양심적 병역거부자를 형사처벌하는 병역법 제88조 제1항에 대해서 합헌으로 결정함(헌재 2004.8.26, 2002헌가1) ➡ 대법원도 ○

　　　ⓑ **양심적 병역거부자 형사처벌로 제한되는 기본권**: 양심의 자유 중 부작위에 의한 양심실현의 자유이다(헌재 2004.8.26, 2002헌가1).

⚖️ 판례 Ⅰ

1 양심적 병역거부 사건 [헌법불합치, 합헌]

　[1] 입법은 하였으나 그 내용이 대체복무제를 포함하지 아니하여 불충분하다는 **부진정입법부작위를 다투는 것**이라고 봄이 상당하다.

　[2] '양심에 반하는 행동을 강요당하지 아니할 자유', 즉 '부작위에 의한 양심실현의 자유'를 제한하고 있다.

　[3] 양심의 자유의 침해 여부를 판단하는 이상 별도로 인간의 존엄과 가치나 행복추구권 침해 여부는 판단하지 아니한다.

　[4] **양심적 병역거부자에 대한 대체복무제를 규정하지 아니한 병역종류조항은 과잉금지원칙에 위배하여 양심적 병역거부자의 양심의 자유를 침해한다. [헌법불합치]**

　[5] 처벌조항은 법익의 균형성 요건을 충족한다. 그렇다면 처벌조항은 과잉금지원칙을 위반하여 양심의 자유를 침해하지 아니한다. **[합헌]**

　[6] **병역법 제5조 제1항**은 모두 헌법에 합치되지 아니한다. 위 조항들은 2019.12.31.을 시한으로 입법자가 개정할 때까지 계속 적용된다(헌재 2018.6.28, 2011헌바379·2015헌가5).

2 양심적 병역거부 사건 [대법원 판례변경]

　[1] 정당한 사유가 없다는 사실은 범죄구성요건이므로 검사가 증명하여야 한다. 다만 진정한 양심의 부존재를 증명한다는 것은 마치 특정되지 않은 기간과 공간에서 구체화되지 않은 사실의 부존재를 증명하는 것과 유사하다. 위와 같은 불명확한 사실의 부존재를 증명하는 것은 사회통념상 불가

능한 반면 그 존재를 주장·증명하는 것이 좀 더 쉬우므로, 이러한 사정은 검사가 증명책임을 다하였는지를 판단할 때 고려하여야 한다. 따라서 양심적 병역거부를 주장하는 피고인은 자신의 병역거부가 그에 따라 행동하지 않고서는 인격적 존재가치가 파멸되고 말 것이라는 절박하고 구체적인 양심에 따른 것이며 그 양심이 깊고 확고하며 진실한 것이라는 사실의 존재를 수긍할 만한 소명자료를 제시하고, 검사는 제시된 자료의 신빙성을 탄핵하는 방법으로 진정한 양심의 부존재를 증명할 수 있다. 이때 병역거부자가 제시해야 할 소명자료는 적어도 검사가 그에 기초하여 정당한 사유가 없다는 것을 증명하는 것이 가능할 정도로 구체성을 갖추어야 한다.

《주의》 진정한 양심의 의미와 증명 방법 및 정당한 사유의 부존재(존재 ×)에 대한 책임은 검사(양심적 병역거부자 ×)에게 있다.

[2] 여호와의 증인 신도인 피고인이 지방병무청장 명의의 현역병입영통지서를 받고도 입영일부터 3일이 지나도록 종교적 양심을 이유로 입영하지 않고 병역을 거부하여 병역법 위반으로 기소된 사안에서, 제반 사정에 비추어 피고인의 입영거부 행위는 진정한 양심에 따른 것으로서 구 병역법 제88조 제1항에서 정한 '정당한 사유'에 해당할 여지가 있는데도, 피고인이 주장하는 양심이 위 조항의 정당한 사유에 해당하는지 심리하지 아니한 채 양심적 병역거부가 정당한 사유에 해당하지 않는다고 보아 유죄를 인정한 원심판결에 법리오해의 잘못이 있다[대판 2018.11.1, 2016도10912(전합)].

  ⓔ **사죄광고의 강제**: 침묵의 자유의 파생인 양심에 반하는 행위의 강제금지에 저촉되는 것이며 따라서 정신적 기본권의 하나인 양심의 자유의 제약으로 위헌이다(헌재 1991.4.1, 89헌마160).

 ③ **침묵의 자유의 한계**: 재판절차에 있어서의 단순한 사실에 관한 증인의 증언거부, 신문기자의 취재원에 관한 증언거부 등은 헌법 제19조의 양심의 자유에 의하여 보호받지 못함

(3) 양심실현의 자유

> **⚖ 판례 |**
>
> 양심의 자유의 내용에 양심실현의 자유도 포함되는지 여부: **적극** (헌재 2004.8.26, 2002헌가1)

① **대법원**: 종래 부정설의 입장이었으나 최근에는 긍정설의 입장을 취하고 있다[대판 2004.7.15, 2004도2965(전합)].

② **헌법재판소**: '양심실현의 자유는 타인의 기본권이나 다른 헌법적 질서와 저촉되는 경우 헌법 제37조 제2항에 따라 국가안전보장·질서유지 또는 공공복리를 위하여 법률에 의하여 제한될 수 있는 **상대적 자유**'라고 판시하였다(헌재 1998.7.16, 96헌바35).

> **⚖ 판례 |**
>
> 1 준법서약서제출제도가 양심의 자유를 침해하는지 여부: **소극** (헌재 2002.4.25, 98헌마425·99헌마170·99헌마498)
>
> 2 사업자단체의 법 위반사실을 공표하도록 한 공정거래위원회의 명령이 양심의 자유를 침해하는지 여부: **소극** (헌재 2002.1.31, 2001헌바43)
> 《주의》 일반적 행동의 자유, 명예권을 침해하고 무죄추정원칙을 위반하여 위헌이다.
>
> 3 국기에 대한 경례를 우상숭배라고 거부한 학생을 제적처분한 것이 위헌인지 여부: **소극** (대판 1976.4.27, 75누249)
>
> 4 현역병으로 입대한 자를 전투경찰순경으로 전임시켜 공격적인 양상의 시위진압에 나서게 하는 것이 양심의 자유를 침해하는지 여부: **소극** (헌재 1995.12.28, 91헌마80)

5 국가보안법상의 불고지죄를 처벌하는 것이 양심의 자유를 침해하는지 여부: 소극 (헌재 1998.7.16, 96헌바35)

6 사용자가 근로자에게 자신의 잘못을 반성하고 사죄한다는 내용의 시말서제출을 명령하는 것이 양심의 자유를 침해하는지 여부: 적극 (대판 2010.1.14, 2009두6605)

7 비례원칙의 일반적 심사과정이 양심의 자유에 있어서도 그대로 적용되는지 여부: 적극

헌법 제37조 제2항의 비례원칙은, 단순히 기본권제한의 일반원칙에 그치지 않고, 모든 국가작용은 정당한 목적을 달성하기 위하여 필요한 범위 내에서만 행사되어야 한다는 국가작용의 한계를 선언한 것이므로, 비록 이 사건 법률조항이 헌법 제39조에 규정된 국방의 의무를 형성하는 입법이라 할지라도 그에 대한 심사는 헌법상 비례원칙에 의하여야 한다(헌재 2018.6.28, 2011헌바379 등).

8 투표용지에 후보자들에 대한 '전부 거부' 표시방법을 마련하지 않은 공직선거법 제150조 등이 양심의 자유를 침해하는지 여부: 소극 (헌재 2007.8.30, 2005헌마975)

9 사죄광고가 양심의 자유에 대한 제약으로서 위헌인지 여부: 적극[한정위헌] (헌재 1991.4.1, 89헌마160)
   ✎ 방송통신위원회의 사업시행자(법인)에 대한 사과명령은 인격권 침해이지 양심의 자유를 제한하지 않는다.

10 보안관찰법상 보안관찰처분이 양심의 자유를 침해하는지 여부: 소극 (헌재 1997.11.27, 92헌바28)

11 환자의 진료비 내역에 관한 정보를 국세청에 제출하도록 의무를 부과하는 소득세법규정이 양심의 자유 등을 침해하는지 여부: 소극 (양심의 자유를 제한은 하지만 침해는 아님) (헌재 2008.10.30, 2006헌마1401·1409)
   《주의》 자신의 태도나 입장을 외부에 설명하거나 해명하는 행위는 표현의 자유의 문제이지 양심의 자유 문제가 아니다.

12 주민등록발급을 위하여 열 손가락의 지문을 날인하게 하는 것이 양심의 자유를 침해하는지 여부: 소극 [기각] (헌재 2005.5.26, 99헌마513)

13 사용자가 근로자에게 자신의 잘못을 반성하고 사죄한다는 내용의 시말서제출을 명령하는 것이 양심의 자유를 침해하는지 여부: 적극 (대판 2014.6.26, 2014두35799)

14 '여호와의 증인' 신도로서 향토예비군 대원인 사람이 자신에게 부과된 예비군 훈련을 종교적 양심에 반한다는 이유로 거부하는 행위를 처벌하는 것이 양심의 자유를 침해하는지 여부: 소극[합헌] (대판 2021.2.4, 2020도3439)

15 진정한 양심에 따른 예비군훈련 거부 사건

   [1] 진정한 양심에 따른 병역거부가 병역법 제88조 제1항에서 정한 '정당한 사유'에 해당하는지 여부: 적극

   [2] 진정한 양심에 따른 예비군훈련 거부의 경우에도 예비군법 제15조 제9항 제1호에서 정한 '정당한 사유'에 해당하는지 여부: 적극 (대판 2021.1.28, 2018도4708)

16 가해학생에 대한 조치로 피해학생에 대한 서면사과를 규정한 구 '학교폭력예방 및 대책에 관한 법률' 제17조 제1항 제1호가 가해학생의 양심의 자유와 인격권을 침해하는지 여부: 소극 (헌재 2023.2.23, 2019헌바93)

4. 효력

(1) 대국가적 효력

입법권·행정권·사법권 등 모든 공권력을 구속

(2) 제3자적 효력

간접적용설에 입각한 제3자적 효력 ○(다수설)

5. 제한과 한계

(1) 학설 - 내면적 무제한설(다수설)

양심이 외부에 표명되는 경우에는 일정한 제한이 따르지만, 내심의 작용으로 머물러 있는 경우에는 제한을 받지 않음

(2) 헌법재판소

국가의 존립·안전에 저해가 되는 죄를 범한 자라는 사실을 알고서도 그것이 본인의 양심이나 사상에 비추어 범죄가 되지 아니한다거나 이를 수사기관 또는 정보기관에 고지하는 것이 양심이나 사상에 어긋난다는 등의 이유로 고지하지 아니하는 것은 결국 부작위에 의한 양심실현, 즉 내심의 의사를 외부에 표현하는 행위가 되는 것이고 이는 이미 순수한 **내심의 영역을 벗어난 것**이므로 이에 대하여 필요한 경우 법률에 의한 제한이 가능하다(헌재 1998.7.16, 96헌바35).

(3) 대법원

헌법이 보장한 양심의 자유는 정신적인 자유로서 어떠한 사상·감정이 **내심에 머무르는 한 절대적인 자유이므로 제한할 수 없다**(대판 1984.1.24, 82누163).

02 종교의 자유

헌법 제20조 ① 모든 국민은 종교의 자유를 가진다.
② 국교는 인정되지 아니하며, 종교와 정치는 분리된다.

1. 종교의 자유

(1) 우리나라 연혁

제헌헌법 당시 신앙의 자유와 함께 규정, 이후 제5차 개정헌법부터 양심의 자유와 분리하여 규정

(2) 주체

① 모든 국민과 외국인(외국선교사 포함)
② **종교단체**: 선교나 예배의 자유가 인정
③ **법인**: 내심적 자유인 신앙의 자유의 주체는 될 수 없지만 종교적 행위의 자유의 주체는 될 수 있음

(3) 내용

① **신앙의 자유**: 신앙선택의 자유, 신앙을 포기할 자유 및 개종(변경)의 자유, 신앙고백 및 신앙불표현의 자유, 무신앙의 자유
② **종교적 행사의 자유**: 신앙의 모든 의식행사를 방해하여서는 안 되며, 종교의식의 참가를 강제해서도 안 됨

③ 종교적 집회·결사의 자유
④ **선교의 자유**: 타 종교 비판이나 개종의 자유가 포함
⑤ **종교교육의 자유**: 국립 또는 공립의 학교는 어느 종교를 위한 교육을 하여서는 아니 된다(교육법 제5조 제2항).

⚖ 판례 |

1 사립대학에서 예배참석을 졸업요건으로 한 학칙이 종교의 자유를 침해하는지 여부: 소극 (대판 1998.11.10, 96다37268)

2 종교단체가 운영하는 학교의 설립인가제가 종교의 자유를 침해하는지 여부: 소극 (헌재 2000.3.30, 99헌바14)

3 종립학교(종교단체가 설립한 사립학교)가 특정 종교의 교리를 전파하는 종교행사와 종교과목 수업을 실시하면서 참가거부가 사실상 불가능한 분위기를 조성하는 등의 행위가 신앙을 가지지 않은 학생들의 인격적 법익을 침해하여 위법한지 여부: 적극 [대판 2010.4.22, 2008다38288(전합)]
《주의》 위 판례는 기본권 충돌의 한 사례이다.

4 육군훈련소장이 훈련병들에 대하여 육군훈련소 내 종교 시설에서 개최되는 개신교, 불교, 천주교, 원불교 종교행사 중 하나에 참석하도록 한 행위가 종교의 자유를 침해하여 위헌인지 여부: 적극[인용(위헌확인)]
　　[1] 적법요건에 대한 판단
　　　　이 사건 종교행사 참석조치는 피청구인 육군훈련소장이 우월적 지위에서 청구인들에게 일방적으로 강제한 행위로, 헌법소원심판의 대상이 되는 권력적 사실행위에 해당한다. 이 사건 종교행사 참석조치는 이미 종료된 행위이나, 반복 가능성과 헌법적 해명의 중요성을 고려할 때 심판의 이익을 인정할 수 있다.
　　[2] 본안에 대한 판단
　　　　① 이 사건 종교행사 참석조치는 국가의 종교에 대한 중립성을 위반하고, 국가와 종교의 밀접한 결합을 초래하여 정교분리원칙에 위배된다.
　　　　② 이 사건 종교행사 참석조치는 과잉금지원칙에 위배되어 청구인들의 종교의 자유를 침해한다(헌재 2022.11.24, 2019헌마941).

---

(4) 효력
① 대국가적 효력, 제3자적 효력(간접적용설)
② 다만, 종교단체의 권징결의는 교인으로서 비위가 있는 자에게 징계·제재하는 종교단체 내부의 규제이므로, 사법심사의 대상이 되지 아니한다(대판 1981.9.22, 81다276).

(5) 제한
① 신앙의 자유는 제한할 수 없는 절대적 자유
② 반면 종교적 행사의 자유, 종교적 집회·결사의 자유, 선교의 자유 등은 헌법유보나 법률유보에 의하여 제한될 수 있는 상대적 기본권에 해당함

1 사법시험을 일요일에 실시하는 것이 종교의 자유를 침해하는지 여부: 소극 (헌재 2001.9.27, 2000헌마159)

2 학교정화구역 안에서의 납골시설 설치를 금지하는 것이 종교의 자유를 침해하는지 여부: 소극 (헌재 2009.7.30, 2008헌가2)

3 테러위험이 있는 해외 위난지역으로의 출국을 금지하는 외교부 고시가 이곳에서 선교활동을 하려는 자들의 종교의 자유를 침해하는지 여부: 소극 (헌재 2008.6.26, 2007헌마1366)

4 미결수용자에 대하여만 일률적으로 종교행사 등의 참석을 불허한 구치소장의 행위가 미결수용자의 종교의 자유를 침해하는지 여부: 적극[인용] (헌재 2011.12.29, 2009헌마527)

5 부산구치소장이 미결수용자 및 미지정 수형자의 종교집회 참석을 제한한 행위가 청구인의 종교의 자유를 침해하는지 여부: 적극[인용, 위헌확인] (헌재 2014.6.26, 2012헌마782)

6 종교시설에서 운영하는 양로시설이라고 하더라도 일정 규모 이상이라면 신고를 해야 하고 신고의무를 위반한 경우에는 일률적으로 형사처벌로 제재하는 것이 종교의 자유 등을 침해하는지 여부: 소극[합헌] (헌재 2016.6.30, 2015헌바46)

비교판례

종교시설의 건축행위에 대하여 기반시설부담금 부과를 제외하거나 감경하지 아니하였더라도 종교의 자유를 침해하는 것은 아니라고 한 사례(헌재 2010.2.25, 2007헌바131)

7 전통사찰의 소유로서 전법에 제공되는 경내지의 건축물과 토지에 관하여는 특정한 경우 외에는 금전채권으로 압류하지 못하도록 규정한 전통사찰의 보존 및 지원에 관한 법률 규정이 종교의 자유를 제한하는지 여부: 소극[합헌] (헌재 2012.6.27, 2011헌바34)

8 미결수용자에 대한 구치소장의 교정시설 안에서 매주 화요일에 실시하는 종교집회 참여 제한 행위가 종교의 자유를 침해하는지 여부: 적극 (헌재 2014.6.26, 2012헌마782)

비교판례

미결수용자를 대상으로 한 개신교 종교행사를 4주에 1회, 일요일이 아닌 요일에 실시한 행위가 헌법에 위반되는지 여부: 소극 (헌재 2015.4.30, 2013헌마190)

9 사법시험 시행일자를 토요일 또는 토요일을 포함한 기간으로 지정한 것이 제칠일안식일예수재림교를 믿는 청구인들의 종교의 자유 등 기본권을 침해하는지 여부: 소극[기각] (헌재 2010.6.24, 2010헌마41)

10 법학전문대학원협의회의 '2010학년도 법학적성시험 시행계획 공고' 중 2010학년도 법학적성시험의 시행일을 일요일인 2009.8.23.로 정하고 있는 부분이 종교의 자유 및 평등권을 침해하는지 여부: 소극[기각] (헌재 2010.4.29, 2009헌마399)

2. 국교부인과 정교분리의 원칙

(1) 우리나라 연혁

제헌헌법부터 규정

(2) 내용

① 종교의 정치관여금지
② 국가에 의한 종교교육금지
③ 국가에 의한 특정 종교의 차별금지 ➡ 단, 크리스마스나 석가탄신일의 공휴일제는 예외

> ⚖️ **판례 |**
>
> 1 일요일이 일반적 공휴일이 아닌 특별한 종교의 종교의식일인지 여부: 소극 (헌재 2001.9.27, 2000헌마 159)
>
> 2 군종장교가 종교활동을 하면서 소속 종단의 종교를 선전하거나 타 종교를 비판한 것이 종교적 중립준수 의무나 정교분리원칙에 위반하여 위법한지 여부: 소극 (대판 2007.4.26, 2006다87903)
>
> 3 지방자치단체가 유서 깊은 천주교성당 일대를 문화관광지로 조성하기 위하여 문화관광지 조성계획을 승인받은 후 사업부지 내 토지 등을 수용재결한 것이 정교분리원칙에 위배되는지 여부: 소극 (대판 2009. 5.28, 2008두16933)

03 언론·출판의 자유

> 헌법 제21조 ① 모든 국민은 언론·출판의 자유와 집회·결사의 자유를 가진다.
> ② 언론·출판에 대한 허가나 검열과 집회·결사에 대한 허가는 인정되지 아니한다.
> ③ 통신·방송의 시설기준과 신문의 기능을 보장하기 위하여 필요한 사항은 법률로 정한다.
> ④ 언론·출판은 타인의 명예나 권리 또는 공중도덕이나 사회윤리를 침해하여서는 아니 된다. 언론·출판이 타인의 명예나 권리를 침해한 때에는 피해자는 이에 대한 피해의 배상을 청구할 수 있다.

1. 의의

(1) 개념

① **현대적 의미**: 의사표현의 자유 외에 알 권리, 액세스권, 반론권, 언론기관설립의 자유 및 언론기관의 자유까지 포함

② **표현의 자유와의 관계**: 표현의 자유는 언론·출판의 자유보다 넓은 개념(익명표현의 자유, 허위사실 표현의 자유도 포함됨)

③ **상징적 표현의 문제**: 흑색리본의 착용, 연좌데모, 피켓팅과 같은 **비언어적 행동도 표현의 자유에 포함**

(2) 연혁

① **제헌헌법**: 법률에 유보

② **제2공화국(제3차 개정헌법)**: 언론·출판의 허가나 검열 금지, 집회·결사의 허가 금지

③ **제3공화국(제5차 개정헌법)**: 언론·출판과 집회·결사에 대한 허가나 검열 금지, 영화나 연예에 대한 검열 허용

④ **제4공화국(제7차 개정헌법)**: 검열제와 허가제금지규정 삭제

⑤ **제5공화국(제8차 개정헌법)**: "언론·출판이 타인의 명예나 권리를 침해한 때에는 피해자는 이에 대한 피해의 배상을 청구할 수 있다."라는 조항 신설

⑥ **현행헌법(제9차 개정헌법)**: 검열제와 허가제금지규정 부활

2. 법적 성격

(1) 자유권성

국가권력의 방해를 받지 아니하고 자유로이 사상·의견을 발표

(2) 청구권성

(3) 제도적 보장성

> **⚖️판례 | 방송의 자유가 제도적 보장으로서의 성격도 있는지 여부: 적극**
>
> 방송의 자유는 주관적 권리로서의 성격과 함께 신문의 자유와 마찬가지로 자유로운 의견형성이나 여론형성을 위해 필수적인 기능을 행하는 객관적 규범질서로서 제도적 보장의 성격을 함께 가진다(헌재 2003.12.18, 2002헌바49).

3. 주체

(1) 국민, 외국인

다만, 외국인의 경우 현행법은 내국인에 비하여 제한을 둠

(2) 법인

신문사나 통신사 등 법인에 대해서도 보도의 자유 등이 보장됨

4. 내용

(1) 고전적 언론·출판의 자유의 내용

① 불특정 다수인을 상대로 자신의 의견이나 사상을 자유로이 표현할 수 있는 자유
② 국가권력은 사실적이든 법적이든 의사표명 또는 사상전달을 방해하거나 금지할 수 없으므로 인신구속이나 사전검열뿐만 아니라 입법조치나 도청 등을 하여서도 안 됨

(2) 현대적 언론·출판의 자유의 내용

① 의사표현의 자유
  ㉠ 의사표현의 전달방법
     ⓐ 담화·연설·토론·연극·방송·음악·영화·가요 등과 문서·소설 등 **모든 형상의 의사표현 또는 의사전파의 매개체**를 포함
     ⓑ 선거기간 중 인터넷언론사의 선거와 관련한 게시판·대화방 등
  ㉡ 헌법 제21조 표현의 자유에는 익명 또는 가명으로 자신의 사상이나 견해를 표명하고 전파할 자유도 포함

> **⚖️판례 |**
>
> 1 상업광고가 표현의 자유의 보호대상인지 여부: 적극 (헌재 2002.12.18, 2000헌마764)
>
> 2 상업광고규제의 심사기준 – 완화된 심사 (헌재 2005.10.27, 2003헌가3)
>
> 3 청소년이용음란물이 언론·출판의 자유에 의하여 보호되는 의사표현의 매개체인지 여부: 적극 (헌재 2002.4.25, 2001헌가27)
>
> 4 음란표현이 언론·출판의 자유의 보호영역 내에 있는지 여부: 적극[종전 판례변경] (헌재 2009.5.28, 2006헌바109)
>
> 5 의료광고의 규제가 표현의 자유를 침해하는지 여부: 적극[위헌] (헌재 2005.10.27, 2003헌가3)

6 숙취해소용 천연차를 개발하여 특허권을 획득한 자로 하여금 '음주 전후, 숙취해소'라는 표시광고를 하지 못하도록 하는 것이 직업의 자유, 표현의 자유, 재산권을 침해하는지 여부: 적극[위헌] (헌재 2000. 3.30, 99헌마143)

7 금치처분을 받은 수형자에 대하여 집필을 전면금지하는 것이 표현의 자유를 침해하는지 여부: 적극[위헌] (헌재 2005.2.24, 2003헌마289)

8 금치기간 중 집필을 금지하도록 한 '형의 집행 및 수용자의 처우에 관한 법률'(이하 '형집행법'이라 한다) 제112조 제3항 본문이 표현의 자유를 침해하는지 여부: 소극[기각] (헌재 2014.8.28, 2012헌마623)

9 인터넷언론사에 대하여 선거운동기간 중 인터넷홈페이지의 게시판·대화방 등에 정당·후보자에 대한 지지·반대의 글을 게시하는 경우 실명을 확인받도록 하는 기술적 조치를 취하도록 하는 것이 익명표현의 자유를 침해하는지 여부: 적극[위헌] (헌재 2021.1.28, 2018헌마456 등)

10 국가가 교과서의 저작·발행·공급을 독점하는 국정교과서제도가 교사들의 출판의 자유를 침해하는지 여부: 소극 (헌재 1992.11.12, 89헌마88)

11 선거일 전 180일부터 선거일까지 '인터넷상 정치적 표현 내지 선거운동(트위터, 페이스북 등 SNS를 이용한 선거운동)'을 금지하는 것이 선거운동의 자유 내지 정치적 표현의 자유를 침해하는지 여부: 적극[한정위헌] (헌재 2011.12.29, 2007헌마1001)

12 이른바 본인확인제(인터넷실명제)가 인터넷게시판 이용자의 표현의 자유, 개인정보자기결정권 및 인터넷게시판을 운영하는 정보통신서비스제공자의 언론의 자유를 침해하는지 여부: 적극[위헌] (헌재 2012.8.23, 2010헌마47)

13 교원의 노동조합 설립 및 운영 등에 관한 법률(이하 '교원노조법'이라 한다) 규정상 교원노조의 '일체의' 정치활동을 금지하는 것이 명확성의 원칙과 교원의 정치적 표현의 자유를 침해하는지 여부: 소극[합헌] (헌재 2014.8.28, 2011헌바32 등)

14 대한민국 또는 헌법상 국가기관에 대하여 모욕, 비방, 사실 왜곡, 허위사실 유포 또는 기타 방법으로 대한민국의 안전, 이익 또는 위신을 해하거나 해할 우려가 있는 표현이나 행위에 대하여 형사처벌하도록 규정한 구 형법 제104조의2(국가모독죄 조항)가 표현의 자유를 침해하는지 여부: 적극[위헌] (헌재 2015.10.21, 2013헌가20)

15 군인의 대통령에 대한 모욕행위를 상관모욕죄로 처벌하는 군형법 제64조 제2항의 상관 중 '명령복종관계에서 명령권을 가진 사람'에 관한 부분이 표현의 자유를 침해하는지 여부: 소극[합헌] (헌재 2016.2.25, 2013헌바111)

16 공포심이나 불안감을 유발하는 문언을 반복적으로 상대방에게 도달하게 하는 '사이버스토킹' 처벌규정이 표현의 자유를 침해하는지 여부: 소극[합헌] (헌재 2016.12.29, 2014헌바434)

17 의료법인·의료기관 또는 의료인이 '치료효과를 보장하는 등 소비자를 현혹할 우려가 있는 내용의 광고'를 한 경우 형사처벌하도록 규정한 의료법 제89조 중 제56조 제2항 제2호 부분이 죄형법정주의의 명확성원칙에 위배되는지 여부 및 의료인 등의 표현의 자유, 직업수행의 자유를 침해하는지 여부: 소극[합헌] (헌재 2014.9.25, 2013헌바28)

18 '금융지주회사법'상 공개되지 아니한 정보 또는 자료 누설금지 및 처벌조항이 표현의 자유를 침해하여 위헌인지 여부: 소극[합헌] (헌재 2017.8.31, 2016헌가11)

19 "교통수단을 이용한 광고는 교통수단 소유자에 관한 광고에 한하여 할 수 있다."라고 규정하고 있는 옥외광고물 등 관리법 시행령 제13조 제9항이 표현의 자유를 침해하는지 여부: 소극[합헌] (헌재 2012.12.18, 2000헌마764)

20 식품·식품첨가물에 관하여 질병치료에 효능이 있다는 내용 또는 의약품으로 혼동할 우려가 있는 표시·광고를 금지하는 것이 영업의 자유 및 표현의 자유를 침해하는지 여부: 소극[합헌] (헌재 2000.3. 30, 97헌마108)

21 청소년유해매체물의 전자적 표시제도의 위헌 여부: 소극 (헌재 2004.1.29, 2001헌마894)

22 중앙선거관리위원회가 대통령의 선거중립의무 준수요청을 한 것이 대통령의 표현의 자유를 침해하였는지 여부: 소극 (헌재 2008.1.17, 2007헌마700)

23 출판의 자유에 모든 사람이 스스로 저술한 책자가 교과서가 될 수 있도록 주장할 수 있는 권리까지 포함되어 있는지 여부: 소극 (헌재 1992.11.12, 89헌마88)

24 서울특별시 학생인권조례가 법률유보원칙에 위배되어 표현의 자유를 침해하는지 여부: 소극[기각] (헌재 2019.11.28, 2017헌마1356)

25 대한민국을 모욕할 목적으로 국기를 손상, 제거 또는 오욕한 자를 처벌하는 형법 제105조 중 국기에 관한 부분이 과잉금지원칙에 위배되어 표현의 자유를 침해하는지 여부: 소극 (헌재 2019.12.27, 2016헌바96)

26 시·군·구를 보급지역으로 하는 신문사업자 및 일일 평균 이용자 수 10만명 미만인 인터넷언론사가 선거일 전 180일부터 선거일의 투표마감시각까지 선거여론조사를 실시하려면 여론조사의 주요 사항을 사전에 관할 선거관리위원회에 신고하도록 한 공직선거법(2014.2.13. 법률 제12393호로 개정된 것) 제108조 제3항 제4호 및 제7호(이하 위 두 조항을 합하여 '심판대상조항'이라 한다)가 청구인들의 언론·출판의 자유를 침해하는지 여부: 소극 (헌재 2015.4.30, 2014헌마360)

27 실명확인을 위한 기술적 조치를 하지 아니하거나 실명인증의 표시가 없는 정보를 삭제하지 않는 경우 과태료를 부과하도록 정한 공직선거법 조항이 게시판 등 이용자의 익명표현의 자유 및 개인정보자기결정권과 인터넷언론사의 언론의 자유를 침해하는지 여부: 적극[위헌] (헌재 2021.1.28, 2018헌마456 등)

28 '법관이 그 품위를 손상하거나 법원의 위신을 실추시킨 경우'를 징계사유로 하는 법률규정은 '품위 손상', '위신 실추'와 같은 추상적인 용어를 사용하여 그 적용범위가 지나치게 광범위하거나 포괄적이어서 법관의 표현의 자유를 과도하게 제한하는지에 대한 여부: 소극 (헌재 2012.2.23, 2009헌바34)

29 새마을금고의 임원선거와 관련하여 법률에서 정하고 있는 방법 외의 방법으로 선거운동을 할 수 없도록 하고 이를 위반한 경우 형사처벌하도록 정하고 있는 새마을금고법 규정이 표현의 자유를 침해하는지 여부: 소극 (헌재 2018.2.22, 2016헌바364)

30 세종특별자치시 옥외광고물 관리 조례에서 특정구역 안에서 업소별로 표시할 수 있는 옥외광고물의 총수량을 원칙적으로 1개로 제한한 것이 표현의 자유를 침해하는지 여부: 소극 (헌재 2016.3.31, 2014헌마794)

31 문화예술계 블랙리스트의 작성 등과 지원사업 배제 지시가 표현의 자유를 침해하는지 여부: 적극[인용(위헌확인)] (헌재 2020.12.23, 2017헌마416)

32 공연히 사실을 적시하여 사람의 명예를 훼손한 경우 2년 이하의 징역·금고 또는 500만원 이하의 벌금에 처하도록 규정한 형법 제307조 제1항이 청구인들의 표현의 자유를 침해하는지 여부: 소극[기각] (헌재 2021.2.25, 2017헌마1113 등)

33 공연히 허위의 사실을 적시하여 명예를 훼손한 자를 형사처벌하도록 한 형법 제307조 제2항이 표현의 자유를 침해하는지 여부: 소극[합헌] (헌재 2021.2.25, 2016헌바84)

34 광고가 단순히 상업적인 상품이나 서비스에 관한 사실을 알리는 경우에는 그 내용이 공익을 포함하고 있더라도 헌법 제21조의 표현의 자유에 의하여 보호되는 것인지 여부: 적극

35 공연히 사실을 적시하여 다른 사람의 명예를 훼손하는 행위를 금지하고 위반시 형사처벌하도록 정하고 있는 것이 과도한 제한인지 여부: 소극 (헌재 2021.2.25, 2017헌마1113 등)

36 공무원이 선거에서 특정정당 또는 특정인을 지지하기 위하여 타인에게 정당에 가입하도록 권유 운동을 한 경우 형사처벌하는 국가공무원법 제65조 제2항 제5호 중 정당 가입 권유에 관한 부분, 제84조 제1항 중 제65조 제2항 제5호의 정당 가입 권유에 관한 부분이 정치적 표현의 자유를 침해하는지 여부: 소극 (헌재 2021.8.31, 2018헌바149)

37 안성시시설관리공단의 상급직원이 당내경선에서 경선운동을 할 수 없도록 하고 이를 위반할 경우 처벌하는 공직선거법이 정치적 표현의 자유를 침해하는지 여부: 적극[위헌] (헌재 2022.12.22, 2021헌가36)

② 알 권리
ㄱ 개념
ⓐ 모든 정보원으로부터 일반적 정보를 수집하고 처리할 수 있는 권리
ⓑ 개인에게는 공공기관과 사회집단 등에 대하여 정보공개를 요구할 권리
ⓒ 언론기관에는 공공기관과 사회집단 등에 대하여 정보공개를 청구할 수 있는 권리, 그에 관한 취재의 자유를 의미
ㄴ 헌법적 근거
ⓐ 우리 헌법은 명문으로 규정 × ➡ 그 법적 근거를 **헌법 제21조**에서 찾는다(헌재 1991.5.13, 90헌마133).
ⓑ 우리나라에서도 공공기관의 정보공개에 관한 법률이 1996년 12월 31일에 제정·시행됨
ㄷ 법적 성격
ⓐ 사상 또는 의견의 자유로운 표명과 전파할 자유(전달의 자유)를 의미
ⓑ '알 권리'는 표현의 자유와 표리일체의 관계에 있으며 **자유권적 성질과 청구권적 성질**을 공유
ⓒ 현대사회에서 '알 권리'는 **생활권적 성질**을 가짐
ㄹ 알 권리의 내용
ⓐ **정보접근·수집·처리의 자유**: 일반적으로 정보에 접근하고 수집·처리함에 있어서 국가권력의 방해를 받지 않음
ⓑ **정보공개청구권**: 공공기관의 정보공개에 관한 법률이 있음
ㅁ 알 권리의 한계와 제한: 헌법 제37조 제2항에 의하여 제한될 수 있음

⚖ **판례 Ⅰ**

1 알 권리를 실현하기 위해서 법률의 제정에 의한 구체화가 필요한지 여부: 소극 (헌재 1991.5.13, 90헌마133)

2 '저속'한 간행물의 출판금지가 성인의 알 권리를 침해하는지 여부: 적극[위헌] (헌재 1998.4.30, 95헌가16)

비교판례

'음란'간행물의 출판금지 및 유통억제의 필요성과 공익은 현저히 크다고 볼 수밖에 없어 과잉금지의 원칙에 위반되지 않는다(헌재 1998.4.30, 95헌가16).

3 구속적부심사과정에서 고소장과 피의자신문조서를 공개하는 것이 공공기관의 정보공개에 관한 법률에 위배되는지 여부: 소극 (헌재 2003.3.27, 2000헌마474)

4 수용자에 대한 일간지 일부 기사 삭제처분이 위헌인지 여부: 소극 (헌재 1998.10.29, 98헌마4)

5 '대선후보자 방송토론위원회'의 참석후보자 제한조치가 국민의 알 권리와 후보자선택의 자유를 침해하는지 여부: 소극 (헌재 1998.8.27, 97헌마372)

6 대통령선거에서 선거일 공고일로부터 선거일까지의 선거기간 중에 선거에 관한 여론조사의 결과 등의 공표를 금지하도록 한 법률규정이 위헌인지 여부: 소극 (헌재 1995.7.21, 92헌마177)

7 법원이 형을 선고받은 피고인에게 재판서를 송달하지 않는 것이 알 권리를 침해하는지 여부: 소극 (헌재 1995.3.23, 92헌바1)

8 공지의 사실도 국가기밀이 되는지 여부: 소극 (헌재 1997.1.16, 92헌바6 등)

9 변호사시험 성적 공개를 금지한 변호사시험법 제18조 제1항 본문이 알 권리(정보공개청구권)를 침해하여 헌법에 위반되는지 여부: 적극 (헌재 2015.6.25, 2011헌마769 등)

비교판례

법무부장관은 변호사시험 합격자가 결정되면 즉시 명단을 공고하여야 한다고 규정한 변호사시험법(2017.12.12. 법률 제15154호로 개정된 것) 제11조 중 '명단 공고' 부분(이하 '심판대상조항'이라 한다)이 청구인들의 개인정보 자기결정권을 침해하는지 여부: 소극 [헌재 2020.3.26, 2018헌마77 · 283 · 1024(병합)]

10 인터넷을 이용하여 정보를 제공하는 자는 청소년유해매체물임을 나타낼 수 있는 전자적 표시를 하도록 하는 것이 성인의 알 권리를 침해하는지 여부: 소극 (헌재 2004.1.29, 2001헌마894)

11 확정된 형사소송기록의 등사신청을 거부한 행위가 '알 권리'의 위반인지 여부: 적극 (헌재 1991.5.13, 90 헌마133)

12 정치자금의 수입 · 지출내역 및 첨부서류 등의 열람 기간을 공고일로부터 3개월간으로 제한한 것이 위헌인지 여부: 적극[위헌] (헌재 2021.5.27, 2018헌마1168)

13 군내 불온도서의 소지 · 전파 등을 금지하는 군인복무규율이 알 권리를 침해하는지 여부: 소극 (헌재 2010.10.28, 2008헌마638)

14 시험에 관한 사항으로서 공개될 경우 업무의 공정한 수행이나 연구 · 개발에 현저한 지장을 초래한다고 인정할 만한 상당한 이유가 있는 정보는 공개하지 아니할 수 있도록 규정하고 있는 공공기관의 정보공개에 관한 법률 제9조 제1항 제5호 중 '시험'에 관한 부분이 청구인의 알 권리를 침해하는지 여부: 소극 (헌재 2011.3.31, 2010헌바29)

15 교원의 개인정보공개를 금지하고 있는 '교육관련기관의 정보공개에 관한 특례법' 제3조 제2항이 과잉금지원칙에 반하여 학부모들의 알 권리를 침해하는지 여부: 소극 (헌재 2011.12.29, 2010헌마293)

16 헌법재판소가 헌법소원사건의 결정서 정본을 국선대리인에게만 송달하고 당사자인 청구인에게는 송달하지 않은 부작위가 알 권리를 침해하는지 여부: 소극[각하] (헌재 2012.11.29, 2011헌마693)

17 한 · 중마늘교역에관한합의서 중 한국민간기업의 자유로운 마늘 수입을 규정한 부속서를 공개하지 아니한 것이 마늘재배농가의 알 권리를 침해하는지 여부: 소극[각하] (헌재 2004.12.16, 2002헌마579)
   《주의》 국가에게 이해관계인의 공개 청구 이전에 적극적으로 정보를 공개할 것을 요구하는 것까지 알 권리에 포함되는 것은 아니다.

18 불기소이유 발급신청을 할 때 발급신청 수수료를 부과하는 것이 알 권리를 침해하는지 여부: 소극[기각] (헌재 2013.7.25, 2012헌마167)

19 변호사시험법 부칙 제2조 중 '이 법 시행일부터 6개월 내에' 부분(성적 공개 청구기간)이 과잉금지원칙에 위배되어 청구인의 정보공개청구권을 침해하는지 여부: 적극[위헌] (헌재 2019.7.25, 2017 헌마 1329)

20 금치기간 중 30일의 기간 내에서만 신문 열람을 금지하는 조치가 미결수용자의 알 권리를 침해하는지 여부: 소극 (헌재 2016.4.28, 2012헌마549)

21 정보위원회 회의를 비공개하도록 규정한 국회법 조항이 알 권리에 위배되는지 여부: 적극[위헌] (헌재 2022.1.27, 2018헌마1162 등)

22 개인정보에 관한 인격권 보호에 의하여 얻을 수 있는 이익과 정보처리 행위로 얻을 수 있는 이익 즉, 정보처리자의 '알 권리'와 이를 기반으로 한 정보수용자의 '알 권리' 및 표현의 자유, 정보처리자의 영업의 자유, 사회 전체의 경제적 효율성 등의 가치를 구체적으로 비교 형량하여 어느 쪽 이익이 더 우월한 것으로 평가할 수 있는지에 따라 정보처리 행위의 최종적인 위법성 여부를 판단하는지 여부: 소극 (대판 2016.8.17, 2014다235080)

③ 액세스권(Access권, 언론기관접근권)
　㉠ 개념
　　ⓐ 광의의 액세스권: 일반 국민이 자신의 사상 또는 의견발표를 위하여 언론매체에 자유로이 접근하여 이용할 수 있는 권리
　　ⓑ 협의의 액세스권: 자신과 관계가 있는 보도에 대한 반론 내지 해명의 기회를 요구할 수 있는 반론권 및 해명권
　㉡ 특징: 언론·출판의 자유와 제3자적 효력의 문제로서 국가권력의 발동을 적극적으로 요청하는 청구권적 권리의 성격

⚖️ 판례 |

1 정정보도청구시에 언론사 등의 고의·과실이나 위법성을 요건으로 하지 않은 것이 신문의 자유를 침해하는지 여부: 소극 (헌재 2006.6.29, 2005헌마165 등)

2 반론보도청구의 소를 신속·간이한 심판절차인 가처분절차에 의하도록 하는 것이 재판청구권을 침해하는지 여부: 소극 (헌재 1996.4.25, 95헌바25)

3 정정보도청구의 소를 민사집행법상의 가처분절차에 의하여 재판하도록 규정한 언론중재법 제26조 제6항이 공정한 재판을 받을 권리를 침해하는지 여부: 적극 (헌재 2006.6.29, 2005헌마165 등)

⊕ PLUS 정정보도청구와 반론보도청구

구분	정정보도청구	반론보도청구
평가적 주장에 대한 인정 여부	사실적 주장에 대해서만 가능	
대상	진실하지 않은 보도내용	보도내용의 진실 여부 불문
고의·과실 요부	언론사의 고의·과실·위법성을 요하지 않음(중요)	
중재절차의 필요성	언론중재위원회의 중재절차는 임의적 절차	
가처분절차 위헌 여부	가처분절차에 의하도록 한 것 ➡ 위헌	가처분절차에 의하도록 한 것 ➡ 합헌
절차	민사소송법의 소송절차(중요)	민사집행법의 가처분절차(중요)

④ 언론기관설립의 자유

> 헌법 제21조 ③ 통신·방송의 시설기준과 신문의 기능을 보장하기 위하여 필요한 사항은 법률로 정한다.
> ▶ 동 조항은 언론기관설립의 자유를 제한하는 의미와 언론기관 남설(濫設)의 폐해를 방지하려는 의미

🔨 판례 Ⅰ

1 신문법 제15조 제2항 및 제3항과 제17조의 위헌 여부 (헌재 2006.6.29, 2005헌마165 등)

　[1] 신문법 제15조 제2항의 위헌 여부 – 이종 미디어간 겸영금지 [합헌]

　[2] 신문법 제15조 제3항의 위헌 여부 – 신문의 복수소유규제 [헌법불합치]

　[3] 신문법 제17조의 위헌 여부 [위헌]

2 인터넷신문의 취재 및 편집 인력 5명 이상을 상시 고용하고, 이를 확인할 수 있는 서류를 제출할 것을 규정한 '신문 등의 진흥에 관한 법률 시행령' 제2조 제1항 제1호 등이 인터넷신문사업자인 청구인들의 언론의 자유를 침해하는지 여부: 적극[위헌] (헌재 2016.10.27, 2015헌마1206)

　《주의》 직업의 자유가 침해되진 않았다.

3 신문 또는 인터넷신문의 편집 또는 발행인 등의 결격사유를 정하고 있는 신문 등의 진흥에 관한 법률 규정 중 발행인 또는 편집인의 결격사유로 미성년자를 규정한 부분이 청구인의 언론·출판의 자유를 침해하는지 여부: 소극[기각] (헌재 2012.4.24, 2010헌마437)

---

⑤ 언론기관의 자유
　㉠ 대외적 자유
　　ⓐ 보도 및 논평의 자유, 취재의 자유, 보급의 자유, 출간시기의 결정·편집활동 등 보조활동의 자유 등
　　ⓑ 취재의 자유에 취재원묵비권이 포함되는지 여부: 부정설(일본·미국 판례, 우리나라 다수설)
　㉡ 내부적 자유(경영권으로부터의 편집권의 독립)

5. 효력

(1) 대국가적 효력

모든 국가기관을 구속하며, 영조물법인·공법상의 재단·공무수탁사인까지도 구속

(2) 대사인적 효력: ○

6. 한계와 책임

> 헌법 제21조 ④ 언론·출판은 타인의 명예나 권리 또는 공중도덕이나 사회윤리를 침해하여서는 아니 된다. 언론·출판이 타인의 명예나 권리를 침해한 때에는 피해자는 이에 대한 피해의 배상을 청구할 수 있다.

7. 제한

(1) 사전제한

① 허가제의 금지(제21조 제2항): 언론·출판에 대한 **등록제는 허용**

⚖ 판례 l

1 옥외광고물 설치 사전허가규정이 사전허가금지에 위반되는지 여부: 소극 (헌재 1998.2.27, 96헌바2)

2 방송사업의 허가제규정이 사전허가금지에 위반되는지 여부: 소극 (헌재 2001.5.31, 2000헌바43 등)

3 게임물판매업자에 대한 등록제가 헌법이 금지하는 사전검열에 해당하는지 여부: 소극 (헌재 2002.2.28, 99헌바117)

4 정기간행물의 등록제가 검열인지 여부: 소극 (헌재 1992.6.26, 90헌가23)

---

② 검열제의 금지
　　㉠ 사전검열은 **법률로써도 불가능한 것으로 절대적으로 금지**
　　㉡ 검열의 요소
　　　　ⓐ 허가를 받기 위한 표현물의 제출의무
　　　　ⓑ 행정권이 주체가 된 사전심사(행정권이 주체인지는 실질적으로 판단함)
　　　　ⓒ 표현물의 내용에 대한 심사(방법에 대한 사전제한은 검열이 아님)
　　　　ⓓ 허가받지 아니한 의사표현의 금지와 사전심사절차를 관철할 수 있는 강제수단

⚖ 판례 l

1 법원(사법부)에 의한 방영금지가처분이 검열인지 여부: 소극 (헌재 2001.8.30, 2000헌바36)

2 영화 사전심의규정이 검열인지 여부: 적극 (헌재 1996.10.4, 93헌가13 등)

3 '공연윤리위원회'의 심의를 받지 않은 음반판매금지규정이 위헌인지 여부: 적극 (헌재 1996.10.31, 94헌가6)

4 '한국공연예술진흥협의회'(이하 '공진협'이라 한다)의 사전심의조항이 위헌인지 여부: 적극 (헌재 1999. 9.16, 99헌가1)

5 비디오물 복제시 '공연윤리위원회'의 사전심의규정이 위헌인지 여부: 적극 (헌재 2000.2.24, 99헌가17)

6 구 민사소송법 제714조 제2항에 의한 방영금지가처분을 허용하는 것이 헌법상 검열금지의 원칙에 위반되는지 여부: 소극 (헌재 2001.8.30, 2000헌바36)

7 건강기능식품 사전심의가 위헌인지 여부: 적극
한국건강기능식품협회가 행하는 이 사건 건강기능식품 기능성광고 사전심의는 헌법이 금지하는 사전검열에 해당하므로 헌법에 위반된다. 종래 이와 견해를 달리하여 건강기능식품 기능성광고의 사전심의절차를 규정한 구 건강기능식품법 관련조항이 헌법상 사전검열금지원칙에 위반되지 않는다고 판단한 우리 재판소 결정(헌재 2010.7.29, 2006헌바75)은, 이 결정 취지와 저촉되는 범위 안에서 변경하기로 한다[헌재 2018.6.28, 2016헌가8·2017헌바476(병합)].

8 영화에 대한 '등급분류보류'제도가 검열이어서 위헌인지 여부: 적극[위헌] (헌재 2001.8.30, 2000헌가9)

9 영상물등급위원회에 의한 비디오물 '등급분류보류'제도가 검열인지 여부: 적극[위헌] (헌재 2008.10. 30, 2004헌가18)
　《주의》 등급분류보류제도가 아닌 단순한 등급분류는 검열이 아니다(12번 판례).

10 외국비디오물의 수입추천제도가 검열인지 여부: 적극[위헌] (헌재 2005.2.3, 2004헌가8)

11 외국음반 국내 제작추천제도가 검열인지 여부: 적극[위헌] (헌재 2006.10.26, 2005헌가14)

12 비디오물 사전 '등급분류제도'가 검열인지 여부: 소극 (헌재 2007.10.4, 2004헌바36)

13 교과서 검·인정제도가 사전검열금지원칙에 반하여 위헌인지 여부: 소극 (헌재 1992.11.12, 89헌마88)

14 정기간행물의 납본제도가 사전검열에 해당하는지 여부: 소극 (헌재 1992.6.26, 90헌바26)

15 텔레비전방송광고 사전심의제도가 검열인지 여부: 적극[위헌] (헌재 2008.6.26, 2005헌마506)
   《주의》 라디오 부분은 판단하지 않았다.

16 영화에 대한 '제한상영가' 등급제도가 위헌인지 여부: 적극[헌법불합치] (헌재 2008.7.31, 2007헌가4)
   《주의》 제한상영가 등급제도는 검열에 해당하진 않으나, 명확성원칙 및 포괄위임금지원칙에 위배되어 위헌 판결

17 사전심의를 받지 아니한 의료광고를 금지하고 이를 위반한 경우 처벌하는 의료법 제56조 제2항 제9호 등의 의료광고 사전심의제가 헌법이 금지하는 사전검열에 해당하여 표현의 자유를 침해하는지 여부: 적극[위헌] (헌재 2015.12.23, 2015헌바75)

18 교통수단을 이용하여 타인의 광고를 할 수 없도록 하고 있는 옥외광고물등관리법시행령 규정이 표현의 자유를 침해하는지 여부: 소극[기각] (헌재 2002.12.18, 2000헌마764)
   《주의》 국가가 개인의 표현행위를 규제하는 경우 … 엄격한 요건하에서 허용되는 반면, 표현내용과 무관하게 표현의 방법을 규제하는 것은 합리적인 공익상의 이유로 폭넓은 제한이 가능하다.

19 한국의료기기산업협회가 행하는 의료기기 광고 사전심의가 사전검열에 해당하는지 여부: 적극
   한국의료기기산업협회가 행하는 이 사건 의료기기 광고 사전심의는 헌법이 금지하는 사전검열에 해당하고, 이러한 사전심의제도를 구성하는 심판대상조항은 헌법 제21조 제2항의 사전검열금지원칙에 위반된다(헌재 2020.8.28, 2017헌가35 등).

20 사전심의를 받지 않은 건강기능식품의 기능성광고를 금지하고 이를 어길 경우 형사처벌하도록 한 구 '건강기능식품에 관한 법률'(2012.10.22, 법률 제11508호로 개정되고, 2018.3.13, 법률 제15480호로 개정되기 전의 것) 제18조 제1항 제6호 중 '제16조 제1항에 따라 심의를 받지 아니한 광고' 부분 및 구 '건강기능식품에 관한 법률'(2014.5.21, 법률 제12669호로 개정되고, 2018.3.13, 법률 제15480호로 개정되기 전의 것) 제44조 제4호 중 제18조 제1항 제6호 가운데 '제16조 제1항에 따라 심의를 받지 아니한 광고를 한 자'에 관한 부분이 사전검열금지원칙에 위배되는지 여부: 적극 (헌재 2019.5.30, 2019헌가4)

ⓒ 검토: 영화인과 연예인들 자신에 의한 독자적·임의적·권고적 사전심사제는 무방함(권영성)
③ 국가비상사태하에서의 사전통제

> 헌법 제77조 ③ 비상계엄이 선포된 때에는 법률이 정하는 바에 의하여 영장제도, 언론·출판·집회·결사의 자유, 정부나 법원의 권한에 관하여 특별한 조치를 할 수 있다.

(2) 사후제한
① 일반적 법률유보에 의한 제한: 헌법 제37조 제2항에 따라 법률에 의하여 제한
② 긴급명령과 비상계엄에 의한 제한

(3) 표현제한입법의 합헌성 판단기준
① 명확성의 원칙 - 무효(void for vagueness)이론: 표현의 자유를 제한하는 법률이 불명확한 경우에는 그 내용이 막연하기 때문에 무효라는 이론

판례 |

1 공공의 안녕질서 또는 미풍양속을 해하는 내용의 통신을 금하는 전기통신사업법 제53조 제1항이 명확성의 원칙에 위배되는지 여부: 적극[위헌] (헌재 2002.6.27, 99헌마480)

비교판례

학교보건법상 '미풍양속을 해하는 행위 및 시설' 부분은 명확성원칙에 위배되지 않는다고 본 사례(헌재 2008.4.24, 2004헌바92)

2 공익을 해할 목적으로 공연히 허위의 통신을 한 자를 형사처벌하는 전기통신기본법 제47조 제1항이 명확성원칙에 위배되어 위헌인지 여부: 적극[위헌] (헌재 2010.12.28, 2008헌바157)

3 모욕죄를 규정하고 있는 형법 제311조의 '모욕' 부분이 명확성원칙에 위배되는지 여부: 소극

표현의 자유를 규제하는 입법에 있어서 명확성원칙은 특별히 중요한 의미를 지닌다. 현대 민주사회에서 표현의 자유가 국민주권주의 이념의 실현에 불가결한 것인 점에 비추어 볼 때, 불명확한 규범에 의한 표현의 자유의 규제는 헌법상 보호받는 표현에 대한 위축적 효과를 야기하고, 그로 인하여 다양한 의견, 견해, 사상의 표출을 가능케 함으로써 그러한 표현들이 상호 검증을 거치도록 한다는 표현의 자유의 본래의 기능을 상실케 한다. 따라서 표현의 자유를 규제하는 법률은 규제되는 표현의 개념을 세밀하고 명확하게 규정할 것이 헌법적으로 요구된다(헌재 2013.6.27, 2012헌바37).

4 법관의 보충적인 해석을 통해서 그 의미내용을 확인할 수 있다면 명확성의 원칙에 반하는지 여부: 소극 (헌재 2005.12.22, 2004헌바45)

5 공공의 질서 및 선량한 풍속을 문란하게 할 염려가 있는 상표는 등록받을 수 없다고 규정한 구 상표법 제7조 제1항 제4호가 명확성의 원칙에 반하는지 여부: 소극 (헌재 2014.3.27, 2012헌바55)

② 피해최소성의 원칙
③ 명백하고 현존하는 위험의 원칙
　㉠ 헌법재판소도 수용
　㉡ 언론을 규제하기 위해서는 언론이 법률상 금지된 해악을 초래할 명백하고 현존하는 위험을 가지고 있음을 입증하여야 함

04 집회 · 결사의 자유

헌법 제21조 ① 모든 국민은 언론 · 출판의 자유와 집회 · 결사의 자유를 가진다.
　② 언론 · 출판에 대한 허가나 검열과 집회 · 결사에 대한 허가는 인정되지 아니한다.

1. 집회의 자유의 의의 및 성격

(1) 개념

집회 및 시위에 관한 법률
제2조 【정의】 이 법에서 사용하는 용어의 뜻은 다음과 같다.
　1. '옥외집회'란 천장이 없거나 사방이 폐쇄되지 아니한 장소에서 여는 집회를 말한다.

2. '시위'란 여러 사람이 공동의 목적을 가지고 도로·광장·공원 등 일반인이 자유로이 통행할 수 있는 장소를 행진하거나 위력 또는 기세를 보여, 불특정한 여러 사람의 의견에 영향을 주거나 제압을 가하는 행위를 말한다.

⚖ 판례 ㅣ

'집회'의 의미 및 2인이 모인 집회가 위 법의 규제대상이 되는지 여부: 적극 (대판 2012.5.24, 2010도11381)

구분	집회	결사
개념	일시적인 모임	계속적인 조직
계속성요건	×	○
인적요건	3인	2인

(2) 개념적 요소 – 3인 이상의 다수인(다수설), 공동의 목적, 일시적 회합

① **인적요건(다수인)**: 집회의 **주최자는 집회의 필수적 요소가 아니며** 최소한 3인 이상이 모여야 함

  ✎ 1인 릴레이시위는 집회 및 시위에 관한 법률에서의 시위가 아니다.

② **목적요건(공동목적)**: 공적인 사항(정치적 의사교환목적) ➡ 사적인 사항에 관한 것이라도 의사표현을 위한 것이면 인정

③ 일시적 회합

④ **집회의 개념에 집단적 시위가 포함되는지 여부**: ○

⑤ **헌법재판소**: 시위를 '이동하는 집회'로 보고 있다.

  《주의》 신고하지 않은 집회라도 바로 위법은 ×

  《주의》 시위는 반드시 일반인이 자유로이 통행할 수 있는 장소에서 이뤄져야 하는 것은 아니며, 행진 등 장소 이동을 동반해야만 성립하는 것도 아니다.

(3) 법적 성격

① **기본권적 성격**: 초실정권적 권리, 주관적 권리, 민주적 기본권, 공물이용권

② **제도적 보장 여부**: 부정

  ✎ 다수설
    집회의 일시성을 이유로, 집회란 집단적으로 기본권을 행사하는 것일 뿐 제도가 아니다.

2. 집회의 자유의 주체

(1) 자연인, 제한된 범위 내의 법인

(2) 외국인의 주체성을 긍정하되, 국민에 비해 제한이 가중될 수 있음(통설)

3. 집회의 자유의 내용

(1) **적극**: 집회개최·집회진행·집회참가의 자유

(2) **소극**: 집회를 개최하지 아니할 자유, 집회에 참가하지 아니할 자유

집회의 자유는 다른 법익의 보호를 위하여 정당화되지 않는 한, 집회장소를 항의의 대상으로부터 분리시키는 것을 금지한다(헌재 2003.10.30, 2000헌바67 등).

4. 집회의 자유의 효력

(1) 주관적 공권으로 모든 국가기관을 구속

(2) 사인간에도 기본권의 제3자적 효력에 관한 간접적용설이 적용됨(다수설)

5. 집회의 자유의 한계와 제한

(1) 한계

① 집회나 시위는 평화적·비폭력적이어야 함

② **판례:** 헌법은 집회의 자유를 국민의 기본권으로 보장함으로써, 평화적 집회 그 자체는 공공의 안녕질서에 대한 위험이나 침해로서 평가되어서는 아니 되며, 개인이 집회의 자유를 집단적으로 행사함으로써 불가피하게 발생하는 일반대중에 대한 불편함이나 법익에 대한 위험은 보호법익과 조화를 이루는 범위 내에서 국가와 제3자에 의하여 수인되어야 한다는 것을 헌법 스스로 규정하고 있는 것이다(헌재 2003.10.30, 2000헌바67 등).

(2) 제한

① **사전제한:** 집회 또는 시위에 대한 허가제는 인정되지 않음(제21조 제2항)

✎ 그러나 집회 또는 시위가 미치는 사회적 혼란예방 및 공물의 안전관리를 위한 신고제는 사전제한이 아니므로 인정된다.

② **사후제한:** 헌법 제37조 제2항에 따라 법률로써 제한

집회 및 시위에 관한 법률

제3조【집회 및 시위에 대한 방해금지】 ① 누구든지 폭행, 협박 그 밖의 방법으로 평화적인 집회 또는 시위를 방해하거나 질서를 문란하게 하여서는 아니 된다.

② 누구든지 폭행, 협박 그 밖의 방법으로 집회 또는 시위의 주최자나 질서유지인의 이 법의 규정에 따른 임무 수행을 방해하여서는 아니 된다.

③ 집회 또는 시위의 주최자는 평화적인 집회 또는 시위가 방해받을 염려가 있다고 인정되면 관할 경찰관서에 그 사실을 알려 보호를 요청할 수 있다. 이 경우 관할 경찰관서의 장은 정당한 사유 없이 보호요청을 거절하여서는 안 된다.

제4조【특정인 참가의 배제】 집회 또는 시위의 주최자 및 질서유지인은 특정한 사람이나 단체가 집회나 시위에 참가하는 것을 막을 수 있다. 다만, 언론사의 기자는 출입이 보장되어야 하며, 이 경우 기자는 신분증을 제시하고 기자임을 표시한 완장을 착용하여야 한다.

제5조【집회 및 시위의 금지】 ① 누구든지 다음 각 호의 어느 하나에 해당하는 집회나 시위를 주최하여서는 아니 된다.

1. 헌법재판소의 결정에 따라 해산된 정당의 목적을 달성하기 위한 집회 또는 시위
2. 집단적인 폭행·협박·손괴·방화 등으로 공공의 안녕질서에 직접적인 위협을 끼칠 것이 명백한 집회 또는 시위

② 누구든지 제1항에 따라 금지된 집회 또는 시위를 할 것을 선전하거나 선동하여서는 아니 된다.

제6조 【옥외집회 및 시위의 신고 등】 ① 옥외집회나 시위를 주최하려는 자는 그에 관한 다음 각 호의 사항 모두를 적은 **신고서**를 옥외집회나 시위를 시작하기 **720시간 전부터 48시간 전**에 관할 **경찰서장**에게 제출하여야 한다. 다만, 옥외집회 또는 시위 장소가 두 곳 이상의 경찰서의 관할에 속하는 경우에는 관할 시·도경찰청장에게 제출하여야 하고, 두 곳 이상의 시·도경찰청 관할에 속하는 경우에는 주최지를 관할하는 시·도경찰청장에게 제출하여야 한다.

《주의》 신고서를 옥외집회나 시위를 시작하기 720시간 전부터 48시간(24시간 ×) 전에 관할 경찰서장에게 제출하여야 한다.

1. 목적
2. 일시(필요한 시간을 포함한다)
3. 장소
4. 주최자(단체인 경우에는 그 대표자를 포함한다), 연락책임자, 질서유지인에 관한 다음 각 목의 사항
   가. 주소
   나. 성명
   다. 직업
   라. 연락처
5. 참가 예정인 단체와 인원
6. 시위의 경우 그 방법(진로와 약도를 포함한다)

③ 주최자는 제1항에 따라 신고한 옥외집회 또는 시위를 하지 아니하게 된 경우에는 신고서에 적힌 **집회일시 24시간 전**에 그 철회사유 등을 적은 철회신고서를 관할 경찰관서장에게 제출하여야 한다.

제8조 【집회 및 시위의 금지 또는 제한통고】 ① 제6조 제1항에 따른 신고서를 접수한 관할 **경찰관서장**은 신고된 옥외집회 또는 시위가 다음 각 호의 어느 하나에 해당하는 때에는 **신고서를 접수한 때부터 48시간 이내에 집회 또는 시위를 금지할 것을 주최자에게 통고할 수 있다.** 다만, 집회 또는 시위가 집단적인 폭행·협박·손괴·방화 등으로 공공의 안녕질서에 직접적인 위험을 초래한 경우에는 남은 기간의 해당 집회 또는 시위에 대하여 신고서를 접수한 때부터 48시간이 지난 경우에도 금지통고를 할 수 있다.

1. 제5조 제1항, 제10조 본문 또는 제11조에 위반된다고 인정될 때
2. 제7조 제1항에 따른 신고서기재사항을 보완하지 아니한 때
3. 제12조에 따라 금지할 집회 또는 시위라고 인정될 때

② 관할 경찰관서장은 집회 또는 시위의 시간과 장소가 중복되는 2개 이상의 신고가 있는 경우 그 목적으로 보아 서로 **상반되거나 방해가 된다고 인정되면 각 옥외집회 또는 시위간에 시간을 나누거나 장소를 분할하여 개최하도록 권유하는 등 각 옥외집회 또는 시위가 서로 방해되지 아니하고 평화적으로 개최·진행될 수 있도록 노력하여야 한다.**

제9조 【집회 및 시위의 금지통고에 대한 이의신청 등】 ① 집회 또는 시위의 주최자는 제8조에 따른 금지통고를 받은 날부터 **10일 이내**에 해당 경찰관서의 바로 위의 **상급경찰관서의 장**에게 이의를 신청할 수 있다.

② 제1항에 따른 이의신청을 받은 경찰관서의 장은 접수일시를 적은 접수증을 이의신청인에게 즉시 내주고 접수한 때부터 **24시간 이내에 재결**을 하여야 한다. 이 경우 접수한 때부터 24시간 이내에 재결서를 발송하지 아니하면 관할 경찰관서장의 금지통고는 소급하여 그 효력을 잃는다.

③ 이의신청인은 제2항에 따라 금지통고가 위법하거나 부당한 것으로 재결되거나 그 효력을 잃게 된 경우 처음 신고한 대로 집회 또는 시위를 개최할 수 있다. 다만, 금지통고 등으로 시기를 놓친 경우에는 일시를 새로 정하여 집회 또는 시위를 시작하기 24시간 전에 관할 경찰관서장에게 신고함으로써 집회 또는 시위를 개최할 수 있다.

제10조【옥외집회와 시위의 금지 시간】 누구든지 해가 뜨기 전이나 해가 진 후에는 옥외집회 또는 시위를 하여서는 아니 된다. 다만, 집회의 성격상 부득이하여 주최자가 질서유지인을 두고 미리 신고한 경우에는 관할경찰관서장은 질서 유지를 위한 조건을 붙여 해가 뜨기 전이나 해가 진 후에도 옥외집회를 허용할 수 있다.

[헌법불합치, 2008헌가25, 2009.9.24, 집회 및 시위에 관한 법률 제10조 중 '옥외집회' 부분 및 제23조 제1호 중 '제10조 본문의 옥외집회' 부분은 헌법에 합치되지 아니한다. 위 조항들은 2010.6.30.을 시한으로 입법자가 개정할 때까지 계속 적용된다.]

[한정위헌, 2010헌가2, 2014.3.27, 집회 및 시위에 관한 법률 제10조 본문 중 '시위'에 관한 부분 및 제23조 제3호 중 '제10조 본문' 가운데 '시위'에 관한 부분은 각 '해가 진 후부터 같은 날 24시까지의 시위'에 적용하는 한 헌법에 위반된다.]

제11조【옥외집회와 시위의 금지장소】 누구든지 다음 각 호의 어느 하나에 해당하는 청사 또는 저택의 경계 지점으로부터 **100m 이내**의 장소에서는 옥외집회 또는 시위를 하여서는 아니 된다.

1. 국회의사당. 다만, 다음 각 목의 어느 하나에 해당하는 경우로서 국회의 기능이나 안녕을 침해할 우려가 없다고 인정되는 때에는 그러하지 아니하다.

　가. 국회의 활동을 방해할 우려가 없는 경우

　나. 대규모 집회 또는 시위로 확산될 우려가 없는 경우

2. 각급 법원, 헌법재판소. 다만, 다음 각 목의 어느 하나에 해당하는 경우로서 각급 법원, 헌법재판소의 기능이나 안녕을 침해할 우려가 없다고 인정되는 때에는 그러하지 아니하다.

　가. 법관이나 재판관의 직무상 독립이나 구체적 사건의 재판에 영향을 미칠 우려가 없는 경우

　나. 대규모 집회 또는 시위로 확산될 우려가 없는 경우

3. **대통령 관저(官邸), 국회의장 공관**, 대법원장 공관, 헌법재판소장 공관

4. 국무총리 공관. 다만, 다음 각 목의 어느 하나에 해당하는 경우로서 국무총리 공관의 기능이나 안녕을 침해할 우려가 없다고 인정되는 때에는 그러하지 아니하다.

　가. 국무총리를 대상으로 하지 아니하는 경우

　나. 대규모 집회 또는 시위로 확산될 우려가 없는 경우

5. 국내 주재 외국의 외교기관이나 외교사절의 숙소, 다만 다음 각 목의 어느 하나에 해당하는 경우로서 외교기관 또는 외교사절 숙소의 기능이나 안녕을 침해할 우려가 없다고 인정되는 때에는 해당하지 아니한다.

　가. 해당 외교기관 또는 외교사절의 숙소를 대상으로 하지 아니하는 경우

　나. 대규모 집회 또는 시위로 확산될 우려가 없는 경우

　다. 외교기관의 업무가 없는 휴일에 개최하는 경우

[헌법불합치, 2018헌바48 2018헌바48, 2019헌가1(병합), 2022.12.22, 집회 및 시위에 관한 법률 제11조 제3호 중 '대통령 관저(官邸)' 부분 및 제23조 제1호 중 제11조 제3호 가운데 '대통령 관저(官邸)'에 관한 부분은 헌법에 합치되지 아니한다. 위 법률조항은 2024.5.31.을 시한으로 개정될 때까지 계속 적용된다.]

[헌법불합치, 2021헌가1, 2023.3.23, 1. 구 집회 및 시위에 관한 법률 제11조 제2호 중 '국회의장 공관'에 관한 부분 및 제23조 제3호 중 제11조 제2호 가운데 '국회의장 공관'에 관한 부분은 헌법에 합치되지 아니한다. 법원 기타 국가기관 및 지방자치단체는 위 법률조항의 적용을 중지하여야 한다. 2. 집회 및 시위에 관한 법률(2020.6.9. 법률 제17393호로 개정된 것) 제11조 제3호 중 '국회의장 공관'에 관한 부분 및 제23조 제3호 중 제11조 제3호 가운데 '국회의장 공관'에 관한 부분은 헌법에 합치되지 아니한다. 위 법률조항은 2024.5.31.을 시한으로 개정될 때까지 계속 적용된다.]

제12조【교통소통을 위한 제한】 ① 관할 경찰관서장은 대통령령으로 정하는 주요 도시의 주요 도로에서의 집회 또는 시위에 대하여 교통소통을 위하여 필요하다고 인정하면 이를 금지하거나 교통질서유지를 위한 조건을 붙여 제한할 수 있다.

② 집회 또는 시위의 주최자가 질서유지인을 두고 도로를 행진하는 경우에는 제1항에 따른 금지를 할 수 없다. 다만, 해당 도로와 주변 도로의 교통소통에 장애를 발생시켜 심각한 교통불편을 줄 우려가 있으면 제1항에 따른 금지를 할 수 있다.

제15조 【적용의 배제】 학문, 예술, 체육, 종교, 의식, 친목, 오락, 관혼상제 및 국경행사에 관한 집회에는 제6조부터 제12조까지의 규정을 적용하지 아니한다.

제16조 【주최자의 준수사항】 ① 집회 또는 시위의 주최자는 집회 또는 시위에 있어서의 질서를 유지하여야 한다.

② 집회 또는 시위의 주최자는 집회 또는 시위의 질서유지에 관하여 자신을 보좌하도록 **18세 이상**의 사람을 질서유지인으로 임명할 수 있다.

③ 집회 또는 시위의 주최자는 제1항에 따른 질서를 유지할 수 없으면 그 집회 또는 시위의 종결을 선언하여야 한다.

제19조 【경찰관의 출입】 ① 경찰관은 집회 또는 시위의 주최자에게 알리고 그 집회 또는 시위의 장소에 정복을 입고 출입할 수 있다. 다만, 옥내집회장소에 출입하는 것은 직무집행을 위하여 긴급한 경우에만 할 수 있다.

⚖ 판례 ㅣ

1 집회의 금지와 해산이 집회를 '허용'하는 가능성을 모두 소진한 후에 비로소 고려될 수 있는 최종적인 수단인지 여부: 적극 (헌재 2003.10.30, 2000헌바67 등)
   《주의》 '허용'하는 가능성을 모두 소진한 후 ○ / '금지'하는 가능성을 모두 소진한 후 ✕

2 국내 주재 외교기관 청사의 경계지점으로부터 100m 이내의 장소에서의 옥외집회를 전면적으로 금지하고 있는 집회 및 시위에 관한 법률 제11조 제1호 중 국내 주재 외국의 외교기관 부분이 위헌인지 여부: 적극 (헌재 2003.10.30, 2000헌바67 등)

3 외교기관 인근의 옥외집회나 시위를 원칙적으로 금지하고 외교기관의 기능이나 안녕을 침해할 우려가 없다고 인정되는 구체적인 경우에만 예외적으로 옥외집회나 시위를 허용하는 것이 위헌인지 여부: 소극 (헌재 2010.10.28, 2010헌마111)

4 경찰의 집회 참가자에 대한 촬영행위가 개인정보자기결정권 및 집회의 자유 등을 침해하여 위헌인지 여부: 소극[합헌] (헌재 2018.8.30, 2014헌마843)
   ✎ 제한된 기본권
   ① 인격권, ② 개인정보자기결정권, ③ 집회의 자유

5 동시에 접수한 옥외집회신고서를 모두 반려한 행위가 집회의 자유를 침해하는지 여부: 적극 (헌재 2008.5.29, 2007헌마712)

6 옥외집회의 사전신고제도가 위헌인지 여부: 소극 (헌재 2009.5.28, 2007헌바22)

7 사전신고를 하지 아니하고 옥외집회나 시위를 주최한 자에 대하여 행정질서벌인 과태료가 아닌 형벌을 과하도록 규정한 집회 및 시위에 관한 법률규정이 위헌인지 여부: 소극 (헌재 2009.5.28, 2007헌바22)

8 야간옥외집회를 원칙적으로 금지한 집회 및 시위에 관한 법률(이하 '집시법'이라 한다) 제10조 규정이 위헌인지 여부: 적극[헌법불합치] (헌재 2009.9.24, 2008헌가25)

9 야간옥외집회금지규정에 대한 헌법불합치결정이 소급효가 있는지 여부 및 헌법불합치결정 이전에 유죄판결을 받은 사건에 대해서도 재심이 허용되는지 여부: 적극 (대판 2011.6.23, 2008도7562)

10 '야간시위'를 금지한 것이 위헌인지 여부: 적극[한정위헌] (헌재 2014.3.27, 2010헌가2 등)

11 일출시간 전, 일몰시간 후의 옥외집회 또는 시위를 금지하고, 예외적으로 관할 경찰관서장이 옥외집회를 허용할 수 있도록 한 구 집회 및 시위에 관한 법률 제10조가 위헌인지 여부: 적극[한정위헌] (헌재 2014.4.24, 2011헌가29)

12 재판에 영향을 미칠 염려가 있거나 미치게 하기 위한 집회 또는 시위와 헌법의 민주적 기본질서에 위배되는 집회 또는 시위를 금지하고 위반시 처벌하도록 한 구 '집회 및 시위에 관한 법률' 제3조 제1항 제2호 등이 집회의 자유를 침해하는지 여부: 적극[위헌] (헌재 2016.9.29, 2014헌가3)

13 민주적 기본질서에 위배되는 집회·시위 금지 및 처벌조항이 집회의 자유를 침해하는지 여부: 적극 [위헌] (헌재 2016.9.29, 2014헌가3)

14 미신고 시위에 대한 해산명령에 불응하는 자를 처벌하도록 규정한 '집회 및 시위에 관한 법률' 제24조 제5호 등이 집회의 자유를 침해하는지 여부: 소극[합헌] (헌재 2016.9.29, 2014헌바492)

15 신고범위를 뚜렷이 벗어난 집회·시위에 대한 해산명령불응죄를 처벌하는 것이 집회의 자유를 침해하는지 여부: 소극[합헌] (헌재 2016.9.29, 2015헌바309)

16 서울종로경찰서장이 2015.5.1. 22:13경부터 23:20경까지 사이에 최루액을 물에 혼합한 용액을 살수차를 이용하여 청구인들에게 살수한 행위가 신체의 자유 및 집회의 자유를 침해하는지 여부: 적극[인용] 집회의 자유뿐만 아니라 신체의 자유로부터 도출되는 신체를 훼손당하지 아니할 권리에 대한 직접적인 제한을 초래하므로, 그 제한의 본질적 사항에 관한 한 입법자가 법률로 규율하여야 한다. … '경찰관 직무직행법'이나 이 사건 대통령령 등 법령의 구체적 위임 없이 혼합살수방법을 규정하고 있는 이 사건 지침은 법률유보원칙에 위배되고, 이 사건 지침만을 근거로 한 이 사건 혼합살수행위는 청구인들의 신체의 자유와 집회의 자유를 침해한 공권력 행사로 헌법에 위반된다(헌재 2018.5.31, 2015헌마476).

17 각급 법원의 경계지점으로부터 100미터 이내의 장소에서 옥외집회 또는 시위를 할 경우 형사처벌한다고 규정한 '집회 및 시위에 관한 법률' 제11조 제1호 중 '각급 법원'부분 등이 집회의 자유를 침해하는지 여부: 적극[헌법불합치] (헌재 2018.7.26, 2018헌바137)

18 누구든지 국무총리 공관의 경계지점으로부터 100미터 이내의 장소에서 행진을 제외한 옥외집회·시위를 할 경우 형사처벌하도록 규정한 '집회 및 시위에 관한 법률' 제11조 제3호 및 제23조 중 제11조 제3호에 관한 부분 등이 집회의 자유를 침해하는지 여부: 적극[헌법불합치] (헌재 2018.6.28, 2015헌가28)

19 국회의사당 경계지점으로부터 100미터 이내의 장소에서 옥외집회 또는 시위를 전면금지하는 것이 집회의 자유를 침해하는지 여부: 적극[헌법불합치] (헌재 2018.5.31, 2013헌바322)

20 법원을 대상으로 한 집회라도 사법행정과 관련된 의사표시 전달을 목적으로 한 집회 등 법관의 독립이나 구체적 사건의 재판에 영향을 미칠 우려가 없는 집회도 있다(헌재 2018.7.26, 2018헌바137).

21 경찰의 집회참가자에 대한 촬영행위가 개인정보자기결정권 및 집회의 자유 등을 침해하여 위헌인지 여부: 소극[합헌] (헌재 2018.8.30, 2014헌마843)

    [1] 이 사건 채증규칙이 직접 기본권을 침해하는지 여부: 소극

    [2] 이 사건 촬영행위가 청구인들의 기본권을 침해하는지 여부: 소극

22 금지통고를 받은 집회를 주최한 것에 대하여 형사처벌하는 것이 집회의 자유를 침해하는지 여부: 소극 (헌재 2009.5.28, 2007헌바22)

23 집회 및 시위에 관한 법률상 먼저 신고된 집회가 있더라도 뒤에 신고된 집회에 대하여 집회 자체를 금지하는 통고를 할 수 없는 경우 및 이러한 금지통고에 위반한 집회개최행위를 같은 법 위반으로 처벌할 수 있는지 여부: 소극 (대판 2014.12.11, 2011도13299)

24 대한민국을 방문하는 외국의 국가 원수를 경호하기 위하여 지정된 경호구역 안에서 서울종로경찰서장이 안전 활동의 일환으로 청구인들의 삼보일배행진을 제지한 행위 등이 과잉금지원칙을 위반하여 청구인들의 집회의 자유 등을 침해하는지 여부: 소극 (헌재 2021.10.28, 2019헌마1091)

6. 결사의 자유의 의의 및 성격

(1) 결사의 의의

다수인이 자발적 의사에 따라 공동목적을 위하여 계속적인 단체를 결성하는 것

(2) 법적 성격

① **복합적 성격의 기본권**: 개인 또는 집단의 자유권적 기본권임과 동시에 정치적 기본권
② **제도적 보장**: 견해 대립

7. 결사의 자유의 주체

(1) 외국인

국민에 비하여 보다 많은 제한을 받음

(2) 법인 등 결사체

① 다만, 공법상 단체는 결사의 자유의 주체가 될 수 없음
② 헌법재판소는 공법상의 결사에 가입하지 아니할 자유의 근거를 결사의 자유가 아니라 일반적 행동 자유권에서 찾고 있음

8. 결사의 자유의 내용

(1) 적극적 내용

단체결성의 자유, 단체존속의 자유, 단체활동의 자유, 결사에의 가입·잔류의 자유

(2) 소극적 내용

기존의 단체로부터 탈퇴할 자유, 결사에 가입하지 아니할 자유

9. 결사의 자유의 효력

공권력을 구속하며, 사인에 대해서는 간접적으로 적용됨

10. 결사의 자유의 한계와 제한

(1) 한계

국가의 존립과 안전에 위해를 가하여서는 안 되며, 자유민주적 기본질서 등 헌법질서를 위반하여서도 안 됨

(2) 제한

헌법 제37조 제2항에 따라 법률로써 제한 가능

⚖ 판례 Ⅰ

1 농지개량조합이 결사의 자유의 주체가 될 수 있는지 여부: 소극 (헌재 2000.11.30, 99헌마190)

2 약사 또는 한약사 개인에게만 약국개설을 허용하고, 법인에는 약국개설을 허용하지 않는 것이 결사의 자유를 침해하는지 여부: 적극[헌법불합치] (헌재 2002.9.19, 2000헌바84)
   《주의》 평등원칙에도 위배되는 판례이다.

3 지역농협 이사 선거의 경우 전화(문자메시지를 포함한다)·컴퓨터통신(전자우편을 포함한다)을 이용한 지지 호소의 선거운동방법을 금지하고, 이를 위반한 자를 처벌하는 구 농업협동조합법 제50조 제4항 및 농업협동조합법 제50조 제4항이 결사의 자유, 표현의 자유를 침해하는지 여부: 적극[위헌] (헌재 2016.11.24, 2015헌바62)

4 총사원 4분의 3 이상의 동의가 있으면 사단법인을 해산할 수 있도록 규정한 민법 제78조가 결사의 자유를 침해하는지 여부: 소극[합헌] (헌재 2017.5.25, 2015헌바260)

5 직선제 조합장선거의 경우 후보자가 아닌 사람의 선거운동을 전면 금지하고, 이를 위반하면 형사처벌하는 것이 결사의 자유를 침해하는지 여부: 소극[합헌] (헌재 2017.6.29, 2016헌가1)

6 국민건강보험에 강제가입하도록 하는 것이 결사의 자유의 제한인지 여부: 소극 (헌재 2003.10.30, 2000헌마801)

7 직선제 조합장선거의 경우, 선거운동기간을 후보자등록마감일의 다음 날부터 선거일 전일까지로 한정하면서 예비 후보자 제도를 두지 아니한 것 및 법정된 선거운동방법만을 허용하면서 합동연설회 또는 공개토론회의 개최나 언론기관 및 단체가 주최하는 대담·토론회를 허용하지 아니하는 것이 결사의 자유를 침해하는지 여부: 소극[합헌] (헌재 2017.7.27, 2016헌바372)

8 공동주택의 동별 대표자의 중임을 한 번으로 제한하고 있는 구 주택법 시행령 제50조 제8항 후단이 결사의 자유를 침해하는지 여부: 소극[기각] (헌재 2017.12.28, 2016헌마311)

9 변리사의 변리사회 가입의무를 규정한 변리사법 제11조 중 제5조 제1항에 따라 등록한 변리사 부분이 소극적 결사의 자유 등을 침해하는지 여부: 소극[기각] (헌재 2017.12.28, 2015헌마1000)

10 시각장애인 안마사들이 전국적인 중앙회(대한안마사협회)에 의무적으로 가입하도록 한 의료법 제61조 제3항 등이 결사의 자유를 침해하는지 여부: 소극 (헌재 2008.1.30, 2006헌가15)

11 지역의료보험조합과 직장의료보험조합을 해산하여 국민건강보험공단으로 통합하는 경우, 조합의 해산으로 인하여 조합원들의 결사의 자유가 침해되는지 여부: 소극 (헌재 2000.6.29, 99헌마289)

12 변리사회 가입강제를 규정하고 있는 변리사법 제11조 중 '변리사' 부분이 결사의 자유를 침해하는지 여부: 소극 (헌재 2008.7.31, 2006헌마666)

13 같은 구역 내에서 2개 이상의 축협설립을 금지하는 축산업협동조합법 제99조 제2항이 결사의 자유를 침해하는지 여부: 적극[위헌] (헌재 1996.4.25, 92헌바47)

14 기존의 축협중앙회를 해산하여 신설되는 농협중앙회에 통합하도록 하는 것이 축협중앙회의 결사의 자유를 침해하는지 여부: 소극[기각] (헌재 2000.6.1, 99헌마553)
   《주의》 축협중앙회의 기본권주체성을 인정하나 축협중앙회를 해산하여 신설되는 농협중앙회에 통합하는 것은 합헌이라고 보았다.
   《주의》 농지개량조합과 비교: 농지개량조합은 애초에 결사의 자유의 주체가 될 수 없고 축협중앙회는 결사의 자유의 주체가 될 수 있다. 단지, 결사의 자유의 주체성이 인정되는 것이 곧바로 무제한적으로 결사의 자유가 인정될 수 있는 것은 아니고, 일반적 법률유보에 따라 제한될 수 있으며, 이 사안은 합리적인 입법재량하에서 축협중앙회의 결사의 자유가 제한된 사안이다. [합헌]

15 국가공무원법 제65조 제1항 중 '국가공무원법 제2조 제2항 제2호의 교육공무원 가운데 초·중등교육법 제19조 제1항의 교원은 그 밖의 정치단체의 결성에 관여하거나 이에 가입할 수 없다.' 부분은 명확성원칙에 위배되어 나머지 청구인들의 정치적 표현의 자유, 결사의 자유를 침해하는지 여부: 적극 (헌재 2020.4.23, 2018헌마551)

16 운송사업자로 구성된 협회로 하여금 연합회에 강제로 가입하게 하고 임의로 탈퇴할 수 없도록 하는 화물자동차 운수사업법의 해당 조항 중 '운송사업자로 구성된 협회'에 관한 부분이 결사의 자유를 침해하는지 여부: 소극 (헌재 2022.2.24, 2018헌가8)

05 학문과 예술의 자유

> 헌법 제22조 ① 모든 국민은 학문과 예술의 자유를 가진다.
> ② 저작자·발명가·과학기술자와 예술가의 권리는 법률로써 보호한다.

1. 학문의 자유

(1) 개념

학문적 활동에 대하여 공권력의 간섭이나 방해를 받지 아니할 자유

(2) 법적 성격

개인의 소극적 방어권과 제도적 보장으로서의 성격

(3) 주체

대학교수나 연구소의 연구원, 모든 국민과 외국인. 또한 대학이나 그 밖의 연구단체

(4) 내용

① 학문연구의 자유
② 학문연구발표의 자유: 최소한의 범위 내에서 국가에 의한 제한을 받음
③ 강학(교수)의 자유
　㉠ 대학이나 고등교육기관의 교육자가 자유로이 강의하는 자유
　　《주의》 중·고등학교에서는 강학(교수)의 자유가 인정되지 않는다.
　㉡ 수업권의 헌법적 근거에 대해서는 "단순히 기존의 지식을 전달하거나 인격을 형성하는 것을 목적으로 하는 '교육'은 학문의 자유의 보호영역이 아니라 교육에 관한 기본권(헌법 제31조)의 보호영역에 속한다(헌재 2003.9.25, 2001헌마814 등)."라고 판시
④ 학문적 집회·결사의 자유: 일반적 집회·결사의 자유보다 더 많은 보장을 받음

> ⚖ 판례 |
>
> 1 국정교과서제도가 학문의 자유를 침해하는지 여부: 소극 (헌재 1992.11.12, 89헌마88)
>
> 2 법학전문대학원의 인가주의 및 총 입학정원 자체를 제한하는 것이 법학전문대학원을 설치하고자 하는 대학의 자율성을 침해하는지 여부: 소극 (헌재 2009.2.26, 2008헌마370 등)

3 사립학교교원이 선거범죄로 1백만원 이상의 벌금형을 선고받아 그 형이 확정되면 당연퇴직되도록 한 것이 대학의 자율 및 교수의 자유를 침해하는지 여부: 소극 (헌재 2008.4.24, 2005헌마857)

4 사립학교법인이 의무를 부담하기 위해서는 관할청의 허가를 받아야 한다는 사립학교법 제28조 제1항의 규정이 사립학교법인의 학문·예술의 자유 및 교육을 받을 권리를 침해하는지 여부: 소극 (헌재 2001.1. 18, 99헌바63)

5 사립학교교원이 파산선고를 받으면 당연퇴직되도록 정하고 있는 사립학교법 제57조가 대학의 자율성을 침해하는지 여부: 소극 (헌재 2008.11.27, 205헌가21)

6 이사회와 재경위원회에 일정 비율 이상의 외부인사를 포함하는 내용 등을 담고 있는 구 국립대학법인 서울대학교 설립 운영에 관한 법률 규정의 이른바 '외부인사 참여 조항'이 대학의 자율의 본질적인 부분을 침해하였는지 여부: 소극[합헌] (헌재 2014.4.24, 2011헌마612)

7 대학의 재정, 시설 및 인사 등의 영역에서는 학교법인이 기본적인 윤곽을 결정하게 되므로, 대학구성원에게는 이러한 영역에 대한 참여권이 인정되는지 여부: 소극 (헌재 2013.11.28, 2007헌마1190)

8 국립대학인 청구인이 대학의 자율권의 주체로서 헌법소원심판의 청구인능력이 인정되는지 여부: 소극 (헌재 2015.12.23, 2014헌마1149)

2. 예술의 자유

(1) 법적 성격

개인의 주관적 공권인 동시에 객관적 가치질서로서의 성격

(2) 주체

① 모든 인간
② 극장·미술관·예술학교 등 예술단체나 법인이 예술의 자유의 주체가 되는지에 관하여는 견해가 대립

> **⚖ 판례 |**
> 음반제작자도 예술의 자유의 주체가 될 수 있는지 여부: 적극 (헌재 1993.5.13, 91헌바17)

(3) 내용

① **예술창작의 자유**: 예술이 목적이 아닌 수단이나 도구로 행해지는 상업광고물, 단순한 기능적인 요리·수공업은 예술의 자유의 보호대상에서 제외(허영)
② **예술표현의 자유**: 예술적 비판은 예술의 자유라기보다는 일반적인 표현의 자유에 속함
③ **예술적 집회·결사의 자유**: 일반적 집회·결사의 자유보다 더 많은 보장을 받음

(4) 효력

① 원칙적으로 국가에 대한 소극적 방어권
② 그러나 오늘날에는 예술진흥을 위한 국가의 지원까지 요구하는 적극적 의미도 가짐

(5) 제한과 한계

예술의 자유의 제한과 그 한계는 학문의 자유에 준함

학교정화구역 내의 극장시설 및 영업을 금지하고 있는 이 사건 법률조항이 정화구역 내에서 극장업을 하고자 하는 자의 표현의 자유 내지 예술의 자유를 침해하는지 여부: 적극 (헌재 2004.5.27, 2003헌가1·2004헌가4)

✎ 극장시설의 영업금지
- 대학 주변에서 금지하는 것 ➡ 위헌
- 초·중·고 주변에서 금지하는 것 ➡ 헌법불합치

3. 지식재산권의 보호

헌법 제22조 ② 저작자·발명가·과학기술자와 예술가의 권리는 법률로써 보호한다.

① 산업재산권(특허·상표), ② 저작권, ③ 지식재산권(mp3 복제문제, 해킹 등)으로 분류

판례 |

1 숙취해소용 천연차를 개발하여 특허권을 획득한 자로 하여금 '음주 전후, 숙취해소'라는 표시광고를 하지 못하도록 하는 것이 특허권을 침해하는지 여부: 적극 (헌재 2000.3.30, 99헌마143)
  ✎ 특허권은 재산권의 일종이기도 하다.

2 의약품 아닌 것의 의학적 효능에 관한 광고를 금지하는 약사법 제55조 제1항이 특허권을 침해하는지 여부: 소극 (헌재 2004.11.25, 2003헌바104)

3 다른 사람들 상호간에 컴퓨터 등을 이용하여 저작물 등을 전송하도록 하는 것을 주된 목적으로 하는 특수한 유형의 온라인서비스제공자로 하여금 권리자의 요청이 있는 경우 당해 저작물 등의 불법적인 전송을 차단하는 기술적인 조치 등 필요한 조치를 하도록 한 저작권법이 직업수행의 자유를 침해하는지 여부: 소극 (헌재 2011.2.24, 2009헌바13)

제4장 경제적 기본권

제1절 재산권

> **헌법 제23조** ① 모든 국민의 **재산권**은 보장된다. 그 내용과 한계는 **법률**로 정한다.
> ② 재산권의 행사는 **공공복리**에 적합하도록 하여야 한다.
> ③ **공공필요**에 의한 재산권의 수용·사용 또는 제한 및 그에 대한 보상은 **법률로써 하되 정당한 보상**을 지급하여야 한다.
> 《주의 정당한 보상 ○ / 상당한 보상 ×

헌법이 보장하고 있는 재산권 ➡ 경제적 가치가 있는 모든 공법상·사법상의 권리

01 법적 성격

대국가적 방어권으로서 개개인의 재산상 **권리**를 보장하고 개개인이 재산을 사유할 수 있는 사유재산**제도**를 보장하는 것(다수설, 헌법재판소)

02 주체

1. 모든 국민과 법인

2. 외국인의 재산권은 국제법과 국제조약이 정하는 바에 따라 보장의 범위가 결정(통설)

> **⚖판례 | 지방자치단체가 재산권 등의 주체가 될 수 있는지 여부: 소극**
>
> 지방자치단체인 서울특별시 서초구는 헌법 제23조가 보장하고 있는 재산권의 주체가 될 수 없으므로, 청구인의 재산권 침해 주장은 이유 없다(헌재 2009.5.28, 2007헌바80).

03 객체

1. 일반재산권

(1) 민법상의 소유권, 재산적 가치가 있는 사법상의 물권·채권 등

(2) 그러나 **단순한 경제적 기회, 기대이익, 반사적 이익, 우연히 발생한 법적 지위** 등은 재산권에 포함되지 않음(다수설)

⚖ 판례 l

1 공법상 권리가 재산권으로 보호받기 위한 요건
첫째, 공법상의 권리가 권리주체에게 귀속되어 개인의 이익을 위하여 이용가능해야 하며(사적 유용성) 둘째, 국가의 일방적인 급부에 의한 것이 아니라 권리주체의 노동이나 투자, 특별한 희생에 의하여 획득되어 자신이 행한 급부의 등가물에 해당하는 것이어야 하며(수급자의 상당한 자기기여) 셋째, 수급자의 생존의 확보에 기여해야 한다(헌재 2000.6.29, 99헌마289).

2 환매권행사의 기간을 '10년'으로 한 것이 재산권 침해인지 여부: 적극[판례변경] (헌재 2020.11.26, 2019헌바131)

3 국가의 간섭을 받지 아니하고 자유로이 기부행위를 할 수 있는 기회의 보장이 헌법상 보장된 재산권의 보호범위에 속하는지 여부: 소극 (헌재 1998.5.28, 96헌가5)
≪주의≫ 단지 일반적 행동자유권의 보호범위에 속할 뿐이다.

4 퇴역연금수급권이 헌법상 보장되는 재산권에 포함되는지 여부: 적극 (헌재 1994.6.30, 92헌가9)

5 약사의 한약조제권이 재산권인지 여부: 소극[합헌] (헌재 1997.11.27, 97헌바10)

6 강제집행권이 헌법 제23조 제3항 소정의 재산권에 포함되는지 여부: 소극[각하] (헌재 1998.5.28, 96헌마44)

7 '사립학교교직원 연금법'상 퇴직급여 몇 퇴직수당을 받을 권리가 헌법 제23조에 의하여 보장되는 재산권인지 여부: 적극 (헌재 2013.9.26, 2013헌바170)

8 태평양전쟁 전후 국외 강제동원희생자 등 지원에 관한 법률에 규정된 위로금이 재산권인지 여부: 소극[합헌] (헌재 2015.12.23, 2011헌바139)

9 임대차 목적물인 상가건물이 유통산업발전법 제2조에 따른 대규모점포의 일부인 경우 임차인의 권리금 회수기회 보호 등에 관한 '상가건물 임대차보호법'(2015.5.13. 법률 제13284호로 개정되고 2018.10.16. 법률 제15791호로 개정되기 전의 것) 제10조의4를 적용하지 않도록 하는 구 '상가건물 임대차보호법' 제10조의5 제1호 중 대규모점포에 관한 부분(이하 '심판대상조항'이라 한다)이 대규모점포 상가임차인들의 재산권 등을 침해하는지 여부: 소극 [헌재 2020.7.16, 2018헌바242 · 508(병합)]

10 장기미집행 도시계획시설결정의 실효제도가 헌법상 재산권으로부터 당연히 도출되는 권리를 확인한 것인지 여부: 소극 (헌재 2005.9.29, 2002헌바84 등)

11 사망일시금은 헌법상 재산권에 해당하는지 여부: 소극 (헌재 2019.2.28, 2017헌마432)

12 '사업인정고시가 있은 후에 3년 이상 토지가 공익 용도로 사용된 경우' 토지소유자에게 매수 혹은 수용청구권을 인정한 공익 사업을 위한 토지 등의 취득 및 보상에 관한 법률의 조항을 통하여 인정되는 '수용청구권'이 헌법상 재산권에 포함되는지 여부: 적극 (헌재 2005.7.21, 2004헌바57)

13 잠수기어업허가를 받아 키조개 등을 채취하는 직업에 종사하는 청구인 주장의 재산권이 헌법 제23조에서 규정하는 재산권의 보호범위에 포함되는지 여부: 소극 (헌재 2008.6.26, 2005헌마173)

☑ **SUMMARY | 헌법상 재산권에 포함되는지 여부**

구분	내용
헌법상 재산권에 포함되는 것	• 군인연금법상의 연금수급권(헌재 1994.6.30, 92헌가9) • 공무원연금법상의 연금수급권(헌재 1995.7.21, 94헌바27) • 국가유공자의 보상수급권(헌재 1995.7.21, 93헌가14) • 환매권(헌재 1995.10.26, 95헌바22) • 근로기준법상 임금 및 퇴직금청구권(헌재 1998.6.25, 96헌바27) • 토지소유자가 정당한 지목을 등록함으로써 누리게 될 이익(헌재 1999.6.24, 97헌마315) • 관행어업권(헌재 1999.7.22, 97헌바76) • 의료보험수급권(헌재 2000.6.29, 99헌마289) • 특허권(헌재 2000.3.30, 99헌마143) • 건설업자의 영업권(헌재 2001.3.21, 2000헌바27) • 정리회사의 주식(헌재 2003.12.18, 2001헌바91 등) • 실용신안권(헌재 2002.4.25, 2001헌마200) • 상속권(헌재 1998.8.27, 96헌가22) • 개인택시면허(헌재 2012.3.29, 2010헌마443) • 우편물의 지연배달에 따른 손해배상청구권(헌재 2013.6.27, 2012헌마426)
헌법상 재산권에 포함되지 않는 것	• 약사의 한약조제권(헌재 1997.11.27, 97헌바10) • 강제집행권(헌재 1998.5.28, 96헌마44) • 자신의 토지를 장래에 건축이나 개발목적으로 사용할 수 있으리라는 기대가능성이나 신뢰 및 이에 따른 지가상승의 기회(헌재 1998.12.24, 89헌마214) • 관재담당공무원이 그 처리하는 국유재산을 양수하거나 자기의 소유재산과 교환하지 못하게 하는 것(헌재 1999.4.29, 96헌바55) • 의료보험조합의 적립금(헌재 2000.6.29, 99헌마289) • 사회부조(社會扶助)(헌재 2000.6.29, 99헌마289) • 의료급여수급권(헌재 2009.9.24, 2007헌마1092) 《주의》 의료'보험'수급권과 구별 필수 • 신고제에서 허가제로의 전환에 따른 폐기물재생처리업자의 영업권(헌재 2000.7.20, 99헌마452) • 농지개량조합의 재산(헌재 2000.11.30, 99헌마190) • 국립공원의 입장료 수입(헌재 2001.6.28, 2000헌바44) • 시혜적 입법에 의해 얻을 수 있는 재산상 이익(헌재 2002.12.18, 2001헌바55) • 소멸시효의 기대이익(헌재 2004.3.25, 2003헌바22) • 이윤추구의 기회(헌재 2004.12.16, 2002헌마579) • 상공회의소의 의결권 또는 회원권(헌재 2006.5.25, 2004헌가1) • 특정 장소에서의 영업권(헌재 2003.10.30, 2001헌마700) • 교원의 정년단축으로 입는 경제적 불이익(헌재 2000.12.14, 99헌마112 등) • 기업활동의 사실적·법적 여건(헌재 2005.2.3, 2003헌마544 등) • 환매권소멸 후의 우선매수권(헌재 1998.12.24, 97헌마87 등) • 장기미집행 토지의 실효제도(헌재 2005.9.29, 2002헌바84) • 국민연금법상 사망일시금(헌재 2019.2.28, 2017헌마432) • 문화재에 대한 선의취득의 배제(헌재 2009.7.30, 2007헌마870) • 강제집행권(헌재 1998.5.28, 96헌마44)

2. 지식재산권

학문 및 예술의 자유와는 별도로 규정(제22조 제2항)

3. 토지재산권

그 밖의 재산권에 비하여 가중된 사회적 규제를 받음

(1) 가중적 규제의 근거

① 토지는 비대체적이며 유한한 재화라는 점
② 헌법에서 사회국가의 원리와 사회적 시장경제질서를 채택한 점

(2) 가중적 규제의 유형

① 토지재산권의 소유제한

> **⚖️ 판례 | 택지소유상한에 관한 법률 제2조 제1호 나목 등 위헌소원 [위헌]**
>
> [1] 특별시·광역시에 있어서 택지의 소유상한을 200평으로 정한 것이 과잉금지원칙에 어긋나는지 여부: 적극
>
> [2] 택지소유상한에 관한 법률 시행 이전부터 택지를 소유하고 있는 사람에게도 일률적으로 택지소유상한제를 적용하는 것이 신뢰이익을 해하는지 여부: 적극
>
> [3] 헌법재판소법 제45조 단서에 따라 법률 전체에 대하여 위헌결정을 한 사례(헌재 1999.4.29, 94헌바37 등)

② 토지재산권의 권능제한

> **⚖️ 판례 |**
>
> 1 토지거래허가제가 위헌인지 여부: 소극 (헌재 1989.12.22, 88헌가13)
>
> 2 도시계획법 제21조에 대한 위헌소원 [헌법불합치]
> [1] 토지를 종전의 용도대로 사용할 수 있는 경우에 개발제한구역 지정으로 인한 지가의 하락이 토지재산권에 내재하는 사회적 제약의 범주에 속하는지 여부: 적극
>
> [2] 도시계획법 제21조의 위헌 여부: 적극
> 도시계획법 제21조에 의한 재산권의 제한은 개발제한구역으로 지정된 토지를 원칙적으로 지정 당시의 지목과 토지현황에 의한 이용방법에 따라 사용할 수 있는 한, 재산권에 내재하는 사회적 제약을 비례의 원칙에 합치하게 합헌적으로 구체화한 것이라고 할 것이나, 종래의 지목과 토지현황에 의한 이용방법에 따른 토지의 사용도 할 수 없거나 실질적으로 사용·수익을 전혀 할 수 없는 예외적인 경우에도 아무런 보상없이 이를 감수하도록 하고 있는 한, 비례의 원칙에 위반되어 당해 토지소유자의 재산권을 과도하게 침해하는 것으로서 헌법에 위반된다(헌재 1989.12.22, 88헌가13).

③ 동물에 대한 재산권 행사제한

> **⚖️ 판례 |**
>
> 일반적인 물건에 대한 재산권 행사에 비하여 동물에 대한 재산권 행사는 사회적 연관성과 사회적 기능이 매우 크다 할 것이므로 이를 제한하는 경우 입법재량의 범위를 폭넓게 인정함이 타당하다. 그러므로 이 사건 법률조항이 과잉금지원칙을 위반하여 재산권을 침해하는지 여부를 살펴보되 심사기준을 완화하여 적용함이 상당하다(헌재 2013.10.24, 2012헌바431).

04 내용

1. 사유재산제의 보장

(1) 생산수단의 사유

사유재산제의 본질적 내용

(2) 제한의 한계

① 모든 생산수단 또는 모든 사영기업을 국·공유화하는 것은 인정되지 않음

② 상속제도는 사유재산제도의 본질적 내용에 해당하므로 이를 근본적으로 부인하는 것은 위헌

2. 사유재산권의 보장

(1) 기본내용

소유권과 상속권뿐 아니라 사용·수익·처분권까지도 보장

(2) 자의적인 과세권행사의 금지

(3) 소급입법에 의한 재산권박탈의 금지 – 소급입법의 허용 여부

> 헌법 제13조 ② 모든 국민은 소급입법에 의하여 … 재산권을 박탈당하지 아니한다.

① 진정소급입법의 경우

　㉠ 원칙: 개인의 신뢰보호와 법적 안정성을 내용으로 하는 법치국가원리에 의하여 헌법적으로 **허용되지 아니함**

　㉡ 예외적 허용

　　ⓐ 국민이 소급입법을 예상할 수 있는 경우

　　ⓑ 법적 상태가 불확실하여 보호할 만한 신뢰의 이익이 적은 경우

　　ⓒ 소급입법에 의한 당사자의 손실이 없거나 아주 경미한 경우

　　ⓓ 신뢰보호의 요청에 우선하는 심히 중대한 공익상의 사유

② 부진정소급입법의 경우

　㉠ 원칙적으로 허용

　㉡ 소급효를 요구하는 공익상의 사유와 신뢰보호의 요청 사이의 교량과정에서 신뢰보호의 관점이 입법자의 형성권에 제한을 가하게 된다(헌재 1995.10.26, 94헌바12).

⚖️판례 Ⅰ

1 진정소급입법에 의한 재산권박탈이 예외적으로 허용될 수 있는지 여부: 적극 (헌재 2011.3.31, 2008헌바141 등)

2 개발이 진행 중인 사업에 개발부담금을 부과하는 것이 소급입법금지의 원칙에 위반되는지 여부: 소극 (헌재 2001.2.22, 98헌바19)

---

05 한계

헌법 제23조 제1항 제2문에 따라 재산권의 내용(사용권·수익권·처분권)과 한계(재산권의 대상이 되는 사유재산의 범위)는 법률로 정함

06 제한

1. 제한목적
국가안전보장 · 질서유지, 공공복리(제37조 제2항) 또는 공공필요(제23조 제3항)

2. 제한형식

(1) 법률
헌법 제23조 제3항은 수용 · 사용 · 제한 등 재산권제한의 유형과 그 보상의 기준 및 방법 등을 법률로써 규정
① **결부조항(불가분조항)의 의의:** 헌법이 입법위임을 하면서 법률에 일정한 요건이나 내용의 충족을 규정할 것을 요구하는 조항
② **헌법 제23조 제3항 – 결부조항인지 여부**
  ㉠ **학설**
    ⓐ **긍정설(다수설):** 보상규정이 없는 재산권 제한법률은 위헌
    ⓑ **부정설:** 수용적 보상규정이 없는 경우에도 공용수용법률은 합헌이 되고 단지 입법부에는 보상입법을 하여야 할 의무가 부과됨
  ㉡ **헌법재판소:** "우리 헌법은 제헌 이래 현재까지 재산의 수용 · 사용 또는 제한에 대한 보상금을 지급하도록 규정하면서 이를 법률이 정하도록 위임함으로써 국가에 명시적으로 수용 등의 경우 그 보상에 관한 입법의무를 부과하여 왔는바, … "(헌재 1994.12.29, 89헌마2)

(2) 법률 이외의 형식
① 긴급명령 · 긴급재정경제처분 · 긴급재정경제명령 등에 의한 제한
② **법률의 위임이 있는 일반 명령형식에 의한 제한 여부: 부정설**이 있으나, 위임입법의 한계를 일탈하지 않는 범위에서 법규명령에 의한 재산권제한도 가능**(통설)**
③ **조례에 의한 제한 여부**
  ㉠ 부정설(다수설)
  ㉡ 헌법재판소는 법률에 위임이 있는 경우에는 조례로도 재산권을 제한할 수 있다고 판시(헌재 1995.4.20, 92헌마264 · 92헌마279)

3. 제한유형

(1) 일반적인 형태로 헌법 제23조 제3항에 규정된 수용 · 사용 · 제한과 특수한 형태로 헌법 제122조 및 제126조로 나눌 수 있음

(2) 헌법 제23조 제3항의 '수용' · '사용' · '제한'
① 공용수용 · 공용사용 · 공용제한을 뜻함
② 공공필요를 위하여 국가 등이 개인의 특정 재산권을 법률에 의하여 강제적으로 취득, 사용하는 것과 개인의 특정 재산권에 대하여 공법상 제한하는 것을 의미

4. 제한조건으로서의 보상
헌법 제23조 제3항은 "공공필요에 의한 재산권의 수용 · 사용 또는 제한 및 그에 대한 보상은 법률로써 하되, 정당한 보상을 지급하여야 한다."라고 규정

(1) '정당한 보상'의 의의

① 원칙적으로 피수용재산의 객관적인 재산가치를 완전하게 보상하여야 한다는 완전보상을 뜻함

② 객관적 가치란 그 물건의 합리적인 매매가능가격, 즉 시가에 의하여 산정됨

(2) '정당한 보상' 원칙의 예외

토지의 경우, 그 특성상 인근 유사토지의 거래가격을 기준으로 하여 토지수용으로 인한 손실보상액의 산정을 '공시지가'를 기준으로 한 것이 헌법상의 정당보상의 원칙에 위배되는 것이 아니다(헌재 2002.12.18, 2002헌가4).

5. 제한의 한계

(1) 헌법 제37조 제2항(자유·권리 제한규정)에 따라 제한 가능

(2) 헌법 제23조 제2항

"재산권의 행사는 공공복리에 적합하도록 하여야 한다."

⚖️ 판례 |

1 민간기업이 헌법 제23조 제3항의 재산권수용의 주체가 될 수 있는지 여부: 적극 (헌재 2009.9.24, 2007헌바114)

2 지방자치단체에 대한 금전채권의 소멸시효를 5년의 단기로 정하고 있는 지방재정법 제69조 제2항이 사법상의 원인에 기한 채권에 대해서도 민법이 정한 기간보다 그 시효기간을 단축하고 있는 것이 재산권을 침해하는지 여부: 소극 (헌재 2004.4.29, 2002헌바58)

3 성매매알선 등 행위의 처벌에 관한 법률 제2조 제1항 제2호 다목 중 '성매매에 제공되는 사실을 알면서 건물을 제공하는 행위' 부분이 집창촌에서 건물을 소유하거나 그 관리권한을 가지고 있는 자의 재산권을 침해하는지 여부: 소극 (헌재 2006.6.29, 2005헌마1167)

4 상호신용금고의 예금채권자에게 예탁금의 한도 안에서 상호신용금고의 총재산에 대하여 다른 채권자에 우선하여 변제받을 권리를 부여하고 있는 구 상호신용금고법 제37조의2가 다른 일반 채권자를 합리적 이유 없이 차별하고 그들의 재산권을 침해하는지 여부: 적극 (헌재 2006.11.30, 2003헌가14·15)

5 건축허가를 받은 자가 그 허가를 받은 날로부터 1년 이내에 공사에 착수하지 아니한 경우 건축허가를 필수적으로 취소하도록 규정한 건축법 제11조 제7항 제1호가 건축주의 토지재산권 등을 침해하는지 여부: 소극 (헌재 2010.2.25, 2009헌바70)

6 건축연면적 200m²를 초과하는 건축행위에 대하여 기반시설부담금을 부과하는 기반시설부담금에 관한 법률 제6조 제1항 등이 재산권 및 평등권을 침해하여 위헌인지 여부: 소극 (헌재 2010.2.25, 2007헌바131·2009헌가1)

7 타인에게 임대한 자기 소유의 토지 위에 폐기물이 방치된 경우 당해 토지의 소유자에게도 폐기물에 대한 적정처리를 명할 수 있도록 한 폐기물관리법 및 건설폐기물의 재활용촉진에 관한 법률 관련 조항이 헌법에 위반되는지 여부: 소극 (헌재 2010.5.27, 2007헌바53)

8 진정소급입법에 의한 재산권박탈도 예외적으로 허용될 수 있는지 여부: 적극 (헌재 2011.3.31, 2008헌바141 등)

[1] '일제강점하 반민족행위 진상규명에 관한 특별법' 제2조 제6호 내지 제9호의 행위를 한 자를 재산이 국가에 귀속되는 대상인 친일반민족행위자로 보는 '친일반민족행위자재산의 국가귀속에 관한 특별법'(이하 '친일재산귀속법'이라 한다) 제2조 제1호 가목이 법률의 명확성원칙에 반하는지 여부: 소극

[2] 러·일전쟁 개전시부터 1945년 8월 15일까지 친일반민족행위자가 취득한 재산을 친일행위의 대가로 취득한 재산(이하 '친일재산'이라 한다)으로 추정하는 친일재산귀속법 제2조 제2호 후문(2005.12.29. 법률 제7769호로 제정된 것)이 재판청구권을 침해하고 적법절차원칙에 반하는지 여부: 소극

[3] 친일재산을 그 취득·증여 등 원인행위시에 국가의 소유로 하도록 규정한 친일재산귀속법 제3조 제1항 본문(2005.12.29. 법률 제7769호로 제정된 것, 이하 '이 사건 귀속조항'이라 한다)이 진정소급입법으로서 헌법 제13조 제2항에 반하는지 여부: 소극

[4] 친일재산을 그 취득·증여 등 원인행위시에 국가의 소유로 하도록 규정한 친일재산귀속법 제3조 제1항 본문(2005.12.29. 법률 제7769호로 제정된 것, 이하 '이 사건 귀속조항'이라 한다)이 진정소급입법으로서 헌법 제13조 제2항에 반하는지 여부: 소극

[5] 이 사건 귀속조항이 재산권을 침해하는지 여부: 소극

[6] 이 사건 귀속조항이 평등권을 침해하는지 여부: 소극

[7] 이 사건 귀속조항이 연좌제에 해당하는지 여부: 소극

9 친일반민족행위자 가운데 '한일합병의 공으로 작위를 받거나 계승한 자'를 '일제로부터 작위를 받거나 계승한 자'로 개정하여 친일재산귀속법을 적용하는 것이 소급입법금지원칙에 위반되는지 여부: 소극 [합헌] (헌재 2013.7.25, 2012헌가1)

10 건설공사사업시행자에게 지표조사비용을 부담하게 하고, 건설공사를 위하여 문화재발굴허가를 받아 매장문화재를 발굴하는 경우에 그 발굴비용을 사업시행자가 부담하도록 한 것이 재산권을 침해하는지 여부: 소극 (헌재 2011.7.28, 2009헌바244)

11 일본국에 대하여 가지는 원폭피해자로서의 배상청구권이 '대한민국과 일본국간의 재산 및 청구권에 관한 문제의 해결과 경제협력에 관한 협정' 제2조 제1항에 의하여 소멸되었는지 여부에 관한 한·일 양국간 해석상 분쟁을 위 협정 제3조가 정한 절차에 따라 해결하지 아니하고 있는 외교부의 부작위가 위헌인지 여부: 적극[인용] (헌재 2011.8.30, 2008헌마648)

12 일본국에 대하여 가지는 일본군 위안부로서의 배상청구권이 '대한민국과 일본국간의 재산 및 청구권에 관한 문제의 해결과 경제협력에 관한 협정' 제2조 제1항에 의하여 소멸되었는지 여부에 관한 한·일 양국간 해석상 분쟁을 위 협정 제3조가 정한 절차에 따라 해결하지 아니하고 있는 외교부의 부작위가 위헌인지 여부: 적극[인용] (헌재 2011.8.30, 2006헌마788)

비교판례

사할린 한인 판례
[1] 청구인들의 대일청구권이 '대한민국과 일본국간의 재산 및 청구권에 관한 문제의 해결과 경제협력에 관한 협정'(조약 제172호, 이하 '이 사건 협정'이라 한다) 제2조 제1항에 의하여 소멸하였는지 여부에 관한 한·일 양국간 해석상 분쟁을 이 사건 협정 제3조가 정한 절차에 의하여 해결할 피청구인(외교부장관)의 작위의무가 인정되는지 여부: 적극
[2] 피청구인이 위 작위의무를 불이행하고 있는지 여부: 소극 (헌재 2019.12.27, 2012헌마939)

13 군인 또는 군인이었던 자가 복무 중의 사유로 금고 이상의 형을 받은 때에는 대통령령이 정하는 바에 의하여 퇴직급여 및 퇴직수당의 일부를 감액하여 지급하도록 한 군인연금법 제33조 제1항 제1호가 헌법상 재산권 내지 평등권을 침해하는지 여부: 적극 (헌재 2009.7.30, 2008헌가1·2009헌바21)
《주의》 이런 류의 판례는 '수단의 적합성'부터 부정

14 공무원 또는 공무원이었던 자가 재직 중의 사유로 금고 이상의 형을 받은 때에는 대통령령이 정하는 바에 의하여 퇴직급여 및 퇴직수당의 일부를 감액하여 지급하도록 한 공무원연금법 제64조 제1항 제1호가 재산권을 침해하고 평등의 원칙에 위배되는지 여부: 적극[헌법불합치] (헌재 2007.3.29, 2005헌바33)

15 공무원이 '직무와 관련 없는 과실로 인한 경우' 및 '소속 상관의 정당한 직무상의 명령에 따르다가 과실로 인한 경우'를 제외하고 재직 중의 사유로 금고 이상의 형을 받은 경우 퇴직급여 등을 감액하도록 규정한 공무원연금법이 위헌인지 여부: 소극[합헌, 위헌] (헌재 2013.8.29, 2010헌바354)

    [1] 공무원이 '직무와 관련 없는 과실로 인한 경우' 및 '소속 상관의 정당한 직무상의 명령에 따르다가 과실로 인한 경우'를 제외하고 재직 중의 사유로 금고 이상의 형을 받은 경우 퇴직급여 등을 감액하도록 규정한 공무원연금법(2009.12.31. 법률 제9905호로 개정된 것) 제64조 제1항 제1호(이하 '이 사건 감액조항'이라 한다)가 헌법불합치결정(2005헌바33 사건)의 기속력에 반하는지 여부: 소극

    [2] 이 사건 감액조항이 청구인들의 재산권, 인간다운 생활을 할 권리를 침해하는지 여부: 소극

    [3] 이 사건 감액조항이 평등원칙에 위배되는지 여부: 소극

    [4] 2009.12.31. 개정된 이 사건 감액조항을 2009.1.1.까지 소급하여 적용하도록 규정한 공무원연금법 부칙 제1조 단서, 제7조 제1항 단서 후단(이하 이를 합하여 '이 사건 부칙조항'이라 한다)이 소급입법금지원칙에 위배되는지 여부: 적극[위헌]

16 반달가슴곰 등 수입·반입된 국제적 멸종위기종으로부터 증식된 종에 대하여 원칙적으로 수입·반입목적 외 다른 용도의 사용을 금지하는 것이 재산권을 침해하는지 여부: 소극[합헌] (헌재 2013.10.24, 2012헌바431)

17 국민연금법이 조기노령연금의 수급개시연령을 59세에서 60세로 올린 것이 장래 조기노령연금을 받을 기대를 가진 청구인의 재산권과 평등권을 침해하는지 여부: 소극[기각] (헌재 2013.10.24, 2012헌마906)

18 임대차존속기간을 20년으로 제한한 민법 제651조 제1항이 헌법에 위반되는지 여부: 적극[위헌] (헌재 2013.12.26, 2011헌바234)

    《주의》 계약의 자유 침해

19 재건축 사유 및 재건축을 이유로 갱신거절권을 행사할 수 있는 시점 등에 대해 분명한 규정을 두고 있지 아니한 상가건물 임대차보호법 제10조 제1항 단서 제7호가 임차인의 재산권을 침해하는지 여부: 소극[합헌] (헌재 2014.8.28, 2013헌바76)

20 사실혼 배우자에게 상속권을 인정하지 않는 민법 제1003조 제1항 중 '배우자' 부분이 사실혼 배우자의 상속권을 침해하는지 여부: 소극[합헌] (헌재 2014.8.28, 2013헌바119)

21 행정기관이 개발촉진지구 지역개발사업으로 실시계획을 승인하고 이를 고시하기만 하면 고급골프장사업과 같이 공익성이 낮은 사업에 대해서까지도 시행자인 민간개발자에게 수용권한을 부여하는 구 '지역균형개발 및 지방중소기업 육성에 관한 법률' 제19조 제1항의 '시행자' 부분 중 '제16조 제1항 제4호'에 관한 부분이 헌법 제23조 제3항에 위배되는지 여부: 적극[헌법불합치] (헌재 2014.10.30, 2011헌바172 등)

22 공직선거법 제265조의2 제1항 전문 중 '제264조의 규정에 따라 당선이 무효로 된 사람은 제57조와 제122조의2에 따라 반환·보전받은 금액을 반환하여야 하는 부분'이 청구인의 재산권을 침해하는지 여부: 소극 (헌재 2015.2.26, 2012헌마581)

23 도로 등 영조물 주변 일정 범위에서 광업권자의 채굴행위를 제한하는 구 광업법 제44조 제1항 제1호 등이 광업권자의 재산권을 침해하는지 여부: 소극 (헌재 2014.2.27, 2010헌바483)

24 일제에 의하여 군무원으로 강제동원되어 그 노무 제공의 대가를 지급받지 못한 미수금피해자에게 당시의 일본국 통화 1엔에 대하여 대한민국 통화 2천원으로 환산한 미수금 지원금을 지급하도록 한 구 '태평양전쟁 전후 국외 강제동원희생자 등 지원에 관한 법률' 제5조 제1항이 헌법에 위반되는지 여부: 소극[합헌] (헌재 2015.12.23, 2009헌바317)

25 등기부취득시효에 관하여 규정한 민법 제245조 제2항이 재산권을 침해하는지 여부: 소극[합헌] (헌재 2016.2.25, 2015헌바257)

26 입찰담합행위 등을 한 사업자에게 시정조치 및 매출액의 10% 이내에서 과징금을 부과할 수 있도록 규정한 '독점규제 및 공정거래에 관한 법률' 제21조 등이 재산권 등을 침해하는지 여부: 소극[합헌] (헌재 2016.4.28, 2014헌바60)

27 이사가 고의 또는 과실로 법령 또는 정관에 위반한 행위를 하거나 그 임무를 게을리한 경우 회사에 대하여 연대하여 손해를 배상하도록 규정한 상법 제399조 제1항이 헌법에 위반되는지 여부: 소극[합헌] (헌재 2016.4.28, 2015헌바230)

28 개발부담금을 개발부담금 납부 고지일 후에 저당권 등으로 담보된 채권에 우선하여 징수할 수 있도록 한 '개발이익 환수에 관한 법률' 제22조 제2항이 재산권을 침해하는지 여부: 소극[합헌] (헌재 2016.6. 30, 2013헌바191)

29 법률혼 관계에 있었지만 별거·가출 등으로 실질적인 혼인관계가 존재하지 않았던 기간을 일률적으로 혼인 기간에 포함시켜 분할연금을 산정하도록 하는 분할연금제도가 재산권을 침해하는지 여부: 적극 [헌법불합치] (헌재 2016.12.29, 2015헌바182)

30 당사자의 약정이 없으면 연 5분으로 한 민사법정이율 및 반환할 금전에는 그 받은 날로부터 이자를 가하도록 한 민법이 재산권을 침해하는지 여부: 소극[합헌] (헌재 2017.5.25, 2015헌바421)

31 소득에 대한 조세 부담을 부당하게 감소시킨 것으로 인정되는 경우에는 그 거주자의 행위 또는 계산과 관계없이 해당 과세기간의 소득금액을 계산할 수 있도록 한 소득세법 규정이 재산권을 침해하는지 여부: 소극[합헌] (헌재 2017.5.25, 2016헌바269)

32 공동상속인 중 피상속인으로부터 재산의 증여 또는 유증을 받은 자가 있는 경우에 그 수증재산이 자기의 상속분에 달하지 못한 때에는 그 부족한 부분의 한도에서 상속분이 있다고 규정하면서 특별수익자가 배우자인 경우 특별수익 산정에 관한 예외를 두지 아니한 민법 제1008조가 배우자인 상속인의 재산권을 침해하는지 여부: 소극 (헌재 2017.4.27, 2015헌바24)

33 선의의 투자자에 대한 감사인의 손해배상책임은 그 청구권자가 당해 사실을 안 날로부터 1년 이내 또는 감사보고서를 제출한 날로부터 3년 이내에 청구권을 행사하지 아니한 때에는 소멸한다고 규정한 구 증권거래법 제197조 제1항 등이 재산권을 침해하는지 여부: 소극[합헌] (헌재 2017.6.29, 2015헌바376)

34 부동산매매업자가 1세대 3주택 또는 비사업용 토지를 양도한 경우 사업자로서의 종합소득산출세액과 양도소득세율을 적용한 산출세액을 비교하여 그 중 많은 것을 종합소득산출세액으로 계산하는 구 소득세법 제64조 제1항 등이 재산권을 침해하는지 여부: 소극[합헌] (헌재 2017.8.31, 2015헌바339)

35 개발제한구역 중 취락지구가 아닌 지역으로 이축하는 자에게 개발제한구역보전부담금을 부과하는 개발제한구역의 지정 및 관리에 관한 특별조치법 제24조 제2항 등이 재산권을 침해하는지 여부: 소극 [합헌] (헌재 2017.9.28, 2016헌바76)

36 재건축 조합 설립에 부동의한 토지 등 소유자를 매도청구의 상대방으로 규정한 도시 및 주거환경정비법 제39조 전문 제1호 중 제16조 제3항에 관한 부분 등이 재산권을 침해하는지 여부: 소극[합헌] (헌재 2017.10.26, 2016헌바301)

37 법인의 토지 등 양도소득을 계산함에 있어 양도가액에서 양도 당시의 정부가액만을 차감하도록 규정하는 구 법인세법 제55조의2 제6항이 재산권을 침해하는지 여부: 소극[합헌] (헌재 2017.11.30, 2016헌바182)

38 연금인 급여를 전국소비자물가변동률에 따라 매년 증액 또는 감액하도록 하는 공무원연금법 제43조의2를 2016.1.1.부터 2020.12.31.까지 적용하지 않도록 한 공무원연금법의 연금동결조항이 재산권을 침해하는지 여부: 소극[기각] (헌재 2017.11.30, 2016헌마101)

39 제대혈의 매매행위를 금지하고 있는 '제대혈 관리 및 연구에 관한 법률' 제5조 제1항 제1호가 계약의 자유 및 재산권 등을 침해하는지 여부: 소극[합헌] (헌재 2017.11.30, 2016헌바38)

40 장기급여에 대한 권리를 5년간 행사하지 아니하면 시효로 소멸한다고 규정한 '사립학교교직원 연금법' 제54조 제1항 중 '장기급여에 관한 부분'이 재산권, 사회보장수급권을 침해하는지 여부: 소극[합헌] (헌재 2017.12.28, 2016헌바34)

41 체납처분의 목적물인 재산의 추산가액이 체납처분비와 우선채권금액에 충당하고 남을 여지가 없더라도, 다른 과세관청의 교부청구가 있는 경우에는 체납처분을 중지하지 아니할 수 있도록 한 국세징수법 제85조 제2항 단서 중 '제56조에 따른 교부청구'에 관한 부분이 청구인의 재산권을 침해하는지 여부: 소극[합헌] (헌재 2017.12.28, 2016헌바160)

42 임차주택의 양수인은 임대인의 지위를 승계하도록 규정한 구 주택임대차보호법 제3조 제3항이 재산권을 침해하는지 여부: 소극[합헌] (헌재 2017.8.31, 2016헌바146)

43 지역구국회의원 예비후보자의 기탁금 반환 사유를 예비후보자의 사망, 당내경선 탈락으로 한정하여 당내경선에서 배제된 예비후보자들로서 본 선거에서 등록을 하지 않은 경우, 선거에서 진정성이 없거나 불성실하다고 단정할 수 없는 정치신인 등에게 그 기탁금을 반환하지 않는 것이 그들의 재산권을 침해하여 헌법에 위반되는지 여부: 적극[헌법불합치] (헌재 2018.1.25, 2016헌마541)

44 농업협동조합이 취득한 부동산을 2년 이상 해당 용도로 직접 사용하지 아니하고 매각하는 경우 감면된 취득세를 추징하도록 규정한 구 지방세특례제한법 제94조 등이 재산권을 침해하여 헌법에 위반되는지 여부: 소극[합헌] (헌재 2018.1.25, 2015헌바277)

45 피상속인에 대한 부양의무를 이행하지 않은 직계존속의 경우를 상속결격사유로 규정하지 않은 민법 제1004조가 재산권을 침해하는지 여부: 소극[합헌] (헌재 2018.2.22, 2017헌바59)

46 기존 한정면허 사업자를 개정법에 따른 일반면허 사업자로 의제하는 해운법 부칙조항이 재산권을 침해하는지 여부: 소극[합헌] (헌재 2018.2.22, 2015헌마552)

47 공무원연금법상 연금수급권의 유족급여대항에서 18세 이상의 자를 배제하는 것이 위헌인지 여부: 소극 (헌재 1999.4.29, 97헌마333)

48 종합부동산세사건
   [1] 세대별 합산규정이 위헌인지 여부: 적극[위헌]
   [2] 주택분 종합부동산세를 부과함에 있어서 보유동기, 기간, 조세 지불능력 등에 대한 고려 없이 일률적 또는 무차별적으로 과세하는 것이 위헌인지 여부: 적극[헌법불합치]
   [3] 토지에 대한 종합부동산에 부과가 위헌인지 여부: 소극 (헌재 2008.11.13, 2006헌바112)

49 토지보상액 산정시 공익사업으로 인한 개발이익을 배제하도록 규정한 공익사업법 제67조 제2항과 공시지가를 기준으로 보상액을 산정하도록 규정한 것이 위헌인지 여부: 소극 (헌재 2010.12.28, 2008헌바57)

50 구 토지수용법 제71조 제1항 중 환매권자는 '수용일로부터 10년' 이내에 그 토지를 환매할 수 있다고 제한한 것이 재산권 침해인지 여부: 소극 (헌재 2011.3.31, 2008헌바26)

51 선거범죄로 처벌받아 당선이 무효로 된 자로 하여금 이미 반환받은 기탁금과 보전받은 선거비용을 다시 반환하도록 한 것이 재산권을 침해하는지 여부: 소극 (헌재 2011.4.28, 2010헌바232)

52 가처분이 집행된 후 10년간 본안의 소가 제기되지 아니한 때에는 가처분을 취소할 수 있도록 하고 있는 민사소송법 규정이 가처분채권자의 재산권을 침해하는지 여부: 소극 (헌재 2012.4.24, 2011헌바109)

53 전통사찰의 전법용 경내지 건조물 등에 대하여 압류를 금지하고 있는 전통사찰의 보존 및 지원에 관한 법률 제14조가 재산권을 침해하는지 여부: 소극[합헌] (헌재 2012.6.27, 2011헌바34)

54 토지거래허가구역 내에서 허가받은 목적대로 토지를 이용할 의무를 이행하지 아니하는 자에게 이행강제금을 부과하는 내용의 국토의 계획 및 이용에 관한 법률 제124조의2 제2항이 재산권을 침해하는지 여부: 소극[합헌] (헌재 2013.2.28, 2012헌바94)

55 권리남용금지를 규정한 민법 제2조 제2항 및 소송비용의 패소자 부담원칙을 규정한 민사소송법 제98조가 재산권 및 재판청구권을 침해하는지 여부: 소극 (헌재 2013.5.30, 2012헌바335)

56 20년간 소유의 의사로 평온·공연하게 부동산을 점유하는 자는 등기함으로써 그 소유권을 취득하게 하는 민법 제245조 제1항이 재산권을 침해하는지 여부: 소극 (헌재 2013.5.30, 2012헌바387)

57 종합소득세의 납부의무 위반에 대하여 미납기간을 고려하지 않고 일률적으로 미납세액의 100분의 10에 해당하는 가산세를 부과하도록 한 구 소득세법 제81조 제3항이 비례원칙에 반하여 납세의무자가 재산권을 침해하는지 여부: 소극[합헌] (헌재 2013.8.29, 2011헌가27)

58 공익사업을 위한 토지수용의 경우 '부동산 가격공시 및 감정평가에 관한 법률'이 정한 공시지가를 기준으로 보상하도록 하는 공익사업법 제70조 제1항이 헌법에 위반되는지 여부: 소극[합헌] (헌재 2013.12.26, 2011헌바162)

59 임차인의 파산관재인이 임대차계약을 해지한 경우 임대인의 손해배상청구를 제한하고 있는 민법 제637조 제2항 등이 재산권을 침해하는지 여부: 소극[합헌] (헌재 2016.9.29, 2014헌바292)

60 친일반민족행위자 재산의 국가귀속에 관한 특별법에 따라 그 소유권이 국가에 귀속되는 친일재산의 범위를 규정하고 있는 친일재산귀속법 제2조 제2호 전문이 재산권을 침해하는지 여부: 소극[합헌] (헌재 2018.4.26, 2017헌바88)

61 보유기간이 1년 이상 2년 미만인 자산이 공용수용으로 양도된 경우에도 중과세하는 구 소득세법 제104조 제1항 제2호가 청구인들의 재산권들을 침해하는지 여부: 소극[합헌] (헌재 2015.6.25, 2014헌바256)

62 지역구국회의원선거 예비후보자의 기탁금 반환사유로 예비후보자가 당의 공천심사에서 탈락하고 후보자등록을 하지 않았을 경우를 규정하지 않은 공직선거법 제57조 제1항 제1호 중 지역구국회의원선거와 관련된 부분이 재산권을 침해하는지 여부: 적극[헌법불합치] (헌재 2018.1.25, 2016헌마541)

63 사무장병원의 개설명의자인 의료인으로부터 그동안 지급받은 요양급여비용 및 의료급여비용을 부당이득금으로 징수하도록 한 구 국민건강보험법 규정이 재산권을 침해하는지 여부: 소극[합헌] (헌재 2015.7.30, 2014헌바298)

64 일반택시운송사업자로 하여금 감차보상만 신청할 수 있도록 하고 택시운송사업의 양도를 금지하는 것이 재산권을 침해하는지 여부: 소극[합헌] (헌재 2019.9.26, 2017헌바467)

65 영리를 목적으로 하지 아니하는 상업용 음반을 재생하는 것이 저작재산권자의 재산권을 침해하는지 여부: 소극[기각] (헌재 2019.11.28, 2016헌마1115 등)

66 불공정거래행위에 대한 과징금을 파산채권과는 별도의 재단채권으로 하여 우선변제권을 인정하고 있는 구 파산법 규정이 재산권을 침해하는지 여부: 적극 (헌재 2009.11.26, 2008헌가9)
▶ 과잉금지원칙 위배

67 성매매에 제공되는 사실을 알면서 건물을 제공하는 것을 처벌하는 것이 재산권을 침해하는지 여부: 소극 (헌재 2012.12.27, 2011헌바235)

68 구 공익사업을 위한 토지 등의 취득 및 보상에 관한 법류 제78조 제6항이 공익사업의 시행을 인하여 농업 등을 계속할 수 없게 된 농민 등에 대한 생활대책 수립 의무를 규정하지 아니한 것이 재산권을 침해하는지 여부: 소극 (헌재 2013.7.25, 2012헌바71)

69 구 가축전염병예방법 제48조에 의한 가축의 살처분이 재산권을 침해하는지 여부: 소극 (헌재 2014.4. 24, 2013헌바110)

70 피상속인의 4촌 이내의 방계혈족을 4순위 법정상속인으로 규정한 민법 제1000조 제1항 제4호가 재산권을 침해하는지 여부: 소극 (헌재 2020.2.27, 2018헌가11)

71 지방의회의원으로서 받게 되는 보수가 연금에 미치지 못하는 경우에도 연금 전액의 지급을 정지하는 것이 재산권을 과도하게 제한하여 헌법에 위반되는지 여부: 적극[헌법불합치] (헌재 2022.1.27, 2019헌바161)

72 관리처분계획인가의 고시가 있으면 별도의 영업손실보상 없이 재건축사업구역 내 임차권자의 사용·수익을 중지시키는 '도시 및 주거환경정비법' 제81조 제1항 본문 중 재건축사업구역 내 임차권자에 관한 부분이 임차권자의 재산권을 침해하여 헌법에 위배되는지 여부: 소극[합헌] (헌재 2020.4.23, 2018헌가17)

73 한강을 취수원으로 한 수돗물의 최종수요자에게 물이용부담금을 부과하는 한강수계법 제19조 제1항 본문 중 '공공수역으로부터 취수된 원수를 정수하여 공급받는 최종 수요자'에 관한 부분이 물이용부담금 납부의무자의 재산권을 침해하는지 여부: 소극[합헌] (헌재 2020.8.28, 2018헌바425)

74 지방자치단체의 장 선거의 예비후보자에 대한 기탁금 반환사유를 제한한 구 공직선거법 제57조 제1항 중 제1호 다목의 '지방자치단체의 장선거'에 관한 부분이 재산권을 침해하는지 여부: 적극[헌법불합치] (헌재 2018.1.25, 2016헌마541)

75 부동산을 사실상 양수한 사람 또는 그 대리인이 등기원인을 증명하는 서면 없이 보증서를 바탕으로 발급받은 확인서로써 단독으로 소유권이전등기를 신청할 수 있도록 한 구 '부동산소유권 이전등기 등에 관한 특별조치법' 제7조 제1항·제2항이 청구인의 재산권을 침해하는지 여부: 소극[합헌] (헌재 2020. 12.23, 2019헌바41)

76 부당이득반환청구권 등 채권의 경우 권리를 행사할 수 있는 때로부터 10년간 행사하지 아니하면 소멸시효가 완성된다고 규정한 민법 제162조 제1항, 제166조 제1항이 재산권을 침해하여 위헌인지 여부: 소극[합헌] (헌재 2020.12.23, 2019헌바129)

77 토지구획정리사업에 있어 학교교지를 환지처분의 공고가 있은 다음 날에 국가 등에 귀속하게 하되, 국가 등은 그 대가를 지급하도록 한 토지구획정리사업법이 재산권을 침해하는지 여부: 소극[합헌] (헌재 2021.4.29, 2019헌바444 등)

78 사업연도가 1년 미만인 경우 과세표준을 1년으로 환산한 금액을 기준으로 누진세율을 적용하여 세액을 산출하도록 한 법인세법 제55조 제2항이 재산권을 침해하는지 여부: 소극[합헌] (헌재 2021.6.24, 2018헌바44)

79 개별공시지가 산정 및 개발부담금의 종료시점 지가 산정에 관한 규정이 재산권을 침해하여 위헌인지 여부: 소극[합헌] (헌재 2021.12.23, 2018헌바435)

80 대구교육대학교 총장임용후보자선거에서 후보자가 제1차 투표에서 최종 환산득표율의 100분의 15 이상을 득표한 경우에만 기탁금의 반액을 반환하도록 하고 나머지 기탁금은 발전기금에 귀속되도록 규정한 '대구교육대학교 총장임용후보자 선정규정'이 재산권을 침해하는지 여부: 적극[위헌]

　[1] 100분의 15 이상을 득표한 경우에만 기탁금반액을 반환하도록 한 기탁금귀속조항: 위헌

　[2] 1,000만원 기탁금납부조항: 기각 (헌재 2021.12.23, 2019헌마825)

81 민법에 따라 등기를 하지 아니한 경우라도 부동산을 사실상 취득한 경우 그 취득물건의 소유자 또는 양수인을 취득자로 보도록 한 구 지방세법이 재산권을 침해하는지 여부: 소극[합헌] (헌재 2022.3.31, 2019헌바107)

82 주택법상 사업주체가 공급질서 교란행위를 이유로 주택공급계약을 취소한 경우 선의의 제3자 보호규정을 두고 있지 않는 구 주택법 제39조 제2항이 재산권을 침해하는지 여부: 소극[합헌] (헌재 2022.3.31, 2019헌가26)

83 공무원이 감봉의 징계처분을 받은 경우 일정기간 승급, 정근수당을 제한하는 국가공무원법이 재산권을 침해하는지 여부: 소극[기각] (헌재 2022.3.31, 2020헌마211)

84 최저임금 고시(2017.8.4, 고용노동부 고시 제2017-42호)의 1. 최저임금액 부분 중 "월 환산액 1,573,770원: 주 소정근로 40시간을 근무할 경우, 월 환산 기준시간 수 209시간(주당 유급주휴 8시간 포함) 기준" 부분 및 '2019년 적용 최저임금 고시'(2018.8.3, 고용노동부 고시 제2018-63호)의 1. 최저임금액 부분 중 "월 환산액 1,745,150원: 주 소정근로 40시간을 근무할 경우, 월 환산 기준시간 수 209시간(주당 유급주휴 8시간 포함) 기준" 부분이 청구인들의 재산권을 침해하는지 여부: 소극 (헌재 2019.12.27, 2017헌마1366)

85 퇴직연금 수급자가 유족연금을 함께 받게 된 경우 그 유족연금액의 2분의 1을 빼고 지급하도록 하는 구 공무원연금법(2009.12.31, 법률 제9905호로 개정되고, 2018.3.20, 법률 제15523호로 전부개정되기 전의 것) 제45조 제4항 중 '퇴직연금 수급자'에 관한 부분이 청구인의 인간다운 생활을 할 권리 및 재산권을 침해하는지 여부: 소극 (헌재 2020.6.25, 2018헌마865)

86 초·중·고등학교 및 대학교 경계선으로부터 200미터 내로 설정된 학교환경위생정화구역 안에서 여관시설 및 영업행위를 금지하고 있는 학교보건법(2005.3.24, 법률 제7396호로 개정된 것) 제6조 제1항 제11호 여관 부분 중 초·중등교육법 제2조의 초등학교·중학교·고등학교에 관한 부분과 고등교육법 제2조의 대학교에 관한 부분이 그 구역에서 여관영업을 하는 청구인의 재산권을 침해하는지 여부: 소극 (헌재 2006.3.30, 2005헌바110)

87 경북대학교 총장임용후보자선거의 후보자로 등록하려면 3,000만원의 기탁금을 납부하고 후보자등록 신청시 기탁금납부영수증을 제출하도록 하며, 제1차 투표에서 유효투표수의 10% 미만을 득표한 후보자의 기탁금을 반환하지 않고 모두 학교발전기금에 귀속하도록 정한 '경북대학교 총장임용후보자 선정규정' 제20조 제1항 및 제3항, 제26조 제2항 제7호가 청구인의 기본권을 침해하는지 여부: 소극 (헌재 2022.5.26, 2020헌마1219)

88 지방의회의원으로서 받게 되는 보수가 연금에 미치지 못하는 경우에도 연금 전액의 지급을 정지하는 것이 재산권을 과도하게 제한하여 헌법에 위반되는지 여부: 적극[헌법불합치] (헌재 2022.1.27, 2019헌바161)

제2절 직업선택의 자유

> **헌법 제15조** 모든 국민은 직업선택의 자유를 가진다.

01 의의

1. 직업의 개념

(1) 생활의 기본적 수요를 충족시키기 위한 계속적인 소득활동

(2) 헌법 제15조 직업선택의 자유는 직업수행 내지 행사의 자유까지 포괄하는 '직업'의 자유를 의미함

(3) 직업의 개념요소
생활수단성, 계속성, 공공무해성(다수설)

(4) 헌법재판소는 공공무해성을 언급하고 있지 않음(헌재 1993.5.13, 92헌마80)

⚖️판례 Ⅰ

1 대학생이 방학 기간을 이용하여 학비 등을 벌기 위해 학원강사로서 일하는 행위가 직업에 해당하는지
여부: 적극 (헌재 2003.9.25, 2002헌마519)
  ∅. 학원강사로 재직하기 위해서는 대학교 졸업이 필요(주관적 사유)

2 공립학교 학교운영위원회에 행정직원대표의 입후보를 배제하는 것이 직업의 자유를 침해하는지 여부:
소극 (헌재 2007.3.29, 2005헌마1144)

3 게임 결과물의 환전업이 헌법 제15조가 보장하고 있는 직업에 해당하는지 여부: 적극 (헌재 2010.2.25,
2009헌바38)

4 게임 결과물의 환전업을 금지하는 것이 국민의 직업선택의 자유를 침해하는지 여부: 소극 (헌재 2010.2.
25, 2009헌바38)
  *∅. 헌법재판소는 게임 결과물의 환전업이 직업에는 해당한다고 판시했지만, 환전업을 금지하는 것이 직업선택의 자유를 침해하지는 않는다고
  판시*

---

2. 연혁

1962년 **제5차** 개정헌법에서 처음 규정

02 법적 성격

1. 자유권적 성격

2. 경제적 기본권의 성격

3. 객관적 법질서의 구성요소

03 주체

1. 국민, 외국인, 법인과 단체

2. 다만, 외국인의 경우에 국민과 동일한 수준으로 보장될 수는 없고, 특정 직업이나 특정 영업에 종사하는 것으로 제한될 수 있음(다수설)

> **⚖ 판례 ㅣ**
>
> **1 외국인이 직업의 자유 주체가 될 수 있는지 여부: 소극**
>
> 직업의 자유는 국가자격제도정책과 국가의 경제상황에 따라 법률에 의하여 제한할 수 있는 국민의 권리에 해당한다. 국가정책에 따라 정부의 허가를 받은 외국인은 정부가 허가한 범위 내에서 소득활동을 할 수 있는 것이므로, 외국인이 국내에서 누리는 직업의 자유는 법률에 따른 정부의 허가에 의해 비로소 발생하는 권리이다(헌재 2014.8.28, 2013헌마359).
>
> **2 외국인에게 직장선택의 자유에 대한 기본권주체성을 한정적으로 긍정한 사례**
>
> 직업의 자유 중 이 사건에서 문제되는 직장선택의 자유는 인간의 존엄과 가치 및 행복추구권과도 밀접한 관련을 가지는 만큼 단순히 국민의 권리가 아닌 인간의 권리로 보아야 할 것이므로 외국인도 제한적으로라도 직장선택의 자유를 향유할 수 있다고 보아야 한다(헌재 2011.9.29, 2007헌마1083).

04 내용

1. 직업결정의 자유

(1) 직종결정·전직의 자유 등을 의미

(2) 헌법상 근로의 의무는 윤리적 의무로 보는 것이 타당하다는 점에서 무직업의 자유도 포함(다수설)

(3) 특정인에게 배타적·우월적인 직업선택권이나 독점적인 직업활동의 자유까지 보장하는 것은 아니다 (헌재 2001.9.27, 2000헌마208).

2. 직업수행(행사)의 자유

(1) 자신이 결정한 직업을 개업·유지·폐업하는 자유를 의미

(2) 영업의 자유, 직장선택의 자유도 직업수행의 자유에 포함

3. 직업이탈의 자유

> **⚖ 판례 ㅣ**
>
> **1 직업선택의 자유에 '직업교육장선택의 자유'도 포함되는지 여부: 적극** (헌재 2009.2.26, 2007헌마1262)
>
> **2 직장선택의 자유에 직장존속보호청구권이 포함되는지 여부: 소극** (헌재 2002.11.28, 2001헌바50)
>
> **3 직업의 자유에 '해당 직업에 합당한 보수를 받을 권리'까지 포함되어 있는지 여부: 소극** (헌재 2004.2.26, 2001헌마718)
>
> **4 법률로 국가보조 연구기관을 통폐합함에 있어 재산상의 권리·의무만 승계시키고, 근로관계의 당연승계조항을 두지 아니한 것이 위헌인지 여부: 소극** (헌재 2002.11.28, 2001헌바50)

05 효력

1. 대국가적 효력
모든 국가권력을 직접 구속

2. 대사인적 효력
예외적으로 제한된 범위 내에서만 제3자적 효력이 인정

06 제한

1. 목적
기본권제한의 일반 법리가 적용된다(제37조 제2항).

2. 형식
헌법 또는 법률로써 제한하여야 하며, 헌법규정으로는 국방의무(제38조)가 있음

3. 정도(단계이론)

(1) 단계이론의 내용
　① 과잉금지원칙 중에서 침해의 최소성원칙을 구체화한 것으로 직업의 자유는 가장 적은 침해를 가져오는 단계에서 제한하여야 함
　② 제한의 정도가 클수록 입법형성의 자유가 축소됨

(2) 제한의 단계
　① 직업수행 자유의 제한(제1단계)
　　㉠ 의의
　　　ⓐ 직업결정의 자유보다 기본권에 대한 침해가 경미
　　　ⓑ 직업수행 자유의 제한은 완화된 심사기준인 공익을 위한 합목적성의 관점만 고려하면 충분
　　㉡ 적용례
　　　ⓐ 유흥업소의 심야영업제한
　　　ⓑ 택시의 10부제운행
　　　ⓒ 변호사 개업지제한
　　　ⓓ 당구장에 18세 미만자에 대한 출입금지표시
　　　ⓔ 자도소주구입명령제도

ⓕ 노래연습장의 18세 미만자들에 대한 출입금지제도

ⓖ 국산영화의무상영제도

ⓗ 각종 쿼터제

② 주관적 사유에 의한 직업결정 자유의 제한(제2단계)

㉠ 의의: 단순히 공익을 합리적으로 고려하는 것만으로는 불충분하고 개인의 자유보다 우월한 공익이 보호될 필요가 있는 경우에 허용됨

㉡ 적용례

ⓐ 병원을 개설하고자 하는 자에게 국가시험의 합격을 요구하는 것

ⓑ 변호사업무를 수행하고자 하는 자에게 국가시험의 합격을 요구하는 것

③ 객관적 사유에 의한 직업결정 자유의 제한(제3단계)

㉠ 의의: 중대한 공익에 대한 명백하고 현존하는 위험을 방지하기 위한 경우에 허용

㉡ 적용례

ⓐ 주유소거리제한

ⓑ 법무사 인원이 충분하다는 이유로 법무사시험을 실시하지 않는 것

ⓒ 경비업자의 겸영을 금지하는 것

ⓓ 시각장애인에 한하여 안마사가 되도록 하는 것

4. 한계

(1) 과잉금지의 원칙

(2) 본질적 내용의 침해금지

(3) 독점의 제한

경제정책적 관점에서 자유경쟁이 부분적으로 제한되거나 조정될 수 있음

⚖ **판례 |**

1 국산영화의무상영제가 직업수행의 자유를 침해하는지 여부: 소극 (헌재 1995.7.21, 94헌마125)

2 유료직업소개사업의 허가규정이 직업의 자유를 침해한 것인지 여부: 소극 (헌재 1996.10.31, 93헌바14)

✎ 3단계에 해당

3 다단계판매행위의 규제가 직업의 자유를 침해하는지 여부: 소극 (헌재 1997.11.27, 96헌바12)

4 법무사법 시행규칙 제3조 제1항(부정기적 법무사시험)이 직업선택의 자유를 침해하는지 여부: 적극 (헌재 1990.10.15, 89헌마178)

✎ 3단계에 해당

5 자도소주구입명령제도가 직업행사의 자유를 침해하는지 여부: 적극 (헌재 1996.12.26, 96헌가18)

6 탁주의 공급구역제한규정이 직업행사의 자유를 침해하는지 여부: 소극 (헌재 1999.7.22, 98헌가5)

7 비의료인에게 침구술 및 대체의학시술을 할 수 없도록 하는 것이 위헌인지 여부: 소극 (헌재 2010.7.29, 2008헌가19)

8 검찰총장퇴임 후 2년 이내에는 모든 공직에의 임명을 금지한 것이 위헌인지 여부: 적극[위헌] (헌재 1997.7.16, 97헌마26)

9 형사사건으로 공소제기된 변호사에 대한 업무정지명령이 위헌인지 여부: 적극[위헌] (헌재 1990.11.19, 90헌가48)

10 형사사건으로 기소된 교원에 대하여 필요적으로 직위해제처분을 하도록 한 것이 위헌인지 여부: 적극 [위헌] (헌재 1994.7.29, 93헌가3ㆍ7)

11 "약사 또는 한약사가 아니면 약국을 개설할 수 없다."라고 규정한 약사법 제16조 제1항이 위헌인지 여부: 적극[헌법불합치]
   법인을 구성하여 약국을 개설ㆍ운영하려고 하는 약사들 및 이들로 구성된 법인의 직업선택(직업수행)의 자유의 본질적 내용을 침해한다(헌재 2002.9.19, 2000헌바84).

12 금고 이상의 형을 선고받고 그 집행이 종료되거나 그 집행을 받지 아니하기로 확정된 후 5년을 경과하지 아니한 자는 변호사가 될 수 없도록 한 변호사법 제5조 제1호가 직업의 자유를 침해하는지 여부: 소극 (헌재 2006.4.27, 2005헌마997)

13 사법시험 제2차 시험시간을 과목당 2시간으로 배정한 것이 위헌인지 여부: 소극
   결국 피청구인이 사법시험에서 과목당 시험시간을 2시간으로 정한 것이 청구인의 직업선택의 자유, 평등권 등을 침해하였다고 볼 수 없다(헌재 2008.6.26, 2007헌마917).

14 노래연습장에 18세 미만자의 출입금지규정이 헌법에 위반되는지 여부: 소극
   청구인의 직업행사의 자유를 침해한 것이라고 할 수 없다(헌재 1996.2.29, 94헌마13).

15 행정사의 겸직을 일체 금지하는 행정사법이 위헌인지 여부: 적극 (헌재 1997.4.24, 95헌마90)

16 건축사법 제28조 제1항 단서 제2호가 위헌인지 여부: 적극
   건축사가 업무범위를 위반하여 업무를 행한 경우 이를 필요적 등록취소사유로 규정하고 있는 건축사법 제28조 제1항 단서 제2호는 … 제한의 방법이 부적절하고 과잉금지원칙에 위배되어 직업선택의 자유의 본질적 내용을 침해한 것이다(헌재 1995.2.23, 93헌가1).

17 법무사의 보수를 대한법무사협회회칙에 정하도록 하고 법무사가 회칙 소정의 보수를 초과하여 보수를 받거나 보수 외에는 명목의 여하를 불문하고 금품을 받는 것을 금지하는 법무사법규정이 직업의 자유를 침해하는지 여부: 소극 (헌재 2003.6.26, 2002헌바3)

18 백화점 셔틀버스운행금지규정이 백화점 경영자의 영업의 자유를 침해하는지 여부: 소극 (헌재 2001.6.28, 2001헌마132)

19 의사면허와 한의사면허를 취득한 복수면허 의료인에게 병의원, 한방병의원과 구별되는 독자적인 '동서결합의'나 '동서결합병원'은 인정하지 않고 있고, 하나의 의료기관만 개설할 수 있도록 한 의료법 제33조 제2항 단서가 직업의 자유를 침해하는지 여부: 적극[헌법불합치] (헌재 2007.12.27, 2004헌마1021)

20 학교정화구역 내 노래연습장 설치금지조항이 직업행사의 자유를 침해하는지 여부: 소극 (헌재 1999.7.22, 98헌마480)

21 학교환경위생정화구역 안에서의 PC방 설치제한이 직업의 자유를 침해하는지 여부: 소극 (헌재 2008.4.24, 2004헌바92)

22 학교 부근 200m 이내의 정화구역 내에서 납골시설의 설치를 금지하고 있는 학교보건법규정이 청구인들의 종교의 자유 내지 행복추구권, 직업의 자유 등 기본권을 침해하는지 여부: 소극 (헌재 2009.7.30, 2008헌가2)

23 유치원 주변 학교환경위생정화구역에서 성관련 청소년유해물건을 제작ㆍ생산ㆍ유통하는 청소년유해업소를 예외 없이 금지하는 구 학교보건법 제6조 제1항 제19호가 직업의 자유를 침해하는지 여부: 소극 [합헌] (헌재 2013.6.27, 2011헌바8)

24 학교 정화구역 내에서의 극장시설 및 영업을 금지하고 있는 학교보건법 제6조 제1항 본문 제2호 중 극장부분 중 대학의 정화구역에서도 극장영업을 일반적으로 금지하고 있는 부분이 직업의 자유를 과도 하게 침해하여 위헌인지 여부: 적극[위헌] (헌재 2004.5.27, 2003헌가1)

25 유치원 및 초·중·고등학교의 정화구역 중 극장영업을 절대적으로 금지하고 있는 절대금지구역 부분 이 극장 영업을 하고자 하는 자의 직업의 자유를 과도하게 침해하여 위헌인지 여부: 적극[헌법불합치] (헌재 2004.5.27, 2003헌가1)

26 학교환경위생정화구역 안에서는 당구장시설을 할 수 없도록 규정한 학교보건법 제6조 제1항 제13호 "당구장" 부분이 헌법에 위반되는지 여부: 적극[위헌] (헌재 1997.3.27, 94헌마196)
   《주의》 대학, 유치원: 위헌 / 초등학교, 중학교, 고등학교: 합헌

27 태아의 성감별행위 등을 금지한 것이 의사의 직업의 자유 등을 침해하는지 여부: 적극[헌법불합치] (헌재 2008.7.31, 2004헌마1010·2005헌바90)
   《주의》 부모의 인격권도 침해 ○ / 알 권리 침해 ×

28 '행정사법의 위임 없이 시행령이 자격시험의 실시가 필요하다고 인정하는 때에 시험 실시계획을 수립 하도록 한 부분'은 법률유보원칙에 위반하여 직업선택의 자유를 침해하는지 여부: 적극[위헌] (헌재 2010.4.29, 2007헌마910)

29 변호사에게 전년도에 처리한 수임사건의 건수 및 수임액을 소속 지방변호사회에 보고하도록 규정하고 있는 구 변호사법 제28조의2가 영업의 자유를 침해하는지 여부: 소극 (헌재 2009.10.29, 2007헌마667)

30 외국인근로자의 사업장변경 횟수를 3회로 제한하고 대통령령이 정하는 부득이한 사유가 있는 경우에 는 1회에 한하여 추가변경을 허용한 구 '외국인근로자의 고용 등에 관한 법률' 제25조 제4항 및 같은 법 시행령 제30조 제2항이 외국인의 직장선택의 자유를 침해하는지 여부: 소극[기각] (헌재 2011.9.29, 2007헌마1083)

31 외국인고용법에 정한 절차에 따라 사업장변경허가신청을 한 후 신청일로부터 2개월 내에 변경허가를 받지 못한 경우 출국대상이 되도록 규정한 외국인고용법 제25조 제3항이 직장선택의 자유를 침해하는 지 여부: 소극[기각] (헌재 2011.9.29, 2009헌마351)

32 공인회계사시험의 응시자격을 대학 등에서 일정 과목에 대하여 일정 학점을 이수하거나 학점인정을 받은 사람으로 제한하는 공인회계사법 제5조 제3항이 직업선택의 자유 및 평등권을 침해하는지 여부: 소극[기각] (헌재 2012.11.29, 2011헌마801)

33 특허·실용신안·디자인 또는 상표의 침해로 인한 손해배상 등의 민사소송(특허침해소송)에서 변리사 에게 소송대리를 허용하지 않고 있는 변리사법 제8조가 청구인들의 직업의 자유를 침해하는지 여부: 소극[기각] (헌재 2012.8.23, 2010헌마740)

34 한의사의 초음파진단기기와 같은 의료기기 사용을 '면허된 것 이외의 의료행위'로 금지하면서 위반하 는 경우 형사처벌하도록 하고 있는 의료법 제87조 제1항 제2호 관련 부분이 직업의 자유를 침해하는 지 여부: 소극[합헌] (헌재 2013.2.28, 2011헌바398)

35 전문과목을 표시한 치과의원은 그 표시한 전문과목에 해당하는 환자만을 진료하여야 한다고 규정한 의 료법 제77조 제3항이 치과전문의인 청구인들의 직업수행의 자유를 침해하는지 여부: 적극 (헌재 2015. 5.28, 2013헌마799)

36 치과전문의 자격 인정 요건으로 '외국의 의료기관에서 치과의사 전문의 과정을 이수한 사람'을 포함하 지 아니한 '치과의사전문의의 수련 및 자격 인정 등에 관한 규정' 제18조 제1항이 청구인들의 직업수 행의 자유를 침해하는지 여부: 적극[헌법불합치] (헌재 2015.9.24, 2013헌마197)

37 징역형의 집행이 종료된 후에도 20년간 택시운송사업 운전업무 종사자격을 취득할 수 없게 하는 조항들이 직업선택의 자유 등을 침해하는지 여부: 적극[헌법불합치] (헌재 2015.12.23, 2014헌바446)

38 성인대상 성범죄로 형을 선고받아 확정된 자는 그 형의 집행을 종료한 날부터 10년 동안 '학원의 설립·운영 및 과외교습에 관한 법률' 제2조 제1호의 학원을 개설하거나 위 기관에 취업할 수 없도록 한 '아동·청소년의 성보호에 관한 법률' 제56조 제1항 제3호가 직업의 자유를 침해하는지 여부: 적극[위헌] (헌재 2016.7.28, 2015헌마359)

39 성인대상 성범죄로 형을 선고받아 확정된 자는 그 형의 집행을 종료한 날부터 10년 동안 아동·청소년 관련 학원이나 교습소를 개설하거나 위 기관에 취업할 수 없도록 한 '아동·청소년의 성보호에 관한 법률' 제56조 제1항 제3호가 직업의 자유를 침해하는지 여부: 적극[위헌] (헌재 2016.7.28, 2015헌마914)

40 '성폭력범죄의 처벌 등에 관한 특례법' 제2조 제1항에 따른 성폭력범죄로 형을 선고받아 확정된 자는 그 형의 집행을 종료한 날부터 10년 동안 장애인복지시설을 개설하거나 위 기관에 취업할 수 없도록 한 장애인복지법 제59조의3 제1항 등이 직업의 자유를 침해하는지 여부: 적극[위헌] (헌재 2016.7.28, 2015헌마915)

41 성인대상 성범죄로 형을 선고받아 확정된 자는 그 형의 집행을 종료한 날부터 10년 동안 아동복지법 제2조 제5호의 아동복지시설을 개설하거나 위 기관에 취업할 수 없도록 한 구 '아동·청소년의 성보호에 관한 법률' 제44조 제1항 제9호 등이 직업의 자유를 침해하는지 여부: 적극[위헌] (헌재 2016.7.28, 2013헌바389)

42 성인대상 성범죄로 형을 선고받아 확정된 자로 하여금 그 형의 집행을 종료한 날부터 10년 동안 의료기관을 개설하거나 의료기관에 취업할 수 없도록 한 이 사건 법률조항이 청구인들의 직업선택의 자유를 침해하는지 여부: 적극 (헌재 2016.3.31, 2013헌마585 등)

43 성범죄로 형 또는 치료감호를 선고받아 확정된 자에 대하여 형 또는 치료감호의 집행이 종료·면제·유예된 때부터 10년 동안 아동·청소년 관련기관 등을 개설하거나 위 기관 등에 취업할 수 없도록 한 '아동·청소년의 성보호에 관한 법률' 제56조 제1항이 위헌인지 여부: 적극[위헌] (헌재 2016.4.28, 2015헌마98)

44 성적목적공공장소침입죄로 형을 선고받아 확정된 사람은 그 형의 집행을 종료한 날부터 10년 동안 의료기관을 제외한 아동·청소년 관련기관 등을 운영하거나 위 기관에 취업할 수 없도록 한 '아동·청소년의 성보호에 관한 법률' 제56조 제1항 중 관련 부분이 직업선택의 자유를 침해하는지 여부: 적극[위헌, 기각] (헌재 2016.10.27, 2014헌마709)

45 아동학대관련범죄로 형을 선고받아 확정된 자로 하여금 그 형이 확정된 때부터 형의 집행이 종료되거나 집행을 받지 아니하기로 확정된 후 10년 동안 체육시설, '초·중등교육법 제2조 각 호의 학교를 운영하거나 이에 취업 또는 사실상 노무를 제공할 수 없도록 한 아동복지법' 제29조의 제1항 제17호 등이 직업선택의 자유를 침해하는지 여부: 적극[위헌] (헌재 2018.6.28, 2017헌마130)

46 사법시험법을 폐지하도록 한 변호사시험법 부칙 제2조가 청구인들의 직업선택의 자유를 침해하는지 여부: 소극[기각] (헌재 2016.9.29, 2012헌마1002 등)

47 일정한 경력을 갖춘 공무원에 대하여 행정사 자격시험의 전부 또는 일부를 면제하도록 한 행정사법 제9조 제1항 제1호 등이 일반 응시자인 청구인들의 평등권 및 직업선택의 자유를 침해하는지 여부: 소극[기각] (헌재 2016.2.25, 2013헌마626 등)

48 성매매를 한 자를 형사처벌하도록 규정한 '성매매알선 등 행위의 처벌에 관한 법률' 제21조 제1항이 직업선택의 자유를 침해하는지 여부: 소극[합헌] (헌재 2016.3.31, 2013헌가2)

49 법학전문대학원에 입학할 수 있는 자는 학사학위를 가지고 있거나 법령에 따라 이와 동등 이상의 학력이 있다고 인정된 자로 한다고 규정한 '법학전문대학원 설치·운영에 관한 법률' 제22조(이하 '이 사건 법률조항'이라 한다)가 학사학위가 없는 자의 직업선택의 자유를 침해하는지 여부: 소극 (헌재 2016.3.31, 2014헌마1046)

50 공인중개사의 중개보수 한도조항 및 형사처벌조항 등이 직업수행의 자유를 침해하는지 여부: 소극[기각] (헌재 2016.5.26, 2015헌마248)

51 모든 음식점에 대하여 예외 없이 영업시간 전체에 걸쳐 당해 시설 전체를 금연구역으로 지정하도록 한 것이 직업의 자유를 침해하는지 여부: 소극[기각] (헌재 2016.6.30, 2015헌마813)

52 법학전문대학원으로 하여금 필수적으로 외국어능력을 입학전형자료로 활용하도록 규정하고 있는 '법학전문대학원 설치·운영에 관한 법률' 제23조 제2항 중 '외국어능력'에 관한 부분이 직업선택의 자유를 침해하는지 여부: 소극[기각] (헌재 2016.12.29, 2016헌마550)

53 수입 쌀과 국산 쌀 혼합판매 금지 및 생산연도가 다른 미곡 혼합판매를 금지하는 것이 직업의 자유를 침해하여 위헌인지 여부: 소극[기각] (헌재 2017.5.25, 2015헌마869)

54 샘플 화장품 판매 금지와 그 위반자에 대한 형사처벌 조항이 직업수행의 자유를 침해하는지 여부: 소극[합헌] (헌재 2017.5.25, 2016헌바408)

55 현금영수증 미발급에 대한 과태료 부과처분이 직업의 자유를 침해하는지 여부: 소극[합헌] (헌재 2017.5.25, 2017헌바57)

56 문화재수리법위반으로 집행유예를 선고받은 문화재수리기술자에 대해서 그 자격을 취소하도록 한 것이 직업의 자유를 침해하는지 여부: 소극[합헌] (헌재 2017.5.25, 2015헌바373)

57 동물검역기관의 장의 승인을 받지 않고 지정검역물의 관리에 필요한 비용을 화주로부터 징수한 경우 보관관리인 지정을 필요적으로 취소하도록 한 가축전염병 예방법 제43조 제3항 제3호 중 '보관관리인'에 관한 부분이 직업선택의 자유를 침해하는지 여부: 소극[합헌] (헌재 2017.4.27, 2014헌바405)

58 재가장기요양기관의 장이 보건복지부령으로 정하는 재무·회계기준에 따라 재가장기요양기관을 운영하도록 규정한 제35조의2 제1항 등이 직업수행의 자유를 침해하는지 여부: 소극[기각] (헌재 2017.6.29, 2016헌마719)

59 허위로 진료비를 청구하여 환자나 진료비 지급 기관 등을 속임으로써 사기죄로 금고 이상의 형을 선고받고 그 형의 집행이 종료되지 아니하였거나 집행을 받지 아니하기로 확정되지 아니한 의료인에 대하여 필요적으로 면허를 취소하도록 정하고 있는 의료법 제65조 제1항 단서 제1호 등이 직업의 자유를 침해하는지 여부: 소극[합헌] (헌재 2017.6.29, 2016헌바394)

60 건설업자가 부당한 방법으로 건설업의 등록을 한 경우 건설업 등록을 필요적으로 말소하도록 규정한 건설산업기본법 제8조 단서 중 제1호 부분이 법률의 직업의 자유를 침해하는지 여부: 소극[합헌] (헌재 2004.7.15, 2003헌바35)

61 임원이 금고 이상의 형을 선고받은 경우 법인의 건설업 등록을 필요적으로 말소하도록 규정한 구 건설산업기본법 관련 규정이 청구인의 직업수행의 자유를 침해하는지 여부: 적극[위헌] (헌재 2014.4.24, 2013헌바25)

62 법인의 임원이 학원법을 위반하여 벌금형을 선고받은 경우, 법인의 학원설립·운영 등록이 효력을 잃도록 규정하고 있는 학원법이 과잉금지원칙에 위배되어 직업수행의 자유를 침해하는지 여부: 적극 (헌재 2015.5.28, 2012헌마653)

63 선박급유업을 항만별로 지방해양항만청장에게 등록하도록 하고, 등록한 사항을 위반하여 선박급유업을 한 자를 처벌하도록 하는 구 항만운송사업법 제26조의3 제1항 등이 직업수행의 자유를 침해하는지 여부: 소극[합헌] (헌재 2017.8.31, 2016헌바386)

64 공공기관에 의한 입찰참가자격 제한 제도가 직업의 자유를 침해하는지 여부: 소극[합헌] (헌재 2017.8.31, 2015헌바388)

65 문화재수리업자가 문화재수리를 직접 수행하지 않고 다른 업체에 하도급하는 것을 금지하고 이를 위반하는 경우 형벌을 부과하도록 한 '문화재수리 등에 관한 법률' 제25조 제1항 등이 직업수행의 자유를 침해하는지 여부: 소극[합헌] (헌재 2017.11.30, 2015헌바337)

66 제조업의 직접생산공정업무를 근로자파견의 대상 업무에서 제외하는 '파견근로자보호 등에 관한 법률' 제5조 제1항, 제조업의 직업생산공정업무에 관하여 근로자파견의 역무를 제공받는 것을 금지하고, 위반시 처벌하는 '파견근로자 보호 등에 관한 법률' 제5조 제5항 등이 직업수행의 자유를 침해하는지 여부: 소극[합헌] (헌재 2017.12.28, 2016헌바346)

67 변리사의 연수의무를 규정한 변리사법 제15조 제1항 본문('연수조항')이 직업수행의 자유를 침해하는지 여부: 소극[기각] (헌재 2017.12.28, 2015헌마1000)

68 의료인이나 의료기관이 본인부담금 할인방식의 환자유인행위를 하는 경우 이를 형사처벌하는 의료법 제27조 제3항 본문 중 '본인부담금을 할인하여 유인하는 행위'에 관한 부분 및 구 의료법 제88조 가운데 제27조 제3항 중 '본인부담금을 할인하여 유인하는 행위'에 관한 부분이 직업수행의 자유를 침해하는지 여부: 소극[합헌] (헌재 2017.12.28, 2016헌바311)

69 어린이집이 시·도지사가 정한 수납한도액의 범위를 넘어 필요경비를 수납한 경우 시정 또는 변경을 명할 수 있도록 한 영유아보육법 제44조 제5호 중 제38조에 따른 그 밖의 필요경비에 관한 부분이 직업의 자유와 재산권을 침해하는지 여부: 소극[합헌] (헌재 2017.12.28, 2016헌바249)

70 청원경찰이 금고 이상의 형의 선고유예를 받은 경우 당연퇴직되도록 규정한 청원경찰법 규정이 직업의 자유를 침해하는지 여부: 적극[위헌] (헌재 2018.1.25, 2017헌가26)
《주의》 지방공무원, 군무원, 국가공무원, 경찰공무원, 향토예비군 지휘관, 군무원이 선고유예를 받은 경우 당연히 그 직을 상실하도록 규정한 조항들에 대하여 과잉금지원칙에 반하여 공무담임권을 침해한다는 이유로 위헌 판결을 내렸다.
《주의》 청원경찰의 경우에는 공무담임권이 아닌 '직업의 자유'를 침해하여 헌법에 위반된다고 판시하였다.

71 의료기기 거래와 관련하여 리베이트를 주고받은 의료기기업자와 의료인을 처벌하는 구 의료기기법 및 구 의료법 관련 규정이 직업의 자유를 침해하는지 여부: 소극[합헌] (헌재 2018.1.25, 2016헌바201)

72 허가받은 지역 밖에서 응급환자이송업의 영업을 하면 처벌하는 '응급의료에 관한 법률' 제51조 제1항 후문 등이 직업수행의 자유를 침해하는지 여부: 소극[합헌] (헌재 2018.2.22, 2016헌바100)

73 변호사시험 응시자격으로서 법학전문대학원 석사학위를 취득하도록 한 변호사시험법 제5조 제1항이 청구인들의 직업선택의 자유 및 평등권을 침해하는지 여부: 소극[합헌] (헌재 2018.2.22, 2016헌마713)

74 '장애인활동지원 급여비용 등에 관한 고시'상 활동보조기관에게 지급되는 시간당 급여비용을 매일 일반적으로 제공하는 경우에는 9,240원으로, 공휴일과 근로자의 날에 제공하는 경우에는 13,860원으로 정한 조항들이 활동보조기관을 운영하는 청구인들의 직업수행의 자유를 침해하는지 여부: 소극[기각] (헌재 2018.2.22, 2017헌마322)

75 담배제조업의 허가를 받기 위해서는 300억원 이상의 자본금, 연간 50억 개비 이상의 담배를 제조할 수 있는 시설 등을 갖추어야 한다고 규정한 담배사업법 시행령 제4조 제1항 및 제2호가 직업선택의 자유를 침해하는지 여부: 소극[기각] (헌재 2018.2.22, 2017헌마438)

76 세무사 자격 보유 변호사로 하여금 세무사로서 세무사의 업무를 할 수 없도록 규정한 세무사법 제6조 제1항 등이 직업선택의 자유를 침해하여 위헌인지 여부: 적극[헌법불합치] (헌재 2018.4.26, 2015헌가19)

77 대형마트 등에 대하여 영업시간 제한 및 의무휴업일 지정을 할 수 있도록 한 유통산업발전법 제12조의2 제1항 등이 직업수행의 자유를 침해하는지 여부: 소극[합헌] (헌재 2018.6.28, 2016헌바77)

78 온라인서비스제공자에게 자신이 관리하는 정보통신망에서 아동·청소년이용음란물을 발견하기 위하여 대통령령으로 정하는 조치를 취하고, 발견된 아동·청소년이용음란물 즉시 삭제, 전송을 방지 또는 중단하는 기술적인 조치를 할 의무를 부과하고, 이에 위반한 경우 3년 이하의 징역 또는 2,000만원 이하의 벌금에 처하도록 규정한 아동·청소년의 성보호에 관한 법률 제17조 제1항이 영업수행의 자유 등을 침해하는지 여부: 소극[합헌] (헌재 2018.6.28, 2016헌가15)

79 특정인의 사생활 등을 조사하는 일을 업으로 하는 행위와 탐정 유사 명칭의 사용 금지를 규정한 '신용정보의 이용 및 보호에 관한 법률' 제40조 후단이 직업선택의 자유를 침해하는지 여부: 소극[기각] (헌재 2018.6.28, 2016헌마473)

80 택시운송비용 전가를 금지하는 택시운송사업의 발전에 관한 법률 제12조 제1항이 직업의 자유를 침해하는지 여부: 소극[기각] (헌재 2018.6.28, 2016헌마153)

81 변호사의 자격을 가진 자로서 변리사등록을 한 자에게 변리사 자격을 주는 변리사법 제3조 제1항 제2호와 특허청 경력공무원에게 변리사시험의 일부를 면제해 주는 것이 변리사시험을 통하여 변리사가 되고자 하는 일반인들의 평등권 및 직업선택의 자유를 침해하는지 여부: 소극 (헌재 2010.2.25, 2007헌마956)

82 찜질방출입을 22:00 이후부터 05:00까지 보호자가 동행하지 않는 청소년에 대해서 제한한 것이 찜질방 영업자의 직업의 자유를 침해하는지 여부: 소극 (헌재 2008.1.17, 2005헌마1215)

83 제2차 사법시험에서 해당 문제번호의 답안지에 답안을 작성하지 아니한 자에 대하여 그 과목을 0점처리하도록 규정하고 있는 사법시험법 시행규칙 제7조 제7호가 헌법에 위반되는지 여부: 소극 (헌재 2008.10.30, 2007헌마1281)

84 주취 중 운전금지규정을 3회 위반한 자에 대하여 필요적으로 운전면허를 취소하는 것이 위헌인지 여부: 소극 (헌재 2006.5.25, 2005헌바91)

85 음주측정거부자에 대하여 필요적으로 운전면허를 취소하도록 규정한 구 도로교통법 제78조 제1항 단서 중 제8호 부분이 헌법에 위반되는지 여부: 소극
직업의 자유를 본질적으로 침해하거나 일반적 행동의 자유를 침해한다고 볼 수 없다(헌재 2007.12.27, 2005헌바95).

86 운전면허를 받은 사람이 자동차 등을 이용하여 살인 또는 강간 등 행정안전부령이 정하는 범죄행위를 한 때 운전면허를 필요적으로 취소하도록 하는 구 도로교통법 제93조 제1항 제11호가 직업의 자유를 침해하는지 여부: 적극 (헌재 2015.5.28, 2013헌가6)

87 '다른 사람의 자동차 등을 훔친 경우'를 필요적 운전면허 취소사유로 규정한 도로교통법 조항이 운전면허 소지자의 직업의 자유 및 일반적 행동의 자유를 침해하는지 여부: 적극[위헌] (헌재 2017.5.25, 2016헌가6)

88 여객자동차운송사업의 운전자격을 취득한 자가 도주차량죄를 범한 경우 그 운전자격을 필요적으로 취소하도록 한 것이 직업의 자유를 침해하는지 여부: 소극[합헌] (헌재 2017.9.28, 2016헌바339)

89 사람을 사상한 후 필요한 조치 및 신고를 하지 아니하여 벌금 이상의 형을 선고받고 운전면허가 취소된 사람은 운전면허가 취소된 날부터 4년간 운전면허를 받을 수 없도록 하는 도로교통법 제82조 제2항 제4호가 직업의 자유 및 일반적 행동의 자유를 침해하는지 여부: 소극[합헌] (헌재 2017.12.28, 2016헌바254)

90 '거짓이나 그 밖의 부정한 수단으로 운전면허를 받은 경우'에 관한 부분 가운데 각 '거짓이나 그 밖의 부정한 수단으로 받은 운전면허를 제외한 운전면허'를 필요적으로 취소하도록 한 부분은 모두 헌법에 위반된다 (헌재 2020.6.25, 2019헌가9 · 2019헌가10).

   «주의» 부정취득한 운전면허뿐만 아니라 부정취득하지 않은 운전면허까지 필요적으로 취소하도록 한 부분이 위법하다.

91 부동산중개 법정수수료제도가 부동산중개업자의 직업의 자유를 침해하는지 여부: 소극 (헌재 2002.6. 27, 2000헌마642 · 2001헌바12)

92 사법시험에서의 영어시험대체제도 및 법학 35학점 이수제도가 위헌인지 여부: 소극 (헌재 2007.4.26, 2003헌마947 등)

93 금고 이상의 실형을 선고받고 그 집행이 종료된 날부터 3년이 경과되지 아니한 자는 중개사무소 개설등록을 할 수 없고, 소속공인중개사 또는 중개보조원도 될 수 없도록 하는 것이 직업선택의 자유를 침해하는지 여부: 소극 (헌재 2008.9.25, 2007헌마419)

94 이륜자동차 운전자의 고속도로 통행을 금지하는 것이 직업수행의 자유를 침해하는지 여부: 소극 (헌재 2011.11.24, 2011헌바51)

95 상시 50명 이상의 근로자를 고용하는 사업주는 근로자 총수의 100분의 5의 범위에서 대통령령으로 정하는 비율 이상에 해당하는 장애인을 고용하여야 하고, 의무고용률에 못 미치는 장애인을 고용하는 사업주는 장애인 고용부담금을 납부하도록 하는 것이 직업의 자유 및 재산권을 침해하는지 여부: 소극 [합헌] (헌재 2012.3.29, 2010헌바432)

96 변호사시험의 응시자격을 법학전문대학원의 석사학위 취득자로 제한하는 것이 직업선택의 자유와 평등권을 침해하는지 여부: 소극 (헌재 2012.4.24, 2009헌마608)

97 지방의회의원의 지방공사 직원 겸직을 금지하는 것이 직업선택의 자유 및 평등권을 침해하는지 여부: 소극 (헌재 2012.4.24, 2010헌마605)

98 변호사법 제109조 제2호 중 제34조 제2항 가운데(변호사는 법률사건의 수임에 관하여 알선의 대가로 금품을 제공하거나 이를 약속하여서는 아니 된다) 부분이 변호사의 직업의 자유를 침해하는지 여부: 소극[합헌] (헌재 2013.2.28, 2012헌바62)

99 PC방 전체를 금연구역으로 지정하도록 한 국민건강증진법 제9조 제4항 제23호 중 '인터넷컴퓨터게임 시설제공업소' 부분 등이 직업수행의 자유를 침해하는지 여부: 소극[기각] (헌재 2013.6.27, 2011헌마315)

100 농협 · 축협조합장이 금고 이상의 형을 선고받고 그 형이 확정되지 아니한 경우에도 이사가 그 직무를 대행하도록 규정한 농업협동조합법 제46조 제4항 제3호 중 '조합장'에 관한 부분 등이 과잉금지원칙에 반하여 조합장인 청구인들의 직업수행의 자유를 침해하는지 여부: 적극[위헌] (헌재 2013.8.29, 2010헌마562)

101 법학전문대학원 출신 변호사는 6개월 이상 법률사무종사기관에서 의무종사 또는 의무연수를 마치지 않으면 사건을 단독 또는 공동으로 수임할 수 없도록 규정하고 있는 변호사법이 직업수행의 자유를 침해하는지 여부: 소극[기각] (헌재 2013.10.24, 2012헌마480)

102 숙박업을 하고자 하는 자에게 신고의무를 부과하고 이를 이행하지 아니한 자를 형사처벌하도록 규정하고 있는 공중위생관리법 제2조 제1항 등이 직업의 자유를 침해하는지 여부: 소극[합헌] (헌재 2016.9.29, 2015헌바121)

103 변호사시험의 응시기회를 법학전문대학원 석사학위를 취득한 달의 말일부터 5년 내에 5회로 제한한 변호사시험법 제7조 제1항은 청구인들의 직업선택의 자유를 침해하는지 여부: 소극[기각] (헌재 2016.9.29, 2016헌마47)

104 도로교통법 제63조 중 이륜자동차 운전자의 고속도로 통행을 금지하는 부분이 청구인들의 직업수행의 자유를 침해하는지 여부: 소극[합헌] (헌재 2008.7.31, 2007헌바90)

105 공무원보수규정의 봉급액 책정에 있어서 경장의 봉급액과 중사의 봉급액을 다르게 규정한 것이 이들의 직업선택의 자유를 침해하는지 여부: 소극[기각] (헌재 2008.12.26, 2007헌마444)

106 의료인의 면허된 의료행위 이외의 의료행위를 금지하고 처벌하는 의료법에 대한 심판청구에 대하여 외국인인 청구인의 직업의 자유 및 평등권에 관한 기본권주체성이 인정되는지 여부: 소극[각하] (헌재 2014.8.28, 2013헌마359)

  ✎ 헌법재판소는 외국인이 국내에서 누리는 직업의 자유는 법률 이전에 헌법에 의해서 부여된 기본권이라고 할 수는 없고, 외국인이 대한민국 법률에 따른 허가를 받아 국내에서 일정한 직업을 수행함으로써 근로관계가 형성된 경우에만 인정되는 자유라고 보고 있다.

107 법학전문대학원 입학자 중 법학 외의 분야 및 당해 법학전문대학원이 설치된 대학 외의 대학에서 학사학위를 취득한 자가 차지하는 비율이 입학자의 3분의 1 이상이 되도록 규정한 이 사건 법률 제26조 제2항 및 제3항이 청구인들의 직업선택의 자유를 침해하는지 여부: 소극[기각] (헌재 2009.2.26, 2007헌마1262)

108 한국방송광고공사와 이로부터 출자를 받은 회사가 아니면 지상파방송사업자에 대해 방송광고 판매대행을 할 수 없도록 규정하고 있는 구 방송법 제73조 제5항이 방송광고판매대행업자인 청구인의 직업수행의 자유를 침해하는지 여부: 적극[헌법불합치] (헌재 2008.11.27, 2006헌마352)

109 국세 관련 경력공무원에 대하여 세무사자격을 부여하지 않도록 개정된 세무사법 제3조가 직업선택의 자유를 침해하는지 여부: 소극 (헌재 2001.9.27, 2000헌마152)

  ✎ 다만, 이 판례의 경우 기존 국세 관련 경력공무원의 일부에게만 구법 규정을 적용하여 세무사자격을 부여하도록 규정한 세무사법 부칙 제3항에 대해서는 헌법불합치 판결을 내렸다. ➔ 신뢰보호원칙, 평등의 원칙 위반

110 자동차운전전문학원을 졸업하고 운전면허를 받은 사람 중 교통사고를 일으킨 비율이 대통령령이 정하는 비율을 초과하는 때에는 학원의 등록을 취소하거나 1년 이내의 운영정지를 명할 수 있도록 한 도로교통법 조항이 직업의 자유를 침해하는지 여부: 적극[위헌] (헌재 2005.7.21, 2004헌가30)

111 의료기관의 시설 또는 부지의 일부를 분할·변경 또는 개수하여 약국을 개설하는 것을 금지한 약사법 규정이 직업행사의 자유를 침해하는지 여부: 소극 (헌재 2003.10.30, 2001헌마700)

112 변호사선임서 등을 공공기관에 제출할 때 소속 지방변호사회를 경유하도록 하는 변호사법 제29조가 변호사의 직업수행의 자유를 침해하는지 여부: 소극 (헌재 2013.5.30, 2011헌마131)

113 정원제로 사법시험의 합격자를 결정하는 방법이 '객관적인 사유'에 의한 직업선택의 자유의 제한에 해당하는지 여부: 소극 (헌재 2010.5.27, 2008헌바110)

  ✎ 정원제로 사법시험의 합격자를 결정하는 방법은 주관적인 사유에 의한 제한에 해당

114 사법시험의 합격자를 정원제로 선발하도록 규정하고 있는 사법시험법 제4조가 직업선택의 자유를 침해하는지 여부: 소극[합헌] (헌재 2010.5.27, 2008헌바110)

115 시각장애인에 대하여만 안마사 자격인정을 받을 수 있도록 하는 이른바 비맹제외기준을 설정하고 있는 구 의료법 조항이 비시각장애인의 직업선택의 자유를 침해하는지 여부: 소극[기각] (헌재 2008. 10.30, 2006헌마1098)

 ✎ 객관적 사유에 의한 직업결정의 자유의 제한이지만 합헌인 사례

116 의료인은 어떠한 명목으로도 둘 이상의 의료기관을 운영할 수 없다고 규정한 의료법 제33조 제8항 등이 의료인의 직업수행의 자유를 침해하는지 여부: 소극[합헌] (헌재 2019.8.29, 2014헌바212 · 2014헌가15 등)

117 교통사고로 사람을 사상한 후 필요한 조치를 하지 아니한 경우 운전면허 임의적 취소조항이 일반적 행동의 자유 또는 직업의 자유를 침해하는지 여부: 소극[합헌] (헌재 2019.8.29, 2018헌바4)

118 '학원의 설립 · 운영 및 과외교습에 관한 법률'(2007.12.21. 법률 제8711호로 개정된 것, 이하 '학원법'이라 한다)을 위반하여 벌금형을 선고받은 후 1년이 지나지 아니한 자는 학원설립 · 운영의 등록을 할 수 없도록 규정한 학원법 제9조 제1항 제4호(이하 '이 사건 등록결격조항'이라 한다)가 과잉금지원칙에 위배되어 직업선택의 자유를 침해하는지 여부: 소극

118-1 법인의 임원이 학원법을 위반하여 벌금형을 선고받은 경우, 법인의 학원설립 · 운영 등록이 효력을 잃도록 규정하고 있는 학원법 제9조 제2항 본문 중 제9조 제1항 제7호 가운데 제9조 제1항 제4호에 관한 부분(이하 '이 사건 등록실효조항'이라 한다)이 과잉금지원칙에 위배되어 직업수행의 자유를 침해하는지 여부: 적극

119 담배자동판매기의 설치제한(設置制限) 및 철거(撤去)를 규정한 조례(條例)가 직업수행(職業遂行)의 자유(自由)를 침해하는지 여부: 소극 (헌재 1995.4.20, 92헌마264,279)

120 국제결혼중개업의 등록요건으로 1억원 이상의 자본금을 요구하는 결혼중개업법 제24조의3가 직업선택의 자유를 침해하는지 여부: 소극 (헌재 2014.3.27, 2012헌마745)

121 의료법에 따라 개설된 의료기관이 당연히 국민건강보험 요양기관이 되도록 규정하고 있는 약사법 규정이 직업의 자유를 침해하는지 여부: 소극 (헌재 2014.4.24, 2012헌마865)

122 파산신고를 받은 교원의 지위 박탈이 직업수행의 자유를 침해하는지 여부: 소극 (헌재 2008.11.27, 2005헌가21)

 ▶ 과잉금지의 원칙에 위배되지 않는다고 본 사안

123 개성공단 전면중단 조치가 관련 기업인들의 영업의 자유를 침해하는지 여부: 소극[기각] (헌재 2022.1.27, 2016헌마364)

124 유치원의 학교에 속하는 회계의 예산과목 구분을 정한 '사학기관 재무·회계 규칙'이 사립유치원 설립 · 경영자의 사립유치원 운영의 자유를 침해하는지 여부: 소극[기각] (헌재 2019.7.25, 2017헌마1038 등)

125 법무법인의 영리행위 겸업금지가 법무법인의 영업의 자유를 침해하는지 여부: 소극[합헌] (헌재 2020.7.16, 2018헌바195)

126 업무상 재해로 인해 휴업하여 당해 연도에 출근의무가 없는 근로자에게도 유급휴가를 주도록 되어 있는 근로기준법 조항이 과잉금지원칙에 위배되어 사용자의 직업수행의 자유를 침해하는지 여부: 소극[합헌] (헌재 2020.9.24, 2017헌바433)

127 '약사 또는 한약사가 아닌 자연인'의 약국 개설을 금지하고 위반시 형사처벌하는 심판대상조항이 과잉금지원칙에 반하여 직업의 자유를 침해하는지 여부: 소극[합헌] (헌재 2020.10.29, 2019헌바249)

128 상조회사에 선수금 보전의무를 부여하고 이를 보전하지 않고 영업할 경우 시정조치를 명할 수 있도록 규정한 할부거래법 조항이 직업의 자유를 침해하는지 여부: 소극[합헌] (헌재 2020.12.23, 2018헌바382)

129 게임물 관련 사업자가 게임물을 통해 경품 등을 제공하는 것을 원칙적으로 금지하고, 예외적인 경우에만 이를 허용하는 '게임산업진흥에 관한 법률' 제28조 제3호가 직업의 자유를 침해하는지 여부: 소극[합헌] (헌재 2020.12.23, 2017헌바463 등)

130 승차정원 11인승 이상 15인승 이하인 승합자동차의 경우, 관광을 목적으로, 6시간 이상 대여하거나, 대여 또는 반납 장소가 공항 또는 항만인 경우에 한정하여 자동차대여사업자로 하여금 승합자동차의 임차인에게 운전자를 알선할 수 있도록 하는 '여객자동차 운수사업법'이 직업의 자유를 침해하는지 여부: 소극[기각] (헌재 2021.6.24, 2020헌마651)

131 소송사건의 대리인인 변호사가 수용자를 접견하고자 하는 경우 소송계속 사실을 소명할 수 있는 자료를 제출하도록 요구하는 것이 변호사의 직업수행의 자유를 침해하여 헌법에 위반되는지 여부: 적극[위헌] (헌재 2021.10.28, 2018헌마60)

132 금융감독원의 4급 이상 직원에 대하여 퇴직일부터 3년간 퇴직 전 5년 동안 소속하였던 부서 또는 기관의 업무와 밀접한 관련성이 있는 취업심사대상기관에의 취업을 제한하는 공직자윤리법이 직업의 자유를 침해하는지 여부: 소극[기각] (헌재 2021.11.25, 2019헌마555)

133 금지조항 및 정보통신시스템, 데이터 또는 프로그램 등의 운용을 방해할 수 있는 악성프로그램을 유포한 자를 형사처벌하도록 규정한 구 '정보통신망 이용촉진 및 정보보호 등에 관한 법률' 제71조 제9호가 과잉금지원칙에 반하여 직업의 자유를 침해하는지 여부: 소극[합헌] (헌재 2021.7.15, 2018헌바428)

134 건설업 등록기준 중 자본금기준에 미달하여 영업정지처분을 받았던 건설업자가 3년 안에 다시 동일한 자본금기준에 미달한 경우 건설업 등록을 필요적으로 말소하도록 한 구 건설산업기본법 제83조 단서 중 제3호의3 가운데 제10조 제2호에 관한 부분이 직업의 자유를 침해하는지 여부: 소극[합헌] (헌재 2021.7.15, 2019헌바230)

135 접촉차단시설이 설치되지 않은 장소에서 수용자와 접견할 수 있는 예외 대상의 범위에 소송대리인이 되려는 변호사를 포함시키지 않은 것이 변호사인 청구인의 직업수행의 자유를 침해하는지 여부: 소극[기각] (헌재 2022.2.24, 2018헌마1010)

136 비의료인의 문신시술을 금지하고 위반하면 처벌하는 것이 직업의 자유를 침해하는지 여부: 소극[기각] (헌재 2022.3.31, 2017헌마1343 등)

137 의료인이 아닌 사람도 문신시술을 업으로 행할 수 있도록 그 자격 및 요건을 법률로 정하지 아니한 입법부작위가 직업선택의 자유를 침해하는지 여부: 소극[각하] (헌재 2022.3.31, 2017헌마1343 등)

138 '제10회 변호사시험 일시, 장소 및 응시자준수사항 공고'(법무부공고 제2020-360호) 및 '코로나19 관련 제10회 변호사시험 응시자 유의사항 등 알림' 중 코로나19 확진환자의 응시를 금지하고, 자가격리자 및 고위험자의 응시를 제한한 부분이 직업선택의 자유를 침해하는지 여부: 적극 (헌재 2023.2.23, 2020헌마1736)

139 대통령령이 정하는 운송사업자는 운수종사자가 이용자로부터 수령한 운송수입금의 전액을 당해 운수종사자로부터 납부받도록 규정한 구 '여객자동차운수사업법' 제22조 제1항이 운송사업자인 청구인의 직업선택의 자유 등을 침해하여 위헌인지 여부: 소극[합헌] (헌재 2009.9.24, 2008헌바75)

140 가맹점사업자에게 가맹점운영권을 부여하는 사업자인 가맹본부가 가맹희망자에게 제공하기 위한 정보공개서에 차액가맹금과 관련된 정보 등을 기재하도록 한 '가맹사업거래의 공정화에 관한 법률(이하 '가맹사업법'이라 한다) 시행령' 제4조 제1항 별표 1 중 제5호 나목 2) 및 제6호 가목이 가맹본부 청구인들의 직업수행의 자유를 침해하는지 여부: 소극

[1] 심판대상조항이 법률유보원칙을 위배하여 가맹본부 청구인들의 직업수행의 자유를 침해하는지 여부: 소극

[2] 심판대상조항이 명확성원칙을 위배하여 가맹본부 청구인들의 직업수행의 자유를 침해하는지 여부: 소극 (헌재 2021.10.28, 2019헌마288)

141 보안거리에 저촉되는 화약류저장소에 대한 시설이전명령을 규정한 '총포·도검·화약류 등의 안전관리에 관한 법률' 제47조 제1항 제2호 중 '화약류설치자에 대한 시설의 이전' 부분(이하 '이 사건 명령조항'이라 한다)이 과잉금지원칙에 위반되어 영업의 자유를 침해하는지 여부: 소극 (헌재 2021.9.30, 2018헌바456)

142 형집행법 시행규칙 제29조의2 제1항 제2호에서 변호사접견에 '소송계속 사실을 소명할 수 있는 자료'의 제출을 요구함으로써 재심청구 전에는 변호사접견이 허용되지 않도록 규정한 것은 변호사로서의 직업수행의 자유 등을 침해하는지 여부: 적극 (헌재 2021.10.28, 2018헌마60)

143 안경사 면허를 가진 자연인에게만 안경업소의 개설 등을 할 수 있도록 한 것은 안경사들로만 구성된 법인 형태의 안경업소 개설까지 허용하지 않으므로 과잉금지원칙에 반하여 자연인 안경사와 법인의 직업의 자유를 침해하는지 여부: 소극 (헌재 2021.6.24, 2017헌가31)

144 의료인으로 하여금 어떠한 명목으로도 둘 이상의 의료기관을 개설할 수 없도록 하고 이를 위반할 경우 형사처벌하는 것이 과잉금지원칙에 반하여 여러 개의 의료기관을 개설하고자 하는 의료인의 직업수행의 자유를 침해하는지 여부: 소극 (헌재 2021.6.24, 2019헌바342)

145 세무사법 위반으로 벌금형을 받은 세무사의 등록을 필요적으로 취소하도록 한 세무사법 제7조 제2호 중 제4조 제10호의 '이 법에 따른 벌금의 형을 받은 자'에 관한 부분이 직업선택의 자유를 침해하는지 여부: 소극 (헌재 2021.10.28, 2020헌바221)

146 주류 판매업면허를 받은 자가 타인과 동업 경영을 하는 경우 관할 세무서장이 해당 주류 판매업자의 면허를 필요적으로 취소하도록 한 구 주세법 제15조 제2항 제10호가 주류 판매면허업자의 직업의 자유를 침해하는지 여부: 소극 (헌재 2021.4.29, 2020헌바328)

147 일반게임제공업자에 대해 게임물의 버튼 등 입력장치를 자동으로 조작하여 게임을 진행하는 장치 또는 소프트웨어를 제공하거나 게임물 이용자가 이를 이용하게 하는 행위를 금지하는 '게임산업진흥에 관한 법률 시행령' 별표 2 제9호가 법률유보원칙을 위반하여 일반게임제공업자의 직업의 자유를 침해하는지 여부: 소극 (헌재 2022.5.26, 2020헌마670, 705)

148 부동산등기법 제24조 제1항 제2호, 부동산등기규칙 제68조, 대법원 등기예규 '사용자등록절차에 관한 업무처리지침' 제1항, 대법원 등기예규 '전산정보처리조직에 의한 부동산등기신청에 관한 업무처리지침' 제4. 가.항이 부동산등기법의 기본 원칙인 출석주의를 훼손하고, 금융기관에 특혜를 부여함으로써 법무사인 청구인들의 직업선택의 자유를 침해하는지 여부: 소극 (헌재 2021.12.23, 2018헌마49)

149 최저임금의 적용을 위하여 주(週) 단위로 정해진 비교대상 임금을 시간에 대한 임금으로 환산할 때, 1주 동안의 소정근로시간 수와 법정 주휴시간 수를 합산한 시간 수로 해당 임금을 나누도록 하는 규정이 사용자의 직업의 자유를 침해하는지 여부: 소극 (헌재 2020.6.25, 2019헌마15)

150 주방에서 발생하는 음식물 찌꺼기 등을 분쇄하여 오수와 함께 배출하는 주방용오물분쇄기의 판매와 사용을 금지하는 환경부고시 주방용오물분쇄기의 판매·사용금지의 규정이 주방용오물분쇄기를 사용하거나 판매하려는 사람들의 직업의 자유를 침해하는지 여부: 소극 (헌재 2018.6.28, 2016헌마1151)

151 '사업용 자동차, 사업용 화물자동차, 음식판매자동차'에 해당하지 않는 자동차의 외부에는 '소유자의 성명·명칭·주소·업소명·전화번호, 자기의 상표 또는 상징형 도안'만 표시할 수 있도록 규정한 구 '옥외광고물 등의 관리와 옥외광고산업 진흥에 관한 법률 시행령' 제19조 제5항 제2호 중 제1항부터 제4항까지의 규정에 따른 교통수단 외의 교통수단 가운데 자동차에 관한 부분이 청구인의 직업의 자유를 침해하는지 여부: 소극 (헌재 2022.1.27, 2019헌마327)

152 변호사 광고의 내용, 방법 등을 규제하는 대한변호사협회의 '변호사 광고에 관한 규정'(변협 규정 제44호)이 표현의 자유와 직업의 자유를 침해하는지 여부: 적극[위헌] (헌재 2022.5.26, 2021헌마619)

[1] 유권해석위반 광고금지규정이 법률유보원칙에 위반되는지 여부: 적극

유권해석위반 광고금지규정은 수권법률로부터 위임된 범위 내에서 명확하게 규율 범위를 정하고 있다고 보기 어려우므로, 법률유보원칙에 위반되어 청구인들의 표현의 자유, 직업의 자유를 침해한다.

[2] 대가수수 광고금지규정이 과잉금지원칙에 위반되는지 여부: 적극

대가수수 광고금지규정은 과잉금지원칙에 위반되어 청구인들의 표현의 자유와 직업의 자유를 침해한다.

153 아동학대관련범죄로 벌금형이 확정된 날부터 10년이 지나지 아니한 사람은 어린이집을 설치·운영하거나 어린이집에 근무할 수 없도록 한 것이 직업의 자유를 침해하는지 여부: 적극[위헌] (헌재 2022. 9.29, 2019헌마813)

제3절 소비자의 권리

헌법 제124조 국가는 건전한 소비행위를 계도하고 생산품의 품질향상을 촉구하기 위한 소비자보호운동을 법률이 정하는 바에 의하여 보장한다.

01 의의

1. 우리나라 연혁

1980년 제8차 개정헌법에서 '소비자보호운동조항'을 최초로 규정
《주의》 환경보호운동조항은 우리나라 헌법에 존재하지 않음

2. 근거

현행헌법이 소비자보호운동의 보장차원에서 규정, 기본권으로 명시 ×

02 법적 성격 - 복합적 기본권

1. 자유권적 기본권의 성격

2. 경제적 기본권의 성격

3. 청구권적 기본권의 성격

4. 사회적 기본권의 성격

03 주체

소비자인 이상 자연인과 법인 및 내·외국인을 가리지 않음

⚖️**판례 |** 헌법이 보장하는 소비자보호운동의 일환으로 행해지는 소비자불매운동이 헌법적 허용한계 -
형법 제314조 위계에 의한 업무방해죄 사건 [합헌]

[1] 형법 제314조 제1항 중 '제313조의 방법 중 기타 위계로써 또는 위력으로써 사람의 업무를 방해한 자' 부분, 제324조 중 '협박으로 사람의 권리행사를 방해하거나 의무없는 일을 하게 한 자' 부분, 제350조, 형법 제30조가 죄형법정주의의 명확성원칙에 위배되는지 여부: 소극

[2] 헌법이 보장하는 소비자보호운동의 일환으로 행해지는 소비자불매운동이 헌법적 허용한계를 가지는지 여부: 적극
구매력을 무기로 소비자가 자신의 선호를 시장에 실질적으로 반영하려는 시도인 소비자불매운동은 모든 경우에 있어서 그 정당성이 인정될 수는 없고, 헌법이나 법률의 규정에 비추어 정당하다고 평가되는 범위에 해당하는 경우에만 형사책임이나 민사책임이 면제된다고 할 수 있다.

[3] 소비자들이 집단적으로 벌이는 소비자불매운동에 위 법률조항들을 적용하는 것이 헌법이 소비자보호운동을 보장하는 취지에 반하는지 여부: 소극
헌법과 법률이 보장하고 있는 한계를 넘어선 소비자불매운동 역시 정당성을 결여한 것으로서 정당행위 기타 다른 이유로 위법성이 조각되지 않는 한 업무방해죄로 형사처벌할 수 있다고 할 것이다. … (헌재 2011.12.29, 2010헌바54 등)

---

04 소비자 권리의 효력

1. 대국가적 효력
원칙적으로 모든 국가권력을 구속

2. 대사인적 효력
사인 간에도 적용

05 침해와 구제

1. 공권력에 의한 침해와 구제

(1) 청원권·국가배상청구권 또는 행정소송이나 헌법소원을 제기

(2) 특히 피해자는 다수이면서 피해액은 소액인 소비자피해의 특성상 미국의 Class Action제도나 독일의 단체소송과 같은 집단소송제도의 도입이 요청됨

2. 사인에 의한 침해와 구제

소비자는 물품 등의 사용으로 인한 피해의 구제를 한국소비자원에 신청(소비자기본법 제55조 제1항)할 수 있음은 물론, 민사소송을 제기할 수 있음

제5장 정치적 기본권

제1절 참정권

01 법적 성격

1. 실정권
연령 등 자격요건을 합리적인 범위 내에서 법률로써 강화, 완화 가능

2. 일신전속적 권리

3. 의무인지 여부
의무성 ×

02 주체

국민이 주체가 되며, 외국인은 주체가 될 수 없음

03 내용

1. 직접참정권

(1) 유형
   ① 국민발안권
      ㉠ 개념: 국민이 헌법개정안이나 법률안을 제안할 수 있는 권리
      ㉡ 국민입법제: 국민이 법안의 세부적인 내용까지 직접 작성하여 국민투표로 확정하는 것
   ② 국민투표권(국민표결권): 신임만을 묻는 국민투표뿐만 아니라 정책과 연계한 신임 국민투표도 헌법 제72조의 정책 국민투표에 포함되지 않는다(헌법재판소 판례).

⚖ 판례 |

1 대통령이 자신에 대한 신임을 국민투표의 형식으로 물을 수 있는지 여부: 소극 (헌재 2004.5.14, 2004헌나1)

2 대통령이 국회 본회의에서 행한 시정연설에서 정책과 결부하지 않고 단순히 대통령의 신임 여부만을 묻는 국민투표를 실시하고자 한다고 밝힌 것이 헌법소원의 대상이 되는 '공권력의 행사'에 해당하는지 여부: 소극 (헌재 2003.11.27, 2003헌마694)

---

3 국민에게 특정의 국가정책에 관하여 국민투표에 회부할 것을 요구할 권리가 인정되는지 여부: 소극 (헌재 2005.11.24, 2005헌마579)

4 주민등록이나 국내거소신고가 되어 있지 않은 재외국민(재외선거인)은 국민투표권을 제한하는 국민투표법 제14조 제1항이 위헌인지 여부: 적극[헌법불합치] (헌재 2014.7.24, 2009헌마256)

③ **국민소환권**: 국민이 공직자를 임기만료 전에 해임시킬 수 있는 권리로, 현행법상 지방자치단체장과 지역구지방의원, 교육감과 교육의원 소환제도를 도입함

(2) 현행헌법의 규정

① 헌법개정안에 대한 국민투표권(5차 개정헌법에서부터 시작)

> **헌법 제130조** ① 국회는 헌법개정안이 공고된 날로부터 60일 이내에 의결하여야 하며, 국회의 의결은 재적의원 3분의 2 이상의 찬성을 얻어야 한다.
> ② 헌법개정안은 국회가 의결한 후 30일 이내에 국민투표에 부쳐 국회의원선거권자 과반수의 투표와 투표자 과반수의 찬성을 얻어야 한다.
> ③ 헌법개정안이 제2항의 찬성을 얻은 때에는 헌법개정은 확정되며, 대통령은 즉시 이를 공포하여야 한다.

② 국가안위에 관한 중요정책에 대한 국민투표권(2차 개정헌법에서부터 시작)

> **헌법 제72조** 대통령은 필요하다고 인정할 때에는 외교·국방·통일 기타 국가안위에 관한 중요정책을 국민투표에 부칠 수 있다.

- ㉠ **제2차 개정헌법**: 대한민국의 주권의 제약 또는 영토의 변경을 가져올 국가안위에 관한 중대사항에 대한 국민투표(제7조의2)
- ㉡ **제7차 개정헌법**: 국가의 중요한 정책에 대한 국민투표(제49조)
- ㉢ **제8차 개정헌법**: 외교·국방·통일 기타 국가안위에 관한 중요정책에 대한 국민투표(제47조)

> **⊕PLUS 헌법 제72조와 제130조의 국민투표 비교**
>
> | 구분 | 성격 | 대상 | 필수성 여부 | 부의할 것인지 여부 | 정족수 |
> |---|---|---|---|---|---|
> | 제72조
국민투표 | 견해대립 | 중요정책 | 임의적 | 재량 | 헌법상 규정 없음 |
> | 제130조
국민투표 | 레퍼렌덤
(Referendum) | 헌법개정안 | 필수적 | 재량 없음
(의무) | 국회의원선거권자
과반수의 투표와
투표자 과반수의
찬성 |

③ 국민투표에 대한 이의제기

> **국민투표법**
> 제92조 【국민투표무효의 소송】 국민투표의 효력에 관하여 이의가 있는 투표인은 투표인 10만인 이상의 찬성을 얻어 중앙선거관리위원회위원장을 피고로 하여 투표일로부터 20일 이내에 대법원에 제소할 수 있다.

제93조【국민투표무효의 판결】대법원은 제92조의 규정에 의한 소송에 있어서 국민투표에 관하여 이 법 또는 이 법에 의하여 발하는 명령에 위반하는 사실이 있는 경우라도 국민투표의 결과에 영향이 미쳤다고 인정하는 때에 한하여 국민투표의 전부 또는 일부의 무효를 판결한다.

2. 간접참정권

(1) 선거권

헌법 제24조 모든 국민은 법률이 정하는 바에 의하여 선거권을 가진다.

공직선거법

제15조【선거권】① 18세 이상의 국민은 대통령 및 국회의원의 선거권이 있다. 다만, 지역구국회의원의 선거권은 18세 이상의 국민으로서 제37조 제1항에 따른 선거인명부작성기준일 현재 다음 각 호의 어느 하나에 해당하는 사람에 한하여 인정된다.

② 18세 이상으로서 제37조 제1항에 따른 선거인명부작성기준일 현재 다음 각 호의 어느 하나에 해당하는 사람은 그 구역에서 선거하는 지방자치단체의 의회의원 및 장의 선거권이 있다.

제18조【선거권이 없는 자】① 선거일 현재 다음 각 호의 어느 하나에 해당하는 사람은 선거권이 없다.

1. 금치산선고를 받은 자

2. 1년 이상의 징역 또는 금고의 형의 선고를 받고 그 집행이 종료되지 아니하거나 그 집행을 받지 아니하기로 확정되지 아니한 사람. 다만, 그 형의 집행유예를 선고받고 유예기간 중에 있는 사람은 제외한다.

3. 선거범, 정치자금법 제45조(정치자금부정수수죄) 및 제49조(선거비용관련 위반행위에 관한 벌칙)에 규정된 죄를 범한 자 또는 대통령·국회의원·지방의회의원·지방자치단체의 장으로서 그 재임중의 직무와 관련하여 형법 제129조(수뢰, 사전수뢰) 내지 제132조(알선수뢰)·특정범죄가중처벌 등에 관한 법률 제3조(알선수재)에 규정된 죄를 범한 자로서, 100만원 이상의 벌금형의 선고를 받고 그 형이 확정된 후 5년 또는 형의 집행유예의 선고를 받고 그 형이 확정된 후 10년을 경과하지 아니하거나 징역형의 선고를 받고 그 집행을 받지 아니하기로 확정된 후 또는 그 형의 집행이 종료되거나 면제된 후 10년을 경과하지 아니한 자(형이 실효된 자도 포함한다)

4. 법원의 판결 또는 다른 법률에 의하여 선거권이 정지 또는 상실된 자

선거권행사연령은 헌법에 규정되어 있지 않고, **법률**(공직선거법 제15조)에 규정되어 있음

⚖️ 판례 |

1 집행유예기간 중인 자와 수형자의 선거권을 제한하고 있는 공직선거법 제18조 제1항 제2호가 위헌인지 여부: 적극[위헌, 헌법불합치]

[1] 특히 집행유예자는 집행유예선고가 실효되거나 취소되지 않는 한 교정시설에 구금되지 않고 일반인과 동일한 사회생활을 하고 있으므로 그들의 선거권을 제한해야 할 필요성이 크지 않다. 따라서 심판대상조항은 청구인들의 선거권을 침해하고, 보통선거원칙에 위반하여 집행유예자와 수형자를 차별취급하는 것이므로 평등원칙에도 어긋난다.

[2] 심판대상조항 중 수형자에 관한 부분의 위헌성은 지나치게 전면적·획일적으로 수형자의 선거권을 제한한다는 데 있다. … 심판대상조항 중 수형자에 관한 부분에 대하여 헌법불합치결정을 선고한다(헌재 2014.1.28, 2012헌마409).

2 농협조합장선거에서 조합장을 선출하거나 조합장으로 선출될 권리 등은 헌법에 의하여 보호되는 선거권이 아니다(헌재 2012.2.23, 2011헌바154).

3 지방자치단체의 장 선거권이 헌법상 보장되는 기본권인지 여부: 적극 (헌재 2016.10.27, 2014헌마797)

(2) 공무담임권

① **개념**

　㉠ 입법부 · 행정부 · 사법부, 지방자치단체 · 공공단체의 구성원으로 선임되어 공무를 담당할 수 있는 권리

　㉡ 각종 선거에 입후보하여 당선될 수 있는 피선거권과 공직에 임명될 수 있는 공직취임권 포함

② **보호영역**

　㉠ 공직취임기회의 자의적인 배제뿐 아니라 공무원신분의 부당한 박탈, 권한(직무)의 부당한 정지도 포함

　㉡ 특정의 장소에서의 근무 또는 특정의 보직 근무를 포함하는 일종의 '공무수행의 자유'까지 보호영역에 포함 ×

　㉢ 공무원의 퇴직급여, 공무상 재해보장을 할 것을 포함 ×

　㉣ 승진기회의 보장문제는 공무담임권의 보호영역에 포함 ×

　　✎ 공무담임권은 취임한 뒤 승진할 때에도 균등한 기회제공을 요구한다.

헌법 제25조 모든 국민은 법률이 정하는 바에 의하여 공무담임권을 가진다.

공직선거법

제16조【피선거권】 ① 선거일 현재 5년 이상 국내에 거주하고 있는 **40세 이상**의 국민은 **대통령의 피선거권**이 있다. 이 경우 공무로 외국에 파견된 기간과 국내에 주소를 두고 일정 기간 외국에 체류한 기간은 국내거주 기간으로 본다.

② **18세 이상**의 국민은 **국회의원의 피선거권**이 있다.

③ 선거일 현재 계속하여 **60일 이상**(공무로 외국에 파견되어 선거일 전 60일 후에 귀국한 자는 선거인명부 작성기준일부터 계속하여 선거일까지) **해당 지방자치단체의 관할구역에 주민등록**이 되어 있는 주민으로서 **18세 이상**의 국민은 그 **지방의회의원 및 지방자치단체의 장의 피선거권**이 있다. 이 경우 60일의 기간은 그 지방자치단체의 설치 · 폐지 · 분할 · 합병 또는 구역변경(제28조 각 호의 어느 하나에 따른 구역변경을 포함한다)에 의하여 중단되지 아니한다.

제19조【피선거권이 없는 자】 선거일 현재 다음 각 호의 어느 하나에 해당하는 자는 피선거권이 없다.

1. 제18조(선거권이 없는 자) 제1항 제1호 · 제3호 또는 제4호에 해당하는 자

2. 금고 이상의 형의 선고를 받고 그 형이 실효되지 아니한 자

3. 법원의 판결 또는 다른 법률에 의하여 피선거권이 정지되거나 상실된 자

4. 국회법 제166조(국회 회의 방해죄)의 죄를 범한 자로서 다음 각 목의 어느 하나에 해당하는 자(형이 실효된 자를 포함한다)

　가. 500만원 이상의 벌금형의 선고를 받고 그 형이 확정된 후 5년이 경과되지 아니한 자

　나. 형의 집행유예의 선고를 받고 그 형이 확정된 후 10년이 경과되지 아니한 자

　다. 징역형의 선고를 받고 그 집행을 받지 아니하기로 확정된 후 또는 그 형의 집행이 종료되거나 면제된 후 10년이 경과되지 아니한 자

🔨 판례 |

1 검찰총장퇴임 후 2년 이내에는 모든 공직에의 임명을 금지하는 것이 직업선택의 자유와 공무담임권을 침해하는지 여부: 적극 (헌재 1997.7.16, 97헌마26)

2 금고 이상의 형의 '집행유예'를 받은 경우 지방공무원직에서 당연히 퇴직하도록 한 것이 공무담임권, 평등권을 침해하는지 여부: 소극 (헌재 2003.12.18, 2003헌마409)

3 향토예비군 지휘관이 금고 이상의 형의 '선고유예'를 받은 경우 당연 해임되도록 하고 있는 구 향토예비군 설치법 시행규칙 제10조 제3항 제5호 부분이 헌법에 위반되는지 여부: 적극 (헌재 2005.12.22, 2004헌마947)

4 금고 이상 형의 '선고유예'를 받은 공무원을 당연퇴직사유로 한 것이 위헌인지 여부: 적극 (헌재 2003.10.30, 2002헌마684 등)

  ✎ 금고 이상의 형의 선고유예를 받고 그 기간 중에 있는 자를 임용결격사유로 삼고, 위 사유에 해당하는 자가 임용되더라도 이를 당연무효로 하는 국가공무원법은 합헌이다(헌재 2016.7.28, 2014헌바437). 즉, 임용 결격사유가 당연퇴직사유보다 넓다.

5 '수뢰죄'를 범하여 금고 이상의 형의 선고유예를 받은 국가공무원을 당연퇴직하도록 한 국가공무원법 제69조 단서 중 '형법 제129조 제1항'에 관한 부분이 과잉금지원칙에 반하여 청구인의 공무담임권을 침해하는지 여부: 소극[합헌] (헌재 2013.7.25, 2012헌바409)

6 금고 이상 형의 '선고유예'를 받은 군무원을 당연퇴직사유로 한 것이 위헌인지 여부: 적극 (헌재 2007.6.28, 2007헌가3)

7 자격정지 이상의 형의 '선고유예'를 받은 경찰공무원의 당연퇴직규정이 위헌인지 여부: 적극 (헌재 2005.12.22, 2004헌가12)

8 국가인권위원회위원의 퇴직 후 2년간 공직취임 및 선거출마금지를 규정한 국가인권위원회법 규정이 공무담임권을 침해하는지 여부: 적극 (헌재 2004.1.29, 2002헌마788)

9 국·공립학교 채용시험의 동점자처리에서 국가유공자 등 및 그 유족·가족에게 우선권을 주도록 하고 있는 국가유공자 등 예우 및 지원에 관한 법률 등의 해당 조항들이 일반 응시자들의 공무담임권을 침해하는지 여부: 소극 (헌재 2006.6.29, 2005헌마44)

10 지방자치단체의 장이 '금고 이상의 형을 선고받고 그 형이 확정되지 아니한 경우' 부단체장이 그 권한을 대행하도록 규정한 지방자치법 제111조 제1항 제3호가 자치단체장인 청구인의 공무담임권을 침해하는지 여부: 적극[헌법불합치] (헌재 2010.9.2, 2010헌마418)

11 지방자치단체의 장이 '공소제기된 후 구금상태에 있는 경우' 부단체장이 그 권한을 대행하도록 규정한 지방자치법 제111조 제1항 제2호가 공무담임권을 침해하는지 여부: 소극[기각] (헌재 2011.4.28, 2010헌마474)

12 주민소환투표의 청구시 주민소환의 청구사유를 명시하지 아니하고 있는 '주민소환에 관한 법률' 제7조 제1항이 공무담임권을 침해하여 위헌인지 여부: 소극 (헌재 2011.3.31, 2008헌마355)

13 5급 국가공무원 공채시험응시연령 상한을 32세까지로 제한한 것이 위헌인지 여부: 적극[헌법불합치] (헌재 2008.5.29, 2007헌마1105)

14 경찰대학의 입학연령을 만 17세 이상 21세 미만으로 제한하고 있는 경찰대학의 학사운영에 관한 규정이 공무담임권을 침해하는지 여부: 소극 (헌재 2009.7.30, 2007헌마991)

15 순경 및 소방사 등의 공개채용시험의 응시연령의 상한을 '30세 이하'로 규정한 부분이 공무담임권을 침해하는지 여부: 적극[헌법불합치] (헌재 2012.5.31, 2010헌마278)

16 세종특별자치시의회를 신설하면서 지방의회의원선거를 실시하지 아니하고 연기군의회의원 등에게 세종특별자치시의회의원의 자격을 취득하도록 규정하고 있는 '세종특별자치시 설치 등에 관한 특별법' 부칙 제4조 제1항 등이 공무담임권 등을 침해하는지 여부: 소극 (헌재 2013.2.28, 2012헌마131)

17 법원조직법 개정 시점인 2011.7.18. 당시에 사법시험에 합격하였으나 아직 사법연수원에 입소하지 않은 청구인들의 판사임용자격 취득에 대한 신뢰를 보호하지 않은 것이 공무담임권을 침해하는지 여부: 소극[기각] (헌재 2014.5.29, 2013헌마127)

18 당선인이 당해 선거에 있어 공직선거법 위반죄를 범함으로 인하여 징역형의 선고를 받은 때에는 그 당선을 무효로 하는 부분이 청구인의 공무담임권을 침해하는지 여부: 소극 (헌재 2014.5.29, 2013헌마127)

19 사립대학교원이 국회의원으로 당선된 경우 임기개시일 전까지 그 직을 사직하도록 규정한 국회법 제29조 제2항 단서 제3호 중 사립대학교원에 관한 부분이 청구인의 공무담임권과 직업선택의 자유를 침해하는지 여부: 소극 (헌재 2014.5.29, 2013헌마127 · 199)

20 검사에 대한 징계로서 면직처분을 인정한 것이 과잉금지원칙에 반하여 공무담임권을 침해하는지 여부: 소극 (헌재 2011.12.29, 2009헌바282)

21 동일 지역 교육대학 출신 응시자에게 제1차시험 만점의 6% 내지 8%의 지역가산점을 부여하는 임용시험 시행공고 등이 공무담임권을 침해하는지 여부: 소극 (헌재 2014.4.24, 2010헌마747)

22 10년 미만의 법조경력을 가진 사람의 판사임용을 위한 최소 법조경력요건을 단계적으로 2013년부터 2017년까지는 3년, 2018년부터 2021년까지는 5년, 2022년부터 2025년까지는 7년으로 정한 법원조직법 부칙 제2조가 공무담임권을 침해하는지 여부: 소극 (헌재 2016.5.26, 2014헌마427)

23 선거범으로서 벌금 100만원 이상의 형을 선고받은 경우 일정기간 선거권 등을 제한하는 공직선거법 제18조 제1항 제3호 등이 위헌인지 여부: 소극[기각] (헌재 2018.1.25, 2015헌마82)
   ✎ 선거권, 공무담임권 모두 침해 ×

24 총장후보자 지원자에게 기탁금 1,000만원을 납부하도록 한 '전북대학교 총장임용후보자 선정에 관한 규정' 제15조 제3항 등이 공무담임권을 침해하는지 여부: 적극[위헌] (헌재 2018.1.25, 2015헌마821)

25 5급 승진시험에서 '최종시험 예정일 현재'를 기준으로 하지 않고 '승진시험 요구일 현재'를 기준으로 응시자격을 제한하는 것이 공무담임권을 침해하는지 여부: 소극 (헌재 2007.6.28, 2005헌마1179)

26 정당이 자치구 · 시 · 군의 장후보자를 추천할 수 있도록 한 제도가 무소속후보자의 공무담임권을 침해하는 것인지 여부: 소극 (헌재 2011.3.31, 2009헌마286)

27 국회의원당선자가 정치자금을 불법수수하여 100만원 이상 벌금형을 선고받은 경우 당연퇴직하도록 한 정치자금법 제57조 등이 공무담임권을 침해하는지 여부: 소극 (헌재 2008.1.17, 2006헌마1075)

28 7급 및 9급 전산직 공무원시험의 응시자격으로 전산 관련 산업기사 이상의 자격증 소지를 요구하는 공무원임용시험령 제18조 제1항 관련 부분이 공무담임권을 침해하는지 여부: 소극 (헌재 2012.7.26, 2010헌마264)

29 법원조직법이 개정되어 2013.1.1.부터는 사법연수원 소정의 과정을 마치더라도 바로 판사임용자격을 취득할 수 없게 된 경우, 법원조직법 개정 시점인 2011.7.18. 당시에 이미 사법연수원에 입소하여 사법연수생의 신분을 가지고 있었던 자의 신뢰보호원칙에 반하여 공무담임권을 침해하는지 여부: 적극[한정위헌] (헌재 2012.11.29, 2011헌마786)

비교판례

사법연수원에 입소하지 않은 경우

2013.1.1. 부터 판사임용자격에 일정기간 법조경력을 요구하는 법원조직법 부칙(2011.7.18. 법률 제10861호) 제1조 단서 중 제42조 제2항에 관한 부분 및 제2조(2014.1.7. 법률 제12188호로 개정된 것, 위 두 조항을 합하여 '이 사건 심판대상조항'이라 한다)가 신뢰보호원칙에 반하여 2011.7.18. 법원조직법 개정 당시 사법시험에 합격하였으나 아직 사법연수원에 입소하지 않은 청구인들의 공무담임권을 침해하는지 여부: 소극 (헌재 2014.5.29, 2013헌마127,199)

30 국회의원선거 및 지방의회의원선거에 있어서 피선거권 행사연령을 25세 이상으로 정한 공직선거법 제16조 제2항 및 공직선거법 제16조 제3항 중 '지방의회의원 피선거권' 부분이 25세 미만인 사람의 공무담임권 및 평등권을 침해하는지 여부: 소극[기각] (헌재 2013.8.29, 2012헌마288)

31 교육공무원법(2016.1.27. 법률 제13819호로 개정된 것) 제10조의4 중 미성년자에 대하여 성범죄를 범하여 형을 선고받아 확정된 자와 성인에 대한 성폭력범죄를 범하여 벌금 100만원 이상의 형을 선고받아 확정된 자는 초·중등교육법상의 교원에 임용될 수 없도록 한 부분(이하 '이 사건 결격사유조항'이라 한다)이 과잉금지원칙에 반하여 청구인의 공무담임권을 침해하는지 여부: 소극 (헌재 2019.7.25, 2016헌마754)

32 선거비용 보전 제한조항은 지역구국회의원선거에 있어서 선거 후에 선거비용 보전을 제한한 것으로서 선거 전에 청구인들이 예비후보자 또는 후보자로 등록하는 것을 제한하여 공직취임의 기회를 제한하는 것은 아니므로, 청구인들의 공무담임권 내지 피선거권을 제한하는 것이 아니다[헌재 2018.7.26, 2016헌마524,537(병합)].

33 공직신분에 있어서 승진가능성이라는 것이 공무담임권의 보호영역에 포함되는지 여부: 소극 (헌재 2010.3.25, 2009헌마538)

34 국방부 등의 보조기관에 근무할 수 있는 기회를 현역군인에게만 부여하고 군무원에게는 부여하지 않는 법률조항이 군무원의 공무담임권을 침해하는지 여부: 소극[기각] (헌재 2008.6.26, 2005헌마1275)

35 공무원의 재임 기간 동안 충실한 공무 수행을 담보하기 위하여 공무원의 퇴직급여 및 공무상 재해보상을 보장할 것까지 공무담임권의 보호영역에 포함되는지 여부: 소극 (헌재 2014.6.26, 2012헌마459)

36 7급 세무직 공무원 공개경쟁채용시험에서 특정 자격증(변호사·공인회계사·세무사) 소지자에게 가산점을 부여하는 공무원임용시험령 제31조 제2항이 공무담임권을 침해하는지 여부: 소극[기각] (헌재 2020.6.25, 2017헌마1178)

37 같은 판례 쟁점
[1] 서울교통공사의 직원이라는 직위가 헌법 제25조가 보장하는 공무담임권의 보호 영역인 '공무'의 범위에는 해당하는지 여부: 소극

[2] 공무담임권과 별도로 직업선택의 자유 침해 여부를 심사할 필요가 있는지 여부: 소극 (헌재 2021.2.25, 2018헌마174)

38 착신전환 등을 통한 중복 응답 등 범죄로 100만원 이상의 벌금형의 선고를 받고 형이 확정된 후 5년이 경과하지 아니한 경우에 선거권을 제한하는 것이 선거권을 침해하는지 여부: 소극[기각] (헌재 2022.3.31, 2019헌마986)

39 착신전환 등을 통한 중복 응답 등 범죄로 100만원 이상의 벌금형의 선고를 받은 사람은 지방의원직에서 퇴직하도록 한 것이 공무담임권을 침해하는지 여부: 소극[기각] (헌재 2022.3.31, 2019헌마986)

40 피성년후견인 국가공무원은 당연퇴직한다고 정한 구 국가공무원법 제69조 제1호 중 제33조 제1호 가운데 '피성년후견인'에 관한 부분, 국가공무원법 제69조 제1호 중 제33조 제1호에 관한 부분이 공무담임권을 침해하는지 여부: 적극 (헌재 2022.12.22, 2020헌가8)

41 공무원이 감봉의 징계처분을 받은 경우 일정기간 승진임용을 제한하는 국가공무원법이 공무담임권을 침해하는지 여부: 소극[기각] (헌재 2022.3.31, 2020헌마211)

42 '아동에게 성적 수치심을 주는 성희롱 등의 성적 학대행위로 형을 선고받아 그 형이 확정된 사람은 부사관으로 임용될 수 없도록 한 것'이 공무담임권을 침해하는지 여부: 적극[헌법불합치]
심판대상조항은 아동과 관련이 없는 직무를 포함하여 모든 일반직공무원 및 부사관에 임용될 수 없도록 한다. 또한, 심판대상조항은 영구적으로 임용을 제한하고, 아무리 오랜 시간이 경과하더라도 결

격사유가 해소될 수 있는 어떠한 가능성도 인정하지 않는다. 아동에 대한 성희롱 등의 성적 학대행위로 형을 선고받은 경우라고 하여도 범죄의 종류, 죄질 등은 다양하므로, 개별 범죄의 비난가능성 및 재범 위험성 등을 고려하여 상당한 기간 동안 임용을 제한하는 덜 침해적인 방법으로도 입법목적을 충분히 달성할 수 있다. 따라서 심판대상조항은 과잉금지원칙에 위반되어 청구인의 공무담임권을 침해한다(헌재 2022.11.24, 2020헌마1181).

04 제한과 그 한계

1. 일반적 법률유보에 의한 제한

> **헌법 제37조** ② 국민의 모든 자유와 권리는 국가안전보장·질서유지 또는 공공복리를 위하여 필요한 경우에 한하여 법률로써 제한할 수 있으며, 제한하는 경우에도 자유와 권리의 본질적인 내용을 침해할 수 없다.

2. 소급입법에 의한 참정권제한의 금지

제5차 개정헌법

> **헌법 제13조** ② 모든 국민은 소급입법에 의하여 참정권의 제한을 받거나 재산권을 박탈당하지 아니한다.

제6장 청구권적 기본권

제1절 개설

01 의의

국가기관에 대해 일정한 의견이나 희망사항을 진술할 수 있는 권리로써 국민의 '실체적 기본권'을 보장하기 위한 '절차적 기본권'

02 성격

1. 헌법규정에서 직접적 효력을 갖는 권리이나, 법률에 의하여 그 행사절차가 구체화되어야 비로소 행사 가능
2. 청구권적 기본권에 있어서 상대적으로 광범위한 입법형성권이 인정됨

03 주체

1. 외국인

청원권 · 재판청구권 · 형사보상청구권은 외국인도 인정. 그러나 국가배상청구권과 범죄피해자구조청구권은 상호주의원칙에 따름

2. 법인

(1) 청원권 · 재판청구권 · 국가배상청구권은 법인도 주체가 될 수 있음
(2) 신체구금을 전제로 하는 형사보상청구권과 생명과 신체에 대한 범죄피해를 전제로 하는 범죄피해자구조청구권의 경우, 성질상 법인은 주체가 될 수 없음

제2절 청원권

> **헌법 제26조** ① 모든 국민은 법률이 정하는 바에 의하여 국가기관에 문서로 청원할 권리를 가진다.
> ② 국가는 청원에 대하여 심사할 의무를 진다.

01 의의

1. 적법한 청원을 한 모든 국민에게 국가기관이 청원을 수리할 뿐만 아니라 이를 심사하여, 청원자에게 적어도 그 처리결과를 통지할 것을 요구할 수 있는 권리
2. 청원에 대한 심사의무는 헌법상 의무(제26조 제2항)
3. 심사결과의 통지의무는 법률상 의무(청원법 제21조 제2항·제3항) ➡ 90일 내에 통지, 60일 범위 내 1회 연장 가능
4. 정부에 제출 또는 회부된 정부의 정책에 관계되는 청원의 심사는 국무회의 필수 심의사항이다.

02 주체

1. 국민, **외국인도** 인정되며, 자연인뿐만 아니라 **법인도** 주체가 됨
2. **공무원·군인·수형자** 등도 청원 가능, 직무와 관련된 청원과 **집단적 청원은 할 수 없음**
3. 자기와 직접 이해관계 없는 사항에 대해서도 청원 가능

> **⚖판례 Ⅰ**
> 청원권의 행사를 제3자인 중개인이나 대리인을 통해서 할 수 있는지 여부: 적극 (헌재 2005.11.24, 2003헌바108)

03 내용

1. 청원사항

> **청원법**
> 제5조 【청원사항】 국민은 다음 각 호의 어느 하나에 해당하는 사항에 대하여 청원기관에 청원할 수 있다.
> 　1. 피해의 구제
> 　2. 공무원의 위법·부당한 행위에 대한 시정이나 징계의 요구
> 　3. 법률·명령·조례·규칙 등의 제정·개정 또는 폐지
> 　4. 공공의 제도 또는 시설의 운영
> 　5. 기타 국가기관의 권한에 속하는 사항

제6조【청원 처리의 예외】청원기관의 장은 청원이 다음 각 호의 어느 하나에 해당하는 경우에는 처리를 하지 아니할 수 있다. 이 경우 사유를 청원인(제11조 제3항에 따른 공동청원의 경우에는 대표자를 말한다)에게 알려야 한다.

1. 국가기밀 또는 공무상 비밀에 관한 사항
2. 감사 · 수사 · 재판 · 행정심판 · 조정 · 중재 등 다른 법령에 의한 조사 · 불복 또는 구제절차가 진행 중인 사항
3. 허위의 사실로 타인으로 하여금 형사처분 또는 징계처분을 받게 하는 사항
4. 허위의 사실로 국가기관 등의 명예를 실추시키는 사항
5. 사인간의 권리관계 또는 개인의 사생활에 관한 사항
6. 청원인의 성명, 주소 등이 불분명하거나 청원내용이 불명확한 사항

제16조【반복청원 및 이중청원】

《주의》 불수리요건과 구분 필요

① 청원기관의 장은 동일인이 같은 내용의 청원서를 같은 청원기관에 2건 이상 제출한 반복청원의 경우에는 나중에 제출된 청원서를 반려하거나 종결처리할 수 있고, 종결처리하는 경우 이를 청원인에게 알려야 한다.
② 동일인이 같은 내용의 청원서를 2개 이상의 청원기관에 제출한 경우 소관이 아닌 청원기관의 장은 청원서를 소관 청원기관의 장에게 이송하여야 한다. 이 경우 반복청원의 처리에 관하여는 제1항을 준용한다.

제25조【모해의 금지】누구든지 타인을 모해할 목적으로 허위의 사실을 적시한 청원을 하여서는 아니 된다.

2. 대상기관

《주의》 헌법은 국가기관이라고만 규정함

청원법

제4조【청원기관】이 법에 따라 청원을 제출할 수 있는 기관은 다음 각 호와 같다.

1. 국회 · 법원 · 헌법재판소 · 중앙선거관리위원회, 중앙행정기관(대통령 소속 기관과 국무총리 소속 기관을 포함한다)과 그 소속 기관
2. 지방자치단체와 그 소속 기관
3. 법령에 따라 행정권한을 가지고 있거나 행정권한을 위임 또는 위탁받은 법인 · 단체 또는 그 기관이나 개인

3. 방법과 절차

청원법

제9조【청원방법】① 청원은 청원서에 청원인의 성명(법인인 경우에는 명칭 및 대표자의 성명을 말한다)과 주소 또는 거소를 적고 서명한 문서(전자문서 및 전자거래 기본법에 의한 전자문서를 포함한다)로 하여야 한다.

《주의》 익명, 구두로는 청원이 불가하다.

② 제1항에 따라 전자문서로 제출하는 청원(이하 '온라인청원'이라 한다)은 본인임을 확인할 수 있는 전자적 방법을 통해 제출하여야 한다. 이 경우 서명이 대체된 것으로 본다.
③ 제2항에 따른 본인임을 확인할 수 있는 전자적 방법은 대법원규칙, 헌법재판소규칙, 중앙선거관리위원회규칙 및 대통령령으로 정한다.

제11조【청원서의 제출】① 청원인은 청원서를 해당 청원사항을 담당하는 청원기관에 제출하여야 한다.

② 청원인은 청원사항이 제5조 제3호 또는 제4호에 해당하는 경우 청원의 내용, 접수 및 처리 상황과 결과를 온라인청원시스템에 공개하도록 청원(이하 '공개청원'이라 한다)할 수 있다. 이 경우 청원서에 공개청원으로 표시하여야 한다.

③ 다수 청원인이 공동으로 청원(이하 '공동청원'이라 한다)을 하는 경우에는 그 처리결과를 통지받을 3명 이하의 대표자를 선정하여 이를 청원서에 표시하여야 한다.

④ 청원인은 청원서에 이유와 취지를 밝히고, 필요한 때에는 참고자료를 붙일 수 있다.

⚖ 판례 |

1 **국회청원시 국회의원의 필수적 소개규정의 위헌 여부: 소극** (헌재 2006.6.29, 2005헌마604)

✎. 국회법의 개정으로 국회청원시 국회의원의 소개 또는 일정 수 이상의 국민의 동의로도 국회청원을 할 수 있다.

2 **지방의회청원시 지방의회의원의 필수적 소개규정의 위헌 여부: 소극** (헌재 1999.11.25, 97헌마54)

✎. 지방의회청원은 여전히 지방의회의원의 소개로만 가능하다.

---

04 효력

헌법 제26조 ② 국가는 청원에 대하여 심사할 의무를 진다.

청원법

제26조【차별대우의 금지】누구든지 청원을 하였다는 이유로 차별대우하거나 불이익을 강요해서는 아니 된다.

⚖ 판례 |

1 **청원결과통지의무에 이유명시의무가 포함되는지 여부: 소극** (헌재 1994.2.24, 93헌마213 등)

2 **청원결과가 청원인의 기대에 미치지 못하는 경우에 이를 헌법소원으로 다툴 수 있는지 여부: 소극** (헌재 2004.10.28, 2003헌마898)

3 **수용자가 발송하는 서신이 국가기관에 대한 청원적 성격을 가지고 있는 경우에도 해당 서신에 대하여 교도소장의 허가를 받도록 하는 것이 청원권의 본질적 내용을 침해하는지 여부: 소극** (헌재 2001.11.29, 99헌마713)

4 **공무원이 취급하는 사건 또는 사무에 관하여 청탁 명목으로 금품을 수수하는 행위(이른바 '사건브로커'행위)를 형사처벌하는 것이 위헌인지 여부: 소극** (헌재 2012.4.24, 2011헌바40)

5 **공무원의 직무에 속한 사항의 알선에 관하여 금품이나 이익을 수수 · 요구 또는 약속한 자는 공무원의 신분을 가지고 있는지 여부를 불문하고 형사처벌하는 특정범죄 가중처벌 등에 관한 법률 제3조가 국민의 청원권이나 일반적 행동의 자유권을 침해하는지 여부: 소극** (헌재 2005.11.24, 2003헌바108)

6 청원에 대한 국가기관의 작위의무의 존재 여부: 적극

헌법 제26조와 청원법의 규정에 의할 때, 헌법상 보장된 청원권은 공권력과의 관계에서 일어나는 여러 가지 이해관계, 의견, 희망 등에 관하여 적법한 청원을 한 모든 국민에게, 국가기관이 청원을 수리·심사하여 그 결과를 통지할 것을 요구할 수 있는 권리를 말하므로, 청원서를 접수한 국가기관은 이를 수리·심사하여 그 결과를 통지하여야 할 헌법에서 유래하는 작위의무를 지고 있고, 이에 상응하여 청원인에게는 청원에 대하여 위와 같은 적정한 처리를 할 것을 요구할 수 있는 권리가 있다(헌재 2004.5.27, 2003헌마851).

제3절 재판청구권

> **헌법 제27조** ① 모든 국민은 헌법과 법률이 정한 **법관에 의하여** 법률에 의한 재판을 받을 권리를 가진다.
> ② 군인 또는 군무원이 아닌 국민은 대한민국의 영역 안에서는 **중대한 군사상 기밀·초병·초소·유독음식물공급·포로·군용물에 관한 죄 중 법률이 정한 경우와 비상계엄이 선포된 경우**를 제외하고는 군사법원의 재판을 받지 아니한다.
> 《주의》 군용물 ○ / 군사시설 ✕
> ③ 모든 국민은 신속한 재판을 받을 권리를 가진다. 형사피고인은 상당한 이유가 없는 한 지체 없이 공개재판을 받을 권리를 가진다.
> 《주의》 공정한 재판을 받을 권리는 명시되어 있지 않다.
> ④ 형사피고인은 유죄의 판결이 확정될 때까지는 무죄로 추정된다.
> ⑤ 형사피해자는 법률이 정하는 바에 의하여 당해 사건의 재판절차에서 진술할 수 있다.

01 의의

국가에 재판을 청구할 수 있는 권리로서 독립한 법원에서 신분이 보장된 법관에 의하여 적법절차에 따라 공정한 재판을 받을 권리

02 주체

기본권의 주체가 될 수 있는 자는 외국인이건 법인이건 불문함

03 내용

1. '헌법과 법률이 정한 법관에 의하여' 재판을 받을 권리

(1) 헌법과 법률이 정한 법관

　① 법관의 자격을 구비하고(법원조직법 제42조),
　② 적법절차에 따라 임명되고(법원조직법 제41조),
　③ 임기·정년 및 신분이 보장되고(제105조, 제106조),
　④ 직무상 독립이 보장되고(제103조),
　⑤ 법률상 그 재판에 관여가 금지되지 아니한 법관

1 **특허쟁송에서 특허청의 심판 이후 곧바로 대법원의 재판을 받게 하는 것이 재판받을 권리의 본질적 내용침해인지 여부: 적극[헌법불합치]** (헌재 1995.9.28, 92헌가11 · 93헌가8 · 93헌가9 · 93헌가10)

2 **재판청구권의 위헌성심사기준 – 합리성원칙**

재판청구권과 같은 절차적 기본권은 원칙적으로 제도적 보장의 성격이 강하기 때문에 자유권적 기본권 등 다른 기본권의 경우와 비교하여 볼 때 상대적으로 광범위한 입법형성권이 인정되므로 관련 법률에 대한 위헌심사기준은 **합리성원칙 내지 자의금지원칙**이 적용된다(헌재 2005.5.26, 2003헌가7).

(2) 군사재판(현역군인 또는 군판사에 의한 재판)

① 군사법원은 특별법원으로서 헌법 제110조에 근거를 둔다는 점,
② 헌법 제27조 제2항에서 군사법원에 의한 예외적인 재판을 규정하고 있다는 점,
③ 군사법원에 의한 재판의 상고심은 원칙적으로 대법원의 관할이라는 점에서 위헌이 아님(통설)

⊕ **PLUS** 군사법원의 관할(제27조 제2항과 제110조 제4항 비교)

구분	평시	비상계엄시
군인 · 군무원	3심제	단심제(사형선고는 제외)
일반인	3심제: 중대한 군사상 기밀 · 초병 · 초소 · 유독음식물공급 · 포로 · 군용물에 관한 죄 중 법률이 정한 경우	• 3심제(원칙): 계엄법 제10조 제1항에 규정된 13개 항(예 내란죄 · 외환죄 등) • 단심제(예외): 군사에 관한 간첩죄의 경우와 초병 · 초소 · 유독음식물공급 · 포로에 관한 죄 중 법률이 정한 경우(사형선고는 제외) ✏️ 군사상 기밀, 군용물 ×

(3) 배심재판

국민의 형사재판 참여에 관한 법률

제5조 【대상사건】 ① 다음 각 호에 정하는 사건을 국민참여재판의 대상사건(이하 '대상사건'이라 한다)으로 한다.
 1. 법원조직법 제32조 제1항(제2호 및 제5호는 제외한다)에 따른 합의부 관할 사건
 2. 제1호에 해당하는 사건의 미수죄 · 교사죄 · 방조죄 · 예비죄 · 음모죄에 해당하는 사건
 3. 제1호 또는 제2호에 해당하는 사건과 형사소송법 제11조에 따른 관련 사건으로서 병합하여 심리하는 사건
 ② 피고인이 국민참여재판을 원하지 아니하거나 제9조 제1항에 따른 배제결정이 있는 경우는 국민참여재판을 하지 아니한다.

제7조 【필요적 국선변호】 이 법에 따른 국민참여재판에 관하여 변호인이 없는 때에는 법원은 직권으로 변호인을 선정하여야 한다.

제8조 【피고인 의사의 확인】 ① 법원은 대상사건의 피고인에 대하여 국민참여재판을 원하는지 여부에 관한 의사를 서면 등의 방법으로 반드시 확인하여야 한다. 이 경우 피고인 의사의 구체적인 확인방법은 대법원규칙으로 정하되, 피고인의 국민참여재판을 받을 권리가 최대한 보장되도록 하여야 한다.

② 피고인은 공소장 부본을 송달받은 날부터 **7일 이내에 국민참여재판**을 원하는지 여부에 관한 의사가 기재된 서면을 제출하여야 한다. 이 경우 피고인이 서면을 우편으로 발송한 때, 교도소 또는 구치소에 있는 피고인이 서면을 교도소장·구치소장 또는 그 직무를 대리하는 자에게 제출한 때에 법원에 제출한 것으로 본다.

③ 피고인이 제2항의 서면을 제출하지 아니한 때에는 국민참여재판을 원하지 아니하는 것으로 본다.

제13조【배심원의 수】 ① 법정형이 사형·무기징역 또는 무기금고에 해당하는 대상사건에 대한 국민참여재판에는 9인의 배심원이 참여하고, 그 외의 대상사건에 대한 국민참여재판에는 7인의 배심원이 참여한다. 다만, 법원은 피고인 또는 변호인이 공판준비절차에서 공소사실의 주요내용을 인정한 때에는 5인의 배심원이 참여하게 할 수 있다.

제16조【배심원의 자격】 배심원은 만 20세 이상의 대한민국 국민 중에서 이 법으로 정하는 바에 따라 선정된다.

제44조【배심원의 증거능력판단배제】 배심원 또는 예비배심원은 법원의 증거능력에 관한 심리에 관여할 수 없다.

제46조【재판장의 설명·평의·평결·토의 등】 ① 재판장은 변론이 종결된 후 법정에서 배심원에게 공소사실의 요지와 적용법조, 피고인과 변호인 주장의 요지, 증거능력 그 밖에 유의할 사항에 관하여 설명하여야 한다. 이 경우 필요한 때에는 증거의 요지에 관하여 설명할 수 있다.

② 심리에 관여한 배심원은 제1항의 설명을 들은 후 유·무죄에 관하여 평의하고, 전원의 의견이 일치하면 그에 따라 평결한다. 다만, 배심원 과반수의 요청이 있으면 심리에 관여한 판사의 의견을 들을 수 있다.

③ 배심원은 유·무죄에 관하여 전원의 의견이 일치하지 아니하는 때에는 평결을 하기 전에 심리에 관여한 판사의 의견을 들어야 한다. 이 경우 유·무죄의 평결은 다수결의 방법으로 한다. 심리에 관여한 판사는 평의에 참석하여 의견을 진술한 경우에도 평결에는 참여할 수 없다.

✎ 빈출조문
꼼꼼히 암기!

④ 제2항 및 제3항의 평결이 유죄인 경우 배심원은 심리에 관여한 판사와 함께 양형에 관하여 토의하고 그에 관한 의견을 개진한다. 재판장은 양형에 관한 토의 전에 처벌의 범위와 양형의 조건 등을 설명하여야 한다.

⑤ 제2항부터 제4항까지의 평결과 의견은 법원을 기속하지 아니한다.

⚖ **판례 l**

국민참여재판을 받을 권리가 헌법상 재판청구권으로서 보호되는지 여부: 소극 (헌재 2009.11.26, 2008헌바12)

---

(4) 통고처분

① 행정심판이나 **행정소송의 대상으로서의 처분이 아님**

② 통고처분에 대하여 이의가 있으면 고발되어 형사재판절차에서 다툴 수 있기 때문에 관세법 제38조 제3항 제2호가 법관에 의한 재판받을 권리를 침해한다든가 적법절차의 원칙에 저촉된다고 볼 수 없다(헌재 1998.5.28, 96헌바4).

(5) 행정기관에 의한 재결 · 결정

① 헌법 제107조 규정

> **헌법 제107조** ③ 재판의 전심절차로서 행정심판을 할 수 있다. 행정심판의 절차는 법률로 정하되, 사법절차가 준용되어야 한다.
> 《주의》 행정심판은 헌법에 명문화되어 있다.

② 헌법 제107조의 의미(헌법재판소): 행정심판을 전심절차가 아니라 종심절차로 규정함으로써 정식재판의 기회를 배제하거나 어떤 행정심판을 필요적 전심절차로 규정하면서도 그 절차에 사법절차가 준용되지 않는다면 이는 헌법 제107조 제3항, 나아가 재판청구권을 보장하고 있는 헌법 제27조에도 위반된다고 할 것이다(헌재 2001.6.28, 2000헌바30).
   《주의》 다만, 어떤 행정심판절차에 사법절차가 준용되지 않는다 하더라도 임의적 전치제도로 규정함에 그치고 있다면 위 헌법조항에 위반된다 할 수 없다.

(6) 즉결심판 · 가사심판 · 보호처분 · 약식절차

① 시 · 군법원의 즉결심판, 가정법원의 가사심판, 가정(또는 지방)법원 소년부의 보호처분 등은 헌법과 법률이 정한 법관에 의한 재판이라는 점에서 재판청구권의 침해가 아님
② 약식절차도 공판 전의 간이소송절차에 불과하며, 이의가 있는 경우 정식재판을 통해 불복할 수 있으므로 재판청구권의 침해는 아님(통설)

2. '법률에 의한' 재판을 받을 권리의 의미

합헌적인 실체법과 절차법에 따라 행하여지는 재판을 의미

3. '재판'을 받을 권리

(1) 재판청구권행사의 요건

① **구체적 사건성**: 구체적이고 현실적인 법적 분쟁이 있어야 함
② **당사자적격성**: 자신의 권리를 침해당하였거나 쟁송사건에 대해 법적 이해관계를 가진 자의 청구가 있어야 함
③ **소의 이익**: 그 청구와 관련하여 소송을 수행할 실질적 이익이 있어야 함
④ **사건의 성숙성**: 구체적인 사건으로 성숙되지 아니한 장래의 문제에 대해서는 재판청구권을 행사하지 못함

(2) 재판을 '받을 권리'의 유형

민사재판청구권 · 형사재판청구권 · 행정재판청구권 · 헌법재판청구권 등
《주의》 재심을 받을 권리 ×

(3) 대법원의 재판(상고심에서의 재판)을 받을 권리

헌법이 대법원을 최고법원으로 규정하였다고 하여 **대법원이 곧바로 모든 사건을 상고심으로서 관할하여야 한다는 결론이 당연히 도출되는 것은 아니다.** … 대법원이 어떤 사건을 제1심으로서 또는 상고심으로서 관할할 것인지는 법률로 정할 수 있는 것이다(헌재 1997.10.30, 97헌바37 등).

(4) 군사재판을 '받지 아니할' 권리

헌법 제27조 ② 군인 또는 군무원이 아닌 국민은 대한민국의 영역 안에서는 중대한 군사상 기밀·초병·초소·유독음식물공급·포로·군용물에 관한 죄 중 법률이 정한 경우와 비상계엄이 선포된 경우를 제외하고는 군사법원의 재판을 받지 아니한다.
《주의》 '군사시설'에 관한 죄는 미포함

⚖판례 |

'군사시설에 관한 죄'를 범한 일반 국민에 대해 군사법원의 재판권을 인정하는 것이 재판받을 권리를 침해하는지 여부: 적극[위헌] (헌재 2013.11.28, 2012헌가10)

4. '신속한 공개재판'을 받을 권리

(1) 신속한 재판

《주의》 신속한 재판을 받을 권리는 헌법상 권리이지만 실현을 위해서는 구체적인 입법형성이 필요하다.

헌법 제27조 ③ 모든 국민은 신속한 재판을 받을 권리를 가진다.

⚖판례 |

1 헌법 제27조 제3항의 헌법규정으로부터 신속한 재판을 위한 직접적이고 구체적인 청구권이 발생하는지 여부: 소극 (헌재 1999.9.16, 98헌마75)

2 배당기일에 이의한 사람이 배당이의의 소의 첫 변론기일에 출석하지 아니한 때에는 소를 취하한 것으로 보도록 한 민사집행법 제158조가 이의한 사람의 재판청구권을 침해하는지 여부: 소극 (헌재 2005.3.31, 2003헌바92)

(2) 공개의 재판

헌법 제27조 ③ … 형사피고인은 상당한 이유가 없는 한 지체 없이 공개재판을 받을 권리를 가진다.
제109조 재판의 심리와 판결은 공개한다. 다만, 심리는 국가의 안전보장 또는 안녕질서를 방해하거나 선량한 풍속을 해할 염려가 있을 때에는 법원의 결정으로 공개하지 아니할 수 있다.
《주의》 '심리'는 비공개 가능 / '판결'은 무조건 공개
《주의》 재판의 심리 비공개 사유와 국회의 비공개 사유를 구별하여 알아두기
✎ 국회의 비공개 사유 – 국가안전보장

① 심리는 공개하지 아니할 수 있으나, 판결(선고)은 반드시 공개
② 다만, 소년보호사건의 심리는 공개하지 아니한다(소년법 제24조 제2항).

5. '공정한 재판'을 받을 권리

(1) 의의

우리 헌법에 명문의 규정은 없으나 국민의 기본권으로 보장하고 있음이 명백하며, 공개된 법정의 법관 앞에서 모든 증거자료가 조사되고 검사와 피고인이 서로 공격·방어할 수 있는 공평한 기회가 보장되는 재판을 받을 권리를 포함

(2) 대심구조(당사자주의와 구두변론주의에 입각한 재판구조)

순수한 소송사건에서 권리·의무의 종국적 확정은 대심구조가 요구되지만, 비송사건절차·가사소송절차·파산절차 등에는 대심구조를 채택하지 않더라도 정당한 재판을 받을 권리를 침해하는 것은 아님

(3) 적법한 관할

> **⚖ 판례 |**
>
> 1 위험발생의 염려가 없는 압수물임에도 사건종결 전에 임의로 이를 폐기한 행위가 적법절차원칙에 반하고, 공정한 재판을 받을 권리를 침해하는지 여부: 적극[인용(위헌확인)] (헌재 2012.12.27, 2011헌마351)
>
> 2 성폭력범죄 피해아동의 진술이 수록된 영상녹화물에 관하여 피해아동의 법정진술 없이도 증거능력을 인정할 수 있도록 규정한 아동·청소년의 성보호에 관한 법률 제18조의2 제5항이 피고인의 공정한 재판을 받을 권리를 침해하는지 여부: 소극[합헌] (헌재 2013.12.26, 2011헌바108)
>
> 3 검사가 법원의 증인으로 채택된 수감자를 그 증언에 이르기까지 거의 매일 검사실로 하루 종일 소환하여 피고인 측 변호인이 접근하는 것을 차단하고, 검찰에서의 진술을 번복하는 증언을 하지 않도록 회유·압박하는 한편, 때로는 검사실에서 그에게 편의를 제공하기도 한 행위가 공정한 재판을 받을 권리를 침해하는지 여부: 적극 (헌재 2001.8.30, 99헌마496)
>
> 4 특별검사가 공소제기한 사건의 재판기간과 상소절차진행기간을 일반 사건보다 단축하는 것이 공정한 재판을 받을 권리를 침해하는지 여부: 소극 (헌재 2008.1.10, 207헌마1468)
>
> 5 정식재판청구 기간을 '약식명령의 고지를 받은 날로부터 7일 이내'로 규정한 형사소송법 제453조 제1항이 피고인의 공정한 재판을 받을 권리를 침해하는지 여부: 소극[합헌] (헌재 2013.10.24, 2012헌바428)
>
> 6 헌법 제27조가 보장하는 재판청구권에는 공정한 헌법재판을 받을 권리도 포함되고, … 국회는 공정한 헌법재판을 받을 권리의 보장을 위하여 공석인 재판관의 후임자를 선출하여야 할 구체적 작위의무를 부담한다고 할 것이다(헌재 2014.4.24, 2012헌마2).
>
> 7 19세 미만 성폭력범죄 피해자의 진술이 수록된 영상물에 관하여 조사 과정에 동석하였던 신뢰관계인 등이 그 성립의 진정함을 인정한 경우 이를 증거로 할 수 있도록 정한, '성폭력범죄의 처벌 등에 관한 특례법' 제30조 제6항이 공정한 재판받을 권리를 침해하여 위헌인지 여부: 적극[위헌] (헌재 2021.12.23, 2018헌바524)

6. 형사피해자의 재판절차진술권(현행신설)

> **헌법 제27조** ⑤ 형사피해자는 법률이 정하는 바에 의하여 당해 사건의 재판절차에서 진술할 수 있다.

제27조 제5항의 형사피해자는 모든 범죄행위로 인한 피해자를 의미한다는 점에서 생명과 신체의 피해를 받은 자에 한정되는 **제30조 범죄피해자보다 넓은 개념**

판례 |

1 **검사의 자의적인 불기소처분에 의해 침해되는 기본권**
   [1] ① **피해자**: 평등권, 재판절차진술권(헌재 1989.7.14, 89헌마10)
       ② **피의자**: 행복추구권, 재판청구권, 평등권 침해
   [2] **형사소송법상**
       ① **고발인**: 검사의 불기소처분에 대해 헌법소원 ×
       ② **고소인**: 검찰 항고 ➡ 재정신청 ➡ 고등법원(재판) – 인용 – 기각 ➡ 항고 가능(재정신청 기각결정에 대한 재항고 금지는 재판청구권 침해로 위헌)
       ③ **고소하지 않은 형사 피해자**: 헌법소원
       ④ **피의자**: 검사의 자의적인 불기소처분(기소유예·기소중지)에 대해 헌법소원

2 **위증죄 불기소처분에 대한 위증피해자의 헌법소원청구인적격: 적극** (헌재 1992.2.25, 90헌마91)

3 **교통사고 사망자 부모의 헌법소원청구인적격: 적극** (헌재 1993.3.11, 92헌마48)

4 **교통사고처리 특례법 제4조 제1항 본문 중 업무상 과실 또는 중대한 과실로 인한 교통사고로 말미암아 피해자로 하여금 '중상해'에 이르게 한 경우 공소를 제기할 수 없도록 규정한 부분이 재판절차진술권 및 평등권을 침해하였는지 여부: 적극** (헌재 2009.2.26, 2005헌마764)

구분	피해자가 '중상해'를 입은 경우	피해자가 '중상해가 아닌 상해'를 입은 경우
재판절차진술권 침해	○	×
평등권 침해	○	×
기본권 보호의무 위반	×	×

04 제한

1. 일반적 제한

헌법 제37조 제2항에 따라 법률에 의하여 제한

2. 법원의 재판에 대한 헌법소원의 제한

헌법재판소법

제68조 【청구사유】 ① 공권력의 행사 또는 불행사로 인하여 헌법상 보장된 기본권을 침해받은 자는 **법원의 재판을 제외하고는** 헌법재판소에 헌법소원심판을 청구할 수 있다.
《주의》 재판의 지연도 헌법소원으로 다룰 수 없다.

(1) 원칙

헌법소원 제한

(2) 예외

법원이 헌법재판소가 위헌으로 결정하여 그 효력을 전부 또는 일부 상실하거나 위헌으로 확인된 법률을 적용함으로써 국민의 기본권을 침해한 경우, 법원의 재판에 대한 헌법소원이 허용(헌재 1997.12.24, 96헌마172·96헌마173)

⚖️ 판례 |

1 국가배상심의회의 배상결정에 대해 동의한 때에는 재판상 화해가 성립된 것으로 보는 것이 재판청구권을 침해하는지 여부: 적극 (헌재 1995.5.25, 91헌가7)

  《주의》 기본적으로 동의한 때 재판상 화해가 성립된 것으로 보는 판례는 합헌이다. 그러나 위 판례는 과정상의 하자로 인해 동의로 인한 재판상 화해가 재판청구권을 침해하는 예외적인 판례이다.

2 보상금 등의 지급결정에 동의한 때에는 특수임무수행 등으로 인하여 입은 피해에 대하여 재판상 화해가 성립된 것으로 보는 '특수임무수행자 보상에 관한 법률' 제17조의2가 재판청구권을 침해하는지 여부: 소극 (헌재 2011.2.24, 2010헌바199)

3 교원에게만 행정소송을 제기할 수 있도록 하고 학교법인에는 이를 금지한 교원지위향상을 위한 특별법 제10조 제3항이 재판청구권을 침해하는지 여부: 적극[위헌] (헌재 2006.2.23, 2005헌가7 등)

4 교원에 대한 징계처분에 관하여 재심청구를 거치지 아니하고는 행정소송을 제기할 수 없도록 한 구 국가공무원법 제16조 제2항이 재판청구권을 침해하는지 여부: 소극 (헌재 2007.1.17, 2005헌바86)

5 피고인이 스스로 치료감호를 청구할 수 있는 권리가 헌법상 재판청구권의 보호범위에 속하는지 여부: 소극 (헌재 2010.4.29, 2008헌마622)

6 피고인을 퇴정시키고 증인신문할 수 있도록 한 특정범죄신고자 등 보호법 제11조 제2항·제3항·제6항 중 "피고인을 퇴정시키고 증인신문을 행할 수 있다."라는 부분이 위헌인지 여부: 소극 (헌재 2010.11.25, 2009헌바57)

7 형사재판의 즉시항고제기 기간을 3일로 규정한 형사소송법 제405조가 재판청구권 및 평등권을 침해하는지 여부: 적극[헌법불합치] (헌재 2018.12.27, 2015헌바77)

8 대한변호사협회 징계위원회에서 징계를 받은 변호사는 법무부 징계위원회에서의 이의절차 후 곧바로 대법원에 즉시항고하도록 하는 불복규정이 위헌인지 여부: 적극 (헌재 2000.6.29, 99헌가9)

9 패소할 것이 명백한 경우 소송구조의 거부를 인정하는 민사소송법 제118조 제1항 단서가 국민의 재판청구권을 침해하는지 여부: 소극 (헌재 2001.2.22, 99헌바74)

10 재판청구권이 구체적 소송에 있어서 특정의 당사자가 승소의 판결을 받을 권리도 포함하는지 여부: 소극 (헌재 1996.1.25, 93헌바5 등)

11 심리불속행제도(상고심절차에 관한 특례법 제4조)가 위헌인지 여부: 소극 (헌재 1997.10.30, 97헌바37)

12 반국가행위자의 처벌에 관한 특별조치법상 상소권회복청구제한규정이 위헌인지 여부: 적극

  반국가행위자의 처벌에 관한 특별조치법 제11조 제1항에 피고인이 체포되거나 임의로 검사에게 출석하지 아니하면 상소를 할 수 없도록 제한한 것과 동법 제13조 제1항에서 상소권회복청구의 길을 전면 봉쇄한 것은 결국 상소권을 본질적으로 박탈하는 것이어서 헌법상 재판청구권을 침해하는 것이다(헌재 1993.7.29, 90헌바35).

13 범죄인 인도법 제3조가 법원의 범죄인 인도심사결정에 대한 불복절차를 인정하지 않은 것이 적법절차원칙에 위배하거나 재판청구권을 침해하는지 여부: 소극 (헌재 2003.1.30, 2001헌바95)

14 법관이 아닌 사법보좌관이 소송비용액확정재판을 할 수 있도록 정한 법원조직법 제54조가 재판청구권을 침해하는지 여부: 소극 (헌재 2009.2.26, 2007헌바8)

  《주의》 사법보좌관은 법관의 감독을 받아 업무를 수행하며, 사법보좌관의 처분에 대하여는 대법원규칙이 정하는 바에 따라 법관에 대하여 이의신청을 할 수 있다.

15 재심청구권이 헌법 제27조에서 규정한 재판을 받을 권리에 당연히 포함되는지 여부: 소극 (헌재 2000.6.29, 99헌바66 등)

16 국민참여재판의 대상사건을 제한한 재판참여법률 제5조 제1항이 국민의 재판을 받을 권리 및 평등권을 침해하는지 여부: 소극 (헌재 2009.11.26, 2008헌바12)

17 현역병의 군입대 전 범죄에 대한 군사법원의 재판권을 규정하고 있는 군사법원법 제2조 제2항 중 제1항 제1호가 재판청구권을 침해하여 헌법에 위반되는지 여부: 소극 (헌재 2009.7.30, 2008헌바162)

18 피청구인이 출정비용납부거부 또는 상계동의거부를 이유로 청구인의 행정소송변론기일에 청구인의 출정을 제한한 행위가 청구인의 재판청구권을 침해하는지 여부: 적극[인용(위헌확인)] (헌재 2012.3.29, 2010헌마475)

19 변호사와 접견하는 경우에도 수용자의 접견은 원칙적으로 접촉차단시설이 설치된 장소에서 하도록 규정하고 있는 형의 집행 및 수용자의 처우에 관한 법률 시행령 제58조 제4항이 재판청구권을 침해하는지 여부: 적극[헌법불합치] (헌재 2013.8.29, 2011헌마122)

《주의》 수용자는 변호인의 조력을 받을 권리의 주체가 아니기 때문에 변호인의 조력을 받을 권리가 침해되는 것은 아니다.

20 수형자가 헌법소원사건의 대리인인 변호사를 접견함에 있어서 교도소장이 그 접견내용을 녹음·기록한 행위가 수형자의 재판을 받을 권리를 침해하는지 여부: 적극[인용] (헌재 2013.9.26, 2011헌마398)

21 재정신청권자를 '고발을 한 후보자와 정당(중앙당에 한함) 및 해당 선거관리위원회'로 제한하고, 재정신청 대상범죄에 공직선거법 제243조 위반죄를 포함하지 아니한 구 공직선거법 제273조 제1항이 청구인의 재판청구권을 침해하는지 여부: 소극 (헌재 2015.2.26, 2014헌바181)

22 '피수용자인 구제청구자'의 즉시항고 제기기간을 '3일'로 정한 인신보호법 제15조의 해당 부분이, 청구인의 재판청구권을 침해하는지 여부: 적극[위헌] (헌재 2015.9.24, 2013헌가21)

23 형사재판에 계속 중인 사람에 대하여 출국을 금지할 수 있다고 규정한 출입국관리법 제4조 제1항 제1호가 공정한 재판받을 권리를 침해하는지 여부: 소극[합헌] (헌재 2015.9.24, 2012헌바302)

24 수형자와 소송대리인인 변호사와의 접견을 일반 접견과 동일하게 회당 30분 이내로, 횟수는 다른 일반 접견과 합하여 월 4회로 제한하는 것이 재판청구권을 침해하는지 여부: 적극[헌법불합치] (헌재 2015.11.26, 2012헌마858)

25 형의 집행 및 수용자의 처우에 관한 법률(이하 '형집행법'이라 한다) 제88조가 형사재판의 피고인으로 출석하는 수형자에 대하여 사복착용에 관한 형집행법 제82조를 준용하지 아니한 것은 청구인의 공정한 재판을 받을 권리 등을 침해하는지 여부: 적극[헌법불합치]

[1] '형사재판'에 피고인으로 출석하는 수형자에 대하여 사복착용을 불허하는 것의 기본권 침해 여부: 적극

[2] '민사재판'에 당사자로 출석하는 수형자에 대하여 사복착용을 불허하는 것의 기본권 침해 여부: 소극
(헌재 2015.12.23, 2013헌마712)

26 소송을 대리한 변호사에게 당사자가 지급하였거나 지급할 보수는 대법원규칙이 정하는 금액의 범위 안에서 소송비용으로 인정한다고 규정한 민사소송법 제109조 제1항이 재판청구권을 침해하는지 여부: 소극[합헌] (헌재 2016.6.30, 2013헌바370)

27 형사소송법 제165조의2 제3호 중 '피고인 등'에 대하여 차폐시설을 설치하고 신문할 수 있도록 한 부분이 청구인의 공정한 재판을 받을 권리 및 변호인의 조력을 받을 권리를 침해하는지 여부: 소극[합헌] (헌재 2016.12.29, 2015헌바221)

28 주세법상 의제주류판매업면허취소처분에 대한 행정소송에 관하여 필요적 행정심판전치주의를 적용하는 것이 재판청구권을 침해하는지 여부: 소극[합헌] (헌재 2016.12.29, 2015헌바229)

29 상속재산분할에 관한 사건을 가사비송사건으로 분류하고 있는 가사소송법 제2조 제1항 제2호 등(이하 '가사비송 조항'이라 한다)이 상속재산분할에 관한 사건을 제기하고자 하는 자의 공정한 재판을 받을 권리를 침해하는지 여부: 소극 (헌재 2017.4.27, 2015헌바24)

30 4·16세월호참사 피해구제 및 지원 등을 위한 특별법 제16조 규정이 심의위원회의 배상금 등 지급결정에 동의한 때에는 국가와 신청인 사이에 재판상 화해가 성립한 것으로 간주하는 것이 재판청구권을 침해하는지 여부: 소극[기각] (헌재 2017.6.29, 2015헌마654)

31 인지상한제를 도입하지 않은 채 인지액을 납부하도록 하는 것이 재판청구권을 침해하는지 여부: 소극[합헌] (헌재 2017.8.31, 2016헌바447)

32 국세정보통신망에 저장하는 방법에 의한 전자송달의 효력발생시점을 송달할 서류가 국세정보통신망에 저장된 때로 정한 국세기본법 제12조 제1항 단서 중 '국세정보통신망에 저장하는 경우에는 저장된 때' 부분이 재판청구권을 침해하고 적법절차원칙에 위반되는지 여부: 소극[합헌] (헌재 2017.10.26, 2016헌가19)

33 취소소송 등의 제기시 집행부정지원칙을 규정한 행정소송법 제23조 제1항 및 집행정지의 요건을 규정한 행정소송법 제23조 제2항이 재판청구권을 침해하는지 여부: 소극[합헌] (헌재 2018.1.25, 2016헌바208)

34 매각허가결정에 대한 즉시항고시 보증으로 매각대금의 10분의 1에 해당하는 금전 또는 유가증권을 공탁하도록 하고, 이를 증명하는 서류를 제출하지 않은 경우 결정으로 각하하도록 규정한 민사집행법 제130조 제3항이 재판청구권을 침해하는지 여부: 소극[합헌] (헌재 2018.1.25, 2016헌바220)

35 디엔에이감식시료채취영장 발부 과정에서 채취대상자가 자신의 의견을 진술하거나 영장발부에 대하여 불복하는 동의 절차를 두지 아니한 '디엔에이신원확인정보의 이용 및 보호에 관한 법률' 제8조가 재판청구권을 침해하는지 여부: 적극[헌법불합치] (헌재 2018.8.30, 2016헌마344)
   《주의》 목적의 정당성 및 수단의 적합성은 인정되지만 과잉금지원칙을 위반하여 위헌 / 재판청구권 외에는 침해되는 기본권 無

36 인지첨부제도가 재판청구권을 침해하는지 여부: 소극 (헌재 1996.8.29, 93헌바57)

37 상소심 인지액의 단계적 차등규정의 위헌 여부: 소극 (헌재 1994.2.24, 93헌바10)

38 구성요건의 일부를 행정기관이 결정하도록 한 규정이 법관에 의한 재판을 받을 권리를 침해하는지 여부: 소극 (헌재 2000.6.29, 99헌가16)

39 일사부재리규정을 둔 헌법재판소법 제39조가 재판청구권을 침해하는지 여부: 소극 (헌재 2005.12.22, 2005헌마330)

40 국가정보원 직원이 사건 당사자로서 직무상의 비밀에 속한 사항을 진술하고자 할 때에는 미리 원장의 허가를 받아야 하는 것이 소송 당사자의 재판청구권을 침해하는 것인지 여부: 적극[헌법불합치] (헌재 2002.11.28, 2001헌가28)

41 변호사의 보수를 일정한 범위 안에서 소송비용으로 인정하는 것이 헌법에 위배되는지 여부: 소극 (헌재 2011.5.26, 2010헌바204)

42 소액사건의 상고를 제한하는 소액사건심판법 제3조가 재판받을 권리를 침해하는지 여부: 소극 (헌재 2011.6.30, 2010헌바395)

43 공판조서의 절대적 증명력을 규정한 형사소송법 제56조가 재판받을 권리를 침해하는지 여부: 소극 (헌재 2012.4.24, 2010헌바379)

44 형사소송에서 증거채택 여부를 법원의 재량으로 결정할 수 있도록 규정한 형사소송법 제295조 등이 공정한 재판받을 권리를 침해하는지 여부: 소극[합헌] (헌재 2012.5.31, 2010헌바403)

45 민사소송 양쪽 당사자가 변론기일에 2회 불출석하고 그로부터 1개월 이내에 기일지정신청을 하지 아니한 경우 소가 취하된 것으로 간주하는 민사소송법 제268조 제1항 및 제2항이 재판청구권을 침해하는지 여부: 소극[합헌] (헌재 2012.11.29, 2012헌바180)

46 항소심기일에 2회 불출석한 경우 항소취하간주를 규정한 민사소송법이 청구인의 재판청구권을 침해하는지 여부: 소극[기각] (헌재 2013.7.25, 2012헌마656)

47 공시송달의 방법으로 기일통지서를 송달받은 당사자가 변론기일에 출석하지 아니한 경우 자백간주 규정을 준용하지 않는 민사소송법 제150조 제3항 단서가 그 상대방의 효율적이고 공정한 재판을 받을 권리를 침해하는지 여부: 소극[합헌] (헌재 2013.3.21, 2012헌바128)

48 형사소송법 제297조 제1항 전문 중 "재판장은 증인이 피고인의 면전에서 충분한 진술을 할 수 없다고 인정한 때에는 피고인을 퇴정하게 하고 진술하게 할 수 있다."는 부분이 피고인의 공정한 재판을 받을 권리를 침해하는지 여부: 소극[합헌] (헌재 2012.7.26, 2010헌바62)

49 형사피고인의 구속기간을 제한하고 있는 형사소송법 제92조 제1항이 피고인의 공정한 재판을 받을 권리를 침해하는지 여부: 소극[합헌] (헌재 2001.6.28, 99헌가14)

50 재정신청이 이유 없는 때에는 기각결정이 확정된 사건에 대하여 다른 중요한 증거를 발견한 경우를 제외하고는 소추를 금지하는 형사소송법 제262조 제4항이 재정신청인의 형사피해자 재판절차진술권을 침해하는지 여부: 소극[기각] (헌재 2011.10.25, 2010헌마243)

51 학교안전사고에 대한 공제급여결정에 대하여 학교안전공제보상심사위원회가 재결을 행한 경우에는 학교안전공제회와 재심사청구인간에 당해 재결내용과 동일한 합의가 성립된 것으로 간주하는 학교안전사고 예방 및 보상에 관한 법률 제64조가 공제회의 재판청구권을 침해하는지 여부: 적극[위헌] (헌재 2015.7.30, 2014헌가7)

52 상고심 심리를 속행하지 아니하는 경우에 이유를 붙이지 아니할 수 있도록 한 특례법 제5조 제1항이 재판청구권을 침해하는지 여부: 소극[기각] (헌재 2005.9.29, 2005헌마567)

53 약식명령의 고지대상자 및 정식재판 청구권자에서 형사피해자를 제외한 형사소송법 조항이 재판절차진술권을 침해하는지 여부: 소극[기각] (헌재 2019.9.26, 2018헌마1015)

54 판단누락을 이유로 든 재심의 제기기간을 판결이 확정된 뒤 그 사유를 안 날부터 30일 이내로 제한한 민사소송법(2002.1.26. 법률 제6226호로 전부개정된 것) 제456조 제1항 중 제451조 제1항 제9호에 관한 부분(이하 '심판대상조항'이라 한다)이 민사소송 당사자의 재판청구권 및 평등권을 침해하는지 여부: 소극 (헌재 2019.12.27, 2018헌바84)

55 유류분 반환청구권의 소멸시효기간을 '반환하여야 할 증여를 한 사실을 안 때로부터 1년'으로 규정한 민법 제1117조 전문 부분이 유류분 관리자의 재산권, 평등권, 재판청구권을 침해하는지 여부: 소극 (헌재 2010.12.28, 2009헌바20)

56 재판업무의 수행상 필요가 있는 경우 고등법원 부(원외재판부)로 하여금 그 관할구역 안의 지방법원 소재지에서 사무를 처리할 수 있도록 한 법원조직법 제27조 제4항, 고등법원 원외재판부의 재판사무 범위를 정한 고등법원 부의 지방법원 소재지에서의 사무처리에 관한 규칙 제4조 제1항 제1호 및 제2호가 재판받을 권리를 침해하는지 여부: 소극 (헌재 2013.6.27, 2012헌마1015)

57 변경회생계획인가결정에 대한 불복방식을 '즉시항고'로 정한 채무자회생법 제282조 제3항 중 제247조 제1항 본문을 준용하는 부분이 청구인들의 재판청구권을 침해하는지 여부: 소극[합헌, 각하] (헌재 2021.7.15, 2018헌바484).

58 소송기록에 의하여 청구가 이유 없음이 명백한 때 법원이 변론 없이 청구를 기각할 수 있도록 규정한 소액사건심판법 제9조 제1항이 재판청구권을 침해하는지 여부: 소극[합헌] [헌재 2021.6.24, 2019헌바133·170 (병합)]

59 법관기피신청이 소송의 지연을 목적으로 함이 명백한 경우에 신청을 받은 법원 또는 법관은 결정으로 이를 기각할 수 있도록 규정한 '형사소송법' 제20조 제1항이 헌법상 보장되는 공정한 재판을 받을 권리를 침해하는지 여부: 소극[합헌] (헌재 2021.2.25, 2019헌바551)

60 자격정지 이상의 선고유예를 받고 그 선고유예기간 중에 있는 자에 대하여 당연퇴직을 규정하고 있는 경찰공무원법 규정은 재판청구권을 침해하고, 적법절차원칙에 위배되는지 여부: 소극 (헌재 1998.4.30, 96헌마7)

61 행정심판절차의 구체적 형성에 관한 입법자의 입법형성의 한계를 고려할 때, 어떤 행정심판이 필요적 전심절차로 규정되어 있는 경우 사법절차가 준용되어야 하는지 여부: 적극 (헌재 2000.6.1, 98헌바8)

62 검사의 기소유예처분에 대하여 피의자가 불복하여 법원의 재판을 받을 수 있는 절차를 국가가 법률로 마련해야 할 헌법적 의무가 존재하는지 여부: 소극 (헌재 2013.9.26, 2012헌마562)

63 '피고인이 스스로 치료감호를 청구할 수 있는 권리'가 헌법상 재판청구권의 보호범위에 포함되는지 여부: 소극 (헌재 2021.1.28, 2019헌가24 등)

64 형의 선고와 함께 소송비용 부담의 재판을 받은 피고인이 '빈곤'을 이유로 해서만 집행면제를 신청할 수 있도록 한 형사소송법 제487조 중 제186조 제1항 본문에 따른 소송비용에 관한 부분 중 '빈곤'이 피고인의 재판청구권을 침해하는지 여부: 소극 (헌재 2021.2.25, 2019헌바64)

65 군인이 상관의 지시와 명령에 대하여 헌법소원 등 재판청구권을 행사하는 것이 군인의 복종의무에 위반되는지 여부: 소극 (대판 2018.3.22, 2012두26401)

66 특허무효심결에 대한 소는 심결의 등본을 송달받은 날부터 30일 이내에 제기하도록 한 특허법(2014.6.11, 법률 제12753호로 개정된 것) 제186조 제3항이 재판청구권을 침해하는지 여부: 소극 (헌재 2018.8.30, 2017헌바258)

67 사법보좌관의 지급명령에 대한 이의신청 기간을 2주 이내로 규정한 민사소송법 제470조 제1항 중 '사법보좌관의 지급명령'에 관한 부분이 재판청구권을 침해하는지 여부: 소극 (헌재 2020.12.23, 2019헌바353)

68 국가배상사건인 당해사건 확정판결에 대하여 헌법재판소 위헌결정을 이유로 한 재심의 소를 제기할 경우, 재심제기기간을 재심사유를 안 날부터 30일 이내로 한 헌법재판소법 제75조 제8항 중 '국가배상사건에 대하여 민사소송법 제456조 제1항을 준용하는 부분'이 재판청구권을 침해하는지 여부: 소극 (헌재 2020.9.24, 2019헌바130)

제4절 국가배상청구권

> 헌법 제29조 ① 공무원의 직무상 불법행위로 손해를 받은 국민은 법률이 정하는 바에 의하여 **국가 또는 공공단체**에 **정당한 배상**을 청구할 수 있다. 이 경우 공무원 자신의 책임은 면제되지 아니한다.
> ▶ **헌법**: 국가 또는 공공단체 / **국가배상법**: 국가나 지방자치단체

건국헌법 이래 계속하여 국가배상청구권을 규정하고 있다.

01 법적 성격

1. 청구권적 기본권인지 재산권인지 여부

(1) 통설과 대법원의 다수의견

청구권적 기본권

(2) 헌법재판소

재산권의 성질과 청구권의 성질을 아울러 가지는 것으로 봄

2. 공권인지 사권인지 여부

(1) 다수설

주관적 공권이라는 점을 논거로 국가배상청구권을 공권적 청구권이라 함

(2) 대법원

국가배상청구소송을 민사소송절차에 의하게 하므로 사권설의 입장

02 주체

1. 한국 국민이면 자연인과 법인을 가리지 않음(통설)
2. 외국인은 **상호보증주의**(국가배상법 제7조)에 따름

03 내용

1. 유형

(1) 공무원의 직무상 불법행위로 인하여 손해가 발생한 경우(국가배상법 제2조)

(2) 영조물의 설치·관리의 하자로 손해가 발생한 경우(국가배상법 제5조)

2. 공무원의 직무상 불법행위로 인한 국가배상청구권의 성립요건

(1) '공무원'

널리 공무를 위탁받아 실질적으로 공무에 종사하고 있는 자로 공무의 위탁이 일시적이고 한정적인 사항에 관한 활동을 위한 경우도 포함

> **⊕ PLUS** 국가배상청구에 있어서의 공무원
>
> | 긍정 | 부정 |
> |---|---|
> | • 전입신고에 확인인을 찍는 통장(대판 1991.7.9, 91다5570)
• 파출소에 근무하는 방범원(대판 1991.3.27, 90도2930)
• 미군부대의 카투사(대판 1961.12.28, 4294민상218)
• 시청소차의 운전수(대판 1971.6.4, 70다2955)
• 철도건널목의 간수(대판 1966.10.11, 66다1456)
• 교통안내업무를 위탁받은 교통할아버지(대판 2001.1.5, 98다39060) | • 의용소방대원(대판 1975.11.25, 73다1896)
• 시영버스운전수(서울고법 1974.10.2, 73나1434)
• 한국토지주택공사(대판 2010.1.28, 2007다82950,82967) |

(2) 직무상 행위

① **직무행위의 범위**

ⓒ 권력행위만을 의미한다는 협의설

ⓒ 공권력 행사로서의 **권력행위와 비권력적 관리행위만**이라고 보는 광의설(다수설, 헌법재판소)

> **⚖ 판례 |**
>
> 국가배상청구의 요건인 '공무원의 직무'의 범위에 사경제주체로서의 행위(사법상의 행위)도 포함되는지 여부: 소극 (대판 2001.1.5, 98다39060)

② **직무행위의 판단기준**: 외관을 객관적으로 관찰하여 공무원의 직무행위로 보여질 때에는 비록 그것이 실질적으로 직무집행행위가 아니어도 행위자의 주관적 의사에 관계없이 공무원의 직무집행행위라 볼 것이며, **공무집행행위가 아니라는 사정을 피해자가 알았더라도 이에 대한 국가의 배상책임은 부정할 수 없다**(대판 1966.6.28, 66다781).

(3) 불법행위

① **공무원의 고의나 과실**: 공무원이 당해 직무를 담당하는 평균인이 보통 갖추어야 할 주의의무를 게을리한 것

ⓒ **공무원의 법령해석에 있어서의 과실**: 법령에 대한 해석이 복잡·미묘하여 워낙 어렵고 이에 대한 학설과 판례조차 귀일되어 있지 않은 등의 특별한 사정이 없는 한 일반적으로 공무원이 관계법규를 알지 못하였거나 필요한 지식을 갖추지 못하여 법규의 해석을 그르쳐 행정처분을 하였다면 공무원의 법령해석에 있어서의 과실이 인정된다(대판 1981.8.25, 80다1598).

ⓒ **공무원의 시행령제정에 있어서의 과실**: 상위법규에 대한 해석이 그 문언 자체만으로는 명백하지 아니하여 여러 견해가 있을 수 있는데다가 이에 대한 선례나 학설·판례 등도 하나로 통일된 바 없어 해석상 다툼의 여지가 있는 경우, 그 공무원이 나름대로 합리적인 근거를 찾아 어느 하나의 견해에 따라 상위법규를 해석한 다음 그에 따라 시행령 등을 제정하게 되었다면, 그와 같은 상위법규의 해석이 나중에 대법원이 내린 해석과 같지 아니하여 시행령과 그에 따른 행정처분이 위법하게 되더라도 이러한 경우에까지 국가배상법상 공무원의 과실이 있다고 할 수 없다(대판 1997.5.28, 95다15735).

② **법령 위반**: 성문법과 불문법 등 법령뿐만 아니라 인권 존중, 권리남용금지, 신의성실의 원칙, 공서양속 등을 포함하고 더 나아가 당해 직무행위가 객관적으로 정당성을 결한 경우를 의미(통설)

> **⚖ 판례 |**
>
> **1** 국가배상청구권의 성립요건으로서 공무원의 고의 또는 과실을 규정함으로써 무과실책임을 인정하지 않은 국가배상법 제2조 제1항 본문 중 '고의 또는 과실로' 부분이 헌법상 국가배상청구권을 침해하는지 여부: 소극 (헌재 2015.4.30, 2013헌바395)
>
> **2** 국회의원의 입법행위와 배상책임
>
> 그 입법 내용이 헌법의 문언에 명백히 위배됨에도 불구하고 국회가 굳이 입법을 한 경우, 헌법에 의하여 부과되는 구체적인 입법의무를 부담하고 있음에도 불구하고 그 입법에 필요한 상당한 기간이 경과하도록 고의 또는 과실로 이러한 입법의무를 이행하지 아니하는 극히 예외적인 경우에만 국가배상법상의 배상책임이 인정될 수 있다(대판 2008.5.29, 2004다33469).

(4) 타인에 대한 손해의 발생

① '손해'는 가해행위로 인하여 피해자가 입은 물질적·정신적 불이익을 모두 포함

② 이때 손해발생과 공무원의 직무행위간에는 상당인과관계가 있을 것을 요함

> **⚖ 판례 |**
>
> 거리질서확립 등의 공무를 위탁하여 집행하게 하던 중 '교통할아버지'로 선정된 노인이 위탁받은 업무범위를 넘어 교차로 중앙에서 교통정리를 하다가 교통사고를 발생시킨 경우 지방자치단체가 국가배상법 제2조 소정의 배상책임을 부담하는지 여부: 적극 (대판 2001.1.5, 98다39060)

3. 배상책임의 본질

(1) 학설

① 자기책임설

② 대위책임설

③ 절충설: 공무원의 위법행위가 고의나 중과실인 경우는 대위책임이나, 경과실일 경우 자기책임이라고 한다[대판 1996.2.15, 95다38677(전합)].

(2) 검토

국가배상청구권은 국가가 공무원을 자신의 기관으로 사용한 것에 대한 자기책임으로, 자신의 행위에 대한 책임을 부담하는 것으로 이해하는 것이 타당하다고 봄

《주의》 대위책임 × / 자기책임 ○

4. 배상청구의 상대방

(1) 국가에 대한 청구권

① 대국가적 청구권설(다수설): 국가(공공단체)에 대해서만 청구할 수 있으며, 공무원 개인에게는 청구 ×

② 대법원 판례

  ㉠ 공무원이 **경과실**로 타인에게 손해를 입힌 경우 배상책임을 전적으로 **국가 등에만** 귀속시키고, 고의·중과실에 기한 경우 **공무원 개인에게 손해배상책임을 부담**

  ㉡ 다만, 그 행위의 외관을 객관적으로 관찰하여 공무원의 직무집행으로 보여질 때에는 피해자인 **국민을 두텁게 보호하기 위하여 국가 등이 공무원 개인과 중첩적으로 배상책임을 부담**한다[대판 1996.2.15, 95다38677(전합)].

(2) 선택적 청구권의 문제(명문 ×)

가해공무원의 선임·감독을 맡은 자와 가해공무원의 봉급·급여 기타의 비용을 부담하는 자가 동일하지 아니한 경우, 피해자는 어느 쪽이든 배상청구 가능

5. 구상청구권

(1) 가해공무원에게 고의나 중과실이 있는 때에는 국가 또는 지방자치단체는 가해공무원에게 구상권 행사 가능

《주의》 경과실인 경우 구상권 행사 ×

(2) 선임·감독자와 비용부담자가 다를 때에는 손해를 배상한 자가 내부 관계에서 손해배상책임이 있는 자(선임·감독자)에게 구상권 행사 가능(다수설)

▶ 비용부담자가 아닌 선임·감독자에게 구상권 행사 가능

6. 배상청구절차와 배상범위

(1) 임의적 배상결정전치주의

> **국가배상법**
>
> 제9조【소송과 배상신청의 관계】이 법에 따른 손해배상의 소송은 배상심의회(이하 '심의회'라 한다)에 배상신청을 하지 아니하고도 이를 제기할 수 있다.

> **⚖️ 판례 |**
>
> 국가배상법 제9조 배상결정전치주의가 재판청구권을 침해하는지 여부: 소극 (헌재 2000.2.24, 99헌바17)

(2) 배상범위

① 원칙적으로 가해행위와 상당인과관계에 있는 모든 손해(정신적 손해도 포함)
② 다만, 생명·신체에 대한 손해와 물건의 멸실·훼손으로 인한 손해에 대해서는 국가배상법 제3조에서 배상기준을 규정함

> **⚖️ 판례 |**
>
> 1 민법 제166조 제1항, 제766조 제2항 중 '진실·화해를 위한 과거사정리 기본법' 제2조 제1항 제3호의 '민간인 집단 희생사건', 제4호의 '중대한 인권침해사건·조작의혹사건'에 적용되는 부분이 국가배상청구권을 침해하여 위헌인지 여부: 적극 (헌재 2018.8.30, 2014헌바148 등)
> 《주의》 객관적 기산점(5년) 부분은 위헌이나, 주관적 기산점(3년) 부분은 합헌임에 주의해야 한다.
>
> 2 보상금 등의 지급결정에 동의한 때 '민주화운동과 관련하여 입은 피해'에 대해 재판상 화해의 성립을 간주하는 심판대상조항이 정신적 손해에 대한 국가배상청구권을 침해하는지 여부: 적극 (헌재 2018.8.30, 2014헌바180 등)

04 제한

1. 헌법 제29조 제2항의 이중배상금지

> **헌법 제29조** ② 군인·군무원·경찰공무원 기타 법률이 정하는 자가 전투·훈련 등 직무집행과 관련하여 받은 손해에 대하여는 법률이 정하는 보상 외에 국가 또는 공공단체에 공무원의 직무상 불법행위로 인한 배상은 청구할 수 없다.
>
> **국가배상법**
>
> **제2조【배상책임】** ① 국가나 지방자치단체는 공무원 또는 공무를 위탁받은 사인(이하 '공무원'이라 한다)이 직무를 집행하면서 고의 또는 과실로 법령을 위반하여 타인에게 손해를 입히거나, 자동차손해배상 보장법에 따라 손해배상의 책임이 있을 때에는 이 법에 따라 그 손해를 배상하여야 한다. 다만, 군인·군무원·경찰공무원 또는 예비군 대원이 전투·훈련 등 직무집행과 관련하여 전사·순직하거나 공상을 입은 경우에 본인이나 그 유족이 다른 법령에 따라 재해보상금·유족연금·상이연금 등의 보상을 지급받을 수 있을 때에는 이 법 및 민법에 따른 손해배상을 청구할 수 없다.

(1) 헌법 제29조 제2항의 입법배경

제3공화국(제5차 개정헌법) 당시에 국가배상법상의 이중배상금지규정이 위헌판결을 받자 위헌시비를 불식시키고자 제4공화국 헌법(제7차 개정헌법)부터 규정

(2) 헌법 제29조 제2항 및 국가배상법 제2조 제1항 단서의 위헌 여부(헌재 2001.2.22, 2000헌바38)

① **헌법 개별규정의 위헌심사 가부 [각하]:** 위헌심사의 대상이 되는 법률은 형식적인 법률을 의미하므로 헌법의 개별규정 자체는 헌법소원 대상이 아님

② **국가배상법 제2조 제1항 단서의 위헌 여부 [합헌]:** 헌법 제29조 제1항에 의하여 보장되는 국가배상청구권을 헌법 내재적으로 제한하는 헌법 제29조 제2항에 직접 근거하고, 실질적으로 그 내용을 같이하는 것이므로 헌법에 위반되지 아니함

(3) 관련 판례

① **전투경찰:** 헌법 제29조 제2항 및 국가배상법 제2조 제1항 단서 중의 '경찰공무원'에 해당한다(헌재 1996.6.13, 94헌마118 등).

② **경찰관이 숙직 중 사망한 경우:** 숙직실은 전투훈련에 관련된 시설이라고 볼 수 없으므로 위 경찰공무원의 유족은 국가배상법 및 민법의 규정에 의한 손해배상을 청구할 수 있다(대판 1979.1.30, 77다2389).

⚖️ **판례 |**

1 국가배상법 제2조 제1항 단서에 '향토예비군대원'을 포함시킨 것이 위헌인지 여부: [합헌] (헌재 1996.6.13, 94헌바20)

2 민간인과 직무집행 중인 군인 등의 공동불법행위로 인하여 직무집행 중인 다른 군인 등이 피해를 입은 경우 민간인의 피해군인 등에 대한 손해배상의 범위 및 민간인이 피해군인 등에게 자신의 귀책부분을 넘어서 배상한 경우 국가 등에 구상권을 행사할 수 있는지 여부: [적극](헌법재판소)과 [소극](대법원)의 견해 대립

[1] 헌법재판소의 입장 [한정위헌] - 구상권 ○

이 사건 심판대상 부분의 위헌 여부

국가배상법 제2조 제1항 단서 중 군인에 관련되는 부분을 일반 국민이 직무집행 중인 군인과의 공동불법행위로 직무집행 중인 다른 군인에게 공상을 입혀 그 피해자에게 공동의 불법행위로 인한 손해를 배상한 다음 공동불법행위자인 군인의 부담 부분에 관하여 국가에 대하여 구상권을 행사하는 것을 허용하지 않는다고 해석한다면 이는 … **합리적인 이유 없이 일반 국민을 국가에 대하여 지나치게 차별하는 경우에 해당하므로 헌법 제11조, 제29조에 위반되며, …** 헌법 제37조 제2항에 의하여 기본권을 제한할 때 요구되는 비례의 원칙에 위배하여 일반 국민의 재산권을 과잉제한하는 경우에 해당하여 헌법 제23조 제1항 및 제37조 제2항에도 위반된다(헌재 1994.12.29, 93헌바21).

[2] 대법원의 입장 - 구상권 ✕

일반 국민이 공동불법행위책임 · 사용자책임 · 자동차운행자책임 등에 의하여 그 손해를 자신의 귀책 부분을 넘어서 배상한 경우에도 국가 등은 피해군인 등에 대한 국가배상책임을 면할 뿐만 아니라 나아가 민간인에 대한 국가의 귀책비율에 따른 구상의무도 부담하지 않는다. … **예외적으로 민간인은 피해군인 등에 대하여 그 손해 중 국가 등이 민간인에 대한 구상의무를 부담한다면 그 내부적인 관계에서 부담하여야 할 부분을 제외한 나머지 자신의 부담 부분에 한하여 손해배상의무를 부담하고, 한편 국가 등에 대하여는 그 귀책부분의 구상을 청구할 수 없다고** 해석함이 상당하다[대판 2001.2.15, 96다42420(전합)].

2. 법률에 의한 제한

헌법 제37조 제2항에 따라 법률로써 제한 가능

⚖ **판례 |**

1 국가배상청구권에도 소멸시효제도를 적용하도록 한 것이 위헌인지 여부: 소극[합헌] (헌재 1997.2.20, 96헌바24)

2 구 '민주화운동 관련자 명예회복 및 보상 등에 관한 법률' 제18조 제2항의 '민주화운동과 관련하여 입은 피해' 중 불법행위로 인한 정신적 손해에 관한 부분이 국가배상청구권을 침해하는지 여부: 적극[일부위헌] (헌재 2018.8.30, 2014헌바180 · 2014헌가10 등)

3 민법 제166조 제1항, 제766조 제2항 중 과거사정리법 제2조 제1항 제3호 · 제4호에 규정된 사건에 적용되는 부분이 국가배상청구권을 침해하는지 여부: 적극 [일부위헌] (헌재 2018.8.30, 2014헌바148 · 162 등)

4 특수임무수행자 등이 보상금 등의 지급결정에 동의한 때에는 특수임무수행 또는 이와 관련한 교육훈련으로 입은 피해에 대하여 재판상 화해가 성립된 것으로 보는 '특수임무수행자 보상에 관한 법률' 제17조의2 가운데 특수임무수행 또는 이와 관련한 교육훈련으로 입은 피해 중 '정신적 손해'에 관한 부분이 국가배상청구권 또는 재판청구권을 침해하는지 여부: 소극 (헌재 2021.9.30, 2019헌가28)

5 긴급조치 제9호의 발령부터 적용 · 집행에 이르는 일련의 국가작용에 대한 국가배상책임이 인정되는지 여부: 적극[종전 판례변경] [대판 2022.8.30, 2018다212610(전합)]

제5절 국가보상청구권

01 손실보상청구권

> 헌법 제23조 ③ 공공필요에 의한 재산권의 수용·사용 또는 제한 및 그에 대한 보상은 법률로써 하되, 정당한 보상을 지급하여야 한다.

《주의》 손실보상청구권에 대한 일반법은 존재하지 않는다.

1. 개념

적법한 공권력의 행사로 재산상 특별한 희생을 당한 자가 국가에 대하여 재산적 손실의 전보(塡補)를 청구할 수 있는 권리

▶ 손해배상과 달리 신체, 생명에 대한 피해는 포함 ×

2. 주체

(1) 자연인과 법인, 공권력의 행사로 말미암아 재산권을 특별히 희생당한 개인

(2) 외국인과 외국법인 중 우리나라에서 재산권을 향유한 자

3. 성립요건

(1) 재산권
  사법상 또는 공법상 경제적 가치가 있는 모든 권리

(2) 공공필요
  공익사업 시행, 공공복리달성을 위해 재산권이 제한되는 경우

(3) 공권력에 의한 침해

(4) 특별희생
  재산권자의 수인한도를 넘어서는 것을 의미

(5) 보상규정
  손실보상청구권이 성립하기 위한 전제요건

4. 손실보상의 방법

(1) 공용침해의 적법성
  ① 재산권의 제한은 원칙적으로 형식적 의미의 법률에 의해서 가능
  ② 예외적으로 대통령의 재정경제처분·명령과 비상계엄선포의 경우에 한하여 법률 이외의 형식으로 재산권을 제한하는 것이 인정

(2) 정당한 보상의 의미
  피수용재산의 객관적인 재산가치를 완전하게 보상함을 뜻하고, 객관적 가치란 … 합리적인 매매가능가격, 즉 **시가**에 의하여 산정되는 것이 보통이다(헌재 1990.6.25, 89헌마107).

02 형사보상청구권

> **헌법 제28조** 형사피의자 또는 형사피고인으로서 구금되었던 자가 법률이 정하는 불기소처분을 받거나 무죄판결을 받은 때에는 법률이 정하는 바에 의하여 국가에 정당한 보상을 청구할 수 있다.

1. 의의

(1) 개념

① 구금되었던 자가 불기소처분이나 무죄판결을 받은 경우 그가 입은 정신적·물질적 손실의 보상을 국가에 청구할 수 있는 권리

② 고의나 과실을 요건으로 하지 않으므로, 형사보상은 결과책임인 무과실손실보상책임을 인정한 것 (손실보상설, 통설)

(2) 연혁

① 건국헌법부터 피고인보상을 규정

② 현행헌법(제9차 개정헌법)에서 형사피고인에만 인정되었던 것을 형사피의자까지 확대 적용

2. 법적 성격

직접적 효력규정설(다수설)

3. 주체

(1) 형사피고인과 형사피의자

(2) 예외

본인이 청구를 하지 아니하고 사망했거나 또는 사형이 집행된 때에는 **상속인**이 청구 가능

(3) 외국인 ○ / 구금될 수 없는 법인 ×

4. 내용

(1) 성립요건

① 형사피고인으로서 구금되었던 자가 무죄판결을 받은 경우

  ㉠ 형사피고인: 형사피고인은 검사에 의하여 공소를 제기당한 자

  ㉡ 무죄판결

> **형사보상 및 명예회복에 관한 법률**
>
> **제2조【보상요건】** ① 형사소송법에 따른 일반 절차 또는 재심(再審)이나 비상상고(非常上告)절차에서 **무죄재판을 받아 확정된 사건의 피고인이 미결구금(未決拘禁)을 당하였을 때에는** 이 법에 따라 국가에 대하여 그 구금에 대한 보상을 청구할 수 있다.
>
> **제26조【면소 등의 경우】** ① 다음 각 호의 어느 하나에 해당하는 경우에도 국가에 대하여 구금에 대한 보상을 청구할 수 있다.
>
>   1. 형사소송법에 따라 면소(免訴) 또는 공소기각(公訴棄却)의 재판을 받아 확정된 피고인이 **면소 또는 공소기각의 재판을 할 만한 사유가 없었더라면 무죄재판을 받을 만한 현저한 사유가 있었을 경우**

ⓒ 피고인에 대한 보상의 전부 또는 일부 기각사유

> **형사보상 및 명예회복에 관한 법률**
>
> **제4조【보상하지 아니할 수 있는 경우】** 다음 각 호의 어느 하나에 해당하는 경우에는 법원은 재량
> 으로 보상청구의 전부 또는 일부를 기각할 수 있다.
>   1. 형법 제9조(형사미성년자) 및 제10조 제1항(심신상실)의 사유로 무죄재판을 받은 경우
>   2. 본인이 수사 또는 심판을 그르칠 목적으로 거짓자백을 하거나 다른 유죄의 증거를 만듦으
>   로써 기소, 미결구금 또는 유죄재판을 받게 된 것으로 인정된 경우
>   3. 1개의 재판으로 경합범(競合犯)의 일부에 대하여 무죄재판을 받고 다른 부분에 대하여 유죄
>   재판을 받았을 경우

② 형사피의자로서 구금되었던 자가 법률이 정하는 불기소처분을 받은 경우
   ㉠ **피의자**: 범죄혐의를 받아 수사의 대상인 자로서 아직 공소를 제기당하지 않은 자
   ㉡ **불기소처분**: 피의자보상청구가 가능한 불기소처분은 협의의 불기소처분(예 혐의 없음, 죄가 안
     됨, 공소권 없음)이며, **기소중지·기소유예처분을 받은 피의자는 보상을 청구할 수 없음(기소중**
     지·기소유예처분도 일종의 유죄이기 때문)
③ **구금**: 미결구금과 형집행을 말하므로 불기소처분이나 무죄판결을 받은 경우라도 불구속되었던 자
   는 형사보상청구가 불가능
④ **무과실책임**: 형사보상책임은 관계기관의 고의나 과실을 요건으로 하지 않음

(2) 형사보상의 청구

① 형사피고인보상

> **형사보상 및 명예회복에 관한 법률**
>
> **제7조【관할법원】** 보상청구는 무죄재판을 한 법원에 대하여 하여야 한다.
>
> **제8조【보상청구의 기간】** 보상청구는 무죄재판이 확정된 사실을 **안 날부터 3년**, 무죄 재판이 **확정된**
>   **때부터 5년** 이내에 하여야 한다.

⚖ 판례 ┃

1 형사보상청구권행사 기간을 '무죄재판이 확정된 때'로부터 1년 이내로 제한하는 것이 위헌인지 여부: 적극
   [헌법불합치] (헌재 2010.7.29, 2008헌가4)
   《주의》 '비용'보상청구권의 제척기간을 무죄판결이 확정된 날부터 6개월로 규정한 구 형사소송법 조항은 합헌이
   다(헌재 2015.4.30, 2014헌바408 등).

1-1. 헌법 제28조의 형사보상청구권은 국가의 형사사법권이라는 공권력에 의해 인신구속이라는 중대한
   법익의 침해가 발생한 국민에게 그 피해를 보상해주는 기본권이다. 이러한 형사보상청구권은 국가의 공
   권력 작용에 의하여 신체의 자유를 침해받은 국민에 대해 금전적인 보상을 청구할 권리를 인정하는 것
   이므로 형사보상청구권이 제한됨으로 인하여 침해되는 국민의 기본권은 단순히 금전적인 권리에 불과
   한 것이라기보다는 실질적으로 국민의 신체의 자유와 밀접하게 관련된 중대한 기본권이라고 할 것이다.
   반면 형사보상청구권과 직접적인 이해관계를 가진 당사자는 형사피고인과 국가밖에 없는데, 국가가
   무죄판결을 선고받은 형사피고인에게 넓게 형사보상청구권을 인정함으로써 감수해야 할 공익은 경제
   적인 것에 불과하고 그 액수도 국가 전체 예산규모에 비추어 볼 때 미미하다고 할 것이다. 또한 형사
   피고인에게 넓게 형사보상청구권을 인정한다고 하여 법적 혼란이 초래될 염려도 전혀 없다(헌재
   2010.7.29, 2008헌가4).

② 형사피의자보상

> **형사보상 및 명예회복에 관한 법률**
>
> 제27조【피의자에 대한 보상】③ 피의자보상에 관한 사항을 심의·결정하기 위하여 **지방검찰청에 피의자보상심의회**(이하 '심의회'라 한다)를 둔다.
>
> 제28조【피의자보상의 청구 등】① 피의자보상을 청구하려는 자는 불기소처분을 한 검사가 소속된 지방검찰청(지방검찰청 지청의 검사가 불기소처분을 한 경우에는 그 지청이 소속하는 지방검찰청을 말한다) 또는 불송치결정을 한 사법경찰관이 소속된 경찰관서에 대응하는 지방검찰청의 심의회에 보상을 청구하여야 한다.
>
> ③ 피의자보상의 **청구는 불기소처분 또는 불송치결정의 고지 또는 통지를 받은 날부터 3년 이내**에 하여야 한다.
>
> ⑤ **심의회의 보상결정이 송달**(제4항의 심판을 청구하거나 소송을 제기한 경우에는 그 재결 또는 판결에 따른 심의회의 보상결정이 송달된 때를 말한다)**된 후 2년 이내**에 보상금지급청구를 하지 아니할 때에는 그 권리를 상실한다.

(3) 청구에 관한 재판과 결정

구분	'피고인'보상청구권	'피의자'보상청구권
연혁	건국헌법에 규정	현행헌법(제9차 개정헌법)에서 신설
사유	무죄판결	법률이 정하는 불기소처분
청구기간	무죄재판이 확정된 사실을 안 날부터 3년, 무죄재판이 확정된 때부터 5년 이내	검사로부터 공소를 제기하지 아니하는 처분의 고지 또는 통지를 받은 날부터 3년 이내
청구기관	무죄재판을 한 법원	지방검찰청의 피의자보상심의회

(4) 형사보상의 재판과 결정에 대한 불복

① 형사피고인보상

> **형사보상 및 명예회복에 관한 법률**
>
> 제20조【불복신청】① 제17조 제1항에 따른 보상결정에 대하여는 1주일 이내에 즉시항고를 할 수 있다.
>
> ② 제17조 제2항에 따른 청구기각결정에 대하여는 즉시항고를 할 수 있다.

> ⚖ **판례 |**
>
> 형사보상의 청구에 대한 보상결정에 대하여는 불복을 신청할 수 없도록 하여 형사보상의 결정을 단심재판으로 제한한 것이 형사보상청구권 및 재판청구권을 침해하는지 여부: 적극 (헌재 2010.10.28, 2008헌마514)

② 형사피의자보상

> **형사보상 및 명예회복에 관한 법률**
>
> 제28조【피의자보상의 청구 등】④ 피의자보상의 청구에 대한 심의회의 결정에 대하여는 행정심판법에 따른 행정심판을 청구하거나 행정소송법에 따른 행정소송을 제기할 수 있다.

(5) 형사보상의 내용

① 정당한 보상

> **헌법 제28조** 형사피의자 또는 형사피고인으로서 구금되었던 자가 법률이 정하는 불기소처분을 받거나 무죄판결을 받은 때에는 법률이 정하는 바에 의하여 국가에 정당한 보상을 청구할 수 있다.
>
> **형사보상 및 명예회복에 관한 법률**
>
> **제5조【보상의 내용】** ① 구금에 대한 보상을 할 때에는 그 구금일수에 따라 1일당 보상청구의 원인이 발생한 연도의 최저임금법에 따른 일급(日給) 최저임금액 이상 대통령령으로 정하는 금액 이하의 비율에 의한 보상금을 지급한다.
>
> **형사보상 및 명예회복에 관한 법률 시행령**
>
> **제2조【보상의 한도】** 형사보상 및 명예회복에 관한 법률 제5조 제1항에 따른 구금에 대한 보상금의 한도는 1일당 보상청구의 원인이 발생한 해의 최저임금법에 따른 일급의 최저임금액의 5배로 한다.

> **판례 | 형사보상 및 명예회복에 관한 법률 시행령에서 보상금액의 상한을 일급 최저임금액의 5배로 정한 규정이 위헌인지 여부: 소극[기각]**
>
> 헌법 제28조에서 규정하는 정당한 보상은 헌법 제23조에서 규정하는 정당한 보상과는 차이가 있다. 헌법 제28조에서 규정하는 정당한 보상은 객관적인 가치를 산정할 수 없고, 보상금 시행령에서 규정하고 있는 1일 일급최저임금액의 5배라는 금액이 지나치게 낮은 금액이라고 볼 사정도 없다(헌재 2010.10.28, 2008헌마514).

② 명예회복

> **형사보상 및 명예회복에 관한 법률**
>
> **제30조【무죄재판서 게재 청구】** 무죄재판을 받아 확정된 사건(이하 '무죄재판사건'이라 한다)의 피고인은 무죄재판이 확정된 때부터 3년 이내에 확정된 무죄재판사건의 재판서(이하 '무죄재판서'라 한다)를 법무부 인터넷홈페이지에 게재하도록 해당 사건을 기소한 검사가 소속된 지방검찰청(지방검찰청 지청을 포함한다)에 청구할 수 있다.
>
> **제32조【청구에 대한 조치】** ① 제30조에 따른 청구가 있을 때에는 그 청구를 받은 날부터 1개월 이내에 무죄재판서를 법무부 인터넷홈페이지에 게재하여야 한다. 다만, 청구를 받은 때에 무죄재판사건의 확정재판기록이 해당 지방검찰청에 송부되지 아니한 경우에는 무죄재판사건의 확정재판기록이 해당 지방검찰청에 송부된 날부터 1개월 이내에 게재하여야 한다.

③ 형사보상결정의 공시제

> **형사보상 및 명예회복에 관한 법률**
>
> **제25조【보상결정의 공시】** ① 법원은 보상결정이 확정되었을 때에는 2주일 내에 보상결정의 요지를 관보에 게재하여 공시하여야 한다. 이 경우 보상결정을 받은 자의 신청이 있을 때에는 그 결정의 요지를 신청인이 선택하는 두 종류 이상의 일간신문에 각각 한 번씩 공시하여야 하며 그 공시는 신청일부터 30일 이내에 하여야 한다.

(6) 다른 손해배상청구권과의 관계

> **형사보상 및 명예회복에 관한 법률**
>
> 제6조【손해배상과의 관계】① 이 법은 보상을 받을 자가 다른 법률의 규정에 의하여 손해배상을 청구하는 것을 금지하지 아니한다.

(7) 보상청구권의 양도금지

> **형사보상 및 명예회복에 관한 법률**
>
> 제23조【보상청구권의 양도 및 압류의 금지】보상청구권은 양도하거나 압류할 수 없다. 보상금지급청구권도 또한 같다.

제6절 범죄피해자구조청구권

> 헌법 제30조 타인의 범죄행위로 인하여 생명·신체에 대한 피해를 받은 국민은 법률이 정하는 바에 의하여 국가로부터 구조를 받을 수 있다.
>
> **《주의** 재산에 대한 피해는 범죄피해자구조청구권의 범위에 속하지 않는다.
>
> **범죄피해자 보호법**
>
> 제1조【목적】이 법은 범죄피해자 보호·지원의 기본정책 등을 정하고 타인의 범죄행위로 인하여 생명·신체에 피해를 받은 사람을 구조함으로써 범죄피해자의 복지증진에 기여함을 목적으로 한다.

현행헌법(제9차 개정헌법)에서 신설되었다.

01 주체

1. 범죄피해로 사망한 경우 유가족, 장해 또는 중상해를 당한 경우 피해자 본인
2. 외국인은 **상호보증**이 있는 때 그 주체가 될 수 있음(범죄피해자 보호법 제23조). 즉, 외국인은 원칙적 주체는 아님

> **⚖️판례 l**
>
> 해외에서 발생한 범죄피해를 범죄피해자구조청구권의 대상이 되는 범죄피해의 범위에서 제외하고 있는 것이 위헌인지 여부: 소극[기각] (헌재 2011.12.29, 2009헌마354)

02 내용

1. 성립요건

(1) 적극적 요건

> **범죄피해자 보호법**
>
> **제3조【정의】** ① 이 법에서 사용하는 용어의 뜻은 다음과 같다.
>   4. '구조대상범죄피해'란 대한민국의 영역 안에서 또는 대한민국의 영역 밖에 있는 대한민국의 선박이나 항공기 안에서 행하여진 사람의 생명 또는 신체를 해치는 죄에 해당하는 행위(형법 제9조, 제10조 제1항, 제12조, 제22조 제1항에 따라 처벌되지 아니하는 행위를 포함하며, 같은 법 제20조 또는 제21조 제1항에 따라 처벌되지 아니하는 행위 및 과실에 의한 행위는 제외한다)로 인하여 사망하거나 장해 또는 중상해를 입은 것을 말한다.
>
> **제16조【구조금의 지급요건】** 국가는 구조대상범죄피해를 받은 사람(이하 '구조피해자'라 한다)이 다음 각 호의 어느 하나에 해당하면 구조피해자 또는 그 유족에게 범죄피해 구조금(이하 '구조금'이라 한다)을 지급한다.
>   1. 구조피해자가 피해의 전부 또는 일부를 배상받지 못하는 경우
>   2. 자기 또는 타인의 형사사건의 수사 또는 재판에서 고소·고발 등 수사단서를 제공하거나 진술, 증언 또는 자료제출을 하다가 구조피해자가 된 경우

① 타인의 범죄행위로 인한 피해발생
② 생명 또는 신체에 대한 장해 또는 중상해로 피해의 전부 또는 일부를 배상받지 못할 것
③ 범죄피해자 보호법은 종전의 요건이었던 가해자의 불명 또는 무자력을 제외하고, 중상해의 피해뿐만 아니라 장해의 경우도 피해자에 포함시켜 범죄피해자의 구조범위를 확대함

> **범죄피해자 보호법**
>
> **제9조【사생활의 평온과 신변의 보호 등】** ① 국가 및 지방자치단체는 범죄피해자의 명예와 사생활의 평온을 보호하기 위하여 필요한 조치를 하여야 한다.
>
> **제10조【교육·훈련】** 국가 및 지방자치단체는 범죄피해자에 대한 이해 증진과 효율적 보호·지원 업무 수행을 위하여 범죄수사에 종사하는 자, 범죄피해자에 대한 상담·의료 제공 등의 업무에 종사하는 자, 그 밖에 범죄피해자 보호·지원 활동과 관계가 있는 자에 대하여 필요한 교육과 훈련을 실시하여야 한다.

(2) 소극적 요건

> **범죄피해자 보호법**
>
> **제19조【구조금을 지급하지 아니할 수 있는 경우】** ① 범죄행위 당시 구조피해자와 가해자 사이에 다음 각 호의 어느 하나에 해당하는 친족관계가 있는 경우에는 구조금을 지급하지 아니한다.
>   1. 부부(사실상의 혼인관계를 포함한다)
>   2. 직계혈족
>   3. 4촌 이내의 친족
>   4. 동거친족
>   ② 범죄행위 당시 구조피해자와 가해자 사이에 제1항 각 호의 어느 하나에 해당하지 아니하는 친족관계가 있는 경우에는 구조금의 일부를 지급하지 아니한다.
>   ③ 구조피해자가 다음 각 호의 어느 하나에 해당하는 행위를 한 때에는 구조금을 지급하지 아니한다.

1. 해당 범죄행위를 교사 또는 방조하는 행위

2. **과도한** 폭행·협박 또는 **중대한** 모욕 등 해당 범죄행위를 유발하는 행위

3. 해당 범죄행위와 관련하여 현저하게 부정한 행위

4. 해당 범죄행위를 용인하는 행위

5. 집단적 또는 상습적으로 불법행위를 행할 우려가 있는 조직에 속하는 행위(다만, 그 조직에 속하고 있는 것이 해당 범죄피해를 당한 것과 관련이 없다고 인정되는 경우는 제외한다)

6. 범죄행위에 대한 보복으로 가해자 또는 그 친족이나 그 밖에 가해자와 밀접한 관계가 있는 사람의 생명을 해치거나 신체를 중대하게 침해하는 행위

④ 구조피해자가 다음 각 호의 어느 하나에 해당하는 행위를 한 때에는 구조금의 일부를 지급하지 아니한다.

1. 폭행·협박 또는 모욕 등 해당 범죄행위를 유발하는 행위

2. 해당 범죄피해의 발생 또는 증대에 가공(加功)한 부주의 또는 부적절한 행위

⑤ 유족구조금을 지급할 때에는 제1항부터 제4항까지의 규정을 적용할 때 '구조피해자'는 '구조피해자 또는 맨 앞의 순위인 유족'으로 본다.

⑥ 구조피해자 또는 그 유족과 가해자 사이의 관계, 그 밖의 사정을 고려하여 구조금의 전부 또는 일부를 지급하는 것이 사회통념에 위배된다고 인정될 때에는 구조금의 전부 또는 일부를 지급하지 아니할 수 있다.

⑦ 제1항부터 제6항까지의 규정에도 불구하고 구조금의 실질적인 수혜자가 가해자로 귀착될 우려가 없는 경우 등 구조금을 지급하지 아니하는 것이 사회통념에 위배된다고 인정할 만한 특별한 사정이 있는 경우에는 구조금의 전부 또는 일부를 지급할 수 있다.

2. 구조금의 신청과 결정

범죄피해자 보호법

제25조 【구조금의 지급신청】 ② 제1항에 따른 신청은 해당 구조대상범죄피해의 발생을 안 날부터 **3년**이 지나거나 해당 구조대상범죄피해가 발생한 날부터 **10년**이 지나면 할 수 없다.

제27조 【재심신청】 ① 지구심의회에서 구조금지급신청을 기각(일부 기각된 경우를 포함한다) 또는 각하하면 신청인은 결정의 정본이 송달된 날부터 2주일 이내에 그 지구심의회를 거쳐 본부심의회에 재심을 신청할 수 있다.

3. 구조금의 지급

범죄피해자 보호법

제21조 【손해배상과의 관계】 ① 국가는 구조피해자나 유족이 해당 구조대상범죄피해를 원인으로 하여 손해배상을 받았으면 그 범위에서 구조금을 지급하지 아니한다.

② 국가는 지급한 구조금의 범위에서 해당 구조금을 받은 사람이 구조대상범죄피해를 원인으로 하여 가지고 있는 손해배상청구권을 대위한다.

제24조 【범죄피해구조심의회 등】 ① 구조금지급에 관한 사항을 심의·결정하기 위하여 각 **지방검찰청에 범죄피해구조심의회**(이하 '지구심의회'라 한다)를 두고 **법무부에 범죄피해구조본부심의회**(이하 '본부심의회'라 한다)를 둔다.

제31조 【소멸시효】 구조금을 받을 권리는 그 구조결정이 해당 신청인에게 송달된 날부터 **2년간** 행사하지 아니하면 시효로 인하여 소멸된다.

제32조【구조금수급권의 보호】구조금을 받을 권리는 양도하거나 담보로 제공하거나 압류할 수 없다.

제41조【형사조정 회부】① 검사는 피의자와 범죄피해자(이하 '당사자'라 한다) 사이에 형사분쟁을 공정하고 원만하게 해결하여 범죄피해자가 입은 피해를 실질적으로 회복하는 데 필요하다고 인정하면 당사자의 신청 또는 직권으로 수사 중인 형사사건을 형사조정에 회부할 수 있다.

제7장 사회적 기본권

제1절 인간다운 생활권

> 헌법 제34조 ① 모든 국민은 인간다운 생활을 할 권리를 가진다.
> ② 국가는 사회보장·사회복지의 증진에 노력할 의무를 진다.
> ③ 국가는 여자의 복지와 권익의 향상을 위하여 노력하여야 한다.
> ④ 국가는 노인과 청소년의 복지향상을 위한 정책을 실시할 의무를 진다.
> ⑤ 신체장애자 및 질병·노령 기타의 사유로 생활능력이 없는 국민은 법률이 정하는 바에 의하여 국가의 보호를 받는다.
> ⑥ 국가는 재해를 예방하고 그 위험으로부터 국민을 보호하기 위하여 노력하여야 한다.

《주의》 인간다운 생활권을 침해한 판례는 없다.

01 의의

1. 개념
인간의 존엄성에 상응하는 **건강하고 문화적인 생활**을 영위할 권리

2. 연혁
제5차 개정헌법에서 명문화

3. 주체
(1) 국민 ○ / 법인 ×

(2) 외국인은 원칙적으로 인정 × / 국가재정이 허용하는 범위 내 외국인에게도 생활보호와 사회보장을 해 주는 것이 바람직하다는 견해 있음

02 법적 성격

> **⚖ 판례 l**
>
> 인간다운 생활을 할 권리로부터는 인간의 존엄에 상응하는 생활에 필요한 최소한의 '물질적'인 생활의 유지에 필요한 급부를 요구할 수 있는 구체적인 권리가 상황에 따라서는 직접 도출될 수 있다고 할 수는 있어도 동 기본권이 직접 그 이상의 급부를 내용으로 하는 구체적인 권리를 발생하게 한다고는 볼 수 없다고 할 것이다. 이러한 구체적 권리는 국가가 재정형편 등 여러 가지 상황들을 종합적으로 감안하여 법률을 통하여 구체화할 때에 비로소 인정되는 '법률적' 권리라고 할 것이다(헌재 1995.7.21, 93헌가14).
>
> ✎ 입법부와 행정부에 대해서는 최대한의 요구이지만 헌법재판에 있어서는 최소한의 조치를 다하였는지에 대한 심사기준이라는 차이가 있다.

03 내용 - 인간다운 생활의 보장

1. 인간다운 생활의 의미

인간의 존엄성유지에 상응하는 건강하고 문화적인 생활

2. 헌법이 보장하는 인간다운 생활의 수준 - 생물학적 최저생존수준설(다수설)

현상적 인간이 생물학적·생리학적 차원에서 생명을 보전하고 건강을 유지할 수 있는 정도

> **⚖ 판례 ㅣ**
>
> 1 사회보장수급권이 헌법상의 권리인지 여부: 소극 (헌재 2003.7.24, 2002헌바51)
>
> 2 의료보험수급권이 헌법상의 권리인지 여부: 소극 (헌재 2003.12.18, 2002헌바1)

04 효력

직접적으로 국가권력 구속하며, 사인간에도 간접적용설에 입각해 제3자적 효력이 인정되는 경우가 있음

> **⚖ 판례 ㅣ**
>
> 1 최저생계비에도 못 미치는 생계보호수준이 인간다운 생활을 할 권리를 침해하는지 여부: 소극 (헌재 1997.5.29, 94헌마33)
>
> 2 장애인가구의 추가지출비용이 반영되지 않은 보건복지부장관의 최저생계비 고시가 인간다운 생활을 할 권리를 침해하는지 여부: 소극 (헌재 2004.10.28, 2002헌마328)
>
> 3 교도소에 수용된 때에는 국민건강보험급여를 정지하도록 한 것이 수용자의 인간다운 생활을 할 권리를 침해하는지 여부: 소극 (헌재 2005.2.24, 2003헌마31 등)
>
> 4 교도소·구치소에 수용 중인 자를 기초생활보장급여의 지급대상에서 제외하고 있는 '국민기초생활 보장법 시행령' 제2조 제2항 제3호가 인간다운 생활을 할 권리 등을 침해하는지 여부: 소극 (헌재 2011.3.31, 2009헌마617)
>
> 5 60세 이상 국민에 대한 국민연금제도 가입제한이 위헌인지 여부: 소극 (헌재 2001.4.26, 2000헌마390)
>
> 6 공무원연금법상 급여의 수급권자에게 2 이상의 급여의 수급권이 발생한 때 수급권자의 선택에 의하여 그 중의 하나만을 지급하고 다른 급여의 지급을 정지하도록 한 것이 기본권제한의 입법한계를 넘어 재산권인 급여를 받을 권리와 평등권을 침해하는지 여부: 소극[기각] (헌재 2000.6.1, 97헌마190)
>
> 7 장애인을 위한 '저상버스'를 도입하여야 할 국가의 구체적 의무가 헌법으로부터 도출되는지 여부: 소극[각하] (헌재 2002.12.18, 2002헌마52)
>
> 8 대학원재학생과 '고아'에 대하여 자활사업 참가조건 부과 유예사유를 두지 않은 국민기초생활 보장법 시행령 제8조 제2항 제1호가 인간다운 생활을 할 권리를 침해하는지 여부: 소극[기각] (헌재 2017.11.30, 2016헌마448)
>
> 9 국가유공자의 상이등급에 따른 기본연금의 차별이 인간다운 생활을 할 권리를 침해하는지 여부: 소극 (헌재 2003.5.15, 2002헌마90)

10 국가 등의 양로시설에 입소한 국가유공자에 대하여 연금 등을 지급정지하는 것이 인간다운 생활을 할 권리를 침해하는지 여부: 소극 (헌재 2000.6.1, 98헌마216)

11 국민연금에서 연금보험료 및 급여 산정의 기준이 되는 표준소득월액을 등급별로 대통령령으로 정하도록 한 국민연금법 제3조 제1항 제5호가 청구인의 인간다운 생활을 할 권리를 침해하는지 여부: 소극[합헌] (헌재 2007.8.30, 2004헌바88)

12 공무원이 직무와 관련 없는 과실로 인한 경우 및 소속상관의 정당한 직무상의 명령에 따르다가 과실로 인한 경우를 제외하고 재직 중의 사유로 금고 이상의 형을 받은 경우, 퇴직급여 등을 감액하도록 규정한 공무원연금법 제64조 제1항 제1호가 인간다운 생활을 할 권리를 침해하는지 여부: 소극[합헌] (헌재 2013.8.29, 2010헌바354)

✎. 다만, 이 사건에서 문제된 감액조항을 2009.1.1.까지 소급하여 적용하도록 규정한 부칙 단서들은 소급입법금지원칙에 위배되어 위헌이다.

13 경과실에 의한 범죄행위에 기인하는 보험사고에 대하여 의료보험급여를 제한하는 것이 사회적 기본권으로서의 의료보험수급권의 본질을 침해하는지 여부: 적극 (헌재 2003.12.18, 2002헌바1)

14 만성신부전증환자에 대한 외래 혈액투석의 의료급여수가 기준을 정액수가로 규정한 '의료급여수가의 기준 및 일반기준 제7조 제1항 등이 의료급여 수급권자의 인간다운 생활을 할 권리를 침해하는지 여부: 소극 [기각] (헌재 2020.4.23, 2017헌마103)

15 연금보험료를 낸 기간이 그 연금보험료를 낸 기간과 연금보험료를 내지 아니한 기간을 합산한 기간의 3분의 2보다 짧은 경우 유족연금 지급을 제한한 국민연금법이 인간다운 생활할 권리를 침해하는지 여부: 소극 [합헌] (헌재 2020.5.27, 2018헌바129)

16 공무원연금법에 따른 퇴직연금일시금을 지급받은 사람 및 그 배우자를 기초연금 수급권자의 범위에서 제외하는 것이 한정된 재원으로 노인의 생활안정과 복리향상이라는 기초연금법의 목적을 달성하기 위한 것으로서 합리성이 인정되므로 인간다운 생활을 할 권리를 침해하는지 여부: 소극[합헌] (헌재 2018.8.30, 2017헌바197)

17 형의 집행 및 수용자의 처우에 관한 법률 및 치료감호법에 의한 구치소 치료감호시설에 수용 중인 자를 개별가구에서 제외하기로 한 입법자의 판단이 인간다운 생활을 할 권리를 침해하는지 여부: 소극 (헌재 2012.2.23, 2011헌마123)

18 지방자치단체장을 위한 퇴직급여제도를 마련하여야 할 입법적 의무가 도출되는지 여부: 소극 (헌재 2014.6.26, 2012헌마459)

19 지뢰피해자 및 그 유족에 대한 위로금 산정시 사망 또는 상이를 입을 당시의 월평균임금을 기준으로 하고, 그 기준으로 산정한 위로금이 2천만원에 이르지 아니할 경우 2천만원을 초과하지 아니하는 범위에서 조정·지급할 수 있도록 한 '지뢰피해자 지원에 관한 특별법'(2014.10.15, 법률 제12790호로 제정된 것) 제4조 제1항 제1호, 제2호 나목 및 '지뢰피해자 지원에 관한 특별법'(2016.3.22. 법률 제14081호로 개정된 것) 제4조 제6항이 인간다운 생활을 할 권리를 침해하는지 여부: 소극 (헌재 2019.12.27, 2018헌바236 등)

제2절 교육을 받을 권리

> 헌법 제31조 ① 모든 국민은 능력에 따라 균등하게 교육을 받을 권리를 가진다.
> ② 모든 국민은 그 보호하는 자녀에게 적어도 초등교육과 법률이 정하는 교육을 받게 할 의무를 진다.
> 《주의》 초등교육 ○ / 초등교육 6년 ×
> ③ 의무교육은 무상으로 한다.
> 《주의》 의무교육은 법률이 정하는 바에 의해서 무상으로 한다. (×)
> ④ 교육의 자주성·전문성·정치적 중립성 및 대학의 자율성은 법률이 정하는 바에 의하여 보장된다.
> ⑤ 국가는 평생교육을 진흥하여야 한다.
> ⑥ 학교교육 및 평생교육을 포함한 교육제도와 그 운영, 교육재정 및 교원의 지위에 관한 기본적인 사항은 법률로 정한다.

01 주체

1. 국민에게만 보장되고 외국인에게는 보장되지 않음

2. 법인은 인정되지 않음

3. 일반 국민 또한 평생교육을 받을 권리의 주체가 됨

02 내용

1. '능력에 따라' 교육을 받을 권리(능력주의와는 다른 개념)

(1) 능력이란 일신전속적인 재능을 의미

(2) 능력에 따른 교육은 정신적·육체적 능력에 상응한 적절한 교육을 의미

(3) 입학시험 등을 통한 신입생 선발제도는 위헌이 아님

> ⚖ **판례 |**
>
> 1 취학연령을 만 6세로 규정함으로써 만 4세의 조기입학을 제한하는 것이 위헌인지 여부: 소극 (헌재 1994.2. 24, 93헌마192)
>
> 2 고등학교에서 퇴학된 날로부터 6월이 지나지 아니한 자를 고등학교 졸업학력 검정고시를 받을 수 있는 자의 범위에서 제외하는 것이 교육받을 권리를 침해하는지 여부: 소극 (헌재 2008.4.24, 2007헌마1456)
>
> 3 상위법령의 위임도 없이 고졸 검정고시에 합격한 자는 재차 고졸 검정고시에 응시할 수 없도록 한 '전라남도 교육청 공고'가 교육받을 권리를 침해하는지 여부: 적극[인용] (헌재 2012.5.31, 2010헌마139)
>
> 4 서울대학교 재학생이 재학 중인 학교의 법적 형태를 법인이 아닌 공법상 영조물인 국립대학으로 유지하여 줄 것을 요구할 권리는 학생의 교육받을 권리에 포함되는지 여부: 소극 (헌재 2014.4.24, 2011헌마612)

2. '균등하게' 교육을 받을 권리

(1) 자유권적 측면
능력 이외의 성별·종교·사회적 신분 등에 의하여 교육을 받을 기회를 차별하지 아니할 것

(2) 사회적권 측면
국민이 국가에 대하여 균등하게 교육을 받을 수 있도록 교육시설을 설치·운영하고 무상의무교육을 확대보장하는 등 교육의 외적 조건을 정비해 줄 것을 청구할 수 있음

⚖ 판례 Ⅰ

1 농·어촌 특별전형에 있어서 신활력지역으로 선정된 시 지역을 2009학년도부터 2011학년도 지원자에 한하여 농·어촌지역으로 인정한 부분이 군에 소재하는 고등학교 3학년에 재학 중인 청구인들의 교육을 받을 권리를 침해하는지 여부: 소극[각하] (헌재 2008.9.25, 2008헌마456)

2 대학·산업대학 또는 원격대학에 편입학할 수 있는 자격을 전문대학을 졸업한 자로 규정하고 있는 고등교육법 규정이 교육을 받을 권리를 침해하는지 여부: 소극 (헌재 2010.11.25, 2010헌마144)

3 학교폭력 가해학생에 대한 징계조치 중 출석기간의 상한을 두지 않은 것이 위헌인지 여부: 소극
학교폭력예방법과 그 시행령에 따라 가해학생에 대한 조치와 관련한 기준이 마련되어 있고, 가해학생이 진급이나 진학에 있어 지나친 불이익을 받지 않도록 운용할 수 있으므로, 이 사건 징계조치조항이 입법 목적 달성에 필요한 최소한의 정도를 넘어 가해학생의 학습의 자유를 제한한다고 볼 수 없다(헌재 2019.4.11, 2017헌바140·2017헌바141).

4 군인이 자기 계발을 위하여 해외 유학하는 경우의 교육비를 청구할 수 있는 권리가 도출되는지 여부: 소극 (헌재 2009.4.30, 2007헌마290)

5 최대 2점의 가산점을 부여하도록 한 서울대학교 '2022학년도 대학 신입학생 정시모집 안내' 부분이 균등하게 교육받을 권리를 침해하는지 여부: 소극[기각] (헌재 2022.3.31, 2021헌마1230)

---

3. '교육'을 받을 권리

(1) 주로 학교교육을 의미, 그 밖에 사회교육·공민교육·가정교육 등도 포함

(2) 우리 헌법은 동조 제5항에서 국가의 평생교육 진흥의무를 규정하여 특히 강조

⚖ 판례 Ⅰ

1 고등학교 퇴학일부터 검정고시 공고일까지의 기간이 6개월 이상이 되지 않은 사람에게 고졸검정고시에 응시자격을 부여하지 않는 것이 교육을 받을 권리를 침해하는지 여부: 소극 (헌재 2022.5.26, 2020헌마1512 등)

2 학교폭력 가해학생에 대해서 수개의 조치를 병과하고 출석정지기간의 상한을 두지 않은 학교폭력예방 및 대책에 관한 법률 조항이 학교폭력 가해학생의 자유롭게 교육을 받을 권리를 침해하는지 여부: 소극 (헌재 2019.4.11, 2017헌바140)

---

4. 무상의 의무교육

(1) 의무교육

> 헌법 제31조 ② 모든 국민은 그 보호하는 자녀에게 적어도 초등교육과 법률이 정하는 교육을 받게 할 의무를 진다.

① **주체**: 취학연령의 미성년자(6세~15세)
② **교육을 받게 할 의무의 주체**: 학력아동의 친권자 또는 후견인
③ **의무교육**: 6년의 초등교육 및 3년의 중등교육으로 함(교육기본법 제8조 제1항)
④ **의무교육의 무상원칙**: 헌법 제31조 제3항은 초등교육에 관하여는 직접적인 효력규정으로서 헌법상의 권리
⑤ **중학교 이상의 교육**: 국가의 재정형편 등을 고려하여 입법권자가 법률로 정한 경우에 한하여 인정될 수 있는 것

> ⚖ **판례 ㅣ**
>
> 1 종전 '교육기본법 제8조 제2항'에서 3년의 중등교육에 관한 의무교육을 국가의 재정여건을 고려하여 대통령령이 정하는 바에 의하여 순차적으로 실시하도록 한 것이 위헌인지 여부: 소극 (헌재 1991.2.11, 90헌가27)
>
> 2 검정고시로 고등학교 졸업학력을 취득한 사람들의 수시모집 지원을 제한하는 내용의 피청구인 국립교육대학교 등의 '2017학년도 신입생 수시모집 입시요강'이 청구인들의 균등하게 교육을 받을 권리를 침해하는지 여부: 적극[인용(위헌확인)] (헌재 2017.12.28, 2016헌마649)

(2) 의무교육의 무상성

> 헌법 제31조 ③ 의무교육은 무상으로 한다.

무상의 범위로는 헌법상 교육의 기회균등을 실현하기 위해 필수불가결한 비용이 포함됨 ➡ 수업료나 입학금, 학교와 교사 등 인적·물적 기반 및 그 기반을 유지하기 위한 인건비와 시설유지비, 신규시설 투자비 등

> ⚖ **판례 ㅣ**
>
> 1 의무교육대상인 중학생의 학부모들에게 급식 관련 비용의 일부를 부담하도록 하는 것이 헌법상 의무교육의 무상원칙에 위배되는지 여부: 소극 (헌재 2012.4.24, 2010헌바164)
>
> 2 학부모들이 부담하는 학교운영지원비를 학교회계세입항목에 포함시켜 의무교육과정의 비용으로 사용하는 것이 의무교육의 무상원칙에 위배되는지 여부: 적극[위헌] (헌재 2012.8.23, 2010헌바220)
>
> 3 공동주택을 분양받은 자에게 학교용지 확보를 위하여 부담금을 부과·징수할 수 있다는 부분이 헌법상 의무교육의 무상원칙에 반하는지 여부: 적극 (헌재 2005.3.31, 2003헌가20)
>
> 4 수분양자가 아닌 개발사업자를 부과대상자로 하는 학교용지부담금제도가 위헌인지 여부: 소극 (헌재 2008.9.25, 2007헌가1)

5 학교용지 확보 등에 관한 특례법 제5조 제1항 단서 제5호 중 매도나 현금청산의 대상이 되어 제3자에게 분양됨으로써 기존에 비하여 가구수가 증가하지 아니하는 개발사업분을 학교용지부담금 부과대상에서 제외하는 규정을 두지 아니한 것이 평등원칙에 위배되는지 여부: 적극[헌법불합치] (헌재 2013.7.25, 2011헌가32)

6 의무교육 경비를 교부금과 지방자치단체의 일반회계로부터의 전입금으로 충당토록 규정한 지방교육재정교부금법 제11조 제1항 등이 교육재정제도에 관한 헌법의 위임 취지에 명백히 반하여 위헌인지 여부: 소극 (헌재 2005.12.22, 2004헌라3)

7 헌법 제31조 제3항의 의무교육 무상의 원칙이 의무교육을 위탁받은 사립학교를 설치·운영하는 학교법인 등과의 관계에서 관련 법령에 의하여 이미 학교법인이 부담하도록 규정되어 있는 경비까지 종국적으로 국가나 지방자치단체의 부담으로 한다는 취지로 볼 수는 없다(헌재 2017.7.27, 2016헌바374)

8 '공유재산 및 물품 관리법'(2014.1.7, 법률 제12201호로 개정된 것) 제81조 제1항이 의무교육 실시와 같은 공익 목적 내지 공적 용도로 공유재산을 무단점유한 경우를 사익추구의 목적으로 무단점유한 경우와 동일하게 변상금을 부과하고 있어 평등원칙에 위반되는지 여부: 소극 (헌재 2017.7.27, 2016헌바374)

9 사립유치원의 회계를 국가가 관리하는 공통된 회계시스템을 이용하여 처리하도록 하는 것은 개인사업자인 사립유치원의 자유로운 회계처리방법 선택권을 과도하게 침해하는지 여부: 소극 (헌재 2021.11.25, 2019헌마542)

5. 부모의 교육권

(1) 의의 및 근거
① 현행헌법에 부모의 교육권에 대한 명문규정은 없으나, 자연법적 권리인 부모의 친권을 근거로 인정할 수 있음
② 헌법재판소는 그 헌법적 근거로 행복추구권(헌법 제10조), 혼인과 가족생활을 보장하는 헌법 제36조 제1항 그리고 헌법 제37조 제1항과 문화국가원리에서 찾음

(2) 내용
① 학교선택권: 헌법재판소는 거주지를 기준으로 중·고등학교의 입학을 제한하는 배정제도는 … 학부모의 학교선택권의 본질적 내용을 침해하는 것으로 볼 수 없다고 한다(헌재 1995.2.23, 91헌마204).
② 교육참여권
  ㉠ 사립학교에도 국·공립학교처럼 의무적으로 운영위원회를 두도록 할 것인지 여부는 입법자의 입법형성영역인 정책문제에 속하고, … 청구인이 이로 인하여 사립학교의 운영위원회에 참여하지 못했더라도 교육참여권이 침해되었다고 볼 수 없다(헌재 1999.3.25, 97헌마130).
  ㉡ 사립학교에도 학교운영위원회를 의무적으로 설치하도록 한 초·중등교육법 제31조에 의하여 사립학교교육의 자주성·전문성이 어느 정도 제한된다고 하더라도, … 사립학교 학교운영위원회제도가 현저히 자의적이거나 비합리적으로 사립학교의 공공성만을 강조하고 사립학교의 자율성을 제한한 것이라 보기 어렵다(헌재 2001.11.29, 2000헌마278).
  ㉢ 학교교육에 관한 한 국가와 부모가 함께 교육을 담당
  ㉣ 학교 밖의 교육영역에서는 원칙적으로 부모의 교육권이 우선함

> ⚖ **판례 |**
>
> 1 학교 밖에서 자녀교육(과외교습)을 원칙적으로 금지하는 것이 위헌인지 여부: 적극[위헌]
>
> 원칙적으로 모든 과외교습행위를 금지하여 그에 위반된 경우 형사처벌을 하도록 하고, 예외적으로 일정한 요건에 해당하는 과외교습행위만을 적법한 것으로 취급하는 것은 헌법 제37조 제2항의 과잉금지의 원칙에 위반되어 부모의 자녀교육권 등을 침해한다(헌재 2000.4.27, 98헌가16·98헌마429).
>
> 2 학원의 교습시간을 05:00부터 22:00까지 규정하고 있는 '서울특별시 학원의 설립·운영 및 과외교습에 관한 조례' 제5조 제1항이 자녀교육권, 직업의 자유 등을 침해하는지 여부: 소극 (헌재 2009.10.29, 2008헌마635)
>
> 3 초등학교 1, 2학년의 정규교과에 영어를 배제하고, 3~6학년의 영어교육을 일정한 시수로 제한하는 부분이 청구인들의 인격의 자유로운 발현권, 자녀교육권을 침해하는지 여부: 소극[기각] (헌재 2016.2.25, 2013헌마838)
>
> 4 학원조례조항에 의한 교습시간 제한이 학생의 인격의 자유로운 발현권 및 학부모의 자녀교육권 등을 침해하는지 여부: 소극[기각] (헌재 2016.5.26, 2014헌마374)
>
> 5 교과용 도서를 편찬하거나 검정 또는 인정하는 경우 표준어규정을 준수하도록 하고 있는 구 국어기본법 제18조 규정이 부모의 자녀교육권을 침해하는지 여부: 소극 (헌재 2009.5.28, 2006헌마618)
>
> 6 대학수학능력 시험의 문항 수 기준 70%를 한국교육방송공사교재와 연계하여 출제하도록 하는 '2018학년도 대학수학능력시험 시행기본계획'으로 인해 부모의 자녀교육권을 침해받았다고 주장하면서 헌법소원심판을 청구할 수 있는지 여부, 심판대상계획이 2018학년도 대학수학능력시험을 준비하는 학생인 청구인들의 교육을 통한 자유로운 인격발현권을 침해하는지 여부: 소극 (헌재 2018.2.22, 2017헌마691)
>
> ▶ 교육 받을 권리는 제한되지 않음
>
> 7 정상적인 학사운영이 불가능한 경우 교육과학기술부 장관이 학교폐쇄를 명할 수 있다고 규정한 구 고등교육법 제62조 제1호 및 제2호와 학교법인이 목적의 달성이 불가능한 때 교육과학기술부 장관이 학교법인에 대하여 해산을 명할 수 있도록 규정한 구 사립학교법 제47조 제1항 제2호가 헌법에 위반되는지 여부: 소극[합헌] (헌재 2018.12.27, 2016헌바217)

6. 교사의 수업권

(1) 수업권 < 수학권

(2) 국민의 수학권의 보장을 위하여 교사의 수업권은 일정 범위 내에서 제약을 받음

> ⚖ **판례 |**
>
> 1 교과서의 검·인정제와 교사의 수업권제한이 위헌인지 여부: 소극 (헌재 1992.11.12, 89헌마88)
>
> 2 교사의 수업거부의 자유가 인정되는지 여부: 소극 (대판 2007.9.20, 2005다25298)

제3절 근로의 권리

> 헌법 제32조 ① 모든 국민은 근로의 권리를 가진다. 국가는 사회적·경제적 방법으로 근로자의 고용의 증진과 **적정임금의 보장**에 노력하여야 하며, 법률이 정하는 바에 의하여 **최저임금제**를 시행하여야 한다.
> 《주의》 최저임금제는 헌법상 기본권이 아니다.
> 《주의》 **적정임금 보장**: 제8차 개정헌법 / **최저임금제 시행**: 현행헌법
> ② 모든 국민은 근로의 의무를 진다. 국가는 근로의 의무의 내용과 조건을 민주주의원칙에 따라 법률로 정한다.
> ③ 근로조건의 기준은 인간의 존엄성을 보장하도록 법률로 정한다.
> ④ **여자의 근로**는 특별한 보호를 받으며, 고용·임금 및 근로조건에 있어서 부당한 차별을 받지 아니한다.
> ⑤ **연소자의 근로**는 특별한 보호를 받는다.
> 《주의》 장애인의 근로는 명문화되어 있지 않다.
> ⑥ 국가유공자·상이군경 및 전몰군경의 유가족은 법률이 정하는 바에 의하여 우선적으로 근로의 기회를 부여받는다.

01 의의

1. 개념

근로자가 자신의 의사와 능력에 따라 근로관계를 형성·유지하고, 근로의 기회를 얻지 못한 경우, 국가에 대하여 근로기회의 제공을 요구할 수 있는 권리

∅ 근로자는 근로의 권리 주체가 될 수 있지만, 단결체(근로자집단)는 근로의 권리 주체가 될 수 없다.

2. 연혁

이익분배균점권을 건국헌법에서 규정, 제5차 개정헌법에서 삭제

> ⚖️ **판례** Ⅰ
>
> 1 외국인이 국가에 대하여 근로기회의 제공을 청구할 권리가 인정되는지 여부: 소극
> 《주의》 그러나 근로의 권리에는 자유권적 기본권의 성격을 가진 것도 있으므로, 이 부분에 관한 한 외국인에게도 기본권 주체성이 인정된다.
>
> 2 외국인이 근로기준법상의 근로자인지 여부: 적극 (대판 1995.9.15, 94누12067)
>
> 3 외국인근로자에게도 근로의 권리 중 일할 환경에 대한 권리의 주체성이 인정되는지 여부: 적극 (헌재 2007. 8.30, 2004헌마670)

02 내용

1. 구체적 내용

(1) 근로기회제공청구권설(다수설)

근로의 의사와 능력이 있음에도 불구하고 취업의 기회를 얻지 못한 자가 국가에 대해 근로의 기회를 제공하여 주도록 요구할 수 있음

(2) 생계비지급청구권설

더 나아가 그 요구가 충족되지 아니한 때 상당한 생계비의 지급을 청구할 수 있음을 그 내용으로 함

2. 보충적 내용

(1) 국가의 고용증진의무

> 헌법 제32조 ① … 국가는 사회적 · 경제적 방법으로 근로자의 고용의 증진 … 에 노력하여야 하며 …

(2) 사용자의 해고의 자유를 제한

① **긍정설(다수설)**: 헌법 제32조가 국가와 국민 사이뿐만 아니라, 개별적 노사관계에도 적용되므로 사용자의 해고의 자유를 제한하는 근거가 됨
② **검토**: 헌법 제32조의 근로권 조항은 개별적 노사관계에도 적용되며, 사용자의 정당한 이유 없는 해고는 위헌 · 무효가 됨

⚖️ 판례 Ⅰ

1 사용자가 기간제근로자를 사용하는 경우 최장 2년까지만 사용할 수 있도록 정하고 있는 '기간제 및 단시간근로자 보호 등에 관한 법률' 제4조 제1항이 계약의 자유를 침해하는지 여부: 소극[기각] (헌재 2013.10.24, 2010헌마219)

2 퇴직급여를 청구할 수 있는 권리가 헌법상 권리인지 여부: 소극 (헌재 2011.7.28, 2009헌마408)

3 월급근로자로서 6개월이 되지 못한 자를 해고예고제도의 적용예외 사유로 규정하고 있는 근로기준법 제35조 제3호가 근무기간이 6개월 미만인 월급근로자의 근로의 권리를 침해하고 평등원칙에 위배되는지 여부: 적극[위헌] (헌재 2015.12.23, 2014헌바3)

4 해고예고제도의 적용예외 사유로서 '일용근로자로서 3개월을 계속 근무하지 아니한 자'를 규정하고 있는 근로기준법 제35조 제1호가 근로의 권리를 침해하는지 여부: 소극[기각] (헌재 2017.5.25, 2016헌마640)

5 고용 허가를 받아 국내에 입국한 외국인근로자의 출국만기보험금을 출국 후 14일 이내에 지급하도록 한 '외국인근로자의 고용 등에 관한 법률' 제13조 제3항 중 '피보험자등이 출국한 때부터 14일 이내' 부분이 청구인들의 근로의 권리를 침해하는지 여부: 소극 (헌재 2016.3.31, 2014헌마367)

6 계속근로기간 1년 이상인 근로자가 근로연도 중도에 퇴직한 경우 중도퇴직 전 1년 미만의 근로에 대하여 유급휴가를 보장하지 않는 근로기준법 제60조 제2항이 근로의 권리를 침해하는지 여부: 소극[기각] (헌재 2015.5.28, 2013헌마619)

7 정당한 이유 없는 해고 등을 제한하는 근로기준법 제30조 제1항이 명확성원칙에 위반되는지 여부: 소극[합헌] (헌재 2013.12.26, 2012헌바375)

8 퇴직금 우선변제규정의 위헌 여부: 적극[헌법불합치] (헌재 1997.8.21, 94헌바19)

9 사용자의 파산시 최종 3개월분의 임금과 최종 3년간 퇴직금에 대하여 최우선변제권을 인정하는 구 근로기준법 제37조 제2항 제1호 및 제2호가 사용자에 대한 담보물권자의 재산권 등 기본권을 침해하는지 여부: 소극 (헌재 2008.11.27, 2007헌바36)

10 임금 및 퇴직금 우선변제와 관련하여 우선변제제도의 소급효를 인정하는 특별규정을 두지 않은 것이 헌법에 위반되는지 여부: 소극 (헌재 2006.7.27, 2004헌바20)

11 동물의 사육 사업 근로자에 대하여 근로기준법 제4장에서 정한 근로시간 및 휴일 규정의 적용을 제외하도록 한 구 근로기준법 제63조 제2호 중 '동물의 사육' 가운데 '제4장에서 정한 근로시간, 휴일에 관한 규정'에 관한 부분이 청구인의 근로의 권리를 침해하는지 여부: 소극[기각] (헌재 2021.8.31, 2018헌마563)

12 월 1회 이상 정기적으로 지급하는 상여금 등 및 복리후생비의 일부를 최저임금에 산입하도록 한 최저임금법 제6조 제4항 제2호, 제3호 나목, 최저임금법 부칙 제2조가 입법형성의 재량 범위를 일탈하여 근로자의 근로의 권리를 침해하는지 여부: 소극 (헌재 2021.12.23, 2018헌마629 · 630)

13 4주간을 평균하여 1주간의 소정근로시간이 15시간 미만인 근로자, 즉 이른바 '초단시간근로자'를 퇴직급여제도의 적용대상에서 제외하고 있는 '근로자퇴직급여 보장법' 제4조 제1항 단서 중 '4주간을 평균하여 1주간의 소정근로시간이 15시간 미만인 근로자'에 관한 부분(이하 '심판대상조항'이라 한다)이 근로조건의 기준은 인간의 존엄성을 보장하도록 법률로 정하도록 한 헌법 제32조 제3항에 위배되는지 여부: 소극 (헌재 2021.11.25, 2015헌바334)

(3) 적정임금의 보장(제8차 개정헌법에서 신설)

> 헌법 제32조 ① ⋯ 국가는 ⋯ 적정임금의 보장에 노력하여야 하며, 법률이 정하는 바에 의하여 최저임금제를 시행하여야 한다.
> ④ 여자의 근로는 특별한 보호를 받으며, 고용 · 임금 및 근로조건에 있어서 부당한 차별을 받지 아니한다.

① 적정임금: 근로자와 그 가족이 인간의 존엄성에 상응하는 건강하고 문화적인 생활을 영위하는 데 필요한 정도의 임금수준
② 무노동 · 무임금의 원칙
   ∅ 대법원의 태도 변화: 무노동 · 부분임금의 원칙 ➜ 무노동 · 무임금의 원칙

🏃 판례 |

1 근로기준법에서 '통상임금'에 대한 직접적인 정의규정을 두고 있지 않은 것이 명확성의 원칙에 위반되는지 여부: 소극[합헌] (헌재 2014.8.28, 2013헌바172)

2 근로자의 근로 제공 의무가 정지됨으로써 사용자가 근로자의 노무 제공과 관련하여 아무런 노무지휘권을 행사할 수 없는 쟁의행위의 경우에 이를 유추하여 당사자 사이에 쟁의행위 기간 중 쟁의행위에 참가하여 근로를 제공하지 아니한 근로자에게 그 임금을 지급할 의사가 있다거나 임금을 지급하기로 하는 내용의 근로계약을 체결한 것이라고는 할 수 없다(대판 1995.12.21, 94다26721).

③ 최저임금제의 실시(제9차 개정헌법에서 신설)

> 헌법 제32조 ① … 법률이 정하는 바에 의하여 최저임금제를 시행하여야 한다.

- ㉠ 근로자를 사용하는 모든 사업 또는 사업장에 적용됨
- ㉡ 다만, 동거하는 친족만을 사용하는 사업과 가사(家事)사용인에게는 적용되지 아니한다(최저임금법 제3조).

⚖ 판례 |

최저임금을 청구할 수 있는 권리가 헌법에서 직접 도출되는지 여부: 소극 (헌재 2012.10.25, 2011헌마307)

④ 동일노동에 대한 동일임금의 원칙

> 헌법 제32조 ④ 여자의 근로는 특별한 보호를 받으며, 고용·임금 및 근로조건에 있어서 부당한 차별을 받지 아니한다.

(4) 근로조건기준의 법정주의

> 헌법 제32조 ③ 근로조건의 기준은 인간의 존엄성을 보장하도록 법률로 정한다.

⚖ 판례 |

1 근로기준법의 적용대상사업장 한정조항의 위헌 여부: 소극

'상시사용근로자수 5인'이라는 기준에 따라 근로기준법의 전면적용 여부를 달리한 것에는 합리적 이유가 있다고 인정되고, 그 기준이 인간의 존엄성을 전혀 보장할 수 없을 정도라고 볼 수 없으므로 위 헌법조항에 위반된다고 할 수 없다(헌재 1999.9.16, 98헌마310).

2 정직일수를 연가일수에서 공제하도록 규정하고 있는 국가공무원복무규정이 근로의 권리를 침해하는지 여부: 소극 (헌재 2008.9.25, 2005헌마586)

참고판례

공무원연금의 지급정도는 퇴직연금의 법적 성질에 미루어 입법자가 사회정책적 고려, 국가재정 및 연금재정상황 등 여러 가지 사정을 참작하여 폭넓은 형성재량으로 결정할 수밖에 없다. 그러나 퇴직연금은 사회적 기본권의 하나인 사회보장수급권의 성격과 재산권의 성격이 불가분적으로 혼재되어 있으므로, 적어도 퇴직연금의 지급정지는 기본권제한의 한계를 정한 헌법의 규정에 따라야 할 것이다 … 따라서, 헌법의 제원칙을 벗어나지 않는 한, 입법자가 사회정책, 연금제도의 취지, 연금재정상황 등을 종합적으로 고려하여 본인이 기여한 범위 내에서 소득에 따라 연금의 일부를 지급정지하는 것은 헌법 제37조 제2항에 의한 비례의 원칙에 어긋난다고 할 수 없으므로 재산권의 침해라고 할 수 없다[헌재 2003.9.25, 2001헌마93·138·143(병합)].

(5) 여자·연소자근로의 특별 보호

> 헌법 제32조 ④ 여자의 근로는 특별한 보호를 받으며, 고용·임금 및 근로조건에 있어서 부당한 차별을 받지 아니한다.
> ⑤ 연소자의 근로는 특별한 보호를 받는다.

(6) 국가유공자 등의 근로기회의 우선보장

> 헌법 제32조 ⑥ 국가유공자·상이군경 및 전몰군경의 유가족은 법률이 정하는 바에 의하여 우선적으로 근로의 기회를 부여받는다.
> 《주의》 '근로의 기회'는 예시적인 것이다.

03 효력

대국가적 효력 외의 사인간에서도 제3자적 효력을 가짐

제4절 근로3권

> 헌법 제33조 ① 근로자는 근로조건의 향상을 위하여 자주적인 단결권·단체교섭권 및 단체행동권을 가진다.
> ② 공무원인 근로자는 법률이 정하는 자에 한하여 단결권·단체교섭권 및 단체행동권을 가진다.
> ③ 법률이 정하는 주요방위산업체에 종사하는 근로자의 단체행동권은 법률이 정하는 바에 의하여 이를 제한하거나 인정하지 아니할 수 있다.
> ✎. 주요방위산업체에 종사하는 근로자에게 인정되지 아니할 수 있는 것
> 단체행동권 ○ / 단결권, 단체교섭권 ×

> ⊕ **PLUS** 근로3권의 연혁
>
> | 건국헌법 | • 근로3권(법률유보)
• 사기업체 근로자의 이익분배균점권 |
> | --- | --- |
> | 제5차 개정 | • 근로3권(법률유보 삭제)
• 공무원 근로자의 근로3권 제한
• 사기업체 근로자의 이익분배균점권 삭제 |
> | 제7차 개정 | 근로3권(법률유보 부활) |
> | 제8차 개정 | 근로3권 중 단체행동권만 법률유보 |
> | 제9차 개정 | 근로3권(법률유보 삭제) |

01 법적 성격

1. 성격

(1) 단결·단체교섭·단체행동을 함에 있어 국가로부터 부당한 간섭이나 제재를 받지 않는다는 자유권적 성격

(2) 근로자가 인간다운 생활을 확보하기 위하여 국가적 배려와 보호를 요구할 수 있다는 사회권적 성격

2. 헌법재판소

헌법재판소는 최근 근로3권을 '**사회적 보호기능을 담당하는 자유권**'이라 하여 자유권적 기능을 강조한다(헌재 1998.2.27, 94헌바13 등).

02 단결권

1. 의의

근로자들이 근로조건의 향상(유지·개선)을 목적으로 사용자와 대등한 교섭력을 위해 단체를 자주적으로 결성하고, 가입하여 활동할 수 있는 권리

✎ 계속성은 단결권의 요건이 되지 않음

2. 주체

근로3권의 주체는 1차적으로 근로자 개개인이지만, 단결체(근로자집단)도 주체가 됨

(1) 근로자와 단결권

① 근로자

ㄱ 임금·급료에 의하여 생활하는 육체적, 정신적 근로자, 자신의 재산으로서 생업을 영위하는 자영업자나 자유직업종사자는 포함 ✕

ㄴ 근로자가 회사로부터 해고를 당하였더라도 상당한 기간 내에 노동위원회에 부당노동행위 구제신청을 하여 그 해고의 효력을 다투고 있었다면 … 노동조합원으로서의 지위를 상실하는 것이라고 볼 수 없다(대판 1992.3.31, 91다14413).

② 단결체: 법인격을 구비해야 하는 것은 아니며, 노동조합과 같은 계속적인 단체 외에 쟁의단과 같은 일시적인 단체도 단결권의 주체가 됨

> ⚖️ **판례 ┃**
>
> 1 실업자도 근로3권의 주체가 될 수 있는지 여부: 적극 (대판 2004.2.27, 2001두8568)
>
> 2 불법체류 중인 외국인근로자도 노동조합을 설립하거나 노동조합에 가입할 수 있는지 여부: 적극 [대판 2015.6.25, 2007두4995(전합)]
>
> 3 노동조합을 설립할 때 행정관청에 설립신고서를 제출하게 하고 그 요건을 충족하지 못하는 경우 설립신고서를 반려하도록 하고 있는 '노동조합 및 노동관계조정법' 제12조 제3항 제1호가 헌법상 금지된 단체결성에 대한 허가제에 해당하는지 여부: 소극[합헌] (헌재 2012.3.29, 2011헌바53)
>
> 4 '노동조합이 아니면 노동조합이라는 명칭을 사용할 수 없다.'라고 규정한 노동조합 및 노동관계조정법 제7조 제3항이 단결권을 침해하는지 여부: 소극 (헌재 2008.7.31, 2004헌바9)
>
> 5 노동조합으로 하여금 행정관청이 요구하면 결산결과와 운영상황을 보고하도록 하고 위반시 과태료를 부과할 수 있도록 한 것이 노동조합의 단결권을 침해하는지 여부: 소극[합헌] (헌재 2013.7.25, 2012헌바116)

(2) 사용자와 단체결성

사용자는 헌법 제33조 제1항 단결권의 주체는 될 수 없으나, 헌법 제21조 제1항에 근거하여 사용자단체를 결성하는 것은 가능(권영성)

《주의》 헌법 제21조 제1항은 결사의 자유이다(일반적 결사).

3. 유형

(1) 적극적 단결권

노동조합을 결성하고, 이에 가입하며 활동할 수 있는 권리 ➡ 단결권의 중심내용

(2) 소극적 단결권

① 의의: 근로자 개인이나 근로자단체가 단체에 가입하지 아니하거나 이미 가입한 단체에서 자유로이 탈퇴할 수 있는 자유

> **⚖ 판례 | 소극적 단결권이 헌법 제33조의 단결권에 포함되는지 여부: 소극**
>
> "헌법상 보장된 근로자의 단결권은 단결할 자유만을 가리킬 뿐이고 단결하지 아니할 자유, 이른바 소극적 단결권은 이에 포함되지 않는다."라고 하여 헌법 제33조 제1항의 단결권에 소극적 단결권이 포함되지 않는다는 입장이다(헌재 1999.11.25, 98헌마141).

✎ 헌법재판소가 근로자의 소극적 단결권 자체를 인정하지 않은 것은 아님. 다만, 헌법재판소는 근로자의 소극적 단결권의 근거를 헌법 제33조의 단결권으로 보는 것이 아니라 헌법 제10조의 행복추구권과 헌법 제21조의 결사의 자유에서 찾고 있음

② 단결강제: 노동조합 및 노동관계조정법 제81조 제2호 단서는 단결강제의 한 유형인 유니언 샵(Union Shop)조항을 인정

> **⚖ 판례 |**
>
> 유니언 샵(Union Shop)조항(사업장에 종사하는 근로자의 3분의 2 이상을 대표하는 노동조합이 조합의 조직유지 · 강화를 위하여 체결하는 Union Shop협약, 즉 단체협약에 대한 조항을 발한다)이 위헌인지 여부: 소극 (헌재 2005.11.24, 2002헌바95 등)

4. 침해와 구제

(1) 국가가 단결권을 침해하는 경우 – 위헌 · 위법

또한, 불법행위를 구성하게 되면 형사책임 또는 배상책임을 짐

(2) 사용자가 단결권을 침해하는 경우 – 사용자에 대한 제재와 단결권의 구제 가능

03 단체교섭권

1. 주체

근로자 측의 주체는 노동조합, 사용자 측의 주체는 사용자

> **⚖ 판례 |**
>
> 하나의 사업 또는 사업장에 2개 이상의 노동조합이 있는 경우 단체교섭에 있어 그 창구를 단일화하도록 하여 교섭대표가 된 노동조합에만 단체교섭권을 부여하는 것이 단체교섭권을 침해하는지 여부: 소극 (헌재 2012.4.24, 2011헌마338)

2. 내용

(1) 단체교섭의 대상 – 근로조건

경영권이나 인사권과 관련된 사항이 단체교섭의 대상이 될 수 있는지 긍정설과 부정설의 대립이 있으나, 대법원은 … 노동조합과 인사처분에 관한 논의를 하여 의견의 합치를 보아 인사처분을 하도록 규정된 경우에는 그 절차를 거치지 아니한 인사처분은 원칙적으로 무효라고 한다(대판 1993.9.28, 91다30620).

> ### 판례 │
>
> 1 구조조정이나 합병 등 기업의 경쟁력을 강화하기 위한 경영주체의 경영상 조치가 노동쟁의의 대상이 될 수 있는지 여부: 소극 (대판 2003.11.13, 2003도687)
>
> 2 경영권에 속한 사항이라도 근로자들의 근로조건과도 밀접한 관련이 있는 부분은 단체협약의 대상이 될 수 있는지 여부: 적극 (대판 1994.8.26, 93누8993)
>
> 3 한국고속철도건설공단의 인사에 관한 사항은 건설교통부장관의 승인을 얻도록 한 것이 위헌인지 여부: 소극 (헌재 2004.8.26, 2003헌바28)
>
> 4 사용자가 노동조합의 운영비를 원조하는 행위를 부당노동행위로 금지하는 '노동조합 및 노동관계조정법' 제81조 제4호 중 '노동조합의 운영비를 원조하는 행위'에 관한 부분이 단체교섭권을 침해하여 위헌인지 여부: 적극[헌법불합치] (헌재 2018.5.31, 2012헌바90)
>
> 5 국가비상사태하에서 근로자의 단체교섭권을 제한한 국가보위에 관한 특별조치법이 국가긴급권의 실체적 발동조건, 사후통제 절차, 시간적 한계에 위반되는지 여부: 적극[위헌] (헌재 2015.3.26, 2014헌가5)

(2) 사용자 측의 단체교섭거부와 부당노동행위

① 노동조합은 단체교섭을 요구할 수 있는 권리를 가지며, 사용자는 이에 응할 의무가 있음

② 사용자가 정당한 이유 없이 단체교섭을 거부할 경우 ➡ 부당노동행위에 해당

(3) 단체교섭권에 단체협약체결권의 포함 여부: ○

비록 헌법이 위 조항에서 '단체협약체결권'을 명시하여 규정하고 있지 않더라도 … (헌재 1998.2.27, 94헌바13)

(4) 단체협약의 효력

노사간의 분쟁을 해결하는 자주법으로서의 법원성을 취득

04 단체행동권

1. 의의

(1) 쟁의행위 등을 할 수 있는 권리로서 최후의 강제수단을 의미

(2) 단체행동은 단체교섭이 행해지는 도중에는 행사 ×

2. 주체

근로자 개개인이지만, 실질적으로 노동조합이라고 할 수 있음

3. 유형

(1) 근로자 측의 쟁의행위

① 파업(Strike): 생산활동이나 업무 수행을 일시적으로 중단하는 행위

② 태업(Sabotage): 고의로 작업능률을 떨어뜨리는 행위

③ 불매운동(Boycott): 특정한 상품을 사지 않는 행위

④ 감시행위(Picketting): 근로자들의 사업장 출입을 저지하고 파업에 협력할 것을 구하는 행위

⑤ 생산관리: 근로자들이 사업장 또는 공장을 점거하고, 조합간부의 지휘 아래 노무를 제공하는 행위

(2) 사용자 측의 쟁의행위

① 문제점: 사업장을 봉쇄하는 행위를 말하며, 사용자의 직장폐쇄는 쟁의행위가 개시된 후에 행사할 수 있다(노동조합법 제46조 제1항).

② 검토

㉠ 사용자 측의 직장폐쇄는 헌법 제33조에 근거한 단체행동권의 행사 ×

㉡ 근로자 측의 부당한 쟁의행위에 대하여 사용자 측의 자기방어수단으로 볼 수 있음

㉢ 그 근거는 **헌법 제23조 제1항과 제119조 제1항**에서 찾을 수 있음

4. 내용

(1) 국가권력에 대한 관계

정당한 단체행동인 경우에는 근로자는 형사상 책임을 지지 않음

(2) 사용자에 대한 관계

정당한 단체행동인 경우에는 사용자는 근로자에 대하여 채무불이행 또는 불법행위를 이유로 민사상 책임을 추궁하지 못하며 근로자를 해고하거나 그 밖의 불이익을 주는 행위를 하지 못함

5. 한계 – 정당성이 전제되어야 함

(1) 목적상 한계

① 단체행동권은 근로조건의 향상을 위한 노사간의 자치적 교섭을 조성하는 데 있어야 하며, 순수한 정치적 파업은 허용 ×

② 근로자의 지위에 직접 관계되는 사항을 쟁점으로 하는 **산업적 정치파업은 정당한 쟁의행위**로서 허용(다수설)

(2) 수단상 한계

① 그 수단이 사용자의 재산권과 조화를 이루어야 함은 물론 폭력행사에 해당하지 않아야 함

② 대법원 판례: 조합원의 직장점거는 사용자 측의 점유를 배제하지 아니하고 그 조업도 방해하지 않는 **부분적·병존적 점거일 경우에 한하여 정당**하다(대판 1990.5.15, 90도357).

⚖️ 판례 | 쟁의행위로서 파업이 언제나 업무방해죄에 해당하는지 여부: 소극

… 쟁의행위로서 파업이 언제나 업무방해죄에 해당하는 것으로 볼 것은 아니고, 전후 사정과 경위 등에 비추어 사용자가 예측할 수 없는 시기에 전격적으로 이루어져 사용자의 사업운영에 심대한 혼란 내지 막대한 손해를 초래하는 등으로 사용자의 사업계속에 관한 자유의사가 제압·혼란될 수 있다고 평가할 수 있는 경우에 비로소 집단적 노무제공의 거부가 위력에 해당하여 업무방해죄가 성립한다고 보는 것이 타당하다(대판 2011.3.17, 2007도482).

《주의》 근로자들이 집단적으로 근로의 제공을 거부하여 사용자의 정상적인 업무 운영을 저해하고 손해를 발생하게 하여 위법성이 조각되지 아니한다 해도 바로 형법상 업무방해죄에 해당하는 것은 아니다.

05 효력

1. 대국가적 효력: ○

2. 대사인적 효력

'직접적용설(다수설)'과 '간접적용설(허영)'의 대립

06 제한과 그 한계

1. 공무원인 근로자의 근로3권의 제한

> 헌법 제33조 ② 공무원인 근로자는 법률이 정하는 자에 한하여 단결권·단체교섭권 및 단체행동권을 가진다.

(1) 국회는 공무원에게 단결권·단체교섭권·단체행동권을 인정할 것인지 여부 등에 대하여 광범위한 입법형성의 자유를 가짐
(2) '법률이 정하는 자' 이외의 공무원은 노동3권의 주체가 되지 못한다(헌재 2008.12.26, 2005헌마971).

> **국가공무원법**
> 제66조【집단행위의 금지】① 공무원은 노동운동이나 그 밖에 공무 외의 일을 위한 집단적 행위를 하여서는 아니 된다. 다만, 사실상 노무에 종사하는 공무원은 예외로 한다.

> **⚖️판례 |**
> 1 사실상 노무에 종사하는 공무원에 대하여서만 근로3권을 보장하고 그 이외의 공무원들에 대하여는 근로3권의 행사를 제한하는 것이 위헌인지 여부: 소극 (헌재 2007.8.30, 2003헌바51 등)
> 2 '사실상 노무에 종사하는 공무원의 범위'를 조례로 제정하지 않은 부작위가 위헌인지 여부: 적극 (헌재 2009.7.30, 2006헌마358)

2. 공무원·교원의 노동조합 설립 및 운영 등에 관한 법률에 의한 공무원의 근로3권

> **공무원의 노동조합 설립 및 운영 등에 관한 법률**
> 제2조【정의】이 법에서 '공무원'이란 국가공무원법 제2조 및 지방공무원법 제2조에서 규정하고 있는 공무원을 말한다. 다만, 국가공무원법 제66조 제1항 단서 및 지방공무원법 제58조 제1항 단서에 따른 사실상 노무에 종사하는 공무원과 교원의 노동조합 설립 및 운영 등에 관한 법률의 적용을 받는 교원인 공무원은 제외한다.

제6조【가입 범위】① 노동조합에 가입할 수 있는 사람의 범위는 다음 각 호와 같다.

1. 일반직공무원
2. 특정직공무원 중 외무영사직렬·외교정보기술직렬 외무공무원, 소방공무원 및 교육공무원(다만, 교원은 제외한다)
3. 별정직공무원
4. 제1호부터 제3호까지의 어느 하나에 해당하는 공무원이었던 사람으로서 노동조합 규약으로 정하는 사람

② 제1항에도 불구하고 다음 각 호의 어느 하나에 해당하는 공무원은 노동조합에 가입할 수 없다.

1. 업무의 주된 내용이 다른 공무원에 대하여 지휘·감독권을 행사하거나 다른 공무원의 업무를 총괄하는 업무에 종사하는 공무원
2. 업무의 주된 내용이 인사·보수 또는 노동관계의 조정·감독 등 노동조합의 조합원 지위를 가지고 수행하기에 적절하지 아니한 업무에 종사하는 공무원
3. 교정·수사 등 공공의 안녕과 국가안전보장에 관한 업무에 종사하는 공무원

교원의 노동조합 설립 및 운영 등에 관한 법률

제1조【목적】이 법은 국가공무원법 제66조 제1항 및 사립학교법 제55조에도 불구하고 노동조합 및 노동관계조정법 제5조 제1항 단서에 따라 교원의 노동조합 설립에 관한 사항을 정하고 교원에 적용할 노동조합 및 노동관계조정법에 대한 특례를 규정함을 목적으로 한다.

제2조【정의】이 법에서 '교원'이란 다음 각 호의 어느 하나에 해당하는 사람을 말한다.

1. 유아교육법 제20조 제1항에 따른 교원
2. 초·중등교육법 제19조 제1항에 따른 교원
3. 고등교육법 제14조 제2항 및 제4항에 따른 교원. 다만, 강사는 제외한다.

제4조의2【가입 범위】노동조합에 가입할 수 있는 사람의 범위는 다음 각 호와 같다.

1. 교원
2. 교원으로 임용되어 근무하였던 사람으로서 노동조합 규약으로 정하는 사람

⚖ 판례 ㅣ

1 청원경찰의 복무에 관하여 국가공무원법 제66조 제1항을 준용함으로써 노동운동을 금지하는 청원경찰법 제5조 제4항 등이 근로 3권을 침해하는지 여부: 적극[헌법불합치] (헌재 2017.9.28, 2015헌마653)

2 공무원노동조합의 설립 최소단위를 '행정부'로 규정하여 노동부만의 노동조합결성을 제한한 공무원의 노동조합 및 운영 등에 관한 법률규정이 단결권 및 평등권을 침해하는지 여부: 소극 (헌재 2008.12.26, 2006헌마518)

  《주의》 공무원노조 관련 판례는 모두 합헌이다.

3 노동조합에 가입할 수 있는 특정직 공무원의 범위를 '6급 이하의 일반직 공무원에 상당하는 외무행정·외교정보관리직 공무원'으로 한정하여 소방공무원을 노동조합가입대상에서 제외한 공무원의 노동조합 설립 및 운영 등에 관한 법률이 소방공무원인 청구인의 단결권 또는 평등권을 침해하는지 여부: 소극 (헌재 2008.12.26, 2006헌마462)

4 공무원의 노동조합 설립 및 운영 등에 관한 법률 제6조(가입범위)와 제8조(단체교섭권) 제1항 단서, 제9조 (교섭의 절차) 제4항, 제10조(단체협약의 효력) 제1항, 제11조(쟁의행위의 금지) 등이 결사의 자유·근로3권·행복추구권·평등권 등을 침해하는지 여부: 소극 (헌재 2008.12.26, 2005헌마971)

5 노동조합이 비과세혜택을 받을 권리가 근로3권의 당연한 내용인지 여부: 소극 (헌재 2009.2.26, 2007헌바 27)

6 교원의 노동조합 설립 및 운영 등에 관한 법률의 적용을 받는 교원의 범위를 초 · 중등학교에 재직 중인 교원으로 한정하고 있는 교원의 노동조합 설립 및 운영 등에 관한 법률 제2조가 청구인 전국교직원노동조합 및 해직 교원들의 단결권을 침해하는지 여부: 소극 (헌재 2015.5.28, 2013헌마671 등)

7 교원노조법의 적용대상을 초 · 중등교육법 제19조 제1항의 교원이라고 규정함으로써 고등교육법에서 규율하는 대학교원의 단결권을 일체 인정하지 않는 '교원의 노동조합 설립 및 운영 등에 관한 법률' 제2조 본문이 대학 교원들의 단결권을 침해하는지 여부: 적극[헌법불합치] (헌재 2018.8.30, 2015헌가38)

《주의》 국립대교원과 사립대교원을 잘 구분해야 한다. 국립대교원은 입법형성권의 문제로 보고 완화된 심사를 하였고 사립대교원은 과잉금지원칙에 따라 엄격한 심사를 하였다.

《주의》 위 판례는 단결권을 침해한 판례이지, 평등권을 침해한 판례는 아니라고 할 것이다.

8 공항 · 항만 등 국가중요시설의 경비업무를 담당하는 특수경비원에게 경비업무의 정상적인 운영을 저해하는 일체의 쟁의행위를 금지하는 경비업법 제15조 제3항이 헌법 제33조 제1항에 위배되는지 여부: 소극 (헌재 2009.10.29, 2007헌마1359)

9 국가 또는 지방자치단체의 정책결정에 관한 사항이나 기관의 관리 · 운영에 관한 사항으로서 근무조건과 직접 관련되지 아니하는 사항을 공무원노동조합의 단체교섭대상에서 제외하고 있는 공무원의 노동조합 설립 및 운영 등에 관한 법률 제8조 제1항 단서 중 '직접' 부분이 명확성원칙에 위반되는지 여부: 소극 (헌재 2013.6.27, 2012헌바169)

10 사립학교의 설립 · 경영자들은 교원노조와 개별적으로 단체교섭을 할 수 없고 반드시 연합하여 단체교섭에 응하도록 규정한 교원의 노동조합 설립 및 운영 등에 관한 법률 제6조 제1항 후문이 비례의 원칙에 어긋나게 사립학교의 설립 · 경영자인 청구인들의 결사의 자유를 침해하는지 여부: 소극 (헌재 2006.12.28, 2004헌바67)

11 노동조합 및 노동관계조정법 시행령 제9조 제2항이 법률의 위임 없이 법률이 정하지 아니한 법외노조 통보에 관하여 규정함으로써 헌법상 노동3권을 본질적으로 제한하여 그 자체로 무효인지 여부: 적극(고용노동부장관의 전국교직원노동조합에 대한 법외노조 통보처분 사건) (대판 2020.9.3, 2016두32992)

3. 주요방위산업체에 종사하는 근로자의 단체행동권제한

헌법 제33조 ③ 법률이 정하는 주요방위산업체에 종사하는 근로자의 **단체행동권**은 법률이 정하는 바에 의하여 이를 제한하거나 인정하지 아니할 수 있다.

4. 헌법 제37조 제2항에 의한 제한

헌법 제37조 ② 국민의 모든 자유와 권리는 국가안전보장 · 질서유지 또는 공공복리를 위하여 필요한 경우에 한하여 법률로써 제한할 수 있으며, 제한하는 경우에도 자유와 권리의 본질적인 내용을 침해할 수 없다.

📖 판례 |

1. 제3자 개입금지조항이 위헌인지 여부: 소극

   근로자가 단순한 상담이나 조력을 받는 것을 금지하고자 하는 것은 아니므로 근로자의 근로3권 등을 제한하는 것이라고는 볼 수 없다(헌재 1993.3.11, 92헌바33).

2. 필수공익사업에서의 강제중재제도가 위헌인지 여부: 소극 (헌재 2003.5.15, 2001헌가31)

3. 노조전임자에 대한 급여를 원칙적으로 금지 및 근로시간 면제제도인 소위 '타임오프제'가 위헌인지 여부: 소극 [기각] (헌재 2014.5.29, 2010헌마606)

5. 국가비상사태하에서의 제한

📖 판례 |

국가비상사태하에서 근로자의 단체행동권을 제한한 국가보위에 관한 특별조치법이 국가긴급권의 실체적 발동조건, 사후통제 절차, 시간적 한계에 위반되는지 여부: 적극[위헌] (헌재 2015.3.26, 2014헌가5)

제5절 환경권

헌법 제35조 ① 모든 국민은 건강하고 쾌적한 환경에서 생활할 권리를 가지며, 국가와 국민은 환경보전을 위하여 노력하여야 한다.
② 환경권의 내용과 행사에 관하여는 법률로 정한다.
③ 국가는 주택개발정책 등을 통하여 모든 국민이 쾌적한 주거생활을 할 수 있도록 노력하여야 한다.
✏ 1980년 제8차 개정헌법에서 환경권이 헌법상 기본권으로 채택

01 법적 성격

1. 총합적 기본권성

인간의 존엄성 존중을 그 이념적 기초로 하면서 여러 가지 성격을 아울러 가짐

📖 판례 |

국민은 국가로부터 건강하고 쾌적한 환경을 향유할 수 있는 자유를 침해당하지 않을 권리를 행사할 수 있고, 일정한 경우 국가에 대하여 건강하고 쾌적한 환경에서 생활할 수 있도록 요구할 수 있는 권리가 인정되기도 하는바, 환경권은 그 자체 종합적 기본권으로서의 성질을 가진다(헌재 2008.7.31, 2006헌마711).

2. 추상적 권리성

환경권은 권리의 주체·대상·내용·행사방법 등이 구체적으로 정립되어야만 인정되는 것으로, 환경권을 인정하는 명문의 규정이 없는데도 환경권에 기하여 직접 방해배제청구권을 인정할 수는 없다(대판 1999.7.27, 98다47528).

> **⚖ 판례 ㅣ**
>
> 헌법상 환경권규정을 근거로 구체적인 사법상의 권리가 인정되는지 여부: 소극 (대결 1995.5.23, 94마2218)

02 주체

1. 자연인: ○

2. 자연

자연은 권리주체가 아니므로 부정하는 것이 타당함(계희열)

> **⚖ 판례 ㅣ**
>
> 도롱뇽의 당사자능력을 인정할 수 있는지 여부: 소극 (대결 2006.6.2, 2004마1148·1149)

03 구체적 내용

1. 공해예방청구권

2. 공해배제청구권

3. 쾌적한 주거생활권(적극적인 주택정책 등을 요구할 수 있는 권리)

> **⚖ 판례 ㅣ 공직선거의 선거운동 과정에서 후보자들이 확성장치를 사용할 수 있도록 허용하면서도 그로 인한 소음의 규제기준을 정하지 아니한 공직선거법 제79조 제3항 제2호가 환경권을 침해하여 위헌인지 여부: 적극[헌법불합치]**
>
> 심판대상조항이 선거운동의 자유를 감안하여 선거운동을 위한 확성장치를 허용할 공익적 필요성이 인정된다고 하더라도 정온한 생활환경이 보장되어야 할 주거지역에서 출근 또는 등교 이전 및 퇴근 또는 하교 이후 시간대에 확성장치의 최고출력 내지 소음을 제한하는 등 사용시간과 사용지역에 따른 수인한도 내에서 확성장치의 최고출력 내지 소음 규제기준에 관한 규정을 두지 아니한 것은, 국민이 건강하고 쾌적하게 생활할 수 있는 양호한 주거환경을 위하여 노력하여야 할 국가의 의무를 부과한 헌법 제35조 제3항에 비추어 보면, 적절하고 효율적인 최소한의 보호조치를 취하지 아니하여 국가의 기본권 보호의무를 과소하게 이행한 것으로서, 청구인의 건강하고 쾌적한 환경에서 생활할 권리를 침해하므로 헌법에 위반된다(헌재 2019.12.27, 2018헌마730).

04 침해와 구제

1. 사인에 의한 침해와 구제

(1) 구제수단

① **유지청구**: 현실적으로 환경피해가 발생 또는 발생이 예견되는 경우에 피해자가 환경피해의 배제 또는 예방을 법원에 구하는 방법

② **손해배상청구**: 환경정책기본법에서는 환경피해에 대한 사업자의 무과실책임을 규정하고 있음

(2) 수인한도론(위법성 판단의 문제)

가해자 측과 피해자 측의 사정 및 지역적 특성 등을 비교형량하여 피해가 일반인이 통상 견딜 수 있는 한도를 넘어서는 경우에 위법성이 인정된다는 이론(예 일조권의 침해, 공직선거에서 확성장치 사용)

2. 공권력에 의한 침해시 구제수단

행정쟁송 · 국가배상 · 손실보상 · 헌법소원을 제기 또는 행정개입청구권을 행사

⚖ 판례 |

1 환경영향평가대상지역 안의 주민들이 갖고 있는 환경상의 이익이 주민 개개인에 대하여 개별적으로 보호되는 직접적 · 구체적인 이익인지 여부: 적극 (대판 2001.7.27, 99두2970)

2 환경영향평가대상지역 밖의 주민에게 원고적격이 인정되기 위한 요건

환경영향평가대상지역 밖의 주민이라 할지라도 공유수면매립면허처분 등으로 인하여 그 처분 전과 비교하여 수인한도를 넘는 환경피해를 받거나 받을 우려가 있는 경우에는 공유수면매립면허처분 등으로 인하여 환경상 이익에 대한 침해 또는 침해우려가 있다는 것을 입증함으로써 그 처분 등의 무효확인을 구할 원고적격을 인정받을 수 있다[대판 2006.3.16, 2006두330(전합)].

3 헌법 제35조 제1항은 환경정책에 관한 국가적 규제와 조정을 뒷받침하는 헌법적 근거가 되며 국가는 환경정책 실현을 위한 재원마련과 환경침해적 행위를 억제하고 환경보전에 적합한 행위를 유도하기 위한 수단으로 환경부담금을 부과 · 징수하는 방법을 선택할 수 있다(헌재 2007.12.27. 2006헌바25).

4 환경권에 대하여 국가의 보호의무를 인정한 것은, 환경피해는 생명 · 신체의 보호와 같은 중요한 기본권적 법익 침해로 이어질 수 있다는 점 등을 고려한 것이므로(헌재 2008.7.31, 2006헌마711), 환경권 침해 내지 환경권에 대한 국가의 보호의무위반도 궁극적으로는 생명 · 신체의 안전에 대한 침해로 귀결된다(헌재 2015.9.24, 2013헌마384).

5 국민의 생명 · 신체의 안전이 질병 등으로부터 위협받거나 받게 될 우려가 있는 경우 국가로서는 그 위험의 원인과 정도에 따라 사회 · 경제적인 여건 및 재정사정 등을 감안하여 국민의 생명 · 신체의 안전을 보호하기에 필요한 적절하고 효율적인 입법 · 행정상의 조치를 취하여 그 침해의 위험을 방지하고 이를 유지할 포괄적인 의무를 진다(헌재 2008.12.26, 2008헌마419 · 423 · 436).

✎ 포괄적인 의무 ○ / 구체적이고 직접적인 의무 ✕

6 구 동물보호법 제33조 제3항 제5호가 동물장묘업의 지역적 등록제한사유를 불완전 · 불충분하게 규정하여 청구인들의 환경권을 침해하는지 여부: 소극 (헌재 2020.3.26, 2017헌마1281)

제6절 보건권과 모성을 보호받을 권리

01 보건권

> 헌법 제36조 ③ 모든 국민은 보건에 관하여 국가의 보호를 받는다.

1. 연혁
건국헌법에서부터 보건권을 규정

2. 주체
모든 국민

3. 내용

(1) 보호대상

가족만의 건강이 아니라 모든 국민의 건강

(2) 구체적 내용

① 국가는 공권력의 행사를 통해 개인의 건강을 침해하여서는 안 됨
② 국민의 위생과 건강을 위하여 필요한 정책을 적극적으로 수립하고 추진할 의무가 있음

> **⚖️ 판례 l**
>
> **치과의사자격시험 불실시로 인해 국민의 보건권이 침해되는지 여부: 소극** (헌재 1998.7.16, 96헌마246)
> 《주의》 위 판례는 직업의 자유 침해를 인정했다.
> 《주의》 [변호사 성적 공개 판례와의 비교] 알 권리 침해 ○ / 직업의 자유 침해 ×

02 모성을 보호받을 권리

> 헌법 제36조 ② 국가는 모성의 보호를 위하여 노력하여야 한다.

1. 모성건강의 특별 보호
모자보건법 등에서 규정

2. 모성으로 인한 불이익의 금지
모성을 이유로 근로조건(예 고용·해고·임금 등)에 있어 부당한 차별을 하여서는 안 됨

3. 모성에 대한 적극적 보호
근로기준법과 모자복지법 등에서 규정

✎ • 부모가 자녀의 이름을 지을 권리(제36조 제1항과 제10조에서 도출)
  • 성명권(제10조에서 도출), 부모의 자녀에 대한 교육권(제10조, 제36조 제1항, 제37조 제1항에 의해 도출)

제8장 국민의 기본적 의무

제1절 고전적 의무

> 헌법 제23조 ② 재산권의 행사는 공공복리에 적합하도록 하여야 한다.
>
> 제31조 ② 모든 국민은 그 보호하는 자녀에게 적어도 초등교육과 법률이 정하는 교육을 받게 할 의무를 진다.
>
> 제32조 ② 모든 국민은 근로의 의무를 진다. 국가는 근로의 의무의 내용과 조건을 민주주의원칙에 따라 법률로 정한다.
>
> 제35조 ① 모든 국민은 건강하고 쾌적한 환경에서 생활할 권리를 가지며, 국가와 국민은 환경보전을 위하여 노력하여야 한다.
>
> 제38조 모든 국민은 법률이 정하는 바에 의하여 납세의 의무를 진다.
>
> 제39조 ① 모든 국민은 법률이 정하는 바에 의하여 국방의 의무를 진다.
> ② 누구든지 병역의무의 이행으로 인하여 불이익한 처우를 받지 아니한다.

✎ 근대 시민국가의 헌법에는 납세와 국방의 의무만 규정하였으며, 근대 헌법 이래 국민의 2대 의무로 간주

01 납세의 의무

> 헌법 제38조 모든 국민은 법률이 정하는 바에 의하여 납세의 의무를 진다.

1. 주체

(1) 자연인·법인을 가리지 않고 모든 국민이 주체가 됨

(2) 외국인

과세대상이 되는 행위를 하거나 국내에 재산을 가지고 있는 경우 주체가 됨

✎ 납세의 의무는 타인에 의한 대체적 이행이 가능한 의무

2. 내용

(1) 조세평등주의

담세능력에 따라 공정하고 평등한 과세가 이루어져야 함

(2) 조세법률주의

과세요건법정주의, 과세요건명확주의, 소급과세금지의 원칙

> **⚖ 판례 ┃**
>
> 재정사용의 합법성과 타당성을 감시하는 납세자의 권리가 헌법에 열거되지 않은 기본권인지 여부: 소극
> (헌재 2005.11.24, 2005헌마579 등)

02 국방의 의무

> 헌법 제39조 ① 모든 국민은 법률이 정하는 바에 의하여 국방의 의무를 진다.
> ② 누구든지 병역의무의 이행으로 인하여 불이익한 처우를 받지 아니한다.

1. 의의

타인에 의한 대체적 이행이 불가능한 **일신전속적인 의무**

2. 내용

(1) 병역법에 따라 징집에 응하는 직접적인 병력형성의무

예비군법에 따른 예비군복무의무, 민방위기본법에 의한 민방위응소의무 등 간접적인 병력형성의무를 포함

(2) 불이익처우의 금지

① 헌법 제39조 제2항에서 금지하는 '불이익한 처우'란 **단순한 사실상·경제상의 불이익을 모두 포함하는 것이 아니라 법적인 불이익을 의미함**

② **병역의무 그 자체를 이행하느라 받는 불이익은** 헌법 제39조 제1항에 규정된 국방의 의무를 이행하느라 입는 불이익이라고 할 수는 있을지언정, 헌법 제39조 제2항의 병역의무의 이행으로 **불이익한 처우를 받는 것이라고는 할 수 없다**(헌재 1999.2.25, 97헌바3).

> **⚖ 판례 ┃**
>
> 1 소집되어 실역에 복무 중인 예비역 등에게 현역군인에 준하여 군형법을 적용하는 것이 헌법 제39조 제2항 위반인지 여부: 소극 (헌재 1999.2.25, 97헌바3)
>
> 2 군 법무관 출신의 변호사 개업지제한규정이 위헌인지 여부: 적극 (헌재 1989.11.20, 89헌가102)
>
> 3 군복무로 인한 휴직기간을 법무사시험의 일부 면제에 관한 법무사법 제5조의2 제1항의 공무원 근무경력에 산입하지 않은 것이 헌법 제39조 제2항에 위반되는지 여부: 소극 (헌재 2006.6.30, 2004두4802)
>
> 4 국가정보원의 채용자격을 남자의 경우 '병역을 필한 자'라고 규정한 채용공고가 불이익한 처우금지에 위배되는지 여부: 소극
> 이는 병역의무 그 자체를 이행하느라 받는 불이익으로서 병역의무 중에 입는 해당될 뿐, 병역의무의 이행을 이유로 한 불이익은 아니다(헌재 2007.5.31, 2006헌마627).

제2절 현대적 의무

01 교육을 받게 할 의무

> **헌법 제31조** ② 모든 국민은 그 보호하는 자녀에게 적어도 초등교육과 법률이 정하는 교육을 받게 할 의무를 진다.

02 근로의 의무

> **헌법 제32조** ② 모든 국민은 근로의 의무를 진다. 국가는 근로의 의무의 내용과 조건을 민주주의원칙에 따라 법률로 정한다.

03 환경보전의 의무

> **헌법 제35조** ① 모든 국민은 건강하고 쾌적한 환경에서 생활할 권리를 가지며, 국가와 국민은 환경보전을 위하여 노력하여야 한다.

1. 주체

국민뿐만 아니라 **외국인**, 법인도 포함

2. 법적 성격

헌법상 규정된 의무이며 법률로써 강제할 수 있는 법적 의무로 보아야 함(다수설)

> **⚖ 판례 | 토지소유자에 대한 폐기물 처리명령이 재산권을 침해하는지 여부: 소극**
>
> 환경의 보호는 국가의 의무일 뿐만 아니라 모든 국민이 함께 달성하여야 할 중요한 과제라는 점을 감안하면, 폐기물을 발생시키는 사업을 하는 자에게 자신의 토지를 임대하는 소유자 역시 폐기물로 인한 환경 피해가 없도록 주의하여야 할 것이다(헌재 2010.5.27, 2007헌바53).

04 재산권행사의 사회적 구속성

헌법 제23조 ② 재산권의 행사는 공공복리에 적합하도록 하여야 한다.

1. 재산권행사의무설

재산권행사의 공공복리적합의무를 규정한 것으로 이해

2. 재산권제한설

재산권의 내용 자체에 대한 제한가능성을 규정한 것으로 이해

3. 헌법원리설

20세기 헌법들이 재산권 자체에 필연적으로 수반되는 내재적 제약성을 명문화한 헌법적 원리로 이해

MEMO

2024 대비 최신개정판

해커스경찰
신동욱
경찰헌법 핵심요약집

개정 3판 1쇄 발행 2023년 6월 2일

지은이	신동욱 편저
펴낸곳	해커스패스
펴낸이	해커스경찰 출판팀

주소	서울특별시 강남구 강남대로 428 해커스경찰
고객센터	1588-4055
교재 관련 문의	gosi@hackerspass.com
	해커스경찰 사이트(police.Hackers.com) 교재 Q&A 게시판
	카카오톡 플러스 친구 [해커스경찰]
학원 강의 및 동영상강의	police.Hackers.com

ISBN	979-11-6999-290-9 (13360)
Serial Number	03-01-01

경찰공무원 1위,
해커스경찰 police.Hackers.com

ⓗ 해커스 경찰

· 정확한 성적 분석으로 약점 극복이 가능한 **합격예측 모의고사**(교재 내 응시권 및 해설강의 수강권 수록)
· 해커스 스타강사의 **경찰헌법 무료 동영상강의**
· **해커스경찰 학원 및 인강**(교재 내 인강 할인쿠폰 수록)

한경비즈니스 선정 2019 한국 소비자 만족지수 교육(경찰공무원) 부문 1위